Leipzig läßt sich als magisches Quadrat beschreiben: wie man es auch durchmißt, es summiert sich in der Leipziger Messe. Seine vier berühmten Eckpunkte sind: Auerbachs Keller, die Thomaskirche, das Völkerschlacht-Denkmal und der Hauptbahnhof. Sein Zentrum ist der Markt. Jeder dieser Orte ist Realität und Begriff zugleich: Goethe, Johann Sebastian Bach, Napoleon und der moderne Reisende. Kommen und Gehen sind hier in großem Maßstab zu Hause. Die Stadt hat über 700 Jahre ihre Anziehungskraft für Käufer und Verkäufer, für Studenten und Gelehrte, für Schausteller und Beutelschneider, für Feldherren und ihre Gefolgschaft bewiesen. Leipzig ist der Treffpunkt in der sächsischen Ebene, begünstigt durch seine Verkehrslage für Handel und Lebenswandel, gefährdet durch ebendieselbe in kriegerischen Zeiten. Dann spielten sich die Treffen meist blutig vor seinen Toren ab, und die Leipziger bezahlten die Zeche. Leipzig ist eine treffliche Stadt: »Wir treffen uns am Markt«, könnte der Anfang mancher Geschichte sein, die der von Esther Gallwitz herausgegebene Band versammelt, gegliedert nach den wichtigen topographischen Punkten dieser traditionsreichen Stadt.

insel taschenbuch 1083
Leipzig

LEIPZIG

Ein Städte-Lesebuch

Herausgegeben von Esther Gallwitz

Mit zahlreichen Abbildungen

Insel Verlag

insel taschenbuch 1083
Erste Auflage 1989
Originalausgabe

Text- und Bildquellennachweise am Schluß des Bandes
Vertrieb durch den Suhrkamp Taschenbuch Verlag
Umschlag nach Entwürfen von Willy Fleckhaus
Satz: Fotosatz Otto Gutfreund, Darmstadt
Druck: Nomos Verlagsgesellschaft, Baden-Baden
Printed in Germany

2 3 4 5 6 – 94 93 92 91 90

LEIPZIG

In Erinnerung an Hans Gallwitz
Sigmaringen 1896-1958 Leipzig

1. *Der Markt ist ein großer und schöner Platz*

Ortstermin Leipzig

Frankfurter Allgemeine Magazin
1986

Wie viele seiner Berufskollegen sehnte er sich »nach der Stadt, weil der Dienst an den Höfen so unsicher ist, und er seinen Wanderstab ergreifen muß, sobald man aus der Gunst des Herren fällt«. Den Job in Hamburg, um den sich acht Männer beworben hatten, bekam er nicht. Aber drei Jahre später bot ihm eine andere Stadt etwas viel Besseres an. Im Mai fand er sich in einem alten repräsentativen Raum zu einem Anstellungsgespräch ein. Der Raum befand sich im südlichen Teil eines öffentlichen Gebäudes, das in der Mitte des sechzehnten Jahrhunderts gründlich umgebaut worden war; man hatte damals »mit viel Kunstfertigkeit und Fleiß dem Alten das Neue so bequem und dauerhaft angefügt, daß man meinen könnte, dieses ganze Gebäude sei von Grund an neu verfertigt worden ...« Der aus der Provinz angereiste Bewerber erhielt die Stelle und leistete seine Unterschrift. Unter anderem mußte er versprechen, er werde »denen Knaben, in einem erbarn eingezogenen Leben und Wandel, mit gutem Exempel vorleuchten«. Mit vier Wagen voller Hausrat und zwei Kutschen voller Familie zog er in die Stadt ein, in der er siebenundzwanzig Jahre lang, nicht immer zur Zufriedenheit der »Herren Inspectoren«, wirken sollte. Er zeugte zwanzig Kinder, wurde aber nicht deshalb berühmt. Gestorben ist er nach einer mißglückten Operation. Darüber heißt es: »Er konnte nicht nur sein Gesicht nicht wieder brauchen: sondern sein im übrigen überaus gesunder Körper wurde auch ... gäntzlich über den

Haufen geworfen«. Die Stadt, die heute in einem anderen Staat, aber immer noch in der nach ihr benannten Tieflandbucht gelegen ist, hat internationales Ansehen als Handelsplatz. Wo unterschrieb der Stellenbewerber?

Im Alten Rathaus von Leipzig (Ratsstube) erhielt Johann Sebastian Bach im Jahre 1723 seine Bestallung als Thomaskantor und Musikdirektor der Stadt. Bach, der bis dahin als Kapellmeister am Hof Leopolds von Anhalt-Köthen gewirkt hatte, war nun für die kirchliche und weltliche Musikpflege in Leipzig verantwortlich. Er blieb bis zu seinem Tod im Jahre 1750 in Leipzig. Als Lehrbeamter bei den Behörden nicht beliebt, genoß er als Orgelvirtuose und Komponist das höchste Ansehen; er war der überragende Musikschöpfer seiner Epoche. – Das Alte Rathaus, in den fünfziger Jahren des 16. Jahrhunderts durch Um- und Ausbau älterer Häuser entstanden, wurde 1943 bei einem Bombenangriff schwer beschädigt und nach dem Krieg wieder aufgebaut; es beherbergt heute das stadtgeschichtliche Museum.

»Nun will ich von der Stadt zierlichen Gebäuden etwas sagen«

Ulrich Groß
1587

Nun will ich von der Stadt zierlichen Gebäuden, damit sie viel Städte deutsches Landes übertreffen tut, etwas sagen. Dann sie große, geraume, ordentliche, saubere und wohlgebaute Häuser hat, zum größern Teil steinern, gewölbet, gemeiniglich dreier Gemach hoch und mit Ziegeln gedecket.

Die Straßen oder Gassen sind lang, eben und breit, reiniglich mit Steinen ausgepflastert, unter sich geneigt oder abhängig, davon das Wasser allezeit seinen Abschuß haben mag.

Der größer Markt, da Getreide, Bauholz und anders verkauft

wird, ist ein schöner großer, ebener Platz, sauber mit Pflastersteinen ausgesetzet, zwei hundert vier Schritt lang, zwei und neunzig breit, darauf kommen die Bürger und Kaufleut zusammen, spazieren hin und wieder und verrichten ihre Kaufhändel und anders. An diesem Markt liegt das Rathaus, um und um frei, hat durch und durch zwei Gewölb übereinander, alle Fenster mit starken eisern Gittern wohlverwahret.

Oben ein herrlichen, schönen, langen Saal neben viel zierlichen Gemachen oder Stuben, dern drei brauchet das kurfürstlich sächsisch Ober Hofgericht. Dies Gericht, welchem auch der Landesfürst selbst unterworfen, wird jährlich auf die vier Quatember gehalten, da versucht und befleißet man sich ersten die Parteien in der Güte zuvortragen, und da dieselbe entstehet, läßt man das schleunige Recht ergehen. Und sitzen darinnen neun Personen aus der Ritterschaft und Doctoribus, rechtsgelehrte, erfahrne, geübte, aufrichtige und verständige Leut, darunter jetziger und nun eine lange Zeit Hof Richter der edle, gestreng und ehrnfest Erich Volckmar von Berlebsch von Rosla und Uhrleben, hessischer Erb Kämmerer, Ober Hauptmann in Thüringen, Amtmann zu Salza und Thammespruck, ein tapfer, gelehrter, weltweiser und erfahrner Mann.

Wie solch Gericht mit Prokuratorn, Advokaten, Protonotario und andern Dingen bestellet sei, weiset dessen löbliche Ordnung.

Die rechtliche Erkenntnisse und Urteil werden des Orts nach den beschriebenen kaiserlichen und sächsischen Rechten, vornehmst und allermeist aber von der kurfürstlich sächsischen Landes Konstitution gesprochen.

Die vierte Stuben haben die kurfürstlichen sächsischen Schöffen, rechtsverständige Doctores, mit ihren Beisitzern; obern und untern Schöffschreibern, wohlerfahrnen, vorsichtigen, bedächtigen und gelehrten Männern, bei denen die einheimischen Landsassen, auch fremde und ausländische in bürgerlichen und peinlichen Sachen Rechts und Urteil um die Gebühr sich zu erholen haben.

Das fünfte Gemach ist die Ratstuben, darinnen sitzet der regierende Bürgermeister neben dem Herrn Syndico und Stadtschreiber mit zweien seinen Baumeistern und andern neun Beisitzern, feinen, gelehrten, tapfern, alten, ansehlichen, erfahrnen, sinnreichen, wohlweisen und klugen Männern, mit welchen auch wohl einem römischen Kaiser ein Rat besetzet werden möcht. In Maßen noch bei Mannsgedenken die hochlöblichen Kur und Fürsten des Hauses zu Sachsen, als Herzog Albrecht, Georg, Heinrich, Moritz und Augustus, alle christseliger Gedächtnis, oft und viel etliche aus dern Mitte in geheimen und hochwichtigen Sachen zu Rat gezogen haben. Diese regieren gemeinsam die Stadt wohlbedächtig und mit heilsamem, gutem Rat, verrichten auch der Bürgerschaft wichtige Sachen und Gebrechen notwendig und mit guter Bescheidenheit.

Der Bürgermeister hat sein Türknecht und ein gute Anzahl Ausreiter, die stets auf ihn warten müssen.

Die sechst Stuben ist der Richt Stuhl, wo der Richter mit seinen Beisitzern und Gerichtschreiber, auch gelehrten, verständigen und bescheidenen Leuten, die bürgerlichen Klagen und Schuldsachen anhört, vornünftig entscheidet und hinleget, auch gleichmäßig und nach Billigkeit Recht spricht und Gericht hält. Dieser hat auch seinen besondern Türknecht oder Fronen, der allzeit auf ihn warten und die Part vor Gericht heischen und zitieren muß.

Die siebent ist die Schoß Stuben, wo die Herrn regierenden Baumeister neben ihren zugeordneten und Rentschreibern das gemeine Gut, als Zins, Schoß, Schatzung und Renten einnehmen, sammlen und verwahren, auch alle der Stadt Gebäude, Besserung an Wegen, Stegen, Brücken und anderm durch ihre Voigt bestellen.

Die acht und letzte ist die Land Stuben, wo der Stadt angehörige Untertan in Flecken und Dörfern mit ihren Klagen und Händeln von den dazu verordneten Landherrn verhört und entscheiden, auch vom Landschreiber mit Fleiße verzeichnet und in ordentliche Register gebracht werden.

Dieses Hauses Unterteil hat gegen den Burgkeller eine Durchfahrt, darinnen des Rats Fronfeste oder Büttelei, darinnen die Marktmeister mit den Stadtknechten, Schergen oder Häschern ihre Stuben und Wohnungen haben, Tag und Nacht wachen und aufwarten müssen, unten sind Gefängnis und Kerker. Außen um und um sind feine Gewölbe, in dern einem der Gwardin des Probierens und was ihm sonst befohlen, stets und fleißig abwarten muß. Die andern brauchen die Kaufleut und Kramer, die Dach darauf sind über und über mit kupfern Bleche beleget.

An diesem Markt stehet noch ein ander tapfer steinern Haus dreier Gemach hoch. Zu unterst hält ein ehrbar Rat seinen Weinschank an vielerlei, sonderlich aber guten Rheinischen Weinen, im andern Gemach ist die Waage, darinnen all vornehmes Gut und Kaufmannschatz gewogen, auch das Gleit und Zoll eingenommen wird.

Über der Waagen ist der Herrn Trink Stuben, da fast alle Tage um Lust und Ergötzligkeit willen zusammenkommen die vornehmen Bürger, Ratherrn, Doctores, Magistri, Edel und Kaufleut, so in die Brüderschaft gehören. Da mag ein jeglicher nach seiner Gelegenheit mit dem andern schwatzen, spielen und zechen. Da werden oft stattliche Bankett und herrliche Collation gehalten und die Gäste nach dem herrlichsten gespeiset, dabei Cantores, Organisten, Stadtpfeifer und andere Musici, so die Gäste leichtsinnig und fröhlich machen. Es muß sich aber ein jeder nach der Stuben Ordnung züchtig und friedlich verhalten, wer dawider tut, wird von den Stuben Herrn und Ältesten gestraft.

Hinter dem Rathause ist der Fisch, Fleisch und Naschmarkt. Zwo stattliche Garküchen, wo Fremde und Einheimische in und außer der Märkte um ein leidlich Geld wohl und reiniglich gespeiset werden.

Nächst an dem ist das neue Leinwand Haus, unter welchen die herrlichen Fleischbänke, mit Steinen durch und durch gewölbet.

Danach der Burgkeller, wo durchs ganze Jahr viel guter fremder Bier verzapfet und ein stattliche Trinkstuben für gemeine Leut gehalten wird.

Neben dem ist das Schuh und Kürschner Haus, darauf diese beide Handwerke aller Markttage feil haben.

Unten findet man die Brotbänke, darinnen viel lieblich, schön und ese Brot, als weit und fern nicht gebacken, zukauf, und damit die Bäcker dem Gewichte nicht Abbruch tun, wird durch die dazu verordneten Brotwieger wöchentlich in der Bäcker Häuser und den Bänken Brot und Semmel aufgezogen, den verbrechenden Bäckern das Brot genommen, eine Zeitlang das Handwerk geleget oder sonst mit großem Ernst gestrafet.

Die Stadt hat drei herrliche und wohleingerichtete Apotheken, darinnen nach der Ärzte und Doctorn Rat alle Arznei verfertiget. Und werden dieselben jährlich von den Medicis, damit frische und nicht verlegene Spezereien und Simplicia da gebraucht, auch weder arm noch reich mit unziemlicher Tax übersetzet werde, fleißig visitieret.

Neben denen sind auch viel Materialisten, bei denen sich ums Geld allerlei Spezerei zu erholen.

Auch findet man des Orts viel Buchhändeler, Buch Drucker und Buchbinder, auch sonsten aller Handwerker mehr als an andern Orten, feine, erfahrne, geschickte und kunstreiche Meister.

Nun komm ich auf das herrliche und weitberühmte Haus, so Auerbachs Hof genannt wird, das mit so viel stattlichen Gewölben, Kammern und Sälen dermaßen erbauet, von welschen, niederländischen, Nürnbergern und andern vornehmen Handels Leuten stattlich besetzet, auch mit großem herrlichem Gut und viel Waren so reichlich versehen, das es wohl ein besonderm stattlichen Markte könnte verglichen werden.

Hinter diesem Hof sind zwo Straßen, dern eine der Alt, die ander der Neu Markt genannt wird, da findest du andere drei herrliche steinern Häuser.

Erstlich das Korn Haus, wo ein ehrbar Rat allzeit ein stattlichen Vorrat von Korn und anderm Getreide hat, das von viel Jahren gesammlet und mit sonderm Fleiß und Vorsichtigkeit ohn Wandel und Verderb, rein und gut erhalten wird.

Das ander der Marstall, wo eines ehrbarn Rats reisige und

Fuhr Pferde gehalten, die Voigt und Ausreiter ihre Wohnungen haben.

Das dritt ist das Gewandhaus, so groß und weit umfangen, ist neulicher Weil wegen des Pfefferhandels, so eingerichtet werden sollt, durch und durch gewölbet, mit eisern Gittern und Läden wohl verwahret. Darauf hatt vor neunzig Jahren der löblich Fürst Herzog Georg zu Sachsen mit einer Königin aus Polen sein ehliches Beilager gehalten.

An das stößet die Kupferwaage und der Stadt Zeughaus, so mit Geschütz und anderer Notdurft zur Municion wohl versehen ist. Desgleichen der Zimmerhof, darinnen des Rats Vorrat von Zimmer Holz und Brettern behalten wird.

Der Stadtbrief zwischen 1156 und 1170 von Markgraf Otto von Meißen erhalten

Helmut Arndt
1965

Weil durch die Augenscheinlichkeit der Schrift die Taten der Vorfahren den Nachkommen wieder ins Gedächtnis gerufen werden, haben wir der Schrift anvertraut, daß Otto, von Gottes Gnaden Markgraf von Meißen, Leipzig zur Bebauung ausgeteilt und unter Hallischem und Magdeburigschem Recht errichtet hat, wobei er ein Versprechen seiner Gunst gab.

Er versprach auch, daß er von den Bürgern dieser Stadt keine Entrichtung der Bede fordern würde, außer wenn er im Falle überraschend eintretender Notwendigkeit zum Dienste des Kaisers über die Alpen ziehen müßte, und auch dann würde, was er verlangte, keine Beschwerung der Bürger sein, nur einen mäßigen Betrag ausmachen.

Ferner setzte er ihnen, als sie ihn um ein Zeichen ihres Rechtsgebietes, das Weichbild genannt wird, baten, ein solches inmitten der Elster, ein zweites in der Mitte der Parthe, ein drittes bei dem Steine, der in der Nähe des Galgens liegt, ein viertes jenseits der Grube, wo die Steine gegraben werden. Seinen Wald, den wir Luch nennen, stellte er den Bürgern zur Nutzung von Gras, Holz und Fischen frei. Er verbot ihnen auch, irgend jemandem, außer von dem sie belehnt worden seien, Lehensdienste zu leisten. Weiter bestimmte er, daß innerhalb des Umkreises von einer Meile um die Stadt kein der Stadt schädlicher Jahrmarkt abgehalten werden dürfe.

Und wenn einer der Bürger ein Lehn- oder Erbgut kaufen würde, solle er es nach Marktrecht besitzen. Wenn sie aber etwas von ihren Gütern jemandem überließen, den sie nicht zahlungswillig fänden, sollten sie ihn durch den Fronboten des Markgrafen belangen und ihm als Zahlungsfrist nicht mehr als 14 Nächte gewähren. Als Mühlenabgabe bestimmte er das 18. Maß.

Und solange sie sich nicht ihrem (seinem?) decanus gegenüber unbotmäßig erwiesen, sollten sie vor kein anderes Gericht gezogen werden. Er gab ihnen auch bekannt, daß sie seinem Richter unterworfen seien. Und er ermahnte sie durch seinen Zuspruch, daß sie sich denen, die ihnen in ihrem Eigentum Unrecht zufügen wollten, gemeinsam widersetzen sollten.

Bei dieser Rechtsverleihung waren anwesend: Bischof Johannes (von Merseburg); Gottschalk von Schkeuditz, der Vogt der Stadt; Friedrich von Lösnitz; Heinrich Burggraf von Dohna; Ludolf von Kamburg; Heinrich Kittlitz; Albert von Peres; Walther von Meißen, der Kaplan des Markgrafen, von dem wir bezeugen, daß er dies aufgezeichnet hat.

Huldigungen (seit 1403)

Gustav Wustmann
1909

Das älteste urkundliche Zeugnis für eine Leipziger Erbhuldigung ist eine Urkunde vom 17. März 1403, worin die Bürgermeister, die Ratsleute und die ganze Gemeinde der Stadt bekennen, daß sie den Landgrafen Balthasar, Friedrich und Wilhelm »eine rechte Erbhulde in Treuen an die Hände gelobet und mit ufgerackten Fingern zu den Heiligen geschworen haben«. Die Huldigung wurde also damals nicht bloß mündlich geleistet, sondern es wurde eine Urkunde darüber ausgestellt. Der Huldigung stand nämlich stets eine Gegenleistung des Fürsten gegenüber: die Bestätigung (Konfirmation) der Rechte und Freiheiten (Privilegien), die die Vorfahren des neuen Herrn der Stadt verliehen hatten. Huldigung und Privilegbestätigung gehörten zueinander wie zwei einander ergänzende Hälften derselben Sache. So huldigt der Leipziger Rat am 4. Februar 1446 dem Kurfürsten Friedrich und unter demselben Datum bestätigt der Kurfürst der Stadt ihre Rechte und Freiheiten. [...] Die erste Huldigung, über deren Verlauf wir – aus den Stadtrechnungen – einige Kunde haben, ist die für Herzog Georg vom 2. Dezember (Mittwoch nach Sankt Andreastag) 1500. Herzog Albrecht war auf dem Feldzuge in Friesland am 12. August 1500 in Emden gestorben. Anfang Dezember kamen seine beiden Söhne, Herzog Georg und Herzog Heinrich, nach Leipzig. Der Landesherr wohnte damals stets im Schloß, in der alten Pleißenburg, die 1547 bei der Belagerung Leipzigs zerstört wurde. An der südwestlichen Ecke des Schlosses stand »des Herzogs Schlafturm«. Die Huldigung selbst fand auf dem Rathause statt, auch auf dem alten, das Hieronymus Lotter dann 1556 zum größten Teil abbrach und durch einen Neubau ersetzte. Die Stadtrechnungen verzeichnen nun: »Auf Donnerstag Vigilia Barbarae (d. i. den 3. Dezember) Thomasen Arnolde für drei Lagel (Fäßchen) neuen Reinfall, zur Verehrung unsers gnädigsten und gnädigen Herrn Herzogen Friedrichs 1 Lagel, unsers gnädigen Herrn Herzog Georgen 1 Lagel und unserm gnädigen Herrn Herzogen Heinrich 1 Lagel, je die Lagel für 8 Gulden, faciunt 24 Gulden.« Und zwei Tage später: »Item Hans Hüter für 8 Pfund Confectorum und zwei Stübchen Reinfall zu 4 Groschen zur Verehrung unsrer gnädigen Herren Herzog Georg und Herzogen Heinrich, als ihre Gnaden Erbhuldung genommen, facit 1 Schock 10 Groschen.«

Kurfürstlich Sächsische Huldigung zu Leipzig

Frankfurter Messerelation
1681

Die Kurfürstlich Sächsische Huldigung zu Leipzig, wie auch der Ein- und Auszug daselbst, sind auf folgende Weise abgegangen: Dienstags den 21. Juni zogen Ihre Kurfürstliche Durchlaucht in Person zu Leipzig ein. Nachmittag um vier Uhr kamen 200 Pferde, ritten zum Tor hinein und aufs Schloß, da dann die ganze Bürgerschaft wohl montiert, in gelb und schwarzen Banden aufwartete. Das Grimmische und Hallische Viertel stunden vom Grimmischen Tor an bis auf den Turm-Kirchhof, auf beiden Seiten, die anderen zwei Viertel, als des Peters und Ramische, stunden auf dem Markt, und präsentierten ihr Gewehr vor Ihrer Kurfürstlichen Durchlaucht und anderen Hohen Offizierern. Nach der Burgstraßen am Schloß stunden die Sämtlichen Herren Studiosi und präsentierten Ihrer Kurfürstlichen Durchlaucht Carmina, da dann die Herren Communitäter 6 Faß Bier bekamen, erzeigten sich Tag und Nacht lustig, und ließen das Vivat Sachsen ziemlich hören. Nach geendigtem Durchzug marschierte die Bürgerschaft wieder vor eines jeglichen Hauptmanns Tür, und beschlossen also den Tag in der Stille. Mittwoch, als den 22. frühe nach 6 Uhr, begab sich die Ritterschaft von 121 Personen auf das Schloß, und huldigten da I.K.D. Nachgehends um halb 10 Uhr, fuhren I.K.D. mit einem ziemlichen Comitat in die Thomas-Kirche, da dann der regierende Rat von Leipzig mit 21 Personen voran, hernach die löbliche Universität von 23 Personen, dann folgte die Ritterschaft: Vor der Kurfürstlichen Kutsche waren 51 vornehme Kavaliere, neben derselben 24 Hatschierer, neben noch viel anderen Offiziern und Bedienten. In der Kutsche saß Herzog Christian Gen. Bed. und der Geheime Rat Gersdorff, da dann alle Glocken geläutet wurden. Als sie nun in der Kirchen, wurden von dero Personen vier Lieder gesungen, als, Von Gott will ec. Allein Gott ec. Ich habe meine Augen sehnl. ec. Nun lob mein Seel ec. Da dann der Kurfürstliche Oberhofprediger Herr D. Lucius, die Huldigungs-Predigt tat... Welches eine überaus schöne Predigt, darinnen gewiesen wurde, wie ein Eid zu halten... Nach geendigter Predigt fuhr der Kurfürst in vorigem Prozeß nach dem Rathaus, da dann oben auf dem Saal die löbliche Universität, hernach der Rat zu Leipzig, der Rat zu Eulenburg und Rat zu Grimma versammlet waren. Die Universität und Rat zu Leipzig, wurden zum Hand-Kuß zugelassen, die andern aber nicht. Nach Endigung begaben sich I.K.D. auf den Thron, so vors Rathaus heraus gebauet worden... der Thron war mit schwarzem Tuch umzogen, oben waren zwei Sonnen, mitten das Kurfürstliche Wappen, und der bezogene Name, nebens einigen lateinischen Versen. Als nun die Huldigung auf dem Saal vorbei, begab sich wie oben gemeldet, der Kurfürst auf den Thron, daselbst sämtliche Bürgerschaft in schwarzen Kleidern und Mänteln in guter Ordnung stunden. Zur Rechten stunde die Bürgerschaft von Grimma, und zur Linken die Bürgerschaft von Eulenburg, wie auch in etwas zuruck die Dorfschaften. Ihre Kurfürstliche Durchlaucht saßen in der Mitte, neben Ihr stunde der Geheime Rat Gersdorff, der proponierte die Huldigungs Puncta, darauf lase der Herr geheime Secretarius den Eid vor, den man mußte nachsprechen. Nach getanem Eid schrien alle einmütig, Vivat Kur-Sachsen, Unser Gnädiger Herr, zu dreien malen, worauf Ihre Kurfürstliche Durchlaucht sich wieder nach dem Schloß erhoben. Denselben Tag blieb der Kurfürst zu Leipzig, begehrte vom Rat keine Gastierung, doch verehrte derselbe Seiner Kurfürstlichen Durchlaucht mit 3000 specie Ducaten, dero Gemahlin mit 3000 Specie Kurfürstl. Rtlrn. und beide Prinzen jeden mit 2000 specie Rtlrn. Die Universität verehrte einen ziemlichen Pokal mit eitel Vikariatstalern versetzt. Des Morgens nach 3 Uhr fuhr Er wieder fort mit seiner ganzen Suite, da dann die Stücke auf dem Schloß sich ziemlich hören ließen, wobei die Bürgerschaft mit Schießen und Feuer geben nicht gefeiert.

Adam Riese und das Brotgewicht (1536)

Georg Grebenstein
1986

Wann war der Rechenmeister Adam Ries das erste Mal in Leipzig? Das dürfte 1536 gewesen sein, Melchior Lotter druckte in diesem Jahr dessen »gerechnet Büchlein«. Das ist natürlich eine Vermutung, aber nachweislich war Ries 1550 wegen seines großen Rechenbuches in unserer Stadt. Kurfürst Moritz hatte die Druckkosten dazu vorgeschossen. Gelehrte der Leipziger Universität hatten das Buch geprüft und zur Annahme empfohlen. Daraufhin gewährte Kaiser Karl V. Adam Ries ein Privileg. Beim Besuch der Universität verehrte Adam Ries dem Rat »etzliche Rechenbüchlein«, wofür er als Anerkennung 2 Schock und 48 gr. erhielt.

Zwei Freunde hatte Adam Ries in Leipzig, Waagmeister Bernecker und den Rechenmeister Seehofer, mit beiden tauschte er »Rechenexempel« aus.

1557 nahm der Leipziger Rat seine Hilfe bei der Aufstellung einer Brotordnung in Anspruch. Solche sogenannten Brotordnungen hatte Ries schon für andere Städte ausgearbeitet. Es galt hierbei, das Brotgewicht den schwankenden Kornpreisen anzupassen. Bei einer Backprobe legte er das Ergebnis in Tabellen fest.

Das Messen und Wiegen eines Scheffels Metzgetreides zum Ausbacken fand Freitag nach Matthäi in der alten Waage statt. Für seine geleistete Arbeit zahlte der Rat dem Rechenmeister den hohen Betrag von 50 Gulden und bezeugte, »daß er die Becker prob allhier gemacht«. Dieser Betrag entspricht dem Jahreslohn des damaligen Wasserkunstmeisters.

Marktordnung

Flugblatt
1726

WIR Bürgermeister und Rath der Stadt Leipzig Urkunden hiermit / Demnach Wir vermercket / daß / bey Verkauffung des Getreydes / Brodts / Fleisches / Fische / Obsts und anderer Victualien / ingleichen Holtzes, Kohlen und was dem mehr anhängig /sich allerhand Bevortheilung und Unordnung einschleichen wolle / und aber gemeiner Stadt nicht wenig daran gelegen / daß hierinnen alles so gut und ordentlich / als zu geschehen möglich / veranstaltet / dem schädlichen Vor-und Auf-Kauf / auch Höckerey Einhalt gethan und alle unnöthige Steigerung und Theurung vermieden werde; Als haben wir die diesfalls vorhandene alte gute Ordnungen von neuem übersehen und aus solchen nachfolgende nach jetziger Zeit und Gelegenheit eingerichtete Ordnung verfasset / auch / daß jederman sich darnach richten könne / zum Druck befördert, wie Wir denn wollen / daß darüber allendhalben steiff und unverbrüchlich gehalten werde.

Vom Getreyde.
Artic. I.

1. ALles zum Verkauff anhero gebrachte Getreyde / es sey Korn / Weitzen / Gerste / oder Hafer / soll nicht vor denen Thoren besprochen / oder aufgekaufft / noch in die Häuser eingesetzet /

sondern auf öffentlichen Marckt zu jedermanns Kauff gebracht / die gewöhnliche Marckt-Zeit über feil gehabt und verkaufft / keinesweges aber nach denen diesfalls von vielen Jahren her / und nur letzlich sub dato den 1. Maji 1695. gethanen Verordnungen / von dem Marckt wieder unverkaufft weggeschaffet / und / bis auf folgende Marckt-Tage / oder andern Verkauff / eingesetzet und aufbehalten werden / bey Verlust des Getreydes / auch / nach Befindung / noch anderer ernsten Bestraffung.

2. Es soll auch durch niemand anders / als die geschwohrnen Messer, gegen Erlegung des gewöhnlichen Meß-Geldes / gemessen werden / bey E. E. Raths willkührlichen Straffe.

3. Niemand soll in der Absicht / Handlung oder Höckerey zu treiben / mehr Getreyde / als er / zu seiner Nahrung und eigenen Gebrauch / nöthig hat / auf dem Marckte aufkauffen / zu welchem Ende die geschwohrnen Messer alle Sonnabend ein richtig Verzeichniß / was vor Getreyde / und wie viel sie einem jedem gemessen / in die Rathsstube einzugeben haben.

Vom Brodt.
Artic. II.

1. DIe Dorff-Becker / und wer sonst Brodt vom Lande herein zu Marckte bringen will / sollen vorher bey E. E. Hochw. Rath um Concession dazu ansuchen / da sie denn einen absonderlichen Stempel / mit einem gewissen Zeichen bekommen / welchen sie dergestallt auf den Brodt-Teig einzudrucken haben / daß man / wenn er ausgebacken / das Zeichen auf der Ober-Rinde wohl erkennen möge / ohne welches Zeichen sie kein Brodt zu Marckte bringen sollen.

2. Die Nahmen aber derer Brodt-Becker werden zusam̃t denen einem jedem gegebenen Zeichen in eine richtige Specification eingetragen / damit / wenn ein Brodt zu leichte gefunden wird / man aus dessen Zeichen sofort / von wem es gekaufft worden / erkennen möge.

3. Sie sollen kein anders / als gut Kernweiß / und gut Rocken-

Brodt hereinbringen / auch solches ausser Meß-Zeiten an keinem andern Tage in der Woche / als an denen ordentlichen Marckt-Tagen / feil haben / dasselbige nirgendts / weder vor-noch in der Stadt / weder in Gewölbern und Buden / noch unterweges einsetzen / verkauffen / oder hausiren tragen / sondern alles auf den Marckt / oder was ihnen sonst für ein Ort darzu bestimmet wird / tragen / oder auf Schubkarren führen / alles bey Verlust des Brodts / und über das eines neuen Schocks / oder andern willkührlichen Straffe.

»Wo der Schwarzkünstler Faust ein Faß Wein aus dem Keller geritten habe«

J. M. Braun
1837

An der südlichen Seite des Marktplatzes befindet sich das sogenannte Thomesche, früher Apelsche Haus, das Königshaus auch jetzt noch genannt, weil sonst die kurfürstliche, dann königliche Familie, bei ihrer etwaigen Anwesenheit in Leipzig darin abzutreten pflegte. Hier wohnte auch Napoleon (13. Juli 1813); hier hatte er nach Verlust der Leipziger Schlacht die letzte Besprechung mit König Friedrich August. Hier starb im Jahr 1820 der Heerführer der Alliierten, der Fürst Schwarzenberg. Obgedachten Zweckes halber war dieses Gebäude ehemals mit dem daran stoßenden Schlafschen Kaffeehause verbunden, in welchem sich jetzt das Lokal des Schweizerbäckers Clermont befindet. – Der auf der andern Seite an das Königshaus stoßende Auerbachshof, welcher in den Jahren 1530-1538 durch den Arzt Heinrich Stromer (nach seinem Geburtsorte Auerbach genannt) erbaut wurde, zeichnet sich zwar nicht in architektonischer Hinsicht aus; ist aber aus frühern Zeiten als der glänzendste Bazar Leipzigs berühmt; jetzt zeigt er wenig mehr von diesem frühern Glanze. In einem seiner Keller (da, wo jetzt die Weinhandlung des Herrn Pierer befindlich) sollen zwei alte Bilder an die Volkssage erinnern, daß Schwarzkünstler Dr. Faust hier ein Faß Wein aus dem Keller geritten habe. – Auf der westlichen Seite des Marktplatzes befindet sich der schöne, im Jahr 1616 erbaute Stieglitzsche Hof; das sehenswerte Lokal der Engelapotheke; der, 1700 in fast fürstlicher Gestalt aufgeführte Hohenthalsche Hof, das Wohnhaus des Christian Thomasius und einige andere ansehnliche Gebäude. – Unter den an der nördlichen Seite des Marktes gelegenen Häusern zeichnet sich außer dem Küstnerschen Hause auch noch die i. J. 1555 erbaute alte Ratswaage aus, welche jetzt andern Zwecken, z. B. der Lotterieziehung, den Sitzungen des Communalgardenausschusses usw. dient.

1. Das Leipziger Stadtsiegel von 1287.

2. *Älteste Stadtansicht von 1547.*

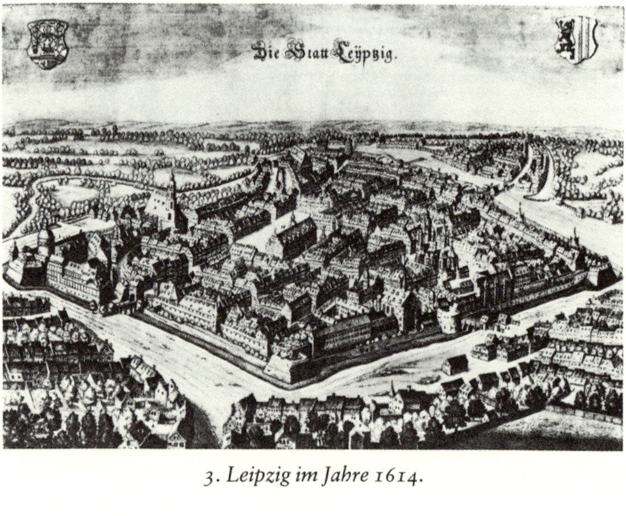

3. *Leipzig im Jahre 1614.*

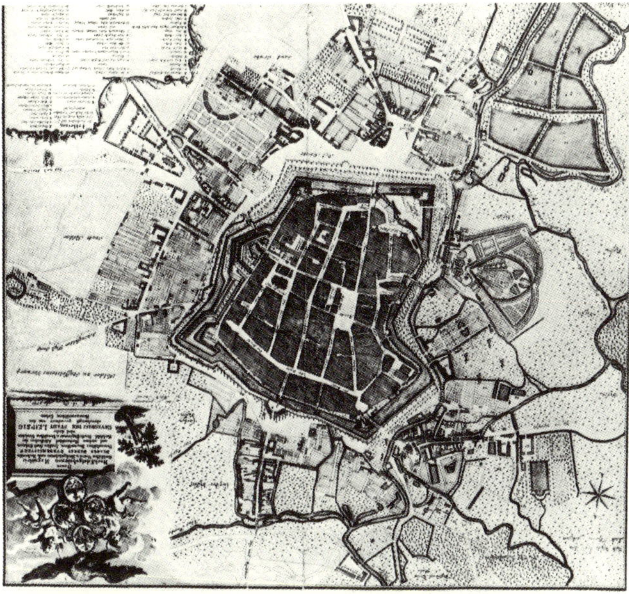

4. *Der erste maßstabgerechte Stadtplan von Leipzig, 1749.*

5. *»Das Anno 1713 florierende Leipzig«.*

6. *Leipzig vor dem Hallischen Tor, 1704.*

2. *Stadtlandschaft*

»Unter Blasmusik an den geröteten Hügeln aus Abraum vorbei« (1977)

Gert Neumann

1981

Sonnabend, der dreiundzwanzigste April 1977

Gestern, am Morgen, ehe sich die Morgenbesprechung in der Werkstatt in ihrer gewohnten Weise hatte entfalten können, waren wir konsequent und ohne auch nur eine Gelegenheit der dafür nötigen Disziplin zu versäumen, nach A., zu jener, genannten, Scheune außerhalb der Stadt gefahren; die wir, nach einer Fahrt im Kleinbus, in einer trocknen und traurig, weiten, Landschaft überraschend am Rand einer grünen Niederung, die dort wie eine Erinnerung war, fanden. Und tatsächlich dröhnten über den dort wie in einer wahrhaftigen Landschaft ausgedehnten Wiesen, denen das Gras in diesem Frühjahr schon knöcheltief gewachsen war, und an deren, dunklen, Rändern, weit in eine hüglige Tiefe gestaffelt, silbergrüne, Pappeln standen als die Beweise von der Existenz einer Landschaft... rot und weiß, bis in eine Höhe die jeden Einspruch über ihre Bedeutungslosigkeit restlos vernichtete, zwei Sendemasten aus Eisen, denen in ihren gestreiften Höhen Parabolspiegel und Antennen, wie Organe, montiert waren. Sie sprachen, stumm, von den Handlungen der Medien, unter denen die Menschen, die nun im Gras standen, ihre Sprache, die ihnen das Leben in einer Landschaft ermöglicht hatte, sofort verloren. Und, in einer anderen Höhe, flog, als seien wir an unserer Scheune beobachtet, ein Hubschrauber in matten, immer wieder sich wiederholenden Kreisen, daß er, schräg in der Luft, wenn er unsere Radiusnähe berührte, wie vom Wind von uns fortgetrieben war.

Wir waren, ohne die nötigen Schlüsse während der Ausfahrt aus der Stadt ziehen zu können, und vorwärtsgetrieben von den gleich angestrengt rollenden Rädern auf den breiten Asphalten, in die südliche Landschaft der Stadt gefahren. Anfangs hatten die Straßen einen Satz, ähnlich dem der Autobahnen, formuliert; aber dann waren die Verkehrsschilder dieser Straßen gelb gewesen und hatten einen deutlichen Kontakt zu ihrer Landschaft ausgesprochen; ganz im Gegensatz zu den Autobahnen, deren blaue Schilder einen Text über den konkreten Landschaften sprechen, der von den Notwendigkeiten sie zu verlassen zu überzeugen versucht. Es hatte aber eine Zeit unserer Fahrt geschienen, als wir an einem, weit in der Ferne vollkommen den Himmel berührenden, Chemiewerk vorübergefahren waren, dem schon, als letzte Warnung eine hohe Fackel aus Feuer brannte, von deren Widerschein wir nachts bis in unsere Stadt an den Wolken erfuhren …, daß mit diesem Kunstwerk jener breiten, zweibahnigen, Straßen, die im genauen Rhythmus einer flach gefahrenen, hohen, Geschwindigkeit sich hoben und senkten oder ihre Richtungen, ausführlich, änderten … endlich eine Konsequenz gezogen sei: der immer in dieser schwer mißhandelten Landschaft bis zur Unkenntlichkeit vermißten Synthese. Und als wir an einem Braunkohletagebau vorbeigefahren waren, der sich in einer nur ihm eigenen Dämmerung befunden hatte und der jeden Namen geöffnet gewesen war und in dem die Maschinen aus grauem Eisen in ewig gleichen Verstrebungen vollkommen regungslos ihrer, wegen der Weite und des Ausmaßes der in die Tiefe geöffneten Erde, sinnlosen Arbeit nachgingen: war die neue Straße eine Erklärung gewesen und wir hatten sogar in unserem Auto das Radio einschalten können. Unter einer breit treibenden Blasmusik waren wir an geröteten Hügeln aus Abraum vorbeigeglitten, deren Sterilität in diesem Augenblick eine unumstößliche, biologische, Sicherheit gewesen war. Aber später, als jene Straßenwelt von uns verlassen war, weil ihr Satz sicherlich doch mit einer im Süden liegenden Stadt zusammenhing und gar nicht mit unserer Scheune, hatte sofort die gegenwärtige Vergangenheit außerhalb unseres Autos begonnen: bis sie auch, rasch, innen auf unseren tatsächlichen Gesichtern angekommen war. Wir waren nun durch eine Folge dauernder Häßlichkeiten gefahren, die verwirklicht waren, und hatten die in ihnen sichtbar gemachte Verachtung des Lebens erschrocken als den Geist des Gegenwärtigen gelesen, der uns voraus, lediglich auf dieser glatten Straße, aus unserer häßlichen Stadt geflossen war. Und stumm fuhren wir, ganz im Bewußtsein unserer banalen Industrieschicksale gefangen, über die zerschlagenen Straßen dahin, manchmal auf unsicheren Rädern, am Rand, einem mit aufrecht sitzenden Menschen gefüllten Bus ausweichend, der die beinah namenlosen Ortschaften, die in einer ganz und gar fernen Vergangenheit Dörfer gewesen waren, nun wegen der auf diese Art entblößten und unabänderlich gemachten menschlichen Notwendigkeiten verband... So waren wir, als wir von der Straße noch einige hundert Meter in einen Hohlweg hineingefahren gewesen waren, an unserer Scheune angekommen. Wir öffneten das Holztor auf die Wiese und fuhren hinein. Auf dem angrenzenden Grundstück, auf dem der ehemalige Bauer der Scheune wohnte, die er nun an die Stadt als Lagerraum vermietet hatte, blühten, gefährdet vom Wind, Kirschbäume. Und als wir noch unseren Kreis vor der Scheune fuhren, damit das Auto für die Abfahrt zurecht stehen konnte, szintillierte im Gras, weithin allein, ein Ei.

Thälmannstraße

Rolf Richter
1986

Ich stehe am Listplatz, der an den geistigen Vater der deutschen Eisenbahn erinnert. Vor 150 Jahren begann man seine kühnen Ideen zu verwirklichen. Aber nicht seinen Spuren will ich folgen, sondern denen eines Mannes, der am 9. April 1932 hier entlang ging. Die in Richtung Osten führende Magistrale hieß damals

Eisenbahnstraße. Bis 1879 fuhren in ihr die Züge der Dresdener Strecke. Anschließend nutzte die Leipziger Pferdebahn den Gleiskörper, später die »Elektrische«. Da waren Neuschönefeld, Neustadt und Volkmarsdorf schon keine Vororte mehr, sondern gehörten zu Leipzig. Seit 40 Jahren trägt die Straße nun den Namen Ernst Thälmanns, der am 9. April 1932 durch sie zum Volkmarsdorfer Markt lief.

53 Jahre danach, am 9. April 1985, gehe ich diese Strecke: einer, der Thälmann nur aus Liedern, Büchern, Filmen kennt, einer, der nahezu so alt ist, wie es Teddy damals war. Die Magistrale, im Volksmund auch Broadway der Arbeiterklasse genannt (damals gab es hier drei Kinos, an die 20 Gaststätten, reichlich 100 Geschäfte und Handwerkerläden), zählt auch heute noch mit reichlich 2000 Meter Länge zu den geschäfts- und verkehrsreichsten Lebensadern der Messestadt. Durch sie fahren die Straßenbahnen nach Schönefeld, Taucha und Paunsdorf, und an ihrem Ende liegen die Zugänge zu den S-Bahnen nach Gaschwitz und Wurzen. Die Ernst-Thälmann-Straße ist eine Sackgasse, sie endet an einem Gartenzaun. Wen wundert's, daß kühne Städteplaner vor Jahren sie zu einem Boulevard umgestalten wollten. Dann gäbe es während des Berufsverkehrs keine Staus mehr, und manch älterer Passant könnte die Seiten in aller Ruhe wechseln. Staub und Abgase würden sofort um vieles geringer sein. Schön, daß an dem Vorsatz festgehalten wird, die Autos in den kommenden Jahren über Nebenstraßen rollen zu lassen.

Als Ernst Thälmann diese Straße entlang ging, sah sie bestimmt noch anders aus. Aber ihm ging es damals nicht um Äußerlichkeiten. Die Faschisten drängten zur Macht, die Einheit der Antifaschisten war das Gebot der Stunde. Es galt alles zu tun, eine drohende Katastrophe zu verhindern. War Ernst Thälmann noch zuversichtlich, als er an jenem Nachmittag hier entlang ging?

Ich stehe nun am Laden für Organisationsbedarf. Marx und Lenin in Gips, in Metall gehauene Losungen und Porträts bekannter Persönlichkeiten. Broschüren, Fahnen, Fähnchen, rote

Mappen, Rahmen, vieles nostalgisch und verkitscht, Reproduktionen in Fülle. [...] Warum eigentlich wird über gutes Design nur bei technischen Artikeln nachgedacht? Nun folgen rechts und links Läden; Uhr- und Hutmacher, Fotografen, Bäcker, Privates und Kommissionäres, Konsum-Lebensmittel und 1000 kleine Dinge, HO-Geschäfte, Gemüseläden, Apotheken, Drogerien. Der Hi-Fi- und der Delikat-Laden wirken fremd in dieser Gegend, deren Häuser durchweg vor rund 100 Jahren entstanden sind. Damals war die Straße, obwohl sie am Rand von Neuschönefeld lag, die Magistrale dieses Ortes. [...]

Als dann 1890 diese Gegend der Stadt Leipzig eingemeindet wurde, setzte ein neuer Bauboom ein. Hier, wo es keine Industrie gab, wurden billige, wohlfeile Buden aus dem Boden gestampft. Apotheker, Ärzte, Drogisten, mittlere Beamte, Handwerksmeister, kleine Fabrikbesitzer ließen die Häuser an der Magistrale bauen, gut, stabil, mit Details, die an Barock, Renaissance und später an Jugendstil erinnerten. So entstanden sie vor einem Jahrhundert, die Straße und ihre Hinterhäuser, eine Gegend ohne nennenswerte Industrie, ein Ort zum Schlafen und zum Geld ausgeben. [...]

An Hoffmanns Gaststätte angekommen, fliehe ich für kurze Zeit dem Lärm der Autos und dem Donnern der Tatra-Wagen. Hier gibt es ab 9.00 Uhr Frühstück und ab 12.00 Uhr Mittagstisch.

Jetzt nach der Arbeit trinken Arbeiter, Jugendliche, Rentner, Handwerker einen Schluck oder auch zwei, manche nehmen einen Happen zu sich. Wie zu Ernsts Zeiten bestellt man Bier und Klaren. Worüber wird gesprochen? Über die fehlende Trabi-Batterie, das letzte Lok-Spiel, die Chemie-Misere, fehlenden Regen, langweilige Fernsehprogramme auf fünf Kanälen...

Wie wird es hier vor 53 Jahren zur gleichen Stunde ausgesehen haben? Standen die Gäste damals an der Tür, um Thälmann zuzujubeln, ihm zu folgen – oder kehrten sie sofort zum Bier zurück? Was waren das damals für Leute? Gehörten sie zu den 185392 Erwerbslosen? Waren es Rote, Braune, Konservative,

Fanatische, Engagierte, Desinteressierte, Junge, Alte? Haben sie geglaubt, daß Ernsts Prophezeiung »Wer Hindenburg wählt, wählt Hitler und wer Hitler wählt, wählt Krieg« sich schon in wenigen Jahren bewahrheiten würde? Viele haben es offenbar nicht geglaubt. Heute sitzen andere hier: Selbstbewußte, Satte, Sorglose, wenn es um den Arbeitsplatz, um Ausbeutung, Willkür, Pfändungen, Bildung, Krankheit und Urlaub geht. Sind sie zufriedner? Und wenn nicht, warum nicht? [...]

Ich komme an der Gaststätte »Bube« vorbei, lese amüsiert, daß Helmut Kohl hier eine Polsterei betreibt und lande schließlich auf dem Ernst-Thälmann-Platz. Mittelpunkt dieses Areals ist wie seinerzeit bei seinem Auftreten die Lucaskirche. In einem ihrer Schaukästen verweist sie darauf, daß in Leipzig-Grünau christliche Familiennachmittage stattfinden. Eine Annonce für Gemeindemitglieder, die es doch aus dem Osten in den neuen Stadtteil an der westlichen Peripherie (mit Fernheizung, Bad und all dem Komfort der 80er Jahre) zieht. Hier auf diesem Platz war es also, fast auf die Stunde genau, vor 53 Jahren. Ich kenne zwei Fotos: Ernst Thälmann dreht sich zu den Häusern um, die Faust zum Rotfrontgruß geballt. Das zweite, er spricht. Am Rednerpult Hammer und Sichel, im Hintergrund eine Fahne, an den Fenstern Leute, auf dem Platz dichtgedrängt Zuhörer mit Mützen, Hüten, Kopftüchern oder barhäuptig. Heute, am 9. April 1985, ist der Platz leer. Die Bäume tragen wie damals kein Laub. Aber die Fenster sind geschlossen. Ich lese an der Zollikoferstraße 13 die Gedenktafel für Ernst Thälmann ... und schäme mich. Außer dem lapidaren Satz »der große deutsche Patriot mobilisierte auf diesem Platz die Bevölkerung von Leipzig zum Kampf gegen Faschismus und Krieg« ist uns nichts eingefallen. Ein bißchen wenig, scheint mir, für jenen Mann und seine Ziele. Er war damals (am Vorabend der Reichspräsidentenwahlen) in die Reichsmessestadt gekommen, um nach Kundgebungen in Chemnitz, Breslau, Königsberg, zwei Manifestationen in Halle, einer in Köln, nun in Leipzig für die Einheitsfront gegen den Krieg zu werben. [...]

All das fällt mir ein, während ich am 9. April 1985 auf dem Leipziger Ernst-Thälmann-Platz stehe. Er gäbe an diesem Tag partout keine stimmungsvolle Kulisse für eine Kundgebung ab. Die Genossen von »Nordost« helfen sich, indem sie den Ernst-Thälmann-Ehrenhain im Mariannenpark dafür nutzen. Sie wissen, dies ist keine Lösung... und sind optimistisch. Die innerstädtischen Planer wollen in den kommenden fünf Jahren die Gegend zwischen Konrad-, Liebmann-, Ferl- und Torgauer Straße verjüngen. Rund 1300 Wohnungen werden neu gebaut, knapp 240 Domizile rekonstruiert, 83 instandgesetzt. Annähernd 4000 Leipziger sollen dann hier ein schöneres, moderneres Zuhause finden. Für die Jüngsten sind eine Kinderkrippe und ein -garten vorgesehen. Die alte, schöne Turnhalle wird wieder herausgeputzt, Bäume gepflanzt, Rasen angelegt, und ein Ernst-Thälmann-Denkmal wird einmal an jene bedeutungsvolle Kundgebung erinnern, mit der Ernst Thälmann auch in Leipzig versuchte [...], die drohende Katastrophe zu verhindern.

53 Jahre danach, am 9. April 1985, bin ich die gleiche Strecke gegangen: einer, der Thälmann nur aus Liedern, Büchern und Filmen kennt, einer, der nahezu so alt ist, wie es Teddy damals war. Vierzig Jahre trägt die Straße nun seinen Namen – es waren, auch durch seinen Kampf, vierzig Jahre des Friedens.

»Alle in der neuen Zeit erbauten Häuser sind auch modern«

Benjamin Heidecke

1783

Von Paris seinen Blick auf Leipzig wenden, ist eben das, als wenn man das Auge von einem geräuschvollen, schwelgenden, die Laster einer ganzen Nation bis zum Ekel bezeichnenden Gemälde abzieht und ihm eine Szene vorschiebt, wo eine geringe Anzahl Menschen in einer glücklicheren Einfalt lebt. [...]

Darunter denke man sich nicht zusammenhängende, in gleicher Linie schnurgerade fortlaufende, von seiten der Schönheit durchaus gleiche Reihen von Häusern. Es ist ein Mischmasch von großen und kleinen, das Auge beleidigenden Häusern. Gleich als ließen ewige Beschäftigung, Geiz, Armut, Geschmacklosigkeit die Verschönerung nicht zu. Neben dem besten Hause in der besten Straße stößt man auf ein Hüttchen, das einer kleinen Bauerschenke nicht unähnlich sieht. Am Eingange der Petersstraße vom Markte her, in der Hainstraße und Grimmischen Gasse findet man Beweise. Die einzige Katharinenstraße leidet, wenigstens der äußerlichen Erträglichkeit nach, einige Ausnahme. Sonst sehe man den Brühl, die Reichs-, die Ritterstraße, diese kann nur ein von niedrigen Dörfchen die Mauern und Tore einer Stadt zum erstenmale begrüßender Landknabe schön nennen. Die Nikolaistraße, die Fleischer-, die Klostergasse, alles Plätze, wo mehr schlechte als gute Häuser stehn.

Der Leipziger weiß nicht, wie viel die Polizei durch Reinlichhaltung der Straßen zu seiner Bequemlichkeit beiträgt. Die Erlaubnis, wie zu Paris, Mist vor die Türe eines Kranken streuen zu dürfen, würde man nicht einmal erkaufen können. [...]

Die Straßen sind in der Mitte erhöht gepflastert, so daß das Regenwasser sehr leicht ab- und in die an der Seite der Straßen angebrachten Öffnungen der Schleusen hineinläuft. [...] Die Schleusen, die unter den Straßen weggehen, sammeln den durch die geheimen Plätze in den Häusern hineingebrachten Kot, der durch sie aus der Stadt hinausgeführt oder, welches sehr oft geschieht, des Nachts von dazu gedungnen Leuten ausgeräumt und aus der Stadt geschafft wird. Aller Unrat, der außerdem sich auf den Straßen sammelt, muß wöchentlich zweimal vor den Haustüren zusammengekehrt werden, und ein Wagen, der alle Straßen durchstreicht, fährt ihn fort. Daher geht man auf gutem und reinlichem Pflaster und hat nicht, wie zu Paris, nötig, an jeder Ecke einen Schuhputzer herbeizurufen. [...]

Alle in der neuen Zeit erbauten sind auch modern. Gewöhnlich nicht über vier Stock hoch, sucht man eine Schönheit in den Erkern. Sie schaffen dem Nachbar die größte Unbequemlichkeit. Seine Fenster, die darneben sind, nützen ihm kaum. Er kann nicht in der Länge der Straße hinaufsehen, er steckt den Kopf heraus, um – in des Nachbars Erker zu sehen. Und doch nützt dem Besitzer der Erker nichts mehr, als daß er das Tageslicht ebenso leicht verzehrt, als er es auffängt. Die Glastüre zum Erker trägt zur Schönheit der Stube nichts bei, und warum könnte eine Kaffeegesellschaft nicht auch bei dem Fenster einer Stube ohne Erker sitzen und die Vorübergehenden beobachten? In jedem Winkel muß der Baumeister ein Stübchen anbringen, man könnte sie Gelehrtenstübchen nennen. Hinten heraus, die Aussicht auf den Hof, scheuen sich Leute von keinen großen Renten oder von keinem großen Aufwand nicht zu wohnen, obgleich in einem engen Hofe immerfort der Gestank von dem Unflat des Hauses aufsteigt, die Luft vergiftet, und man, je nachdem der Raum ist, kaum ein Stückchen von dem Himmel, von der Sonne fast gar nichts und von den Menschen niemand als die Köchin, die unreines Geschirr auswäscht, gewahr wird. Ein solches Zimmer hat zwar die Bequemlichkeit, daß man das Geräusch der Menschen und der Pferde auf den Straßen nicht hört, aber die Unannehmlichkeiten des Lebens liegen einem doch zu nahe vor den Augen, als daß man sie nicht sehen könnte. Und wie oft geschieht es nicht, daß Familien, die das Hinterteil des Hauses zugleich mit bewohnen, ebensoviel Geräusch verursachen, als auf der Straße kaum vorgeht! Bei dem allen sind die Häuser bis zur fünften Treppe im Hofe unter dem Dache bewohnt, und je mehr reiche Familien Stuben zu ihrer Bequemlichkeit mieten, desto mehr müssen sich ärmere in das hintere verbergen, das von aller Art Leuten vollgepfropft ist und teuer genug bezahlt wird. Eine Familie, die am Markte eine oder zwei oder drei Treppen hoch vorn heraus wohnen will, zahlt drei-, vier- und fünfhundert Taler. In einer andern Straße sind die Preise zwar bisweilen wohlfeiler, aber nicht billiger. Man überrechne, wie hoch sich die Interessen eines Hauses, das zwanzig oder dreißig Stuben hat, belaufen. Noch kommen hinzu die Läden, Niederlagen, Weinkeller; wie reichlich ein solches Haus nicht seinen Besitzer ernährt! Bei solchen teuern Preisen kann man die Abgaben davon nicht übertrieben nennen, und was trägt ein Haus, das über achtzig Stuben hat, und deren es einige hier gibt, nicht ein?

Die Möblierung der Zimmer übersteigt nicht, wie die jener Pariser Familien, die Kraft der Einbildung; sie ist sehr einfach. Wie oft fehlen ihnen nicht die schönen Gemälde, die einen für eine schale Gesellschaft schadlos halten können! Gold und Silber, eine Kaffeekanne, wo die ganze Ahnenfolge darauf steht, findet ihr nicht. Auf dem Kanapee liegen ein paar französische oder deutsche Romane, und daneben sitzt eine gähnende oder seufzende Dame. Ehemals verschrieben sie sich zur Gesellschaft ein paar Bologneser Hündchen, aber ihr Humeur hat sich, seit die Romane gäng und gäbe sind, geändert.

Gassen und Gäßchen

J. M. Braun
1837

Die Stadt Leipzig war anfangs in Gestalt eines Dreiecks gebaut, und nahm erst nach und nach, vielleicht erst seit dem Ende des 13. Jahrhunderts die eines Vierecks an. Vor allen aber blühte sie nach ihrer äußern Gestalt, nach dem Siebenjährigen Kriege empor, wozu die Sorgfalt des berühmten Bürgermeisters Dr. Karl Wilhelm Müller nicht wenig beitrug. Sie teilt sich in die innere Stadt, und die äußerst geräumigen Vorstädte, welche, seitdem die finstern, engen Tore der ersteren größtenteils verschwunden sind, nur noch die immer verschönerten Anlagen, eine wahre Zierde Leipzigs, scheiden. [...]

Die innere Stadt wird in vier Viertel geteilt, was auf die Vorstädte angewandt, ebenfalls vier derselben bildet. Die erstere enthält acht und die letzteren zeigen sieben Plätze, welche später noch näher erwähnt werden sollen, ebenso wie die sechzehn Hauptgassen und dreizehn kleinern Gäßchen, welche die innere Stadt, und die neunundzwanzig Gassen und Gäßchen, welche die Vorstädte durchschneiden, wozu sich in der innern Stadt noch siebzehn Hausdurchgänge gesellen. – Am Ende des Jahres 1834 belief sich die Zahl der Gebäude auf 1448 bewohnte und 20 unbewohnte; ist aber seitdem bedeutend gestiegen, da in Folge des durch die Zeitverhältnisse erregten Lebens immer größerer Anbau stattfindet. Die Häuser sind zwar numeriert, allein durchkreuzen sich leider in den, an den Ecken durch beschriebene Bleche angezeigten Straßen; daher wir später diese Zahlenordnung bei den Wanderungen durch die Stadt verlassen. Im Ganzen sind die Straßen mitunter etwas eng, aber immer reinlich gehalten, und werden nachts durch 700 Laternen erleuchtet.

»Wenn hier das Deutsche Kapitol sich erhebt«

N. N.
1848

In der heutigen Nummer der Leipziger Zeitung ist der Vorschlag besprochen, das deutsche Parlament, welches offenbar in Frankfurt nicht bleiben kann, teils weil dieses an der westlichen Grenze des Reichs und einem feindlichen Angriffe auf das Äußerste bloßgestellt liegt, teils weil seine Eisenbahnverbindungen nach Norden und Osten allzuviel zu wünschen übriglassen, nach Leipzig zu verlegen. Diese Idee ist aber keineswegs neu; sie ist bereits in Nr. 254 der Illustrirten Zeitung vom 15. Mai ausführlich besprochen, und es beweist nur, wie gern Leipzig über fernliegenden Streitigkeiten und unnützen Fragen die Erörterung solcher Angelegenheiten vergißt, die ihm zunächst liegen sollten und für seine Gegenwart und Zukunft entscheidend sind. Wir lassen hier die betreffende Stelle folgen, die aus dem Artikel »Leipzig aus der Vogelschau« entnommen ist, indem er nach kurzer Schilderung der Zustände Leipzigs, auf seine Stellung zu Deutschland und zum Welthandel näher eingeht, wo es dann heißt: »Wenden wir uns ab von diesem Einblick in das Innere der Häuser; lassen wir lieber das Auge auf der lachenden Oberfläche haften, auf den stattlichen Gebäuden, umkränzt vom grünen Wald; fassen wir die freundliche Seite in das Auge; erinnern wir uns, wie neu diese Schöpfung ist, was Leipzig war, was es ist, was es werden kann. Noch vor weniger als einem Vierteljahrhunderte ein verhältnismäßig unbedeutender Platz, nur durch seine Messen im Auslande bekannt und nur um der glatten Gefälligkeit seiner Einwohner willen geliebt, ist es jetzt schon zum unersetzlichen Stapelplatz festländischen Gewerbfleißes geworden und ein wichtiger Knotenpunkt des deutschen Eisenbahnnetzes; es wird nur von ihm abhängen, sich zu einer nie geahnten Größe aufzuschwingen, wenn es jetzt die Bedeutung der Zeit mit sicherm Blicke ermißt und seinem günstigen Tage mit raschem Entschlusse und glücklicher Tat alle diese Vorteile abgewinnt, die ihm halb bewußtlos entgegengetragen werden.

Allein es darf nicht müßig bleiben, nicht zaghaft die Hand in den Schoß legen, nicht auf die fertige Schüssel warten, sondern es muß seinem Sterne vertrauen, es muß den ausgetretenen Weg verlassen und sich an die Spitze der materiellen Bewegung stellen, wie es sich mit Erfolg an die Spitze der geistigen Bewegung der Zeit gestellt hat. Nicht von den einzelnen ist heute das Heil zu erwarten; die Gemüter sind erschlafft, die Kräfte sind erlahmt, die Geister unter dem Drucke der gegenwärtigen Tage gehalten; die Stadt muß handeln und die Bürgerschaft begreifen, daß es heute oder nie an der Zeit ist für Leipzig, die Bedeutung einer Weltstadt zu erringen, indem es mit fester Hand die Zügel ergreift und Sachsens Gewerbfleiß von dem Abgrunde zurückreißt, an dessen Rande er steht.« [...]

»Für Leipzig bietet sich aber auch noch ein anderer Weg dar, zu großer vaterländischer Bedeutsamkeit zu gelangen. Es ist bereits allgemein anerkannt, daß Frankfurt hart an der französischen Grenze gelegen, nicht länger die deutsche Bundesstadt bleiben kann; es muß schon aus Rücksicht für die neu eingetretenen Bundesglieder von Ost- und Westpreußen eine Stadt gewählt werden, die mehr in der Mitte von Deutschland gelegen ist. Leipzig eignet sich zur Bundesstadt wie wenige andere; nicht bloß, weil auf seinen Feldern die deutsche Freiheit vom ausländischen Joche errungen worden ist, sondern noch mehr, weil es unter allen Städten inmitten des Landes die meisten Eisenbahnverbindungen besitzt, und mithin allen Abgeordneten die größte Leichtigkeit der Zusammenkunft darbietet. Noch aber hat das deutsche Reich kein Geld, und wer ihm jetzt die Errichtung der nötigen Gebäude für den Sitz des Bundestages bietet, dem wird es gern einen Mietzins bewilligen, der zugleich die Tilgung des Baukapitals gestattet und bei seiner Wahl vor allen andern Städten den Vorzug geben. Leipzig hat, wenn nicht Geld doch Kredit genug, um ein solches Erbieten zu machen, und sage jeder sich selbst, was wird Leipzig sein, wenn hier das deutsche Kapitol sich erhebt und Deutschlands Gesetzgeber in seinen Mauern sich versammeln. Auf derselben Höhe, wo jetzt der Napoleonsstein uns an die Stunden der tiefsten Erniedrigung erinnert, müssen die Kuppeln des deutschen Bundessitzes sich erheben, und unzählige Jahre des Ruhmes müssen an die Tage der Völkerschlacht bei Leipzig, in ununterbrochener Folge sich knüpfen.« [...]

Geschrieben am 6. Juli, im ersten Jahre der Wiedergeburt Deutschlands.

Sehenswürdigkeiten

Hans Reimann

1929

Es ist kein Kunststück, sich in Laibzj zurecht zu finden. Die Stadt ist sehr übersichtlich angelegt. Man kann sich kaum verlaufen. Die eine Achse läuft von Gohlis-Eutritzsch (Nordstraße, Katharinenstraße, Südstraße) gen Connewitz, von Norden gen Süden; die zweite Achse läuft von Neustadt-Sellerhausen-Volkmarsdorf (Eisenbahnstraße, Tauchaer Straße, Tröndlin-Ring, Ranstädter Steinweg) gen Lindenau-Leutzsch, von Osten gen Westen.

Angenommen, du logierst im Hotel Astoria und verläßt dessen Portal, so wende dich bitte rechterhand nach dem Alten Theater und schreite alsdann in Richtung Zentraltheater weiter. Nach wenigen Minuten erreichst du ein mystisches Gebilde, einen elenden Sockel, mit verwelkten Blümchen garniert, etwas Zement und etwas Bretterwerk, links und rechts je eine traurige Treppe und auf dem Sockel absolut nichts. Das ist das Richard-Wagner-Denkmal. Beaugenscheinige es genau. Es ist eines der komischesten Denkmäler Deutschlands. Steige nachdenklich die eine der Treppen hinan und sprich einen Vorüberstiefelnden harmlos an: was denn der Sockel zu bedeuten habe. Unter zehn Angesprochenen werden dir acht versichern, es handele sich hier um das Richard-Wagner-Denkmal. (Sprich überhaupt möglichst viele Menschen in Laibzj an. Es ist immer aufs neue neckisch. Wer nicht sattelfest ist im Kapieren des Dialekts, wird zunächst glauben, die Laibzjr haben sich verschworen und parodieren sächsische Komiker. Das ist nicht der Fall. Sie folgen einem inneren Triebe.)

Hinter dem Richard-Wagner-Denkmal (das du photographieren solltest) erhebt sich die Matthäikirche, die quasi in Wohnhäuser eingebettet ist. Sie existiert in Klammern. Ihr Oberhaupt war undenkliche Jahre lang der Pastor Pescheck, ein alter Freund meines Vaters. In der Matthäikirche wurden meine Eltern getraut. Rings um die Kirche wohnten meine Paten. Sie hatten durchweg Leichen-Bestattungs-Geschäfte; denn Kindstaufe und Tod gehören zusammen im menschlichen Leben. In einem der Leichen-Bestattungs-Geschäfte stand einst ein sauber gemaltes Schild aus, das sich zutiefst in mein kindliches Gemüt eingrub. Es enthielt den Text:

»Leichenfrau wird auf Wunsch bestellt.«

Immer kulant, immer bereitwillig – so lobe ich mir meine Paten, die neben der Bestatterei auch Kutschwagen betrieben, mit denen Vater Reimann fast jeden Sonntag zu ermäßigtem Preis in der Umgebung herumsprengte.

Vom Matthäikirchhof schlängele dich durch Fleischer- und Klostergasse nach der Thomaskirche, deren großes X mit hineingekreuztem P das Monogramm Christi bedeutet; denn im Griechischen ist das P ein R. Überquere die Promenade (den alten Stadtgraben und Wall) und verschwinde in Apels Garten. Hier wird dir ein vieleckiges Haus auffallen, worinnen dermaleinst galante Damen gehalten wurden. Gegenüber, schmuck und schlicht und unerwartet, steht eine Dépendance der Synagoge.

Es ist eine umgearbeitete Turnhalle. Tritt ein. Wenn du Glück hast, ist Festtag und rechts an der Tafel steht: »Heute betet Wilkomirsky«. Was Rosenblatt in New York und Fleischmann in Köln, das bedeutet Wilkomirsky den Juden in Laibzj. Behalte den Hut auf dem Kopf und menge dich keck unter die geräuschvolle Menge. Und kauf dir in der nächsten Buchhandlung Sammy Gronemanns »Tohuwabohu«, wo du die wunderlichsten Dinge über das Judentum erfährst.

Über die Zentralstraße hinweg gerätst du in die hintere Öffnung des scheußlichsten Gebäudes, des Künstlerhauses, von oben bis unten im Jugendstil gebaut und nun Anachronismus geworden. Hast du es unter Zahnschmerzen durcheilt, so atmest du frei auf, denn der Nikischplatz hat etwas Idyllisches. Halblinks das Eckhaus wurde von Nikisch bewohnt. Es ist großartig und bunt.

Zurück über Dorotheenplatz und Zimmerstraße lenke den Schritt in die Moritzstraße hinein und verrichte eine winzige Andacht vor dem Hause, das vormals den »Blauen Affen« beherbergte, die berühmteste Luststätte Laibzjs. In unmittelbarer Nähe der katholischen Kirche.

Von hier ist es ein Katzensprung zum Neuen Rathaus, dessen Turm zu befahren dir dringend angeraten sei. Man melde sich im Erdgeschoß. Die Beamten sind das Gegenteil von Beamten. Der Verkehr mit Gästen hat sie zur Liebenswürdigkeit erzogen. Ein wahrhaft scharmanter Ratsdiener geleitete mich im Fahrstuhl zum Turm. Im Fahrstuhl unterhalte dich mit deinem Führer, der dir bezeugen wird, daß selten eines Eingeborenen Fuß den Rathausturm betrat, und nimm das Schildchen zur Kenntnis, daß unten in der Wachs-Tube ein Telephon sei. Mit der Wachs-Tube ist die Wach-Stube gemeint. Oben, in der Dachkammer, häufen sich erstaunliche Plastiken, in Dornröschenschlaf versetzt. Und ganz oben, auf dem Turm, hast du die Stadt vor dir ausgespreitet. Sie ist grüner, als du ahntest. Und kleiner. Und greifbarer. Denn die perspektivische Verkürzung gestaltet Spielzeughaftigkeit.

Halte auch Umschau im Rathaus selbst und erbaue dich an den künstlerischen Leistungen aus der »Jugend«- und »Scholle«-Zeit. Du findest hier manchen Mitarbeiter des seligen Dr. Georg Hirth vertreten, darunter den Sohn des verstorbenen Oberbürgermeister der Stadt, den Walter Georgi.

Die Architektur des Rathaus-Saales mutet mich närrisch an: sie ist nur scheinbar. Nämlich gemalt.

Draußen, an der Uhr, ist die Inschrift zu lesen:

Mors certa – hora incerta.

Als Sekundaner übersetzten wir das mit: »Todsicher geht die Uhr falsch.« Dennoch geht sie richtig. Denn sie zeigt dir, daß du Zeit genug hast, Einkehr im Ratskeller zu halten und einen Schoppen zu vertilgen.

Und nun hinüber zum Reichsgericht. Man führt dich, so du Gewicht darauf legst. Lege in Laibzj Gewicht auf Führungen. Du beziehst Erläuterungen der Wandelhalle und ihrer vier gemalten Fenster: 1. Hamburg-Lübeck repräsentieren Handel und Schiffahrt, 2. Königsberg und Marienburg repräsentieren die Landwirtschaft, 3. Köln und Straßburg repräsentieren die Industrie, und 4. Nürnberg und Augsburg repräsentieren die Kunst. Hier repräsentiert alles. Der Bau selbst repräsentiert einen vorkriegerischen Wert von sieben Millionen. In den Zwickeln der Kuppel sitzen: 1. die Entschlossenheit (mit dem Schwert), 2. die Klarheit (mit dem Spiegel), 3. die Milde (mit der Lilie) und 4. die Weisheit (mit dem aufgeschlagenen Gesetzbuch). Bei einigem Zureden wird dir ein Gang durch die mit 260 000 Bänden juristischer Natur angefüllte Bibliothek gewährt. Der Präsident Simons residiert in einer von Zwangseinquartierung verschonten Flucht von Gemächern. Und auf dem Gebäude (Ecke Wächter- und Seyfferthstraße) qualmt ein wenig stilvoller Schornstein. Was er repräsentiert, ist mir unbekannt.

Vor dem Reichsgericht ist ein Platz. Auch dieser repräsentiert. Hier nämlich finden sämtliche Meetings der Kommunisten statt. Und das Reichsgericht schaut in ohnmächtigem Schweigen auf das rote Rot hinab.

Alsdann wandle die Burgstraße entlang bis zum Sporergäßchen, biege ein in die Petersstraße und trachte zum Alten Rathaus, das eine der sehenswürdigsten Sehenswürdigkeiten Laibzjs beherbergt: das Modell der Völkerschlacht bei Laibzj.

Hauptbahnhof

Uwe Johnson
1961

Der Bahnhof saß so breit auf dem unbebauten Platz (in dessen Mitte früher eine dichte Kette von Hotels die Ankömmlinge begrüßt hatte), daß er seinen amtlichen Namen zur Seite drückte, damals wie heute trafen sich die Straßenbahnen fast sämtlicher

Richtungen auf dem Bahnhof-Vorplatz und nicht auf dem der Republik oder dem des geschlagenen Generals, der vor dreißig Jahren dem deutschen Staat vorgestanden hatte. Auch faßten getrennte Fahrbahnen an seinen Kanten den städtischen Ziel- und Quellverkehr und schleusten ihn nach allen Seiten. So war der Bahnhof Treffpunkt für die Bewohner entgegengesetzter Stadtteile, er lag inmitten, und überhaupt günstiger für den Aufenthalt, da die Straßen der Innenstadt nur die Hälfte des Tages Mahlzeiten oder Waren oder Unterhaltung anboten. (Darum wollten Abend und Nacht Karsch mitunter noch benutzbarer vorkommen.) Das mächtige graue Gebäude zog östlich und westlich mit hohen Hallen auf den Platz und betrat die Straße, vor der zurückgesetzt verbindenden Front begaben sich die Anfahrten der Mietautos und Lieferwagen. Wie die Ziegelmauer außen verkleidet war mit heldenhaft zerklüftetem Sandgemisch (das heißt rustiziert), so waren innen die hohen Deckengewölbe aus klassischen Kassetten gebildet und von stämmigen Säulenpfosten unterstellt und zeigten nicht den Stahl, der sie eigentlich hielt. Nur ein kleiner Teil der unbenutzbaren Höhe war besetzt mit Verkaufsräumen für Blumen Lebensmittel Fahrkarten Reiseandenken Tabakwaren, in ihrer Größe auch hielt sich die lange Höhle des unteren Durchgangs zur Schwesterhalle; war einer die flachen Stufen zu den Zügen hinaufgestiegen, sah er winzig im Raum geduckt die Holzbuden der Fahrkartenausgabe von oben und ihre staubigen Dächer. Von der Treppe aber trat man auf die geräumige quere Plattform, die auf Stahlbögen in Höhe des Himmels schwere Überglasung trug und überging in den vergitterten Zugang zu dreißig Bahnsteigen nicht auf einen Blick zu übersehen. Unterteilt in sechs Hallen kam das rauchgeschwärzte Dachgewölbe über den Gleisen an die Pfeiler der Querplattform gestützt, dicht unter ihnen hielten die Lokomotiven, überqualmten Kontrollhäuschen und Verkaufsbuden und Gepäckfahrstühle, und waren zu sehen aus den oberen Etagen der Restaurants Treppenhäuser Diensträume, die die hohe und sanfter rustizierte Fassade gegen die eigentliche Zughalle füllten. In diesen Gewölben aber oben und unten kreiselte und strömte tags unendlich und nachts noch dicker Gewimmel von Menschen, von denen weniger abfuhren oder ankamen oder Gäste begrüßten. Bis spät in die Nacht war hier Zeit hinzubringen in den Gaststätten beim Friseur in den Geschäften mit Verabredungen und Spazierengehen inmitten von Gesichtern und Gesten, die unablässig in andere übergingen und andere wurden, selbst das Erwartete kam überraschend und regte auf und bedeutete ferne Städte und die Nacht jenseits der Häuserversammlung und die kräftige Schnelligkeit der Maschinen und plötzlich kenntlichgemachtes (fremdes verwandtes eigenes) Gesicht: zusammengefaßte Bewegung des Lebens und mehr als zu sehen war. [...]

Die gegenwärtige Folge der Züge an den dreißig Bahnsteigen war (verglichen) spärlich locker, denn das Land unterhielt wenig Verkehr mit den westlichen Gebieten; auch war die Reisegeschwindigkeit lahmer als vor dreißig Jahren, so daß die Ankunft der ausrollenden Maschinen weniger stolze Freude und Gewalt in die Hallen brachte. Die Hallen hatten acht Jahre lang inzwischen nackt unter den Stufen des Dachgerüstes gelegen, dann wurden die waagerechten mit Holz und die senkrechten mit Drahtglas abgedeckt, der Regen wartete nicht mehr mit den Reisenden auf die Züge, aber die Halle war dunkler als sie gewesen war. Den Querbahnsteig hatten Bomben im letzten Kriegsjahr bis in die untersten Stockwerke der Lagerräume aufgerissen, noch vor der Kapitulation wurden Zementplatten verlegt und unter ihnen Böden neu eingezogen, bis vor wenigen Monaten aber hatten die Lampen auch den dunklen Himmel beleuchtet, wir standen und redeten in der freien Luft, der Wind schlug von oben herein, das unverstellte Licht erinnerte uns, daß vor dem Bahnhof der Abend stand oder der frühe Nachmittag: erzählte Karin, das hat er von ihr. Jetzt standen auch die Pfeiler zwischen den Längshallen und der queren erneut, einzeln und unverbunden ragten sie entlang der einen Hälfte, während hinter Absperrwänden auf der anderen ein überhoher Kran auf breiter Schienenspur schreitend den fertig montierten neuen Dachstuhl auf

Pfeiler und Fassadenkante senkte; manche Fenster standen noch hohl und ausgefranst offen gegen den Himmel, aber über den unverdrossen leuchtenden Neonröhren krochen Maurer in ihren weißen Kitteln auf Gerüsten und bauten die Front wieder hoch bis zur Kante des künftigen Dachs. Das Menschengedränge heutzutage war eher dichter, denn abwechselnd waren die beiden großen Unterhallen zugestellt für Leitern und Balkenetagen, von denen aus die Kassetten und Säulen abgescheuert und ausgebessert wurden; unter Gerüstleitern und zwischen gewundenen Bretterwänden rieben sich die Fäden entgegengesetzter Gehströme an einander, vor den verbliebenen Verkaufsständen wuchsen die Schlangen mit jedem Glied krümmer, der Verkehr mit den Bahnsteigen wurde durch enge Tunnels gepreßt und quoll dicker auf in der Enge des offenen Raums. Gepäckkarren umgingen die blockierten Fahrstühle über den dichtbestandenen Gehweg Schritt für Schritt als gingen auch sie, Frauen in blauen Kitteln holten mit meterbreiten Besen Staub und Abfall zwischen den Beinen geruhiger Passanten hervor, aus den nicht mehr sichtbaren Lautsprechern dröhnten die Ansagen, zwei Betrunkene schlugen sich und waren zehn Meter weiter nur zu vermuten als Kern kreisenden Gedränges, um die freien Bahnsteigöffnungen standen Halsreckende beim Warten zu Bögen gepreßt, die Verkäuferinnen arbeiteten zu dritt an ihren kleinen Fensterläden und bewegten sich schnell und schweigend, die Restaurants waren voll besetzt, das Nonstopkino wurde von dichten Gruppen bedrängt, vor den nur zur Hälfte geöffneten Fahrkartenschaltern setzten Molen an aus Menschen Gepäckstücken ohne abzureißen quer zum Strom der Fortgehenden oder Ankommenden, der jeden an der kunststeinernen Tafel neben den Schwingtüren vorbeischwemmte und ihn wissen ließ, daß die Westhalle an einem Mittag im Juli von amerikanischen Terrorbombern in Schutt gelegt worden und wieder aufgebaut sei mit Hilfe der siegreichen Sowjetunion.

7. Älteste Ansicht des Lotterschen Rathauses von 1593. Früheste Darstellung des 1556 erbauten Rathauses in einer Flugschrift von 1593.

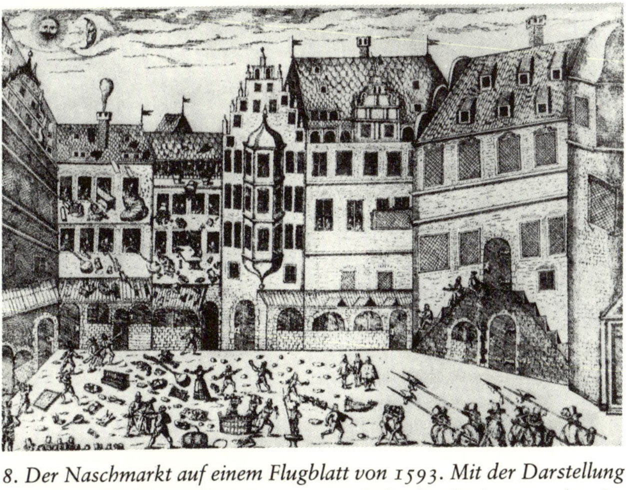

8. Der Naschmarkt auf einem Flugblatt von 1593. Mit der Darstellung des Sturms auf die Calvinisten-Häuser; links das Rathaus, rechts das 1572 erbaute Schuh- und Pelzhaus.

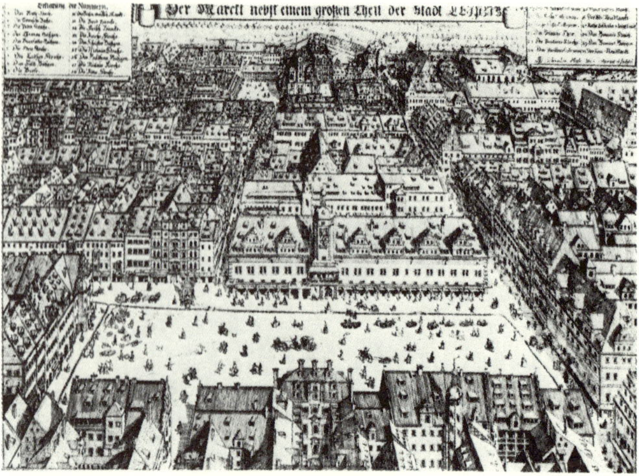

9. *Markt und Innenstadt, 1712.*

10. *Markt und Rathaus um 1700.*

3. *»Leipzig hat mit seinen Bauten entschieden Glück«*

Häuser

Ulrich Berkes
1976

Die stadt hat gesichter aus stein. Ornamentale portale laden ein: betreten erbeten. Wir hausen hinter dem rauhputz der haut, unter giebeln und simsen. Hier sind viel gealtert, blatternarbig verfallen die kahlen fassaden. Daneben richten sich aluminiumquader jugendlich auf, sie spiegeln silbern die sonne. Das licht dringt durch die fenster frontal wie in groß geöffnete poren und wir atmen den schwachen gasduft der luft. Der warme wind wird doppelt gekämmt von den antennen, die uns unterhalten am taubenblauen abend. Morgens verlassen wir die wohnungen, sie warten und wissen: wir kommen zurück. Ziehen wir um zu andern planeten, und noch kennen wir keinen beßren, oder sterben wir einst an strahlen, dann steht stumm eine zeit und arm die architektur, bis sie zu riesigen ruinen allmählich zerfällt. So verliert ohne uns der stein sein gesicht.

Ortsplan Leipzig

Rat der Stadt
1950

Man schrieb Dienstag, den 12. Juli 1949. Zu einer außerordentlichen Sitzung hatten sich die Stadtverordneten im Belegschaftsraum des Leipziger Großbetriebes Louis Schopper versammelt. Nicht von ungefähr war man gerade auf diesen Tagungsort zugekommen, galt es doch nicht nur die enge Verbundenheit des Stadtparlaments mit der schaffenden Bevölkerung zu bekräftigen, sondern den Werktätigen zugleich für ihre stolzen Leistungen bei der Erfüllung unseres Wirtschaftsplanes zu danken. So war denn auch die Berichterstattung über die Erfolge der Leipziger Betriebe im ersten Halbjahr des Volkswirtschaftsplanes der einzige Tagesordnungspunkt dieser bedeutsamen Sitzung. Und man hätte fürwahr keine würdigere Versammlungsstätte finden können als gerade jenen Großbetrieb, der an der Steigerung der Produktion einen so gewichtigen Anteil hat. Stark und aufrichtig war der Beifall, als bekanntgegeben wurde, daß die Leipziger Werktätigen das Plansoll des ersten Halbjahres 1949 mit 110,4 Prozent erfüllt haben.

Was aber lag, noch unter dem Eindruck dieser stolzen Erfolge, näher, als auch für die Stadt einen derartigen Plan zu erwägen, der analog zum Volkswirtschaftsplan im Ortsmaßstab alle Möglichkeiten zur Verbesserung des Lebens ausschöpfen, den Wiederaufbau Leipzigs beschleunigen und der schöpferischen Mitarbeit der Bevölkerung an allen kommunalen Aufgaben eine noch breitere Grundlage geben sollte! Was sich im Wirtschaftsleben so fördernd und erfolgreich erwies, mußte auch dem kommunalen Leben einer Stadt ungeahnte Impulse verleihen. [...]

Nachdem die groben Umrisse des Planes feststanden, konnte man über ihn auch mit der Bevölkerung sprechen. Über eines war man sich von vornherein klar: sollte die Arbeit ein durchschlagender Erfolg werden, so durfte die Planung sich nicht auf die Verwaltung beschränken, sondern man mußte gerade der Bevölkerung Gelegenheit geben, dazu Stellung zu nehmen und an ihr mitzuarbeiten.

Vier große Veranstaltungen in Leipziger Betrieben gaben den Auftakt. Ihnen folgten acht Einwohnerversammlungen in den Verwaltungsbezirken, in denen die Leipziger Stadträte aller Parteien mit der Bevölkerung über den Plan sprachen. Der Erfolg war überraschend. Hatten die Skeptiker anfangs davon abgeraten, weil sie das Interesse der Öffentlichkeit an kommunalen Dingen unterschätzten und argwöhnisch meinten, dabei käme doch ohnehin nichts heraus, so wurden sie durch die Ergebnisse dieser Versammlungsreihe glänzend widerlegt. Wo immer in den vollbesetzten Sälen die Ratsmitglieder den Ortsplan erläuterten, folgten ihnen die Leipziger mit Aufgeschlossenheit und Aufmerksamkeit. Manch brauchbarer Hinweis wurde gegeben und viele wertvolle Vorschläge konnten in den Plan aufgenommen werden. Sie wurden unverzüglich von den dafür in Betracht kommenden Ämtern bearbeitet und dann, soweit möglich, in den Plan aufgenommen.

Nun freilich begann die Hauptarbeit. Die vielen hundert Vorschläge, Anregungen und Hinweise galt es miteinander abzustimmen und Stück um Stück zu einem großen, bis in seine Einzelheiten konkret festgelegten Arbeitsprogramm zusammenzustellen.

Beispiele

Stadtgebiet

5 000 000 Mauersteine bergen, abputzen und stapeln im Rahmen der Hilfsaktion »Wir bauen auf« (entspricht einem Wert von 240 000 DM) 31. 12. 49

3 000 000 Mauersteine bis zur Straße verladebereit treiben im Rahmen der Hilfsaktion »Wir bauen auf« (entspricht einem Wert von 5975 DM) 31. 12. 49

10 000 cbm Schutt lösen, verladen und abtransportieren im Rahmen der Hilfsaktion »Wir bauen auf« (entspricht einem Wert von 110 000 DM) 31. 12. 49

Richard-Lehmann-Straße 2

Schuttberäumung in der Stadtgärtnerei 15. 09. 49

Karl-Marx-Platz

Teilenttrümmerung des Operngeländes 31. 12. 49

Enttrümmerungsarbeiten der Ruine des Museums der bildenden Künste 31. 12. 49

Liebigstraße

Abtransport der noch auf dem Krankenhausgelände liegenden Trümmermassen der Stationen 2, 10 und 11 30.09.49

Dieskaustraße 213

In der 56. Grundschule werden 350 qm Wandtafel gestrichen und die Abortsitze instand gesetzt 01.10.49

Scharnhorststraße 15

In der Goetheschule werden im alten Teil Dachreparaturen ausgeführt. Erneuerung von Laufbrettern und Leitern. Verbesserung der Wege zur Kohlenanfuhr. Verbesserung der Turnhalle. Fertigstellung des 2. Obergeschosses des zerstörten Teiles sowie verschiedene Instandsetzungsarbeiten 31.12.49

Preußenstraße

Ausführung von Verfugungs-, Steinmetz- und Gartenarbeiten; sowie Auswechslung des Baumbestandes am Völkerschlachtdenkmal 31.12.49

Exzesse und Noblesse des späten 19. Jahrhunderts

Eduard Beaucamp

1968

Vor einem halben Jahr gab es in der Leitung der Leipziger Stadtplanung einen großen Eklat mit nachfolgenden Entlassungen und Umbesetzungen. Die Stadtväter wollten das Tempo des Ausbaus beschleunigen und warfen den verantwortlichen Architekten vor, vom Zentrum zu Wohnbausiedlungen an die Peripherie ausgewichen zu sein. Der weitere Ausbau der Innenstadt macht einen rigorosen und höchst unpopulären Durchgriff in der Bereinigung alten bebauten Geländes notwendig; davor scheuten die Architekten immer wieder zurück. Unter den ehrgeizigen Plänen bis Mitte der siebziger Jahre steht nach den letzten Beschlüssen die endgültige Neugestaltung des Stadtkerns samt der Neuordnung der Ausfallstraßen obenan.

Am Ende wird sich die Silhouette Leipzigs verändert haben; vor allem Hochhäuser stehen auf dem Programm: ein in der Plansprache »Y« genannter Mehrzweckbau oberhalb des Karl-Marx-Platzes, ein weiterer am Engelsplatz, schließlich ein auf hundert Meter Höhe berechnetes Hotelhochhaus am Bahnhof gegenüber dem Hotel Astoria. Sie werden die künftigen Dominanten im Stadtbild sein. Zweites großes Projekt ist die Anlage eines Wohngebietes von den Dimensionen einer eigenen Stadt entlang der Straße es 18. Oktobers, die zum Völkerschlachtdenkmal hinausführt.

Nichts wiegt leichter, nichts ist flüchtiger in diesem Land als Pläne. Aber die Weichen sind gestellt. Für das größte Teilprojekt der Innenstadt, den Neubau der Universität und damit den Abschluß des Karl-Marx-Platzes, sind die Termine fixiert. Die meisten Institute sind aus der alten Universitätsruine bereits ausgezogen und haben sich über die ganze Stadt in Notunterkünfte verteilt. Ende Mai wird die Universität geschlossen. Bis zum 1. Juli haben die beauftragten Berliner, Hallenser und Leipziger Architektenkollektive dem Stadtrat ihre Baumodelle einzureichen. Der Abriß der mit einer Verbindungswand auch statisch eng mit dem Universitätsgebäude zusammenhängenden spätgotischen Augustinerkirche war keine ausdrückliche Bedingung bei der Ausschreibung. Aber jeder, den man in der delikaten Angelegenheit befragt, vermeidet eine offene Sprache und schiebt dafür die neugotische Fassade, die man dem Platz nicht erhalten brauche, als ein die ganze Kirche diskreditierendes Argument vor. Die Hoffnung, die Universitätskirche zu erhalten, ist gering, zumal der Stadtrat im vergangenen Jahr überraschend den Bau einer neuen katholischen Kirche genehmigte und sich damit gegenüber allen praktischen Einwänden der Kirche freie Hand geschaffen hat.

Künstlerische Skrupel haben sich dem Plandenken zu beugen. Durch den Plan werden bevorzugte Objekte für eine Restauration bestimmt. Mit welcher Sorgfalt und Mühe dabei vorgegangen wird, beweisen nicht nur die beiden anderen Stadtkirchen, das Alte Rathaus, das Juwel der Alten Börse oder die Partie der Kleinen Fleischergasse mit dem »Kaffeebaum«, man kann es zur Zeit auch an den komplizierten Holzverschalungen der Fassade des alten patrizischen Romanus-Hauses in der Katharinenstraße, die als Einheit wiederhergestellt ist, beobachten. Derselbe Plan geht an anderer Stelle über die Denkmäler hinweg. Zukunft ist ein absoluter Wert, besonders an so exponierten gesellschaftlichen Stellen wie dem größten Platz der Stadt, der dazu ausersehen ist, die Architektur der neuen Gesellschaft zu demonstrieren.

Zwanzig Jahre manifester »Zukunft« sind bereits zu übersehen, die Beispiele liegen in Leipzig nah beieinander: Der Weg geht vom Ring-Café mit seiner Türmchenverzierung im stalinistischen Stil (um 1950) und der auf klassizistische Attribute zurückgreifenden Oper (1956 bis 1960) über das noch ebenso kompromißhafte Hotel Astoria (um 1960) zu den eigentlich modernen, in Fertigbauweise über einem Stahlbeton-Sockel errichteten Bauten der Hauptpost (1963), den Hotels »Deutschland« und »Leipzig« (beide 1965), dem Pelzhochhaus am Brühl (1966) und schließlich zu dem mit schimmernder Aluminiumhaut verkleideten Konsument-Kaufhaus, das im August vollendet sein soll. Es ist demnach der lange im Westen praktizierte industrielle Montagestil, in dem die propagierte sozialistische Architektur ihre Verwirklichung sucht. In dieser Form werden auch die Universitätsneubauten (ein langgestrecktes Hörsaalgebäude im Westen und ein weiterer Bau gegenüber an der Stelle des alten Museums) den Karl-Marx-Platz abschließen.

Trotzdem ist das späte 19. Jahrhundert in seinen Exzessen, aber auch seiner Noblesse nirgendwo mehr so mächtig wie hier. Jenseits des Ringes, dem abenteuerlichen »Neuen Rathaus« gegenüber, gerät man in ein ganzes Areal wilhelminischer Paläste, das Reichsgericht bildet die Front, dahinter liegen die Musik-, Theater- und Kunsthochschule, die noch halb in der Ruine steckende Universitätsbibliothek und das ausgebrannte Gewandhaus, der schönste und traditionsreichste Bau, ein schlankes, wohltuend proportioniertes Schiff mitten unter den ungefügen Palästen, das in diesen Wochen niedergerissen wurde, nachdem sich das Orchester selbst für einen Neubau am Ring entschieden haben soll.

Zwei politischen Daten verdankt das kolossale, kuppelbedeckte Reichsgerichtsgebäude (aus der Familie des Brüsseler Justizpalastes und Berliner Reichstages) seine heutige Wertschätzung und Restauration, obwohl beide Episoden im Widerspruch zum Haus und seinem Geist standen. Karl Liebknecht wurde hier 1907 wegen seiner Schrift »Militarismus und Antimilitarismus« als Hochverräter angeklagt, und 1933 stand Georgi Dimitroff, der bulgarische Revolutionär, im Reichstagsbrandprozeß als angeblicher kommunistischer Verschwörer vor dem Gericht. Vom ausgedehnten Vorplatz, wo die Leipziger Aufmärsche und Paraden stattfinden, betritt man über Auffahrt und Treppe die Säulenvorhalle und steigt innen wie in einem Tempel zur lichtdurchfluteten Kuppelhalle herauf, in der von oben herab eine blutrote Fahne mit dem Bild Lenins in eine Ausstellung mit Erinnerungsstücken aus der Geschichte der Revolution herabhängt. Aus dem Reichsgericht ist ein Pantheon des Sozialismus geworden.

Bürgermeister und Baumeister (nach 1600)

Gustav Wustmann
1885

Wenn ein Fremder, der die Geschichte Leipzigs nicht kennt, zufällig einen Blick täte in einen Band des Leipziger Adreßbuches aus dem vorigen Jahrhundert [...] so würde er höchlich erstaunen über die große Zahl von Baumeistern, welche die Stadt damals gehabt hat. Was mögen diese Leute alle zu bauen gehabt haben, würde er fragen. Und wie kommt es, daß die allgemeine Kunstgeschichte von keinem einzigen dieser Baumeister Notiz genommen hat? – Sie hatten eben nichts zu bauen, sondern führten den Namen Baumeister nur als einen schönen Titel. Die Ehrenstellen nämlich, zu denen ein Leipziger Bürger früher im Regimente der Stadt aufsteigen konnte, waren die eines Ratsverwandten, eines Baumeisters und eines Bürgermeisters; so hatte man die römischen Titel senator, aedilis und consul übersetzt. Das Ratskollegium bestand seit dem Anfange des sechzehnten Jahrhunderts aus sechsunddreißig Mitgliedern in drei Abteilungen, und zu jeder Abteilung gehörten zwei Baumeister und ein Bürgermeister. Die Baumeister hatten allerdings die Aufsicht zu führen über die öffentlichen Gebäude der Stadt und deren Benutzung und Verwertung, leiteten auch die Neubauten, welche die Stadt aufführen ließ; aber an architektonische Aufgaben war dabei nicht zu denken. Der wirkliche Stadtbaumeister war im siebzehnten und noch im achtzehnten Jahrhundert der Obervogt, dem der Ratsmäurer und der Ratszimmermann zur Seite standen. Über jene Titularbaumeister aber bemerkt die in Form eines Wörterbuchs verfaßte Spottschrift »Leipzig im Profil« (1799) mit einem unverkennbaren Seitenhieb auf die öffentlichen Gebäude der Stadt: »Baumeister. Eine obrigkeitliche Person. Von Baukunst oder Bauwesen ist die Rede gar nicht.« [...]

Im Zusammenhange mit den wichtigsten dieser Bauten tritt uns zum erstenmale in der Baugeschichte Leipzigs die greifbare Persönlichkeit eines Baumeisters entgegen, dessen Namen selbst die allgemeine Geschichte der Baukunst einer Erwähnung in ihren Blättern gewürdigt hat: Hieronymus Lotter. [...]

Über seine Tätigkeit als Baumeister besitzen wir einen höchst merkwürdigen, von ihm selbst herrührenden Bericht. Als sich im Jahre 1573 eine Ausbesserung am Rathausturme notwendig machte, ließ Lotter, der in diesem Jahre zum siebenten und letztenmale das Bürgermeisteramt verwaltete, eine Urkunde über seine damals von ihm als abgeschlossen betrachtete Bautätigkeit im Turmknopfe niederlegen. In diesem Schriftstück erzählt er:

Es hat mich Kurfürst Moritz die Zeit seiner Regierung zu einem Baumeister alhie zu Leipzigk über das Schloß Pleißenburg gemacht. Do hab ich mit meiner eignen Hand als ein verordneter Baumeister den ersten Stein in Gründen gelegt, und das ohn einigen Beistand, außerhalb der Werkleut gar auferbauet. Darnach hab ich die Henkersbasteien gleichergestalt auch aus dem Grunde bis in die Höhe aufgebauet und an der Festung vor allen Toren viel Mauerwerks vorbracht, das alte Rathaus lassen einreißen und zum Teil die alten Gründe und etzlich Mauerwerk zu Hülf genommen und aus habenden Befehl eines Erbarn Rats solch Rathaus, wie es itzt stehet, in neun Monat, daß solches wieder zu bewohnen gewest, gar auserbauet, daß also mir zwei Jahre aneinander das Burgermeisteramt zu verwalten auferlegt worden ist. Zudem so hab ich zu Beförderung gemeiner Stadt ein alt eingefallen steinern Gebäude, im Brühl gelegen, die Gründe und das alte Mauerwerk zu Hülfe genommen und ein stattlich Kornhaus, wie vor Augen stehet, erbauet, auf den zweien Türmen an S. Niklaskirchen zu einer Wache ein Stück Turms in die Höhe aufbauen lassen, mit Wohnung, daß sich ein Wächter zu behelfen, und noch bei dem Rannischen Tor eine gemeine steinerne Badstuben innerhalb der Stadt gebaut, und dieselbe lassen gewelben, daß solch Gewelb kein Treufen oder Feuchtigkeit von sich gegeben; dergleichen andere Städt umbher dermaßen gebauet, daß zuvorn nit gewest, und hab nach meinem Vermögen also gemeiner Stadt mit solchen Gebäuden zu Notdurft helfen zieren. Und über das alles, so hat Kurfürst Augustus die Zeit seiner Regierung mir auferlegt, daß ich das großmächtige Haus und Schloß die Augustusburg, so zuvor der Schellenberg genennt worden, einreißen und wieder aufbauen solle, und ob ich mich meines hohen obliegenden Alters halber des in Untertänigkeit entschuldiget, und daß es in meinem Vermögen nit wäre, so hab ich doch damit nit können verschont bleiben und dasselb, außerhalb der Werkleut, ohne einigen Beistand mit großer, unerträglicher Mühe und Bestellung in vier Jahren, welches sich der minder Zahl im einundsiebenzigisten geendet, vorbracht und das zu bewohnen gar ausgebaut. Darob ich in meinem Alter, als ich sechsundsiebenzigk Jahr alt worden, gar unvermöglich worden und gleichwohl das

Burgermeisteramt anno dreiundsiebenzigk wieder annehmen und verwalten müssen. Das zeig ich nit umb Ruhms willen an, sondern daß solches nach meinem Tod meinen Kindern umb ihres Vaters willen zu Ehren und gutem gereichen möchte. Das hab ich also in diesen Knopf, neben andern Schriften und Gedächtnissen, verwahrlich bringen wollen. Das geschehen ist den 14. Septembris des funfzehenhundertunddreiundsiebenzigsten Jahrs etc. Jeronimus Lotter der Älter, Burgermeister scr.

Mehr Licht (1701)

Georg Wunder
1891

Im Jahre 1701 erhielt Leipzig die erste öffentliche Beleuchtung, »also daß in der ganzen Stadt auf beiden Seiten der Gassen kaum 20 oder 30 Schuh von einander, nachdem die Gassen breit sein, lauter Lichtsäulen aufgerichtet, oder zumahl an den Ecken eiserne Arme angeschlagen stehen, und auf denselben schöne große Laternen mit hellen Gläsern und Öl-Lampen die ganze Nacht hindurch gebrannt werden sollen, deren man fast auf 700 zählet.

Dahero anstatt der sonst mit dem Nachthorn blasenden und die Stunden ausruffenden Wächter, 20 Männer nämlich 5 in jedem Viertel bestellet sein, welche auch aus gewissen Rädern einander, ein Zeichen geben und so es die Not erfordert, einander beispringen und zusammenkommen können. Von so löblicher Anstalt hoffet man allerhand Vorteil und Nutzen; und können solchergestalt nicht nur die Privat-Laternen und Fackeln ersparet werden, die ein jeder sonst vor sich beim nächtlichen Ausgehen gebrauchen muß, sondern es lassen sich auch viel Sünden wider das 5. 6. und 7. Gebot, die bishero im Schwange gegangen, desto füglicher verhüten und verwehren.« *(Gustav Wustmann)*

Diese öffentliche Beleuchtung spendete am Heiligen Abend 1701 zum ersten Male ihr Licht.

Die Freude über die neue Einrichtung war eine allgemeine und begeisterte, unter anderen feierte ein Studiosus der Theologie »das bei der Nacht hervorleuchtende Leipzig« in einem ausführlichen Poem.

»Es wird manch böses Pakt die Lichter müssen scheuen
Manch Dieb zu Bette gehn, der in der Nacht gelauert,
Und solt es in dem Gehn nicht jedermann erfreun,
Wenn ihn vor Nachts-Gefahr im Finstern sonst geschauert?«

Ein landesherrliches Mandat vom 5. Januar 1702 schützte die neue Einrichtung und verordnete, »daß niemand sich weder an denen aufgesteckten Laternen selbst, noch denen jenigen, welchen deren Aufsicht aufgetragen, in keine Wege zu vergreifen, oder ihnen den geringsten Schaden zuzufügen unterstehe, widrigenfalls aber unfehlbar gewärtig zu sein, daß die darwider Handelnden nicht allein zur Erstattung des Schadens nach Befinden angehalten, sondern auch hierüber nach Unterscheid der Verbrechere mit Stellung an Pranger, Landes-Verweisung, Anhaltung im Zuchthause zu strenger Arbeit, Züchtigung im Gefängnis mit Ruten oder auch mit anderer härterer empfindlicher Leibes-Strafe nach Beschaffenheit der Umstände beleget und keine von den Frevelern hiervon einziger Befreiung sich zu getrösten haben sollen.« Gleichzeitig hiermit wird der Gebrauch »derer Pech- und andere Fackeln« streng verboten.

Ebenso verwarnte der Rektor der Universität die studierende Jugend bereits am 20. Januar 1702, sich Frevels und Unfugs gegen die Laternen und deren Wärter zu enthalten und rief ihr dazu das Wort des Euripides in der Iphigenie zu: »den Dieben gehört die Nacht, der Wahrheit aber das Licht«.

Das Reichsgerichtsgebäude

Alfred Lichtwark
1895

Leipzig, den 25. August 1895

Leipzig hat mit seinen Bauten entschieden Glück. Der Privatbau hat hie und da etwas Provinziales, aber er steht doch wesentlich höher als der Durchschnitt, und der Stadtbaumeister Licht ist ein sehr begabter Künstler, der nicht darauf ausgeht, zu machen, was sich nie und nirgend zugetragen, sondern in seiner Architektur den Leipziger Dialekt spricht. Seine Pastorate z. B. gehören zu dem ganz Originellen und sind doch in allen Motiven auf der künstlerischen Vergangenheit Leipzigs aufgebaut.

Mein Hauptzweck war, das Reichsgerichtsgebäude kennenzulernen, den »zweiten Bau des Reichs«, wie die Leipziger sagen.

Die Pläne waren mir wohlbekannt. Hofmann, der Erbauer, gehört in Berlin zu einem engern Kreise von jungen Architekten, denen ich, um es einmal zu probieren, Vorlesungen über die Formenentwicklung seit der Gotik hielt. Hofmann machte damals seinen Baumeister, und als tour de force beteiligte er sich daneben an der Konkurrenz um das Reichsgericht. Die Aufgabe war ihm sehr sympathisch, als Sohn des hessischen Ministerpräsidenten wußte er von Haus aus mit den Bedürfnissen einer Behörde Bescheid.

Die beiden schweren Leistungen hatten ihn dann doch so stark mitgenommen, daß er nach Italien mußte, worüber er dann die Konkurrenz aus den Augen verlor. Daß er siegen könnte, war ihm selber nicht in den Sinn gekommen.

Da erhält er, ich glaube in Pistoja, am Sonntag früh ein Telegramm, das ihm zum ersten Preis gratuliert. Eben hatte er mit sich ausgemacht, es könne vielleicht ein Ulk sein, da kommt ein zweites. Der Bote sagt, das Büro würde bald geschlossen, aber der Vorsteher sei noch da. Hofmann sofort hin, trägt seinen Fall vor, der Vorsteher bleibt selber auf dem Büro, und nun regnet es Telegramme. Es blieb kein Zweifel.

Hofmann bittet den Vorsteher, mit ihm zu feiern und fragt ihn in seinem Glück, wen man sonst noch einladen dürfte. Das Offizierskorps, meint der Vorsteher, der ihn schon vorher gefragt hatte, ob er auch Offizier gewesen wäre. Sie fahren beide ins Kasino und erhalten die Zusage. Von dem Dinner kann man sich keine Vorstellung machen, selbst wenn Hofmann es beschreibt.

Nun ist der Bau schon fertig, im Oktober wird er eingeweiht. Daß er nicht bloß den ersten Preis, sondern auch die Ausführung bekommen hat, ist noch die größere Leistung, denn als es bekannt wurde, wie jung er sei, begann eine steeple chase aller Konkurrenten.

Die Lage geht an. Der Platz vor dem Gebäude ist wenigstens nicht zu groß. Leider aber liegt er tief, von der Pleißenburg steigt man hinab.

Der Grundriß ist ein dem Quadrat genähertes Oblong. Über der Mitte erhebt sich eine zierliche Kuppel, die sehr geschickt so hoch geführt ist, daß sie sich selbst für den Standpunkt aus der Nähe frei entwickelt. Sie beherrscht wirklich die Masse des Gebäudes. Keine Erkerbauten und Giebel. Überhaupt ist das Gebäude von allen modernen, die ich kenne, das maßvollste, einfachste, und das ist ein großes Glück für Leipzig, denn es kann nicht ausbleiben, daß es Schule macht. Der Hauptfassade ist eine Säulenstellung vorgelegt, die sehr stark an die Vorhalle des Pantheon erinnert. Sonst in den schönen ruhigen Wänden nur die Fenster mit nicht überladenen Barockumrahmungen. Auch bei den Seiten ist nur die Mitte durch eine Säulenstellung betont, die an der längern Rückseite verdoppelt ist.

Wundervoll einfach und klar ist der Grundriß entwickelt, und das war's vor allem, was damals für den ersten Preis den Ausschlag gab. Von der Säulenvorhalle kommt man in ein mäßig hohes Vestibül mit Durchblicken auf die prächtige salle des pas perdus unter der Kuppel. Um diesen großartigen, sehr einfach, aber sehr malerisch entwickelten Innenraum gruppiert sich alles.

Ich bin durch alle Räume gegangen. Alles ist ganz hell und so einfach und selbstverständlich disponiert, daß man überall weiß, wo man sich befindet.

Die Signatur ist Maß und Gediegenheit. Nirgends eine Überladung, nirgends Bombast, alle Schmuckformen diskret, wie wir es gar nicht mehr gewohnt sind, und alles hält den Blick aus. Was die Hauptsache, die Verhältnisse sind gut. Ein Werk aus einem Guß. Nicht so prunkend wie der Reichstag, nicht so originell, aber sehr sympathisch und gesund. Hätten wir so einen Bau in Hamburg!

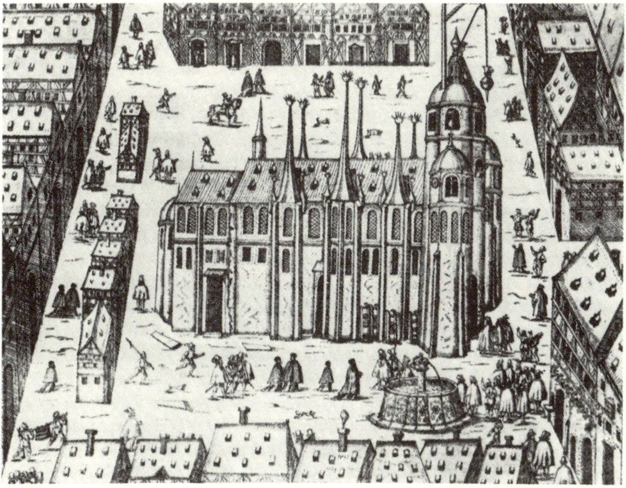

11. Die Nikolauskirche im Jahre 1592 – wohl die älteste Kirche in Leipzig.

12. *Die Thomaskirche, 1723.*

13. *Johanniskirche und Johanniskirchhof um 1700.*

14. *Johanniskirchhof, Innenmauer 1985 (vor der Renovierung).*

15. *Paulinerkirche und Großes Fürstenhaus um 1700.*

16. *Die Thomasschule vor dem Abbruch, 1902.*

17. Der Thomanerchor vor dem Bachdenkmal.

18. Der Thomanerchor vor dem Gohliser Schlößchen, 1970.

19. Die Thomaskirche mit dem alten Bach-Denkmal, 1980.

20. *Das neue Bach-Denkmal vor der Thomaskirche.*

4. *»Die Kirchen sind gegen das Ganze der Stadt gehalten ziemlich klein und dunkel«*

»Daß die Kirche zur Erinnerung erhoben war« (1977)

Gert Neumann
1981

Und ein harter Wind drängte sich durch die steinharte Stadt. Ich ging in meinem Schlosseranzug durch die Straßen, als sei ich unterwegs zu einem Ort der Erfüllung aller dieser Nachrichten; und ich sang, innen, von meinem Verdacht über die Summe solch gleichlautenden Geschehens: denn ich sah die Passanten in festverschlossenen Kleidern und schräg gegen den Wind gehen; oder die Tuche in den Rücken zu gepreßten Falten getrieben; daß sogar die Füße immer den zurückgehaltenen Körpern vorangingen. Und, als ich einmal den Kopf wandte, sah ich eben, durch meinen Weg, sich eine Straße öffnen, daß ich an ihrer Stirn eine Kirche erkannte, deren plötzliche Weisheit die steinfarbene Fassadenarchitektur und das kupfergrüne Dach ihrer verschiedenen Türme und des Schiffs war. Und ich sah meinen Weg die Straße schließen; daß die Kirche zur Erinnerung erhoben war, die einen Hintergrund aus blauem Licht besaß und nun selbst mit ihren Steinen leuchtete, als sei in ihnen alles sengende Gas der Wochenluft zu einer neuen Wahrheit verwandelt.

»Steinstaub lag in der Luft« (1968)

Erich Loest
1984

Am nächsten Morgen in der Straßenbahn las ich in der Zeitung, die Stadtverordneten hätten nicht nur die Neugestaltung des Karl-Marx-Platzes beschlossen, jetzt ginge es überall in Leipzig richtig mit dem Aufbau los. Für die Häuser in der Straße des 18. Oktobers seien moderne leuchtende Farben vorgesehen, ein Wettbewerb für den Bayerischen Platz sei ausgeschrieben, interessante Ingenieurbauwerke seien für Johannisplatz und Matthäikirchhof geplant. Daneben Leserbriefe: Ganz Leipzig schien von dem besoffen zu sein, das nun geschehen sollte. Kein Wort über die Kirche. Die Architekten für die neue Universität wurden genannt: Hermann Henselmann und Horst Siegel. Ich dachte: So heißen Leute, die über Leichen gehen. Niemals haben die Häuser im Oktoberbeton leuchtende Farben bekommen, am Bayerischen Platz sieht es aus wie damals, bloß ist inzwischen ein Haus wegen Hinfälligkeit abgerissen worden. Nichts Neues am Johannisplatz. Nur in einem haben die Stadtväter recht behalten: Am Matthäikirchhof steht ein weiterer Klotz der Staatssicherheit.

Diesmal kam ich ohne Schwierigkeiten durch die Absperrungen und sogar in die Kirche hinein. Das Dröhnen der Preßluftbohrer vibrierte in den Mauern, Steinstaub lag in der Luft. Ich fragte nach meinen Männern und nach dem Gerät, das wir am Vortag abgeladen hatten – niemand wußte davon. Ich schaute zur Decke hinauf, da war der Wasserfleck, der den Tod des Kirchenretters Felix Linden überdauert hatte.

Beim Hinausgehen zeigte ich wieder meinen Ausweis vor. Weit vor der Kirche waren Seile gezogen und Schilder aufgestellt: Betreten der Baustelle verboten! Am Blumengeschäft – »Blumen-Hanisch« sagen die Leipziger noch heute – konnten die Leute am nächsten heran, dort stand ein Polizist mit einem Sprechfunkgerät, auch er voller Nervosität. Die Leute gingen langsam mit verschlossenen Gesichtern, blickten auf die Kirche und sprachen nicht. Was wäre wohl geschehen, wenn hier tausend Menschen vorgedrungen wären oder dreitausend, die die Seile niedergetreten, die Posten beiseite geschoben und die Preßluftbohrer zerstört hätten? Ach, das doch nicht in Sachsen.

»Gehen Sie weiter«, sagte ein junger Mann, dabei schaute er an mir vorbei, aber es war klar, daß ich gemeint war. Was hier alles seinen guten und schönen Platz gehabt hatte, auch das »Café Felsche« alias »Français«, es war 1914 nicht etwa abgerissen, sondern umbenannt worden. [...] »Eine riesige Wolke wird aufsteigen«, sagte ich zu dem Bengel, »passen Sie nur auf, daß Sie dann nicht hier sind.«

»Geine Privatundrhaldung!«

Ich ging um die Ecke in die Nikolaistraße, setzte mich in den »Blauen Hecht« und bestellte Gose. Mir gegenüber saß ein Mann in altmodischer Kleidung, einen geflochtenen Koffer neben sich, eine Art Reisetasche mit geschwungenem Henkel. »Sind Sie Bauarbeiter?« Er zeigte auf meine Jacke. »Gehören Sie auch zu denen, die sich beschweren?« Er tippte auf die Volkszeitung vor sich. »Da steht: ›Bauarbeiter wandten sich empört gegen Gammler und Nichtstuer, die im Stadtgebiet rumkriechen und vermutlich nicht wissen, wo ihre Arbeitsstelle ist. Man sollte ihnen das Arbeiten lernen.‹ Meister Fritz Timper hat gesagt: ›Ich bin der Meinung, diesen Gammlern eine Schaufel in die Hand zu drücken.‹ Hübsch, nicht wahr? Sie sind wohl nicht zufällig Meister Timper?«

»Zufällig nicht.«

»Bin zum Besuch in der Stadt, komme von meinem Gütchen bei Borna.«

Mein Gose wurde gebracht, ich...

Ich hätte selbst gesagt, Gose sei wegrationalisiert worden – stimmt. Dann war es also Silberpils von Sternburg meinetwegen.

Der alte Herr an meinem Tisch redete davon, daß er und andere Eichenreiser an den Hüten getragen hätten, als sie durch die Innenstadt marschiert waren, Turner auf zum Streite. Bin Sprengmeister, wollte ich sagen, es kam mir nicht über die Lippen. Hab mich für einen Sonderausweis fotografieren lassen, es fängt immer mit Kleinigkeiten an. [...]

Ich zahlte und trat auf die Straße. Die Sonne stand hell überm Dach von Nikolai, ein Auto, hochbeladen mit Fellen, fuhr vorbei, weiter unten waren ja die Kürschnereien am Brühl. Etwas zog mich zurück in die Kirche und in die Universität hinein, der Gedanke an meine Leute, seit Jahren hatte immer jemand auf mich gehört: Mach das, paß auf das auf, gib das her, schaff das weg. Meine Stimme hatte Besonnenheit auch im Ton verbreiten müssen; einen Sprengmeister, der seine Männer anschreit, gibt es nicht. Ich ging um die Nikolaikirche, kam wieder auf die Grimmaische, an dieser Ecke hatte das Königshaus gestanden; zerbombt. Dahinter ragte der Westgiebel der Paulinerkirche auf, das Dröhnen der Preßluftbohrer nahm zu, und da kam ich auf den Gedanken, daß wohl meine Männer längst einem anderen Meister unterstellt wären, daß ich, selbst wenn ich in und an der Kirche wäre, nicht mehr zu sagen haben würde als jeder Geselle. Jetzt führte ein Major das Kommando und entschied, welche Ladung an welche Stelle kam. Vom Sims eines Flachdachs schauten zwei Männer in die Straße hinein. Späher also auch über mir, und ich stellte mir vor, wie ein heißer Draht hinaus in die Bezirksleitung zum ernsten Fröhlich führte, der lauschte: die Orgel sprengreif, die Figur des Thomas von Aquin wird vom Kreuz fliegen trotz aller Nägel, Platz wird sein für ein Bronzerelief mit dem Marxkopf, dem Marxbart. Für Fahnenstangen und blubbernde Röhren. Und wenn sich die Gammler und Gaffer verdoppelten, wenn sie heckten wie Wühlmäuse und Ratten, dann müßte Paule eben andere Saiten aufziehen: Mein Leipzig lob ich mir, weil ich der Hausherr bin! Fort mit den Trümmern, und eine Kirche war Opium fürs Volk. [...]

Tumult, da hatte sich jemand aufs Pflaster gesetzt und wurde weggetragen oder weggeschleift. Ich ließ mich zum Markt drängen, von dort war es nicht weit zu der Stelle hinunter, an der die Synagoge gebrannt hatte. Still war es dort. [. . .]

Ich schaute auf die Gedenktafel für die Synagoge und die jüdischen Leipziger, die von den Leipziger Nazis umgebracht worden waren. [. . .]

Ich ging durch den Park, sah den Rathausturm hinter den Bäumen. Enten, Schwäne, Kinder und Großmütter um mich – zu ihnen war ich geflohen wie einer, der sich Augen und Ohren und Mund zuhält, sich das Herz verschließt, der seinen Vater vergessen möchte, der nicht verdient, einen Vater gehabt zu haben. [. . .]

Am nächsten Morgen stand ich pünktlich auf. Es war ein wunderschöner Maitag. Leipziger Geschichte hat sich nie im Mai zugespitzt. Oktober und November, da war es turbulent zugegangen, die Kriege brachen im hohen oder späten Sommer aus, die Amis waren im April gekommen, doch da hatte die Sonne geschienen wie im Mai. Ich versuchte, Gesprächsbrocken aufzuschnappen, aber die Straßenbahn ratterte zu stark. Mit der »4« fuhr ich vom Weißeplatz durch viele Kurven, über die Riebeckbrücke hinweg, von der Höhe warf ich einen Blick auf Nikolaikirche und Rathausturm, von der Universität war zwischen den Häusern hindurch nichts zu sehen. Am Marxplatz stieg ich aus. Seile überall. Da ging ich auf der anderen Seite herum, am Schinkeltor vorbei, da hinten war eine Lücke. In meinen Ausweis wurde ein Stempel eingedrückt, noch einer zu den übrigen, ich wurde zum Einsatzstab III hinaufgeschickt, da sei ein Schild an der Tür im Gang links. Zwei meiner Männer konnten ihre Aufregung nicht verbergen, als sie mich sahen, einer sagte hastig: »Mensch! Mensch!« Der andere rief dem Offizier hinter den Plänen zu: »Unser Meester!«

»Da kann es ja losgehn mit Ihn. Hier is der Schwerpunkt.«

Ich muß wohl nicht richtig zugehört haben, oder so: Ich hab nicht zuhören können. Als der Offizier fragte: »Alles klar?« antwortete nicht ich ihm, das tat einer meiner Männer. Er faßte mich am Ellbogen und schob mich sachte an, da ging ich mit; an der Treppe sagte er: »Was denn mit Ihn los, Meester?« Ich fragte: »Habt ihr gebohrt?«

»Was denn sonst. Unter der Universität, in der Weinstube, an der Mauer zur Kirche hin ...«

»Am Kreuzgang also.«

»Das ist noch 'ne Mauer!«

»Muß noch was erledigen«, sagte ich.

»Schon wieder?« Ein guter, brauchbarer Kollege fragte das, den ich seit Jahren kannte, Sorge lag in seinem Blick und in seiner Stimme. Etwas ging in mir vor, das merkte er. War ich krank? Fieber? Eine Erkältung?

»Mach dir keinen Kopp«, sagte ich. [...]

Es war der 30. Mai 1968, ein sonniger Tag. Früh am Morgen war ein Sicherheitskreis von dreihundert Metern um die Kirche gezogen worden, den niemand betreten durfte, da angeblich Weltkriegsbomben unter den Trümmern lagen, die durch die Erschütterung hochgehen konnten: Die Stadtherren wollten die Leipziger weit genug von der Kirche fernhalten. Nur vom Johannisplatz aus konnte man ihr Dach sehen, dort drängten sich, wurde mir später erzählt, Tausende. Und doch wurde aus dem Hochhaus schräg gegenüber fotografiert.

Ich spürte das Vibrieren, bevor ich den Knall hörte.

Botschaft an das All

Frankfurter Messerelation

1592

Nach dem der alte Knopf zu Leipzig auf S. Niclas Kirchturm, welcher Anno 1555 aufgesetzet worden / mit der Zeit in so viel und mancherlei Wetter baufällig vnd ungestalt worden / habens die Bauherrn daselbst für gut angesehen / denselbigen abzuwerfen / vnd einen Neuen grössern vnd zierlichern an die Statt zu setzen. Welches Anno 1591 im Augstmonat also ins Werk gerichtet / vnd in demselbigen Knopf / welcher fast einen Zentner gewogen / vnd einen ganzen Scheffel Korn Leipziger Maß gehalten / ein Zinnen Büchsen / auswendig durch einen Kantengießer auf dem Rathaus zum fleißigsten verlötet / vnd sonst ein Hülzen Schächtlein hinein gelegt worden.

Als dieses durch M. Frantzen den alten Stadtschreiber erstmals auskommen / vnd von Tag zu Tag ausgebreitet worden / sind allerhand vngleiche Reden hiervon beides in vnd außer der Stadt / bei hohes vnd nieder Stands Personen ergangen / die allerlei Verdacht vnd Mißtrauen erwecket. Denn ihren viel habens dahin gedeutet / als sollte der genannten Calvinisten Bündnis / samt ihren heimlichen Praktiken zu ewiger Gedächtnis in gedachter Zinnen Büchsen verschlossen sein. Andere entschuldigten das vnd berichteten / daß nichts anders darinnen sein sollte / denn die Historia von Belagerung der Stadt Leipzig / vnd was für Münzen zur selbigen Zeit vom Kurfürsten geschlagen worden / von Abschaffung des Exorcismi, ein Verzeichnis der Ratspersonen zu Leipzig / vnd anders mehr was gemelte Stadt anginge. Als diese Zeitung auch vor Herzog Friedrich Wilhelmen der Kur Sachsen Administrator kommen / haben J.F.G. der Sachen weiter vnd fleißiger nachfragen / vnd allerhand Befehl darunter ergehen lassen. Also ist erstmals den II. Weinmonats dieses Jahrs M. Frantz N. ein Stein oder Schieferdecker / welcher auch den Knopf anfänglich aufgesetzet hat / von Altenburg gen Leipzig in die Renterei erfordert vnd befragt worden / was ihm in dieser Sach bewußt sein möchte. Vnd als er geantwortet / er wüßte wohl daß ein Zinnen Büchs in dem küpfern Knopf wäre / was aber weiter inwendig der Büchsen / sei ihm gar nicht zu wissen / hat man ihn bis auf weiter Erfordern wieder heimziehen lassen. Da aber hernach immer andere vnd neue Reden von heimlichen Verbündtnissen vnd Praktiken aufkommen / hat hoch gedachter Herr Administrator Kopien vnd Abschriften dieser Sachen aus dem Protokoll begehret vnd von dem Stadtschreiber bekommen. Aber bald hernach haben J. F. G. auch befohlen / den Knopf selbst abzuheben / zu eröffnen / vnd alles / was darinnen gefunden würde / ihm im

Original zu überschicken. Also ist vorgemeldeter Leydecker den 19. Wintermonats zum andern mal beschicket / vnd ihm befohlen worden / auf den folgenden Tag zu dem Knopf zu rüsten / vnd ihn vom Turm herab zu nehmen / welches auch den 20. Wintermonats also geschehen. Als nun die Bürgerschaft gesehen / daß man zu dem Knopf gerüstet / haben sie sich haufenweis auf den Gassen versammlet / vnd dem Leydecker begierlich zugesehen / bis endlich der Knopf Nachmittag vngefährlich zwischen 3 vnd 4 Uhren mit einem Gestell von Winden abgehebt / vnd in den Turm unter den Glocken herab gelassen worden. Da auch zwei von Adel / nämlich der von Schleunitz / vnd der von Schönburg / von aus dem Rat zu Leipzig Herr Veit Sieber / von Herr Georg Hueter samt dem Stadtschreiber / als in Sonderheit dazu verordnet / gewartet / welche dann den Knopf in ihrer Gegenwärtigkeit öffnen lassen / die Zinnen Büchs / so etwas länger als ein Schuh lang / vnd ein klein hölzern Schächtlein / vngefährlich eines Fingers lang herausgenommen / vnd vneröffnet vnd wohlverwahret dem Herrn Administratori zugeschicket / welches er eröffnet / vnd anders nichts in der Zinnen Büchsen gefunden / denn ein lateinische Verzeichnis der Amtleut / Ratsherrn / Professoren / etc. zu Leipzig vnd Wittenberg / vnd etliche Sächsische vnd Leipzische Historien. Derhalben auch der Herr Administrator die Zinnen Büchsen samt allem was darinnen vnd darbei gewesen / vnverschlossen dem Rat zu Leipzig wieder zukommen lassen / vnd ihnen erlaubet / nach ihrem Wohlgefallen damit zu handlen / vnd den Knopf wieder auf den Turm zu setzen. Also hat der Rat zu Leipzig vielgedachten Knopf wieder vermachen / mit Gold erneuern / vnd hernach den 18. Tag Christmonats mit einem Leinen Tuch verbunden vnd wieder hinauf gezogen / aber denselbigen Tag nicht aufsetzen / sondern die ganze Nacht oben am Turm hangen lassen / (wie in beigelegtem Kupferstück vnter anderm reichlich zu ersehen) vnd allererst den andern Tag / welcher war der 19. Christmonats / durch vielgedachten Leydecker ledig aufgesetzet. Die zinnen Büchsen aber / samt dem hölzen Schächtlein aus allerhand Bedenken auf dem Rathaus behalten / das kleine hölzene

Schächtlein hatte der Türmer auf S. Niclas Turm für sich selbst in den Knopf gelegt / vnd hatte anders nichts zu bedeuten / denn daß man wüßte / wer zur selbigen Zeit Türmer auf S. Niclas Turm gewesen / wie viel Kinder er gezeuget / vnd daß sein Weib eben damals eines Kindes niederkommen / wie das geheißen / etc.

Damit aber alle vnzeitige vnd vngewisse Reden vermieden / vnd jedermann des rechten Grunds eigentlich berichtet werden möge / wollen wir die Kopie der ganzen Schrift / so in der zinnen vnd verlöteten Büchsen gefunden worden / aus dem Latein verdeutschet / hierher setzen. Die lautet nun von Wort zu Wort / wie folget:

Allen Nachkommen Glück vnd Heil.

Das Licht des Evangeliums leuchtet über Leipzig (1717)

Günther Stiller

1970

So heißt es in der an die »Hoch-Edlen Patronen« der Stadt gerichteten Widmung zum Leipziger Gesangbuch 1717 des sich selbst als Bürger und Buchhändler bezeichnenden Friedrich *Braun*:

»Es ist ja Leipzig eine berühmte Stadt, berühmt wegen so vieler gelehrten Leute, berühmt wegen des klugen und löblichen Regiments, berühmt wegen der florirenden Commercien. Absonderlich hat auch der wohlbestellte Gottes-Dienst allenthalben einen sonderbaren Ruhm erhalten, es mag nun entweder an die vortrefflichen Männer, welche öffentlich zu dem Volcke reden, oder an andere Einrichtungen, dahin auch das Gott-geheiligte Singen gehöret, gedacht werden. Nun aber befiehlet das Lob und die Wahrheit in diesen allen auf E. Magnif. und Hoch-Edl. Herrl. als auf diejenigen zu sehen, welche GOtt zu Säulen dieser herrlichen Stadt gesetzet hat. Denn, gleichwie die glückselige Führung des Löblichen Stadt-Regiments mit weisen Rath und kluger That geschiehet: also wird auch der späten Posterität einmahl zur Nachricht hinterlassen werden, wie getreulich dieselben vor die Pflege der Kirchen Christi und vor die Anordnung des schönen Gottesdienstes jederzeit gesorget haben. Es wird mir erlaubet seyn, nur etwas anzuführen, welches binnen 18 Jahren theils wegen renovirter, theils wegen neu aufgerichteten Gottes-Häuser, jedermann in die Augen gefallen ist. Denn An. 1699 ist die Neue, und An. 1712 die Peters-Kirche, welche beyde vorher lange Zeit gantz wüste gelegen, wiederum zum Gottesdienst eingerichtet, ingleichen An. 1705 die Waysen-Hauß-Kirche gantz neu angeleget, und Anno 1715 in dem Hospital zu St. Georgen, die kleine Capelle ziemlich erweitert worden; über die unbeschreibliche Frequentz in allen so wohl vorher gewesenen, als diesen neu an- und aufgerichteten Kirchen muß man sich verwundern; durchgehends aber muß bey so gestalten Sachen ein sattsames Zeugniß von dero höchst-rühml. Versorgung vorhanden seyn ...«

Und der Leipziger Chronist *Sicul* schreibt in den Annalen der Stadt:

»Die unendliche Gnade GOTTES mag nicht gnugsam und also wol auch hier öffentlich gepriesen werden, daß sie nicht nur mit Auffrecht-Erhaltung des nunmehro vor 200 Jahren in Sachsen aufgegangenen Lichts des heil. Evangelii über die gute Stadt Leipzig gar sonderlich gewaltet / sondern auch besonders wenig Jahre daher ... das reine Wort GOttes in so großem Maaß unter uns hat wohnen lassen / daß vor nicht langer Zeit fast nur die Helffte des öffentlichen Gottesdiensts / als GOttlob! nunmehro / üblich gewesen / und demnach gewiß wenig Städte / wie Leipzig / so einer schönen Ordnung und Menge öffentlicher Kirchen-Übungen sich werden rühmen können.«

In der Nicolaikirche

Daniel Chodowiecki
1789

Den 24. stand ich um 5 Uhr auf, um 7 weckte ich das junge Volk, Barbier und Friseur wurden abgefertigt, da kam Herr Penzel mich zu besuchen, nachher kam auch Herr Schwartz, Landschaftszeichner, der auch kolorierte Kupferstiche à la Aberly macht und für Melzer verschiedenes gemacht hat. Der Schneider sandte mir mein Kleid und um 9 Uhr gingen wir zu Herrn Penzel. Er zeigte mir weiter nichts von radierten Sachen als 3 Studien, einen Juden, einen Armenianer [?] und einen Mann mit gebrechlichen Beinen, hübsch radiert aber unrichtig gezeichnet, wies mir hernach auch seine Zeichenbücher, die voll artiger Figürchen nach der Natur gezeichnet sind, aber ein wenig zu flüchtig besonders an Händen und Füßen, und Beine zu lang. Wir gingen mit ihm in die Nicolaikirche die ganz neu und mit vielem Geschmack verziert wird, die Hauptpfeiler, die das Gewölbe tragen, sind ehmals gotisch gewesen und sind jetzt ganz neu umgeschaffen, die Kapitäle sind mit Palmblättern verziert und die Gewölbe ganz voller antiker Vasen und andern Verzierungen*. Es ist kein eigentlicher Altar da, sondern das Gemälde wird in eine kleine Vertiefung (darum ein goldener verzierter oben rundierter Rahmen angebracht ist) gesetzt, über diesem Gemälde ist eine andre runde Einfassung wie vorige, diese enthält ein Gemälde von Öser, die Christliche Kirche, eine weibliche sitzende Figur in weiß und blauem Gewand, ein offnes Buch auf dem Schoß und auf demselben einen Kelch haltend. Ein Kind liest aus dem Buch und verschiedene andre fliegen, kriechen und liegen um dasselbe herum; einige sind gut andre schlecht gezeichnet, die Luft, die Wolken wie auch die Fleischfarben haben beinah einerlei Ton und die Schatten sind alle grünbraun, und so ist der ganze Ton

* Die kleinen Pfeiler aber im Nebengang sind korinthisch, steht wunderlich zusammen.

des Bildes für eine Lufterscheinung zu braun, dazu kommen noch viele schwarz- und braunhaarichte Köpfe die mit den dunkelbraun schattierten Gesichtern ziemlich Mohrenkopf ähnlich sind; dieses Bild ist perpendikular gestellt über demselben ist ein andres im Plafond aber nicht ganz horizontal in einem ovalen Rahmen, vergoldet wie die vorigen. Ein fliegender Engel in Jünglingsgestalt mit einem lichtroten fliegenden Gewand, hinter ihm ein Regenbogen. Dieses Bild ist besser koloriert als jenes, aber die Schatten des Engels sind zu grün. Die Stellung ist nicht ganz nach den Regeln der guten Komposition, übrigens harmonieren die Bilder mit dem Ganzen der Verzierungen, deren viele – und alle bunt sind. Das Altarbild, und sechs Bilder auf beiden Seiten des Altars werden alle von Öser gemalt. Von da gingen wir in die Pauliner Kirche wo nicht viel zu sehen ist, außer in einer Vorhalle eine ziemlich gute Grablegung Christi.

»Restaurieren« (1898)

Gustav Wustmann

1909

Solange noch keine Kunstgeschichte geschrieben, sondern nur welche gemacht wurde, setze sich bei Erneuerungen älterer Bauwerke jede Zeit mit ihrem Geschmack naiv und rücksichtslos neben die frühern Zeiten oder auch an deren Stelle. Daher die Kirchengebäude, an denen und in denen man alle Baustile aus der Zeit vom fünfzehnten bis zum achtzehnten Jahrhundert verfolgen kann. Eines der letzten Beispiele jener naiven Rücksichtslosigkeit ist die große Erneuerung des Innern der Nikolaikirche am Ende des achtzehnten Jahrhunderts durch den Bürgermeister Müller und den Baudirektor Dauthe. Alle Bau- und Kunstwerke, die sich im Laufe von drei Jahrhunderten in der Kirche angesammelt hatten, wurden damals hinausgeworfen und dafür ein ganz neues Kircheninnere in dem antikisierenden Geschmack der Zeit geschaffen. Aber noch während des Umbaus, der ja volle elf Jahre in Anspruch nahm, vollzog sich eine Wandlung in den Kunstanschauungen. Daher die verschiedne Beurteilung, die der Umbau sofort nach seiner Vollendung fand. Mit der wachsenden Ausbreitung und Vertiefung der kunstgeschichtlichen Kenntnis, insbesondre mit der immer mächtiger werdenden Begeisterung für den gotischen Stil, den man irrtümlich für die echte altdeutsche Bauweise hielt, regte sich auch mehr und mehr das kunstgeschichtliche Gewissen, und so gelangte man schließlich zu dem andern Extrem: nicht mehr sich und seine Zeit wollte man an die Seite oder an die Stelle der frühern Zeiten setzen, sondern man wollte das »Ursprüngliche« wiederherstellen, es begann die Zeit der »Restaurationen«, und das Schlagwort wurde »Einheit des Stils«. Als 1815 die altdeutschen Gemälde, die man 1785 aus der Nikolaikirche beseitigt hatte, auf dem Kirchboden wieder aufgefunden wurden (der Türmer hatte sich inzwischen Taubenschläge daraus gezimmert), da mögen wohl manche auf Müller und Dauthe (Dauthe lebte damals noch! er ist erst im Juli 1816 gestorben) wie auf Vandalen zurückgeblickt haben, daß sie sich so an der alten Kirche und ihren Kunstschätzen hatten versündigen können. Von nun an war es vorbei damit; nun wurden erneuerungsbedürftige Kirchen, die aus der Zeit der Gotik stammten, rückgotisiert, nachdem man – ebenso erbarmungslos wie früher – alle Bau- und Kunstdenkmäler des sechzehnten, siebzehnten und achtzehnten Jahrhunderts hinausgeworfen hatte. Diese Periode haben wir noch miterlebt. Auf sächsischem Boden sind noch vor gar nicht langer Zeit schöne alte Dorfkirchen auf die Weise »restauriert« worden, daß man alles, was die Renaissance- und die Barockzeit geschaffen hatten, herausriß – darunter bisweilen sehr hübsche, bunte Sachen – und dafür die Kirchen mit einer äußerst korrekten, aber auch äußerst langweiligen braungebeizten Tischlergotik ausstaffierte. Im Grunde ist auch bei der letzten Erneuerung unsrer Thomaskirche (1877 bis 1889) noch dieser Weg eingeschlagen worden. Mußte doch selbst der Marmoraltar von 1721 weichen, weil er nicht in die »gotische« Kirche paßte, und sogar dem Turm hätte man seine behagliche Haube von 1702 abgenommen und ihm dafür die übliche Krabbenspitze aufgesetzt, wenn nicht die städtische Behörde ihr Veto eingelegt hätte. Aber auch über diese Art von Erneuerungen ist man doch jetzt glücklich hinaus. Man hat eingesehen, daß auch die Herstellung des »Ursprünglichen« eine gefährliche Sache ist, und daß auch hier das Wort Fausts gilt:

> Was ihr den Geist der Zeiten heißt,
> Das ist im Grund der Herren eigner Geist.

Geschrieben 1898. Vor der letzten großen Erneuerung der Kirche.

Das Leichen- und Kurrende-Singen (seit 1212)

Paul Bennemann

1920

Den Chor bei den kirchlichen Musikaufführungen stellten die Alumnen der Thomasschule. Dieses Institut war 1212 als Schule des Klosters gegründet worden mit dem ausgesprochenen Zwekke, die Choristen für den Gottesdienst zu stellen; und noch zu Scheins Zeit war diese Tätigkeit, nicht die Vorbereitung auf das Studium, die Hauptbeschäftigung der Schüler. Die Zahl der Alumnen wechselte stark; im Herbste 1631 betrug sie einige 80 Knaben. Im folgenden Jahre starben 13 an der Pest, und von den übrigen verlief sich eine ganze Anzahl. Das war nicht verwunderlich; denn vom gesundheitlichen Standpunkte aus war das Leben der Alumnen alles andere als angenehm. Das Leichen- und Kurrendesingen im Winter, sowie das stundenlange Stehen auf dem Steinboden der ungeheizten Kirche – namentlich in der Johanniskirche gelegentlich der Begräbnisse – verursachten beständig Krankheiten, so daß oft die Aufführungen in Frage gestellt waren. So klagt 1616 der Rektor in einer Eingabe an den Rat, »daß die armen Knaben bei der Predigt müssen auf den bloßen kalten Steinen, sonderlich unterm Altar her, stehen und singen, und ich habe in dieser großen Kälte fast mit Erbarmung sehen müssen, daß ihrer viele, da sie zum Gesange nach gehaltener Predigt treten sollen, also erfroren gewesen, daß sie mehr gezähnklappert und geweinet als gesungen.« Die Leistungsfähigkeit des Chores litt weiter unter der einreißenden Zuchtlosigkeit im Gefolge des Krieges. Die Schüler schwänzten den Unterricht, hielten nächtliche Kneipereien, betranken sich beim Hochzeitssingen, trieben sich mit Mädchen auf den Tanzböden umher usw., und Schein hat offenbar die Dinge gehen lassen, wie sie liefen. Als sein Nachfolger Tob. Michael mit Ernst zu bessern suchte, mußte er bald dem Rate melden, »man könne nicht strenge sein, in letzter Zeit sei wieder eine Anzahl Schüler davongesprungen«. Die Burschen entliefen eben einfach zu den Soldaten, deren ungebundenes Treiben, das sie täglich vor Augen hatten, ihnen freilich verlokkender vorkommen mußte, als das gebundene Internatsleben.

Dabei hatten die Schüler nicht unbeträchtliche Einnahmen. Sonntags, dienstags und donnerstags gingen die Primaner bis Quartaner, in 4 Gruppen zu je etwa 20 Schülern geteilt, je ein Stadtviertel durch, um Kurrende zu singen. Langsam und bescheiden daherschreitend, sangen sie die Sonn- und Festtagslieder der Woche und empfingen dafür Almosen von den Bürgern. Die Einnahme hieraus betrug damals im Monat etwa 50 Gulden. Von der Kollekte am Martinstage 1631 wird berichtet, daß sie jedem Primaner 12, jedem Sekundaner 10, jedem Tertianer 8 und jedem Quartaner 7 Groschen eingebracht habe. Hierzu kamen noch die Einnahmen aus den Brautmessen, vom Leichensingen, sowie die Zinsen von Kapitalien, die wiederholt von Bürgern gestiftet wurden zu dem Zwecke, daß an ihrem Sterbetage alljährlich eine Motette gesungen werde. Übrigens dürfte es nicht allgemein bekannt sein, daß das Kurrendesingen der Thomaner erst 1837, das Leichensingen sogar erst 1876 eingestellt worden ist.

5. *»Steig ein, wir fahren ins Rosental«*

Leipziger Weekend

Erich Loest

1977

Es gibt wenige Großstädte, deren nahe Umgebung sich für den Luft-, Wasser- und Sonnenhungrigen als so miserabel erweist. Das Südvorland wird seit Jahrzehnten aufgerissen durch die Braunkohlengruben des Bornaer Reviers mit den Chemiegiganten Espenhain und Böhlen; alte, zum Teil sehr alte Brikettfabriken stoßen ihre Rauchwolken in den Himmel, der 300-Meter-Schornstein des Kraftwerks Thierbach verteilt Asche weit herum. Nicht viel anders wirkt der Westen, wo sich flache Felder strecken, in die Gruben und Fabriken hineingesprenkelt sind; die Kulisse des Leunawerks teilt hier den Himmel. Reizarme Felder, früher als Schlachtfelder zweckentfremdet, grenzten bisher an Leipzigs Norden, aber dort muß sich in den nächsten Jahren alles, alles wenden: Drei große Tagebaue fressen sich bis an die Autobahn heran, ein Fluß wurde schon vorsorglich umgebettet, bei Delitzsch werden die Fundamente eines neuen Riesenkraftwerks geschüttet, und in Leipzigs Kneipen kommt die Debatte nicht zur Ruhe: Muß auch die Brauerei in Krostitz daran glauben? Leipzig wirkt als eine von drei Seiten belagerte Stadt, der Feind wühlt die Erde um und um, vergiftet ihre Gewässer und schickt seine Rauchwolken hinein. Um die Jahrhundertwende begann der Angriff, in den kommenden Jahren wird er sich zum Trommelfeuer steigern. Nach 2020, in fünfzig Jahren, ist vermutlich alles vorbei, eine niedliche Hügellandschaft mit Wäldchen und Seen wird Leipzig auf drei Seiten erquicken. Wer möchte da nicht Enkel sein.

Der Leipziger von heute hat sich aufs Überleben eingerichtet.

Von Nord nach Süd zieht sich ein Grünstreifen hindurch mit staunenswertem Baumbestand, Rosental und Clara-Zetkin-Park sind zwei seiner Teile. Hier ist an arbeitsfreien Tagen und an Sommerabenden des nichtmotorisierten Fußvolks wahrer Himmel, auf der Wiese des Rosentals tummeln sich Radfahrer und Kinder, und wer will, darf den Hund von der Leine lassen. Ein Fußballspielchen, bei dem Campingbeutel die Tore markieren, im Herbst steigen Drachen, hinter Wassergräben käuen Kamel und Gnu in den Freigehegen des Zoos. Wer den Blick hebt, wird vom Schornstein eines innerstädtischen Kraftwerks zur Demut gemahnt. Durch diesen Wald- und Parkgürtel fließt die Elster mit ihren Nebenarmen. Ihr Wasser ist schwarzbraun, manchmal schimmert es lila. Vor Jahren trieben große Schaumflocken darauf, die sind dank fürsorglicher Maßnahmen verschwunden. Der Spazierer schreitet schneller über die Brücken, um dem Gestank zu entgehen, und staunt über die Wassersportler in ihren Booten, die auf der Chemiebrühe rackern, nicht sich tummeln etwa zum Spaß, denn es sind Studenten und Leistungssportler der Deutschen Hochschule für Körperkultur, die nahebei ihre Heimstatt hat. Weltmeister und Olympiasieger der Ruderer, Kanuten und sogar der Wildwasserspezialisten werden hier herangebildet – ob der Trick darin besteht, daß sie einfach nicht zu halten sind, wenn sie richtiges Wasser unter dem Kiel wittern?

Abgesehen von diesem Grünstreifen ist Leipzig eng gebaut, Alleen und kleine Parks hellen nur wenig auf. Die Räte der Stadtbezirke mühen sich, Belebung hineinzubringen, hier entsteht ein Volleyballplatz, dort eine Rollerbahn, die sofort von Jungen als Fahrrad-Querfeldein-Strecke weiterentwickelt wird, im Zentrum wird aus mangelnder Baukapazität eine Tugend gemacht: Anstelle von neuen Messepalästen und Kaufhäusern schmückt Grün einige Freiräume, die von Kriegsbomben gerissen wurden. Alleebäume fallen, denn Straßen müssen verbreitert werden, damit unter anderem die Leipziger mit ihren Autos schneller ins Grüne kommen – es ist der Teufelskreis der Zivilisation, der auch diese Stadt umklammert.

Wohin also am Wochenende? Die Zeitungen liefern Tips. Da wird eine Ausstellung angepriesen – Leipzigs Maler halten seit Jahren die Republikspitze. Fußball natürlich, vielleicht ein Leichtathletiksportfest im Zentralstadion oder Hunderennen in Paunsdorf oder Briefmarkengroßtausch hier und da oder Radsportleckerbissen auf der vorzüglichen Anlage in Großzschocher, einer der wenigen überdachten Bahnen der Welt. Die Zeitungen geben Wandertips, man kann sich mit Gleichgesinnten des frühen Morgens im Hauptbahnhof einfinden und zwanzig, dreißig Kilometer hinausfahren und wandern auf ausgeschilderten Pfaden und zurückkehren am Abend, luftmüde und gebräunt und mit herrlichem Muskelkater. Im Winter fahren an den Wochenenden Sonderzüge in den Harz, zu Thüringens Bergen und ins Erzgebirge, schnelle Busse bringen Leipzigs Wintersportler zum Fichtelberg und zurück. Der Leipziger muß nur ein bißchen Schwung haben und zeitig aus den Federn kriechen, da kann er sich schon losmachen von seiner Stadt, auch dann, wenn er kein eigenes Auto besitzt. Die Zeitungstips locken: Neujahrslauf, Frühlingslauf, macht mit, bleibt fit!

Sonntag in Leipzig. In der Innenstadt hat die Hälfte aller Lokale geschlossen, vergeblich mühen sich die Gaststättenorganisationen seit langem, dies zu ändern. Arbeitskräftemangel, ein garstig Lied. Die Touristen besichtigen die Denkwürdigkeiten; wenn sie Glück haben, wird ihnen Schnitzel und Bier zuteil. Es wird wenig Leipziger geben, die aus freien Stücken aufs Völkerschlachtdenkmal hinaufsteigen, aber Verwandtenbesuch fordert bisweilen dieses Opfer. Von oben und schon vom Fuße des mächtigen Steinbrockens bietet sich freier Blick über die halbe Stadt, die andere Hälfte steckt gewöhnlich im Dunst. [...]

Von der Dreiseitenbelagerung der Stadt war die Rede, bleibt also immerhin ein Ausweg. Leipzigs naher Osten ist geprägt von Feldern und Wäldern und Hügeln, hier baut sich seine Datsche, wer über Auto, das nötige Geld und unglaubliche Initiative verfügt.

Alte romantische Steinbrüche liegen hier, sie sind längst voller

Wasser, das kalt und klar ist. Hier zu schwimmen ist etwas für Kenner, während sich das FKK-Volk an den Kiesgruben um Naunhof herum gegenseitig auf die Füße tritt. Unter diesen Feldern und Wäldchen liegt keine Braunkohle, also werden sie überleben. Hinter der Mulde ist das Land wellig und grün und sauber, und die Luft riecht, um Zille zu zitieren, verwunderlicherweise nach gar nichts. Das ist noch so nahe an der Stadt, daß dieser und jener mit dem Fahrrad hinfindet, und schließlich gibt es ja auch den Bus und die Reichsbahn, die mit Schienenbussen die alten Nebenstrecken befährt. Für den, den Massenauftrieb nicht stört, bleiben die umgestalteten alten Gruben von Kulkwitz und Großzschocher und im Nordosten der »Bagger«.

Wenn aber schönes Wetter lockt, durchstoßen Tausende Leipziger mit ihren Autos die unwirtlichen Randzonen. In Wartburg und Polski Fiat, in Škoda und Schiguli, die meisten aber im unverwüstlichen Herdentier, dem Trabant, erreichen sie die Gefilde der Bäume und Sträucher, der Bäche und Täler.

»Wohlgeordnete Ordnung« (1597)

Bernd Weinkauf
1982

»Gartenordnung« von 1597. Wolerbawte Gärten sind denen, so mit grossen müheseligen und beschwerlichen Emptern beladen sind und schwere Kopffarbeit thun müssen, widerumb ein sonderliche erquickung un erlustigung. Wenn sie in ire wolerbawte Gärten eingehen und sehen die schöne wolgeordnete ordnung sambt den herrlichen, schönen, wolgestalten, von Farben und Geruch, die lieblichen Gewächse und die lustige anzusehen wolgeschmückte frücht, da vergessen sie ihres unmuthes unnd schweren gedancken.

Möglicherweise hat der Arzt und Sozialpädagoge Dr. med. Daniel Gottlieb Moritz Schreber diese Gartenordnung gekannt, möglicherweise kam ihm beim Lesen der Gedanke, daß »wolerbawte Gärten« auch für Leute, die nicht »schwere Kopffarbeit« verrichten, sondern den ganzen Tag in Fabriken schuften und rackern, ganz erholsam sein könnten. Das moderne Prinzip der aktiven Erholung steckt in der Idee des Dr. Schreber und seines Kollegen Dr. Hauschild. 1864 wurde der erste deutsche Kleingartenverein gegründet; weil es in Leipzig so üblich war, daß die Gärten nach ihren Besitzern oder Begründern genannt wurden, nannte man diesen: Schrebergarten. Und so heißt er noch heute, und nicht nur in Leipzig.

»Da die Bäume in der schönsten Blüte standen«

Frankfurter Messerelation

1714

Der König kompt in Leipzig an. Hält öffters Tafel im Garten. Celebriret den Königlichen Geburtsthag. Befreyet die Statt Leipzig vom accis und remittiret der Burgerschafft 12 Quartember.

Den 21. April gegen Abend seynd Ihro Königliche Majestät in Leipzig glücklich angelanget, welchen dero Königliche Frau Gemahlin und Seine Excellenz der Herr General Feldmarschall Graf von Flemming gefolget. Ihro Königliche Hoheit die verwittibte Churfürstin von Sachsen aber haben wegen Absterben der Gottseelig verwittibten Königin von Dänemarck nebst dero gantzen Hof sowohl Hohe als Niedrige zu Lichtenburg die Trauer angeleget. Vor dem letzten Aprilis ist zu Leipzig in beyder Königlicher Majestäten Allerhöchster Gegenwart, wegen von dem Czaren in vorigem Winter wider die Schweden erfochtenen Victorie ein Dank- und Freuden-Fest und ultimo Aprilis auf der Börse Redoute oder Assemblée gehalten (worden) ... Der König von Pohlen und Churfürst von Sachsen ... hat zu unterschiedenen malen in dem Appelischen Garten offene Tafel gehalten, also sich in den Gärten bey dem angenehmsten Frühlings-Wetter, da die Bäume in der schönsten Blüte gestanden, wohl divertiret. Die hohe Königliche Ministres und alle von dero Hofstatt, ingleichen verschiedene vornehme Standes-Personen, seynd bey Ihro Königlichen Majestät continuirten allerhöchsten Gegenwart, auch noch zu Leipzig verblieben. Aus Italien seynd Ihrer Königlichen Majestät 53 Orange Bäume in den Appelischen Garten gebracht und von da nacher Dreßden in den Königlichen Garten geführt worden. Sie sollen 16000 Rthlr. gekostet haben. Den 12. May haben Ihro Königliche Majestät dero hohen Geburths-Tag in Königlichem Vergnügen celebriret, dann des Herrn Statthalter Fürsten von Fürstenberg Durchlaucht Tractirt in dem Appelischen Garten, wohin sich Seine Majestät nach 12 Uhr Mittags zu Pferde in Begleitung vieler Cavalliers und Bedienten erhoben, und des Herrn Landgrafens von Hessen-Cassel Hochfürstlichen Durchlaucht in einer Königlichen Kutschen gefolget. Nach gehaltener offener Tafel machten die Fischer mit einem artigen Aufzug ein Stechen auf der Pleiße, diesen folgten 15 Paar Bauern Knechte und Mägde von denen Universitäts-Dörffern mit vorgegangener Music derer Bergleuten. Bey angehender Nacht wurden auf beyden Seiten einer Allée viele Lampen und Laternen aufgestecket, am Ende der Allée aber hat sich eine besondere Illumination präsentiret, in welcher unter einer Krone die Worte zu sehen waren: Vivat Augustus Rex. Umb 11 Uhr des Nachts begaben sich Ihro Königliche Majestät wieder zurück nach dero Logis, und also wurde dieses Fest mit Freuden beschlossen.

Die Stadt Leipzig hatte von dieser Königlichen Gegenwart ein grosses profitiret, dann Ihro Majestät hatte dem Publico zum Besten, die daselbst eingeführte scharpffe Accis der Stadt erlassen, auch der Burgerschafft 12 Quatember remittiret, so wie leicht zuerachten ein grosses Vergnügen erwecket und verursachet.

»Seid ihr Lüfte, seid gegrüßt, Rosenthal du sehr gegrüßt«
(1630/1730)

Gustav Wustmann
1885

Paul Fleming, der von 1628 bis 1633 in Leipzig studierte, singt in einer seiner Oden von einem, der nach fünfjähriger Anwesenheit in Leipzig sich mit trüben Abschiedsgedanken trägt:

Damon ging in tiefen Sinnen
Üm der sanften Pleißen Rand,
Wo sie und der Elster Strand
Holdreich in einander rinnen.

Die Freunde befragen Damon um seine Traurigkeit; da verrät er ihnen seinen Abschiedskummer und bricht dann in die Worte aus:

Grünet wohl, ihr bunten Matten,
Seid, ihr Lüfte, seid geküßt,
Rosenthal du sehr gegrüßt,
Sehr ihr Bäche, sehr ihr Schatten,
Und du dreibeströmte Stadt,
Die mich wohl bewirtet hat.

In einem andern Gedichte fordert er im Mai die Freunde auf, Bücher und Studien zu lassen und ihm ins Rosenthal und in die Dörfer um Leipzig zu folgen; da werden Gohlis, Schönefeld und Pfaffendorf mit ihren Gaben gepriesen, und dann heißt es vom Rosenthal:

Itzund laß dich von mir führen
In den feuchten Rosenthal,
Daß wir sehn die Flora zieren
Ihren langen Wiesensaal,
Wie sie üm die Bäume tanzt
Und manch schönes Blümlein pflanzt.

Der gesunde Thau sinkt nieder,
Das gezogne Kind der Nacht,
Der der matten Kräuter Glieder
Wieder steif und saftig macht.
Der die welken Blumen tränkt
Und in ihre Schoß sich senkt. [...]

Ende März 1730 meldet der »Hausverwalter«, daß »anjetzo, da der Pusch noch kein Laub hat, sich schon wiederum so viel liederliche Weibespersonen im Rosenthale befinden, zu welchen sich nicht allein viel gemein müßig Mannsvolk, sondern fürnehmlich Soldaten in Quantität einfinden, gestalten bei 19 Weibsen fast 2 Compagnien Soldaten zu einer Zeit gesehen worden, daß auch der Hr. Obrister allhier sehr darüber soll geklaget haben.« Von Zeit zu Zeit suchte der Rat durch öffentliche Anschläge dem Unfug zu steuern, doch ohne sonderlichen Erfolg.

Dichter und Philosophen suchten natürlich auch damals die Einsamkeit des schönen Waldes auf. Von Gellert ist bekannt, daß er sich in den sechziger Jahren täglich von der frommen Schecke, die ihm Prinz Heinrich geschenkt hatte, ins Rosenthal tragen ließ, er, der einzige, dem vom Rate die Vergünstigung gewährt worden war, dort zu reiten. Nicht minder bekannt ist es, daß Goethe, wie er in »Dichtung und Wahrheit« erzählt, als Leipziger Student »in dem wirklich herrlichen Rosenthale« auf »poetisches Wildpret« ausging, obgleich »zur besten Jahreszeit die Mücken keinen zarten Gedanken aufkommen ließen«. Mit der Zeit mehrten sich aber doch auch unter den bloßen Spaziergängern die anständigen Leute.

»Ein sumpfiges Hölzchen«

Benjamin Heidecke
1783

Wen's gelüstet, bestäubt zu werden, Gestank zu ertragen, abenteuerliche Figuren zu sehen, der darf nur auf die Promenade gehn. Sie ist zur Ehre des einfachen Vergnügens am Tage besät mit Liebesrittern und kokettierenden Damen und des Nachts mit unbezweifelten Huren. Man kann sich allda schon einmal in Gala zeigen, zu Pferde, zu Fuße, im Wagen, im Reifrock oder Negligé: die lange Weile bemerkt auch Kleinigkeiten. Daß niemand im Promenieren verhindert werde, hat man dadurch bewirkt, daß Bänke zum Sitzen ziemlich rar angebracht sind. So wenig sonst die Promenade sich Schönheiten rühmen kann (hierher gehören die Mühlen mit ihrem Geruch und sonst die Ausdünstung des stinkenden Stadtgrabens, der in der neuern Zeit ausgetrocknet und zu Gärten gemacht ist), so würde doch ohne sie die Stadt ein Großes von ihrem Werte verlieren. Zwar flöh' man dann zum Rosenthal mit mehrerem Eifer; aber was ist denn auch das Rosenthal, von dem man zu Paris so viel Rühmens macht? Pariser Fremde kamen her, um in ihm ein Paradies zu sehen, und sahen ein sumpfiges Hölzchen.

Ein Edikt des Rats hat die Lohnkutscher, die bei der Promenade still halten, eingeschränkt, daß sie nicht mehr mit Unhöflichkeit und Ungestüm alles heusterdipeuster in ihre Chaisen laden, was nicht eingeladen sein will. Sie trieben sonst nur Kurzweil mit denen, die das Fahren ausschlugen, und wenn's beim Auspfeifen blieb, da hatte man von Glück zu sagen.

Suchen und Finden (1779)

N. N.
1879

Die Vorstädte von Leipzig liegen zum Teil angenehm, und bestehen aus Bürgerhäusern, Gartenhäusern, Mühlhäusern. Was Hr. Justizrat Willebrand in s. Anmerkungen für Reisende, p. 43 etc. von einem Wasserfall hie und da in einer Vorstadt sagt, ist wohl nur das Rauschen eines Mühlrades, wie in der Ranstädter Vorstadt.

Die berühmte Lindenallee geht rund um die Stadt und ihre innern Tore herum, und wird, teils durch Maulbeerhecken, teils durch Geländer von Holz eingeschlossen. Eine Abteilung derselben ist bloß für die Fußgänger, die andere für die Wagen, Reiter etc. – Sie ist in der Tat sehr schön; nur ist der beständige Staub, dem man, vom Frühling beinahe an, den ganzen Sommer durch ausgesetzt ist, eine große Inkommodität. Doch schonen die Damen ihre Kleider und ihre Brust nicht, um sich nur sehen und bewundern zu lassen. Durchgängig sind in einer gewissen Entfernung Bänke zum Ausruhen gesetzt. Im Sommer wird vorzüglich nur derjenige Teil der Allee, welcher vom Barfüßerpförtchen bis an das Schloß geht, besucht, und hauptsächlich abends gegen 5, oder 6 Uhr etc. Dieser Teil heißt deswegen vorzugsweise die Promenade, und ist 1777 von Rossmäsler sehr schön in Kupfer gestochen, wo man einige Gesichter sogleich erkennt, z. B. den Doktor Burscher mit seiner Frau, und den Doktor Rau, und einige andre Frauenzimmergesichter etc. Ich weiß von der Promenade keine bessere Beschreibung, als die uns Hr. Wetzel in Herrmann und Ulricke, Band III. S. 294 ff. gegeben hat, und die so lautet: »Er (Herrmann) durchstrich an den volkreichsten Tagen und Stunden den Spaziergang ums Tor, sahe geputzte Damen und Herren, die in einem kleinen Bezirke drängend durcheinander herumkrabbelten, alle etwas suchten, und zum Teil zu finden schienen. Gähnende Damengesichter, von der Langeweile auf beiden Seiten begleitet, suchten den Zeitvertreib, und rechnende Mathematiker suchten zu der Größe ihres Kopfputzes und ihrer Füße die mittlere Proportionalzahl, oder suchten in den Garnirungen ihrer Kleider Parallelopipeda, Trapezia, Würfel und Kegel: schöne Mädchen suchten Bewunderer ihrer Reize, und fünfzigjährige Magistri Bewunderer ihres Schmutzes: Doctores Juris à quatre epingles suchten die Jurisprudenz, und veraltete Koketten die Jugend: junge Anfängerinnen suchten die ersten Liebhaber, und junge Dozenten die ersten Zuhörer: Scheinheilige suchten Sünden und Ärgernisse, um sie auszubreiten; Moralisten suchten Laster und Torheiten, um dawider zu eifern, und Kennerinnen des Putzes suchten Sünden des Anzugs, um darüber zu spotten: ein jedes suchte die Gesichter der andern, ein jedes in den Gesichtern der andern Zeitvertreib, und ein großer Teil des Geländers war mit lebendigen Personen (Studenten, die gemeinniglich auf dem Geländer sitzen, und die Anwesenden, vorzüglich Frauenzimmer, in Augenschein nehmen) verziert, die mit stieren Augen die übrigen alle suchten, um sich auf ihre Unkosten zu belustigen. Aus dieser suchenden Gesellschaft drängte sich Herrmann in den größeren, verachteten Teil der Promenade: Hier suchte mein tiefsinniger Philosoph mit gesenktem Haupte und wackelndem Schritte die Monaden mit dem Stock im Sande, ein denkender Kaufmann suchte Geld für verfallene Wechsel, ein Almanachsdichter Gedanken für seine Reime, und ein bleicher Hypochondrist das Vergnügen in der Luft; und alle suchten vergebens –.«

Gartenvergnügen

August Salomo Maurer

1799

Der Jägerische Kaffeegarten liegt unter allen Leipziger Gärten am versrecktesten, und man ist genötiget, eine der schmutzigsten Gassen zu passieren, ehe man das Glück hat, in dieses verborgene Gaunerplätzchen zu dringen. Zwar ist er an Größe bei weitem nicht mit dem Bosischen zu vergleichen, allein er gewährt dennoch dem Gartenliebhaber viel mehr Vergnügen. Obgleich ein Fluß an der einen Seite desselben vorbeifließt, so sieht man doch keine Pfützen und Lachen wie im Bosischen, und da er weit freier ist, so genießt man auch natürlich gesündere Luft. Ich mag ihn betrachten von welcher Seite ich will, so muß ich am Ende doch immer gestehen, daß er mir unter allen Leipziger Kaffeegärten der beste, vorzüglichste und zum stillen einsamen Vergnügen der angemessenste scheint. An jedem andern öffentlichen Garten mag der Unparteiische bald mehr bald weniger vermissen, der Jägerische leistet mir in jeder Hinsicht Genüge.

Wie mag es daher unter so bewandten Umständen wohl kommen, daß er von so wenig Honoratioren und vornehmen Leuten besucht wird? – Um diese Frage nach Genüge erörtern zu können, muß ich eine etwas umständlichere Geschichtserzählung beginnen.

Ich glaube des Anführens nicht zu bedürfen, daß Jägers Garten bloß den Sommer über dem Besucher offen steht; allein nötiger ist die Erinnerung, daß hier nicht wie im Bosischen zweie, sondern nur ein Konzert gehalten wird. Meistens ist dazu der Donnerstag anberaumt, weil es gerade vielleicht derjenige Tag ist, an welchem außerdem kein anderer Wirt Konzert hält.

Die Musik gehört nicht unter die schlechtere, doch nirgends sind die Künstler so träge. Für den einbrechenden Regen findet man hier gleichfalls leinewandene Schutzdecken, allein an keinem andern Orte habe ich sie so leicht und löcherieht gefunden.

Die Bedienung mit Speisen ist vortrefflicher als irgendwo, und ob man gleich vor Überschüttung sicher ist, so ist doch das wenige, das man empfängt, genießbar, gut zubereitet, und wegen der Nähe des Speisesaals jedesmal noch warm und schmackhaft.

Weniger zufrieden bin ich mit den Getränken gewesen: die sogenannte Gose ist hier ebenfalls das Lieblings-Bier; allein bei kleinern Bouteillen und horrender Verdünnung ist es überdem im Preise noch höher gesetzt als an andern Orten. Das Braunbier ist oft kaum trinkbar, meistens schal, und verspricht im Nachgeschmack viel edlen Rastrum. Der Wein ist gleichfalls kostbar, und wie in den Italiener-Kellern meistens verfälscht. Eine gute Sorte Rheinwein, die hier zu haben ist, wird nicht für jedermann gezeigt, und es genießt ihn nur eine gewisse Klasse Menschen des Abends – oder geschieht es bei Tage, so wird er sorgfältig in die Schattenseite gesetzt. [...]

Nach dem Abendessen schimmert von fern her aus einer Stube des Vordergebäudes ein dämmerndes Licht, und dies ist denn für die Kundleute das Signal zum Faro. Wer die Schliche schon weiß, kömmt gar nicht eher, als zu dieser Stunde hierher, geht dann die Treppe hinauf, und findet schon die ganze noble Versammlung in voller Aktivität an ihrem Tische.

Promenaden und Gärten

J. M. Braun
1837

Die Spaziergänge um die Stadt oder wie man im Leipziger Dialekt spricht, die Promenaden um's Tor, welche durch die Sorge des würdigen Bürgermeister Müller entstanden, beständig verschönert werden, und im Inlande und Auslande als eine Zierde der Stadt berühmt sind. – Treten wir aus dem Eingange in die grimmaische Gasse, so gelangen wir links alsdann in die sogenannten englischen Anlagen oder den Park, in welchem sich ein kleiner, künstlicher Hügel, der Schneckenberg erhebt, von dem der Blick über einen Teich hinweg nach einem gotischen Portale gleitet, durch welches man die Aussicht auf einen fernen Kirchturm hat. Rechts von diesem Hügel befindet sich ein kleiner Wasserfall. Was geleistet werden konnte, wurde in diesen Anlagen geleistet, und die Spöttelei einzelner, denen sie zu kleinlich erscheinen sollten, wird die Liebe und Dankbarkeit nicht verdrängen, welche dem würdigen Müller in diesem Parke ein Denkmal errichtete. Nicht weit von diesem, nach dem hallischen Tore zu, steht rechts auf einem Rasenfleckchen eine junge Eiche, welche einer Eichel aus dem Laubgewinde des Kreuzes entsproßte, das auf kurze Zeit im J. 1813 bei Probstheida errichtet wurde. – Von dem hallischen Tore aus läuft am rannstädter Tore und dem Barfußpförtchen vorbei der weniger interessante Teil der Promenade. Bald aber gelangen wir zu einem freien Plätzchen am Thomaspförtchen, wo ein Denkmal zu Ehren Johann Adam Hillers sich erhebt, welcher einer der Schöpfer unserer vaterländischen Oper ward. Die 4 Schwestern Podleska kamen im J. 1776 aus Beraun in Böhmen nach Leipzig, um ihren Unterhalt durch Harfenspiel zu verdienen. Hiller nahm sich der Mädchen an, wurde ihr Lehrer und bildete vorzüglich Thekla Podleska zu einer zu ihrer Zeit berühmten Sängerin. Letztere sandte von Prag aus, wo sie hochbejahrt lebte, 500 Tlr., um ihrem Wohltäter in ihrem und ihrer Schwestern Namen ein Denkmal zu gründen, welches am 29. Junius 1832 feierlich eingeweiht wurde. Unter der Leitung Schnorrs v. C. fertigten dasselbe die Bildhauer Funk und Wingrich. – Vom Thomaspförtchen aus bis zum grimmaischen Tore erstreckt sich nun der Teil der Anlagen, welcher der besuchteste, vornehmlich an schönen Meßsonntagen ist. Überall wird der Wanderer durch die geschmackvollsten Zierden überrascht, und selbst die kleinsten Räume sind zu herrlichen Blumenbeeten benutzt.

Die Leipziger Gärten

Groß ist deren Anzahl in den Vorstädten Leipzigs. Wir nennen unter ihnen nur einige der vorzüglichsten. – Vor dem grimmaischen Tore, am Ende des Roßplatzes, befindet sich der Großbosesche Garten, welchen am Ende des 17ten Jahrhunderts Kaspar Bose († 1700) anlegen ließ, und der durch seine botanischen und andern Merkwürdigkeiten in ganz Europa berühmt geworden, so daß selbst der Papst Erkundigungen bei Reisenden über ihn einzog. Allmählich übte an ihm die Zeit ihre Rechte, und in den neusten Tagen in den Besitz des Buchhändlers Reimer gekommen, entstand aus seinen Ruinen ein Nutzgarten, dessen einzelne Abteilungen an Leipziger Familien vermietet worden sind. In ihm befindet sich ein von Leipziger Buchdruckern gegründetes Privattheater, Thalia genannt. – Vor dem Thomaspförtchen liegt der bekannte Reichelsche Garten. König Friedrich August der Starke machte mit diesem Grundstücke zu Anfang des 18. Jahrhunderts der Gattin des Kaufmanns Apel – man sagt sonst, für eine glückliche Nacht – ein Geschenk, und ließ ihn in der Gestalt eines Fächers anlegen, wovon man noch jetzt Spuren findet. Seit 1786 besaß ihn der industriöse Kaufmann Erdmann Traugott Reichel († 1832), der ihn durch Aufführung von schönen Gebäuden und nützlichen Anpflanzungen zu einem sehr einträglichen Grundstücke machte. Nach seinem Tode haben die Erben angefangen, den Boden zum Aufbau von Wohnungen zu parzellieren, so daß man nach und nach nichts mehr von dem Garten, wohl aber eine neuentstandene Vorstadt gewahren wird. – Links von ihm liegt der früher dazu gehörende Rudolphsche (jetzt Riedelsche) Kaffeegarten. Derselbe war ursprünglich in französisch-holländischem Geschmack angelegt, und ist noch jetzt dadurch bekannt, daß in ihm an Meßsonntagen Tausende von Fremden sich versammeln, und dort zur Schau getragen wird, was die Mode Neues bietet. – Rechts von dem Reichelschen Garten, am Fleischerplatze, wo sich auch der Haupteingang an der über die Pleiße führenden Brücke befindet, liegt der berühmte Reichenbachische Garten. Schon 1740 wurde er von den Brüdern Richter in englisch-holländischem Geschmack angelegt; erhielt aber seine vorzüglichsten Verschönerungen seit 1815 durch den Bankier Christian Wilhelm Reichenbach. In den trefflichen Anlagen herrscht die mannigfaltigste Abwechselung. Man stößt auf schöne Statuen, Volieren, Treibhäuser, römische Häuser u. s. w. und am Ende auf ein japanisches Gartenhäuschen. Nicht weit von letzterem bezeichnet ein Stein an der vorbeiströmenden Elster die Stelle, wo Fürst Poniatowski beim Rückzuge der Franzosen im J. 1813 ertrank. In einem andern Teile des Gartens ist ihm ein schönes Denkmal errichtet. Der jetzige Besitzer ist der bekannte Legationsrat Wilhelm Gerhard, welcher, der Liberalität Reichenbachs nicht huldigend, nur gegen bezahlte Karten den Eintritt gestattet. – Vor dem hallischen Pförtchen, links dem Schauspielhause gegenüber, liegt der vom Baumeister Löhr († 1798) in den Jahren 1770-1772, um der drückenden Hungersnot zu steuern, angelegte Garten, dessen Besitzer jetzt der Hofrat Keil ist. Dieser Garten trägt den Charakter eines schönen englischen Parks, und enthält treffliche Gewächs- und Treibhäuser. Das Vordergebäude hat ein prächtiges Hauptportal, durch welches man den Garten seiner Länge nach überschaut.

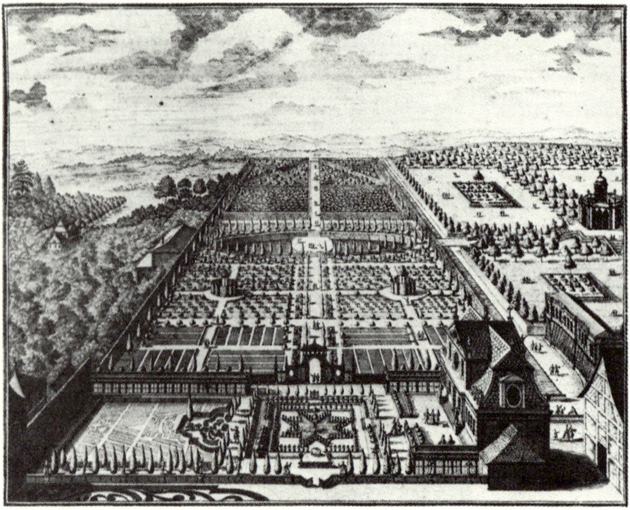

21. *Boses Garten.*

22. *Ansicht des Grimmaischen Tores.*

23. *Die Promenade in Leipzig, 1777.*

24. *Messeverkehr vor dem Grimmaischen Tor um 1800.*

6. *Der Genius von Leipzig*

Leipzig 1520, eine Kuh im Wappen

Hans Pfeiffer
1975

Auf halbem Wege nach Zwickau liegt Leipzig. Es zeigt einen Löwen im Wappen. Städte sehen sich gern als wehrhafte Tiere: als Adler, Wildschwein, Einhorn oder Löwe. Leipzig ist kein Löwe. Eine Kuh eher, die sich auf schwappenden Sumpfwiesen geruhsam breitmacht. Der Boden unter ihr arbeitet, gärt, und das Tier atmet feucht aus. Die Auenwälder ringsum sind mit ewig morastigen Löchern durchsetzt. Es riecht nach Knoblauch und Lindenblüten. Zwischen Erlen hängt abends der Nebel. Mehrere Flußarme umschließen die Stadt, Brücken führen hinein und hinaus. Der gedrungene Turm der Pleißenburg steht auf vorsichtigen Füßen, um nicht im Grundlosen zu versinken. Eine nichtssagende Landschaft, nur durch die Handelswege bedeutsam, die sich hier kreuzen. Leipzig liegt zwischen Dresden und Nürnberg, Wittenberg und Böhmen, Mittelpunkt einer Windrose, in der sich alle vier Winde mischen.

Leipzig

Joachim Ringelnatz
1927

Die Berge sind so schön, so erhaben! –
Aber es gibt hier keine. –
Wo hier zwei Menschen sind, ist keiner alleine. –
Über manche Leute, die jemand begraben,

Lache ich beinahe mich selber zu Tode. –
Fast alle Sachsen sind sächsisch. Sie zeigen sogar,
Daß die Pariser und die Londoner Mode
Vor zwei Jahren eigentlich auch sächsisch war.

Bei deiner Großmutter bin ich gewesen.
Es tut einem weh:
Sie nagelt – die Siebzigjährige – Stiele an Besen
Und trinkt – weil das jetzt am billigsten – Blutreinigungstee.
Sie hat eine alte Kommode, wertvolles, frühes Barock.
Ich klärte sie auf. Und denke dir:
Sie – unabwehrbar – schenkte sie mir,
Trug sie persönlich mir heimlich nachts ins Hotel in den dritten
Stock.

Was nun mit ihr, was mit der Kommode machen?? –
Genug für heute. Ich bin so müde gefragt.
Es ist doch billig, über die Sachsen zu lachen.
Der müßte selber ein
(und würde kein) Sachse sein,
Der einmal recht ihre Vorzüge sagt.

»Aber nur das Fenster zur Stadt ist das Fenster in die Zukunft«

Fritz Rudolf Fries

1977

Neulich ging ich einer Annonce in der *Leipziger Volkszeitung* nach. Ein Haus wurde zum Kauf angeboten, ein kleines Haus, beim Näherhinsehen war es ein winziges Haus, kaum größer als die Puppenstuben meiner Cousinen. Meine Cousinen wohnen heute mit ihren Männern und Kindern, Wellensittichen und Fernsehapparaten in richtigen Wohnungen, telefonisch verbunden, sie beherrschen geradezu die ganze Stadt, wenn sie von einem ans andere Ende telefonieren. Aber nicht davon wollte ich erzählen. Das Haus in Leutzsch hatte weder Telefon noch Bad, noch glich es irgendeinem Haus, das ich je kaufen oder bewohnen wollte. Die winzigen Räume schienen aus größter Bescheidenheit entstanden; in dem einen war Platz für ein Bett, in dem anderen für einen Schrank, im dritten befanden sich Tisch und Stuhl, in der Küche würde man stehend das Frühstück einnehmen und aus dem Fenster gebeugt die Zeitung aus dem Briefkasten ziehen können. Die oberen Räume waren mit den unteren durch eine Treppe verbunden, deren unterste Stufe angebrochen war, weshalb man kurzentschlossen gleich die zweite und dritte Stufe nehmen mußte. Mit der Zeit würde daraus ein Auftrieb entstehen, ein Aufflug mit ausgebreiteten Armen …

Das heitere Gefühl des Fliegens, das sich schon beim Augenschließen einstellt, wurde zunichte angesichts der Tapeten in Dunkelrot, ein rhomboidisches Muster, vegetative Gebilde, die das mit Kreide übergroß gemalte Symbol der Vagina, an einer Wand im Leutzscher Bahnhof, zu imitieren schienen. Eine Sekunde kam mir der Verdacht, hier sei nach dem Krieg das geheime Bordell der Vorstadt betrieben worden. Keine zwei Minuten entfernt steht ja noch Schäfers Ballhaus, wo die Jünglinge mit den weißen, dann gelben Schals der Mode folgten und, historisch gesehen, damit den Wechsel von der amerikanischen zur Roten Armee signalisierten, wenn sie zum Schwof gingen. Die Schlippe, schmalster Durchgang von der William-Zipperer-, alias Karl-Goerdeler-, alias Theodor-Fritsch-Straße zur Hans-Driesch-Straße, ist der Weg aller Liebespaare in Leutzsch gewesen. Das Ballhaus steht abbruchreif, verschwunden ist auch das weiße Haus im grünen Gelände zur Rechten, das Spukhaus, darin im 18. Jahrhundert das Gespenst einer weißgewandeten Dame umherging. Lehrer Grasemann führte uns zum Zeichenunterricht durch die Schlippe und ließ uns die Kirche, das Ballhaus, die Katen dahinter zeichnen. Eine abgetragene Vergangenheit, auch die Zeichnungen sind Altpapier geworden; der Rest ist Baugelände.

Unmöglich, hier eine Erinnerung unterzubringen an den Kriegswinter 1944, an eine Flucht aufs Land, die nach wenigen Metern am Ballhaus endet, im Schnee steckenbleibt aus Gründen, die herauszufinden wären. [...]

Stadteinwärts gerät man in die Geschichte. Die hat bekanntlich 1945 einen Neuanfang. Aber die Frage bleibt, ob die Zehn- bis Fünfzehnjährigen, meine Freunde und Schulkameraden von damals, ob wir etwas mit dieser Zäsur anfangen konnten. Unsere Väter sind tot oder in Gefangenschaft, aus dem Krieg zurück, und bekommen sonntags keine Nährstange aus Zucker und Kakao, weil sie in einer Partei gewesen sind, und die neue Moral ist an den Lebensmittelkarten ablesbar – die Gesättigten sind die Gerechten. Die Väter, die leer ausgehen, haben etwas angestellt, ein Indianerspiel, einen Bandenkrieg, den sie verloren haben, nun kehren sie heim wie ausgepfiffen, sie schminken sich ab, reißen die Rangabzeichen von den Uniformen, verstecken die Panzerfäuste im Gebüsch, hängen ihre Gewehre an den Ast, werfen die Stahlhelme in den Leutzscher Auenwald, der sich im Mai mit einem zarten Grün überzieht. Spätestens nach dem 8. Mai ist der Leutzscher Wald ein Ort für objets trouves. Nur, daß wir den Begriff noch nicht kennen, um wenigstens den geringen Materialwert unserer Beute zu surrealistischer Schönheit zu ordnen. Die neue Zeit schmeckt nach Kohl und in Salzlauge eingelegte Möhren, aber eh ein Jahr herum ist, können wir unseren Hunger mit Kunst verklären. Während die Schieber Zigaretten gegen Mehl und Brot gegen Hemden tauschen, tauschen wir die Wörter der Jazzsprache, Nachlaß der amerikanischen Besatzung, call and response, und AFN schickt Grüße von Satchmo und Benny, die wir hinter dem Rücken der Lehrer weitersagen. So können wir unmöglich ernst nehmen, was unsere Mütter erzählt haben, daß die MP sie mit Peitschen und Jeeps vertrieben hat, als sie ein Lagerhaus ausräumen wollten, in dem Süßstoff und Vitaminpillen das Dritte Reich überdauert hatten. Military Command. Off Limits. Um die neuen Worte der Roten Armee zu lesen, mußte man erst die Schrift lernen.

Stadteinwärts gehen und kommen die Armeen, ziehen die immer jungen Sportler des Turnvaters Jahn, die Fanfaren der Freien Deutschen Jugend, die Tschinellen und Pauken der Schrebergartenfeste, gefolgt vom andächtigen Laternenumzug der Kinder. Stadteinwärts springt ein Mann über die unregelmäßig gesetzten Dächer, er hat ein Fahrrad gestohlen oder einen Sack Mehl oder nur ein Schwarzbrot. Er wird verfolgt, stürzt ab, man fährt ihn weg auf einem handgeschobenen Karren mit großen Rädern. [...] Stadteinwärts suchen die Umsiedler eine Bleibe, katholische Familien aus Pommern oder Breslau, die der kleinen Gemeinde am Langen Felde eine neue Glaubensblüte bringen. Stadteinwärts fährt der Telegrammbote in die Kreisel, die wir über rissigem Asphalt in den Farben des Regenbogens tanzen lassen. Stadteinwärts haben die Häuserfassaden den Goldenen Schnitt und verstecken ihre Mieter und deren Geschichten in den Hinterhöfen. Über der Aschengrube hängen die rubinroten Johannisbeeren und blaut der Flieder an der Klopfstange. Aber nur das Fenster zur Stadt ist das Fenster in die Zukunft. [...]

Bis ins Jahr 1922 kann Leutzsch seine Autonomie wahren, dann macht sich die zum Neuen Rathaus hochgewachsene Pleißenburg das Leutzscher Rathaus untertan. Die Vorstadt kann mit Stolz auf den Modellkasten ihres bürgerlichen Fleißes zeigen, die Mietskasernen hat sie in andere Viertel abgeschoben, nach Plagwitz etwa. Wie sie baut, hat besseres Format: Fabrik, Villa und Mietshaus steigen aus den trockengelegten Angerlachen. Rot und Schwarz tragen die Klassenkämpfe aus im Café Karola und im Schwarzen Jäger. Eine Gedenktafel am Bahnhof Leutzsch vermerkt: *Zur Erinnerung an die Januarkämpfe 1919. Rote Matrosen, Soldaten und bewaffnete Arbeiter verhinderten auf dem Gelände des Leutzscher Bahnhofs die Weiterfahrt von Nosketruppen nach Berlin und Oberost (Baltikum) und entwaffneten sie. Dabei fielen am 9. Januar 1919 im Kampf gegen das 77. Infanterieregiment die Matrosen Bock, Kerk und die Soldaten Kern und Friedrich als Verteidiger der deutschen Revolution.*

Lange Zeit zeigte sich die revolutionäre Situation in Leutzsch nur im Bild der Hausbesitzer und Frühaufsteher. Zum Feierabend dann tauschten sie über die Gartenzäune gemeinsame Erfahrungen aus. Die Hausbesitzer hatten ihre Mietshäuser vom Mehrwert kaufen können, den ihre Vorfahren und Anverwandten in Leutzsch erzeugt hatten. Der industrielle Fortschritt war der besondere Stolz der Vorstadt gewesen. Die Excello-Bogenlampe wird hier erfunden und tritt – wie die Firma Körting & Mathiesen A. G. um die Jahrhundertwende versichert – ihren Siegeszug an, die Straßen und Plätze der Welt erhellend. Die Sargtischler, Stellmacher, Fuhrunternehmer des Vororts werden schnell zu mittellosen Handwerkern, wenn sie den Anschluß verpassen. Flügel- und Pianomechanikfabriken oder Spezialwerke für Buchdruckermaschinen können sich einen friedlichen Anstrich geben, doch die Anstrichstoffe, die die Lack- und Farbenwerke produzieren, bis 1933 in vier Werken in Leutzsch, konservieren vor allem das teure Kriegsgerät, die Flugzeuge des Herrn Meyer alias Göring. Seltsam die Kurzsichtigkeit der amerikanischen Bomberpiloten, die im Februar 1944 ihre Bomben über Schrebergärten und Seitenstraßen ausklinken und die Stahl- und Eisengießereien übersehen in der Leutzscher Topographie.

Auf dem Leutzscher Friedhof, im spitzen Winkel ans Fabrikgelände gebaut, kommen die Gegensätze zur letzten Ruhe. Wenn auch die Würstchen- und Klavierfabrikanten etwas neuklassizistischen Prunk ihrer Villen mit hinübernehmen ins marmorgetäfelte Familiengrab, so werden sie, wie die hier liegenden Dreher, Werkzeugmacher, Drogisten, Lehrer, gleichermaßen gerecht begossen vom seßhaften Leutzscher Kleinbürger. Der gießt das Wasser der Nächstenliebe aus großen schweren Zinkkannen, tut das mit dem ernsten Gesicht der Pflichterfüllung, das er sonst beim Ährenlesen zeigt, im Hof beim Teppichklopfen, im Zigarettenladen beim Ankreuzen der Lottoscheine. Das andere Gesicht ist weich, mürbe, auskunftbereit und neugierig; das Gift von Tratsch und Nachrede löst sich gefahrlos in der Lauge des Dialekts auf.

Tischsitten im »Galanten Leipzig«

Baron von Ehrenhausen
1769

Nach mannigfaltigen Gesprächen wurde die Gesellschaft eingeladen, sich in ein anders Zimmer zur Tafel zu verfügen. Wir gingen dahin paarweise, je eine Mannsperson und ein Frauenzimmer, welches an der Hand geführet wurde. Nun stellte sich die ganze Gesellschaft gleichsam in Schlachtordnung, alle Heiterkeit war auf einmal von den Angesichtern verjagt, man schlug die Augen nieder, man bewegte die Lippen, ohne einen Laut von sich zu geben, man faltete die Hände, und plötzlich rief einer dem andern zu: Gesegnete Mahlzeit!

Es kam mir fast vor, als wann sie alle auf einmal wie Maschinen durch einen Faden wären in Bewegung gesetzt worden, diese Worte auszusprechen. Nun ging der Krieg erst an; niemand wollte den obersten Platz einnehmen, bis endlich mein Hofmeister fast von allen genötiget ward, sich auf den ersten Sitz zu setzen. Neben ihm saß eine Kommissionsrätin, alsdenn ich, alsdann ein unverheiratetes Frauenzimmer, ein Doctor juris, wiederum ein Frauenzimmer usw. Ich war von Herzen froh, daß dieser Streit ohne Blutvergießen war beigeleget worden, und ich wünschte nichts sehnlicher, als daß sich ja kein neuer Krieg entspinnen möchte. Doch meine Wünsche waren vergebens, bei dem ersten Gerichte ging es von neuem an. Mein Hofmeister bekam zuerst einen Teller mit Speise, den er seiner Nachbarin überreichte, die aber darwider protestierte und appellierte; er mußte ihn also behalten. Die Reihe kam auch an mich, ich folgte meinem Hofmeister nach und reichte meinen Teller der Frau Kommissionsrätin, diese weigerte sich heftig, ihn anzunehmen, und weil ich gar zu sehr in sie drang, so sagte sie endlich: Ich danke Ihnen unendlich, Herr Baron, ich habe bereits gesehen, was auf dem Teller ist. Hierauf wendete ich mich zu der Jungfer, die neben mir auf der andern Seite saß; auch hier ward mein Teller nicht angenommen, sondern sie ergriff meine andre Hand, druckte sie sanft und bat mich, sie zu verschonen. Indessen ward mein Teller so heiß, daß ich mir die Finger verbrannte. Diese Höflichkeitsbezeugungen dauerten bei allen Gerichten fort bis zum Ende. Bei dem Weine wurde jedem insbesondre seine Gesundheit getrunken, und es mußten solchergestalt alle Gäste die Musterung passieren. Nichts kam mir drolliger vor, als das öftere Kopfnicken zur Linken und zur Rechten. Denn es sah fast aus, als wenn alle Gäste heftige Verzuckungen hätten.

»Soll ich Ihnen den Genius von Leipzig malen?« (1779)

N. N.
1879

»Soll ich Ihnen den Genius von Leipzig malen?« fragte mich der Justizrat Willebrand. – »Eine vollkommne, allerliebste Figur, mit außerordentlicher Schönheit und Proportion der größten Kleinigkeiten. Sie hat ein Engelsgesicht, – ein Schlangenherz – und einen Fuchsschwanz.« – Der Fuchsschwanz mag sein; das Schlangenherz ist wohl (im allgemeinen von allen geredet) zu viel gesagt.

Oft glaubte ich bei Eingebornen (besonders Studenten, wo ich dazu mehrere Gelegenheit hatte) einen gewissen Stolz, in Leipzig geboren zu sein, zu bemerken.

Dem Umgange der Einwohner – vielleicht irre ich mich; alsdann wäre es mir leid, nicht größere Bekanntschaften gehabt zu haben – fehlt größtenteils das Freundschaftlich-Gesellschaftliche. Daher noch bei vielen die prächtigen, teuren Mittagsschmäuse. Einzelne Familien halten für sich zusammen, und wieder andere ebenfalls für sich. So ist alles einzeln. Und dies gab wohl den teurern Pläsiers, Komödie, Bällen, Promenaden und Lustfahrten aufs Land, und in öffentlichen Gärten etc. den Ausschlag. Die Damen lassen sich zu Kaffeevisiten zu einander tragen, und endigen ihre Besuche größtenteils um 7 Uhr. Nicht viel gewinnt der freundschaftliche Umgang durch die Sommerwohnungen der Familien in Gärten, und auf dem Lande, wie z. E. in Golis, Gonnewitz, Schönefeld, Dölitz, wo größtenteils die Kolonie den Sommer zubringt. Ebenso ist der Umgang mit den Professoren. Sie sind teils zu sehr beschäftigt, teils nicht allemal Männer zum Umgange, oder schon ganz an das einzelne des Umgangs gewöhnt. Alles dies erschwert den Zutritt, den freimütigen Zutritt – denn unter der Hand und zu gewissen Zeiten hat wohl mancher junge Mensch genaue Bekanntschaft in Häusern. Nicht anders ist der Umgang unter den Studierenden. Sie gewöhnen sich nach und nach daran, retiré und für sich zu sein. Freilich an Bekanntschaften fehlt es ihnen nicht; aber zum Umgange sondern sich einige ab, und halten beisammen. Sogar auf den Kaffeehäusern herrscht das nämliche Betragen. Bringt man nicht einen guten Freund zur Unterhaltung mit, so sitzt man da, und schweigt. Oder mischt man sich ja manchmal in ein Gespräch, so sind die Antworten des andern so kurz und abgebrochen, als redete er vor dem Landesherrn oder vor einem Spion.

Dem Fremden fällt dies auf. Es scheint ihm grob. Aber er gewöhnt sich selbst daran, wenn er nur einige Zeit einwohnt.

Oder findet man es unbillig, daß Studierende über den Mangel an freundschaftlichem Umgange klagen, da doch hin und wieder (wie vormals, denk ich, Mascov, und jetzt Platner) ein Professor alle Woche einmal Studentenassemble hält?

Etwas der Stadt eigenes ist noch die blasse, meistens gelbliche Farbe der Einwohner, besonders der Frauenzimmer. Viel trägt hierzu die eingesperrte Luft der Gassen, und das schlechte Wasser bei. Ich fragte einst einen Arzt um die Ursache. »Größtenteils«, sagte er, »daher, daß unsre Frauenzimmer sich im Winter in die Stuben einsperren, und hernach das viele Kuchenessen.« Den Kaffee, den unausgesetzten Gebrauch der Schnürbrüste, den schädlichen Kopfputz, und endlich, daß die jungen Mädchen zu frühzeitig lernen, quid iuris, vergaß er wohl?

Aus dem Alphabet der »Wühler und Wühlerinnen«

Ulrich Franz
1849

Uralt ist das Geschlecht der Wühler und neu nur der Name. Wie gewöhnlich die Praxis der grauen Theorie mächtigen Schrittes vorauseilt, so hatte es schon Jahrhunderte lang Wühler gegeben, denen nur in der armen Sprache die rechte Bezeichnung fehlte, so daß von ihnen es galt: »Namen nennen sie nicht.« Der von Gottes Gnaden mit Sibiriens Bergwerken begnadigte arme Sünder wühlte; der Maulwurf, dessen Fellchen noch nicht zum schnöden Säckel geworden, – er wühlte; neben und über ihm wühlte der sorgende Landmann; Joseph wühlte in seiner lieben Brüder Säcken; die Sündflut wühlte beinahe den Ararat um; Jesus in echt barmherziger Milde wühlte den Lazarus aus seiner Höhle, da er schon übel roch; der Gott Abrahams, Isaaks und Comp. wühlte aus einem Erdenkloße sein Ebenbild zusammen: – stets aber mangelte das Wort »Wühler«, der erhabene Begriff des Ausdruckes »wühlen«, dieses stammkräftigen Reimes zu »fühlen!«

Dr. Heyner; sehr nützlicher Wühler, Leipziger Vollblut, auch Stadtverordneter; erfreut sich einer ausgezeichenten Lunge und spricht daher (besonders privatim) sehr unermüdlich, nötigenfalls faßt er auch den Hörer an einem ungeduldigen Rockknopf, besonders diejenigen Heuler, denen er in seiner derben, wirklich verdienstvollen Art die Wahrheit demonstriert. Kleiner Goliath. Motto: »Herr Präsident, hier hab' ich Eenen!« [...]

Dr. Reclam, vor Zeiten »der schöne Reclam« genannt, der ebenso eitel, nur weniger oberflächlich ist. (Wir verwahren ihn übrigens ausdrücklich vor dem unangenehmen Gerüchte, als ob er Verfasser der »Leipziger Wühler« sei.) Sein jüngst im Buchhandel erschienenes Portrait, von welchem 23 000 Exempl. abgesetzt wurden, trägt die Unterschrift: »Ich lasse Blum fallen: – es ist zu arg, daß –.« (Historisch, im August 1848.)

Dr. Rüder, sonst Kampfgenosse Blums und Cramers, jetzt bedeutend zurückgegangen; besonders hat sein Urteil über die Chemnitzer Unruhen ein wenig schmeichelhaftes Licht auf ihn geworfen und im Erzgebirge ihm unendlich in der öffentlichen Meinung geschadet. Gleichzeitig mit Cramer soll er sich um die Redaktion der Leipziger Zeitung beworben haben. Als er einmal im Jäkelschen Vaterlands-Vereine eine Gastrolle gab, folgten ihm deutliche Mißfallsbezeugungen schon zur Tribüne. Ist übrigens kein Redner. Motto: »Man kann ja nicht immer so bleiben.« Als Präsident wuttkisierend.

Ritter Schreck neigt sich, wie es heißt, neuerdings plötzlich zum Jäkelschen Vereine; hält sich für einen roten Republikaner und Preußische Landwehrmannen für Ausländer; hat eine unerschöpfliche Stimme, deren Kraft ihm in kleineren Kreisen gewöhnlich als bestes Beweismittel gilt. Als Sprecher alltäglich-gemütlich, sophistisch. Soll übrigens als Intriganten-Wühler ein Erkleckliches leisten. Motto: »Stentor war ein großer Mann! nur fehlte es ihm an Spekulationsgeist. Kickericki!« Ansehnlichen Corporempumpus. [...]

In diesem Vereine treffen wir auch eine liebenswürdige Wühlerin,

Bürgerin Louise Krell, welche eine höchst ehrenvolle Ausnahme von der sonst so gleichgültigen Frauenwelt Leipzigs macht. –

Ihr bei weitem nachstehend war die – jetzt zurückgezogene – Präsidentin des unter Hrn. de Marles Auspizien stehenden Vereines der Dienstmädchen, namens Auguste Schrödter, welche auch bei Gelegenheit des beabsichtigten Freischarenzuges nach Berlin als Rednerin im Odeon auftrat.

Außer ihnen wäre noch die Mitarbeiterin am Leipziger Reibeisen

Cäcilie Simonson als Wühlerin anzuführen. –

Der Vater der Deutschen Grazien

Franz Wilhelm Kreuchauf
1899

Als Gellert starb, schrieb ein Gelehrter seinem hiesigen Freunde, von dem er die traurige Nachricht erhalten hatte, zur Antwort: »Wie glücklich, da Gellert stirbt, daß ein Oeser lebt, der ihm ein würdiges Monument errichten kann!« Ehe dieses bekannt, und der Wunsch, daß es geschehen möchte, allgemeiner worden war, hatte der Herr Professor Öser schon den patriotischen Entschluß gefaßt, den um Deutschland so sehr verdienten Mann auch durch seine Kunst zu verewigen. Er versprach uns ein Monument und ist seinem Worte getreu blieben. Sein Werk ist vollendet. Es ist in weißem, bei Wiesenthal gebrochnem Marmor ausgeführt und mitten im Garten des Herrn Johann Wendler errichtet, wo es rund umher aus jedem Gesichtspunkte betrachtet werden kann. Hier steht es völlig schicklich für den Ort, denn es ist ein Trauerdenkmal; aber es verderbt keinen Augenblick die Fröhlichkeit des Gartens. Zugleich ist es ungemein passend auf den schriftstellerischen Charakter des Mannes, dem es errichtet worden.

Diesen Charakter hat Herr Öser also gefaßt. Deutschland hatte schon vor Gellerten sehr schätzbare Dichter, die sich aber vornehmlich nur durch männliche Stärke, philosophischen Ernst, malerische Einbildungskraft und einen gewissen kühnen Witz empfahlen; aber der Erste, der unsrer Dichtkunst Leichtigkeit, Feinheit, Gefälligkeit, kurz dasjenige gab, was man, mit Einfalt und Unschuld zusammengenommen, Grazie nennt, war Gellert.

Gellert also war der Vater der deutschen Grazien; aber er starb ihnen ab, da sie noch Kinder waren, und hinterließ ihre völlige Ausbildung andern Händen. Diese Idee, die ein so wahres und ein so gemäßigtes Lob auf Gellerten enthält, macht unsers Erachtens der Kritik des Herrn Öser die größte Ehre. Sie sagt von Gellerten das, was ihm auch seine strengsten Beurteiler lassen müssen, und ist für ein Denkmal, das sonst die Verdienste des

Verstorbenen immer so sehr zu übertreiben pflegt, auf eine ganz unerwartete Art bescheiden. Sie enthält auch in der Tat den wesentlichen Hauptzug aus Gellerts schriftstellerischem Charakter, aus dem alle seine Verdienste erkannt werden können. Eben um dieser Leichtigkeit und Gefälligkeit und Unschuld willen ist er so allgemein, auch von den niedrigern Ständen und dem andern Geschlecht, gelesen worden und hat dadurch den Geschmack des Lesens unter seiner Nation ausgebreitet; eben um dieser Leichtigkeit und Unschuld willen sind seine Schriften zur ersten Bildung der Jugend so brauchbar und können ihr so ganz ohne Bedenken in die Hände gegeben werden.

Wie hat aber Herr Öser diese Idee ausgedrückt? Mit eben der Richtigkeit und Präzision, womit er dieselbe gefaßt hatte. Er versammelt um Gellerts Urne die drei Grazien, die man an ihren aus dem Pausanias bekannten Attributen erkennt; aber sie sind noch Kinder, kleine, holdselige Kinder, die auf die Zukunft, wenn sich ihre Reize erst ganz werden entwickelt haben, die liebenswürdigsten Geschöpfe versprechen. Sie betrauern ihren Vater und ehren sein Andenken. Zwo der kleinen Göttinnen haben sich wehmütig über seine offne Urne hingeworfen, die auf einer unvollendeten Säule steht. Unter ihnen beugt sich die dritte, am Fuße der Urne knieend, zu seinem medaillenförmigen Bildnisse nieder, das, in Lorbeerlaube angeknüpft, an der Säule herabhängt, und gibt ihm durch ihr Attribut, die Rose, seine letzte Zierde.

Kritik an dem berühmten Mende-Brunnen

Gustav Theodor Fechner
1887

Ein monumentales Kunstwerk will der Brunnen sein? Ein, wenn man will großartiges, jedenfalls teures, mit Nürnberger Künstlichkeit hergerichtetes Spielwerk, ja, was sich in verkleinertem Maßstabe wohl als Aufsatz auf eine prunken wollende Uhr eignen würde; aber ein Kunstwerk und vollends ein monumentales, nein; denn dazu fehlen ihm die wesentlichsten Eigenschaften von beidem: die Einheit des Kunstwerkes, wodurch alle Einzelheiten desselben organisch verknüpft und auf einander bezogen werden, und die verhältnismäßige Einfachheit des Ganzen und maßvolle Haltung des Einzelnen, wodurch der in sich ruhende Eindruck des Monumentalen entsteht. Zu sehen freilich gibt es genug am Brunnen, was die Schaulust der Menge reizen, beschäftigen und befriedigen kann: Männer, Weiber, Kinder, Pferde, Delphine, Muscheln, Fische, Frösche, Krebse – Schildkröten scheinen wohl nur vergessen – geflügelte Larven, rokokoartige Schilder, Felsbruchstücke aus heroischen Landschaften, ein Obelisk mit einem Sternchen darüber. Darunter fehlt es nicht an abenteuerlichen Gestalten und Bewegungen. Kurz man hat da das Mögliche aus den Naturreichen und Unmögliche aus den Fabelreichen beisammen. Aber wo ist die Idee, die diesen, in engen Raum zusammen- und übereinandergeschachtelten, Kram zusammenhält. Unten mühen sich schlangenfüßige trompetende Wassermänner oder Tritonen mit Zügeln ihrer sich wild bäumenden schwimmfüßigen Flügelrosse, sog. Hippokampen, vergeblich ab, darüber bieten fischgeschwänzte Nixen, Najaden oder Nereiden den Beschauern Fische, Krebse und ein rätselhaftes Y-förmiges Ding (Koralle?) wie zum Verkauf dar; zuoberst Putten, die sich auch sonst überall wie Worte, wo Begriffe fehlen, in Kunstwerke einzufinden pflegen, also hier nicht glaubten fehlen zu dürfen; im Umkreis Delphine in liebender Umarmung mit roten leeren Schildern. [...]

Und wie soll bei solcher Zerfahrenheit, die den Blick ziellos umherirren läßt, den gewaltsamen Bewegungen der männlichen, den hastigen Bewegungen der weiblichen Figuren, der Eindruck monumentaler Ruhe zustande kommen. In der Tat, nur etwa die Putten oben bewahren einigermaßen den monumentalen Anstand; aber ist es nicht eine verkehrte Welt, wenn die Kleinen, denen man am leichtesten eine muntere Bewegung gönnen, eine spielende Unart verzeihen möchte, den Erwachsenen ein gutes

Beispiel geben, was diese nicht befolgen? [...] Und womit kann ich als Advokat des Brunnens, für den ich mich erklärte, alles, was er vorgebracht hat, widerlegen? Widerlegen gar nicht, [...] sondern nur der Auffassung des Anklägers mit einer anderen Auffassung widersprechen; wonach es jedem noch unbenommen bleibt, im Sinne der Anklage sich an dem Brunnen zu ärgern oder im Sinne der Verteidigung an demselben zu freuen. [...]

Ich sehe in unserem Brunnen die ganze Wasserwelt durch Kunst zusammengezogen ins Kleine, symbolische und natürliche Mittel dazu wirkungsvoll ineinander greifend und sich ergänzend; sehe das Ganze durch die Idee beseelt, das Leben, Weben und Treiben des Wassers in seinem Anschlusse an das Land, in seinen Beziehungen zur organischen Welt, in seiner Abstammung von oben, kurz nach den verschiedenen Seiten und Richtungen, die es darbietet, zum in sich geschlossenen anschaulichen Ausdruck zu bringen. Nun soll ein Kunstwerk nicht eine abstrakte Einheit, sondern einheitlich verknüpfte Mannigfaltigkeit darstellen. Warum also soll unser Brunnen kein Kunstwerk sein, da in ihm die größte Mannigfaltigkeit durch die deutlichste Idee einheitlich verknüpft ist. [...]

Als monumentales Werk [aber] stellt sich der Brunnen dar, nicht nur durch die inschriftlich ausgesprochene Beziehung zum Andenken der Stifterin, sondern auch die den Platz beherrschende Höhe, das der Vergänglichkeit trotzende Material und die Massenhaftigkeit des Aufbaues. Und warum weniger deshalb, weil er nicht auf die Vergangenheit einer großen historischen Persönlichkeit oder eines großen historischen Ereignisses bezogen ist; aber er ist auf die nicht bloß vergangene und heutige, sondern ewige Wirklichkeit und Wirksamkeit eines Hauptelementes und Hauptlebensquelles der Welt bezogen, und hatte demgemäß auch seine Gestalten vielmehr von quellendem Leben durchströmt als an eine abgestorbene Vergangenheit erinnernd darzustellen. Wollte man ihm aber den Namen eines monumentalen Werkes versagen, weil es doch nicht die Definition, die man sich von einem solchen gemacht haben mag und auch wohl anders machen könnte, erfüllt; was täte es, wenn es nur die allgemeinen Forderungen der Kunst erfüllt. In ihrem Hause gibt es viele Wohnungen.

Denkmal oder Transformatorenhaus?

Bernd Weinkauf
1982

Abriß kann auch Fortschritt bedeuten. 1778, 15 Jahre nach dem Siebenjährigen Krieg, wurde Carl Wilhelm Müller Bürgermeister von Leipzig. Der Unterhalt der Wehranlagen, die die gesamte Innenstadt umschlossen, war teuer und, wie sich gezeigt hatte, nutzlos. Dieser Bürgermeister ließ deshalb das erste Stück Stadtmauer niederreißen, den stinkenden Wassergraben zuschütten und eine Promenade im englischen Stil anlegen. Ein sinnfälliges Beispiel von Abrüstung, das Schule machte; nach und nach fielen auch die übrigen Teile, so daß während der Amtszeit des Bürgermeisters Koch, von 1849 bis 1876, das Vorhaben beendet und das Stadtzentrum von einem Promenadenring umgeben war. In seinem Nordabschnitt steht das Müller-Denkmal, 1819 »von den dankbaren Bürgern Leipzigs« errichtet. Der zwischen Bahnhof und Innenstadt Dahineilende hält es meist für ein Transformatoren-Häuschen oder – in dringenden Fällen – für eine Toilette. Wer stehenbleibt, wird auf der Bahnhofseite eine Lyra mit Eichenkranz abgebildet sehen. Müller hat nicht nur abgerissen, sondern auch aufgebaut. Auf seinen Vorschlag hin wurde das beliebte »Große Konzert« in einen größeren Raum verlegt. Dieser Raum, der zum Ausstellen von Tuch- und Webwaren benutzt worden war, stand leer und wurde als Konzertsaal hergerichtet. Weil er im Gewandhaus gelegen war, fand sich auch schnell der Name für das Konzert, der bis heute verwendet wird.

Ein Richard-Wagner-Denkmal (1913)

Julius Vogel
1923

Über dem Denkmal für Richard Wagner, das die Stadt ihrem großen Sohne schon seit geraumer Zeit errichten will, hat ein merkwürdiger Unstern gewaltet. Der an sich als selbstverständlich gegebene Gedanke ist jetzt vor vierzig Jahren, kurz nach dem Tode des Meisters, angeregt und seitdem von Kunstfreunden scheinbar mit Erfolg betrieben worden. Der Plan lag auch in den besten Händen, und Klinger, dem das Werk schließlich übertragen wurde, ist auch mit Lust und Liebe an die Arbeit gegangen. Gleichwohl ist sie auf Schwierigkeiten gestoßen – sie lagen aber außerhalb des Bereichs aller Voraussicht und entzogen sich jeder menschlichen Berechnung.

In der Urkunde, die 1913 zur hundertjährigen Gedenkfeier der Geburt Wagners in den Grundstein, auf dem Klingers Denkmal errichtet werden sollte, eingemauert worden ist, heißt es u. a. folgendermaßen: »Schon im Jahre 1887 (und 1890) wurden von einem Berliner und einem Leipziger Künstler Denkmalsentwürfe geschaffen und ausgestellt, ohne indes allseitige Anerkennung zu finden. Bald darauf hatte der um die Verschönerung und das Wohl der Stadt allezeit warm bemühte Herr Dr. Tröndlin den inzwischen zu hohem künstlerischem Ruhme emporgestiegenen Bildhauer Herrn Professor Max Klinger für den Gedanken zu gewinnen vermocht, seinerseits zur Erinnerung an den großen Tondichter ein Denkmal zu schaffen und damit der Stadt ein bleibendes Zeichen seines eigenen künstlerischen Schaffens anzuzeigen. Die Durchführung des Gedankens ward allseits mit Wärme aufgegriffen. [...]

Herr Professor Klinger schuf inzwischen verschiedene Entwürfe für das Denkmal und bemühte sich mit der Stadtverwaltung um Erlangung eines besonders für seine Denkmalsidee geeigneten Platzes. Als solcher ist schließlich der Platz, auf welchem das Denkmal sich erheben soll, von der Stadt zur Verfügung gestellt worden, und diese hat auch die Ausgaben zur Umgestaltung der Umgebung des Stadtbildes übernommen. Das Denkmalskomitee erhofft, daß an dieser Stelle ein Denkmal entsteht und dauernd der Stadt erhalten wird zum Andenken an ihre großen Söhne: an den Tondichter Richard Wagner und an den Schöpfer des Erinnerungsdenkmals Max Klinger.«

Der Auftrag wurde Klinger im Juli 1904 von dem Denkmalskomitee erteilt. [...]

Der Grundstein des Denkmals wurde, [...] an Wagners hundertjährigem Geburtstage, am 23. Mai 1913, gelegt. Den Platz, am Fleischerplatze, in den Promenadenanlagen unterhalb des Matthäikirchhofes, zu dem um das geplante Denkmal herum eine doppelseitige Treppe emporführt, hatte Klinger sich selbst ausgesucht. In mehrfachen Besprechungen über den Denkmalsgedanken hatte ich ihm nahezulegen gesucht, die Statue in Bronze gießen zu lassen, nicht in Marmor auszuführen, denn in unseren großen Städten, die alle von der Rußplage stark zu leiden haben und in denen die Denkmäler aus weißem Stein infolge der Verschmutzung (gelegentlich aber auch unter dem Einflusse der Witterung) recht unansehnlich werden und häufiger Reinigung bedürfen, ist Bronze mehr und mehr das gegebene Material. Aber Klinger lehnte stets ab: er war ein zu fanatischer Freund des schönen Steins, in dem nicht nur seine Gedanken eine feste Form fanden, sondern der gelegentlich auch die Komposition beeinflußte, sie bestimmte und erweiterte. [...]

Der zuerst gebrochene Stein kam auch in Leipzig an, erwies sich aber, als die Arbeit beginnen sollte, als unbrauchbar, da der Block von einer dunklen Ader durchzogen war. Dieser Block, der in der Höhe 4,40 Meter maß, war bestimmt für ein Denkmal, das, wie ursprünglich geplant war, vor dem Alten Theater aufgestellt werden sollte. Als sich aber dieser Plan mit auf Klingers eigene Veranlassung änderte und man sich für die Stelle unterhalb des Matthäikirchhofes, in den Anlagen am Fleischerplatze entschied, die Umgebung aber hier bei weitem größer und freier war, ließ Klinger in Laas einen zweiten Block brechen, der 5,30 Meter hoch war und an Ort und Stelle, auch der hohen Transportkosten wegen, punktiert werden sollte. Dieser Block liegt jetzt noch in den Brüchen. Da der Krieg ausbrach, konnte er nicht nach dem Norden transportiert werden, weil für die sechshundert Zentner schwere Last nur Wagen verwendet werden konnten, wie sie Krupp für seine Riesengeschütze brauchte und zur Verfügung stellen konnte. Inzwischen ist Klinger gestorben. Jetzt aber werden die Kosten für Abnahme und Transport des kostbaren Materials so unerschwinglich hoch sein, daß das Denkmalskomitee in Verlegenheit sein wird, vorläufig auf den alten Plan zurückzukommen. Auch eine »Denkmalstragödie«, wie sie aus dem Leben anderer großer Künstler erzählt wird.

Grundsteinlegung durch Hitler (1934)

Günter Metken
1986

Desungeachtet ist Klingers Torso der einzige plastische Hinweis auf Wagner in seiner Heimatstadt geblieben.

Denn das nächste Stichjahr fiel ominös genug auf 1933, ein Halbjahrhundert nach des Meisters Tod. Und es war Adolf Hitler selbst, der am 6. März 1934 den Grundstein auf den Frankfurter Wiesen am Stadtrand legte, diesmal zum »Richard-Wagner-Nationaldenkmal«, nachdem der Stuttgarter Bildhauer Emil Hipp den von Leipzigs Oberbürgermeister Goerdeler angeregten Ideenwettbewerb gewonnen hatte. Sein Projekt wollte »Tausende« Andächtiger auf gepflastertem Hof (120x80 m) um einen mächtigen, altarähnlichen Block scharen, dessen vier auf zehn Meter messende Seiten Darstellungen von Mythos, Schicksal, Erlösung und Bacchanal wohl als Stufen des Wagnerschen Werks tragen sollten. Den Hof, auf dem noch ein Rheingoldbrunnen und eine Siegfriedstatue eingetragen waren, rahmte eine Mauer mit neunzehn flach herausgehobenen Szenen aus Wagners Opern. Letztere sind attisch-klassizistisch inspiriert, während die halb- bis vollplastischen Allegorien sich, was Pathos und Verrenkungen angeht, zwischen pergamenischem Hellenismus und Nationalsozialismus bewegen. Ursprünglich auf 1940 angesetzt, verzögerte sich die Errichtung des Denkmals durch den Kriegsausbruch. Und als es 1945 endlich fertig und fast ganz bezahlt war, bekundete die Stadt Leipzig aus politischen Gründen kein Interesse mehr. Der Künstler konnte für die Lagerkosten nicht mehr aufkommen, sein Denkmal ging in den Besitz des Marmorwerks Kiefersfelden über, das es dann stückweise an Interessenten verkaufte. So endete in privater Hand, was hochfahrend als Nationaldenkmal mit Hitlers Leipziger »Gelöbnis zu Wagner« begonnen hatte.

Zum Kaffeebaum

Ulla Heise
1983

Der Eingang zeigt sogleich in einer Schilderei,
Daß dies des Kaffeegotts geweihter Tempel sei.
Es liegt ein Araber an einem Kaffeebaume;
Ihm bringt in hellem Gold von dem durchsüßten Schaume,
Den man aus Bohnen kocht, die die Levante schickt,
Ein nackter Liebesgott, der lächelnd auf ihn blickt.

Heinrich Zachariä, Der Renommist, III. Gesang,
Leipzig 1744, S. 40f.

Der *aus Sandstein erblühte Caffeebaum* mit dem herausgeputzten Muselmann über der Eingangstür gab Leipzigs populärstem Café-Restaurant den Namen. Weltberühmt und vielzitiert ist diese liebenswerte Barockplastik, welcher Künstler sie angefertigt hat, weiß man allerdings bis heute nicht. Vermutet wird, daß der Permoser-Schüler Caspar Friedrich Löbelt der Steinmetz war. In vorgerückter Stunde wird dem interessierten Gast in unverfälschtem Leipziger Dialekt die »ganze« Wahrheit vom Türken mit der großen Kanne und dem kleinen Amor zugeraunt: August der Starke hat 1694 hier die erste Tasse Kaffee seines Lebens getrunken. Dieser Mokkatrunk hat den sächsischen August so entzückt, daß er einerseits seinem Hofgoldschmied postwendend den Auftrag zur Anfertigung eines *»goldenen Coffe Zeugks«* erteilte, andererseits aus Dankbarkeit und Anerkennung die Portalplastik gestiftet hat. Natürlich hatte die ganze Angelegenheit – wie immer bei August II. – einen delikaten, amourösen Hintergrund, denn der König hätte (ganz im Vertrauen) etwas mit der Frau Wirtin gehabt…

7. *Gaudeamus igitur*

Der Weisheitszahn

Max Walter Schulz
1974

Auf Postkarten, in Zeitungsreportagen, für die Leute, die ihn aus der Ferne oder aus der Nähe erblicken mit einheimischen oder mit ausländischen Augen, mit vereinnahmendem Stolz, mit Bewunderung oder auch mit sauren Mienen, ist der Turm bereits das unumstößliche, an Höhe und Auffälligkeit alles überbietende Wahrzeichen dieser Stadt geworden. Er ist es bereits, obwohl er sich noch im Bau befindet, in der Gleitschalbauweise in erstaunlichem Tempo hochgezogen wird, weit über hundert Meter hoch, und es noch seine Zeit dauern wird, bis er schlüsselfertig ist, bis er weiß verkleidet ist, verglast und innenausgebaut. Hagedorn, Mitglied des Rates, weiß Bescheid. Dieser Turm [im Volksmund »Weisheitszahn«] ist Schwerpunkt, Angelpunkt der neuen Stadtplanung. Er wird das ganze Zentrum beherrschen, um ihn wird sich alles drehn und bewegen, konzentrisch und auch radial. Die Kostenplaner beherrscht er jetzt schon. Noch reden sie nicht darüber, aber sie sehen schon danach aus, als ob die Kostenplanung, die ursprüngliche, im Eimer wäre. Da wird man wohl auf einen neuen Flügelbau, das Audimax, das auch als Kongreßhalle dienen soll, vorerst einmal verzichten müssen. In der Stadt werden schon Witze gerissen, intellektuelle und vulgäre, hämisch oder auch nicht hämisch gemeinte. Die einen fälschen das Lied an die Freude ab und witzeln: Seid verschlungen, Millionen; die andern lästern, der Turm werde wieder abgerissen, da läge noch ein Sack Zwiebeln unterm Fundament. Denn es gibt gerade mal keine Zwiebeln in der Stadt.

Aber Hagedorn ist schon in den Rohbau des Turmriesen verliebt, mehr manchmal als in die ganze fertige und unfertige Stadt, wo ihn manchmal der merkantile Geist belästigt, der da nach seiner Meinung aus jeder Pflaster- und Mauerfuge treibt. Nun ja, er beweist sich eben allerwege als der Denker, der er ist, doch als ein streitbarer auch, der den Witzereißern neulich in die Parade fuhr: »Leutchen, euch werden die Augen noch tränen, wenn ihr erst mal eure meckernde Mickrigkeit begreift!« Er denkt im Geist der Gründer, der Gesetzgeber, er strengt sich an, in solchem Geist zu denken.

Jetzt sitzt er in der Freigaststätte auf dem Naschmarkt. Zur Linken, wenn er den Kopf wendet, hat er die Alte Börse und den jungen Herrn Studiosus Goethe, zur Rechten, wenn er dahin den Kopf wendet, den Löwenbrunnen, den Eingang in die Passage zu Auerbachs Keller, die Vorstellung, die sich da gleich ergänzend einstellt, von der Bronzegruppe des alten Faust und des Mephisto, der die drei Studiosi mit teuflischer Arglist ermuntert, sich wechselweise die Nasen abzuschneiden, als wären es süße Trauben. Und wenn er den Hals so weit verdrehen könnte, dann sähe er schräg zur Rechten vor sich den Turm von hinten, dessen gedrillte Breitseite, dessen kühne Mauerabschwünge von der höchsten Spitze herab zu den Eckpunkten der Breitseite. Der Jane hat er erklärt, der Grundriß des Turms gliche fast dem Längsschnitt durch einen Kühlturm. Es sei ein spitzwinkliges Dreieck mit abgeschnittenen Ecken und mit einwärts gewölbten Seitenlinien. Doch richten sich seine Gedanken jetzt auf die kühnen Abschwünge von des Turmes höchster Spitze. Er erwartet nämlich jemand hier an diesem urbanen Ort, wo's ihm behagt, wo er öfter seinen Juice trinkt, auch Schärferes, wo's müßige und eilige Leute die Menge hat und den Herrn Mephisto an der Kellertreppe. Er erwartet jemand, der ihn um ein Gespräch auf neutralem Boden (sozusagen) gebeten hat, dem er das Ansuchen nicht verwehren konnte, wenn er nicht als taktlos oder feige erscheinen will. Und es plagt ihn plötzlich die Vorstellung, die auerbachsche, der Herr, den er erwartet, dessen Besuch ihm unangenehm ist, sei durch die Luft gereist, habe sich, als er auf dem Naschmarkt niedergehen wollte, um eine Kleinigkeit im Flugneigungswinkel versehen und wäre auf der stählernen Gerüstkanzel gelandet, die sich auf dem höchsten Punkt des Turmes als Ausleger eines Bauaufzuges befindet. Es ist ein warmer Tag – die letzten warmen Tage des Sommers muß man feiern, wie sie fallen –, und nun bestellt er schon den vierten doppelten Armenischen. Er sieht also den dünnen Herrn, den er erwartet und der sich schon Verspätung leistet, er sieht ihn mit Frack und Zylinder, mit Regenschirm und altbergmännischem Arschleder, was alles nicht zueinander paßt. Und sieht, wie sich der dünne Herr, der Pünktlichkeit als die Höflichkeit der Könige zu bezeichnen liebte, auf das Hinterleder setzt, mit aufgespanntem Schirm den kühnen Abschwung mit gespreizten Beinen rasend schnell herunterrutscht, über des Turmes Breitseite geht wie über einen Schanzentisch, einen doppelten auerbachschen Salto und eine Ziellandung am Regenschirm vollführt; genau im Dunstkreis des vierten doppelten Armenischen. Salve! Dieser Herr wird kommen mit lateinischen Brocken. Immer noch Kostgänger bei den Theologen ... Theophrasten. Gehört, wie zu erfahren einem nicht erspart geblieben ist, einer frommen Sekte an, die ihren eigenen Heiligen verehrt und trotzdem nicht gegen die Verfassung verstößt. [...]

Ach, der Turm! Der Turm müßte eine Inschrift tragen, wenn er fertig ist. Die blaue Uhr am Rathaus trägt auch eine Inschrift. Aber der Turm soll eine bessere haben. Nicht so eine, daß der Tod dir sicher ist, du bloß nicht sicher weißt, wann dir deine letzte Stunde schlägt. Mit solchen Binsenweisheiten sollte man doch die Menschheit verschonen. Nein, der Turm braucht eine große, einfache Inschrift, die ihn unaustauschbar macht, unverwechselbar von uns, für uns und unsresgleichen: Von Menschen – Für Menschen. *Hominibus pro hominibus*. Nein, viel zu allgemein. Viel zu lahm. Lahmt auf anthropologischen Krücken. Das Ding muß man anders formulieren: Von der Macht für den Geist – Vom Geist für die Macht. – Gar nicht schlecht. Lateinisch machte sich's an einem solchen Ort noch würdiger. In diesem Turm unsrer Macht und unsres Geistes soll auch das althumanistische Erbe eine Heimstatt haben. Hat es vielleicht Karl Marx geschadet, daß er Griechisch und Lateinisch beherrschte wie lebende Sprachen? – Trotzdem: Heimstatt haben – so was sollte dir nicht mal auf dem Naschmarkt über die Zunge rutschen. Aufgehoben sein im Hegelschen Sinne. Also die Inschrift klassisch: Von der Macht für ... res publica, der Staat, die Macht, mens, mentis, der Geist. Ablativ nach pro ... Hagedorn, erfüllt vom Gründergeist (und vom Armenischen), drechselt in der Hinterstube seiner Bildung die Inschrift auf lateinisch. Plötzlich findet er's zum Lachen. Und wenn der Mensch was zum Lachen findet, braucht er einen Menschen zum Mitlachen. Die Kleine, die bedient, ist ein wirklich schönes Mädchen. Und weil die Kleine weiß, daß sie dieser Grauschimmel am Ecktisch schön findet und das kein Trick ist bei dem und keine Falle, bedient sie ihn bevorzugt. »Der fünfte, Meister. Wird's denn nicht zuviel, so kurz vor dem Essen?« Jetzt hat der Mann auf einmal lustige Augen, vorher hat er ein bißchen zu tiefsinnig dagesessen.

»Kollegin, wissen Sie, wer die Frau Mende gewesen ist, Gott hab' sie selig?«

»Na, das weiß doch in Leipzig jedes Schulkind. Das war doch die Puffmutter, die den Brunnen gestiftet hat, den Mendebrunnen mit den geflügelten Rössern und den nackichten Männern, o weia ...«

Das Mädchen läuft kichernd weg. So käm's aber auch raus auf lateinisch: Vom Geist für die Macht, mente pro re publica. Von der alten Menden für die öffentliche Sache gestiftet. Der Witz käme todsicher. Der Josef Sagan, der hat recht: Das Zutreffendste, das wirklich für uns Klassische wird wohl sein, wenn da steht, groß und klar und haltbar: *Karl-Marx-Universität.*

Das Klassisch-Richtige liegt darin, daß wir die Dinge beim Namen nennen. – Wer so eine Sentenz am hellen Vormittag auf dem Naschmarkt findet, faßt Mut, sich weiter in den Tag zu wagen.

»Gestattest du?« sagt da ein dünner, ältlicher, eleganter Mensch.

Hörsaal 40 (1948-1963)

Hans Mayer
1982

Wann immer ich mich befrage nach Augenblicken meines Lebens, wo ich ganz bei mir selbst war, stellt er sich ein: der Blick vom Katheder in den einstigen Hörsaal 40 der Leipziger Universität. Den Raum gibt es nicht mehr; er wurde mit den teilweise noch wohlerhaltenen Resten des Universitätsgebäudes in die Luft gesprengt, mitsamt der benachbarten Paulinerkirche, weil man Platz brauchte für einen Neubau der Karl-Marx-Universität, auf Weltniveau. [...]

Mein Ort war der Hörsaal 40 in Leipzig. Er ist es geblieben. Nicht besonders eindrucksvoll, auch nicht durch gewaltige Dimensionen. Der notdürftig wiederhergestellte Hörsaal einer einstmals königlich-sächsischen Landesuniversität, beileibe nicht deren Aula Magna. Die war zerstört worden im Krieg. Hörsaal 40 kam dadurch zu den Ehren eines Auditorium maximum. Er lag im obersten Stockwerk, überwölbt von einem Glasdach, das gutes oder schlechtes Wetter erkennen machte. Sehr oft schlechtes. Leipzig war über Sümpfen entstanden. Die scheinbar so komischen kleinen Flußläufe von Pleiße und Elster galten als tückisch. Einmal waren Deiche gebrochen, der meiner Wohnung benachbarte Waldplatz stand unter Wasser, die Studenten alarmierten mich.

Gegründet wurde die Alma Mater Lipsiensis im Jahre 1409. Die Fünfhundertjahrfeier im Jahre 1909, mit König und Hofgesinde, Mützchen und Bändchen, Talaren und Ehrenketten, Festzügen und Fackelzügen muß ein Ereignis gewesen sein, von dem die alten Leipziger schwärmerisch berichteten.

Ich war dabei im Jahre 1959. Wer geredet hat außer dem Rektor, meinem Namensvetter Georg Mayer, einem Agrarwissenschaftler mit den Narben eines Korpsstudenten, Mitglied der Staatspartei, doch mit den zuverlässigen Überzeugungen eines demokratischen Sozialisten, das weiß ich nicht mehr. Mayer war ein guter und witziger Redner. Der Konflikt zwischen Parteibeschlüssen und Überzeugungen setzte ihm sichtbar zu, doch behielt die Partei, soweit ich sehe, fast immer die Oberhand. Ernst Bloch fühlte sich hingezogen zu dem streitbaren, spöttischen und trinkfesten Mann aus Hessen.

Leipzig war niemals eine Freie Reichsstadt. Das Bürgertum galt als selbstbewußt wie nur eines in Deutschland: darin vergleichbar den norddeutschen Hansestädten, die jedoch Freie Reichsstädte geworden waren und Politik machten. Das Leipziger Bürgertum, kultiviert und musisch, erpicht auf Bücher und immer neue Werke der Tonkunst, gleichzeitig gewillt, das bereits Bekannte und Bewährte gutzuheißen, was Johannes Brahms ebenso erfahren mußte wie Brecht (bei der Leipziger Uraufführung der Oper Mahagonny), hielt sich, mit Thomas Mann zu sprechen, an die »machtgeschützte Innerlichkeit«. Mittelpunkte waren die Gebäude des Reichsgerichts, des Gewandhauses mit dem Denkmal des Gewandhaus-Kapellmeisters Felix Mendelssohn-Bartholdy, das man später entfernte und einschmelzen ließ, und das Universitätsgebäude am Augustus-Platz.

Mein Ort befand sich in einem Bauwerk der bürgerlich-deutschen Gloria mit viel Karyatiden und Säulen, doch in schönen Ausmaßen. Wir mußten einen Hintereingang benutzen, weil die Hauptfront bei den Zerstörungen arg gelitten hatte, allein auch hier war der Aufgang immer noch eindrucksvoll. War das echter Marmor? Ich habe es niemals herausfinden wollen. Vermutlich wohl. In dieser weiten Halle hielten einst die Korpsstudenten und Burschenschaftler ihre Steh-Konvente ab. Juden unerwünscht. Doch gab es hier bis zum Jahre 1933 kaum Krawalle, wie im Vorgarten der Berliner Universität Unter den Linden oder auf der Rampe von Wien. Jetzt standen in der Prunkhalle die Studentinnen und Studenten im blauen Hemd der FDJ. Sie kamen aus anderen Kreisen als die einstigen Studenten von Werner Heisenberg, der Juristen Binding und Wach, des Philosophen Hans Driesch und des Germanisten Albert Köster, des Goetheforschers. Auch er hatte im Hörsaal 40 seine offenbar faszinierenden Vorlesungen gehalten. Erich Kästner arbeitete bei ihm über Lessing und hat den – trotz allem – verehrten Lehrer in der Geschichte Fabians, des Moralisten, als Kunstfigur porträtiert.

Von alledem wußten die neuen Studenten, mit oder ohne Blauhemd, kaum etwas. Doch sie wollten wissen. Auch ihre Gruppen standen herum in der Eingangshalle oder oben vor dem Hörsaal, entlang der Marmorbrüstung, von wo man hinunterblicken konnte zur Eingangshalle tief unten. Sächsisch freilich wurde nach wie vor gesprochen.

Hier konnte ich fünfzehn Jahre lang nützlich werden. Vom Wintersemester 1948/49 bis zum Ende des Sommersemesters 1963. Dreißig Semester lang. [...]

Schon wenige Wochen nach meiner Ankunft in Leipzig lud die Sowjetische Administration alle Universitätslehrer der deutschen Sprache und Literatur an den Universitäten ihrer Besatzungszone zu einer Germanistentagung nach Leipzig. Alexander Dymschitz lag daran, daß ich vor den neuen und künftigen Kollegen meine Gedanken über Probleme einer neuen, marxistischen Literaturwissenschaft entwickeln konnte. Was ihm vorschwebte, war offensichtlich. Er wollte meinen ideologischen Standort innerhalb der Fachwissenschaft genauer kennenlernen; vermutlich wollte er seine eigenen Gedanken ordnen, da auch ihm die offiziösen Thesen über »Realismus« nicht zu genügen schienen. Schließlich gedachte er durch den Ablauf der Diskussion, und wohl auch Polemik, ein besseres Bild zu erhalten über die ideologische Lage an den Philosophischen Fakultäten von Leipzig und von Halle, in Rostock und in Greifswald, an der Humboldt-Universität zu Berlin Unter den Linden wie auch in Jena, wo man Karl Marx zum Doktor der Philosophie promoviert hatte: in seiner Abwesenheit und schriftlich.

Der Plan des Russen glückte nur zum Teil. Zwar folgten fast alle Fachvertreter der Einladung: keineswegs aus Furcht vor der Militärmacht, sondern aus eigenem Interesse. Man wollte wissen, woran man war und sein würde. Allein man behielt, mit

Brecht zu sprechen, »den Kopf oben und man blieb ganz allgemein«. Mein Referat wurde freundlich aufgenommen, die Erörterung verzettelte sich in Einzelfragen, einzelne Autoren betreffend, etwa Stifter, oder einzelne Strömungen der Literaturwissenschaft, etwa die germanistischen Jünger Stefan Georges. Keine Grundsatzrede eines Antipoden. Mein eigener Leipziger Fachkollege, der Goetheforscher Hermann August Korff, meldete sich nicht zu Wort.

Die Vorbereitung meines Referats, eine erste wissenschaftliche Aufgabe seit der Ankunft an der Pleiße, hatte mir geholfen, die eigenen Gedanken zu klären und einen Versuch zu machen, *mein künftiges Lehrprogramm* zu entwerfen. Plötzlich stellte sich heraus, daß so etwas wie Folgerichtigkeit gewaltet hatte in all meinen Experimenten mit manchmal divergierenden Aspekten der Gesellschaftswissenschaft: Staatslehre und Soziologie, diplomatische Geschichte bei Carl Burckhardt in Genf, und monographische Darstellung eines Dichters in seiner Zeit, wie in meinem Buch über Georg Büchner. [...]

Jene Leipziger Germanistentagung im Herbst 1948, unter dem Protektorat eines klugen Kulturoffiziers der Roten Armee, hatte den gesellschaftlichen Raum ausgeleuchtet, worin ich von nun an zu wirken hatte. Undeutliches Licht vorerst. In fünfzehn Jahren wurde er immer stärker erhellt, zum Schluß ganz grell. Allein das ahnte ich damals noch nicht.

Da das Hauptgebäude der Universität weitgehend zerstört war, mußte sich der Lehrbetrieb auf Gebäude der Innenstadt verteilen. Auch sie hatte unter den Bomben gelitten, trotzdem gab es sie noch, die berühmte Grimmaische Straße, und auch der »Brühl« war noch vorhanden: ohne die weltberühmten jüdischen Pelzhändler von einst.

Für die Gesellschaftswissenschaftliche Fakultät hatte man ein Bürogebäude am Hauptplatz der Stadt, benannt nach August dem Starken, freigemacht. Unten im Haus die Buchhandlung, die der SED gehört haben dürfte, trug, wie das Haus selbst, den Namen Franz Mehrings. Das war gut so: der Begründer einer marxistischen Literaturwissenschaft in Deutschland hatte in Leipzig als Redakteur der ›Leipziger Volkszeitung‹ amtiert. Die hieß immer noch so, oder wieder so, war nunmehr aber das offiziöse Blatt der Sozialistischen Einheitspartei im Bezirk Leipzig.

Ich bekam ein paar Amtszimmer im Franz-Mehring-Haus, meine Hörsäle konnte ich leicht erreichen: die lagen »um die Ecke«, in der Ritterstraße, im Gebäude der unzerstört gebliebenen Handelshochschule. Auch die Philosophische Fakultät befand sich, wie eh und je, in dieser Ritterstraße: mitsamt all ihren Akten von damals. Die Doktorprüfungen fanden immer noch im selben Saal statt. Hier war der stud. phil. Erich Kästner geprüft worden.

Im größten Hörsaal dieser einstigen Handelshochschule, er war nicht besonders groß, faßte höchstens dreihundert Personen, konnte ich *Bertolt Brecht* am 26. Januar 1949 als Gast begrüßen: keineswegs als Gastredner, denn Brecht hatte zwar die Einladung nach Leipzig sogleich angenommen, doch zur Bedingung gemacht, nicht eine Rede halten zu müssen. Er wolle auf Fragen antworten.

Wir konnten nicht wissen, wie viele Zuhörer bereit sein würden, einen Mann kennenzulernen, von dem man kaum mehr etwas wußte. Da gab es keine Reminiszenz, wie bei den Bürgerkindern, in deren Elternhaus noch Schallplatten vorhanden sein mochten mit Szenen aus der ›Dreigroschenoper‹. Ein einziges Buch des Stückeschreibers war zu haben: die Szenen von ›Furcht und Elend des Dritten Reiches‹. War das nicht fade Agitpropliteratur? Im ›Neuen Deutschland‹ wurde rühmend von Brecht gesprochen, aber war das eine Empfehlung? Seine Chronik von der Mutter Courage und ihren Kindern hatte offenbar viel Erfolg im Deutschen Theater zu Berlin, doch war auch das im Grunde nur ein Gerücht in Leipzig. Es gab kaum Medien einer neuen Art. Kein Fernsehen, dafür im Kino, wenn man da hinging, die jeweilige Tagesschau. Was von der zu halten war, auch wenn sie

Brecht vorstellte und rühmte, das wußte man. Kurzum, es war nicht sicher, daß Brecht einen gutbesetzten Hörsaal vorfinden würde.

Die Leipziger waren Meister im Verbreiten, Filtrieren und Bewerten von Nachrichten oder auch Gerüchten. Daß der neue Professor, der aus dem Westen gekommen war, einen Gast sehr besonderer Art vorstellen werde, mußte sich herumgesprochen haben. Der Hörsaal war überfüllt, kaum gelang es uns, in der Menge und schubweise in den Raum zu gelangen. Das Katheder hatte ohne einen Stuhl auszukommen. Das gehörte sich so. Doch, da war ein leerer Stuhl vor dem Katheder in der ersten Reihe. Darauf setzte sich Brecht, aber sogleich kam ein Student, der den Stuhl irgendwie belegt hatte und bestand auf seinem Recht. Brecht stand artig auf: er wollte niemandem etwas wegnehmen. Inzwischen hatte man den Gast erkannt. Er durfte sitzen bleiben, der Student kam anderswo unter.

Ich machte es kurz mit der Vorstellung und Einführung. Dann kamen sogleich die Fragen: ganz ohne die übliche Anstandsfrist. Man wollte die große Chance ausnützen. Fragen nach seinen amerikanischen Erfahrungen, die Brecht kurz und abweisend beantwortete. Ihn beschäftige im Augenblick mehr die Möglichkeit, neue gesellschaftliche Verhältnisse kennenzulernen und daraus Nutzen zu gewinnen für die eigene Theaterarbeit. Ich versuchte gleichfalls, die Frager und ihr Interesse auf den Stückeschreiber Brecht »anzusetzen«. Das hatte kaum Erfolg. Doch dann kam eine Frage. Sie war scharf, wohl feindlich artikuliert. Warum Brecht solche Szenen über das Dritte Reich überhaupt geschrieben habe, und warum man das unbedingt heute wieder lesen und erörtern müsse.

In seiner ersten Bankreihe hatte Brecht bisher geduldig, aber nach vorn sprechend, auf die Fragen geantwortet. Diesmal drehte er sich um in die Richtung des Fragenden. Er stand aber nicht auf. Nicht minder scharf und feindlich artikulierte auch er: »Wir erörtern Furcht und Elend des Dritten Reiches, damit künftig nicht mehr solche Fragen gestellt werden!« Man hatte verstanden, und es gab viel Beifall. Brecht hatte unseren Studenten gut gefallen, das war unverkennbar. [...]

Ich bin fleißig gewesen in Leipzig, das darf ich behaupten. In einer östlichen Welt hatte ich bisher noch nicht gelebt. Es war kalt in Leipzig im Herbst und im Winter, im Frühjahr schön. Im Winter saß ich vor einem der herrlichen Kachelöfen meiner altmodischen Wohnung in der Tschaikowskistraße. Da man mit ordentlichen neuen Möbeln kaum rechnen konnte, waren die meisten der aus dem Exil heimgekehrten Kollegen bemüht, schöne ältere Möbel zu erwerben. Da gab es große Möglichkeiten. Mir war dabei immer unbehaglich zumute, denn bei den Antiquitätenhändlern, sehr noblen und sachkundigen Leipzigern von guter Tradition, wurden Möbel, Gerätschaften und auch Kunstwerke angeboten, die aus dem Besitz von Leuten stammten, für die eine offizielle Sprech- und Schreibweise den Begriff der »Republikflucht« erfunden hatte. Jedesmal also, wenn ich mich einrichten mußte mit neuen Möbeln, mit Bett und Tisch und Sessel, mußte ich zurückdenken an die einstige fröhliche deutsche »Arisierung« der dreißiger Jahre. Gewissensbisse? Sicher nicht. Die Profiteure beim Erwerb von jüdischem Besitz hatten eine günstige Gelegenheit ausgenutzt. Wir waren heimgekehrt aus dem Exil ins zerstörte und ausgepowerte Deutschland: noch dazu in den Oststaat, wo es an allem fehlte.

Die Universitätsbibliothek Leipzig war gerettet, und sie war ausgezeichnet. Überdies gab es die Deutsche Bücherei mit ihren riesigen Beständen an neuer und neuester Literatur. Noch hielten alle Verlage der DDR wie der Bundesrepublik an der einstigen gesetzlichen Verpflichtung fest, ein Exemplar eines jeden neuen Buches in deutscher Sprache nach Leipzig zu schicken. [...]

Ein Seminar über Texte der europäischen Literaturen im 17. Jahrhundert wurde angekündigt. Dazu gehörte der Engländer Thomas Otway, ein Dramatiker, dessen Schauspiel ›Venice Preserved‹ zu Beginn unseres Jahrhunderts durch Hugo von Hofmannsthal übersetzt und bearbeitet worden war: ›Das gerettete Venedig‹. Bei Verteilung der Referate zu Beginn des Semesters war auch das Thema Otway vergeben worden. Der Student, der im Seminar seinen Text vortrug, ein langer Blonder mit merkwürdigen Augen, war eine Überraschung. Nach ein paar Minuten hörten wir alle aufmerksam zu. Er las sehr gut vor, ausgezeichneter englischer Akzent beim Vortrag der Zitate aus Otway, reines Norddeutsch, ganz und gar kein Sachse also; er hatte gründlich gearbeitet. Alles paßte zueinander: eine klare Schreibweise, kluge, bisweilen boshafte Bewertungen des Otway, wie vor allem auch des Hofmannsthal. Auf irgendwelchen geistesgeschichtlichen Idealismus hatte sich dieser stud. phil. nicht eingelassen.

Er wurde belobt, ich bat ihn, in die Sprechstunde zu kommen. Nach einigen Gesprächen ließ er durchblicken, er habe auch selbst geschrieben, ein Erzählwerk. Ich wollte es gern lesen und bekam es auch zu lesen. So entdeckte ich den Studenten *Uwe Johnson*, und damit den Schriftsteller dieses Namens.

Poetik-Diskussion (1497)

Gustav Bauch
1899

Den Tag eröffnete eine feierliche Messe der Universität, bei der Konrad Wimpina, der in diesem Jahre sein großes Heldengedicht auf Albrecht den Beherzten veröffentlichte, die einleitende Festrede hielt, die als Prüfstein, wie weit oder wie wenig weit man damals in das Altertum eingedrungen war, nicht ohne Wert ist. Sie liegt gedruckt vor: Oratio inuocatoria in missa quodlibeti Lipsensis Anno xpiane salutis. M.CCCC.xcvij. Jacobus Barinus hat sie mit einem empfehlenden, dieselben Schwächen wie die Rede zeigenden Gedichte begleitet. Das Thema ist die Anrufung des Hl. Geistes. Von der Doppelnatur des Menschen geht er aus. Der Körper ist hinfällig, die Kräfte sind gebrechlich und wie Glücksgüter vergänglich. Die Seele ist ewig, ihre Taten sind unsterblich, ewig sind die Tugenden. Wer sich den Begierden des Leibes hingibt, dem ist gegen die Natur der Körper zum Vergnügen, die Seele zur Last; mit Scham muß man dabei auch an die Völlerei und Trunksucht der Deutschen denken. Wer des Körpers Lockungen verschmäht, sich den Tugenden des Geistes hingibt, sein Leben durch die Künste bildet, in nächtlicher Arbeit die Wissenschaften durchforscht und die geheimste Natur der Dinge ans Licht bringt, wer durch Unterrichten, Schreiben und Lehren andere seiner eingedenk macht, erwirbt ewiges Lob und Zier wie so viele noch Lebende in Leipzig. In Griechenland gab es den überaus hohen Berg Olymp, unter dessen Gipfel die Donner grollten, auf diesem kamen alle fünf Jahre alle Vertreter der guten Künste aus ganz Attica zusammen und disputierten um einen ausgesetzten Preis über tiefe Fragen der Philosophie. [...]

Jene Attiker hatten nach der Observanz ihrer Religion unter dem Berge einen alten Marmortempel, in dem sie gegen Gelübde heilige Weisheit erflehten, und keiner traute sich genügende Geisteskraft zu, der nicht gute Vorzeichen von der Gottheit erbeten hätte. Und so, nach Empfang der Auspizien, bestiegen sie wagemutig den Berg. Jene, durch den Nebel des Irrtums geblendet, suchten, was sie brauchten, aber woher sollten sie es nehmen, da sie den wahren Gott nicht kannten? Ihnen, den in dem Schatten des Todes Irrenden, war noch nicht der Geist der Kinder Gottes gekommen, in dem man ruft: Abba, lieber Vater. Aber uns, denen der Hl. Geist das Zeugnis gibt, daß wir Kinder Gottes sind, ist klar gesagt (Jacobi 1,5): Wer der Weisheit ermangelt, verlange sie von Gott, der sie allen im Überfluß gibt und keinem vorrückt. Wir wollen beim Angreifen eines so großen Werkes zu dem Erleuchter alles Irdischen, zu Gott, unsere Zuflucht nehmen und beten: Dein Geist, o Herr, werde zwiefach in mir. [...]

Nach der Messe begann der Redekampf. Auf hohem Katheder thronte der Quodlibetarius Gräfe, rechts neben ihm saß der Rektor, vor ihm zwei Pedelle mit den Szeptern, ihm zur Seite die jungen Grafen Albrecht und Gebhard von Mansfeld, die seit dem Sommer 1497 unter der Leitung von Hermann Kaiser aus Stolberg in Leipzig den Studien oblagen. Dann reihten sich im Halbrund die Theologen, als hervorragendster unter ihnen Johannes Hennigk aus Großenhain, die Juristen, die Mediziner und angesehene Bürger der Stadt an. Zur Linken des Katheders hatte der artistische Dekan Magnus Hund seinen Platz und neben ihm Johannes Kappentanz aus Speyer, »poetarum fotor«, den Halbkreis schlossen dann die Artisten und Rhetoriker. In der Mitte des Raumes saß und stand, dicht gedrängt, die akademische Jugend. Gräfe als erste Autorität leitete mit Würde, Gerechtigkeit und Schulgewandtheit die mannigfaltigen Disputationen:

Nonnihil inde etiam vates quoque laudis emebant,
Inter certandum penitus liuore carentes,
Aspera nam quesita modis soluere facetis
Ac magis humanos alios fecere ferendo.

Dies auch geriet nicht zuletzt unsern Sängern zum Lobe,
daß sie, im Streite sich gänzlich der Häme enthaltend,
lösten die schwierigen Fragen auf launige Weise,
und durch den Vortrag die andern zu Freunden sich machten.
(Übersetzt von Hans Herrmann)

»Ich komme jung von Schulen« (Lessing 1749)

Georg Witkowski
1909

Als ein weltfremder Fuchs, der recht gelehrt zu werden wünschte und was auf der Erde und im Himmel ist erfassen wollte, kam Lessing nach Leipzig. Sein ganzes Studentenleben schildert unübertrefflich zusammenfassend der Brief an die Mutter vom 20. Januar 1749: »Ich komme jung von Schulen, in der gewißen Überzeugung, daß mein ganzes Glück in den Büchern bestehe. Ich komme nach Leipzig, an einen Ort, wo man die ganze Welt in kleinen sehen kan. Ich lebte die ersten Monate so eingezogen, als ich in Meisen nicht gelebt hatte. Stets bey den Büchern, nur mit mir selbst beschäfftigt, dachte ich eben so selten an die übrigen Menschen, als vielleicht an Gott. Dieses Geständniß kömmt mir etwas sauer an, und mein einziger Trost dabey ist, daß mich nichts schlimmers als der Fleiß so närrisch machte. Doch es dauerte nicht lange, so gingen mir die Augen auf: Soll ich sagen, zu meinem Glücke, oder zu meinem Unglücke? Die künfftige Zeit wird es entscheiden. Ich lernte einsehen, die Bücher würden mich wohl gelehrt, aber nimmermehr zu einen Menschen machen. Ich wagte mich von meiner Stube unter meines gleichen. Guter Gott! was vor eine Ungleichheit wurde ich zwischen mir und andern gewahr. Eine bäuersche Schichternheit, ein verwilderter und ungebauter Körper, eine gäntzliche Unwißenheit in Sitten und Umgange, verhaßte Minen, aus welchen jederman seine Verachtung zu lesen glaubte, das waren die guten Eigenschafften, die mir, bey meiner eignen Beurtheilung übrig blieben. Ich empfand eine Schahm, die ich niemals empfunden hatte. Und die Würkung derselben war der feste Entschluß, mich hierinne zu beßern, es koste was es wolle. Sie wißen selbst wie ich es anfing. Ich lernte tanzen, fechten, voltigiren. Ich will in diesen Briefe meine Fehler aufrichtig bekennen, ich kan auch also das gute von mir sagen. Ich kam in diesen Ubungen so weit, daß mich diejenigen selbst, die mir in Voraus alle Geschicklichkeit darinnen absprechen wollten, einigermaßen bewunderten. Dieser gute Anfang ermunterte mich hefftig. Mein Körper war ein wenig geschickter worden, und ich suchte Gesellschafft, um nun auch leben zu lernen. Ich legte die ernsthafften Bücher eine zeitlang auf die Seite, um mich in denjenigen umzusehn die weit angenehmer, und vielleicht eben so nützlich sind. Die Comoedien kamen mir zur erst in die Hand. Es mag unglaublich vorkommen, wem es will, mir haben sie sehr große Dienste gethan. Ich lernte daraus eine artige und gezwungne, eine grobe und natürliche Aufführung unterscheiden. Ich lernte wahre und falsche Tugenden daraus kennen, und die Laster eben so sehr wegen ihres lächerlichen als wegen ihrer Schändlichkeit fliehen. Habe ich aber alles dieses nur in eine schwache Ausübung gebracht, so hat es gewiß mehr an andern Umständen als an meinen Willen gefehlt. Doch bald hätte ich den vornehmsten Nutzen, den die Lustspiele bey mir gehabt haben, vergeßen. Ich lernte mich selbst kennen, und seit der Zeit habe ich gewiß über niemanden mehr gelacht und gespottet als über mich selbst. Doch ich weiß nicht was mich damals vor eine Thorheit überfiel, daß ich auf den Entschluß kam, selbst Comoedien zu machen: Ich wagte es, und als sie aufgeführt wurden, wollte man mich versichern, daß ich nicht unglücklich darinne wäre. Man darff mich nur in einer Sache loben, wenn man haben will, daß ich sie mit mehrern Ernste treiben soll. Ich sann dahero Tag und Nacht, wie ich in einer Sache eine Stärke zeigen möchte, in der, wie ich glaubte, sich noch kein Deutscher allzusehr hervor gethan hatte. Aber plötzlich ward ich in meinen Bemühungen, durch Dero Befehl nach Hause zu kommen, gestöhret. Was daselbst vorgegangen können sie selbst noch allzuwohl wißen, als daß ich Ihnen durch eine unnütze Wiederhohlung verdrüßlich falle. Man legte mir sonderlich die Bekanntschafft mit gewißen Leuten, in die ich zufälliger Weise gekommen war, zur Last. Doch hatte ich es dabey Dero Gütigkeit zu danken, daß mir andere Verdrüßlichkeiten, an denen einige Schulden Ursache waren, nicht so hefftig vorgeruckt wurden. Ich blieb ein gantzes Vierteljahr in Camenz, wo ich weder müßig noch fleißig war. Gleich von Anfange hätte ich meiner Unentschließigkeit, welches Studium ich wohl erwehlen wollte, erwehnen sollen. Man hatte derselben nun über Jahr und Tag nachgesehn. Und sie werden sich zu erinnern belieben, gegen was ich mich auf Ihr dringendes Anhalten erklärte. Ich wollte Medicinam studiren. Wie übel Sie aber damit zu frieden waren, will ich nicht wiederhohlen. Blos Ihnen zu Gefallen zu leben erklärte ich mich noch überdieses, daß ich mich nicht wenig auf Schulsachen legen wollte, und daß es mir gleich seyn würde, ob ich einmal durch dieses oder jenes fortkäme. In diesem Vorsaze reiste ich wieder nach Leipzig. Meine Schulden waren bezahlt, und ich hätte nichts weniger vermuthet, als wieder darein zu verfallen. Doch meine weitläufftige Bekantschafft und die Lebens Art die meine Bekannte an mir gewohnt waren, ließen mich an eben dieser Klippe nochmals scheitern. Ich sahe allzudeutlich, wenn ich in Leipzig bleibe, so werde ich nimmermehr mit dem, was mir bestimmt ist auskommen können. Der Verdruß den ich hatte, Ihnen neue Ungelegenheiten zu verursachen brachte mich auf den Entschluß, von Leipzig weg zu gehen.«

Studentenunruhen

Riemers Jahrbuch
1768

Den 27. [August 1768] war Herrn D. Sammets Geburtstag, und seine Auditores brachten ihm ein Vivat unter Trompeten- und Paukenschall. Dieses wurde in der größten Ordnung und Ruhe zu Ende gebracht. Aber noch diesen Abend rottierten sich einige junge Studenten zusammen, diese schmissen Herrn Fregen die Fenster ein, und blieb also im ersten Stock nicht eine Scheibe ganz; die Scharwache tat nichts, als daß sie Zuschauer waren. An ebendemselben Abend gingen drei Studenten durch das Ranstädter Tor, zwei davon bezahlten das Torgeld, der dritte aber, weil er kein Geld hatte, will ein Pfand geben, dieses wollen sie im Tore nicht annehmen. Es kommt aber noch einer, dieser höret den Streit und bezahlet, und wie er bezahlet hat, so ziehet er seinen Degen und sticht den einen Soldaten durch die Hand und entspringt, ist auch glücklich davon gekommen, die ersten drei aber sind arretieret worden.

Den 28. kamen zwölf Studenten aus dem Kohlgarten und gingen durch das Grimmische Tor und bezahlten alle ihr Geld richtig, daß auch der Lieutenant zu ihnen sagte: Meine Herren, Sie können in Gottes Namen gehen, es ist alles richtig. Darauf sagte der Unter-Offizier: Die Jungen können wohl ein wenig warten, bis ich das Geld durchgesehen habe. Wie die Studenten dieses höreten, gingen sie in aller Stille zu dem Kommandanten und erzählten ihm, wie ihnen der Unter-Offizier begegnet hatte, und verlangten diesfalls Satisfaktion, welche er ihnen auch verspricht. Den folgenden Morgen als den 29. gehen sie wieder zu dem Kommandanten und erkundigen sich wegen der versprochenen Satisfaktion, da will er von nichts mehr wissen und spricht, er wollte sie schon abstrafen lassen.

An eben diesem Tage wurde die Ratswahl gehalten, und der Bürgermeister Herr Hofrat Schubert hatte die Regierung angetreten. Dieserwegen wollten ihm zwei junge Studenten ein solennes Vivat bringen und schlugen es an das schwarze Brett, es wurde aber auf dem Markte durch 200 nicht gebilliget, daß kein einziger mitgehen sollte. Dessen ohngeachtet haben sich 50 Studenten zusammenrottieret, diese gingen zu dem Bürgermeister und ruften ein schlechtes Vivat. Wie sie fortgehen wollten, so kamen die Stadtknechte mit ihren Stangen und trieben sie auseinander.

Diesen Nachmittag ruckten 50 Mann Feldsoldaten in das Peterstor zu denen Stadtsoldaten auf die Wache.

Den 7. September. Nachdem bereits am 30. August eine kurfürstl. Kommission zu Untersuchung der seitherigen akademischen Unruhen aus Dresden allhier angekommen, so ist auch Tages drauf mit Untersuchung der Sache angefangen und bis gegenwärtig damit ununterbrochen fortgefahren worden. Den 31. August wurde ein öffentlicher gedruckter Anschlag, wodurch ein höchstes Reskript, d. d. Dresden den 27. August, publizieret wurde, durch die Universität an die Auditoria angeschlagen und sonst ausgeteilet. Die Ruhe und Ordnung ist wieder hergestellt, und hoffet man solche durch die genommenen Maßregeln auch in der Folge zu erhalten.

Quartiere voller Wanzen
(1779)

N. N.
1879

Bei den Logis hat man in Leipzig einige Vorsicht nötig. Man muß immer sich vor Wanzen hüten, welche Plage in Leipzig nicht selten ist. Den Preis bestimmt teils das Zimmer selbst, und ob eine Kammer dabei ist; – teils die Lage desselben, ob es vorne heraus, und auf welche Gasse, oder hinten hinaus gehe; Zimmer am Markte, auf der Petersstraße, Grimmischen Gasse etc. sind meistens teurer, als andre, die in die Nicolaistraße, den Brühl, das Goldhahngäßchen, auf den neuen Kirchhof etc. gehen. In den Höfen sind die Zimmer sehr wohlfeil, aber es ist ungesunde Luft: es müßten denn Homanns, Küstners in der Petersstraße Haus, Stieglitzens, Kochs, etc. Hof sein, und in denen ist auch die Miete teurer. Ferner kömmt es hier auf die Etage an: Zimmer in der ersten Etage sind teurer, als die in der dritten. Ich habe Bekannte gehabt, die fünf Treppen hoch wohnten. Parterre-Stuben gibt es in Leipzig zwar viele, aber doch nicht durchgängig. Und endlich ist sehr oft bei einem Zimmer die äußerst beschwerliche Bedingung, daß man in der Meßzeit sein Zimmer mit einer hoch- und abgelegnen elenden Kammer vertauschen muß. Freilich ist alsdann bei solcher Bedingung die Miete wohlfeiler, als sie sonst sein würde.

Wo in einem Hause Zimmer zu vermieten sind, da hängt ein Zettel an der Türe aus, mit folgenden, oder ähnlichen Worten: Allhier sind Studentenstuben zu vermieten.

Man mietet Zimmer auf halb- oder vierteljährliche Losung. Die letztere ist doch wohl die bequemste: man kann alsdann bei jedem neuen Vierteljahre, nach sechs Wochen vorher geschehener Aufkündigung, ausziehen; da man hingegen im ersteren Falle ein Vierteljahr vorher aufkündigen muß.

In manchem Hause wird, noch außer der Miete, eine gewisse Summe des Vierteljahres für Teewasser, Kohlen etc. ausbedungen.

Meist durchgängig wird die Aufwartung in Leipzig durch Aufwärterinnen verrichtet: es müßte denn sein, daß eine ganze Etage aus lauter Studentenzimmern bestünde, in welchem Falle auch oft ein Kerl dazu gehalten wird. Man gibt diesem, oder der Aufwärterin, ein gewisses vierteljährliches Trinkgeld, das gewöhnlich in einem Gulden besteht. Klingeln habe ich in Leipzig nicht gesehen: man ruft, pfeift etc., oder gibt ein anderes, eingeführtes Zeichen etc.

In manchen Häusern, wo ein eigner Hausmann ist, der das Haus öffnet und zuschließt, wie z. E. in Stieglitzens Hofe etc. wird oft das Haus um zehne schon verschlossen, oder zu einer andern bestimmten Zeit: kömmt man alsdann später zu Hause, und klingelt (denn dazu ist eine Klingel an allen Häusern draußen an der Haustüre) den Hausmann heraus, so kostet es 1 gr., den dieser bekömmt.

Fast durchgängig ist die Gewohnheit in Leipzig, daß man seine eignen Betten hat: wenigstens muß man sonst bei der Miete des Zimmers allemal ein Bette besonders verdingen, welches gewöhnlich des Jahres 6 thlr. kostet, und doch oft schlecht ist. Wer aber seine eignen Betten hat, für den ist die obenerwähnte Vorsicht wegen der Wanzen sehr wichtig.

Es ist wahr, daß auf dem Paulino Zimmerchen zu 7 thlr. jährlich zu bekommen sind: aber sie sind elend und fast ohne Meubles: und sie gehen nicht auf den schönen, großen, vorderen Paulinerhof, sondern in einen kläglichen, ungesunden Hinterhof des Paulinums hinauf.

»Das wunderbare Tier, das hier Student geworden ist« (1797)

Andreas Rebmann
1897

Leipzig ist als Universität betrachtet ebenso einzig in seiner Art, wie es an und vor sich ist. Solch ein zweideutiges Gemisch von Ton, solch ein schielendes Ding von Volks- und Bürgercharakter trifft man im deutschen Reiche ebensowenig wieder an, als das wunderbare Tier, das hier Student geworden ist. Auf jeder andern Universität läßt sich der Student unter eine der zwei bekannten Klassen ordnen; in Leipzig findet man von beiden nichts Ganzes, aber wohl in jedem etwas von beiden, und es würde wahrlich keine verwerfliche Preisaufgabe sein, dieses vage, charakterlose Völkchen unter bestimmte Klassen zu bringen. [...]

Der große Ruf der Stadt zieht noch immer eine ziemliche Menge Studierende herbei. Ausländer zwar wenig, aber desto mehr Landeskinder. Wer sich einen Begriff davon machen will, zu welchem rasenden Grade die Sucht zu studieren in Sachsen emporgestiegen ist, der halte sich nur zu Anfang der halbjährlichen Vorlesungen in Leipzig auf. Herdenweis liefern die unzähligen Stadt- und Dorfschulen ihre Zöglinge, und, mit Entsetzen bemerkt man, jedes Jahr weniger reife und weniger vorbereitete. Jeder Tagelöhner läßt seinen Sohn studieren, sobald er ihn nur auf der Schule vor dem Verhungern sichern kann; wovon er einst auf der Universität leben soll, daran wird nicht gedacht. [...]

In keinem Hause trifft man so viele Studenten beisammen an, als im Paulinum, einem Gebäude, welches seiner Originalität wegen wohl verdient, daß es besonders erwähnt wird. Es liegt gegen Morgen auf dem gesundesten Platz der Stadt und besteht aus den Vesten eines ehemaligen Klosters, denen man aber nach und nach so viele Zwischen- und Nebengebäudchen angehängt hat, daß es Mühe kostet, jene herauszufinden. Es gehört der Universität, ist daher ein schwarzes, unscheinbares und dabei ziemlich baufälliges Haus, ob es gleich der gute Hübner in seiner Geographie unter die sehenswürdigsten Gebäude Leipzigs rechnete. [...] Dieses Gebäude nun enthält über fünfzig kleine Stuben und Kammern, die in drei Stockwerke verteilt sind. Die auf der Zwingerseite hinaus haben eine romantische Aussicht von mehrern Stunden in die Weite und werden gewöhnlich solchen gegeben, die sie durch die elende Aussicht in den Hinterhof eine Zeit lang verdient haben. [...] Die langen schwarzen Säle sind dunkel und von den vielen Schlafkammern stets mit widrigem Geruch angefüllt. Des Abends werden sie mit Laternen erleuchtet, die hin und wieder so sinnreich angebracht sind, daß man wirklich mit ihrer Hilfe erst wahrnimmt, wie finster es ist. [...]

Unter die zur Unterstützung armer Studierender bestimmten, aber nur selten angewandten Anstalten gehört auch das Konviktorium, wo täglich mittags und abends zweihundertzweiundzwanzig Studierende, teils um ein geringes Geld, teils ganz frei gespeist werden. Der dazu eingerichtete Saal befindet sich im Innern des Paulinums parterre und konnte wohl ehemals das Refektorium der Mönche sein, ist aber für die jetzige Anzahl Gäste offenbar zu klein. Dabei ist er finster, feucht, und weil die Fenster wenig geöffnet werden, herrscht von den Dünsten der Speisen und der Menge Menschen ein widriger Geruch daselbst, dessen man – wie überhaupt mancher andern Dinge – erst gewohnt werden muß, ehe man mit Appetit daselbst speisen kann. Die Speisen selbst sind gut und schmackhaft und würden gesünder sein, wenn sie nicht in kupfernen Gefäßen gekocht würden. Sie werden mit einer Hastigkeit verschlungen, die an Unart grenzt, und im ganzen ist das Betragen der Speisenden oft so beschaffen, daß Fremde, die etwa aus Neugier in den Saal kommen, unmöglich einen vorteilhaften Begriff von den Sitten der Leipziger Studenten bekommen können. [...]

Cicisbeos. Die glänzendste Rolle unter der erwerbenden Burschenschaft spielen die, denen Zufall oder körperliche Vorzüge

Zugang bei ältern oder jüngern Damen geöffnet haben, welche Witwen oder mit den Fähigkeiten ihrer Ehekonsorten unzufrieden sind. Bisweilen trifft dieses Glück junge Leute, denen es an Mitteln fehlt. Auf einmal erscheinen sie dann nach neuster Mode gekleidet, besuchen Konzerts, Opern, Kaffeehäuser, fahren und reiten öfters aus und werden dabei weniger oder mehr blaß und hager, je nachdem nun ihre Wohltäterinnen mehr oder mindern Fleiß in Führung des ihnen anvertrauten Amtes verlangen. In Leipzig erregen solche Bekanntschaften weiter kein Aufsehen. Man führt unter irgend einem Vorwande den Freund feierlich in die Familie ein; der Herr Gemahl selbst ahnden nichts Unrechtes dabei und sehen sich gar genötigt, den jungen Mann seiner angeblichen Verdienste halber zu schätzen. Man hat Beispiele, daß dergleichen Personen auf diesem Wege ihr Glück auf immer gemacht haben.

»Mit eurem Brotstudium will ich nichts zu schaffen haben« (Theodor Körner 1810)

Friedrich Förster
1897

Im Oktober 1810 bezog Theodor die Universität Leipzig; der Eifer für die Naturwissenschaften fand hier keinen günstigen Boden, und die gelehrten Freunde, an welche der Vater ihn empfohlen hatte, bestimmten ihn, wegen der Aussicht auf eine künftige Anstellung im königlich sächsischen Staatsdienste fürs erste Halbjahr vornehmlich Cameralia zu studieren, als eine notwendige Fortsetzung seiner in Freiberg gehörten Vorlesungen im Fache des Bergbaues. Die Kollegien wurden belegt, bezahlt, anfänglich auch fleißig besucht, späterhin noch fleißiger »geschwänzt«. Verlockten unseren Freund auch nicht, wie weiland Goethen, »die warmen Kräpfel«, so gab es doch Frühstückskeller, wo man für vier gute Groschen von den Butterbemmchen mit »belegter Zunge« oder anderen »Umständen« nach Belieben zulangen durfte, und dazu ein Becherglas Rotwein erhielt. Das damals verbreitete Gerücht: der König Jerome von Westphalen habe während seines Aufenthaltes in Leipzig täglich zwei Anker Rotwein zu stärkenden Bädern verbraucht, welcher Wein nachher an die Keller- und Gastwirte billig verkauft worden sei, schreckte uns nicht ab, nach dem ersten Becher noch ein und das andere »Schnittchen« – so wurde ein halber Becher genannt – einschenken zu lassen. »Mit Eurem Brotstudium«, rief dann wohl Theodor in dithyrambischer Aufregung, »will ich nichts zu schaffen haben!« Er befand sich mehr in seinem Elemente an der Kommerstafel, wo er als Vorsänger präsidierte, wenn bei dem »Landesvater« die Hüte und Mützen mit dem Schläger durchbohrt wurden, als auf der Schulbank vor dem Katheder eines ihn langweilenden Professors. Eine damals bestehende Verbindung junger Männer zu literarischen, besonders schönwissenschaftlichen Unterhaltungen und Arbeiten, Makaria genannt, glaubte an dem Dichter der »Knospen« eine vorzügliche Erwerbung gemacht zu haben. Eine Zeitlang nahm er auch fleißig Anteil an den Versammlungen; allein bald däuchten ihm diese »Schläfer an der Pleiße«, wie er sie nannte, zu philisterhaft, und er ließ sich in den Orden der Constantisten aufnehmen, deren Händel mit den Amicisten er als Vorfechter und guter Schläger zu mehreren Malen ausfocht. Körners Erscheinen auf der Straße war das eines »Burschen von ächtem Schrot und Korn«. Eine schwarze Tuchmütze mit schwarz-rot-weißem Band und Troddeln, in der einen Hand die Tabakspfeife mit Quasten derselben Farben, in der andern einen armstarken Ziegenhainer, so schritt er am Arm eines Freundes auf dem breiten Stein einher und machte mit scharfem Ellbogen sich »eine freie Gasse«. Er war von schlanker Gestalt, maß 5' 8", behend in jeder Bewegung, im Gang wie beim Sprechen. »Körners Äußeres«, so schildert es der ihm befreundete Professor Amadeus Wendt, »war nicht gerade einnehmend. Ein schnell aufgewachsener, schmächtiger Körper, aber frisch und beweglich, langbeinige Statur, kleine Verhältnisse des sonst muntren Gesichts empfahlen ihn auf den ersten Blick nicht vorzüglich; aber ein dunkel glänzendes blaues Auge zog bei näherem Betrachten zu dem lebendigen Natursohne hin. In seinem Umgange zeigte sich ein deutscher gerader Sinn, ungemessen, oft sarkastisch in Ausdrücken, aber herzlich gegen jeden Hochgesinnten. Kleinliche Pedanterie und Verstellung haßte er tödlich. Der Ton der Welt war ihm Zwang; um so mehr mußte ihm der Umgang mit jugendlich kräftigen Menschen gefallen, die ihn liebten, und welchen er sich so anschloß, daß er selbst ihre Roheiten annahm und sich in den bizarresten Äußerungen akademischer Freiheit sehr wohl gefiel. Dessen ungeachtet unterschied er sich von den meisten seines Umganges durch eine früher erlangte Kultur und gleichsam angeerbte Kunstliebe und Begeisterung, welche sich in der gebildeteren Gesellschaft durch glückliche und pikante, nur nach Jugendart meist zu stark ausgedrückte Einfälle und durch ein ungemeines Talent poetischer Improvisation und Versifikation mitzuteilen liebte. Dabei widersprach das durch Umgang mit gebildeten Frauen angeeignete Benehmen und die äußere Harmonie seiner poetischen Erzeugnisse seinem eigenen Äußern auf eine seltsame Art; sei es nun, daß er auch hier nur jugendlich renommierte und in seinem Betragen für nachlässiger gelten wollte, als er es eigentlich war... So anmaßend und vernichtend oft seine Aussprüche über Literatur und Kunstprodukte klangen, so empfänglich war er doch für jede gegründete und wohlgemeinte Belehrung; ja, wo er auch nur einem Kunstfreunde begegnete, der über flachen Dilettantismus erhaben war, da schloß sich auch sein Herz in großer, erwärmender Begeisterung auf.« – Damals galt es in Leipzig, wie es auch heutigen Tages auf den deutschen Universitäten Brauch ist, für unehrenhaft, zu beleidigen, ohne Genugtuung im Zweikampf zu geben, und ebenso, für empfangene Beleidigung keine Genugtuung zu fordern. – Gegen die Constantisten, denen Körner angehörte, hatte sich eine Partei – sie wurde »Sulphuria« (Schwefelbande) benannt – gebildet, welche den Mitgliedern dieses Ordens die Genugtuung versagte. Es galt nun nach damaligem Brauche für geboten, sich, wie der Ausdruck des Komments lautete, »in Avantage zu setzen«. – (Wer mir einen »dummen Jungen« stürzt und nicht auf der Mensur erscheint, gegen den hab' ich das Recht, ihm meinen Ziegenhainer auf dem Buckel tanzen zu lassen.) – Diese Avantage, an einem Sulphuristen vollzogen, führte zu einer allgemeinen Holzerei in Masse auf offener Straße, bei welcher auch Körner sich beteiligt hatte. Er wurde mit mehreren anderen zur Untersuchung gezogen, zu achttägiger Karzerstrafe verurteilt und mußte das consilium abeundi unterschreiben. Diese Unterschrift »des guten Rates, abzugehen«, war der Vorbote der Relegation (»Ausweisung«) bei irgendeiner neuen Anklage. Um es nicht zu einer Wiederholung der Straßenprügelei kommen zu lassen, übernahm es Körner, als Kartellträger einer Herausforderung en masse die Angelegenheit in herkömmlicher Weise auszufechten. Unterdessen war eine Untersuchung eingeleitet gegen die Ordensverbindungen, in welche Theodor ebenfalls verwikkelt war; es wurde ihm und den anderen Ordensbrüdern vorläufig Stadtarrest zuerkannt. Dem wollte sich Körner nicht aussetzen, ohne vorher den Hauptführer der Gegenpartei vor die Klinge genommen zu haben. Dies geschah; der Ausgang war für Theodor kein glücklicher; zwar saß eine von ihm gut geschlagene Quart dem Gegner in der linken Achsel; allein dieser benutzte geschickt eine Blöße, welche Theodor gab, und versetzte ihm einen Hieb in die Stirn, daß die Wunde blutend klaffte. Nach herkömmlicher Weise galt nun die Sache für abgemacht, und die Gegner waren versöhnt; nicht aber der Senat. Eine neue Untersuchung wurde eingeleitet, eine sechsmonatliche Einsperrung im Karzer und Relegation standen in Aussicht. Körner hielt bis zu seiner Heilung sich bei Freunden verborgen und entzog sich dann der weiteren Untersuchung und Bestrafung durch die Flucht nach Berlin, wo er, nach der Bestimmung seines Vaters, seine Studien fortsetzen sollte. – Ein wunderliches Gemisch von Wildheit und Zärtlichkeit war damals in Körners Charakter; wie oft sahen ihn die flotten Zechbrüder plötzlich aufspringen und davoneilen! Er war nicht zu halten und achtete nicht darauf, daß sie ihn »den Mondsüchtigen« nannten, der es vorziehe, mit der Laute unter Liebchens Fenster schmachtende Lieder zu singen, als in den Rundreim in Auerbachs Keller mit seines Basses Grundgewalt einzustimmen.

Ordnungshüter (1830)

Karl Ewald Hasse
1902

Es versteht sich, daß um die dreißiger Jahre die Politik bei den jungen Leuten anfing, wieder eine Rolle zu spielen. Hatten wir doch schon vor 1830 den Aufstand und die Kämpfe der Griechen in allen Wechselfällen mit lebhafter Teilnahme verfolgt. War doch sogar in dem stillen Sachsen schon im Anfang von 1830 eine gewisse Unruhe der Gemüter zu spüren gewesen, die sich mit einer glänzenden Feier des 300jährigen Gedenktages der Übergabe der Augsburgischen Confession abzuschließen schien. Da kam in Frankreich die Juli-Revolution und regte allenthalben die Gemüter auf. – In Sachsen herrschte König Anton, eine einfache, gut bürgerliche Natur, aber ohne alle Regenten-Eigenschaften. Die Geschäfte gingen patriarchalisch-bürokratisch unter Führung des Adels ihren gewohnten Gang. Die ständische Verfassung hatte sich gänzlich überlebt. Überall in den deutschen Staaten wurde mit Ungestüm nach Veränderungen, nach modernen Konstitutionen gerufen. In Sachsen begannen zuerst in Leipzig, bald auch in Dresden und weiter Tumulte, und zum Teil bedenklich rohe Ausbrüche, denen Einhalt zu tun eine Notwendigkeit wurde. Die Bürgerschaft bewaffnete sich, es entwickelte sich daraus unter Leitung der Behörden die Kommunalgarde, die anfangs recht nützlich, bei wieder eingetretener Ordnung sehr überflüssig, aber viele Jahre als vermeintliches Palladium bürgerlicher Freiheit festgehalten wurde. Man sieht, wie kindlich die

Anschauungen und Urteile in politischen Dingen bei unserer Bevölkerung waren. – Gleich beim Ausbruch der Unruhen berief der damalige Rektor, Professor Krug, die unruhig drängenden Studenten und forderte sie auf, die Freiheit durch Besonnenheit zu erwerben und, statt nur zu lärmen, sich zunächst zur Erhaltung der gesetzlichen Ordnung unter geregelter Führung zu bewaffnen. Dies geschah, wir teilten uns in Kompagnien, besetzten die Tore und sendeten unter dem Feldgeschrei *Ordo et Leges* Patrouillen gegen wirkliche und vermeintliche Ruhestörer aus. –

»Der wissenschaftliche stille Suff«

Heinrich von Treitschke
1852

An Wilhelm Nokk

Leipzig, 29. 10. 1852

Heute endlich, mein guter Vereli, habe ich die trostlose Stimmung, in der ich mich nun über acht Tage lang hier befand, so weit überwunden, daß ich daran denken kann, mit einem vernünftigen Menschen zu reden, ohne mich gänzlich zu blamieren. Es ist aber, weiß Gott, zu scheußlich in diesem gottverfluchtesten aller elenden Nester. Höre meinen täglichen Lebenslauf, und Du wirst es einsehn. Früh natürlich ein ununterbrochenes Ochsen bis Mittag; das sind mir die liebsten Stunden, obgleich auch sie viel Lästiges haben; denn stelle Dir vor, von allen den vier Dozenten, die ich hier allenfalls hören könnte, habe ich keinen einzigen verstanden, sie hätten ebensogut malaiisch reden können. Nun, was solches Nachreiten (gewissermaßen der wissenschaftliche stille Suff) für eine Freude ist, weißt Du; und ich habe noch dazu die Schwäche, daß ich mich dadurch allemal an mein Leiden gemahnet fühle und ganz versimpelt werde. [...]

Fragst Du nach meinem Umgange, so kann ich eigentlich gar nichts antworten; denn Menschen, die von nichts reden als von

Puffs, Zigarren, Domino, Nachreiten und Examen, kann ich Dir doch nicht nennen. Nur in einer Beziehung ist der Umgang mit den hiesigen Studios sehr belehrend, d.h. in bezug auf die Psychologie; man hört nämlich täglich die scharfsinnigsten psychologischen Unterhaltungen, als z.B. ob Schüchternheit oder Selbstvertrauen besser sei pp. – alles nur, um die schwächliche Furcht vor dem Examen zu bemänteln. Fast ebenso unausstehlich sind mir die hier wegen des großen Musikeifers ebenfalls sehr zahlreich vertretenen weltschmerzlichen verkannten Seelen mit der aufgeschlossenen höheren Gemütswelt. Da sprechen diese Menschen fortwährend von »Du bist wie eine Blume« oder »O Lilie, weiße Lilie« pp., und ich gelte bereits für ein stumpfsinniges Etwas auf zwei Beinen, das nur durch eine unbegreifliche Verwechslung der Begriffe zu dem Namen »Mensch« gekommen ist; meine Onkelkastennatur machte sich nämlich so sehr geltend, daß ich mit einigen schlechten Witzen in den zarten Duft dieser höheren Gesellschaft hineinfuhr. Diese weichliche Tändelei ist aber bei solchen Menschen geradezu widrig, die nur damit kokettieren, deren wahre Gedanken jedoch sich immer um das Examen und ähnliche handgreifliche Gegenstände drehen. [...]

Von unseren Dozenten wirst Du Dir einen Begriff machen, wenn ich Dir sage, daß der eine meiner P. P. O. Redakteur der »Leipziger Zeitung«, der andre der Ehrenmann ist, der die Regierung um Erlaubnis frug, ob er 1 Rl. für die Kieler Professoren geben dürfe. Also auch in dieser Hinsicht ist wenig Anregendes zu finden, höchstens negativ. Auch hierin muß ich ganz auf künftige Bekanntschaften bauen, auf die Zukunft. Und dies Vertrauen auf ein zukünftiges Besserwerden ist gerade in diesem Augenblicke sehr lebendig in mir. Du mußt nämlich wissen, daß ich an der Stelle, so Du ein schönes † im Briefe findest, eine Beethovensche Symphonie hörte. Sieh, mein Junge, es war mir, als könnte ich ihn handgreiflich fassen, als stände er vor mir, der Sieg einer neuen, schöneren Weltordnung, als dieses Meer von Jubeltönen sich wie ein gewaltiges Sturzbad über mich ergoß. Und vor dieser großen, herrlichen Hoffnung, vor dieser siegenden Zuversicht schwanden meine eignen Sorgen, so daß ich mich ihrer schämte..., und ich fühle mich jetzt so frei, so erhaben über dem Schmutz dieses Nestes, daß ich, wenn auch Dein treues blaues Auge eine kranke Sorge jetzt umnebeln sollte, Dir mit dem festesten Vertrauen zurufen kann: Bleibe der alte Frohmut, es wird noch alles gut, mein Vereli.

»Ei, da ist ja auch der Herr Nietzsche« (1865)

Friedrich Nietzsche, in:
Friedrich Würzbach
1942

Es war am 17. Oktober 1865, als ich mit Freund Mushacke in Leipzig auf dem Berliner Bahnhofe anlangte. Wir zogen zunächst planlos in die innre Stadt und erfreuten uns der hochgetürmten Häuser, der belebten Gassen und des regen Treibens. Dann ruhten wir uns in der Mittagszeit in der Reißeschen Restauration (Klostergasse) aus und fanden es hier leidlich, obwohl auch dieser Dunstkreis nicht frei von schwarz-rot-goldnen Jünglingen war. Hier begann mein Studium des Tageblattes, das ich später regelmäßig in der Mittagsstunde zu treiben pflegte. An jenem Tage notierten wir uns die angebotenen Wohnungen, jene »anständigen« oder gar »eleganten« Zimmer mit »Schlafkabinett« usw.... Darauf schickten wir uns an, straßauf, straßab, treppauf, treppab uns die bezeichneten Herrlichkeiten anzuschaun, und fanden sie durchschnittlich über alle Maßen scheußlich. Welche Gerüche empfingen uns da, welche Ansprüche von Reinlichkeit setzte man bei uns voraus! [...]

Am andern Tage meldete ich mich auf dem Universitätsgericht; es war gerade ein Tag, den die Universität durch eine Festschrift und durch Doktorernennungen feierte, der Tag, an dem vor hundert Jahren Goethe sich in das Album eingezeichnet hatte. Ich kann nicht sagen, wie erfrischend dieses zufällige Ereignis auf mich wirkte; sicherlich war es ein gutes Omen für meine Leipziger Jahre, und die Zukunft hat dafür gesorgt, daß es mit Recht ein gutes Omen heißen konnte. Der damalige Direktor Kahnis suchte uns gemeinsam Aufzunehmenden, die wir einen großen Kreis bildeten, deutlich zu machen, daß ein Genie seine absonderlichen Bahnen gehe und daß Goethes Studienzeit somit durchaus für uns nicht mustergültig sein sollte. Wir erwiderten die Anrede des kugelrunden, beweglichen Männchens mit einem verstohlenem Lächeln und reichten ihm darauf den üblichen Handschlag, indem sich der ganze Kreis an dem schwarzen Punkte vorbeischob. Später empfingen wir unsere Papiere.

Das erste fröhliche Ereignis war für mich das erste Auftreten Ritschls, der glücklich an seiner neuen Küste gelandet war. Nach akademischer Sitte war er jetzt genötigt, seine Antrittsvorlesung öffentlich in der Aula zu halten. Man war allgemein hochgespannt auf die Erscheinung des berühmten Mannes, dessen Benehmen in den Bonner Affären seinen Namen in die Zeitungen und in aller Munde gebracht hatte. In reichster Fülle war daher die akademische Bürgerschaft versammelt, aber auch zahlreiche Nichtstudenten standen im Hintergrunde. Da kam er denn hineingerutscht in den Saal auf seinen großen Filzschuhen, im übrigen in tadellosem festlichem Anzug mit weißer Binde. Heiter und aufgeräumt blickte er sich in dieser neuen Welt um, und bald erblickte er auch Gesichter, die ihm nicht fremd waren. Indem er sich hinten im Saal herumtrieb, rief er plötzlich: »Ei, da ist ja auch Herr Nietzsche!« und winkte mir lebhaft mit der Hand. Bald hatte er einen ganzen Kreis von Bonner Schülern um sich gesammelt, mit denen er auf das gefälligste plauderte, während der Saal sich mehr und mehr füllte und die akademischen Würdenträger erschienen waren. Da er dies merkte, stieg er mit Heiterkeit und Unbefangenheit auf das Katheder und sprach seine schöne lateinische Rede über den Wert und Nutzen der Philologie. Sein freier Blick, die energische Jugend seines Worts, das behende Feuer in seinem Mienenspiel rief offenbar Staunen hervor.

Ich hörte, wie ein alter gemütliche Sachse nachher sich aussprach: »Nee, was der alte Mann fier ein Feier hat!« Auch in der ersten Vorlesung im Auditorium N. 1. war die Menschenmenge erdrückend. Er begann seinen Vortrag über des Äschylos Tragödie »Die Sieben von Theben«, dessen wichtigsten Teil ich mit angehört und nachgeschrieben habe.

25. *Schillerdenkmal in den Parkanlagen der Schillerstraße, 1983.*

26. *Das Leibnizdenkmal mit dem Universitätshochhaus, 1986.*

27. *Universität mit der Paulinerkirche (Universitätskirche) um 1938.*

28. Universität. Das rekonstruierte Schinkeltor, 1981.

29. *Blick vom Mägdebrunnen auf das Universitätshochhaus.*

30. Das Schillerhäuschen in Gohlis, 1985. Dort dichtete Schiller das »Lied an die Freude« während seines Aufenthaltes in Leipzig 1785.

8. »Ich melde durch dies Lied den harten Bücherkrieg«

Ein guter Draht zu einem Buchhändler (1956)

Brigitte Klumpp
1978

Brecht interessierte mich nicht. Wen interessierte schon Brecht aus meiner Generation? Wir hatten alle die ›Erziehung der Hirse‹ gelesen, und die hatte uns gegen ihn eingenommen. Wir fanden die Kollektivierung notwendig, aber sie deshalb zu verherrlichen? Das ging haarscharf an der Realität vorbei. Den ›Neuen Menschen‹, den er in seiner ›Erziehung der Hirse‹ pries, den hatte ich unter Bauern nicht gefunden. Meinen Vater ausgenommen. Aber der war kein Produkt einer Erziehung, der erkannte Entwicklungsgesetze und richtete sich danach.

Im Studienkabinett unserer Fakultät fand ich nichts von Brecht, nur die ›Erziehung der Hirse‹ und die ›Hundert Gedichte‹. In den ›Hundert Gedichten‹ fand ich ein Nachwort von Wieland Herzfelde, engagiert für Brecht. Herzfelde war an unserer Fakultät Professor für Weltliteratur, er hatte auch mal eine Vorlesung über Brecht gehalten, ich registrierte, daß Brecht ein produktiver Mann war. Wo waren seine Bücher?

In der Deutschen Bücherei mußten sie doch wohl auszuleihen sein?

Ich fuhr in die Deutsche Bücherei, um an Ort und Stelle festzustellen, was ausleihbar war. Ich bekam die

Kalendergeschichten
Hundert Gedichte
Erziehung der Hirse.

Das war alles. Kein einziges Stück. Nur Gedichte. Die Dame

am Schalter sagte achselzuckend: »Die Stücke, die in der DDR verlegt worden sind, müssen Sie vorbestellen, aber das dauert, sie sind ständig ausgeliehen. Es sind auch nur wenig Stücke in der DDR verlegt worden. Wenn Sie unbedingt Literatur von Brecht benötigen, müssen Sie versuchen, von Ihrem Seminarleiter eine Bescheinigung zu bekommen, daß Sie die Literatur des kapitalistischen Auslandes zu wissenschaftlichen Zwecken brauchen. Bei Suhrkamp in Westdeutschland sind wesentlich mehr Brecht-Bände erschienen, die könnten Sie dann ausleihen. Unser Aufbau-Verlag hinkt hinterher mit der Brecht-Produktion. Zur Frühjahrsmesse sind ein paar Stücke angekündigt, in vier Bänden. Gehen Sie zu einem Buchhändler, vielleicht kann der Ihnen helfen. Aber ich sags Ihnen gleich, die Auflagen sind sehr klein, schnell vergriffen. Sie müßten schon einen guten Draht zum Buchhandel haben, sonst kommen Sie gar nicht ran an die Bücher.«

In Leipzig hatte ich noch kein Buch gekauft, weil in unserem Studienkabinett alles ausleihbar war, was wir zum Studium brauchten. Ich hatte also keinen ›guten Draht‹ zu einem Buchhändler, um an Raritäten heranzukommen. Aber so einen Draht konnte man ja vielleicht herstellen? Ich machte mich auf den Weg.

In der Innenstadt fand ich eine Buchhandlung, die vertrauenerweckend aussah. In einem engen Gang zwischen Bücherwänden sortierte ein alter Herr Bücher ohne Hilfskraft. Ich hatte meine Brille aufgesetzt, sie gab mir einen intellektuellen Anstrich, fand ich, ich wollte überzeugend wirken.

Der alte Herr tappte die Leiter hinauf, einen Stapel Bücher im Arm, vorsichtig, aber nicht auf die Stufen sehend; er hatte es schon so oft gemacht, er sah gar nicht mehr hin. Ich wartete an der Tür im schmalen Raum, bis er sich mir zuwandte. Er musterte mich abweisend. Der Mann wollte Bücher verkaufen – warum war er so distanziert?

Er wartete am Regal, bis ich zu ihm kam, sparsam in seinen

Bewegungen. Als ich näher bei ihm stand, sah ich, er hing nur noch in seinem Anzug, fast vertrocknet, aber mit lebendigen Augen hinter der silbergefaßten Brille, und sein weißes Haar leuchtete. Als ich mit ihm sprach, registrierte ich, es waren nicht nur seine Haare, der ganze Mann leuchtete von innen.

»Ich habe in der DB gehört, Stücke von Brecht sollen zur Frühjahrsmesse erscheinen? Warum erfährt man das so unter der Hand? Werden die Neuerscheinungen nicht in der Presse angekündigt? Ich habe noch niemals eine Besprechung über Brechts Bücher gelesen, nicht im ›Neuen Deutschland‹, nicht im ›Sonntag‹, nicht im ›Forum‹, nicht in der ›Jungen Welt‹.«

»Der Brecht findet schon statt – aber unter Ausschluß der Öffentlichkeit.«

»Warum das?«

»Das wissen Sie nicht?«

»Keine Ahnung.«

»Was studieren Sie?«

»Journalistisk.«

»Darum!«

»Was heißt das?«

»Ihr Journalisten schweigt den Mann doch tot.«

»Sie meinen – das geschieht methodisch?«

»Ja. Methodisch. Fragen Sie mal Ihren Budzislawski, was die Genossen gegen Brecht haben.«

»Wieso – ist Brecht kein Genosse?«

»Nein – das ist kein Mann dieser Art.«

»Hat er was gegen unseren Staat? Er lebt doch hier ...«

»Der Brecht ist hier richtig. Der hat nichts gegen die DDR, solchen Staat hat er sich ja gewünscht. Nein, das müssen Sie anders sehen: Die Genossen haben etwas gegen ihn, sie finden ihn ... gefährlich. Deshalb verschweigen sie ihn.«

»Wieso gefährlich?«

»Kindchen – der Mann ruft zum *Denken* auf. Lernt ihr nachdenken an eurer Fakultät? Ihr seid doch alle bloß Nachplapperer.«

»Ich kenne von Brecht nur die ›Erziehung der Hirse‹, diese Lizenzausgabe für den Schulgebrauch. Die hat mich gegen Brecht eingenommen, das ist eine Verherrlichung der Kollektivierung in der Sowjetunion. Ich bin ein Bauernkind und sah täglich, daß die LPG unrentabel arbeiteten – was sollte ich mit solchen Lobgesängen auf Kolchosen anfangen?«

»Seither haben Sie nichts mehr von Brecht gelesen?«

»Ja.«

»Na sehen Sie, wie das wirkt? Sie kriegen die Lobpreisung auf den Schultisch und sind nicht mehr weiter interessiert an Brecht, so macht man das mit der Jugend. Mit der ›Erziehung der Hirse‹ hat man Sie gegen Brecht abgeriegelt – ich nehme an, nicht nur Sie, Ihre ganze Generation. Wir Alten laufen seinen Büchern nach und ein paar Literaturbeflissene. Ich sehe es hier in meinem Laden, die Jugend will nichts von Brecht wissen, das war also die ›Erziehung der Hirse‹. Das habe ich nicht gewußt. Lustig, lustig.«

Er tappte wieder die Stiege hinauf und räumte Bücher ein. Über die Schulter fragte er zurück: »Wie kommt es eigentlich, daß Sie nun doch was von Brecht lesen wollen?«

»Ich war zufällig in einem Vortrag vom Kulturbund.«

»Ach? – Ich war auch da.«

Ich hatte meinen guten Draht zu einem Buchhändler.

Mir gelang es erst im April 1957 an eine Bescheinigung zu kommen, die mir an der Deutschen Bücherei den Zugang zu Brecht-Büchern ermöglichte, verlegt in der Bundesrepublik, in der DDR nicht erhältlich.

Ich hatte längst meinen guten Draht zu Brecht, ich brauchte diese Bescheinigung nicht, aber ich bestand darauf, jahrelang. Es klappte nach drei Jahren.

Deutsche Bücherei

Ulrich Berkes
1976

Zwischen messegelände und russischer kirche, neben einer grünanlage, aus der man neulich rhododendronbüsche gestohlen hat: das graue gebäude. Geräumig und prächtig von innen: mosaiken, marmor, gemälde, vergoldete gitter. Wie billig, für eine mark im jahr kann man beträchtliche bücher bestellen und lange bis nachts im lesesaal sitzen.

Ich betrachte die stille der lesenden, die braune holztäfelung mit der altmodischen empore entlang an den wänden. Dann lese ich in Comte de Lautréamonts gesängen, einen roman über Rimbaud und notiere mir prosagedichte von Ponge.

Oder wenn ich einen nachweisschein habe, steige ich die kleine eiserne treppe bis unters dach, wo hinter einer eisentür die libri separati sind: erotische poesie von Arrabal und Genet und dem alten Verlaine.

In den karteikästen such ich nach namen. Jedes kärtchen ist ein buch. Ist nicht schon alles gesagt und du willst eines tages ein neues dazustellen. Ich flüchte mit müden augen ins grüne. Zum glück gibt es sonne, gras und gesträuch, ich leg mich lang auf den rasen. Manchmal möchte ich doch dort einbrechen, was sollte ich mit rhododendron.

Kummer mit Genossen und Ganoven

Franz Josef Görtz
1986

Daß Christa Wolf lesen würde, stand nirgendwo angezeigt, war weder in der Zeitung noch im offiziellen Kulturprogramm der Leipziger Messe ausgedruckt. Selbst solche Autoren, die am Rande der zur gleichen Zeit stattfindenden Buchmesse die Journalisten aus der Bundesrepublik mit der einen oder anderen Information, der einen oder anderen wahren Geschichte zu versorgen pflegen, wußten nichs Genaues, verwiesen auf die Lesung von Christa und Gerhard Wolf im Gohliser Schlößchen am Wochenanfang. Da hatte sogar das Westfernsehen Zutritt, denn dort, an ehemals feudalem Ort, präsentierte sich das literarische Leben der DDR von seiner feinen Seite, dort ging es um Kleist und Brecht und Ingeborg Bachmann – um Klassisches und Kanonisches. Der Nationaldichter Bertolt Brecht, so vernahm man beiläufig, darf indes nun auch in dieser deutschen Republik an der Joppe gezupft und »einäugig« geschimpft werden.

Das »Militärpolitische Kabinett Arthur Hoffmann« ist, anders als zu Zeiten das Gohliser Schlößchen, kein literarischer Salon, sondern ein ursprünglich von der FDJ bewirtschaftetes Haus, das als Jugendklub geführt und während der Messewochen für die verschiedensten Veranstaltungen genutzt wird. Natürlich ist die Lesung von Christa Wolf angemeldet, und natürlich geht dort alles mit rechten Dingen zu. Will sagen, daß auch in diesem Kreis amtliche oder halbamtliche Lauscher sitzen werden, denen die Lesung ziemlich gleichgültig ist. Ihre Aufmerksamkeit gilt dem, was sonst vorgetragen wird.

Daß die Dichterin, im Zusammenhang mit den Vorarbeiten zu ihrer *Kassandra*-Erzählung, nach Griechenland reisen durfte, neidet ihr niemand. Nur – daß man, als gemeiner Bürger der DDR, solche Erfahrungen nur im Ausnahmefall mit eigenen Augen und Ohren zu erwerben vermag, gibt Anlaß zu heftiger Klage und harscher Kritik. Zu fragen sei doch, wie es um die Bedingungen der Möglichkeit bestellt sei, sich selber ein Bild von der Welt, von der Wirklichkeit zu machen. »Um Klartext zu sprechen: wir sind unmündig erzogen worden«, sagt eine junge Frau, »aber es ist an der Zeit, das zu ändern.«

Mit Hilfe von Literatur? Ja, durchaus – wenn sie denn in diesem Land so sein dürfte, wie sie sein will. Christa Wolf wüßte, am Beispiel ihrer *Kassandra*-Vorlesungen, die erst im Westen und dann nur mit bemerkenswerten Strichen auch in der DDR erschienen sind, von derartigen Schwierigkeiten gewiß ein Lied zu singen. Doch sie hält sich zurück, gibt ihre Auskünfte zögernd und der nachgewachsenen Generation zu vermitteln, um gegenseitiges Verständnis zu werben sucht. Ihre sanften Mahnun- und der nachgewachsenen Generation zu vermittlen, um gegenseitiges Verständnis zu werben sucht. Ihre sanften Mahnungen (»Ich habe manchmal den Eindruck, ihr lebt einfach so lustig in den Tag hinein«) erträgt man ohne Murren. So viele etablierte Schriftsteller sind es nicht in der DDR, von denen die aufbegehrenden Twens sich wahrgenommen und verstanden fühlen dürften. [...]

»Pessimismus ist nicht vorhanden und auch nicht gefragt«, so meldete sich Elmar Faber, Leiter des Aufbau-Verlags, auf der Pressekonferenz des Leipziger Börsenvereins zu Wort. Anlaß zur Klarstellung hatte er genug. Schließlich ging es um seinen Autor Christoph Hein und dessen Roman »Horns Ende«, vom Aufbau-Verlag für den vorigen September angekündigt und, im Gegensatz zur westdeutschen Ausgabe im Luchterhand Verlag, bis zum Beginn der Messe immer noch nicht ausgeliefert. Schon kursierte die Mär, auf konspirativem Wege sei das Buch gleichwohl in den Handel gelangt – unter einem unverfänglichen Titel, unauffällig als apokryphes Werk von Karl May. [...]

Wer an den Ständen der DDR-Verlage im Messehaus am Markt nach literarischen Novitäten aus der Bundesrepublik, aus Österreich und der Schweiz Ausschau hielt, war einigermaßen überrascht angesichts der angekündigten, zum Teil wenigstens in

Blindbänden gegenwärtigen Vielfalt: Thomas Bernhard (»Holzfällen«) und Heinrich Böll (»Frauen vor Flußlandschaft«), Elias Canetti (»Das Augenspiel«) und Friedrich Dürrenmatt (»Erzählungen«), Erich Fried und Wolfgang Hildesheimer, Franz Xaver Kroetz und Siegfried Lenz, Friederike Mayröcker und Botho Strauß, Martin Walser und Dieter Wellershoff. Und Uwe Johnson? »Steht in unserer Beobachtung«, erklärt Elmar Faber. [...]

Die Klagen über Zollkontrollen und die Beschlagnahmung von Büchern an der Grenze sind seltener geworden und nehmen neuerdings gern den Charakter von Anekdoten an. Dem Rowohlt Verlag zum Beispiel mochte man nicht gestatten, eine Partie Kriminalromane des Titels »Genossen contra Ganoven« nach Leipzig mitzunehmen. Der Titel wurde als anstößig eingestuft, das Paket konfisziert. Klar, wird man sagen, Genossen und Ganoven, das geht unmöglich zusammen. Allein – das inkriminierte Werk ist nur die westdeutsche Lizenzausgabe eines ursprünglich und vor einiger Zeit schon in der DDR veröffentlichten Buches.

Bücherkrieg

Johann Christoph Gottsched
1736

Ich melde durch dieß Lied den harten Bücherkrieg,
Wo Torheit und Vernunft um Oberhand und Sieg
Mit aller Macht gekämpft: Nachdem in deutschen Landen
Der edelste Geschmack von neuem auferstanden;
Der den verlachten Wust der Barden abgeschafft,
Und toller Schriften Schwarm, mit unbesiegter Kraft,
Zu Schimpf u. Spott gemacht. Ihr Musen! helft mir singen,
Und dieser Zeiten Lob der späten Nachwelt bringen.
  In Meissens Grenzen liegt die drei beströmte Stadt,
Wo Phöbus seinen Sitz seit grauen Jahren hat;

Wo Pallas und Mercur sich zeitig eingefunden,
Die Weisheit mit Verstand, mit Pracht und Lust verbunden.
Hier herrschte vor der Zeit der Dummheit Tyrannei.
Die seufzende Vernunft war von der Barbarei
Der wilden Veneder zwar nicht durchaus ersticket,
Doch tausend Jahre lang gewaltsam unterdrücket.

Die erste Druckerpresse (1480)

Ursula Altmann
1981

Am Vortage von Michaelis 1481, pünktlich zum Termin des großen, von weither besuchten Herbstmarktes, erschien in Leipzig in lateinischer Sprache als Glosse zur Apokalypse die prophetische Schrift des italienischen Dominikaners Johannes Annius (lat. Namensform von Giovanni Nanni) aus Viterbo »Die künftigen Siege der Christen über die Türken und Sarazenen«. Dies ist das erste in Leipzig gedruckte Buch, das in seiner Schlußschrift den Entstehungsort und das Erscheinungsdatum angibt. Es wurde von Marcus Brandis aus Delitzsch hergestellt, der seit 1474 an der Universität Leipzig studierte und 1476 den Grad eines Baccalaureus erwarb, danach bei seinem Bruder Lucas Brandis in Lübeck alle Fertigkeiten erlernte, die zur Ausübung des Buchdruckgewerbes nötig waren, und 1479 zunächst in Merseburg gedruckt hat.

Marcus Brandis errichtete die erste Druckerpresse Leipzigs wahrscheinlich bereits gegen Ende des Jahres 1480. Mit Lettern, die er in Merseburg verwendet hatte, und mit einer zusätzlichen, neuen Drucktype, die in Leipzig zum Grundbestandteil seines Druckmaterials gehörte, veröffentlichte er das Prognostikon des Krakauer Professors Johannes Glogoviensis auf das Jahr 1481, zunächst in lateinischer Sprache, dann auch in deutscher Übersetzung. Diese Vorausschau auf das kommende Jahr, vermutlich zum Neujahrsmarkt herausgebracht, fand so guten Absatz, daß Brandis zumindest von der Ausgabe in deutscher Sprache eine Neuauflage druckte.

Im September 1481 publizierte Brandis als Einblattdruck das Ausschreiben über die Türkensteuer, die Ernst, der Sohn des Kurfürsten von Sachsen, als Administrator der Kirchenprovinz Magdeburg und Landesherr der Magdeburger Diözese einzog, um die Truppen auszurüsten und zu besolden, die Kaiser Friedrich III. zum Kampfe gegen die Türken zuzusenden waren. Im Zusammenhang mit der Türkensteuer, die in Sachsen bis zum Pfingstfest 1481 nicht nur von den Vermögenden, sondern auch von den in Lohn und Brot stehenden Gesellen, Knechten und Mägden, als Kopfsteuer selbst von den Armen sowie von Kindern über 10 Jahren eingezogen wurde, druckte Brandis den Ablaßbrief des Papstes Sixtus IV. zum Besten des Kampfes gegen die Türken zweimal in Latein und eine verkürzte Fassung in Deutsch.

Diese Drucktätigkeit ist folgendermaßen zu interpretieren: Der Erstdrucker Leipzigs erhielt bald nach der Eröffnung seiner Werkstatt offizielle Aufträge zur Vervielfältigung von Texten, mit denen Landesfürsten und Kirche ihre Maßnahmen zur Beschaffung der Mittel für die Abwehr der militärischen Expansionen der Türken publizistisch begleiteten.

Der Leipziger Buchdruckereid (1589)

Ernst Kroker
1906

Der älteste Buchdruckereid, den wir in Leipzig nachweisen können, ist vom 9. Februar 1589 datiert. Wir geben hier seinen Wortlaut nach der Veröffentlichung von Albrecht Kirchhoff im Archiv für Geschichte des deutschen Buchhandels, 9. Band, Seite 64:

Buchdrucker Eydt. Nachdem der Churfürst zu Sachßen etc.

Vnser gnedigster Herr an die löbliche Vniuersitet, vnd einen Erbaren Rathe alhier gnedigst beuhelich ergehen laßen, Das Inhalts der Vniuersitet Statuten hinfuro ohne vorwißen vnd bewilligung des Rectoris, vnd der Vier Faculteten Decanen, Auch der ganzen Facultet, darein die geschriebene materia gehörigk durchaus nichts gedruckt werden, vnd derwegen die Buchdrucker alhier des *druckens* halben, nicht allein dem Rathe, Sondern auch der Vniuersitet mit Pflichten zugethan und vorwandt sein sollen, Alß schwere ich hiermit, Das ich in meiner Druckerey ohne itzgedachter Hern der Vniuersitet, *auch des Raths außdruckliche nachlaßung,* vnd derselben bescheinung nichts auflegen, noch drucken laßen, auch tüchtige Correctores so der Sprachen, in welcher die materia geschrieben, vnd zudrucken gesucht, kundigk vnd erfahren, bey meiner Druckerey vorordnen vnd halten will. Als mir Gott helfe.

Schön und sauber Gedrucktes im 15. und 16. Jahrhundert

Friedrich Kapp
1886

Konrad (Kunz) Kachelofen aus Wartberg, Leipziger Bürger seit 1476, ist während des 15. Jahrhunderts Leipzigs bedeutendster und erster seßhafter Drucker. Man kennt von ihm etwa 50 Drukke, welche größtenteils seinen Namen tragen. Sein erster datierter Druck ist von 1485. Er muß sich langsam in die Höhe gearbeitet haben. Während der achtziger Jahre läßt sich nur eine einzige unbedeutende kleine Type bei ihm nachweisen; in den Jahren 1490 und 1491 braucht er bereits eine etwas bessere daneben, 1495 aber war seine Druckerei nach allen Seiten hin gut assortiert. Er druckte namentlich theologische und liturgische Bücher, einzelne mathematische und medizinische Schriften, daneben auch Lehr- und Unterrichtsliteratur. Den Höhepunkt seiner Tätigkeit bezeichnet das Jahr 1494, in welchem er allein zehn mit seiner Firma versehene Werke lieferte. Im Jahre 1495 war er mit Herstellung eines Missale für das Meißener Bistum beschäftigt, als die Pest in Leipzig ausbrach, die ihn mit seiner Druckerei nach Freiberg trieb, wo er den Druck vollendete. Die beiden hervorragendsten und merkwürdigsten Erzeugnisse der Kachelofenschen Presse sind dieses Missale, die Glanzleistung unter sämtlichen Leipziger Inkunabeln, welche durch ihre Initialen und Noten, sowie die Schönheit und Sauberkeit des Drucks den Vergleich mit den besten süddeutschen derartigen Werken aushält, und ferner das kaufmännische Rechenbuch von Johann Widmann (»Behende vnd hübsche Rechnung auf allen kauffmanschafft«) aus dem Jahre 1489, welches zum erstenmal im deutschen Buchdruck nicht allein die arabischen Ziffern verwendet, sondern auch im Druck überhaupt die bekannten Rechenzeichen für plus und minus (+ und −) gebraucht. [...]

Melchior Lotter, der Nachfolger Kachelofens, wird schon 1491 als vielbeschäftiger Leipziger Drucker angeführt. Einen Namen machte er sich zunächst durch eine große Anzahl von Missalen, Breviarien, Psalterien, deren Typen und Holzschnitt-Initialen zu dem Besten gehören, was der Missaldruck überhaupt geschaffen. Wegen der Schönheit seiner Ausstattung erhielt Lotter bis in die zwanziger Jahre unter andern alle Druckaufträge, welche das Bistum Meißen zu vergeben hatte. Großartig war vor allem Lotters eigene Verlagstätigkeit. Außer zahlreichen philosophischen und theologischen, auch einzelnen juristischen und mathematischen Schriften, Grammatiken, Poetiken und Wörterbüchern ließ er sich namentlich den Druck der alten Klassiker mit korrektem Text und sauberer Ausstattung angelegen sein, zu welchem Ende er vielfach die Hilfe der Leipziger Professoren in Anspruch nahm. Seinen offenen Laden hatte Lotter in Leipzig unterm Rathause, der bis 1524 von Lorenz Fischer verwaltet wurde und in welchem er außer seinen Büchern auch Pergament und Papier verkaufte.

Die vernünftigen Tadlerinnen
(1725)

Gustav Wustmann
1898

Kurze Zeit darauf aber sehen wir in der Tat Gottsched selbst in Gefahr, mit der Leipziger Bücherkommission in Konflikt zu geraten, und zwar wegen der von ihm begründeten Wochenschrift »Die vernünftigen Tadlerinnen«.

Diese Wochenschrift ist nicht, wie es nach den unbestimmten Angaben unsrer Literaturgeschichten scheinen könnte, eine belletristische Zeitschrift, in der Gottsched etwa die poetischen Erzeugnisse andrer kritisiert und seine eignen Ansichten über Poesie vorgetragen hätte, sondern es ist eine der zahlreichen »moralischen« Wochenschriften, die, nach englischem Vorbilde, in den zwanziger Jahren des achtzehnten Jahrhunderts in Deutschland aufkamen. [...]

Den Hauptinhalt der »Tadlerinnen« bilden kurze Aufsätze und Briefe, in denen die zahllosen gesellschaftlichen Untugenden, Geschmacklosigkeiten und Narrheiten jener Zeit verspottet und in charakteristischen Typen vorgeführt werden. Für die gesellschaftlichen Zustände aus der ersten Hälfte des vorigen Jahrhunderts bilden sie eine wichtige Quelle. Der Titel war dem englischen Tatler nachgebildet. Da aber Gottsched und seine Mitarbeiter, wie es im Vorwort zur zweiten Auflage heißt, die Absicht hatten, »dem deutschen Frauenzimmer ein Blatt in die Hände zu bringen, welches ihm zu einer angenehmen Zeitkürzung dienen und doch von nützlicherm und lehrreicherm Inhalte seyn sollte, als die gewöhnlichen Romane«, so bedienten sie sich »des unschuldigen Kunstgriffes, sich selbst für Frauenzimmer auszugeben«. Die einzelnen Aufsätze waren mit Calliste, Iris, Phyllis u. a. unterzeichnet. Dazwischen kamen Briefe mit allerhand andern Unterschriften zum Abdruck, die den Herausgebern entweder wirklich oder angeblich zugegangen waren, und die sie dann, mit

Zusätzen, Nachträgen oder Entgegnungen begleitet, unter die Aufsätze mischten.

Die Zeitgenossen mokierten sich gewiß vielfach über die Zeitschrift. Man wollte darauf schwören – wie es in einem im August 1726 erschienenen Flugblatte »An die Vernünfftigen Tadlerinnen« heißt, als dessen Verfasser sich vor der Bücherkommission Henrici bekannte –, daß die Tadlerinnen Allongeperücken trügen; man sehe ja die Mannsfüße unter der weiblichen Kappe hervorragen und höre sie so stark wie die gröbsten Fuhrleute tapsen. Mitunter würden gewiß gute Lehren von den Tadlerinnen gegeben, aber ihren Zweck würden sie schwerlich erreichen. »Männerstimmen klingen ansehnlich: Aber der Weiber Richten und Tadeln heisset Keiffen und Kleffen. Die weiblichen Gemüther sind zur Galanterie bestimmet, und haben das Recht nicht allgemeine Lehrmeister abzugeben. Es ist zum wenigsten der weiblichen Artigkeit und Bescheidenheit gantz zuwider. Es scheinet mir eben so poßirlich, als wenn eine Frau Professorin sich auf den Catheder setzen, und denen Studenten die Welt-Weißheit, oder eine andere Wissenschaft vorlesen wollte.«

Zensur der Leipziger Zeitung im 18. Jahrhundert

Georg Witkowski
1909

Während des ganzen achtzehnten Jahrhunderts wurde das Monopol der Leipziger Zeitung für die politischen Nachrichten mit allen Mitteln aufrechterhalten. Als Beispiel der zahlreichen Verordnungen, durch die jede Konkurrenz ausgeschlossen werden sollte, diene das Zeitungsmandat vom 31. August 1726: »Dem Könige in Pohlen etc. und Churfürsten zu Sachsen etc. ist hinterbracht und vorgetragen worden, wie daß zeithero bey Dero Residentz-Stadt allhier, auch anderen Orten, sich allerhand Leute unterstanden und angemaßet, Zeitungen zu schreiben, und durch deren Versendung ins Land, und auch ausserhalb, darinnen viele falsche und unwahre, mit anzüglichen, vergälleten, und die Gemüther verbitternden Expressionen, angefüllete Nachrichtungen auszustreuen. Ingleichen die fremden und auswärtigen Zeitungen, in welchen vielerley widrige und unwahrhaffte Nachrichten und Raisonnements enthalten sind, abzuschreiben, oder wenigstens zu extrahiren, und hernach in ihren Correspondenzen mit wegzuschicken, und öffentlich bekannt zu machen. Allermassen nun höchstermeldte Ihro Königl. Majestät solches ungeziemendes und strafbares Unternehmen, wodurch die Leute, und besonders das gemeine Volck, wie auch andere, so hiervon keinen Unterschied zu machen wissen, nur irre gemacht, und daher zu mancherley falschen Concepten und Impressionen verleitet werden, höchst-mißfälligst empfinden, und dasselbe fernerhin zu gestatten nicht vermeynet sind: Als ergehet hiermit Dero ernster Wille, Meynung und Befehl dahin, daß sich hinführo, dergleichen unwahre, falsche, widrige, oder sonst bedenckliche und verdächtige Zeitungen und Nachrichten zu schreiben, zu verfertigen und öffentlich bekannt zu machen, oder hier oder dahin wegzuschicken, weiter niemand unterfangen, und auch überhaupt des vielen unwahrhafften Zeitung-Schreibens und unzulässigen Raisonnirens, zumahl von denen in Statum publicum laufenden Sachen, sich iedermänniglich enthalten, oder widrigen Falls harter und unnachbleiblicher Bestrafung darfür, nach Befinden, mit Gefängnisse, Verweisung von der Stadt, oder dem Vestungs-Baue, gewarten, und darmit beleget werden solle« usw. [...]

Als Kaiser Karl VI. am 20. Oktober 1740 gestorben war, wurde vom Geheimen Conseil am 28. Oktober Weidmann ein Artikel aus Wien und einer aus Dresden gesandt und ihm ausdrücklich verboten, sonst nichts aus dem »Wiener Diario« oder andern Zeitungen wegen des Kaiserlichen Absterbens, der Erb- und Reichsfolge, und was dergleichen daher rührende Materien sind, in die Leipziger Zeitungen zu bringen. »Sollte schon etwas darüber gedruckt sein, so soll es nicht ausgegeben sondern die ganze Auflage an die Geh. Kanzlei nach Dresden eingeschickt werden.« [...]

Nach Beginn des ersten schlesischen Krieges wurde alles unterdrückt, was auf die Kriegsereignisse Bezug hatte. Am 4. Januar 1742 schärfte die Regierung dem Zensor, Hofrat Mascov, von neuem ein, in den Leipziger Zeitungen nichts Anstößiges zu dulden, vielmehr alles, was andern auswärtigen Höfen zu Beschwerden Anlaß geben könnte, gehörig und mit aller Vorsicht zu vermeiden. Noch schlimmer verfuhr die preußische Zensur während der Besetzung Leipzigs im Siebenjährigen Kriege. Sie ließ die Leipziger Zeitung ganz in ihrem Sinne redigieren, und die Folge war das Verbot an alle Kaiserlichen Postämter, sie zu vertreiben, wodurch der Absatz schweren Schaden litt.

Nach dem Hubertusburger Frieden erfolgte am 23. November 1763 eine neue Vermahnung an den Herausgeber und den Zensor: »Es ist bisher in denen Leipziger Zeitungen wahrzunehmen gewesen, daß in selbige öfters, sowohl in Religions als Politischen Angelegenheiten unschickliche auch gar anstößige Raisonnements eingeflossen, Articul aus andern Zeitungen, und wohl solche, welche Unsern Hof angegangen, und ungegründete Nachrichten enthalten, ohne Discretion, ferner verschiedentlich Sachen, so in dergleichen Zeitungen nicht gehörig, eingerückt worden, wie man denn auch mit denen zuletzt zur Bekanntmachung angehängten Articuln die gehörige Vorsicht nicht allezeit gebrauchet. Wir erachten es dahero für nötig, daß deren Verfasser, so dem Vernehmen nach Magister Schumann seyn soll, nachdrückliche Weisung gethan, und er, mehrere Prudenz und Behutsamkeit zu gebrauchen, ernstlich beschieden werde.« [...]

Besonders nervös zeigte sich die Regierung nach dem Ausbruch der französischen Revolution, zumal als auch unter den sächsischen der Bauern im Sommer 1790 Unruhen entstanden. Sie wurden schnell unterdrückt. Aber als zu Beginn des Jahres 1792 die Leipziger Zeitung über ähnliche Bewegungen in Steiermark berichtete, erging sofort ein Bericht an den Kurfürsten, in dem besonders die Angabe gerügt wurde, der Kaiser habe von den Ministern ein Gutachten eingefordert, wie die Landleute für die Zukunft befriedigt und in Ruhe erhalten werden könnten. »Es schien uns solches, hauptsächlich in dieser Zusammenstellung, um so bedenklicher, da die Landleute in hiesigen Landen, nach der, besonders im Meisnischen und Leipziger Kreise von der zur Stillung der Unruhen auf dem Lande verordnet gewesenen Kommission gemachten Bemerkung, gerade die Leipziger Zeitungen am begierigsten lesen, und gar leicht wieder auf die Idee, als ob durch eigenmächtige Handlungen und Widersetzlichkeit die Obrigkeit zur Bewilligung ihrer Forderungen am ersten vermocht werden könnte, gerathen dürften, und wir trugen in getreuester Erinnerung unserer Pflichten und bey der, besonders im gegenwärtigen Zeitpunkt uns obliegenden Aufmerksamkeit auf dergleichen Gegenstände, sogleich bey Höchstdero Kirchenrathe dahin an, bey der Censur gedachter Zeitungen dergestaltige Veranstalltungen zu treffen, daß in so ferne nicht überhaupt in selbigen von dergleichen Artikeln gänzlich zu abstrahiren am rathsamsten seyn möchte, dieselben wenigstens nicht anders als mit der größten Behutsamkeit und in der Maaße eingerückt werden möchten, damit der unkundige Landmann zugleich von den nachtheiligen Folgen des Ungehorsams und dessen unglücklichem Ausgang jedesmal unterrichtet und überzeugt werde.«

Unter solchen Umständen blieb in den politisch bewegten Zeiten, die nun folgten, dem Regierungsorgan nur ein ganz enger Kreis für Mitteilung neuer Tatsachen offen. In den Tagen von Jena und Auerstädt durfte es über die Ereignisse, die sich unmittelbar an den Grenzen Sachsens abspielten, kein Wort bringen, bis nach der Besetzung Leipzigs durch die Franzosen der erste Bericht, nun selbstverständlich ganz in französischem Sinne, erschien.

Damit begann die Epoche, in der Sachsen sich unbedingt der Botmäßigkeit Napoleons unterwarf.

Pasquillanten im 18. Jahrhundert

Gustav Wustmann
1898

Im vorigen Jahrhundert besorgten das Geschäft der Kritik die sogenannten moralischen Wochenschriften. Wie oft waren da die Züge zu einem scheinbar ganz allgemein gehaltnen Charakterbilde oder zu der Schilderung einer gerade in Blüte stehenden Modenarrheit so deutlich dem Leben entlehnt, daß sich Personen meldeten und sich beschwerten, weil sie sich getroffen fühlten! In der zweiten Hälfte des vorigen Jahrhunderts, als die moralischen Wochenschriften aus der Mode kamen, mußten sich solche Schilderungen in besondre Bücher und Broschüren flüchten, die in den verschiedensten Darstellungsformen erschienen, als Gespräche, als Briefe, sogar als Wörterbücher, die aber von denen, die daran Anstoß nahmen, alle mit dem bösen Worte Pasquill bezeichnet wurden. Solche Pasquille werden wohl damals über alle größern Städte Deutschlands geschrieben worden sein; aber besonders zahlreich erschienen sie über Leipzig. Schon wieder so ein Ding von und für Leipzig? beginnt die Vorrede zu »Leipzig im Profil« (1799), einem Buche, das selbst zu dieser Klasse von Schriften gehört. In der Tat, wohl keine deutsche Stadt hat eine solche Menge von Pasquilliteratur über sich ergehen lassen müssen, wie Leipzig im letzten Drittel des vorigen Jahrhunderts; die Stadt war damals ein wahrer Sumpfboden für solche Erzeugnisse.

Über die Ursache dieser Fruchtbarkeit kann kein Zweifel sein: sie liegt in der eigentümlichen Verbindung des Buchhandels und der Universität in Leipzig. Die Universität lieferte die Verfasser, meist verbummelte Studenten, deren ganzes Studium darin bestanden hatte, das Leben der Stadt in allen Schichten, vor allen Dingen natürlich unten, aber soweit es möglich war, auch oben kennenzulernen; und im Buchhandel fanden sich immer wagehalsige Leute, mitunter ebenfalls verkommne Academici, die solche Erzeugnisse ohne Zensur drucken ließen und vertrieben, auf die Gefahr hin, eingesperrt und zu hohen Geldstrafen verurteilt zu werden. Denn wenn ein solches Machwerk Anstoß erregte, so wurde auf Verfasser, Drucker und Verleger von der »Bücherkommission« gefahndet, der literarischen Polizeibehörde, die seit dem Ende des siebzehnten Jahrhunderts in Leipzig bestand, aus dem Rate der Stadt und einem Universitätsprofessor zusammengesetzt war und zum ausführenden Beamten einen »Bücherinspektor« hatte. War das literarische Vergehen besonders schlimm, so wurde die Sache von der Bücherkommission gar an das Stadtgericht abgegeben. Wehe dann den Schuldigen! [...]

Schon in den Jahren 1750 und 1751 erschien in Leipzig eine ganze Reihe kleiner Pasquille in der damals beliebten Gesprächform. Im Februar 1750 war im Kurfürstentum Sachsen noch einmal eine Kleiderordnung erlassen worden, der letzte ohnmächtige Versuch dieser Art, dem Kleiderluxus zu steuern und zugleich die einheimische Industrie zu schützen: ausländischer Zitz und Kattun sollte binnen zwei Jahren ganz abgeschafft sein. Unmittelbar darauf erschien noch ein Mandat gegen den übermäßigen Trauerluxus. Über beide Verordnungen wehklagten vor allen die Dienstboten; sie sollten in Zukunft zu ihrer Kleidung schlechterdings nur inländisches Wollen- und Leinenzeug, höchstens Halbseide nehmen, »Fischbein- oder Steifröcke« zu tragen wurde ihnen ganz untersagt, auch wurde der Herrschaft verboten, bei Todesfällen im Hause den Dienstboten Trauerkleider zu geben. An diese Verordnungen knüpften folgende Pasquille an: 1. Das mit Leid und Klagen angefüllte Gespräch zweier Leipziger Jungemägde Hanngen und Liesgen über die Ablegung des commoden und fast unentbehrlichen Reifen-Rocks. 2. Zweites Gespräch von den Leipziger Jungemägden, darinnen sich das über die Ablegung der Reifen-Röcke bei den Mägden höchst vergnügte Näther-Mädgen Henriettgen gegen eine gewesene Jungemagd Lorgen ungemeint kützelt. 3. Das mit Leid und Klagen angefüllte Gespräch zweier Leipziger Ammen, als einer bei vornehmen und einer bei gemeinen Leuten dienenden Amme über den zu tragen verbotenen Zitz und Cattun. 4. Das mit Leid und Klagen angefüllte Gespräch zweier Leipziger Köchin (so!), als: einer Docters- und einer Kaufmanns-Köchin, über die bei denen Herrschaften zeithero gewöhnlich gewesenen, nunmehro aber gäntzlich abgeschaften (so!) Mägde-Trauer. 5. Das mit Leid und Klagen angefüllte Gespräch zweier Leipziger Muhmen, als: einer Franzosen- und einer Teutschen Muhme, über das ehemals gewöhnliche, nun aber ziemlich starck geminderte Gesinde-Lohn. 6. Gespräch zwischen zweien nach dem Rosenthal gehenden verliebten Mädgens, welche sich über die elenden und nahrlosen Zeiten beklagen. [...] 7. Gespräch einer über den Verlust der Reifen-Röcke leidtragenden Jungemagd namens Mariechen mit einem Trödelmann, Herr Wohlfeil, über die unglücklichen Heirathen. 8. Entwurf derjenigen lustigen Reden, welche Griethgen und Käthgen, zwei verliebte Milchmägdgen, in einer gewissen Stadt und Lande mit einander geführet haben. 9. Curiöses Gespräche zwischen Charlottgen, einer Cortesieschwester, und Monsieur Aventurier, einem fremden Passagier, welches im Gasthofe zum silbernen Tobacks-Röhrgen genannt gehalten worden. 10. Verianders mit allerhand lustigen Erzehlungen angefüllte Gespräche des schlauen Friedrichs eines Kauffmanns-Jungen mit Mammsell Blondingen, seines Dieners Monsieur Tuschurattretts jetziger Scharmante auf dem Wege nach dem Schönen Sonnen-Adler vor den Peters-Thore. 11. Allen artigen Mädgen und hübschen Büffgen [Bübchen] zum Zeitvertreib, Nutz und Nachsinnen entworffenes Gespräch im Reiche der Todten zwischen Adam und Eva, unsern ersten Eltern, und einem neumodischen Galanthomme. 12. Die geschäfftigen Batsch-Händgens-Weiber, Gleich und gleich gesellt sich gerne. 13. Die listigen Kuppel-Weiber, zwei treuherzige Schwestern.

Unter Napoleon

Georg Joachim Göschen
1807-1810

An Carl August Böttiger

24. Februar 1807

Die Ostermesse wird für keinen Buchhändler gut und für viele schrecklich werden. Der größte Teil der Buchhändler hat gelitten, manche sind in großer Not, und wieder andere benutzen die Zeit zum Vorwande. – Ein Freund schrieb mir, daß er am Rande des Verderbens sei mit den mehrsten seiner Mitbürger. [...]

Vor Ostern 1808

Die armen Menschen der ersten beiden Dezennien dieses Jahrhunderts! Und dazu gehören auch wir mit wenigen Ausnahmen. Wir sind wie die gescheuchten Tauben und noch schlimmer, denn uns fehlen die Flügel. –

Der Ostermesse ist wieder der Hals gebrochen. Vor lauter Eifer, den britischen Handel zu zerstören, wird der Handel der übrigen europäischen Welt zerstört. Ist es nur ausgemacht, daß ein Staat keinen Handel und Wandel gebraucht, so ist alles ganz konsequent.

Übrigens lebe ich des Glaubens, der Krieg wird nicht lange dauern, und mit drei bangen Monaten wird wohl alles abgetan sein und die Geographie wieder eine Veränderung erleiden wie der Gothaische Kalender.

Ich sehne mich, Sie einmal wiederzusehen! Kommen Sie ja zur Messe, damit wir doch jemand haben, der den Leichenzug des literarischen Verkehrs mit verherrlichen kann oder auch mit lachen, wenn die Bücherwürmer gar zu erbärmliche Gesichter schneiden. Das tun nicht die edlen Menschen, die tief leiden und tragen; sondern die erbärmlichen, deren Romane, Komödien und Tageblätter Merkur nicht zu retten weiß vor dem gestiefelten und geharnischten Gott. [...]

Mitte 1809

Vom Buchhandel können Sie weiter nichts sagen, als daß die Buchhändler gar keine Messe gehabt haben.

Seit dem Ausbruch des Krieges mit Österreich hörte aller Verkehr auf. Die besten Handlungen empfinden den Druck der Zeit. Aber der Friede wird sie wieder aufrichten. Demungeachtet ist ein Meßkatalog erschienen. Wenn Sie aber die zukünftigen Bücher daraus wegnehmen und die Bücher mit neuen Auflagen, NB des Titels, so wird wenig übrigbleiben. – Sagen Sie aber das laut, was ich Ihnen ins Ohr sage, so verliert der Handel den Kredit, den er künftig braucht, und wird vollends ruiniert. Sie müssen die Hoffnung ja glänzen lassen. [...]

10. März 1810

Mein teurer Freund! Die Leipziger Bücherwürmer haben den Einfall, wegen der französischen Abgabe eine Supplik bei der Bücherkommission einzugeben, und haben mich aufgefordert, meinen Senf dazuzugeben. Ob ich nun gleich im voraus sehe, daß leeres Stroh gedroschen wird, so will ich doch mitdreschen, um das Handwerk nicht ganz zu verlernen. Ich sehe in der französischen Maßregel mehr Politik als Finanzwesen. Man muß ja auch Erlaubnis erst haben, ehe ein Buch eingeführt werden kann. Man will also den Eingang erschweren und hindern. Dagegen läßt sich nun nichts tun. – Aber weil in Sachsen die Werke der Franzosen geschützt werden gegen Nachdruck, wenn die Franzosen nur ein sächsisches Privilegium zu nehmen sich bemühen wollten! –

Fragen Sie doch den französischen Gesandten, ob das, was Inlage enthält, was ich eben aus dem Ärmel geschüttet habe, in Worten oder Sätzen zu tadeln oder zu loben sei, anstößig oder gutgeheißen werden könne. Bitten Sie den Freund deutscher Gelehrter, aus seinem Geiste bessere Motive anzugeben, zu streichen und hinzuzusetzen, was ihm die Liebe für unsere Literatur eingibt. –

Vielleicht ist es gut, noch zu sagen, daß von Sachsen aus das Licht der Wissenschaft über Deutschland und andre Länder ausgegangen sei. Vom Tauschhandel dürfen wir nichts sagen, weil die Franzosen schon jetzt deutsche Bücher tauschen, aber für französische Bücher Geld haben wollen. – Dieses auszuführen, gehört für Sie. Sie könnten auch noch hinzusetzen: es würde in der Geschichte eben keinen Ruhm über Napoleon verbreiten, die Werke des Geistes bezollt zu haben. –

Die hiesige Bücherkommission gibt den Bericht an den Kirchenrat, dieser an den Minister und dieser an den Gesandten. Hat man nun den Gesandten vorher gewonnen, so geht es desto besser. –

Dieses Mal bin zudringlich mit Bitten um Eile. Es betrifft ja nicht meine Sache allein, sondern die Sache so vieler.

Friedrich Arnold Brockhaus geht nach Leipzig (1817)

Heinrich Brockhaus
1876

F. A. Brockhaus am 24. Mai 1817 an Kammerrat Ludwig, seinen Schwager:

»Unser Aufenthalt hier ist mir sehr zusagend. Die kleine komfortable Wohnung mit ihrer herrlichen Aussicht, die uns in den letzten Maitagen den einzigen Anblick eines Ozeans von Blüten und Blumen zu unsern Füßen gewährte, die nun dem frischesten und lebendigsten Grün Platz gemacht haben; das fröhliche Menschengewühl im Garten selbst; die Nähe der freundlichen Promenaden, die sowohl durch sich selbst als durch die Menge der lustwandelnden Personen interessant sind; der wichtige Umstand, daß ich mich auf dem Stapelorte unsers Geschäfts befinde, daß ich jeden Augenblick Gelegenheit und Veranlassung habe, mich mit Personen, die mit mir gleiche Geschäfte haben, oder mit solchen, die auf mannichfaltige Weise darin eingreifen, unterhalten zu können; die Überzeugung, die ich habe, mein gesellschaftliches Leben, sobald ich es will, ganz meinem Sinne und meinen Neigungen gemäß bilden zu können; die größere Freiheit meiner Stellung – dies alles ist, ich gestehe es, sehr verführerisch, und ich kann in Wahrheit sagen, daß ich mich noch nie so glücklich und so à mon aise gefühlt habe, als in diesem Augenblicke. Wir leben übrigens in der größten Eingezogenzeit und ganz für uns. Bis jetzt haben wir es durchaus vermieden, gesellschaftliche Verbindungen anzuknüpfen. Das wird aber nach und nach schon kommen. Unsere Wohnstube ist nun ganz allerliebst und durch ihre gemütliche Einrichtung, an der nichts fehlt und nichts zu viel ist, durch ihre Aussicht, durch das Ländliche der ganzen Umgegend, so weit das Auge nur reicht, durch den Gesang der Nachtigallen, deren es in unserm Garten eine ganze Kolonie gibt und von denen zwei sich ganz in unserer Nähe angesiedelt haben, für mich ein wahres Paradies. Der Wohnstube gegenüber ist mein Arbeitszimmer, das auch künftig mein besonderes Arbeitszimmer bleiben wird, da ich unten noch einige Zimmer für meine Commis gemietet habe. [...] Die Meßgeschäfte sind nun beendigt und ich kann allerdings mit dem Resultat sehr zufrieden sein. Allein die geschäftlichen Bedürfnisse sind bei dem Umfange meines Geschäfts und dem lebhaften Umschwunge desselben auch ungeheuer, und die Anstrengungen in den letzten sechs Monaten waren zu erschöpfend, um schnell wieder zum Gefühle eines vollsaftigen Lebens gelangen zu können. Erst in einem oder in ein paar Jahren darf ich überhaupt hoffen, eine selbständige Stellung, die im Kreislaufe des Geschäfts sich selbst genügt und sich durch sich selbst belebt und verjüngt, errungen zu haben. Mein ganzes Bestreben ist dahin gerichtet, da Selbständigkeit mir fast die erste Bedingung reiner menschlicher Glückseligkeit und Zufriedenheit scheint. [...]

Das betrachte ich in der Tat als einen fast unglaublichen Segen, daß ich nach meinen gedrückten Verhältnissen bis zum Jahre 1812 und 1813 in Zeit von ein paar Jahren alles zu beseitigen und zu ebnen im Stande gewesen bin. Aber, aber, was wäre aus uns geworden, wenn – es weniger Segen gegeben hätte, wenn es, wie bis zum Oktober 1813, auch für den tätigsten, fleißigsten und verständigsten Geschäftsmann unmöglich geblieben wäre, geschäftliche Berechnungen über die Dauer eines halben Jahres hinaus anzustellen, wenn unser Geschäft, wie es seit 1806 fortschreitend der Fall war, jährlich immer mehr wäre beschränkt, die Freiheit des Geistes oder des literarischen Verkehrs immer mehr wäre unterdrückt worden? Ich wage es kaum, diesen Gedanken zu verfolgen! Alle Tätigkeit, alle Spekulation in meinem Fache war unmöglich oder gefährlich. Zu größern Ideen hätte es auch an aller Kraft gefehlt, denn wo hätte diese sollen hergenommen werden?!

Doch wir wollen diesen traurigen Gedanken nicht nachhängen, aber wie sich ihrer erwehren, wenn sie sich einem aufdrängen?«

So Vergangenheit und Zukunft sich zurechtlegend, erkannte Brockhaus bald, daß Leipzig sich am besten zum bleibenden Wohnorte für ihn eigne. Er beschloß deshalb, sich dauernd hier niederzulassen und sein buchhändlerisches Geschäft von Ostern des nächsten Jahres an ganz von Altenburg nach Leipzig zu verlegen.

Die wohlfeilen Reclambändchen (1867)

Hans Reimann

1929

Am 1. Oktober 1828 gründete Anton Philipp Reclam in Erweiterung seiner (70000 Bände umfassenden, in »Hohmanns Hof« untergebrachten) Leihbibliothek den Verlag Reclam für politische Kampfschriften und alsbald für Volksbildung. Shakespeares gesammelte Werke kosteten zwei Taler. Am 1. November 1867 wurden Goethe und Schiller frei, und die Privilege der Klassikerverleger fielen. Reclam lieferte den ganzen Schiller für einen Taler und den wesentlichen Lessing für fünfzehn Silbergroschen. Mit Goethes »Faust« I. trat die Universalbibliothek ins Leben, Band für Band für zwei Silbergroschen. Mitte November waren mehr als dreißig Hefte erschienen. Mitte November 1928 war die Zahl auf mehr als siebentausend gestiegen. Die Reclambände, die nach dem Krieg ihr veraltetes typographisches Gewand ablegten und nur die rötliche Tönung beibehielten, haben dem Minderbemittelten zu einer gediegenen und umfassenden Bibliothek verholfen und deutsches Geistesgut rund um den Erdball verbreitet. Sie sind in Tokio oder Paris ebenso wohlfeil und leicht zu haben wie auf dem Bahnsteig in Kottbus.

Von Frankfurt nach Leipzig. Buchhandel 1815-1843

August Prinz
1855

Leipzig hat es durch Verschiedenes verstanden, die Pulsader des deutschen Buchhandels zu werden, seitdem er sich von Frankfurt weggezogen hat. In Frankfurt a/M. hinderten die Privilegien das Aufkommen neuer Handlungen; die alte Zahl genügte nicht mehr und doch widersetzte sich die Korporation der Buchhändler der Erteilung neuer Lizenzen zum Etablieren. Zugleich ward aber auch von den Behörden ein ungewöhnlich strenger Druck auf den Buchhandel geübt, welches die auswärtigen, die Frankfurter Messe besuchenden Firmen veranlaßte, sich nach einem andern Meßplatze umzusehen, da eben nur in der Messe buchhändlerische Geschäfte abgemacht wurden. Da die überwiegende Zahl der Etablissements schon damals in Norddeutschland war, so wählte man den für Norddeutschland wichtigen Meßplatz Leipzig, wo man damals den Buchhändlern mit vielen Lizenzen entgegenkam. Jetzt ist es freilich anders; die sächsische

Regierung huldigt schon seit Jahren den Prinzipien der österreichischen Politik und Verbote und Konfiskationen folgen auf Verbote, ja man nimmt selbst in Leipzig Bücherpakete weg, welche nur zum Durchgang nach andern Ländern bestimmt sind. Die sächsischen Behörden haben kein Recht, fremdes Eigentum wegzunehmen und es kann wieder einmal eine Zeit kommen, wo der Druck zu schwer auf den Handel einwirkt und der Buchhandel sich nach einem andern Orte, vielleicht dem liberalen Braunschweig, wendet. Die Idee, ein Börsengebäude für den deutschen Buchhandel in Leipzig zu errichten, hat übrigens die Lust, Leipzig mit einer andern Stadt zu vertauschen, sehr erschwert. Vor Erbauung des Börsengebäudes ward in Leipzig in einem Hörsaale des Paulinums gerechnet; doch war der Platz so eng zugemessen, daß jetzt gewiß darin nicht Platz wäre. Die Leipziger Kommissionäre besuchten den Abrechnungssaal gar nicht, sondern man mußte, war man mit den anwesenden Fremden fertig, von Haus zu Haus wandern, um dort die Zahlungen nach den eingegangenen Listen in Empfang zu nehmen. Jetzt, wo auch die Kommissionäre auf der Börse rechnen, ist es viel bequemer, auf der Messe zu rechnen, wie ehedem. Durch die Börse entstand eine sichtbare Einigung des Buchhandels, die auch sonst günstig auf den Geist des Ganzen eingewirkt hat; es entstand ein größeres Zusammenhalten, ein gemeinsameres Handeln, wie die vielfachen Schritte gegen den Nachdruck und einzelne Bedrückungen des Buchhandels beweisen. Der Nachdruck, in den zwanziger Jahren noch sehr in Württemberg, Baden und Österreich gepflegt, ist seit der Zeit fast gänzlich verschwunden und wird niemals wiederkehren.

Ein Fall für den Pitaval (1909)

Adalbert Brauer
1982

Die folgende Abhandlung geht auf das überaus problematische Verhältnis des jungen Verlegers Ernst Rowohlt zu Frank Wedekind ein. Der junge Rowohlt erstand 1909 in einem Münchner Antiquariat drei Manuskripte von Frank Wedekind. Wedekind suchte diese ihm abhanden gekommenen Manuskripte seit Jahren, in Wien, in Köln und in Zürich; die Idee, sie in einem Münchner Antiquariat zu suchen, lag ihm fern. Hinter der ganzen Sache steckte ein Streich von Wedekinds Jugendfreunden. Wedekind besaß keinerlei Ordnungssinn, am wenigsten auf seinem Schreibtisch. Als er in der Schweiz weilte, erschienen in seiner Wohnung zwei Freunde, die vergeblich auf ihn warteten, Anno 1898. Aus Langeweile stöberten sie auf dem Schreibtisch herum, und ließen schließlich drei Manuskripte mitgehen, aus Schabernack. Wedekind war aber so chaotisch in seiner Nicht-Ordnung, daß er erst nach Jahren den Verlust, unter anderem *Mine-Haha*, bemerkte. Letzteres schrieb er kurzerhand von neuem, suchte aber doch weiter. Erst 1906 entdeckte er in Professor Weinhöppel in Köln einen der Besucher von 1898, der aber nur sagen konnte, diese Manuskripte seien inzwischen »unter die Leute gekommen«. Sie waren schließlich von der bekannten Gräfin Reventlow und Herrn von Hörschelmann gemeinsam an jenen Antiquar verkauft worden. Ab Oktober 1909 begannen nun für Rowohlt die Ärgernisse. Wedekind erfuhr, daß Rowohlt die Manuskripte besaß und kündigte ihm eine Privatklage an. Rowohlt hatte aber die Manuskripte legal von einem konzessionierten Antiquar erworben – sein Anwalt machte ihm klar, daß eine Privatklage sinnlos sei.

Wedekinds Verleger Georg Müller suchte zu vermitteln, ein Kompromiß schien in Aussicht. Eben war bei Rowohlt eine Arbeit von Herbert Eulenberg erschienen, Rowohlt sandte sie sozusagen als »Friedenspfeife« an Wedekind zur Rezension. Wedekind bekam das in die falsche Kehle, war überzeugt, Rowohlt wolle die Manuskripte nicht herausgeben und schrieb ihm folgenden Brief:

»Herr Ernst Rowohlt, Verlagsbuchhändler, Leipzig. Es diene Ihnen zur Kenntnis, daß ich keine Lust habe, von gemeinem Diebesgesindel Geschenke entgegenzunehmen. München, 12. 11. 1910. Frank Wedekind.« Dem folgte gleich ein zweiter ohne Anrede: »Es diene Ihnen zur Kenntnis, daß ich Herrn Herbert Eulenberg von dem Brief, den ich gestern an Sie richtete, Mitteilung gemacht habe. München, 13. 11. 1910. Frank Wedekind.«

Das schlug dem Faß den Boden aus. Rowohlt strengte Ende 1910 eine Klage an. Drei Tage später kam Wedekinds Antwort an das Amtsgericht Leipzig, er nähme nichts zurück, um »nicht von der Gegenpartei als wankelmütig hingestellt werden zu können«. So mußte das Hauptverfahren eröffnet werden. Wegen der beleidigenden Worte wäre zwar Rowohlt formal Sieger geworden, aber die Angelegenheit der Manuskripte wäre ungeklärt geblieben. So kam es schließlich zu einer außergerichtlichen Einigung. Rowohlt zog am 28. 2. 1911 seine Klage zurück, und Wedekind erhielt seine Manuskripte. Ausgesöhnt hat er sich allerdings nie mit Rowohlt.

»Als ich das erstemal in Leipzig war, ging ich voll Ehrfurcht an den großen Verlagshäusern vorbei« (um 1900)

Reinhard Piper
1964

Im Sommer 1914 wurde in Leipzig die BUGRA eröffnet. Sie hieß eigentlich »Internationale Ausstellung für Buchgewerbe und Graphik«. Damals fing man an, in Abkürzungen zu sprechen, was sich immer mehr steigerte, bis zur Zeit der Enesdeape dann Hajot, Bedeem, Esde und vor allem Gestapo die meistgebrauchten deutschen Worte wurden.

Die BUGRA war eine großartige einmalige Schau über das gesamte Buchwesen der Erde. Es war eine »Straße der Nationen« errichtet. An ihr hatte jedes Land sein eignes großes Haus: Österreich, Frankreich, England, Italien, Rußland. Japan hatte ein Gebäude für seine Holzschneiderei und einen Garten mit Teehaus. Die Schweiz, die Niederlande, Belgien, Dänemark, Spanien hatten sich zu einer großen »Halle der fremden Staaten« vereinigt. In der »Halle der Kultur« konnte man die Entwicklung der Schrift studieren von den diluvialen Vorstufen, den Hieroglyphen, den altsemitischen, altmexikanischen, chinesischen, romanischen und gotischen Schriften bis zu denen der modernen Buchkünstler. Man hätte sich tagelang darin ergehen können.

Die Decke der Höhle von Altamira mit ihren staunenswerten Malereien war in natürlicher Größe aufgebaut und maß sechs zu vierzehn Meter. Diese Abteilung der Ausstellung lief aus in die sogenannte »Eugen-Diederichs-Kapelle«. Einzig diesem Verlag war ein eigner Raum zugebilligt. Eugen Diederichs, der das Feierliche liebte, hatte ihn kapellenartig ausgestattet. An den Wänden waren Abgüsse der Stifterfiguren aus dem Naumburger Dom aufgestellt. Dazwischen standen in monumentalen Schränken die Verlagswerke, und oben herum liefen als Fries die Bildnisse der Autoren.

Es gab eine besondre Halle des bayrischen Buchhandels. Im Kuppelraum hatten sich fünf miteinander befreundete Münchner Verlage zu einer Gruppe zusammengetan: Georg Müller, Albert Langen, der Delphin-Verlag (Dr. Richard Landauer), Hans von Weber und Piper. Wir fünf hatten einen eignen dicken Katalog von nahezu dreihundert Seiten mit vielen Bildern und Textproben drucken lassen.

Zu meiner gelinden Überraschung – denn so hoch hatten sich meine Erwartungen nicht verstiegen – wurde mein Verlag mit der Goldenen Medaille ausgezeichnet. Sie war von Max Klinger entworfen und zeigte den Genius des Friedens mit dem Füllhorn, vor den der Krieg quer seinen rohen Muskelarm mit dem Schwert streckte. [...]

Als ich das erstemal in Leipzig war, ging ich voll Ehrfurcht an den großen Verlagshäusern vorbei, über deren Toreinfahrten so berühmte Namen standen wie F. A. Brockhaus, Bernhard Tauchnitz, Philipp Reclam jr., Breitkopf & Härtel. Bei B. G. Teubner dachte ich mir: Hier also werden die vielen Schulbücher gemacht, über denen ich so manches Jahr mißmutig gesessen habe. Gut, daß ich das nun nicht mehr muß!

Die Gebäude der großen Druckereien und Bindereien umfaßten riesige Häuserblocks. Diese Firmen waren von fast unerschöpflicher »Kapazität«. Man konnte in sie im Herbst noch immer neue eilige Aufträge hineinwerfen, und sie wurden damit immer doch noch zu Weihnachten fertig. Die Firmen Brandstetter, Spamer, Bibliographisches Institut, Fikentscher, Enders, Hübel & Denck, Haag-Drugulin und viele andre arbeiteten mit idealer Pünktlichkeit und Exaktheit. Nur wunderte ich mich manchmal, daß einige Großbuchbindereien neben ihren Hunderten von Angestellten und Arbeitern sich nicht auch einen geschmackssicheren künstlerischen Berater hielten. Man konnte nur wenigen Firmen die Zusammenstellung der Einbände aus Rückenleinen, Überzugspapier, Aufdruck, Farbschnitt und Lesezeichen selbständig überlassen. Die Proben, die kamen, waren manchmal sonderbare Mißgeburten. Wir nannten sie »Leipziger Phantasien«. Besonders Emil Rudolf Weiß, einer der ersten Buchkünstler seiner Zeit, geriet jedesmal in Zorn, wenn »die Leipziger« seine wohlabgestimmten Farbangaben verfehlten. [...]

Bei Gelegenheit der BUGRA sah ich mir auch wieder das übrige Leipzig an. Ich habe mich dort nie so ganz wohl gefühlt. Mir war da das Buch zu sehr mit Industrie verquickt. Die vielen Maschinen schrien nach Futter. Der alte Herr Becker von Verlag Hesse & Becker gestand mir, daß er seine Klassikerausgaben eigentlich nur unternommen habe, um seinen Maschinen auch in den stilleren Monaten Futter geben zu können. »Umsatz! Umsatz!« war die Parole. Man mußte meiner Meinung nach doch aber auch für die vielen stilleren Dinge sorgen, mit deren Umsatz kein großer Staat zu machen war.

Mir gefiel das alte Rathaus mit seinen sechs Renaissancegiebeln, der Johannisfriedhof, einige Bilder im Museum, wie der Schmerzensmann des Meister Francke, der Liebeszauber aus der Schule Jan van Eycks, Cranachs Ruhende Nymphe, der Mulatte von Frans Hals, von den Romantikern Ludwig Richters Schrekkenstein bei Aussig, Olivers Kapuzinerkloster in Salzburg, J. A. Kochs Lauterbrunner Tal. In der Musikbibliothek Peters betrachtete ich die Notenhandschriften der großen Meister und die alten nach dem Leben geschaffenen Originalbildnisse von Bach, Händel, Mozart und Beethoven.

Bei Besichtigung des Völkerschlachtdenkmals wurden von dem amtlichen Führer fast ausschließlich die imponierenden Zahlen betont. So waren die vier Sitzbilder der Tapferkeit, Opferfreudigkeit, Glaubensstärke und Volkskraft je 9 Meter 50 hoch, und oben im Kuppelrund zog in elf Reihen übereinander ein Zug von 324 Reitern. Da konnte man nur staunen!

Die Thomaskirche mit dem Bronzestandbild ihres berühmten Kantors war etwas allzu gründlich erneuert. In ihr hörte ich von den Thomanern gesungene Motetten und war mit ihrem Leiter, dem gemütvollen, feingebildeten Karl Straube in guten Gesprächen zusammen. Ich hatte ihn in München als Begleiter der großen Altistin Emmy Leisner kennengelernt und mich mit ihm angefreundet. Er war vor allem ein Vorkämpfer Regers, und über Reger hatte ich, noch zu Lebzeiten des Meisters, die erste Monographie verlegt.

Die Insel 1909-1945

Bernhard Zeller (Hg.)
1965

Das Haus in der Richterstraße

Ich habe selten oder nie ein Haus erlebt, das so vielerlei Themen beherbergte, mit so sorgfältig zusammengetragenen und aufeinander abgestimmten Gegenständen ausgestattet im wahren Sinne ein Museum war, dabei aber in ständiger Wandlung sich befindend, herzhaft bewohnt und persönlich erfüllt eine lebendige Einheit darstellte. Diese Einheit aber war erstaunlicher Weise eine Zweiheit, nämlich der immer lebendig planende und treibende Geist des Bauherrn Professor Anton Kippenberg; und der ebenso lebendig lenkende, ordnende, sichtende, allen Kalkstaub des ewigen Umbauens ertragende und alle Widerstände mit plötzlichem Humor besiegende Geist der Bauherrin Katharina Kippenberg. Nur der Ergänzung dieser beiden Kräfte, der männlich-deutlichen und der weiblich sich verbergenden Vehemenz konnte dieses Haus Richterstraße 27 entwachsen...
Otto Bartning, Katharina Kippenberg als Bauherrin und Lektorin. In: Katharina Kippenberg, Kleine Schriften. Leipzig 1948

Seit 1909 das Privathaus des Verlegers. Das Turmzimmer wurde vielen zu einem Begriff. Hier diktierte Rilke 1910 den »Malte«. – 1936/37 wurde ein Anbau für die Sammlung Kippenberg geschaffen. Am 28. Feburar 1945 wurde das Haus bei einem Luftangriff zerstört; die Sammlungen waren vorher in Sicherheit gebracht worden. [...]

Rainer Maria Rilke an Katharina Kippenberg

Neapel, 4. Januar 1911

Auf einmal heute fehlt mir so deutlich ein »Inselthee«, ich wünsche mir recht aus vollem naivem Wunsch heraus, durch ein Wunder unaufklärbar im Verlagsheiligthum zu sitzen, Ihnen gegenüber und langsam und lange echten Insel-Thee zu trinken, dabei ließe sich (fühl ich) allerhand erzählen, und es käme aus dem Ganzen nach und nach genau das Wohlthun zu Tage, dessen Mangel mich hier im winterlichen unwirtlichen Neapel zu so phantastischen Wünschen hinreißt... Nun bin ich, fast seit dreiviertel Jahren, ganz vom Schreiben abgekommen, wirklich, es ist mir unhandlich geworden auf eine merkwürdige Art; was ich seit dem endgültigen Abschluß des Malte durchmache, sieht nach einer großen Krise aus, in der die alten Gewohnheiten umkommen, neue sind noch nicht gebildet, und ich mag und kann gar keinen Beweis von meinem Dasein geben, das sich eingepuppt hat, weiß Gott aus welcher Gesetzmäßigkeit heraus ... [...]

Wilhelm Hausenstein an Katharina Kippenberg

Brüssel, 3. Juni 1916

Ich selbst habe von Ihnen und Ihrer Umwelt das angenehmste Gedächtnis. Ihre Atmosphäre, Haus, Zimmer, der unvergeßliche Turmpavillon, der Garten, Ihr Tisch, der Korridor Ihres Parterre, die kleine Terrasse mit der Treppe: das hat alles für mich den ruhigen Charme der Objektivität gehabt – will sagen: der einfach-gesättigten, beruhigten, gesicherten Dinglichkeit. Ich glaube kaum, daß Sie Ihren eigenen Apparat so einschätzen können wie ich, der ich an solchen Dingen nie den entscheidenden Anteil des Besitzers gehabt habe, und der ich unter meiner jeglichen materiellen Fixierung entbehrenden Existenz unsäglich leide. Seltsam zu sagen: als ich mein Leben mit dem Ihren verglich, da empfand ich – verzeihen Sie diese ganz menschliche Offenheit – nicht ohne Neid das gewissermaßen Absolute und Unbeirrbare (man kann auch sagen Klassische) Ihrer Umwelt, das notwendig sich auf die innere Struktur Ihres Daseins überträgt und Sie mit tausend edlen Garantien umgiebt ... [...]

Von der Zerstörung des Verlags bei dem ersten großen Luftangriff auf Leipzig in der Nacht vom 3. auf 4. Dezember 1943 berichtet Kippenberg in einem Brief an Anton Strube und bittet ihn, dieses Schreiben den anderen Gesellschaftern mitzuteilen:

Am 4. Dezbr. morgens ¾ 4 kam Alarm, ich wusste gleich, was er bedeutete. Das Flakschiessen begann bald, nach 10 Minuten fiel eine Sprengbombe 150 m von uns nieder, zerstörte ein Haus, tötete darin alles, und erschütterte das unsere furchtbar, sodass viele Risse entstanden. Dann sahen wir Feuerschein: 2 Brandbomben vor dem Haus, die gelöscht wurden, aber das grosse Nachbarhaus brannte. Dann ging in der Nähe eine Luftmine nieder, die die meisten Scheiben unseres Hauses zerscherbte, Türen eindrückte, die Jalusien zerriss. Nun begann das Nachbarhaus immer mehr zu brennen. Die Gefahr, dass der gewaltige Funkenregen zu uns, vor allem in die offenen Fenster käme, wurde immer grösser, aber die Wind-(Feuersturm-)scheide stand genau zwischen den beiden Häusern. Brandbomben überall um uns her, eine auf dem Dach, die explodierte, aber nicht zündete, ein Kanister vor dem Haus (Blindgänger), – wie durch ein Wunder ist es gerettet. Wir waren alle sehr tapfer und tätig, vor allem meine Tochter Bettina; meine Frau, die eben, noch sehr angegriffen, aus dem Sanatorium kam, war auch bewundernswert.

Am nächsten Morgen kam Köhler mit dem Rad und fuhr gleich auf dem Rad, weit um die Stadt herum, zur Insel; ich versuchte mit meiner Tochter durchzukommen – es war wegen des immer stärkeren Qualms und Hitze unmöglich. Mittags kam Köhler und meldete die Vernichtung des Insel-Hauses. Was ich empfand, kann ich nicht schildern, noch jetzt, wo ich dies schreibe, kommen mir die Tränen und ich bin doch nicht weich und sentimental. 40 Jahre habe ich dort, mit 5 Zimmern anfangend, mit meiner Frau im gleichen Zimmer, am selben Schreibtisch, den Sie kennen, gearbeitet und gebaut, es war so schön und reich bei aller Schlichtheit, wie kein Verlag es hatte, unzählige bedeutende Menschen, Freunde, Geschäftsfreunde sind dort ein- und ausgegangen – nun liegt alles in Schutt und Trümmern ...

Verbrannt sind neben 1 Mill. Bände Insel-Bücherei und (bei unserm total vernichteten Kommissionär Fleischer, bei uns und in den Buchbindereien und Buchdruckereien) riesige Mengen laufender Verlagswerke, die teils in Arbeit, teils auf Lager waren, zum grossen Teil bei Fleischer für die Versendung bereit standen. Die Versendung konnte wegen der Fracht- und Postsperre nicht oder doch nur zum Teil erfolgen. Das alles lässt sich ertragen – es sind Geldwerte ...

Von meiner Sammlung ist die Bibliothek in den Kellern der deutschen Bücherei, die nur Teilbrand hatte, unversehrt geblieben, die kostbarsten Bücher, Handschriften und Zeichnungen pp., sowie Rilke und Insel-Zimmer sind in Waldenburg. Sorge habe ich aber noch um den schönsten Teil der Bilder mit allem, was dazu gehört. Es liegt in der Stahlkammer der abgebrannten Druckerei Pöschel & Trepte. Sie ist dem Anschein nach äusserlich intakt, gebe Gott nicht ausgekohlt. Sonst wäre mir das Rückgrat gebrochen, zumal mein ganzes Privat-Archiv (Rilke-Handschriften und Briefwechsel mit Rilke, unzählige andere und Bücher, mein ganzes Leben in Schrift und Druck) auch dort liegt. Ist das aber alles erhalten, so werde ich meine letzten Jahre und Kräfte an den Wiederaufbau des Zerstörten wenden. Schon sind wir fleissig am Werk. Der Verlag befindet sich in meinem Hause; im Speisezimmer, dessen Fenster heilgeblieben sind, sitzen 12 Menschen um den Esstisch. Zunächst stellen wir das erhaltene fest und transportieren ab ...

Alles in Allem: wir können, wenn nicht ein neuer Angriff kommt und unsere Werte trifft, dankbar sein und der Insel-Verlag wird, wenn auch langsam, wieder auferstehen ...

Gertrud von Le Fort an Katharina Kippenberg

26. Dezember 1943

Denn die Klage um den Insel-Verlag ist groß und allgemein: jeder, der von Leipzig spricht, fragt nach seinem Schicksal, oder giebt dem Schmerz um sein Schicksal Ausdruck. So wird im Verlust doch auch die ganze Größe der Liebe offenbar, die Ihr Werk besessen und mitgetragen hat. Diese große Liebe wird auch seine Zukunft mit verbürgen ...

Katharina Kippenberg an Rudolf Alexander Schröder

2. Februar 1944

Wieder in der Richterstrasse sein, wie sie früher war und von da zur Insel gehen – ein unvorstellbares Glück. Unser Haus ist ziemlich wieder hergestellt, aber bis zum Geschäftsschluß durchtobt von unzähligen Menschen, dennoch – ich möchte zurückkehren, wenn die Nächte nicht wären und der Alarm. Die Schreckensnacht wird man nicht los aus den Nerven. So fährt Anton fast jede Woche auf ein, zwei Tage von hier *[Walbeck]* herüber, ich jede zweite Woche und im übrigen bleiben wir hier. Wie aber soll das auf die Länge weitergehen? Wann, wann? – – in der Arche haben sie nicht sehnsüchtiger auf das Ölblatt gewartet, wie wir alle, nicht wahr? auf – –

Unsere persönliche Lage übersehen wir ja nun allmählich besser. Antons Sammlung ist gerettet, Gott sei es gedankt. Morgen soll der Rest der unter den Trümmern von Poeschels Stahlkammer liegt, nach auswärts gebracht werden, in das, was man jetzt noch Sicherheit nennen kann. – Der Verlag? viel gerettet, viel verloren. 1½ Millionen Bände Inselbücherei verbrannt, Bibliothek der Romane, Goethe Handzeichnungen bis auf etwa 20, ungezählte Matern, um nur einiges zu nennen, vernichtet, alles Mobiliar, 2½ Jahre von Antons und meiner Correspondenz und nun, nachdem man die großen Verluste heruntergewürgt hatte, stellen sich mit immer neuen Schmerzen und Stichen die einzelnen heraus. Ich winde mich unter der schon ganz sachlich und gleichmütig klingenden Antwort meiner Sekretärin, wenn ich nach etwas frage: »Das ist verbrannt.«

Anton Kippenbergs 70. Geburtstag am 22. Mai 1944

Nun steht der Siebzigjährige vor einem Trümmerfelde. Zerstört ist sein Geburtshaus, sind alle Stätten seiner beruflichen Arbeit: das Haus, in dem er lernte, das alte und neue Geschäftshaus von K. F. Köhler, die beiden Häuser mit den Räumen des Verlages Wilhelm Engelmann, das Haus in der Seeburgstraße, in dem er ein Jahr lang gemeinsam mit Carl Ernst Poeschel arbeitete, und – das Inselhaus. Was alles mit ihm an materiellen Werten unterging, beklagt er nun nicht mehr, aber er hat Heimweh darnach, nach dem Zimmer, von dem er, einem unter fünfen, ausging, in dem er fast vierzig Jahre lang gearbeitet und gebaut hat, nach dem unbeschreiblichen Fluidum des Hauses, das so viele wie er empfunden haben ...

Das Haus mußte er hingeben, aber über dem Teil der Fassade, der noch steht, blieb, wie ihm berichtet wird, das Schiff, das er nach dem des alten Schiffer-Hauses in Gent einst in Sandstein nachformen ließ, von Flammen und Rauch unangetastet, und in der halbverbrannten Haustür leuchtet noch der Spruch »In deo spes mea«, der ihn beim Einzug in das Haus grüßte, zugleich der Wappenspruch seiner Frau ...
Anton Kippenberg, Aus den Lehr- und Wanderjahren eines Verlegers. In: Reden und Schriften

Unter welch unerhörten Schwierigkeiten die verlegerische Arbeit fortgeführt wurde, geht aus dem Brief Katharina Kippenbergs an Otto Bartning vom 12. Juni 1944 hervor:

Ja, wir haben die Bewilligung für das Papier, aber deshalb ist es noch nicht da. Es sind unendlich viele Papiervorräte verbrannt, unendlich viel Fabriken machen Munition statt Papier. Weiter: wenn wir es hätten, so wäre es damit noch lange nicht getan. Das

Buch muß gesetzt werden, die Druckereien fehlen und die Setzer fehlen. Wissen Sie denn nicht, daß hunderte von Druckereien in Schutt und Asche liegen, daß unsere Verzweiflung nach der Leipziger Katastrophe besonders auch diesem Teil der Verlagsarbeit galt? In der Richterstrasse schreiben sie sich die Finger wund, um Druckaufträge unterzubringen und wenn sie bei den Bestellungen auch noch der Wehrmacht, die überall vorliegen, angenommen werden, so ist es meistens betontermaßen, weil es der Insel-Verlag ist. Überlegen Sie doch: der große Spamer existiert so gut wie nicht mehr, Poeschel überhaupt nicht und wie viele sonst...

Zwischen der Papierbewilligung und der Lieferung steht nämlich riesengroß und fürchterlich der Weltkrieg und unsere Nöte sind nichts als verhältnismäßig sehr kleine Wellenschläge des dahinrasenden Sturms im Meer. Wenn wir müßig oder tatenschwach wären. Die Aufgabe war wahrlich nicht gering, von einem Tag zum andern aus einem Haus in ein anderes zu ziehen, mit dem Verlust unersetzlicher Hilfsmittel, ich nenne nur Handbücher, Adressen, Listen, Conten, das schlimmste: Correspondenzen, – Möbel, Briefpapieren, Einrichtungen, – die Stühle haben wir uns borgen müssen. Das Personal hat glänzend seine Pflicht getan und die Leitung hat sofort die zerstörten Verbindungen wieder anzuknüpfen gesucht, die ja nicht nur in Leipzig vernichtet waren, sondern in Berlin, Frankfurt und wo sonst noch...

31. Das Neue Rathaus, auf den Resten der Pleißenburg Anfang des 20. Jahrhunderts von Hugo Licht erbaut.

32. *Pleißenburg von Südwesten, 1782.*

33. *Das Reichsgericht, 1933. Jetzt Dimitroff-Museum und Museum der bildenden Künste.*

34. *Die Deutsche Bücherei.*

35. *Blick auf die Russische Kirche, 1925.*

36. Das alte Insel-Verlagshaus in der Kurzen Straße, 1943 bei einem Luftangriff zerstört.

9. *»Es schöpften zu durstig meine Poeten mich, meine Prosaiker aus«*

Ein Institut für Literatur (seit 1955)

Erich Loest
1977

Vergleichbares gibt es nur zweimal auf der Welt, in Moskau und Leipzig. Als Alfred Kurella Mitte der fünfziger Jahre aus der UdSSR rücksiedelte, brachte er die Idee und in Professor Janzen auch gleich einen Dozenten für Marxismus-Leninismus mit. Im Herbst 1955 wurde das *Institut für Literatur* gegründet, an die dreißig junge und nicht gänzlich junge Literaten setzten sich auf die Schulbänke, um Wissen aufzubessern und literarisches Know-how zu erhöhen; ich war dabei. Kurella fungierte als Direktor, Wieland Herzfelde leitete das Prosa-, Georg Maurer das Lyrikseminar, zu den ersten Gastdozenten zählten Ernst Bloch und Hans Mayer, zu den ersten Schülern Fred Wander aus Wien und Ralf Giordano aus Hamburg, Werner Lindemann, Peter Brock und Joachim Kupsch aus nächster Nähe, heute sind sie alle bewährte Schreiber.

Die Generation hat gewechselt. Seit über einem Jahrzehnt ist Max Walter Schulz der Direktor, nationalgepreister Romancier, Essayist und erprobter Festredner. Als er zum zwanzigsten Jahrestag seiner Institution das Glas hob, begrüßte er neben den Freunden auch die »lieben Gegner« des Instituts. Inzwischen sind alle Argumente vorgebracht worden, die sich gegen sein Haus erheben lassen: Andere Länder kämen ohne aus, nicht alle guten Schriftsteller der DDR lernten hier, nicht alle, die hier lernten, wären brauchbare Poeten geworden. Immerhin: Sarah und Rainer Kirsch, Adolf Endler, Werner Bräunig, Gerti Tetzner, Andreas Reimann, einst auch Max Walter Schulz gehören zu den Studenten, groß ist die Schar derer, die Georg Maurer respektvoll ihren lieben Meister nennen. Manche raten, man solle das viele Geld, das dieses Haus koste, als Reisestipendien anwenden und Schriftstellern langfristige Auslandsaufenthalte ermöglichen, man solle es direkt als Stipendium zahlen und nicht auf dem verschämten Umweg. Aber das Institut für Literatur, das den Namen Johannes R. Bechers trägt, lebt und webt in seinem dritten Jahrzehnt.

Wer hier eintritt, hat schon geschrieben: Geschichten, Gedichte, Sketches, er hat einem Zirkel schreibender Arbeiter angehört oder Poetenseminare besucht oder Laienkabaretts mit Texten versorgt. Zum Profistand reichte es nicht, aber jeder möchte den bisherigen Beruf ablegen und sich ganz dem unsicheren, lockenden, schillernden Geschäft des Schreibens widmen. Drei Jahre Studium sollen dazu verhelfen. Philosophie wird gelehrt und Literaturgeschichte und Literaturtheorie, man kann erfahren, was ein Sonett ist und unter welchen Umständen Goethe seine »Iphigenie« schrieb. Ein Praktikum ist eingebaut, die Studenten tun sich um in einem Chemiebetrieb und schauen dort dem Volke aufs Maul. Darüber schreiben sie und hecheln's durch. Ihre Dozenten sind praxiserprobte Leute der mittleren Generation. Hier kann man durchaus lernen – wenn man zu lernen vermag.

Das Institut ist in einer Gründerzeitvilla an der Karl-Tauchnitz-Straße untergebracht. Wer aus dem Autolärm hereintritt, wird von Stille umfangen. In einer Vitrine mahnen die Bücher ehemaliger Studenten die heutigen zur Tat. 18 Direktstudenten hat das Institut zur Zeit, auf jeweils sechs kommt ein Direkor. Natürlich steht eine Bibliothek zur Verfügung, natürlich wird in der Küche immerzu Kaffee gekocht. Manchmal füllen Fernstudenten die Räume, hin und wieder werden Kolloquien mit Gästen von auswärts abgehalten.

Auch ich gehe jetzt noch gern mal hin. Einen Sonderkursus gibt es für bewährte Poeten, eine Woche lang im Monat frischen sie Kenntnisse auf. Da setze ich mich dazu und höre mir an, was beispielsweise Ralf Schröder, der DDR bester Kenner der gegenwärtigen Sowjetliteratur, zu berichten weiß. Das geht fern aller Schablone zu. Bei seinem Vortrag über Ehrenburgs Memoiren bin ich hellwach, weil da Probleme berührt werden, mit denen auch ich mich herumschlage – so zieht jeder, der hier zuhört, seine Parallele und schneidet sich ein mundgerechtes Stück aus dem gebotenen Kuchen.

Nach drei Jahren schlägt dem Direktstudenten die Abschiedsglocke, in manchen Ohren hat sie einen mißtönenden Klang. Bisher war man hübsch geborgen, bisher saß Fahrlehrer M. W. Schulz auf dem Nebensitz, gab die Richtung an und trat notfalls auf die Bremse – jetzt muß sich der Absolvent allein im literarischen Straßengewühl zurechtfinden. Zunächst werden Hilfen geboten: Es gibt Halbtagsstellen für kulturverwandte Tätigkeit in Klubhäusern und Institutionen, aber wer schon schafft den Sprung in den neuen, klippenreichen Beruf?

Mehr als 500 Absolventen entließ das Institut seit seinem Bestehen. Eine imponierende Zahl. Sie hat auch etwas Beklemmendes: Wo sind sie geblieben? Hin und wieder treffe ich einen Klubhausleiter, eine Bibliothekarin, dann heißt es: Ja, ich kenne Leipzig, ich war mal dort; und dann wird mehr oder weniger verschämt offenbart: Ich war am Becher-Institut von dann bis dann. Eine Planstelle in einem Baubetrieb wurde danach aufgetan, eine Chronik sollte geschrieben werden, aber die Leitung ließ das Unternehmen schleifen. Lebenszeit verrann, Energien wurden verschlissen, hier und da erschien etwas in einer Anthologie – schließlich geriet alles wie vorher. Ein Stachel blieb, im Grunde genommen hatte man versagt. Auf die Dauer gesehen ist die Ausschußquote dieses Instituts ungewöhnlich hoch: liegt sie über 50 Prozent?

Einer der schreiben will, kommt in Leipzig an

Uwe Johnson
1961

Versuch: eine Schreibmaschine kaufen.

Zu späterer Stunde an einem jener Tage im Frühling, da die weiche Luft die Passanten noch lange nach Schluß der Arbeit wie ziellos durch die Geschäftsstraßen treibt, betrat eine Dame in Begleitung eines Herrn die Verkaufsstelle für Büromaschinen, die als kleiner Laden am verbreiterten Auslauf einer Hauptstraße die Kunden anrief mit dem abendrötlichen Reklamegeleucht eines stilisierten Menschenkörpers über stilisierte Schreibmaschine gebückt; auch mag wohl ein Blick in die neu aufgestellte Verkaufseinrichtung aus dehnbaren Sesseln und gläserner Theke Manchen zumindest zum Nähertreten bewegen. Die Dame war im Alter eines möglichen Eheschlusses und keine von denen, die im Schoß geknickt werden von einem engen Rock, so daß der Saum in den Kniekehlen selbst die Oberschenkel noch nach vorn drücken würde; sie ging darin ganz aufrecht und ohne die Entstehung ihrer Bewegungen vorzuführen. Allerdings trat sie so fest und hart auf, daß ihr die Haut unter den Augen bis zum Kinn schütterte; sie ging als leiste sie eine Arbeit. Über den Herrn ist nur zu sagen daß er kurz und träge eintrat wie mitgezogen. Dies ist nach kurzem Bedenken der vollständig erhaltene Eindruck des Verkäufers von den Herrschaften, während er von sich das Bild wohlgefälliger Hemdkrageneleganz und fahriger Bereitschaft zu allem möglichen Dienst am Kunden in dem eingetretenen Paar hinterließ, das den Titel der Herrschaft schon durch Auftreten zu zweit hatte erwerben können, denn anders war die Sitte trotz einiger Veränderungen in der Gesellschaft immer noch nicht. Dies ist ein lokales Detail.

In kurzem Wortwechsel untereinander drückten beide dem Angestellten die Umrisse ihres Kaufwunsches aus, der sich also auf lange Lebenserwartung und geringes Gewicht einer Maschine zum Schreiben bezog, die Dame gebrauchte das Wort Erbstück, richtete aber den Blick so unbeirrbar in die Augen des Verkäufers, daß er über die allenfalls hierin geäußerte Wertung nicht ins reine kam. Mit stündlich eingeübter Handbewegung wies er die Herrschaften zur längeren Wand des Ladens, an der auf vier Tischen nebeneinander die beliebtesten Maschinen in der geforderten Schwere aufgereiht standen. Da die Güte sämtlicher Angebote unbestreitbar außer Frage kam, begann er die Unterschiede der einzelnen Fertigungen nach Farbe des Gehäuses und Zahl der technischen Tricks zu erläutern vor den Herrschaften, die wortlos dastanden und ihn ansahen. Er sprach zum Beispiel von der Delikatesse der Farbe Hechtgrau. Schließlich entschied sich die Dame, die ohnehin als der Käufer aufgetreten war, für eine der Maschinen, kippte sich zwischen Drehstuhl und Tischkante, legte die Hände auf den Rahmen der Maschine und blickte mit unbestimmbarer Erwartung zwischen ihrem Begleiter und dem Verkäufer hin und her aus über die Schultern gewandtem Kopf. Natürlich läßt es sich einfacher sagen. Von einer Maschine dieser Art dürfen einige Hauptleistungen erwartet werden: das ist das Anschlagen der Typen mit einem Farbband an den Papierträger vermittels eines Hebelgetriebes, sodann die Aneinanderreihung der Schriftzeichen durch den Querlauf der Walze zwecks Herstellung einer Zeile, darauf die Reihung der Zeilen untereinander durch Längslauf des Papiers; das weiß man ja. Ist einmal kein Zweifel an diesen wichtigsten Fertigkeiten mehr, wird die weitere Prüfung noch das Gefühl des Anschlags befassen, einige zufällige Proben anstellen und schließlich sogar die äußere Erscheinung der Maschine gegen das Aussehen anderer halten und je nach Lebensgefühl und Gang der Geschmacksbildung sogar nach diesem letzten Gesichtspunkt entscheiden. Der Überblick des Tastenfeldes offenbarte daß die Anzahl und Art der Buchstaben zur Anfertigung der meisten europäischen Schriftsätze hinreichte, vorhandene Zahlen boten ihre Vereinigung mit Klammern an, auch waren die Zeichen des Ausrufs des

Erstaunens des Nichtglaubenwollens des schärfsten Mißbilligens der freudigen Zustimmung der harten Bekräftigung der eindeutigen Frage an auffälliger Stelle oberhalb der wichtigsten Satzzeichen zu erreichen. Während der Herr auf der einen Seite des Tisches und der Angestellte auf der anderen leicht geneigten Kopfes den Fingern der Dame zusahen, die nämlich aus waagerechter Hand niederstoßend in wechselnden Sprüngen einander näherkamen auf dem Tastenfeld und im gleichen Spiel nach Händen getrennt wiederum die äußersten Grenzen anstrebten: den Satz verlängernd und überdies das Abbild dieser Bewegungen klar und regelmäßig auf das quer und aufwärts laufende Probepapier druckend – empfanden sie alle eine Störung der Verkaufsverhandlung. Die Tür ging auf, und lautes sächsisches Gespräch trat ein auf einem Strom kühlerer Luft.

Mit der halb geschlossenen Tür in der Hand war ein älterer Mann auf der Schwelle stehengeblieben und so betroffen von der versammelten Aufmerksamkeit aller Anwesenden, daß ihm das völlige Schließen nur nach mehreren Ansätzen gelang; es lenkte ihn ab, daß er zunächst lieber die Tageszeit geboten hätte und sich vorsichtshalber erst erkundigen wollte, ehe er diese Leute aufhielt. Der Verkäufer, der den Wunsch des hinzugekommenen Kunden in kurzer Zeit erledigt voraussah, trennte sich von seinen bisherigen Kunden. Einen einzelnen Mann aber zeichnete er aus mit der Anrede: Mein Herr.

– Ich wollt bloß mal was fragen: begann jener. Pausen in seinem Sprechen und ein breiter mundartlicher Untergrund festigten dem Verkäufer den Eindruck von linkischem Betragen in ungewohnter Umgebung. Er deutete mit sanftem Kopfneigen an, daß er sich schon viel habe bieten lassen müssen: dessenungeachtet aber stets zu Diensten sei.

– Sie haben da im Schaufenster ein Kopiergerät, ein tschechisches, fünfhundert Blatt in der Stunde: sagte der Mann: kann man das kaufen?

Dem Verkäufer rannen mehrere denkbare Entwürfe zu Antworten in schnelles Stottern zusammen, kurz atmend brachte er einen Laut der Bestätigung zustande. Wieder gefaßt nannte er den sehr hohen Preis der Maschine in einem Ton, der zu sorgfältiger Überlegung aufrief und jegliche Verantwortung für eine haushaltliche Belastung des Kunden schon jetzt ablehnte.

– Ja das schon: sagte der Mann: Ich meine bloß ... Er schien von gutmütigem herzlichem Wesen und in der Beherrschung seines Mienenspiels so wenig erfahren, daß er das seiner Umgebung kaum wahrnehmen konnte über der Anstrengung harmloser zu sein als seine Erkundigung.

– Ja: was meinen Sie denn: versuchte der Angestellte ihm weiterzuhelfen. Er zeigt immer noch nicht Ungeduld. Da solltest du einmal in ein Lebensmittelgeschäft kommen. Nebenan ist eins, und du hast ja gehört was durch die offene Tür mitkam.

– Ich meine bloß ... wird dann da die Nummer vom Personalausweis aufgeschrieben ...: fuhr der Mann fort. In den Händen krümpelte er eine Mütze um und um wie sie vornehmlich von Arbeitern im Baugewerbe auf dem Weg zwischen Wohnung und Baustelle: aber auch vom Sachwalter bei Zusammenkünften mit größeren Mengen Volks getragen wurde.

– Daß jeder weiß ...: versuchte er zu erklären. Der Verkäufer nutzte das verlegene Blicksenken zur Vorbereitung eines abfälligen Lächelns, das er den Herrschaften an der Wand hinüberreichen wollte. Die Dame hatte sich im Verlauf des letzten Absatzes unmerklich aber entschieden der Probemaschine zugekehrt, so daß der Lächelblick an ihrem Rücken ins Leere fiel und dann sich nicht mehr aufrichten konnte an der unverwandten Aufmerksamkeit des Begleiters.

Verdutzt erklärte der Verkäufer daß die Nummer des Personalausweises nur beim Kauf von Schreib- und Rechenmaschinen abgefordert werde für die Archive der Polizei, die über jeden Verstoß gegen die Bürgerrechte wachen wolle. Der Mann bedankte sich abermals im rückwärtigen Hinaustreten, er bot auch die Tageszeit, er ging nicht schnell und war doch nach wenigen Schritten kaum noch zu vermuten in dem vielfältig bewegten Vorübergehen anderer Passanten am Schaufenster. Statt seiner würde nächstens nun vielleicht ein junger Mann in verwechselbarer Lederjacke eintreten, einen oft gesehenen Haarschnitt schwenken und nach Durchsicht des gesamten Angebotes sich kurz und gut für eine tschechische Kopiermaschine entscheiden, so daß nach einigen Wochen erstaunte Haushaltungen in unbeschrifteten Briefumschlägen vervielfältigte Texte erhalten würden mit der Aufforderung: im Interesse der berufstätigen Bevölkerung doch nicht die Abendstunden für den Einkauf zu wählen; natürlich ist das nur eine Annahme. Aber wer wäre nach dem zufälligen Erscheinen und Verschwinden eines schlichten Mannes in zementstaubiger Kleidung eines Tages der vervielfältigten Maschinenschrift an der Hauswand gewiß, die den Notstand der Lebensmittelversorgung mit den Maßnahmen der Regierung in einen ursächlichen Zusammenhang oder einen der Folge bringen wird, je nach Betroffenheit und Gesinnung? Karsch sah ihn eintreten und mochte ihn augenblicklich wegen seines ungeschickten gutherzigen Betragens, er sah ihn aber wieder unter die (nicht im Laden anwesende) achthunderttausendköpfige Bevölkerung der Stadt zurückgehen und wußte weiter nichts von ihm.

Inzwischen legten die kaufwilligen Herrschaften ein nicht gewöhnliches Betragen an den Tag: indem nämlich die Dame ihren Begleiter vor die Brust schlug, dem ungebrochen Dastehenden hinter dieser Stelle der Jacke ein fremdländisches Ausweispapier hervorholte, es ihm und dem Verkäufer wies und so mit allen verständigt erklärte: man trete von dem Kaufwunsch zurück. Der Verkäufer verbreitete sich mit viel schüchternem Schulterzucken darüber wie wenig die Nummer und Machart dieses Ausweises in die landesüblichen Archive passen werde, es könne ja dieser Irrtum immerhin vorkommen, und so nahm das Gespräch eine Vertraulichkeit an, die der Dame die Frage laut werden ließ: ob denn die Typen einer bestimmten Sorte von Schreibmaschinen alle ununterscheidbar gleich wären?

Das wären sie nicht. Beim Guß der Typen entstehen Unterschiede, die schon mit einem Mikroskop festzustellen sind und dann nach Vergleich mit den einbehaltenen Schriftproben Nummer und Käufer auffinden lassen für die Maschine, mit der er etwa die Matrize für sein Kopiergerät vorgeschrieben hat.

– Ach: sagte die Dame im Ton vorausgesehener Genugtuung, und so war die Auskunft vervollständigt.

– Ein merkwürdiger Mensch: setzte der Verkäufer hinzu, und da die Herrschaften unter den möglichen Auffassungen auch diese für denkbar halten konnten, trennten sich alle in heiler Einmütigkeit. Ich habe in dieser unnötigen Geschichte genauere Angaben zu den beteiligten Personen unterlassen, denn sie möchte vielleicht jedem vorgekommen sein.

Pleiße

Johann Wolfgang Goethe und Friedrich Schiller
1797

Flach ist mein Ufer und seicht mein Bächlein, es schöpften zu durstig
Meine Poeten mich, meine Prosaiker aus.

»Nun eilte ich mit meinem Empfehlungsschreiben zu Hofrat Böhme« (1765)

Johann Wolfgang Goethe
1812

Als ich in Leipzig ankam, war es gerade Meßzeit, woraus mir ein besonderes Vergnügen entsprang: denn ich sah hier die Fortsetzung eines vaterländischen Zustandes vor mir, bekannte Waren und Verkäufer, nur an andern Plätzen und in einer andern Folge. Ich durchstrich den Markt und die Buden mit vielem Anteil; besonders aber zogen meine Aufmerksamkeit an sich, in ihren seltsamen Kleidern, jene Bewohner der östlichen Gegenden, die Polen und Russen, vor allen aber die Griechen, deren ansehnlichen Gestalten und würdigen Kleidungen ich gar oft zu Gefallen ging.

Diese lebhafte Bewegung war jedoch bald vorüber, und nun trat mir die Stadt selbst, mit ihren schönen, hohen und untereinander gleichen Gebäuden entgegen. Sie machte einen sehr guten Eindruck auf mich, und es ist nicht zu leugnen, daß sie überhaupt, besonders aber in stillen Momenten der Sonn- und Feiertage etwas Imposantes hat, so wie denn auch im Mondschein die Straßen halb beschattet, halb beleuchtet, mich oft zu nächtlichen Promenaden einluden.

Indessen genügte mir gegen das, was ich bisher gewohnt war, dieser neue Zustand keineswegs. Leipzig ruft dem Beschauer keine altertümliche Zeit zurück; es ist eine neue, kurz vergangene, von Handelstätigkeit, Wohlhabenheit, Reichtum zeugende Epoche, die sich uns in diesen Denkmalen ankündet. Jedoch ganz nach meinem Sinn waren die mir ungeheuer scheinenden Gebäude, die, nach zwei Straßen ihr Gesicht wendend, in großen, himmelhoch umbauten Hofräumen eine bürgerliche Welt umfassend, großen Burgen, ja Halbstädten ähnlich sind. In einem dieser seltsamen Räume quartierte ich mich ein, und zwar in der Feuerkugel zwischen dem alten und neuen Neumarkt. Ein paar artige Zimmer, die in den Hof sahen, der wegen des Durchgangs nicht unbelebt war, bewohnte der Buchhändler Fleischer während der Messe, und ich für die übrige Zeit um einen leidlichen Preis. [...]

Nun eilte ich mit meinem Empfehlungsschreiben zu Hofrat Böhme, der ein Zögling von Mascov, nunmehr sein Nachfolger, Geschichte und Staatsrecht lehrte. Ein kleiner, untersetzter, lebhafter Mann empfing mich freundlich genug und stellte mich seiner Gattin vor. Beide so wie die übrigen Personen, denen ich aufwartete, gaben mir die beste Hoffnung wegen meines künftigen Aufenthaltes; doch ließ ich mich anfangs gegen niemand merken, was ich im Schilde führte; ob ich gleich den schrecklichen Moment kaum erwarten konnte, wo ich mich von der Jurisprudenz frei und dem Studium der Alten verbunden erklären wollte. Vorsichtig wartete ich ab, bis Fleischers wieder abgereist waren, damit mein Vorsatz nicht allzu geschwind den Meinigen verraten würde. Sodann aber ging ich ohne Anstand zu Hofrat Böhmen, dem ich vor allen die Sache glaubte vertrauen zu müssen, und erklärte ihm, mit vieler Konsequenz und Parrhesie, meine Absicht. Allein ich fand keineswegs eine gute Aufnahme meines Vortrags. Als Historiker und Staatsrechtler hatte er einen erklärten Haß gegen alles was nach schönen Wissenschaften schmeckte. Unglücklicherweise stand er mit denen, welche sie kultivierten, nicht im besten Vernehmen, und Gellerten besonders, für den ich, ungeschickt genug, viel Zutrauen geäußert hatte, konnte er nun gar nicht leiden. [...]

Die Verehrung und Liebe, welche Gellert von allen jungen Leuten genoß, war außerordentlich. Ich hatte ihn schon besucht und war freundlich von ihm aufgenommen worden. Nicht groß von Gestalt, zierlich, aber nicht hager, sanfte, eher traurige Augen, eine sehr schöne Stirn, eine nicht übertriebene Habichtsnase, ein feiner Mund, ein gefälliges Oval des Gesichts: alles machte seine Gegenwart angenehm und wünschenswert. Es kostete einige Mühe, zu ihm zu gelangen. Seine zwei Famuli schienen Priester, die ein Heiligtum bewahren, wozu nicht jedem, noch zu jeder Zeit, der Zutritt erlaubt ist; und eine solche Vorsicht war wohl notwendig: denn er würde seinen ganzen Tag aufgeopfert haben, wenn er alle die Menschen, die sich ihm vertraulich zu nähern gedachten, hätte aufnehmen und befriedigen wollen.

Meine Kollegia besuchte ich anfangs emsig und treulich: die Philosophie wollte mich jedoch keineswegs aufklären. In der Logik kam es mir wunderlich vor, daß ich diejenigen Geistesoperationen, die ich von Jugend auf mit der größten Bequemlichkeit verrichtete, so auseinander zerren, vereinzelen und gleichsam zerstören sollte, um den rechten Gebrauch derselben einzusehen. Von dem Dinge, von der Welt, von Gott glaubte ich ungefähr so viel zu wissen als der Lehrer selbst, und es schien mir an mehr als einer Stelle gewaltig zu hapern. [...]

Wie ich nun auf diesem Wege viel mehreres kennen als zurechte legen lernte, wodurch sich ein immer wachsendes Mißbehagen in mir hervordrang, so hatte ich auch vom Leben manche kleine Unannehmlichkeiten; wie man denn, wenn man den Ort verändert und in neue Verhältnisse tritt, immer Einstand geben muß. Das erste, was die Frauen an mir tadelten, bezog sich auf die Kleidung; denn ich war vom Hause freilich etwas wunderlich equipiert auf die Akademie gelangt.

Mein Vater, dem nichts so sehr verhaßt war, als wenn etwas vergeblich geschah, wenn jemand seine Zeit nicht zu brauchen wußte, oder sie zu benutzen keine Gelegenheit fand, trieb seine Ökonomie mit Zeit und Kräften so weit, daß ihm nichts mehr Vergnügen machte, als zwei Fliegen mit einer Klappe zu schlagen. Er hatte deswegen niemals einen Bedienten, der nicht im Hause zu noch etwas nützlich gewesen wäre. Da er nun von jeher alles mit eigener Hand schrieb und später die Bequemlichkeit hatte, jenem jungen Hausgenossen in die Feder zu diktieren, so fand er am vorteilhaftesten, Schneider zu Bedienten zu haben, welche die Stunden gut anwenden mußten, indem sich nicht allein ihre Livreien, sondern auch die Kleider für Vater und Kinder zu fertigen, nicht weniger alles Flickwerk zu besorgen hatten. [...] Hiezu kam noch, daß mein Vater alles, was zu seinem Anzuge gehörte, sehr gut und reinlich hielt und viele Jahre mehr bewahrte als benutzte, daher eine Vorliebe für gewissen alten Zuschnitt und Verzierungen trug, wodurch unser Putz mitunter ein wunderliches Ansehen bekam.

Auf eben diesem Wege hatte man auch meine Garderobe, die ich mit auf die Akademie nahm, zustande gebracht; sie war recht vollständig und ansehnlich und sogar ein Tressenkleid darunter. Ich, diese Art von Aufzug schon gewohnt, hielt mich für geputzt genug; allein es währte nicht lange, so überzeugten mich meine Freundinnen, erst durch leichte Neckereien, dann durch vernünftige Vorstellungen, daß ich wie aus einer fremden Welt herein geschneit aussehe. Soviel Verdruß ich auch hierüber empfand, sah ich doch anfangs nicht, wie ich mir helfen sollte. Als aber Herr von Masuren, der so beliebte poetische Dorfjunker, einst auf dem Theater in einer ähnlichen Kleidung auftrat und mehr wegen seiner äußeren als inneren Abgeschmacktheit herzlich belacht wurde, faßte ich Mut und wagte, meine sämtliche Garderobe gegen eine neumodische dem Ort gemäße, auf einmal umzutauschen, wodurch sie aber freilich sehr zusammenschrumpfte.

Nach dieser überstandenen Prüfung sollte abermals eine neue eintreten, welche mir weit unangenehmer auffiel, weil sie eine Sache betraf, die man nicht so leicht ablegt und umtauscht.

Ich war nämlich in dem oberdeutschen Dialekt geboren und erzogen, und obgleich mein Vater sich stets einer gewissen Reinheit der Sprache befliß und uns Kinder auf das, was man wirklich Mängel jenes Idioms nennen kann, von Jugend an aufmerksam gemacht und zu einem besseren Sprechen vorbereitet hatte, so blieben mir doch gar manche tiefer liegende Eigenheiten, die ich, weil sie mir ihrer Naivetät wegen gefielen, mit Behagen hervorhob, und mir dadurch von meinen neuen Mitbürgern jedesmal einen strengen Verweis zuzog. [...] Daneben hörte ich, man solle reden wie man schreibt und schreiben wie man spricht, da mir Reden und Schreiben ein für allemal zweierlei Dinge schienen, von denen jedes wohl seine eigenen Rechte behaupten möchte. Und da hatte ich doch auch im Meißner Dialekt manches zu hören, was sich auf dem Papier nicht sonderlich würde ausgenommen haben.

Die Perücke (1765)

Johann Wolfgang Goethe
1812

Schlosser wollte nicht Leipzig verlassen, ohne die Männer, welche Namen hatten, von Angesicht zu Angesicht gesehen zu haben. Ich führte ihn gern zu denen mir bekannten; die von mir noch nicht besuchten lernte ich auf diese Weise ehrenvoll kennen, weil er als ein unterrichteter, schon charakterisierter Mann mit Auszeichnung empfangen wurde und den Aufwand des Gesprächs recht gut zu bestreiten wußte. Unsern Besuch bei Gottsched darf ich nicht übergehen, indem die Sinnes- und Sittenweise dieses Mannes daraus hervortritt. Er wohnte sehr anständig in dem ersten Stock des Goldenen Bären, wo ihm der ältere Breitkopf, wegen des großen Vorteils, den die Gottschedischen Schriften, Übersetzungen und sonstigen Assistenzen der Handlung gebracht, eine lebenslängliche Wohnung zugesagt hatte.

Wir ließen uns melden. Der Bediente führte uns in ein großes Zimmer, indem er sagte, der Herr werde gleich kommen. Ob wir nun eine Gebärde, die er machte, nicht recht verstanden, wüßte ich nicht zu sagen; genug wir glaubten, er habe uns in das anstoßende Zimmer gewiesen. Wir traten hinein zu einer sonderbaren Szene: denn in dem Augenblick trat Gottsched, der große, breite, riesenhafte Mann, in einem gründamastnen, mit rotem Taft gefütterten Schlafrock zur entgegengesetzten Tür herein; aber sein ungeheures Haupt war kahl und ohne Bedeckung. Dafür sollte jedoch sogleich gesorgt sein: denn der Bediente sprang mit einer großen Allongeperücke auf der Hand (die Locken fielen bis an den Ellenbogen) zu einer Seitentüre herein und reichte den Hauptschmuck seinem Herrn mit erschrockner Gebärde. Gottsched, ohne den mindesten Verdruß zu äußern, hob mit der linken Hand die Perücke von dem Arme des Dieners, und indem er sie sehr geschickt auf den Kopf schwang, gab er mit seiner rechten Tatze dem armen Menschen eine Ohrfeige, so daß dieser, wie es im Lustspiel zu geschehen pflegt, sich zur Tür hinaus wirbelte, worauf der ansehnliche Altvater uns ganz gravitätisch zu sitzen nötigte und einen ziemlich langen Diskurs mit gutem Anstand durchführte.

Solange Schlosser in Leipzig blieb, speiste ich täglich mit ihm und lernte eine sehr angenehme Tischgesellschaft kennen.

Goethe ist immer noch der stolze Phantast (1766)

Woldemar Freiherr von Biedermann
1865

Horn schreibt einige Monate nach seiner Ankunft in Leipzig an einen gemeinschaftlichen Freund, den mit Goethe an einem Tage geborenen Wilhelm Karl Ludwig Moors, [...] Folgendes am 12. Aug. 1766:

»... Von unserm Goethe zu reden! Das ist immer noch der stolze Phantast, der er war, als ich herkam. Wenn Du ihn nur sähst, Du würdest entweder vor Zorn rasend werden oder vor Lachen bersten müssen. Ich kann gar nicht einsehen, wie sich ein Mensch so geschwind verändern kann. All seine Sitten und sein ganzes jetziges Betragen sind himmelweit von seiner vorigen Aufführung verschieden. Er ist bei seinem Stolze auch ein Stutzer, und alle seine Kleider, so schön sie auch sind, sind von so einem närrischen Goût, der ihn auf der ganzen Akademie auszeichnet. Doch dieses ist ihm alles einerlei, man mag ihm seine Torheiten vorhalten, so viel man will.

Man mag Amphion sein und Feld und Wald bezwingen,
Nur keinen Goethe nicht kann man zur Klugheit bringen.

Sein ganzes Dichten und Trachten ist nur, seinem gnädigen Fräulein und sich selbst zu gefallen. Er macht sich in allen Gesellschaften mehr lächerlich als angenehm. Er hat sich (blos weil es die Fräulein gern sieht) solche Porte-mains und Gebärden angewöhnt, bei welchen man unmöglich das Lachen halten kann. Wenn Du es nur sähest!

Il marche à pas comptés,
Comme un recteur suivi des quatre facultés.

Sein Umgang wird mir alle Tage unerträglicher und er sucht auch denselbigen, wo er kann, zu vermeiden. Ich bin ihm zu schlecht, daß er mit mir über die Straße gehen sollte. Was würde der König von Holland sagen, wenn er ihn in dieser Positur sähe? Schreibe doch bald wieder an ihn, und sage ihm Deine Meinung. Er bleibt sonst samt seiner gnädigen Fräulein närrisch. Wenn mich nur der Himmel, so lange ich hier bin, vor einem Mädchen bewahrt; denn das hiesige Weibsvolk ist ganz des Teufels. Goethe ist nicht der erste, der seiner Dulcinea zu Gefallen ein Narr ist. Ich wünschte nur, daß Du sie ein einzig Mal sähest! Sie ist die abgeschmackteste Kreatur von der Welt. Eine mine coquette avec un air hautain ist alles, womit sie Goethen bezaubert hat. Lieber Freund! ich wäre hier noch einmal so vergnügt, wenn nur Goethe noch so wäre wie in Frankfurt. So gute Freunde wir sonst waren, so vertragen wir uns jetzo kaum eine Viertelstunde. Doch mit der Zeit hoffe ich noch ihn zu bekehren, ob es schon schwer ist, einen Narren klug zu machen. Doch ich will alles Mögliche daran wagen.

Ach, fruchtete dieß mein Bemühn!
Ach, könnt' ich meinen Zweck erreichen!
Ich wollt' nicht Luther, nicht Calvin,
Noch Einem der Bekehrer weichen.

Du kannst ihm nur alles wieder schreiben, was ich Dir hier erzählt habe. Es ist mir recht lieb, wenn Du es tust. Es ist mir weder an seinem noch an der gnädigen Fräulein Zorne etwas gelegen. Denn er wird doch nicht so leicht bös auf mich; wann wir uns auch gezankt haben, so läßt er mich doch den andern Tag wieder zu sich rufen. So viel von ihm; künftig mehr ...«

Endlich gab aber doch Goethe die Verstellung, welche ihm so schlecht stand, auf; er faßte den Mut, dem Gefühl sein Recht werden zu lassen. Am 3. Okt. meldet in seinem Auftrage Horn an Moors:

»... Aber, lieber Moors! welche Freude wird Dir es sein, wenn ich Dir berichte, daß wir an unserm Goethe keinen Freund verloren haben, wie wir es fälschlich geglaubt. Er hatte sich verstellt, daß er nicht allein mich, sondern noch mehrere Leute betrogen, und mir niemals den eigentlichen Grund der Sache entdeckt haben würde, wenn Deine Briefe ihm nicht den nahen Verlust eines Freundes vorher verkündigt hätten. Ich muß Dir die ganze Sache, wie er mir sie selbst erzählt hat, erzählen; denn er hat mir es aufgetragen, um ihm die Mühe, die es ihm machen würde, zu ersparen. – Er liebt, es ist wahr; er hat es mir bekannt und wird es auch Dir bekennen; allein seine Liebe, ob sie gleich immer traurig ist, ist dennoch nicht strafbar, wie ich es sonst geglaubt. Er liebt. Allein nicht jene Fräulein, mit der ich ihn in Verdacht hatte. Er liebt ein Mädchen, das unter seinem Stand ist, aber ein Mädchen das – ich glaube nicht zu viel zu sagen – das Du selbst lieben würdest, wenn Du es sähest. Ich bin kein Liebhaber und also werd' ich ganz ohne Leidenschaft schreiben. Denke Dir ein Frauenzimmer, wohlgewachsen, obgleich nicht sehr groß, ein rundes, freundliches, obgleich nicht außerordentliches schönes Gesicht, eine offne, sanfte, einnehmende Miene, viele Freimütigkeit ohne Coquetterie, einen sehr artigen Verstand, ohne die größte Erziehung gehabt zu haben. Er liebt sie sehr zärtlich, mit den vollkommen redlichen Absichten eines tugendhaften Menschen, ob er gleich weiß, daß sie nie seine Frau werden kann. Ob sie ihn wieder liebt, weiß ich nicht. Du weißt, lieber Moors! das ist so eine Sache, nach der sich nicht gut fragen läßt, so viel aber kann ich Dir sagen, daß sie für einander geboren zu sein scheinen. Merke nur seine List! Damit niemand ihn wegen einer solchen Liebe in Verdacht haben möchte, nimmt er vor, die Welt grad das Gegenteil zu bereden, welches ihm bisher außerordentlich geglückt ist.«

Ein Poem auf Kuchenbäcker Händel (1767)

Otto Jahn
1909

Neben Gellert, den seine Kränklichkeit sehr beschränkte, war in ähnlicher Weise Clodius durch Vorlesungen und Übungen wirksam, die Goethe ebenfalls besuchte. Das Ansehen dieses, auch als Dichter tätigen und bekannten Mannes war aber nicht wie bei Gellert in einer aufrichtigen Pietät fest begründet; die Schüler, welche sich mit Eifer selbst in der Dichtkunst versuchten, waren keineswegs geneigt, sich seinem Urteil unbedingt zu unterwerfen, sie fanden bald seine Schwächen und die Kunstgriffe seiner poetischen Technik heraus. Dazu kam, daß er durch das Auffallende seiner äußeren Erscheinung ihren Spott reizte, zu dessen Zielscheibe sie ihn häufig machten. So machte Goethe einst im Kuchengarten in harmloser Laune das Gedicht auf den Kuchenbäcker Händel, in welchem alle pomphaften Prachtwörter, welche Clodius zu gebrauchen pflegte, parodisch angebracht waren:

»O Händel, dessen Ruhm vom *Süd* zum *Norden* reicht,
Vernimm den *Päan*, der zu deinen Ohren steigt!
Du bäckst, was *Gallier* und *Britten* emsig suchen,
Mit *schöpfrischem Genie originelle* Kuchen.
Des Kaffees *Ozean*, der sich von dir ergießt,
Ist süßer als der Saft, der vom *Hymettus* fließt.
Dein Haus, ein *Monument*, wie wir den Künsten lohnen,
Umhangen mit *Trophä'n*, erzählt den *Nationen*:
Auch ohne *Diadem* fand Händel hier sein Glück,
Und raubte dem *Cothurn* gar manch Achtgroschenstück.
Glänzt deine *Urn'* dereinst in majestät'schem *Pompe*,
Dann weint der *Patriot* an deiner *Katakombe*.
Doch leb! Dein *Torus* sei von edler Brut ein Nest!
Steh' hoch wie der *Olymp*, wie der *Parnassus* fest!
Kein *Phalanx* Griechenlands mit römischen *Ballisten*

Vermag *Germanien* und Händeln zu verwüsten.
Dein *Wohl* ist unser *Stolz*, dein *Leiden* unser *Schmerz*,
Und Händels *Tempel ist der Musensöhne Herz.*«

Stilfragen (1766)

Woldemar Freiherr von Biedermann
1865

Als Goethe nach Leipzig kam, stand Weiße in seinen besten Jahren, war heiter, freundlich und zuvorkommend, und ward auch von ersterm, wie fast von jedem, der ihm näher trat, geliebt und geschätzt. Die von ihm 1758 unter dem Titel »Scherzhafte Lieder« herausgegebenen kleinern Gedichte sind es, denen Goethe's leipziger Lieder in ihrer gefälligen leichten Form und zum Theil in ihrem lüsternen Inhalte gleichen, wenn auch Goethe letztern zu einer sittlichen Sinnlichkeit zu vertiefen wußte. Um Weiße's Einfluß hierbei recht deutlich zu machen, mag ein Lied Weiße's einem leipziger Liede Goethe's gegenübergestellt werden. Weiße schrieb:

Die Vorsicht.
»Scherzhafte Lieder«, sechstes Buch.

So geh doch! Geh! Was tändelst Du?
Du küssest mich? Mit Deinen Küssen!
Hör' einmal auf! Laß mich in Ruh!
Was wird denn draus? Das möcht' ich wissen!
Ich schrei', ich schrei', gib Acht!
Der lose Vogel lacht?
So mache nur die Thüre zu.

Etwas feiner dichtete Goethe:

Das Schreien.
Nach dem Italienischen

Einst ging ich meinem Mädchen nach
Tief in den Wald hinein,
Und fiel ihr um den Hals und: »Ach!«
Droht sie, »ich werde schrein.«

Da rief ich trotzig: »Ha, ich will
den tödten, der uns stört!«
»Still!« lispelt sie, »Geliebter, still!
Daß ja uns niemand hört.«

Zwei Wunderkinder treffen sich (1767)

Ernst Beutler
1947

Als Goethe und Corona Schröter sich in Leipzig zum ersten Male sahen, waren beide noch nicht allzulange der Kindheit entwachsen, der Student sechzehn, die Sängerin vierzehn Jahre alt. Goethe hörte sie im Gasthaus »Zu den drei Schwanen« auf dem Brühl in den großen, von Johann Adam Hiller geleiteten Konzerten, die, als älteste Konzertvereinigung Deutschlands, 1743 von Kaufleuten gegründet worden waren und aus denen 1781 die Gewandhaus-Konzerte hervorgehen sollten. [...]

Über die Konzertbesuche des jungen Goethe sind wir im einzelnen nicht unterrichtet, wissen aber von seiner Anwesenheit bei der Erstaufführung von Hasses Oratorium »*Santa Elena al Calvario*« in der Karwoche 1767. Das Orchester bestand aus 23 Streichern, 8 Bläsern und der Laute; Hiller dirigierte vom Flügel aus. Corona Schröter sang die Kaiserin Helena. Ihre Partnerin als Eustasia, ebenso jung wie Goethe, war Elisabeth Schmeling, die später am Hofe Friedrichs des Großen den Flötisten La Mara heiratete. Da die Sängerinnen aber die Rollen auch wechselten, konnte das Publikum die Leistungen vergleichen und spaltete sich in zwei Lager.

Es war eine künstlerisch sehr frühreife Jugend, die sich hier begegnete. Wenn Corona schon mit vierzehn Jahren aufgetreten war, so hatte Elisabeth Schmeling bereits mit neun Jahren in Wien, mit elf in London Erfolge gehabt. Goethe hat diese Leipziger Konzerteindrücke nie vergessen. [...]

An Corona Schröter richtete er dichterische Huldigungen schon als Leipziger Student, jedoch, wie er sagt, in fremdem Auftrag: die Gedichte wurden zwar gedruckt, sind indes verloren. Mit ihr verband ihn das freundschaftliche Du; schon damals war sie ihm das »Crönchen«. Die Bekanntschaft wird die musik- und theaterfreudige Familie Breitkopf im »Goldenen Bären« vermittelt haben. Hier versuchten sich die Tochter Constanze und ihre Freundinnen wie Käthchen Schönkopf, dazu Goethe und seine Freunde in Stücken von Lessing und Gellert. Hier musizierte und komponierte man; der junge Breitkopf, gleichaltrig mit Goethe, vertonte dessen Leipziger Gedichte. Auch Corona ging hier ein und aus und nahm, wie Reichardt berichtet, schon damals mit Goethe als Partner, an den Liebhaberaufführungen teil. Und dann mögen sich der junge Student und die Künstlerinnen bei Oeser getroffen haben; Elisabeth Schmeling ward von ihm porträtiert; Corona besuchte dort, ebenso wie Goethe, den Mal- und Zeichenunterricht. Auch in Oesers Familie verkehrte Corona; Goethes Jugendfreundin, Friederike Oeser, stand ihr nahe. [...]

Er war im Frühling 1776 nach Leipzig gefahren, zum ersten Male wieder in diese Stadt seiner Studentenjahre. In Naumburg war er in demselben Gasthause über Nacht wie im Herbst 1765. »Wie anders! Lieber Gott wie anders! als da ich vor zehen Jahren als ein kleiner, eingewickelter, seltsamer Knabe in eben das Posthaus trat – Wie viel hat nicht die Zeit durch den Kopf und das Herz müssen, und wieviel wohler, freier, besser ist mir's nicht!« Und am andern Morgen, wiederum an Charlotte v. Stein, Sonne und Liebe in eins verschmelzend: »Bis die Pferde kommen, ein

Wort. Hinter Naumburg ging mir die Sonne entgegen auf! Liebe Frau, ein Blick voll Hoffnung, Erfüllung und Verheißung – die Morgenluft so erquickend, der Duft zwischen den Felsen so schauerlich. Die Sonne so golden blickend als je. – Nicht diesen Augen nur, auch diesem Herzen – Nein! es ist der Born, der nie versiegt. Das Feuer, das nie verlischt, keine Ewigkeit nicht – – Ich will nun ganz den Eintritt in Leipzig genießen.«

Als der Dichter dann aber in Leipzig angekommen, war der erste Eindruck Enttäuschung. Er hatte gelernt, in und mit der Natur zu leben, seine Seele war weit und groß geworden, und hier war alles in städtischer Engbrüstigkeit wie versteint. Und seine Sprache wird wieder studentenhaft, wenn er jetzt an Carl August seinem Herzen Luft macht. »Lieber Herre, da bin ich nun, in Leipzig, ist mir sonderlich worden beym Nähern, davon mündlich mehr, und kann nicht genug sagen, wie sich mein Erdgeruch und Erdgefühl gegen die schwarzgrau, steifröckigen, krummbeinigen, Perückengeklebten, Degenschwänzlichen Magisters, gegen die Feyertags berockte, Allmodische, schlanckliche, vieldünckliche Studenten Buben, gegen die Zuckende, krinsende, schnäbelnde, und schwumelende Mägdlein, und gegen die Hurenhaffte, strozzliche, schwänzliche und finzliche Junge Mägde ausnimmt, welcher Greuel mir alle heut um die Thoren als an Marientags Tags Feste entgegnet sind. Deswegen preservirt mein äuseres und inneres der Engel die Schrötern, von der mich Gott bewahre was zu sagen.«

Um drei Uhr war Goethe in der Stadt eingetroffen. Sein erster Gang hatte Corona gegolten. Sie hatte sein Schaffen verfolgt, kannte seine Werke und trug ihm einen Monolog der Stella vor. Es wird der am Beginn des fünften Aktes gewesen sein, »Stellas Cabinet. In Mondenschein«, der so weich, so melodisch anhebt: »Fülle der Nacht, umgib mich! fasse mich! leite mich! ich weiß nicht wohin ich trete!« und der so verzweifelt mit dem Zücken des Messers gegen Fernandos Porträt endet, – schauspielerisch eine reizvolle, große Aufgabe.

»Ich bin bei der Schrötern, ein edel Geschöpf in seiner Art, –

ach wenn die nur ein halb Jahr um Sie wäre! beste Frau, was sollte aus der werden«, und an einem anderen Tage, gleichfalls an Charlotte v. Stein: »Die Schröter ist ein Engel – wenn mir doch Gott so ein Weib bescheren wollte, daß ich euch könnt' in Frieden lassen.«

Goethes Werther auf dem Index (1775)

Gustav Wustmann
1885

Pro Memoria an die Churf. Bücher Commission

Es wird hier ein Buch verkauft, welches den Titel führt, *Leiden des jungen Werthers* etc. Diese Schrift ist eine Apologie und Empfehlung des Selbst Mordes; und es ist auch um des Willen gefährlich, weil es in wiziger und einnehmender Schreib Art abgefaßt ist. Einige gelehrte und sonst gesezte Männer haben gesagt, daß sie sich nicht getrauet hätten das Buch durchzulesen, sondern es etliche mal weggelegt hätten. Da die Schrift also üble Impressiones machen kann, welche, zumal bey schwachen Leuten, Weibs Personen, [Eindrücke machen kann, welche] bey Gelegenheit aufwachen, und ihnen [schäd] verführerisch werden können; so hat die theol. Facultät für nöthig gefunden zu sorgen, daß diese Schrift unterdrückt werde: dazumal itzo die Exempel des Selbstmordes frequenter werden. Daher ich die Löbl. Bücher Commission im Namen jener hierdurch ersuche, den Verkauf dieser Schrift zu verbieten, und dadurch üblen Folgen vorbeugen zu helfen. Leipzig am 28. Jan. 1775.

D. Joh. August Ernesti, als d. Z.
Decanus der theol. Facultät
alhier

Illustris et Magnifice Domine Consul,

In beygehendem Pro Memoria trägt E. Hochw. Theol. Fakultät allhier, durch ihren Decanum, Herrn D. Ernesti, auf ein Verbot der *Leiden des jungen Werthers*, an. Die Sache hat ihre Richtigkeit, daß dieses Buch eine Apologie des Selbstmords genannt werden könne, die in den Händen junger Leute, von ungeübten Sinnen, auch anderen dickblütigen Personen, um desto gefährlicher ist, da der V. zu undeterminirt von dem Selbstmorde schreibt, und durch witzige und feine Wendungen seinen Leser ordentlich hinreißt. Ob es nun gleich mit dem Verbot, da das Buch bereits so sehr verbreitet ist, etwas zu spät zu seyn scheint; so will ich doch, meines Ort, dem petito der Herren Theologen gerne deferiren, und Eu. Wohlgeb. überlaßen, den debit des Buchs, etwa bey 10. Thlr. Strafe, allen Buchdrukern und Buchhändlern, bis auf weitere Verordnung, per Patentes, untersagen zu laßen.

Leipzig, den 30. Januar 1775.

D. Carl Andreas Bel.

Vigore Commissionis wird denen sämmtlichen hier anwesenden Buchhändlern der Vertrieb einer, unter dem Titul:

Die Leiden des jungen Werthers etc.

im Druck erschienenen Schrift bey Zehen Thaler Strafe, hierdurch, bis auf weitere Verordnung, ausdrücklich untersagt.

Sign. Leipzig, den 30. Januar: 1775.

Churfürstl: Sächß: Bücher Commissarii
allhier
D. Carl Andreas Bel
Der Rath zu Leipzig.

Das Patent der Kommission ist von 28 Buchhändlern, denen es in den nächsten Tagen »insinuirt« wurde, unterschrieben, zuletzt, an achtundzwanzigster Stelle, am 3. Februar von – Weygand, dem Verleger des »Werther«.

Mein Leipzig lob ich mir in Auerbachs Keller

Johann Wolfgang Goethe
1774

Brander: Die kommen eben von der Reise:
Man siehts an ihrer wunderlichen Weise;
Sie sind nicht eine Stunde hier.
Frosch: Wahrhaftig, du hast recht! Mein Leipzig lob ich mir!
Es ist ein klein Paris und bildet seine Leute.
Siebel: Für was siehst du die Fremden an?
Frosch: Laßt mich nur gehn! Bei einem vollen Glase
Zieh ich, wie einen Kinderzahn,
Den Burschen leicht die Würmer aus der Nase.
Sie scheinen mir aus einem edlen Haus:
Sie sehen stolz und unzufrieden aus.
Brander: Marktschreier sinds gewiß, ich wette!
Altmeyer: Vielleicht!
Frosch: Gib acht, ich schraube sie!
Mephistopheles zu Faust:
Den Teufel spürt das Völkchen nie,
Und wenn er sie beim Kragen hätte.
Faust: Seid uns gegrüßt, ihr Herrn!
Siebel: Viel Dank zum Gegengruß!

»Die Stutzer bedecken die Straße«

Jean Paul
1781

Diese Universität hat eben nicht viel grosse Männer; wenn man den Platner, Morus, Klodius und Dathe ausnimt; so findet man überal nur mittelmässige Leute. Dathe liest nicht gut, und hat noch dazu einen schlechten Vortrag; er weis auf dem Kateder nicht halb das Gute zu sagen, was er in seinen Büchern sagt. Man hat mer Nuzzen, wenn man ihn liest, als hört. Burscher – das ist nun ein drollichter Man! Er hält sich beinahe mit für den grösten Geist auf Gotteserdboden, und hat den grösten Stolz, lächerlich sein zu können. Nämlich, wenn er die Reformazionsgeschichte liest, so erzält [er] gerade wie der gemeine Man erzält; dieselben Figuren, platten Ausdrükke und sogar dieselben Stellungen des Körpers! Die derben Satyren des D. Luther's besizt er alle im Original; diese liest er vor und sezt noch eine Dosis von eignem Wiz dazu. Alles läuft zu ihm; er hält sich das für die gröste Ere, und sieht nicht ein, daß man sich auf Unkosten seines Verstandes lustig macht, und daß, wer nicht in die Komödie gehen wil, sein Kollegium besucht und einen – Harlekin auf dem Kateder belacht. – Man hat ihn mit soviel Titel belegt, daß er Mühe hat zu wissen, was er ist; ihm soviel Ämter gegeben, daß er die Macht hat, keines recht zu verwalten, und soviel Verdienste in Gestalt des Sterns etc. etc. von aussen angehangen, daß er inwendig keine zu haben braucht. Eine wahre Schöpfung aus – Nichts! Ortodox? das versteht sich von selbst, daß er's ist: man hätt' ihn nicht so belont, wenn er grössern Verstand hätte. – Das Professorenvolk ist überhaupt das burleskeste Volk: sie haben Originaltorheiten, und man hat Unrecht getan, immer den Landgeistlichen in ieder Satyre zu züchtigen. Einen Professor nach dem Leben zu malen! – gewis das wäre der zweite *Don Quichot* und sein Famulus sein *Sancho Pansa*. –

Die Mode ist hier der Tyran, unter dem sich alles beugt; ob er wol niemals sich selbst gleich ist. Die Stuzzer bedekken die Strasse, bei schönen Tagen flattern sie herum wie die Schmetterlinge. Einer gleicht dem andern; sie sind wie Puppen im Marionettenspiele, und keiner hat das Herz, Er selbst zu sein. Das Hergen gaukelt hier von Toilette zu Toilette, von Assemblee zu Assemblee, stielt überal ein par Torheiten mit weg, lacht und weint, wie's dem andern beliebt, närt die Geselschaft von den Unverdaulichkeiten, die er in einer andern eingesamlet hat, und beschäftigt seinen Körper mit Essen und seine Sele mit Nichtstun, bis er ermüdet einschläft. Wen nicht seine Armut zwingt, klug zu sein, der wird in Leipzig der Nar, den ich iezt geschildert habe. Die meisten reichen Studenten sind dieses. – 17. September 1781

An Hofrat Schwan in Mannheim

Friedrich Schiller am 24. April 1785

Wenn einer in der größeren Welt noch so sehr Neuling ist wie ich, um die Meßzeit zum ersten Mal nach Leipzig kommt, so ist es, wo nicht verzeihlich, doch wenigstens sehr begreiflich, daß er in den ersten Tagen über den Manigfaltigkeiten, die durch seinen Kopf gehn, seiner selbst vergißt. Diß, theurester Freund, ist beinahe biß heute mein Fall gewesen ...

Ich habe in der ersten Woche meines Hierseyns schon unzälige Bekanntschaften gemacht, worunter mir Weiße, Oeser, Hiller, Zollikofer, der Professor Huber, Jünger, der berühmte Schauspieler Reinike, einige hiesige Kaufmannshäußer, und einige Berliner die intereßantesten sind. Man kann, wie Sie selbst wißen, zu Meßzeiten eigentlich niemand ganz genießen, und die Aufmerksamkeit auf Einzelne verliert sich in dem Getümmel. Meine angenehmste Erholung ist bisher gewesen, Richters Kaffeehauß zu besuchen, wo ich immer die halbe Welt Leipzigs beisammenfinde, und meine Bekanntschaften mit Einheimischen u. Fremden erweitere ...

Man pflegt hier in vielen Familien den Sommer über auf den benachbarten Dörfern zu kampieren, und das Land zu genießen. Ich werde auch einige Monate in dem Orte Goliz zubringen, der nur eine Viertelmeile von Leipzig entlegen ist, und wohin ein sehr angenehmer Spaziergang durch das Rosenthal führt.

Hier bin ich willens, sehr fleißig zu sein, an dem Carlos und der Thalia zu arbeiten, um was Ihnen das Angenehmste zu hören sein wird, unvermerkt mich wieder zu meiner Medizin zu bekehren.

Schillerdenkmal

Bernd Weinkauf
1982

Schiller hat nahe bei der Pleiße gewohnt, in einem Gohliser Bauernhaus. Schräg gegenüber lag ein beliebtes Ausflugslokal, die »Wasserschänke«. Der Pleißenarm wurde um die Jahrhundertwende zugeschüttet und anstelle der Gaststätte eine Schokoladenfabrik gebaut. Weil es sicher ganz werbewirksam war, etwas für »unseren Schiller« zu tun, enthüllte der Besitzer, Herr Schütte-Felsche, am 9. Mai 1905, Schillers 100. Todestag, im Betriebsgelände das erste Leipziger Schillerdenkmal. Es bestand aus ein paar kleineren Findlingen und einer Reliefplatte. Schokolade wird in den Gebäuden nicht mehr hergestellt, sie gehören dem Kombinat »Orsta-Hydraulik«, aber das Denkmal könnte erhalten sein.

»Darf ich mir mal das Schillerdenkmal ansehen?« fragte ich die Pförtnerin. »Da müssen Sie noch zweimal um die Ecke, da ist das Schillerhaus.« »Das meine ich nicht, ich suche das Schiller*denkmal.*« »Hier? Bei uns?«

»Das ist doch die ehemalige Schokoladenfabrik?«

»Das schon, aber ein Denkmal gibt es bei uns nicht.«

Ein Mann im blauen Kittel, in der Nähe der Pförtnerbude stehend, drehte sich langsam zu uns herum und fragte: »Welchen Kollegen suchen Sie?« »Den Kollegen Schiller«, antwortete ich und setzte sicherheitshalber hinzu: »Genauer gesagt, das Schillerdenkmal.« »Da haben Sie kein Glück mehr, da hätten Sie vor fünf Jahren fragen müssen.« »Aber bis dahin hat es hier gestanden?« »Kommen Sie, ich zeigen Ihnen den Rest.«

Der Mann war seit 25 Jahren im Betrieb beschäftigt, er kannte die Geschichte: »Hier, an dem Baum, hier hat's gestanden. Wir haben es immer noch ein bißchen gepflegt; geharkt, ein paar Blumen und so. Dann sollte hier rekonstruiert werden, und die Straße wurde gebaut, auf der wir jetzt stehen. Wir haben dem Schillerhaus angeboten, das Denkmal zu übernehmen, aber die haben gesagt: Das hat nichts mit uns zu tun. Dann war eines Tages die Platte mit dem Bild von Schiller verschwunden, wahrscheinlich hat sie jemand geklaut. Ja, und dann kam die Planierraupe und hat den Rest weggeschoben. Der eine Stein da ist noch davon übrig.«

Dem Schillerhaus war übrigens das gleiche Schicksal zugedacht. Als einziges Überbleibsel des alten Dorfes Gohlis blieb es erhalten, weil der Leipziger Schillerverein, dessen Vorsitzender der Theatersekretär Robert Blum war, 1841 zur Vorbereitung der Feier zu Schillers 100. Geburtstag seinen genauen Aufenthaltsort erforschte. Kurz vor dem Abriß erwarb der Verein das im Originalzustand erhaltene Gehöft und brachte am 11. November 1841 eine Gedenktafel an.

Hier wohnte SCHILLER und schrieb das
Lied an die Freude im Jahre 1785

Über den Wahrheitsgehalt des zweiten Teiles der dort getroffenen Feststellung herrscht unter den Experten, besonders zwischen Leipzigern und Dresdnern, geteilte Meinung. Unterschiedlich ist auch die Wirkung des Denkmals »Schillerhaus« auf Menschen aus verschiedenen Zeiten und Gegenden.

Zeugenaussagen (1841)

Gustav Wustmann
1889-95

Daß Gohlis ein »Schillerhaus« hat, ist allbekannt. Es ist eine Tafel mit einer Inschrift daran angebracht, der Schillerverein hat seine Bibliothek drin stehen, außerdem werden mancherlei Erinnerungen an Schiller darin aufbewahrt, es wird oft von Fremden besucht, und in jedem November an des Dichters Geburtstage findet eine Gedächtnisfeier an dem Hause statt.

Wie dies Haus zum »Schillerhause« geworden ist, ergibt sich aus einem Aktenstück, das die Aufschrift trägt: »Acta die Ermittelung der Wohnung Friedrich von Schillers in Gohlis betr. Ergangen bei den Gerichten zu Gohlis 1841.«

Im Sommer 1841 war in dem im Jahre zuvor (1840) durch Robert Blum begründeten Leipziger Schillerverein der Gedanke angeregt worden, das Haus, worin Schiller 1785 in Gohlis gewohnt haben sollte, mit einer Gedenktafel zu versehen. Als dieses Haus betrachtete man damals »Nr. 1 daselbst, das sogenannte Nietzschische«, und dieses wollte man durch die Tafel auszeichnen. Da wandte sich der Notar Dr. Theodor Kind brieflich an ein Mitglied des Schillervereinscomités, den Professor Linné Erdmann, machte darauf aufmerksam, daß der Verein im Begriff sei, einen Fehler zu begehen, und rief ihm in der Angelegenheit ein Festina lente! zu. Der verstorbene Buchhändler Göschen habe ihm versichert, daß Schiller 1785 in Gohlis bei ihm, Göschen, gewohnt habe, »in der Dorfgasse, der Wasserschenke gegenüber«. Gleichzeitig sandte ein gewisser Mückenberger einen Zettel an das Comité, auf dem er folgende Aussage seiner alten Mutter niedergeschrieben hatte: »Auf Karpfenhändlers Hermanns Gut in Gohlis wohnte im Sommerlogis 1785 oder 86 hinten aufs Feld heraus der Brodbäcker Flachs, gleicher Zeit aber auch der Buchhändler Göschen, bei welchem nun eben Schiller wohnte. Schiller kam täglich in unsern Garten und setzte sich in eine Hollunderlaube und schrieb sehr fleißig, hatte auch beständig eine Feder hinterm Ohr und war öfters in tiefen Gedanken. Abends jedoch, wenn Göschen zu Hause kam, wurde ein Tischchen unter eine große Linde gesetzt, die vor ihrem Fenster stand. Zuweilen wurde von Musikfreunden – Günther, Rote und der alte Musicus Flach etc. – Conzert gemacht, ja zuweilen in unserm Garten große Conzerte aufgeführt, indem Günther und Rote, welche Studenten waren, bei uns wohnten; selbige gingen früh nach der Stadt und kamen Abends zu Hause. Das Jahr drauf kam Gohlis auf, und es wohnten einige Schauspieler draußen, und da kann es sein, daß einer von diesen in dem kleinen Branntweinbrennerhäuschen gewohnt hat und zu dem Mißverständniß, als sei es Schiller, Anlaß gegeben hat. Ich war dazumal eben aus der Schule.«

Diese Zuschriften bewogen den Verein zu einer gründlichen Untersuchung der Sache, man sah sich nach andern Personen um, die vielleicht imstande wären, Auskunft zu geben, und unterm 14. Juli 1841 beantragte »der Comité des Schillervereins« bei den Gerichten zu Gohlis, daß folgende fünf Personen, die fast alle behaupteten, daß das dem Bierverleger Dietrich in Gohlis gehörige Haus das echte Schillerhaus sei, gerichtlich darüber vernommen werden möchten: 1. Dem. Endner in Gohlis. 2. Frau Mückenberger in Leipzig. 3. Herr Dr. jur. Theodor Kind in Leipzig. 4. Herr Buchhändler Steinacker in Leipzig. 5. Herr J. C. Schneider. Der Verfasser und Unterzeichner der Zuschrift an die Gerichte zu Gohlis war der damalige Regisseur des Leipziger Stadttheaters Philipp Düringer, der später Direktor der Berliner Schauspiele wurde und 1870 in Coburg gestorben ist (der Dichter des damals viel gesungnen Liedes: »Wenn i am Fenster steh und in die Nacht nei seh«).

Der erste, der am 20. Juli 1841 gerichtlich vernommen wurde, war der 71jährige Bürger und Hausbesitzer in Leipzig Johann Christoph Schneider. Er sagte folgendes aus: »Als zwölfjähriger Knabe habe ich in den beiden Sommern der Jahre 1782 und 1783 den deutschen Dichter Schiller hier bedient. Er wohnte damals in dem meinem Vater zugehörigen Gute, von welchem die Felder jetzt Herr Dennhardt, das Haus Dietrich allhier besitzt. Schiller stand damals sehr frühzeitig auf, schon um 3 oder 4 Uhr, und pflegte dann in das Freie, weit hinaus in die Felder zu gehen. Dabei mußte ich ihm mit der Wasserflasche und dem Glase folgen. Um 5 oder 6 Uhr kehrte Schiller dann gewöhnlich nach Hause und theilte oft seine Ideen dem Buchhändler Göschen, der in demselben Hause wohnte, mit, worüber sich dann zuweilen beide stritten. Bei diesen Morgenspaziergängen schrieb Schiller nichts nieder, sondern überließ sich nur seinen Gedanken. Das Niederschreiben erfolgte erst bei der Rückkehr in seine Wohnung. Bei diesen frühen Spaziergängen war Schiller leicht angezogen, mit dem Schlafrocke bekleidet, mit unbedecktem Halse. Sein Weg führte ihn gewöhnlich in die Felder nach der Hallischen Straße zu, in denen er kreuz und quer umherirrte. Den Tag über besuchte er das Rosenthal sehr fleißig. Schiller war stets freundlich und human, er sah blaß von Gesicht, hatte viele Sommersprossen, röthliches Haar und war sehr lang. Mit Göschen war er sehr genau befreundet.«

Dr. Kind, der nun vernommen wurde, erklärte, er verdanke seine Mitteilungen Göschen und zwei Briefen, die er in beglaubigter Abschrift beibringen werde, und gab nur folgendes an: »Schiller hat nur einen einzigen Sommer, im Jahre 1785, bei Göschen hier in Gohlis gewohnt, und zwar war es das jetzt Dietrichsche Haus, in welchem damals Schiller bei ihm wohnte; vor demselben stand eine Linde, die damals Schiller öfter aufsuchte, und unter welcher er das Lied an die Freude gedichtet haben soll.« [...]

Nun kam der Victualienhändler Mückenberger an die Reihe, der sich statt seiner 75jährigen Mutter eingefunden hatte, weil diese verreist war. Er sagte im wesentlichen aus, was schon auf seinem Zettel stand, und vertröstete das Gericht auf die Rückkehr der Mutter.

Darauf begaben sich die Gerichtspersonen in die Wohnung der durch Unwohlsein ans Haus gefesselten Dem. Charlotte Juliane Endner. Diese sagte aus, Schillern selbst gesehen zu haben könne sie sich nicht besinnen; sie könne nur mitteilen, was ihr ihres Vaters Schwester, die Staatsrätin Körner in Berlin (die Mutter Theodor Körners!), mitgeteilt habe. Sie nannte zunächst ebenfalls das Dietrichsche Haus und erzählte darauf die bekannte Geschichte von dem jungen Manne, den Schiller im Rosental davon abgehalten haben soll, sich in den Fluß zu stürzen; bei Körners Hochzeit habe Schiller das Lied an die Freude herumgehen lassen und für jenen Unglücklichen gesammelt. Dann erzählte sie weiter die bekannte Waschfrauengeschichte aus Loschwitz, klatschte auch – echt altjüngferlich – ein bißchen über die »Gustel von Blasewitz«, die »eine berüchtigte Frauensperson war, die von den Soldaten besucht wurde, wenn diese ihre Löhnung erhalten hatten.« [...] Steinacker hatte wegen Kränklichkeit und Altersschwäche eine Vernehmung wiederholt abgelehnt. [...]

Am 4. August wurde endlich die 74jährige Frau Marie Regine verw. Mückenberger, geb. Möbius, vernommen und gab folgendes zu Protokoll: »Mein verstorbener Vater, Johann Christoph Möbius, war Besitzer desjenigen hiesigen Gutes, welches gegenwärtig dem Herrn von Funk gehört. Ich besinne mich noch, daß im Jahre 1785 in dem neben diesem Gute gelegenen Hause, welches jetzt Krebs besitzt, eine Treppe hoch mit Göschen ein junger Herr wohnte, der an schönen Tagen sich gewöhnlich in die Laube setzte, die in unserm damaligen Obstgarten stand, der jetzt in einen Lustgarten gänzlich umgewandelt ist. Dort habe ich diesen jungen Mann oft, den Kopf auf die Hand gestützt und mit der Feder hinter dem Ohre, sitzen sehen. Er begab sich dorthin, um ungestört zu sein, wenn an der Linde, unter der er außerdem zu sitzen pflegte, zu viele Leute vorübergingen. Ich wußte damals nicht, daß dieser junge Mann der nachher so berühmte deutsche Dichter Schiller wäre, doch fragte ich einmal meinen Vater, warum jener junge Mann immer in unsere Laube kommen müßte, und dieser antwortete mir, das wäre ein Schriftsteller, ein Dichter, der ungestört sein wollte.« [...]

Nach allen diesen Vernehmungen entschied sich das Comité in einer deshalb abgehaltenen Generalversammlung für das Dietrichsche Haus und beschloß, dieses mit einer Gedenktafel zu versehen und diese Tafel am 11. November 1841 feierlich zu enthüllen.

Als aber in den ersten Novembertagen das gedruckte Programm für die Feier ausgegeben war, erschien im Leipziger Tageblatt (9. November 1841) ein mit Z. unterzeichneter Aufsatz, der sich, wenn auch in schonendster Form, mißbilligend darüber aussprach, daß die Stadt Leipzig mit der vollendeten Tatsache überrascht werde, daß eine Gedenktafel an dem Hause, das Schiller in Gohlis bewohnt haben »solle«, angebracht worden sei; es wäre zu wünschen gewesen, daß die Gründe, die die Wahl des betreffenden Hauses veranlaßt hätten, vorher veröffentlicht worden wären. Bisher sei den Fremden das Endnersche Haus als Schillers Wohnung gezeigt worden. Der vor mehreren Jahren verstorbene Kupferstecher Georg Gustav Endner habe auch dem Einsender sehr oft erzählt, daß sich Schiller in Gohlis bei ihm aufgehalten habe. Daran habe Endner noch folgende Erzählung geknüpft. Er habe einst einen Spaziergang gemacht, an dem Schiller nicht teilgenommen habe. Zurückkehrend habe er, durch das Fenster des Erdgeschosses sehend, den Dichter auf dem Boden hingestreckt gefunden, wobei sein Körper in großer Bewegung gewesen sei. Bestürzt sei er zu Schiller hinzugetreten und habe ihn gefragt, ob ihm etwas zugestoßen sei. Aber Schiller habe bloß ausgerufen: Lassen Sie mich! Nach einiger Zeit sei der Dichter erschöpft zu ihm gekommen und habe ihm mitgeteilt, daß er soeben den Plan zu einer Szene im Don Carlos gefaßt habe. [...]

Denselben Tag, wo dieser Aufsatz im Tageblatte stand, und offenbar infolge desselben wurde Schneider nochmals ersucht, sich in Gohlis an Gerichtsstelle einzufinden, und wurde nochmals über Schillers Wohnung befragt. Er blieb in jeder Beziehung, selbst hinsichtlich der falschen Jahre 1782 und 1783, bei seinen früheren Aussagen. »Schiller wohnte – so faßte er seine Aussage nochmals kurz zusammen – in der im Wirthschaftsgebäude eine Treppe hoch nach der Dorfgasse herausgehenden Stube, und unter ihm im Parterrelocal sein Freund Göschen. In demselben Parterrelocale wohnte mein Vater mit seiner Familie. Das diesem Hause im Hofe gegenüber dermalen gelegene Wohnhäuschen war damals ein Kuhstallgebäude ohne Aufsatz und ist erst später zum Wohnhause eingerichtet und übersetzt worden. Der Kupferstecher Endner wohnte, zu gleicher Zeit mit Schiller und Göschen, in dem jetzt der Jungfer Mitweyde zugehörigen, erst durch Abtrennung von dem Gute meines Vaters abgekommenen Hause welches vor der Dismembration zum Gute gehörig war, nämlich nicht etwa in dem jetzt Mitweydischen, sondern in dem von mir bezeichneten, ebenfalls zum Gute meines Vaters gehörigen, vorn nach der Straße zu gelegenen Wirthschaftsgebäude. Endner, Schiller, Göschen und wir alle zusammen lebten in freundlichem Umgange.«

So blieb es denn bei dem Dietrichschen Hause, und die Tafel daran wurde am 11. November 1841 feierlich enthüllt. Die dabei gesungnen Lieder befinden sich gleichfalls bei den Akten.

Schillerhaus heute

Hermine Rosenkranz
1982

In den Jahren vor der bürgerlich-demokratischen Revolution von 1848 begeisterte man sich in ganz Deutschland aufs neue für Schiller. Die Kämpfer des Vormärz feierten in ihm den Streiter für die Einheit der Nation und die demokratische Freiheit. – Die Stadt Leipzig spielte bei der Ehrung des Dichters eine hervorragende Rolle: Hier fanden schon seit 1839 regelmäßig Schillerfeiern statt, die seit 1842 sichtbar einen politischen Charakter erhielten. Entscheidenden Anteil an dieser Entwicklung hatte Robert Blum (1807-1848), der später führend an der Revolution beteiligt war und nach deren Scheitern 1848 in Wien erschossen wurde. – Blum war 1832 nach Leipzig gekommen und bald darauf Theatersekretär geworden. Seit 1840 leitete er die Schillerfeiern, wobei er es ausgezeichnet verstand, die verständnisvolle Würdigung des Schillerschen Werkes mit aktuellen politischen Forderungen seiner eigenen Zeit zu verbinden. So feierte er neben der »sittlichen und poetischen Größe Schillers« vor allem auch »seine historisch-prophetische Bedeutung, seinen Kampf für Wahrheit, Völkerwohl und Freiheit« (Festrede 1840).

Ein Verdienst Robert Blums und des von ihm mitbegründeten Leipziger Schillervereins (24. Oktober 1842) ist die Wiederentdeckung und Erhaltung des Schillerhauses. Erst im Sommer 1841 untersuchte man, wo Schiller 1785 gewohnt hatte, wobei man sich auf die Aussagen einiger gerichtlich vernommener Zeugen stützte. [...]

1841 wurde das Haus durch eine steinerne Ehrenpforte und eine eiserne Gedenktafel – sie ist jetzt noch vorhanden – gekennzeichnet. Der Schillerverein gestaltete das Haus als literarische Gedenkstätte und bewahrte es durch Ankauf (1856-1863) vor dem Abbruch.

Nach 1848 ebbte der anfänglich revolutionäre Schwung der Leipziger Schillerfeiern ab. Dennoch spielte der Schillerverein noch ein Jahrhundert lang im kulturellen Leben der Stadt eine durchaus nicht unwesentliche Rolle, so mit der Teilnahme an den großen deutschen Feiern zu Schillers 100. Geburtstag 1859 und seinem 100. Todestag 1905. Er sammelte eine wissenschaftlich wertvolle Schillerbibliothek (heute im Besitz der Universitätsbibliothek), richtete für Gohlis eine Gemeindebibliothek ein und pflegte das Werk der verschiedensten Dichter der Vergangenheit und Gegenwart in literarischen Veranstaltungen.

Seit 1945 verwaltet der Rat der Stadt Leipzig das Schillerhaus. Es wurde dem Museum für Geschichte der Stadt Leipzig angeschlossen. Die Tradition der Leipziger Schillerfeiern ist noch heute lebendig, vor allem in den jährlichen Schillerfeiern der Gohliser Schüler am 10. November, die von den Schülern selbst gestaltet werden.

Fontane in der Neubertschen Offizin (1841)

Theodor Fontane
1898

Dann begab ich mich zu meinen Eltern aufs Land und war noch ein ziemlich schmalbäckig aussehender Rekonvaleszent, als ich am 31. März [1841] in Leipzig eintraf. Zwei Drittel der Reise hatte ich per Bahn zurückgelegt; das letzte Drittel per Post. Nun hielten wir vor dem eben erst fertig gewordenen großen Postgebäude, den Platz mit Universität und Paulinum in voller Ausdehnung vor uns. Es mochte sechs Uhr sein; die Luft war weich, die Sträucher in den Anlagen hatten schon grüne Knospen. Über allem lag ein feiner Dämmer. Ich reckte und streckte mich, atmete hoch auf und hatte das Gefühl eines gewissen Geborgenseins. Es war auch so. Das mit den ersten Eindrücken hat doch was auf sich.

Das Neubertsche Haus lag in der Hainstraße, so daß ich, um dothin zu gelangen, den echtesten und schönsten Teil von Leipzig, die Grimmasche Gasse und den Rathausplatz, zu passieren hatte. Mein Gepäckträger ging neben mir her und machte in gutem Sächsisch den Führer. Ich war ganz benommen und möchte behaupten, daß, soweit Architektur und Stadtbild in Betracht kommen, nichts wieder in meinem Leben einen so großen, ja komisch zu sagen, einen so berauschenden Eindruck auf mich gemacht hat wie dieser in seiner Kunstbedeutung doch nur mäßig einzuschätzende Weg vom Post- und Universitätsplatz bis in die Hainstraße. Die Sache findet darin ihre Erklärung, daß ich außer einer Anzahl märkischer und pommerscher Nester, in denen ich meine Kinderjahre verbracht hatte, bis zu jener Stunde nichts von der Welt kannte wie unser gutes Berlin, das mir von allen echten Berlinern immer als der Inbegriff städtischer Schönheit geschildert worden war! Und nun! Welcher Zusammenbruch! Es gereicht mir noch in diesem Augenblick zu einer gewissen Eitelkeitsbefriedigung, daß mein künstlerisches Gefühl angesichts des Neuen oder richtiger des Alten, was ich da sah, sofort gegen das Dogma vom »schönen Berlin« revoltierte und instinktmäßig weg hatte, daß Städteschönheit was andres ist als grade Straßen und breite Plätze mit aus der Schachtel genommenen Häusern und Bäumen. Ein paar Ausnahmehäuser, hinter denen ein ausländischer Meister und ein königlicher Wille steckt, können das Ganze nicht retten. Seitdem hat sich freilich sehr vieles gebessert; aber eines fehlt auch jetzt noch: individuelles Leben. Wir ahmen nach. Nur die Schachtel, aus der genommen wird, ist etwas größer, reicher und bunter geworden. Originelles, wie selten!

Die Hainstraße lag schon im Halbdunkel, als ich in das Neubertsche Haus eintrat und alsbald nach dem mir von Berlin her bekannten Ehepaar fragte, das ich begrüßen wollte. Dies erregte halb Verwunderung, halb Verlegenheit; denn von solchen Intimitäten gab es in dem Hause nichts. Familie war eins, und Geschäft war eins. Beiläufig ein großer Vorteil. Diese falsche Familiarität, wo meist nur Gegensätze bestehen, ist immer vom Übel. Der ältere Herr, an den ich mich mit meiner Frage gewendet hatte, verfuhr durchaus diplomatisch und sagte, daß er mir jemand mitgeben werde, der mich auf mein Zimmer führen solle.

»Auf mein Zimmer führen« war nun freilich ein sehr euphemistischer Ausdruck; denn über einen schmalen und rumplig verbauten Hof weg – der mich übrigens durch seine Giebel und Dächer und vor allem durch unzählige Dachrinnen, die bis in die fast überlaufenden Wasserkübel niederreichten, aufs äußerste interessierte – stiegen wir drei Treppen hoch in ein Hinterhaus hinauf, in dessen oberster Etage das Personal in zwei Stuben untergebracht war. Eine der Stuben gehörte dem älteren Herrn, dem Geschäftsführer, den ich unten eben gesprochen hatte; für uns andre aber, und wir waren unsrer vier, existierte nur eine daneben gelegene kleine Stube mit einem noch kleineren Alkovenanhängsel, in welch letzterem vier Betten standen, von denen zwei nur mit Hilfe von Überkletterung erreicht werden konnten. Dieser Alkoven, fensterlos, empfing sein Licht durch das vorgelegene Zimmer, das aber eigentlich auch kein Licht hatte. Wo sollte es auch herkommen? Der Hof war fast ganz dunkel, und das bißchen Helle, was er hatte, fiel durch ein elendes Mansardenfenster ein. Der durch die Dachschrägung gebildeten Vorderwand des Zimmers gegenüber standen an der Hinterwand entlang vier Bastarde von Schrank und Sekretär, in denen wir unsere Sachen unterzubringen hatten. Glücklicherweise hatte man nicht viel. Von sonstigen Möbeln war nichts vorhanden als vier Stühle mit Roßhaarüberzug und ein sogenanntes »Real«, auf dem vier blecherne Kaffeemaschinen und ebensoviele Spiritusflaschen standen. Diese Spiritusflaschen waren um unsres zu kochenden Morgenkaffees willen sehr wichtig für uns, aber noch wichtiger für das alte Faktotum, das da jetzt neben mir stand und meinen Führer machte. Denn dies Faktotum, ein halb schon zum Kretin gewordener Süffel, lebte fast ausschließlich von dem Inhalt dieser vier Flaschen.

Als ich, nachdem mich mein Führer verlassen, den Inhalt meines Koffers in die verschiedenen Schubladen des mir zustehenden Schrankes eingepackt hatte, sah ich mich erst in dem Zimmer um und dann durch das offenstehende Mansardenfenster auf den Hof hinaus. Ich hätte guten Grund gehabt, alles sehr sonderbar und beinah schauderhaft zu finden; es lag aber in meiner Natur, mich von diesen Dingen mehr angeheimelt als abgestoßen zu fühlen. Alles modern Patente, was doch sehr was anderes als Schönheit ist, ist mir von jeher unausstehlich oder mindestens sehr langweilig gewesen, während alles Krumme und Schiefe, alles Schmustrige, alles grotesk Durcheinandergeworfene von Jugend auf einen großen Reiz auf mich ausgeübt hat. Nur keine linealen Korrektheiten, nur nichts Symmetrisches oder Blankpoliertes oder gar Anti-Macassars. Ich habe eine grenzenlose Verachtung gegen das, was man so landläufig »hübsch« nennt, und eine womöglich noch größere gegen sogenannten »Komfort«, der jedesmal der höchste Diskomfort ist, den es gibt. Nun, hier war nichts hübsch und Komfort kaum dem Namen nach bekannt; aber die grauen, steilen, regenverwaschenen Dächer, auf die mein Auge fiel, der gekräuselte Rauch, der aus den Schornsteinen aufstieg, und das Plätschern des Wassers, das aus den Röhren in die Kübel fiel, – alles gewann mir ein Interesse ab, und selbst der Blick in den Alkoven konnte mich nicht umstimmen.

Es stand mir aufs neue fest, daß es mir hier gut gehen würde.

Uns es ging mir auch gut. [...]

Ich will nun beschreiben, wie die Tage vergingen, und wähle dazu zunächst einen Sommertag.

Erst um acht oder auch wohl noch später brauchten wir – natürlich mit Ausnahme des einen, der die »Wache« hatte – an unserem Geschäftstisch zu erscheinen, und so waren wir denn in der angenehmen Lage, wenn wir nur recht früh aufstanden, die schöne Morgenfrische zwei oder dritthalb Stunden lang genießen zu können. Davon machten wir denn auch redlich Gebrauch. Um sechs rüsteten wir uns, um in der Elster oder Pleiße – ich glaube, es war ziemlich genau die Stelle, wo Poniatowski ertrunken war – ein Schwimmbad zu nehmen, und eine Stunde später ging es in das »Rosental«, an dessen Eingang wir uns, weil jeder seine Lieblingsstelle hatte, zu trennen pflegten. Es gab damals zwei Hauptlokale; vielleicht existieren sie unter gleichem Namen noch: Bonorand und Kintschy. Ich hielt es mit Kintschy. Zu so früher Stunde waren noch kaum Gäste da, und der ganze reizende Platz gehörte mir. Ein auf Holzpfeilern ruhendes, weit vorspringendes Dach überdeckte eine Veranda mit einem vorgelegenen Kiesweg, den von der anderen Seite her die großen alten Bäume überschatteten. In allen Zweigen war ein Jubilieren, und kaum, daß mein Frühstück erschien, so hüpften auch schon die Spatzen auf meinem Tisch umher. Es war so reizend, daß ich selbst das Journallesen vergaß, womit ich damals meine Zeit nur allzugern vertrödelte. Doch nein, nicht vertrödelte. Die Journale paßten ganz genau zu mir, waren mir um einen Schritt voraus, und von einer derartigen Lektüre hat man viel mehr als von solcher, die einem über den Kopf geht. Es ist ein Unsinn, jungen Leuten immer mit dem »Besten« zu kommen. Man hat sich in das Beste hineinzuwachsen, und das dauert oft recht lange. Schadet auch nichts. Vor allem ist es ganz unnatürlich, mit Goethe zu beginnen. Ich bin glücklich, mit Freiligrath begonnen zu haben.
[...]

Während des Sommers hatten die Morgenspaziergänge mit ihrem Baden im Fluß und den Träumereien bei Kintschy viel zu meinem Vergnügen beigetragen; als dann aber der Herbst kam, kamen andere Freuden, unter denen für mich das Ausflügemachen auf das Leipziger Schlachtfeld hinaus obenan stand. Historischen Grund und Boden zu betreten, hatte zu jeder Zeit einen besonderen Zauber für mich, und Schlachtfelder werd' ich denn auch wohl in Westeuropa nicht viel weniger als hundert gesehen haben.

Das Völkerschlachtfeld war natürlich nicht auf einmal zu bewältigen, weshalb ich von meinem Leipziger Mittelpunkt aus Radien zog und an einem Tage Gohlis und Möckern, an einem andern Connewitz und Stötteritz, an einem dritten Liebertwolkwitz, Markkleeberg und Wachau besuchte. Ob ich auf diese Weise den ganzen Kreis abgemacht habe, weiß ich nicht mehr; nur das weiß ich noch, daß der Wachau-Markkleeberger Tag den größten Eindruck auf mich machte, vielleicht, weil es gerade der Jahrestag der Schlacht, der 18. Oktober, war. Ich sehe noch den Lufttton, den Abendhimmel und die Blätter, die der Westwind die lange Pappelallee hinauffegte, und weil mich damals außer meiner Schlachtfeldbegeisterung auch das in etwas kindlichen Formen auftretende Verlangen nach deutscher Freiheit erfüllte, so machte sich's ganz natürlich, daß ein an jenem Marschtage geborener Liederzyklus – den ich übrigens in einem aus jener Zeit her aufbewahrten belletristischen Journal mit dem sehr unbelletristischen Titel »Die Eisenbahn« noch besitze –, den ganzen, in einem unausgesetzten Freiheitsruf erklingenden Nachmittag über das bloß Beschreibende hinaus auf eine »höhere Stufe« hob. [...]

Die Schlachtfeldwanderungen im Oktober '41 waren wunderschöne Tage für mich. Daß die Freiheit noch nicht da war, machte mich weiter nicht tief unglücklich; ja vielleicht war es ein Glück für mich, ich hätte sonst nicht nach ihr rufen können.

Immer erst spät abends kam ich von solchen Ausflügen zurück und freute mich, je müder ich war. Mir war dann zu Sinn, als hätt' ich mitgesiegt.

»Studenten waren für mich Helden« (1870)

Otto Julius Bierbaum
o. J.

Meine frühesten Erinnerungen an Leipzig sind gußeiserner (oder bronzener?) und monumentaler Natur. Heute noch kann man auf dem Naschmarkt die beiden Löwen sehen, an die sie sich knüpfen. Auf diesen Löwen nämlich pflegte ich zu reiten, als ich der ersten Hosen für würdig befunden war. Das war so gegen 1870. Damals trugen die Leipziger Polizeier noch Stöcke aus spanischem Rohr mit einem, wenn ich nicht irre, beinernen Knauf. Ich kann mich an den Knauf nicht so deutlich erinnern, wie an das spanische Rohr, denn von diesem wurden meine ersten Hosen geklopft, wenn ich sie als Reithosen auf städtischen Monumenten mißbrauchte.

Mein Vater hatte damals eine Wirtschaft inne, die sich in der damaligen Nr. 4 der Grimmaischen Straße befand: genau gegenüber diesen verlockenden Löwen. Die Mitglieder der Burschenschaft »Germania«, die bei ihm verkehrte, pflegten mich »Bierast den Löwenritter« zu nennen. Es ist Felonie von mir gewesen, daß ich später nicht Burschenschafter, sondern Corpsstudent geworden bin, denn ich kann wohl sagen, daß ich eine wahrhaft innige Liebe und Bewunderung für die »Germanen« hegte, die sie aber auch reichlich vergalten. Sie leben in meiner Erinnerung samt und sonders als wahre Ausbünde von Ritterlichkeit, Lustigkeit, Kraft und Schönheit. Einer hieß Lachmund. Den liebte ich seines Namens wegen besonders. Ein anderer, der Pechmann hieß, wurde, glaube ich, im Duell erschossen. Es kann aber auch sein, daß ich mir dies nur aus dem Namen zusammenphantasiert habe, und daß es ein anderer war, der um jene Zeit erschossen wurde. Das weiß ich nämlich noch bestimmt, denn ich erinnere mich deutlich, einen schwarzen Kasten gesehen und gefragt zu haben: »Was is denn da drinne?« »Pixtolen!« erhielt ich zur Antwort, und am nächsten Tage fehlte ein Germane. Ich brachte das ohne weiteres mit dem Kasten in Verbindung und entsetzte meinen Vater nicht wenig, indem ich sagte: »Der is totgeschossen worden.« Jeder Versuch, mir das auszureden schlug fehl, aber ich erklärte: »Ich sags nich weiter.« Übrigens fand ich gar nichts besonderes dabei. Studenten waren für mich Helden, und es schien mir nur selbstverständlich, daß zuweilen mal ein Held im Kampfe fiel. [...]

Meine Eltern verwandten mich gerne zu Botengängen, und ich war damit durchaus einverstanden, da sie sich in der Hauptsache zu Delikatessegeschäften richteten, wo ich gewöhnlich etwas »zukriegte«. Während der Messe aber stellte ich mich als unbrauchbar dazu heraus, weil mich die Herrlichkeiten der Budenstadt auf dem Altmarkte viel mehr interessierten, als der Umstand, daß die Wiener Würstchen, die ich bringen sollte, sogleich und nicht erst nach Stillung meiner Neugierde gebraucht wurden. Als ich gar einmal die ganze Summe, die für »essende Ware« bestimmt war, in Schaubuden und Karussells veruntreut hatte, erklärte mich mein Vater für eine gewissenloses Subjekt und ungeeignet zu Vertrauensposten. Nur der Einspruch der gesamten Burschenschaft »Germania« rettete mich vor einer schweren Tracht Prügel; aber mit den lukrativen Botengängen war es aus.

Bald auch mit meiner Leipziger Kinder-Zeit, denn meine Eltern fanden, daß ich strengerer Beaufsichtigung bedurfte, als sie leisten konnten, und taten mich nach Dresden ins Freimaurerinstitut.

Leipzig sah mich erst als Untertertianer der Thomasschule wieder. Die Schola Thomana war eben aus ihrem alten Hause neben der Thomaskirche nach dem neuen übergesiedelt, das mir wie ein ungeheurer Palast vorkam. Auch der alte Rektor Eckstein imponierte mir sehr, wie ich denn überhaupt vor alten Lehrern immer viel Ehrfurcht gehabt habe, während mir die jungen »schneidigen« weniger imponierten. In der angenehmsten Erinnerung ist mir der geblieben, der Schümann hieß und Schümp genannt wurde. Er war ein Original, und ich fürchte, daß er bei seinen Kollegen weniger beliebt war, als bei seinen Schülern. Einige seiner Schrullen waren ja komisch, und wir amüsierten uns manchmal mehr über ihn als respektvoll war; aber der bittere Hohn, mit dem sich Schüler über die Schwächen unsympathischer Lehrer lustig machen, blieb von ihm fern. Er ließ es zu, daß wir ihm schallend ins Gesicht lachten, aber keiner grinste hinter seinem Rücken. Ich für mein Teil liebte ihn geradezu, obwohl er mich oft genug arg demütigte, indem er Stellen aus meinen Aufsätzen, die ich für besonders schön hielt, dem allgemeinen Gelächter preisgab. Dafür durfte ich aber bei ihm Aufsätze in Versen schreiben und hatte den Genuß, sie von ihm ex cathedra im Donnerton deklamieren zu hören, wenn sie sein Plazet erhalten hatten. Er war keiner von den verhängnisvoll schlechten Pädagogen, die da glaubten, Jugend müsse vor allem geduckt werden. Wo er Talent sah, ließ er sich's tummeln; selbst Bocksprünge sah er gelassen lächelnd mit an, hatte aber eine sehr feine ironische Manier, jedem Böckchen seine Geschmacklosigkeiten so zum Bewußtsein zu bringen, daß es das nächste Mal etwas bedachtsamer hoppste. – Da er selber ein wirkliches herzliches Verhältnis zum großen poetischen Erbe aus unserer klassischen Zeit hatte, verstand er es, auch uns dazu anzuleiten. Statt uns mit Kommentaren zu langweilen, ließ er uns die Meisterwerke Schillers mit verteilten Rollen lesen, wobei er die Hauptrolle aber gerne für sich selber reservierte. Und er las sie gut. Nur war es drollig, daß er zuweilen an einen eben mächtig herdeklamierten Vers in seinem gewöhnlichen Tonfall eine seiner wunderlichen »Regeln« fügte, die er in kurze, nur ihm und seinen Schülern geläufige Formeln, gebildet aus den Anfangsbuchstaben ihrer Worte, gebracht hatte. Es kam mir immer vor, als wollte er auf diese Weise sein philologisches Gewissen beruhigen. – Schon in der Obertertia hatten aber einige von uns literarische Aspirationen, die über das hinausgingen, was der Stundenplan bot. Wir (an der Spitze ein jetziger Staatsanwalt, ferner ein jetziger Heidelberger Professor der Medizin und ich) gründeten ein Kränzchen, in dem wir gemeinsam Dramen lasen und Vorträge hielten. Das lustigste an diesem Kränzchen war sein Protokoll, in dem wir uns gegenseitig aufs prachtvollste im Stile parlamentarischer Gegner vermöbelten. Es ist mir heute noch ein Genuß, in diesen Heften zu blättern und daraus zu erfahren, daß ich während meiner Präsidentschaft »deutliche Spuren von Cäsarenwahnsinn an den Tag gelegt« habe, wofür ich dann in einer gewaltigen Niederschmetterungsrede von »faktiöser Opposition« sprach. Wir kultivierten besonders die Dramen der Sturm- und Drangperiode; moderne Literatur interessierte uns gar nicht.

»Unsere erste Wohnung war in einer freudlosen Straße« (um 1875)

Rudolf Binding
1927

Als mein Vater mir verkündete, wir reisten alle zusammen nach Leipzig, ergriff mich erstmals in meinem Leben das Gefühl der Zukunft. Das was sich auftat, wenn auch unbekannt, machte stärkere Rechte geltend als das was mich umgab, und als der Zug über die Eisenbahnbrücke rollte, von der aus ich das Bild der Stadt die ich verließ so begierig einsog wenn sie mich aufnahm, schaute ich nicht zurück, weder nach ihr noch nach meiner Großmutter Haus. Ich fuhr einer Bestimmung entgegen, einem Ziele zu. Die erste, die jugendlichste, die kindlichste Gralsfahrt begann und eine Erregung saß in meinem Herzen. Da war nicht mehr der Zaubermantel in dem ich unmerkbar dahinflog, und wenn er sich auseinanderschlug war ich an einem neuen Ort; da saß ich selbst und die Dinge glitten vorüber und ich mußte sie gleiten lassen. Sie gingen mich schon nichts mehr an wenn sie verschwanden, und waren vergessen ehe ich sie begriff. Aber daß wir gemeinsam nach jenem Ziele fuhren, das ging mich an; ich war daran beteiligt, auch wenn es nur das Ziel meines Vaters war. Es war wie eine Pflicht, die ich für mich selbst in Anspruch nahm. Nach Leipzig wurde ich nicht mitgenommen, ich begleitete meine Eltern. Ich ließ mir von meinem Vater die Namen der Orte nennen an denen der Zug hielt und machte für jeden Ort einen Strich in mein erstes Notizbuch das mir jemand geschenkt hatte; aber diese Pflicht fiel mir erst nach einer Weile ein und ich fragte meinen Vater, wie oft der Zug schon gehalten habe, und machte die Striche nachträglich.

Nach langen Stunden und vielen Strichen wurde die Gegend flach und gleichförmig. Das Auge fand keinen Halt. Felder und Felder, ununterschieden und ununterscheidbar, weit und formlos. Viele Windmühlen, heute alle längst verschwunden, bewegten ihre Flügel im Winde oder hielten sie still; aber alle drehten sich wie auf einem unendlich großen Teller stumm und gefühllos vorüber. Was nutzte es daß der Vater sagte, auf den Feldern wüchse Korn und die Mühlen vermahlten es zu Mehl. Sie schienen mir ungefüg, fremd und traurig. Aber die Eltern freuten sich doch auf Leipzig! und vielleicht war ich nur müde.

Wie oft hatte ich schon gefragt: wie weit ist es noch? ist es noch weit? – »Wenn wir in die Nähe von Leipzig gelangen«, sagte mein Vater, »müssen wir über sieben eiserne Brücken.« – Ich schwieg lange und wagte nicht mich zu regen.

»Sind wir schon über eine der Brücken hinüber?« fragte ich später unsicher.

»Nein«, sagte mein Vater; »noch nicht; das merkst du.«

Mein Sinn war auf die Brücken gerichtet. Es dauerte nun schon so lange und zugleich war mir bang daß ich eine versäumen könnte, als ob sich dann eine mir unbekannte dunkle Verheißung nicht erfüllen werde, die an das Überschreiten der sieben Brücken geknüpft sei.

Endlich kam die erste. Ich sah meinen Vater an. Der Zug donnerte schwerfällig und verlangsamt über eine kurze eiserne Brükke. Das Eisen rauschte, neben und unter mir; so würde es noch sechsmal rauschen. Ich erkannte einen schwarzen, trägen, unbeweglichen, gewundenen Fluß. Er lag zwischen Grasrändern wie erstickt oder ertrunken. In dieser Ebene ertranken die Flüsse.

Die zweite Brücke kam; die dritte. Wieder ertrank ein Fluß zwischen Gras – oder war es der gleiche? Ich verlor keine der Brücken. Und immer rauschte das Eisen. Und immer war Sumpf oder ein ertrinkender Fluß unter den Brücken.

Ich weiß noch, daß ich wenigstens das Bild der Stadt suchte. Ich wandte meine letzte Kraft und meinen letzten Mut daran. Ich suchte die Stadt fast wie eine Rettung. Aber da war keine Stadt, oder wenn da eine war, war sie nicht zu sehn. Nein, es war keine: ich wußte doch wie Städte aussehn mußten! lieblich oder stolz; ein Bild, ein machtvoll umfassendes; ich wußte doch wie Flüsse aussehn mußten, was Flüsse waren; ich hatte die Dreisam, den Rhein und den Main gesehn und erlebt. Die Flüsse dieser Stadt logen, sie seien Flüsse, und waren keine.

Am späten trägen Nachmittag als der Zug durch unbegreifliche Häuser entstehender Vorstände in Leipzig einrollte, beschied ich mich. Wenn dies das Land der Zukunft war in das ich ausgezogen war, an das ich nun schon so viel gesetzt, so war eben das Land der Zukunft anders als alles was ich je erlebt. Es erforderte andere Kräfte. Ich würde stärker werden. Ich sammelte neuen Mut, stärker zu werden und die Zukunft zu bestehen. Der Zug hielt einen Augenblick an einem schlammigen Graben. Ich hatte einmal eine sterbende Ratte in einem verschlammten Graben gesehn; an diese sich gegen den Schlamm wehrende Ratte wurde ich damals erinnert. Ich hätte sie vergessen, aber sie lebte wieder auf, und in Verbindung mit diesem Aufleben lebt sie noch heute.

Die Stadt, nahm ich mir vor, könnte bei Tage anders aussehen. Es dämmerte und ich war müde, aber ich war froh daß ich da war. Danach weiß ich nicht was geschah.

Es sollte eine geraume Zeit vergehen, bis ich dahinter kam, was es mit der Stadt für eine Bewandtnis hatte. Unsere erste Wohnung in einer freudlosen Straße, wo viele Verlagsbuchhandlungen dicht beieinander lagen und unzählige zweirädrige Stoßwagen täglich erdrückende Stöße gleichförmiger Bücher, in ewig graue Pappe gepackt, in sich aufnahmen und zu mir unbekannter

Bestimmung abfuhren, muß sehr ausdruckslos gewesen sein; ich habe von ihr, den Dingen die darin standen, den Menschen die dort verkehrten, dem Leben das wir dort führten nicht die leiseste Erinnerung. Weder meine Eltern noch mein Bruder noch ich selbst existierten in dieser Zeit, obgleich für anderes gleichzeitig eine zum Teil sehr lebhafte Erinnerung in mir besteht. Es war als ob die Menschen in der Ausdruckslosigkeit erblindeten wie die Fenster aus denen ich nicht ein einziges Mal auf jene freudlose Straße hinabgesehen zu haben mich entsinne. Ähnliche erblindende Wirkung hatte auf mich die ganze Stadt. Ihre Sonne war dunkel, ihr Licht nie ganz hell, ihre Luft nie ganz rein. Ihr Baumkranz war von glanzlosem schmutzigem Grün und von fettigem Ruß, der sich auf allem ablagerte, verkümmert und vergiftet. Keine einzige Blume blühte damals in den spärlichen Anlagen. Die Straßen, besonders die äußeren, waren unfreudig und unfroh geschäftig, der Westen noch nicht erschlossen. Sie hatte keinen mit meinen Sinnen und meinen Empfindungen erfaßbaren Ausdruck, keine Gestalt und kaum ein Gesicht, weder im äußeren noch im inneren Sinn. So ist sie mir im Tiefsten verblieben trotz der sehr großen Kenntnis, die ich im Laufe vieler Jahre meines Aufenthalts von ihr gewann. Ich sage das nicht aus Undankbarkeit. Jedem geben die Menschen, geben die Dinge mehr als er gibt, mehr als er bemerkt. Das weiß ich auch von der Stadt. Aber indem sie gibt, teilt sie sich mit. Und viel Blindes, Blasses, Lichtarmes, viel Gedrücktes, Unbewegliches, Niedergehaltenes schwebt über ihr und der Ebene, die sie um sich zu dulden hat, bis auf den heutigen Tag. [...]

Kurze Zeit darauf sehe ich mich in einer lichteren Wohnung. Große Fenster sehen auf eine belebte Handelsstraße hinab, aus der riesige Ballen von frischem Leder und schwankende Türme getrockneter Häute täglich einen aufdringlichen, selbstbewußten, leicht beizenden Geruch bis hoch in die Häuser hinauf verbreiteten. Viele Zimmer reihten sich in gerader Flucht aneinander; ein langer Gang, gestreckt wie eine Rennbahn, lief vor ihnen hin und endete in einem ziemlich geräumigen Platz am Eingang, den ich nur als Turnplatz achtete, durch den aber – teils störender teils willkommener Weise – die Freunde der Familie, die Professoren und Minister, die Präsidenten und Reichsgerichtsräte, die Beamten und Pedelle, die Studenten und Kandidaten, die Buchhändler und Künstler, der Oberbürgermeister und die Leipziger Patrizier, die Generäle und Offiziere, die Fürsten und Prinzen die meinen Vater besuchten, ebenso wie die Besuche meiner Mutter und meine und meines Bruders Spielkameraden die Wohnung betraten. [...]

Segelschiffchen in voller Fahrt (1902)

Hans Carossa
1955

Wenn dieser Morgengang mir nach und nach zu einer angenehmen Gewohnheit wurde, so hatte es freilich noch einen anderen Grund. Auf dem Wege lag nämlich eine kleine Buchhandlung, in der ich einmal einen anatomischen Atlas kaufen wollte. Im Laden stand hinter dem Pult ein kleiner, verwachsener Mann, der mich an meinen Freund Hugo erinnerte, nur daß er sehr viel älter war. Er bedauerte, keine medizinischen Bücher zu führen, und verwies mich an eine andere Buchhandlung, duldete jedoch, daß ich mich in seinem Geschäft ein wenig umsah, und lächelte gewährend, wenn ich dann und wann einen Band in die Hand nahm und las. Vermutlich war er sparsam; er trug täglich die nämliche fertige Halsbinde von braunem Leder, eine Art Dauerkrawatte, die er nie wechselte, jedenfalls nicht an Werktagen. Sein Lieblingsgebiet war das moderne schöngeistige Schrifttum, das er Belletristik nannte; doch zog er den Begriff ›modern‹ sehr weit, und in seinen Fächern standen Geibel, Heyse, Storm und Bodenstedt friedlich neben Bierbaum, Dehmel, Falke und Liliencron. Unter den neuen Zeitschriften aber lagen einzelne Hefte, stark wie Bücher, doch ungebunden, durch ihre Ausstattung von allen anderen Veröffentlichungen unterschieden. Bänder wie Notenlinien überliefen wellenartig den Umschlag, und auf den Wellen, in nicht ganz geschlossenen Ringen, sah man viele farbige Segelschiffchen in voller Fahrt. Betitelt war jedes Heft: ›Die Insel, herausgegeben von Otto Julius Bierbaum, Alfred Walter Heymel und Rudolf Alexander Schröder.‹ Verse wie Prosa waren in klarer Antiqua auf schönes, kräftiges Büttenpapier gedruckt, und wie aus verlorener Heimat grüßten die Namen der Dichter, die mir in München durch den unersetzlichen Prometheus lieb geworden waren: Liliencron, Dehmel, Strindberg, Bierbaum, Falke. In welchem Ansehen sie bei uns jungen Leuten standen, war mir vor kurzem noch bewußt geworden, als Bierbaum im Münchener akademisch-dramatischen Verein beim Vorlesen einer seiner eigenen erotischen Dichtungen so stark lachen mußte, daß er ziemlich lang nicht weitersprechen konnte. Vor lauter Respekt erlaubte sich keiner von uns mitzulachen, was für ihn etwas peinlich gewesen sein mag. [...]

Der freundliche Buchhändler, der mir bei jedem Besuch gewogener wurde, schien mit dem Absatz der neuen schönen Zeitschrift nicht so recht zufrieden. Er machte auch kein Hehl daraus, daß er sie eigentlich für eine kostbare Merkwürdigkeit hielt, und da ihm nicht entgangen war, daß mir unendlich viel an dem Besitz der Hefte lag, überließ er sie mir freiwillig für die Hälfte des Preises, der unter dem Titel angegeben war.

Erich Kästner (1919)

Alfred Klein
1984

Erich Kästner war im Herbst 1919 mit einem Kriegsabitur und dem »Goldenen Stipendium« der Stadt Dresden in der Tasche nach Leipzig gekommen, um hier »germ. et hist.« zu studieren. Er bezog zunächst in der Senefelder Straße 3 Quartier, verbrachte das Sommersemester 1921 in Rostock, das Wintersemester 1921/22 in Berlin und suchte sich nach seiner Rückkehr in Czermaks Garten 7 eine neue Studentenbude, bis er schließlich ein »möblierter Herr« bei einem Dr. Hübler in der Hohen Straße 51 wurde.

»Leipzig ist das Heute. Und Dresden – das Gestern ... Leipzig ist die Wirklichkeit. Und Dresden – das Märchen ...«, schrieb er über seinen Ortswechsel. Trotz der »Schulwebel« im Freiherrlich Fletcherschen Lehrerseminar und trotz der noch mehr gehaßten Feldwebel auf dem Exerzierplatz verklärte sich die Erinnerung Kästners an das Hof- und Beamtendomizil an der Elbe um so mehr, als der Traum von einem sorgenfreien Studium schnell zerrann. Die Not der Inflation machte auch vor dem internationalen Handelszentrum an der Pleiße nicht halt. Sie verwandelte die Mitgift Elbflorenzens in keine und die Ersparnisse der Eltern in nichts. Da hieß es nun nicht allein, sich durch fleißiges Studium Aufstiegschancen zu erwerben, sondern sich auch als »Werkstudent« den Lebensunterhalt selbst zu verdienen, beispielsweise in der Buchhaltung eines Baugeschäfts. Zur Messe bot sich ein abwechslungsreicheres Betätigungsfeld, ausgenommen die Aufseherjobs mit Dienstmütze, weil da selbst ein Trinkgeld von bloß drei- oder vierhundert Mark mit dem blöden »Männchenmachen« quittiert werden mußte. Eher schon schien es möglich, einem angehenden Dozenten für Philosophie nachzueifern und mit einem Kinderkorb vorm Leib an kleine neugierige Mädchen die guten Leibniz-Kekse zu verkaufen. »Oder lasse ich mir ein paar Firmenschilder auf Brust und Rücken nageln und wandle, damit behaftet, durch die Grimmaische und die Petersstraße? Da darf ich dann aber nicht auf dem Fußsteig gehen, sondern unten, wo die bösen Autos fahren. Und als wandelnde Litfaßsäule kann man so einem beweglichen Benzinbehälter schwer entrinnen.« Überhaupt die Messeonkels und die eigens für sie mit einem Extrazug aus Berlin importierten Damen! »Schlanke Blondinen im knappen Schneiderkostüm; sachlichen Schritts; mit kühler, mattgepuderter Haut. Kleine lebhafte, schwarzhaarige Geschöpfe, in Tiger- und Löwenfells gehüllt bis an die lustige Stupsnase. Retuschierte, erstarrte Profile; voller Vergangenheit. Blutjunge, erhitzte Gesichtchen; voller Zukunft. Dunkelblaue wehende Capes; knisternde Kleider; kurze lustige Jacken; um schmale Hüften enggeraffte Roben... Gelächter und Müdigkeit... Erwartung und große Hüte... Zwei dicke Herren drehen sich um, bleiben stehen... Heliotrop und Lavendel...« Solche Begegnungen standen in schärfstem Kontrast zu zigarettenschnorrenden Armen und auch zu der ziemlich brotlosen Beschäftigung mit den Künsten. [...]

Irgendwann in seiner Leipziger Zeit hatte Kästner den linken Sozialdemokraten Erich Knauf kennengelernt, der Redakteur der »Plauener Volkszeitung« war und einer der ersten Abnehmer für die satirischen Sachen des angehenden Schriftstellers wurde. Näher kam ihm auch noch ein zweiter Erich, der etwas jüngere Ohser, Kunststudent, ein »Mann von unbändiger Lebenslust« und vitaler Gegner der »Profitmacher«, der Kästners ersten Gedichtband »Herz auf Taille« (1928) mit frechen Vignetten versah und in den dreißiger Jahren als E. O. Plauen die Serie »Vater und Sohn« schuf. [...]

Ein welterschütterndes Ereignis war es natürlich nicht gerade, als der Chef der »Neuen Leipziger Zeitung« Anfang 1927 seinen Mitarbeitern Erich Kästner und Erich Ohser fristlos kündigte und sie zwang, nach Berlin »zu emigrieren«. Immerhin zeigt der Vorgang in den Redaktionsstuben der Johannisgasse 8, daß die Stadt der »Bach- und Buchkantaten« mit ihren Musenjüngern zumindest zuweilen recht unfreundlich umspringt. In Kästner und Ohser verlor sie wieder einmal zwei vielversprechende Begabungen, für die Leipzig eben nur eine Zwischenstation blieb. Wer weiß, was aus ihnen geworden wäre, wenn... ja wenn die Konkurrenz in der Redaktion des stockkonservativen Blattes »Leipziger Neueste Nachrichten« sich nicht berufen gefühlt hätte, am Sonntag, dem 20. März 1927, unter der Überschrift »Tempelschänder« die jungen Leute von der anderen Fraktion wegen erbefeindlicher Umtriebe zu denunzieren.

Ausgerechnet im Beethoven-Jahr hatte Kästner sein »Abendlied des Kammervirtuosen« publiziert, in dem es heißt:

»Du meine neunte Sinfonie!
Wenn du das Hemd anhast mit den rosa Streifen ...
Komm wie ein Cello zwischen meine Knie,
Und laß mich zart in deine Saiten greifen! ...«

In der Tat ist es ja ein Frevel, die Neunte mit erotischen Assoziationen zu verbinden und den berühmten Götterfunken ausgerechnet in den berufsfremden Phantasien eines verliebten Instrumentalisten aufblitzen zu lassen. Aber nicht genug damit. Der Herr Ohser servierte »seinen Genossen« zu dieser Gemeinheit eine noch gemeinere Zeichnung, einen Musiker nämlich, »der in höchster Sinnenbrunst ein üppiges, kaum bekleidetes Weib als Allegorie der Neunten wie ein Cello zwischen seinen Knien hält ... Bleibt nur noch zu fragen, ob das die neue proletarische Kultur ist, die man dem Arbeiter bringen will? Pfui Teufel!«

Da konnten oder wollten nun die Herren der »Neuen Leipziger Zeitung« wirklich nicht anders, als ebenfalls empört zu sein und die beiden Erichs schnurstracks zu feuern, wobei sie ihnen allerdings die Gnade zuteil werden ließen, für ein geringes Entgelt aus der Hauptstadt über die Hauptstadt berichten zu dürfen. So geschah es denn auch. Kästner schickte allein vom Juli 1927 bis zum Jahresende im Durchschnitt zwei Beiträge wöchentlich an seine alte Redaktion.

Die Berichterstattung über die hauptstädtische Vergnügungsindustrie wurde zur Hauptwaffe seiner Aufklärungsarbeit. [...]

»Die Zeit fährt Auto« (1927)

Die Städte wachsen. Und die Kurse steigen.
Wenn jemand Geld hat, hat er auch Kredit.
Die Konten reden. Die Bilanzen schweigen.
Die Menschen sperren aus. Die Menschen streiken.
Der Globus dreht sich. Und wir drehn uns mit.

Die Zeit fährt Auto. Doch kein Mensch kann lenken.
Das Leben fliegt wie ein Gehöft vorbei.
Minister sprechen oft vom Steuersenken.
Wer weiß, ob sie im Ernste daran denken?
Der Globus dreht sich und geht nicht entzwei.

Die Käufer kaufen. Und die Händler werben.
Das Geld kursiert, als sei das seine Pflicht.
Fabriken wachsen. Und Fabriken sterben.
Was gestern war, geht heute schon in Scherben.
Der Globus dreht sich. Doch man sieht es nicht.

An der alten Elster (um 1895)

Joachim Ringelnatz
1929

An der Alten Elster spielte meine Kindheit, spielten drei Geschwister: meine zwei Jahre ältere Schwester, mein vier Jahre älterer Bruder und ich. Die Altersunterschiede waren derzeit belanglos. Wir hatten unsere Freunde und Freundinnen. Auch das Geschlecht spielte keine Rolle. Es waren verwahrloste Armeleutekinder unter uns. Wir hatten auch Feinde und führten erbitterte und unbedacht gefährliche Schlachten mit ihnen. Die von der Fregestraße waren besonders rohes Pack.

Abgesehen von den allgemeinen, überlieferten Kinderspielen unternahmen wir, was Großstadtkindern nach gegebenen dürftigen Gelegenheiten einfällt. Ein Lastwagen – ohne Pferde, ohne Kutscher – wurde erklettert. Eins von uns machte sich an der Bremse zu schaffen. Wie schrien wir, als der Wagen plötzlich ins Rollen geriet! Ein schimpfender Riese brachte ihn endlich zum Stehen. [...]

Für mich war der größte Eindruck der Fluß mit seiner Uferromantik. Zwischen den Löchern und dem wirren Gestrüpp der steilen Abhänge kletternd, kämpfend, forschend, erlebte ich die Abenteuer meiner Sehnsucht voraus. Der Fluß trug seltsame Gegenstände vorbei. Am andern Ufer war eine Pferdeschwemme. Es war ein spannendes Schauspiel, wenn dort Rosse ins Wasser geritten oder geführt wurden. Einmal, zweimal trieben dort Leichen an. Noch unheimlicher waren die hohen alten Pappeln an unserem Ufer. Die hohen Pappeln mit ihrem zitternden und schillernden Blättermillionen-Gewoge. Im Sturme neigten sie sich so beängstigend tief hin und her, als drohten sie, jeden Moment auf uns hereinzubrechen. Sie rauschten unsagbar unheimlich in meine einsame Kinderphantasie. [...]

Ich habe ein Ölbild gemalt, dem ich dem Titel »Am Fluß« gab. Und mein Rowohlt-Buch »Flugzeuggedanken« enthält ein Gedicht: »An der Alten Elster«:

Wenn die Pappeln an dem Uferhange
Schrecklich sich im Sturme bogen,
Hu, wie war mir kleinem Kinde bange! –
Drohend gelb ist unten Fluß gezogen.

Jenseits, an der Pferdeschwemme,
Zog einmal ein Mann mit einer Stange
Eine Leiche an das Land.
Meine Butterbemme
Biß ein Hund mir aus der Hand. –
O wie war mir bange,
Als der große Hund plötzlich neben mir stand!

Längs des steilen Abhangs waren
Büsche, Höhlen, Übergangsgefahren. –

Dumme abenteuerliche Spiele ließen
Mich nach niemand anvertrauten Träumen
Allzuoft und allzulange
Schulzeit, Gunst und Förderndes versäumen. –
Hulewind beugte die Pappelriesen.
O wie war mir bange.

Pappeln, Hang und Fluß, wo dieses Kind
Soviel heimlichstes Erleben hatte,
Sind nicht mehr. Mir spiegelt dort der glatte
Asphalt Wolken, wie sie heute sind.

Beide Arbeiten entstanden 1929, beide entkeimt aus den Erinnerungen an meine Kindheit an der Alten Elster, sechsunddreißig Jahre und länger zurück.

37. Romanushaus, Ecke Brühl- und Katharinenstraße, erbaut 1701-1704.

38. Buchhändlerbörse in der Ritterstraße im Alten Lateinviertel, 1836 erbaut von Albert Gentebruck.

39. Apels Haus, 1720.

40. Hohmanns Haus am Markt, 1708-1714 erbaut.

41. *Das Zimmermannsche Coffee-Haus, 1729.*

42. *Die »Große Feuerkugel«, Hofansicht, mit Goethes Studentenwohnung, in der er in den Jahren 1765-1768 wohnte.*

43. *»Zum Coffee Baum«. Portalrelief, Entwurf von Ratsbaumeister Döring um 1725.*

44. *Das Café am Brühl.*

10. »*Flöten gehen ihm voraus*«

Die Beatles

Erich Loest
1978

Erst sah es aus, als hätte niemand etwas gegen die Beatles. Die Ortszeitung führt am Wochenende eine Jugendseite, da diskutiert ein Professor mit sich selbst, worüber die Jugend diskutieren solle und was dabei herauszukommen habe, und dieser Professor schrieb, The Beatles stammten aus den Slums von Liverpool und hätten sich hochgerackert; teilweise trügen ihre Songs sozialkritischen Charakter. Ein prominenter Lyriker wurde im Fernsehen interviewt, was er von den Beatles hielt, die fand er überaus schön, und die Leute vom Rundfunk überschlugen sich, so waren sie von sich begeistert, weil sie mal ein Häppchen von ihnen brachten. Das geschah 1965, ich war sechzehn und in der zehnten Klasse und so groß wie heute, 1,79, ich kann also nur bedingt auf mich herabblicken und behaupten: Ganz schön doof. [...]

Also die Beatles: Sie waren mit einem Schlag in allen Ohren und Hitparaden, alle redeten über sie und kannten sie, jede Woche produzierten sie einen frischen Hit, es war wie ein Fieber, packte uns und schüttelte uns und schmiß uns hin und machte uns anders, als wir gewesen waren. Die Beatles waren dabei, wenn ich mein Fahrrad flickte, waren background, als ich den Aufsatz über Superman Kortschagin schrieb und Rüben verzog, ich hatte ihren Sound im Ohr beim Abtrocknen und Makkaroni-Schaufeln und natürlich abends im Bett. Morgens: Ich wurde wach und erinnerte mich allmählich, wer ich war, Wolfi Wülff, ich äugte zum Globus auf dem Schrank und begriff, daß ich in die Schule mußte, war sauer und fand, daß ja auch Ferien sein könnten, und dann war noch etwas, Stille, Vakuum, ich wunderte mich und wußte schon, alles würde sich aufklären. Mit einem Schlag war es da: She love's you, yeah, yeah, yeah. Die Post ging ab.

Mit dem Yeah kamen die Hippies und mit ihnen die langen Haare, hier und da schlichen Mähnige mit trotzigen Augen durch die Straßen; staatsbewußte Kellner weigerten sich, Langhaarige zu bedienen. In unserer Schule muckerten verschämte Ansätze zur neuen Welle. Wer lange Haare trug, war ein Gammler. Wer lange Haare trug, hörte ich im Haus, war arbeitsscheu und hatte Läuse. Bauerheld, der uns Mathe und Stabü beibrachte, wetterte gegen lange Haare wie jeder maßgebliche Erwachsene. Wir saßen in unserem Keller und stellten uns vor, auch uns wallten Locken bis auf die Schultern, wir könnten unerhört Gitarre spielen und hätten einen ungeheuren Sound und könnten prachtvoll Englisch, wir kloppten auf Deckeln rum und brüllten etwas, das wie Englisch klang, und da der Keller klein war, dröhnte der Krach gewaltig, und der Sound war enorm. Der Keller gehörte Jogis Oma, sie hatte nichts dagegen, daß wir die Regale rausschmissen und Wände und Decke weißten und Tisch und Stühle hineinstellten und Zigarettenschachteln an die Wände nagelten, nur WEST, aus dem Intershop schleppte Hoschko leere Zehnerkartons an, und wenn uns jemand ein Poster mit John Lennon geschenkt hätte, wären wir vor Glück in tausend Stücke zersprungen.

Wie alles, was dann kam, zusammengehangen hat, wußten wir natürlich nicht. Überall entstanden Gruppen, die die Beatles nachahmten und sich die Zotteln wachsen ließen und von ihren Schwestern Halsketten ausborgten. Am bekanntesten war die Old-Kings-Combo, die beatete meist in Markranstädt, und die Massen wallfahrteten hin. Einmal stand in der Zeitung, einer von den alten Königen hätte ein Kind unter Einsatz seines Lebens aus dem Kanal gezogen. Dann hieß es, die Kings wären verboten, sogar verhaftet wegen Steuerhinterziehung, und eines Morgens dräute Bauerheld, dunkle Elemente hätten für den kommenden Sonntag, zehn Uhr, eine Protestdemonstration gegen die Verhaftung der Old-Kings-Combo auf dem Leuschnerplatz angesetzt, und es sei strengstens verboten, daran teilzunehmen. Zehn Uhr am Sonntag auf dem Leuschnerplatz, wiederholte er gründlich, und wehe, wenn jemand von euch hingeht! Das predigten in diesen Tagen alle Lehrer in allen achten bis zehnten Klassen Leipzigs und in den Berufsschulen und den Lehrlingswerkstätten, zehn Uhr am Sonntag auf dem Leuschnerplatz, laßt euch dort ja nicht blicken! [...]

Zu Mutter sagte ich kein Wort über die Protestdemonstration, beugte aber vor: Wir hätten am Sonntagmorgen vielleicht einen Crosslauf im Rosental, Genaues wäre noch nicht bekannt. Am Sonnabend vor der letzten Stunde kreuzte Bauerheld noch einmal auf und erboste sich über die Demonstration am Sonntag um zehn Uhr auf dem Leuschnerplatz, und jede Beteiligung wäre strengstens verboten und hätte schärfste schulische und andere Maßnahmen zur Folge. [...]

Es war ein heller, windstiller Morgen, die Straßen lagen ruhig wie meist am Sonntagvormittag, ich staunte über die Ruhe, denn ich hatte gedacht, die Stadt müßte kochen. Mir blieb Zeit, es war noch nicht einmal neun, ich dachte: Fährst nicht mit der Straßenbahn, beim Gehen siehst du mehr. An der nächsten Ecke standen drei Jungen, die ich nicht kannte, sie waren nicht aus unserem Viertel und warteten wohl auf jemanden, ich wußte sofort, wohin sie wollten. Jungen streunten stadtwärts, dort zwei, dort vier, andere stiegen aus einer Straßenbahn, manche begrüßten sich. Unter Bäumen parkten große grüne Lastwagen mit heruntergezogenen Planen. Bereitschaftspolizei.

Der Leuschnerplatz ist eigentlich kein Platz, sondern ein Sammelpunkt verschiedener Straßen. Als ich dort ansockte, war es halb zehn, hier und da standen Grüppchen von Jungen. Wir lachten, als jemand auftauchte, der eine rosa Bluse mit Rüschen trug, die hatte er sicherlich von seiner Schwester geborgt. Keiner reckte ein Plakat, und ich dachte, nun müßten bald die dunklen Elemente aufkreuzen, die diese Protestkundgebung organisiert hatten, jemand hielt eine Rede, und dann würden sicherlich Polizisten und Stabülehrer aus den Seitenstraßen strömen und die Rädelsführer festnehmen, und wenn mich Bauerheld ertappte, war irgendein Teufel los. Aber sicherlich konnte ich entwischen und wäre dann nicht auf Berichte aus dritter Hand angewiesen, ich wäre *dabeigewesen* und könnte in der Pause sagen: So und so und so, ich hab die riesigen Plakate gesehen mit den Köpfen der Beatles und der alten Könige, die Kronen trugen und Bärte und Haare bis zu den Knien, ich hab die Sprechchöre dröhnen hören, und zum ersten Mal in meinem Leben war richtig was los, und als alles in Gang war, konnte ich zehn Meter weit springen und englisch singen und schwebte über dem Platz und spielte auf einer Gitarre, von der Drähte zu Lautsprechern führten, die groß waren wie das Rathaus.

Dann schlug es zehn und nichts geschah. Es fällt mir heute schwer, zu schätzen, wie viele Jungen auf die Warnung ihrer Lehrer hin gekommen waren? Dreihundert? Fünfhundert? Um der Wahrheit die Ehre zu geben, es war nicht gerade die geistige Elite der Nation, die sich da versammelt hatte. Schüler der EOS waren bestimmt nicht dabei, die hatten ja was zu verlieren, die Aussicht auf einen Studienplatz vor allem. In der Masse dürften es Lehrlinge gewesen sein, auch Abgänger der achten Klasse, auch der sechsten, Schüler der neunten und zehnten Klasse, auf zwanzig Jungen kam vielleicht ein Mädchen. Man sieht solche Gestalten manchmal zusammengeballt als Fußballfans mit Tuten und Fahnen; in der Schule haben sie nichts gegolten, sie sind keinesfalls die Lieblinge ihrer Lehrmeister, da drängen sie sich zusammen, um die Wärme der Gruppe am Rand des Gewohnten und Gewünschten zu finden. Manchmal beweisen sie ihre Kraft gegenüber Parkbänken. Jetzt standen sie hier und glotzten. Nichts geschah. Wo blieben die dunklen Elemente?

Ich möchte heute noch wetten, daß wir uns nach einer Stunde aus Langeweile zerstreut hätten. Aber da sorgte ein Lautsprecherwagen der Verkehrspolizei für Abwechslung, er rollte langsam hin und her, blechern hallte es: »Bürger, Ihr Verhalten ist ungesetzlich! Sie werden aufgefordert, sofort die Straßen zu räumen!« Die Jungen standen auf den Bürgersteigen, feixten, warteten. Ich verdrückte mich in die Petersstraße hinein, hörte abermals, mein Verhalten wäre ungesetzlich, und wagte mich wieder neugierig vor. Die Dinge entwickelten sich, keine Frage. Einmal sah ich einen aus einer Parallelklasse, der Name spielt keine Rolle, heute ist er Oberleutnant bei der NVA. Jogi sah ich nicht, Hoschko auch nicht. Da erweiterte der Polizeisprecher sein Repertoire: »Sollten Sie dieser Warnung nicht Folge leisten, werden polizeiliche Maßnahmen angewendet.« Das brachte Leben ins Völkchen: Wie sah derartiges aus?

Eine Minute später wurde uns ein seltenes Schauspiel geboten. Die Macht rollte über den Leuschnerplatz: Vorn ein Jeep mit Polizeioffizieren, dahinter zwei Lastwagen mit aufgesessenen Bereitschaftspolizisten, im Zentrum das Paradestück: Ein Wagen wie ein Elefant, das Fahrerhäuschen mit Sehschlitzen wie ein Panzer, obendrauf eine Kuppel mit gedrungenem Rohr: Ein Wasserwerfer. In natura habe ich so was weder vorher noch hinterher jemals gesehen. Dann wieder zwei LKW mit Polizisten und noch ein Jeep. So rollte diese Armada langsam über den Platz, die Jungen staunten, manche pfiffen, allmählich kam Schmiß in die Sache. Wer dachte jetzt noch an die Kings? [...]

Unsere Spitzenmädchen sangen von diesem Tag an nicht mehr She loves you, huhuhuhu; ich will nun aber auch nicht behaupten, sie hätten sich jäh russischen Volksweisen zugewandt. In unserem Keller drehten wir die Heule nur noch halb so laut und redeten von nichts anderem als dieser ungeheuren Geschichte; ich wußte schon nicht mehr: Bezog ich mein Bild vom peitschenden Wasserschweif aus der Petersstraße oder aus dem Kino? Hoschko kannte einen, der festgenommen worden war und nun in Böhlen im Gleisbau arbeitete; es hieß, die Polizei hätte ihm schon in der ersten Stunde die Haare geschnitten. Mit den langen Haaren war es aus, die Beatgruppen benannten sich um, sie hießen nicht mehr »The Shadows«, sondern »Drei lustige Gitarristen«. Von den Old Kings hörte keiner mehr was. Auch nicht von Schlagringen und Pistolen.

Spielleute und Stadtpfeifer (seit 1470)

Gustav Wustmann
1902-1909

Ist es nicht ein artiger Zufall, daß die früheste urkundliche Erwähnung eines Gewerbetreibenden in der »Musikstadt« Leipzig die eines Spielmanns ist? Wilhelm Spielmann wird als Leipziger Bürger in einer Urkunde des Jahres 1200 genannt. Dann hören wir freilich jahrhundertelang nicht eher wieder etwas von Leipziger Spielleuten, als bis die Musik in den Ratspfeifern oder Stadtpfeifern amtliche Vertreter gefunden hatte. Und doch hat es sicherlich welche gegeben, denn wie hätte man den Fastnachtstanz auf dem Rathause, der schon 1470 nach »alter Gewohnheit« stattfand, ohne Spielleute abhalten können? Ja sogar amtliche Vertreter der weltlichen Musik hat es schon vor Einrichtung des Stadtpfeiferamts in Leipzig gegeben, nämlich in den Türmern oder, wie sie damals genannt wurden, »Hausleuten« der beiden Hauptkirchen der Stadt, der Nikolai- und der Thomaskirche. Die Kirchtürme galten, wenn sie auch Teile der Kirchengebäude waren, doch für weltliche Gebäude. Türmer waren nicht Kirchendiener, sondern weltliche Beamte, städtische oder, je nachdem, fürstliche. Immer aber waren sie Musikanten, sie mußten blasen können. Der »Hausmann zu Sant Thomas« machte sich im September 1483 aus dem Staube, nachdem er eben erst vom Rate 45 Groschen »zu einer Trommeten« erhalten hatte, und der Rat mußte sofort für Ersatz sorgen: am 15. September wurde »Veit Hausmann zu einem Hausmann zu Sant Thomas aufgenommen und ihm zugesagt, daß ihm das Brot und Covent [Bier] doselbst aus dem Kloster, als vormals ein Hausmann gehabt hat, folgen soll, und dazu jährlich ein Sommergewand, ein Fuder Holz, 4 Scheffel Korn und die Woche 7 Groschen zu Wochenlohn und jedes Jahr ein Schock Groschen und frei Herberge«. Dafür wurde er verpflichtet, dem Rate zehn Jahre zu dienen und sich über seinen Lohn nicht zu beklagen. 1485 wurde Georg Saffera, der »Hausmann von Meißen«, als »Hausmann zu Sant Niclas« angenommen; auch ihm wurde ein Wochenlohn von 7 Groschen, außerdem ein Jahrsold und ein Kleid zugesagt, »als vormals von Alter auch gewest«. 1507 werden »einem Hausmann, daß er sich hat lassen hören«, vom Rate 5 Groschen bezahlt; und er muß gefallen haben, denn kurz darauf läßt »Ludwig, der Hausmann von Zwickau«, sein Gerät nach Leipzig schaffen. Noch 1562 wird den »Hausleuten« auf den Kirchtürmen verboten, von irgendeinem Fremden um des Anblasens willen Trinkgeld zu fordern, es wären denn Fürsten. Sie paßten also auf, ob sich vornehme Fremde den Stadttoren näherten, was sie von ihrer hohen Warte aus gut konnten, und bewillkommneten sie mit einem Trompeterstücklein.

Je weniger wir aber von den Leipziger Spielleuten im Mittelalter hören, um so mehr von fremden, die die Stadt besuchten. Zu dem bunten und mannigfaltigen Gefolge geistlicher wie weltlicher Fürsten und Herren, den Parzefanten (poursuivants) – unter diesem Namen werden sie oft zusammengefaßt –, gehörten in der Regel auch Spielleute. Da werden Sänger und Pfeifer genannt, Drommeter, Posäuner und Zinkenbläser, Lutenisten oder Lautenschläger, Schalmeier, Sackpfeifer und Harfer. Sie kamen mit ihren Herren zur Messe oder zu einem Fürstentag oder begleiteten sie auch sonst auf der Reise oder zogen auch, wie namentlich zu Neujahr, allein im Lande herum, musizierten und bettelten.

Stadtmusikanten im 16. Jahrhundert

Gustav Wustmann
1889-95

Das älteste ständige Musikchor unsrer Stadt waren die Ratspfeifer oder Stadtpfeifer. Zu welcher Zeit dieses Institut eingerichtet worden ist, läßt sich mit voller Sicherheit angeben: es geschah 1479. In diesem Jahre findet sich im Leipziger Ratsbuch folgenden Eintrag: »Uf sonnabendt nach Kiliani [10. Juli] anno etc. LXXIX haben alle drey rete eintrechtiglich zu eren der stadt und allen bürgern zu nutz und frommen zu spielleuten und dynern ufgenommen meister Hansen Nayll mit zweyen seinen sönen, und haben im [ihm] zu iarsolde geredt und zugesagt ierlich 40 alte schog zu geben und ydem [jedem] eyn hofegewant gleich den reitenden Knechten, und yn [ihnen] gesatzt, das sie von keynem bürger, deme sie zu seyner wirtschaft [Hochzeit] ader andern seynen eren pfieffen werden, nicht obir [über] 40 groschen fordern und nehmen sollen, und wo sie gemeynen bürgern und armen lüten pfieffen würden, von den sollen sie nicht meher danne eyn halb schog nehmen. Und sollen darüber nichts mehr haben, widder [weder] herberge noch holtzgelt, auch umbe das nauwe iar zu keynem bürger gehen ungeverlich [ohne Gefährde, unverbrüchlich]. Das haben sie dem rate also zu halden auch geredt und gelobt, und die wapen [Wappen, Stadtwappen], die yn [ihnen] der rat wil machen lassen, sollen sie dem rate widder antworten, wanne sie von des rats dinste scheiden werden.« [...]

Außer für diese Abzeichen sorgte der Rat aber auch für die musikalischen Instrumente. Schon 1526 heißt es in den Rechnungen: »Es hat der Rath den Stadtpfeyffern 9 newe flöten in eynem futter [Futteral], dye sie zu Nurmbergk bestellet, betzalt, doch mit dem beschiede, ob sie weg zcihen wurden, das sie dyeselben alhir lassen sollen, vnd darvor geben 3 Schock 30 Groschen.« [...]

Dreierlei war es, was die Stadtpfeifer zu besorgen hatten: die Kirchenmusik, das Blasen vom Rathausturm und die Musik bei bürgerlichen Festlichkeiten, vor allem bei Hochzeiten. Wenn auch die vorliegende Eidesformel erst aus dem Jahre 1613 stammt, so ist doch kein Zweifel, daß dies schon früher im wesentlichen ihre Funktionen waren. Das Abblasen vom Turm wurde im August 1599 eingeführt, nachdem bei einer Renovation des Rathauses der noch jetzt bestehende eiserne Austritt zu diesem Zwecke angebracht worden war. Die Mitwirkung bei der Kirchenmusik geht aber sicherlich viel weiter zurück. Die Sitte endlich, die Stadtpfeifer zur Hochzeit ins Haus zu bestellen und sie dort beim Schmaus und zum Tanze aufspielen zu lassen, bestand, wie die Notiz über ihre erste Anstellung beweist, schon im fünfzehnten Jahrhundert. Seit das neue Rathaus fertig war (1556), dessen Saal dann vielfach als Speise- und Tanzsaal benutzt wurde – er hieß im Volksmunde geradezu der »Tanzboden« –, wurden nicht bloß Hochzeitstänze, sondern auch die Tanzvergnügungen der Zünfte häufig im Rathaussaale abgehalten, wo das Orchester der Stadtpfeifer noch heute erhalten ist; vier Mann werden gerade darauf Platz gehabt haben. Als besondre Merkwürdigkeit wird berichtet, daß, als kurz nach Einführung der Reformation in Leipzig (1539) eine epidemische Krankheit in der Stadt ausbrach, und der Rat verordnete, daß alle Verstorbenen »ohne Geläut, Singen und Gepränge in geheim begraben werden« sollten, es vorgekommen sei, daß »sie Tote mit den Stadtpfeifern, so geistliche Gesänge pfeifen müssen, bestattet haben; als nun dieses die Widerwärtigen des Evangelii übel gedeutet und der eingeführten evangelischen Lehre die Schuld geben wollen, so haben die anwesenden Reformatores in den Predigten solche übele Auflage abgelehnet«. Instrumentalmusik am Grabe muß also damals etwas ganz Ungewöhnliches gewesen sein.

Ratspfeifer im 17. Jahrhundert

Paul Bennemann

1920

Zu Anfang des 17. Jahrhunderts gesellten sich zu den 4 Stadtpfeifern noch 3 Kunstgeiger oder Stadtfiedler als offiziell angestellte Musikanten. Anfänglich von den Pfeifern scheel angesehen, da diese von den neuen Kollegen eine Schmälerung ihrer Einnahmen befürchteten, vereinigten sich doch beide Parteien bald gegen die Schmutzkonkurrenz der unkonzessionierten Gelegenheitsmusiker, gemeinhin »Bierfiedler« genannt. Die städtischen Akten des 17. Jahrhunderts sind voll von solchen Musikantenzwistigkeiten; und man muß es dem Rate lassen, daß er sich seiner angestellten und geprüften Künstler wacker angenommen hat.

Hauptsächlich handelt es sich in diesen Streitfällen um die musikalische Mitwirkung bei Hochzeiten. Und in der Tat! wenn man hört, was die Brautleute bei diesen Barockhochzeiten draufgehen ließen, dann kann mans verstehen, daß die Einnahmen daraus für die Musikanten und andere dabei Beteiligte fast eine Lebensfrage waren. Schon gegen den Kleiderluxus der Frauen, der nachgerade viele Familien zugrunde zu richten drohte, hatte der Rat 1580 und wiederum 1640 strenge Verordnungen erlassen und den einzelnen Ständen der Ratspersonen, Handelsherren, vornehmen Bürger, Handwerker und Dienstleute genau vorgeschrieben, welche Arten Stoff, wieviel Ellen davon und zu welchem Preise die Elle sie verwenden durften. Ebenso wurde nun um 1680 der Aufwand bei Hochzeiten genau nach dem Stande abgemessen. So mußte 8 Tage vor dem Feste eine namentliche Liste der Eingeladenen, unter Umständen sogar die Speisekarte auf dem Rathause abgegeben werden, von denen bei zu großer Zahl der Gäste oder der Gerichte Abstriche gemacht wurden. Vornehme durften beim Hochzeitsmahle 10 Tische mit je 12 Personen aufstellen und nicht über 12 Gerichte auftragen lassen. Die Stadtpfeifer bekamen für ihre Mitwirkung 4 Taler und »aus gutem Willen ein kalt Gebratenes, einen Krug Bier, 4 Kannen Wein als Köstigen mit heim«. Bestellte der Brautvater bloß die Kunstgeiger, so kam er billiger weg; denn eine »streichende« Hochzeit galt als weniger vornehm als eine »blasende«. Der Kantor erhielt einen Taler, 2 Kannen Wein und eine Portion vom »Köstigen«; die Schüler bekamen 2 Taler.

Die musikalische Ausstattung einer vornehmen Hochzeit war etwa folgende: Die Stadtpfeifer stellen sich vor dem Kirchgange am Hochzeitshause ein und spielen vor der Tür, bis sich der Brautzug ordnet, den sie alsdann führen. Nähert sich der Zug der

Kirche, so bläst der Thomastürmer einen Willkommensgruß. Beim Betreten des Gotteshauses beginnt das Orgelspiel, das auch die Grundlage der Motette bzw. des Tedeums vor und nach dem Trauakt bildet. Wie kunstvoll diese Musik oft gewesen sein mag, erhellt daraus, daß Schein unter vielen anderen für eine Hochzeit im Jahre 1618 ein 4chöriges Tedeum für 24 Stimmen schrieb. Die Stadtpfeifer geleiten nun den Zug zum Hochzeitshause zurück, während der Türmer ihm eine alte derbe Liebesballade nachbläst. Das Hochzeitsmahl wird durch »ein schön Okto« der Alumnen gewürzt; auch das anmutige Lied: »Mirtillo mein« ist bei einer Hochzeit am 18. September 1620 zum ersten Male erklungen. Endlich beginnt der Tanz, entweder im Hochzeitshause oder, bei besonders vornehmen Hochzeiten, mit ausdrücklicher Erlaubnis des Rates auf der großen Ratsdiele.

Der verkannte Bach
(1723-1750 in Leipzig)

Friedrich Blume

1947

Als nach Kuhnaus Tode das Thomaskantorat neu zu besetzen war, verhandelte man lange mit Telemann und Graupner, denen man die entgegenkommendsten Angebote machte. Bach, obwohl man ihn haben konnte und er eben frisch aus dem Köthener Hofkapellmeisteramt kam, wurde erst zuletzt seufzend in Erwägung gezogen.

»Da man die Besten nicht bekommen könne, müsse man mittlere nehmen.«

– diese Äußerung des Bürgermeister Dr. Platz gab wohl der allgemeinen Stimmung des Leipziger Rates Ausdruck. Gottsched, der 27 Jahre neben Bach in Leipzig gewirkt und unendlich viele Musiktexte gedichtet hat, hat nicht einen einzigen für Bach verfaßt (daß Sebastian die Trauerode auf die Kurfürstin Christiane Eberhardine komponiert hat, beruht auf einem Zufall). Gottsched erwärmte sich für Scheibe, Marpurg, Hasse und vermochte zum »Lobe Germaniens« die Verse zu dichten:

> Ersann nicht Sturm die Ordnung deutscher Säulen?
> Ist Telemann und Händel nicht bekannt?
> Des Holbeins Kunst und Cranachs Zauberhand
> Wird Zeuxis selbst den Siegeskranz erteilen!

Kein Wort für, nicht einmal ein Wort über Bach. Während der 64jährige Meister schwer erkrankt lag, ein Jahr vor seinem Tod, ließ man im Juni 1749 seinen späteren Nachfolger Gottlob Harrer in aller Öffentlichkeit die Probe ablegen »zum künftigen Kantorat zu St. Thomae, wenn der Kapellmeister und Kantor, Herr Sebastian Bach, versterben sollte« – ein Schlag ins Gesicht des Alternden wie gegen alle gute Sitte und alles Herkommen. Und als, zur merklichen Erleichterung ganz Leipzigs, Bach am 28. Juli 1750 endlich die Augen geschlossen hatte, da faßte Bürgermeister Dr. Stieglitz die Meinung der Öffentlichkeit in die dürren Worte:

»Die Schule brauche einen Cantorem und keinen Kapellmeister, ohnerachtet er auch die Musik (d. h. die Komposition) verstehen müsse.«

Schon seit dem Anfang der dreißiger Jahre klingt es immer mißtöniger herüber: Streitigkeiten mit und um Bach erwachsen, werden aufgebauscht und finden kein Ende. [...]

Damit aber hatte seine eigene Umgebung und Lebensgemeinschaft das Urteil über ihn gesprochen: er gehörte einer verfallenden Welt an. Bach stand im vollen Lichte der Öffentlichkeit. Fast drei Jahrzehnte hat er unter seinen Mitbürgern gewirkt, Passionen und Kantaten in den beiden Hauptkirchen geleitet, glänzende Festmusiken auf dem Marktplatz dirigiert, Kammermusiken seines studentischen Collegium Musicum in Zimmermanns Kaffeehaus oder in den Kaffeegärten vor den Toren Leipzigs veranstaltet, komponiert und improvisiert. Dennoch war er schon zu Lebzeiten ein halb Vergessener, ein schwer zu behandelndes Curiosum, ein bissiges altes Original. Es war schon sehr viel, wenn Telemann, aus freundschaftlichster Gesinnung heraus, Bach in seinem dichterischen Nachruf bescheinigte:

> Erblichner Bach! Dir hat allein dein Orgelschlagen
> Das edle Vorzugswort des »Großen« längst gebracht;
> Und was für Kunst dein Kiel aufs Notenblatt getragen,
> Das ward mit höchster Lust, oft auch mit Neid betracht't.
> So schlaf! Dein Name bleibt vom Untergange frei!
> Die Schüler deiner Zucht und ihrer Schüler Reih'
> Bereiten für dein Haupt des Nachruhms Ehrenkrone;
> Auch deiner Kinder Hand setzt ihren Schmuck daran;
> Und was insonderheit dich schätzbar machen kann,
> Das zeiget uns Berlin in einem würdgen Sohne.

Das ist es: der Orgelvirtuose, der Beherrscher der kontrapunktischen Künste, der Lehrer, – und im Geheimen, unausgesprochen, aber für den Kundigen unüberhörbar, die Meinung, daß Philipp Emanuel viel bedeutender sei als sein Vater.

In der Thomasschule sickerte indessen ein ganz bescheidenes Rinnsal Bachscher Überlieferung fort. [...] Bachs Motetten hielten sich noch eine Zeitlang mit Mühe entgegen dem Zeitgeschmack, weil sie ungemein schwierg waren und als Paradestükke der Thomaner galten, vor allem *»Singet dem Herrn«*. Daran knüpft die bekannte Anekdote, wie Mozart auf der Durchreise in Leipzig 1789 diese Motette unter Doles hört und nun in helle Begeisterung gerät. Unter den Thomanern befand sich damals Friedrich Rochlitz, der spätere musikalische Korrespondent Goethes und gewandte Musikschriftsteller. Er berichtet die Geschichte nach fast 40 Jahren aus der Erinnerung folgendermaßen:

»Mozart kannte Bach mehr vom Hörensagen als aus seinen Werken; wenigstens waren seine Motetten, da sie nie gedruckt waren, ihm noch ganz unbekannt. Kaum hatte der Chor einige Takte gesungen, so stutzte er; noch einige Takte – da rief er: Was ist das? Und nun schien seine ganze Seele in seinen Ohren zu sein. Als der Gesang zu Ende war, rief er voll Freude: das ist wieder etwas, woraus sich was lernen läßt! Man erzählte ihm, daß diese Schule, an der Sebastian Bach Kantor gewesen, die vollständige Sammlung seiner Motetten besitze und als ein Heiligtum aufbewahre. Das ist recht! das ist brav! rief er. Zeigen Sie her! – Man besaß aber keine Partituren dieser Gesänge; er ließ sich daher die ausgeschriebenen Stimmen reichen; und nun war es für den stillen Beobachter eine Freude zu sehen, wie eifrig Mozart sich setzte, die Stimmen um sich herum, in beide Hände, auf die Knie, auf die nächsten Stühle verteilte, und, alles andere vergessend, nicht eher aufstand, als bis er alles, was von Seb. Bach da war, sorgsam durchgesehen hatte. Er erbat sich eine Kopie und hielt diese sehr hoch.«

Goethe schrieb dem Organisten Schütz, schon 1818, in eines seiner Bach-Hefte:

Laß mich hören, laß mich fühlen,
Was der Klang zum Herzen spricht;
In des Lebens nun so kühlen
Tagen spende Wärme, Licht.

Immer ist der Sinn empfänglich,
Wenn sich Neues, Großes beut,
Das ureigen, unvergänglich,
Keines Krittlers Tadel scheut,

Das aus Tiefen sich lebendig
Zu dem Geisterchor gesellt,
Und uns zwanglos und selbständig
Auferbauet eine Welt.

Tritt der Jünger vor den Meister,
Sei's zu löblichem Gewinn.
Denn die Nähe reiner Geister
Geistigt aufgeschloßnen Sinn.

Der verehrte Bach

Johannes Bobrowski
1967

Unbequemer Mann,
Stadtpfeifergemüt, mit Degen
wie mit Neigung zum Sentiment
(praktikabel, versteht sich),
einer Kinderfreude
an plätschernden Wassern, stetig
wirkendem Gang der Flüsse;
so sind der kahle Jordan
und der von Himmeln trächtige
Euphrat ihm
freundlich.

Daß er die Meerbucht sah –
einen dort, der herging
hinter Feuern unsichtbar,
der die Planeten rief
mit einer alten Qual, –

manchmal
im blitzenden Köthener Spiel,
im Bürgerprunk
der Leipziger Jahre
taucht das herauf. Zum Ende
hat er des Pfingstgeists Sausen
nicht mehr gehört mit Trompete
oder Posaune (auf 16 Fuß).

Flöten gehn ihm voraus,
als er müdegeschrieben
tritt vor sein altertümliches Haus,

den fliegenden Wind
spürt, die Erde
nicht mehr erkennt.

Ein Fäßchen Wein aus Franken (1748)

Charles Sanford Terry
1929

Leipzig, d. 2. Novembr. 1748.

Hochgeehrter Herr Vetter. Hoch Edler
Daß Sie nebst Frauen Liebsten sich noch wohl befinden, versichert mich Dero gestriges Tages erhaltene angenehme Zuschrift nebst mit geschicktem kostbarem Fäßlein Mostes, wofür hiermit meinen schuldigen Danck abstatte. Es ist aber höchlich zu bedauern, daß das Fäßlein entweder durch die Erschütterung im FuhrWerck, oder sonst Noth gelitten; weiln nach dessen Eröffnung und hiesigen Ohrtes gewöhnlicher visirung, es fast auf den 3ten Theil leer und nach des visitatoris Angebung nicht mehr als 6 Kannen in sich gehalten hat; und also schade, daß von dieser edlen Gabe Gottes das geringste Tröpfflein hat sollen verschüttet werden. Wie nun zu erhaltenem reichen Seegen dem Herrn Vetter herzlichen gratulire; als muß hingegen pro nunc mein Unvermögen bekennen, üm nicht im Stande zu seyn, mich reellement revengiren zu können. Jedoch quod differtur non auffertur, und hoffe occasion zu bekommen in etwas meine Schuld abtragen zu können. Es ist freylich zu bedauern daß die Entfernung unserer beyden Städe nicht erlaubet persöhnlichen Besuch einander abzustatten; Ich würde mir sonst die Freyheit nehmen, den Herrn Vetter zu meiner Tochter Liessgen Ehren Tage, so künfftig Monat Januar. 1749. mit dem neuen Organisten in Naumburg, Herrn Altnickol, vor sich gehen wird, dienstlich zu invitieren. Da aber schon gemeldete Entlegenheit, auch unbeqveme Jahres Zeit es wohl nicht erlauben dörffte den Herrn Vetter persöhnlich bey

uns zu sehen; So will ich mir doch ausbitten, in Abwesenheit mit einem christlichen Wunsche ihnen zu assistiren, wormit mich denn dem Herrn Vetter bestens empfehle, und nebst schönster Begrüßung an Ihnen von uns allen beharre

Ew. HochEdlen gantz ergebnere treüer Vetter und willigster Diener

Joh. Seb: Bach.

P. S. M. Birnbaum ist bereits vor 6 Wochen beerdigt worden.

P. M. Ohnerachtet der Herr Vetter sich geneigt offeriren, fernerhin mit dergleichen liqueur zu assistiren; So muß doch wegen übermäßiger hiesiger Abgaben es depreciren; denn da die Fracht 16 gr. der Überbringer 2 gr. der Visitator 2 gr. die Landaccise 5 Gr. 3 Pf. und generalaccise 3 gr. gekostet hat, als können der Herr Vetter selbsten ermessen, daß mir jedes Maaß fast 5 gr. zu stehen kömt, welches denn vor ein Geschencke alzu kostbar ist.

»Ruhet sanft, ihr Gebeine« (1834/1894)

Gustav Wustmann
1898

Nun ist der Kirchhof um die Johanniskirche und hinter der Johanniskirche der alte Begräbnisplatz Leipzigs. Die vorderste Spitze, die eigentliche Umgebung der Kirche, ist zwar schon 1850 säkularisiert und als »Johannisplatz« dem freien Verkehr übergeben worden; nur ein einziges Grab hat man unangestastet stehen lassen: das Grab Gellerts. Der zunächst dahinterliegende Teil ist 1883 zu Parkanlagen umgestaltet worden. Aber eine weiter sich anschließende dritte, vierte und fünfte Abteilung besteht noch als alter Johanniskirchhof. So ist denn auch beim Abbruch der Kirche und beim Grundgraben zu dem Neubau, der eine bedeutend größere Fläche bedecken wird als die alte Kirche, also seine Grundmauern überall in die Gräberreihen des alten Kirchhofs hinabstreckt, eine Unmasse menschlicher Gebeine zu Tage gekommen (unter der Kirche allein über achthundert Schädel), die natürlich an andrer Stelle wieder der Erde übergeben worden sind. Da hat man sich denn die Frage vorgelegt: Sollten wir nicht diese Gelegenheit – vielleicht die letzte, die sich bietet! – benutzen, einmal ernstlich nach der Grabstätte Bachs zu forschen? Eine Inschrifttafel, die noch 1885 an der Südseite der alten Kirche angebracht worden war, um auf die vielen Fragen der Fremden und Einheimischen wenigstens eine gewisse Antwort zu geben, sagte nur, daß er am 31. Juli 1750 auf dieser Seite des Kirchhofs begraben worden sei. [...]

Ich beginne – der Vollständigkeit wegen – mit der angeblichen Tradition. Ein Mann von fünfundsiebzig Jahren – es ist der in Leipzig allbekannte Lokalhistoriker der Leipziger Tagespresse – soll erzählt haben, daß ihm, als er fünfzehn Jahre alt gewesen sei, ein damals neunzigjähriger Gärtner die Grabstelle Bachs gezeigt habe. Von der kleinen Tür an der Südseite der Kirche sechs Schritte geradeaus – dort sei das Grab gewesen.

Was auf solche Traditionen zu geben ist, weiß jeder Kundige. Sie werden nicht nur in jedem Fall anders erzählt, sie werden auch, wenn es gewünscht wird, bereitwillig erfunden. An die vorliegende können nur ganz harmlose Gemüter glauben. Vor sechzig Jahren, im Jahre 1834, hat weder ein fünfzehnjähriger Junge nach Bach fragen, noch ein neunzigjähriger »Gärtner« eine solche Frage beantworten können. Wenn etwas Ähnliches von Gellerts Grab erzählt würde, so könnte man es glauben. Gellert genoß im Leben bei Hoch und Niedrig, Alt und Jung eine Liebe und Verehrung wie kein zweiter, die auch noch jahrzehntelang nachgehalten hat. Nach Bach fragte aber schon wenige Jahre nach seinem Tode niemand mehr. Jahrzehntelang haben nur Auserlesene von ihm gewußt. [...]

Der junge Schumann – der hat zwei Jahre später wirklich nach Bachs Grab gefragt. Aber es konnte ihm niemand Antwort geben. [...]

1843 hat Heinrich Heinlein eine fleißige und gewissenhafte

Beschreibung des Johanniskirchhofs und seiner Denkmäler ausgearbeitet. Auch er hat die Hilfe des damaligen Totengräbers in Anspruch genommen, auch urkundliche Quellen befragt. Über Bach aber schreibt er: »Unmöglich war es, das Grab von Johann Sebastian Bach zu ermitteln, da zufällig die Totenregister an der Stelle, wo dasselbe verzeichnet war, von der Zeit beschädigt und unleserlich geworden sind.« [...]

Die einzige gedruckte Nachricht, die wir darüber haben, steht in dem Nekrolog Bachs, der 1754 in (Mizlers) »Musikalischer Bibliothek« (IV, 1) erschienen ist. Dort heißt es gegen das Ende: »Er kannte auch den Bau der Orgeln aus dem Grunde. Das bewies er sonderlich, unter andern, einmal bei der Untersuchung einer neuen Orgel, in der Kirche, ohnweit welcher seine Gebeine ruhen.« [...]

Bach ist in dem Leichenbuche, das der Totengräber geführt hat, unterm 31. Juli 1750 mit den Worten verzeichnet: »Ein Mann, 67 Jahr, H. Johann Sebastian Bach, Kapellmeister und Cantor der Schulen zu St. Thomas, auf der Thomas-Schule, st. ♁. 4 unmündige Kinder, Leichenwagen gratis.« Nicht so ausführlich, aber im übrigen genau damit übereinstimmend, ist der Eintrag in dem vom Leichenschreiber geführten Buche. Das Lebensalter ist, wie oft in diesen Büchern, falsch angegeben: Bach war 65 Jahre alt, als er starb. [...]

Aus den Rechnungen des Johannishospitals ergibt sich nun unzweifelhaft, daß Bachs Grab nie einen Denkstein gehabt hat. Dagegen findet sich 1750 folgender Eintrag: »4 Thlr. zahlte der Todtengräber Müller wegen H. Johann Sebastian Bachs eichenen Sarg den 31. July.«

Wo war aber nun das Grab?

Über die Gräber in freier Erde sind im allgemeinen keine Bücher geführt worden. Es blieb den Angehörigen der Verstorbnen überlassen, sie sich zu merken; das Hospital oder der Totengräber hatte kein Interesse daran. [...]

Nun bedenke man einerseits den kleinen Umfang des damaligen Johanniskirchhofs, andrerseits die große Sterblichkeit, die damals in Leipzig herrschte! Hielt sich doch die Bevölkerung der Stadt viele Jahre lang nur durch den Zuzug von außen ungefähr auf der Höhe von 30000 Menschen! In jedem Jahr übertraf die Zahl der Gestorbnen die der Gebornen um mehrere Hundert! Dazu kamen im siebenjährigen Kriege Tausende von gestorbnen Soldaten, die freilich zum größten Teil außerhalb des Kirchhofs begraben wurden. In den fünfzehn Jahren von 1751 bis 1765 starben in Leipzig 23931 Menschen, fast so viel, als die Stadt damals Einwohner hatte! Bedenkt man das, so kann man mit ziemlicher Gewißheit annehmen, daß Bachs Grab spätestens zwanzig Jahre nach seinem Tode schon wieder anderweitig belegt war, vielleicht schon früher. Unter diesen Umständen darf wohl der Versuch, bei dem Neubau der Johanniskirche nach Bachs Gebeinen zu forschen, als aussichtslos bezeichnet werden.

Geschrieben im Mai 1895

Vier Tage darauf, nachdem der vorstehende Aufsatz veröffentlicht war, wurden die Gebeine Bachs gefunden. Denn so darf, ja muß man jetzt wohl sagen nach dem Bericht, den Professor His im Auftrage einer mit der Angelegenheit betraut gewesenen Kommission veröffentlicht hat. Ja, es kann wohl kaum mehr ein Zweifel darüber sein: Bachs Grab, das für verloren galt, ist gefunden, seine Gebeine sind gefunden, und was noch mehr ist: es ist mit ihrer Hilfe gelungen, von der äußern Erscheinung, von dem Antlitz des großen Leipziger Thomaskantors ein Abbild zu schaffen, das alle, die es sehen werden, aufs freudigste überraschen wird. [...]

Der Schädel war sehr auffällig: mit einem Dutzendkopfe hatte man es nicht zu tun. Er zeigte namentlich vier Eigentümlichkeiten: die mäßig lange und in ihrer hinteren Hälfte breite Gehirnkapsel hatte eine etwas zurückweichende, eine sogenannte fliehende Stirn; die Augenbrauenbogen gingen nach der Mitte in einen starken Stirnnasenwulst über, so daß die Nasenwurzel einen tiefen Einschnitt bildete, aus dem der Nasenrücken in scharfem Winkel hervorsprang; die Augenhöhlen waren verhältnismäßig niedrig, mehr breit als hoch; endlich das eigentümlichste: der Unterkiefer trat etwas über den Oberkiefer vor.

Es galt nun zunächst Bildnisse Bachs zur Stelle zu schaffen, um sie mit dem Schädel zu vergleichen, vor allem Originalbildnisse. In Leipzig gibt es deren zwei. [...] Die beiden Bilder sind einander sehr unähnlich; wenn sie in dem Porträtzimmer eines öffentlichen Museums ohne Bezeichnung nebeneinander hingen, würde schwerlich jemand darauf verfallen, sie für ein und dieselbe Person zu halten. Bei näherem Zusehen entdeckt man aber doch gemeinsame Züge, und zwar – dieselben wie an dem Schädel; weil sie so auffällig sind, hat sie der Maler auf keinem der beiden Bilder verfehlen können. Das sind die niedrigen Augenhöhlen mit ihren engen Lidspalten, die unter einem deutlichen Stirnwulst kräftig vorspringende Nase und ein leises Vortreten des Unterkiefers über den Oberkiefer. Nur die »fliehende Stirn« scheint zu fehlen; doch darüber läßt die Perücke kein Urteil zu.

Um sich zu vergewissern, daß hier auch keine Täuschung vorliege, schlug nun His einen Weg ein, der bisher noch nie betreten worden war. Er sagte sich: wenn ein Künstler imstande ist, über einen Gipsabguß eine porträtähnliche Büste Bachs zu formen, so ist eine Täuschung ausgeschlossen.

Er wandte sich deshalb an den Leipziger Bildhauer Karl Seffner. [...] Und wunderbar: gleich der erste Versuch gelang; schon nach zwei Tagen hatte der Künstler über den Abguß ein Porträt geformt, das durch seine Ähnlichkeit mit den Bildern Bachs alle überraschte, die es sahen.

Damit war nun freilich auch noch kein Beweis geliefert. Aber eins war gewonnen: die Überzeugung, daß es der Mühe wert sei, den so überraschend gelungnen ersten schnellen Versuch noch einmal genauer und mit allen zu Gebote stehenden Mitteln einer methodischen wissenschaftlichen Untersuchung zu wiederholen. [...]

Bei diesem Stande der Sache glaubte aber His die Angelegenheit nicht länger als eine private behandeln zu dürfen; er machte am 31. Oktober dem Rate der Stadt Leipzig Mitteilung von den bisherigen Vorgängen, worauf der Rat zur Weiterführung der Angelegenheit eine aus sechs Mitgliedern bestehende Kommission ernannte, zu denen außer His und Seffner auch der Verfasser dieses Aufsatzes gehörte.

Das Bachdenkmal (1841)

Felix Mendelssohn-Bartholdy
1863

An Eduard Bendemann, Dresden

Leipzig d. 27 Febr. 1841.

Liebster Eduard
Erinnerst Du Dich wohl, daß Du mir bei Deiner letzten Anwesenheit versprachst an eine passende Form für den Bachschen Denkstein unter den Fenstern der Thomasschule zu denken? Daß Dir das gradlinige, parallellaufende, griechische Postament und die Büste nicht zusagte, und Du mir in einer Mußestunde was Besseres dafür angeben wolltest? Könntest Du mir jetzt dies Versprechen erfüllen? Ich möchte mich gern bald an die Ausführung der Sache machen, und brauche Deinen Rath vor allen Dingen. Der Gedanke, daß Du mir ihn dazu geben würdest, ist mir sehr lieb geworden, und ich möchte ihn nur sehr ungern wieder fahren lassen. [...]

An Eduard Bendemann, Dresden

Leipzig d. 29 April 1841

Diese Zeilen sollen eigentlich nichts als Dir sagen, daß wir in Lurgensteins Garten wohnen, und daß wirklich in Leipzig in dieser Zeit kein Quartier viel besser ist, als obenbenanntes. Ich werde Dich zwar Sonnabend Abend an der Eisenbahn erwarten; aber wie uns der Zufall diesmal so schön zusammengeführt hat, könnte er uns auch einander mal häßlich auseinander bringen wollen, und für den Fall schreibe ich eben dies, und bitte, kommt hieher und in kein andres Gasthaus! Es ist auch nirgends Platz!

Wegen des Monumentes ist mir noch auf dem Wege eingefallen, ob es nicht ganz von Eisen gemacht werden könnte? Ich weiß nicht, warum ich mir die verschiedenartigen Farben, Sandstein und Thon, oder Sandstein und Bronze, nicht recht denken kann, und mir eine Farbe fürs Ganze so viel schöner denke. Aber mündlich. [...]

An Eduard Bendemann, Dresden

In Sachen von uns contra } Seb. Bach
versus }

Leipzig d. 8ten Juni 41

Lieber Eduard

Bei meiner Zurückkunft hier erfuhr ich, wie lange man mit der Absendung des Modells gezögert hat, und bitte Dich deshalb sehr um Entschuldigung. Hoffentlich ist es nun wohlbehalten in Deine Hände gelangt; und nun bombardire ich Dich wieder mit Briefen und Anfragen. Die Büste im Concertsaal zu Berlin hat mir, was das Gesicht betrifft sehr gefallen und vollkommen passend geschienen; nicht aber hinsichtlich des Costüms. Er ist dort mit kahlem Kopf und römischem Mantel dargestellt, und muß wohl zu Deinem Entwurf einen Halskragen und Rock und wenn auch nicht eine Allongenperücke doch solche Art Locken tragen, die man dafür nehmen kann. (Dieser Einfall ist nicht auf meinem sondern auf Thorwaldsens Miste gewachsen; ich habe in B.[erlin] eine Büste von ihm, Holbergs Portrait, gesehn, wo die Perükke auf diese Art behandelt mir ausnehmend gefiel.) Die Form dieser Büste des Concertsaales ist noch vorhanden, Castellan Adler hat sie; was soll nun zunächst geschehen? Und kannst Du durch Deinen Schwiegervater nicht einen Ausguß am besten bekommen, wenn Du einen solchen brauchst?

Ferner hat die Stadt Leipzig sich förmlich bereit erklärt, die nöthigen Einrichtungen des Platzes mit Einschluß der Grundmauern zu übernehmen; da wären ja wohl also wieder einige Thaler gespart.

Nun aber wie steht es mit dem Material? Geht's in Sandstein, geht's in Sandstein?

Man hat mir hier von einem gewissen Marmor aus Wildenfels(?) glaub' ich, gesprochen, von dem man vielleicht durch den Fürsten Schönburg, dem er gehört, einen Brocken geschenkt kriegen könnte. Freilich bettelte ich nicht gern darum. Ist er denn überhaupt zu gebrauchen?

Muß das Modell nun dort bleiben, oder kann ich es vielleicht in Kurzem wieder her bekommen? Wir kommen vielleicht in einer der nächsten Wochen zu einem Besuch nach Priesnitz auf einen oder 2 Tage; könnte ichs da vielleicht wieder mit zurück nehmen? [...]

An Eduard Bendemann, Dresden

Leipzig d. 16 Januar 1843.

Lieber Eduard
Inliegend ist ein Wechsel für den Betrag meiner Schuld an Dich. Das Geld wird wohl richtig ausgezahlt werden, aber wie mach ichs nur mit allem Dank an Dich und Hübner für Eure große Bemühung, und namentlich dafür, daß Ihr mir die Sache eigentlich erst zu einer lieben, und interessanten gemacht habt. Wir wollen den 21sten März, als Bachs Geburtstag das Monument einweihen, und wenig Tage vorher soll noch ein großes Concert, meistens oder blos aus Bachschen Sachen bestehend, vom Stapel laufen. [...]

An den Rat der Stadt Leipzig

Einen Hochedeln und Hochweisen Rath der Stadt Leipzig
erlaube ich mir hiedurch ergebenst anzuzeigen, daß es mein Wunsch ist, das bisher verdeckte Denkmal für Johann Sebastian Bach, welches nach den Angaben der Herrn Professor Bendemann und Professor Hübner durch den Steinmetz Herrn Hiller

und den Bildhauer Herrn Knaur gearbeitet ist, am nächsten Sonntag d. 23sten d.[es] M.[onats] in den Vormittags-Stunden enthüllen zu lassen. Ich beabsichtige an demselben Tage früh um ½11 im Saale des Gewandhauses ein Concert mit lauter Vocal- und Instrumentalcompositionen dieses unsterblichen Meisters zu geben, wozu mir diesen Morgen bereits die Erlaubniß gütigst ertheilt worden ist; nach beendigtem Concerte, also zwischen 12 und 1 Uhr, dachte ich dann mit einem Theile des Sänger Chors an die Thomasschule zum Denkmal hin zu gehen, und nach Absingung eines Bachschen Chorals, dasselbe der Stadt als Eigenthum zu übergeben. In der Hoffnung, daß dieser Plan Ihre Billigung erhalten möge, bin ich in vollkommenster Hochachtung

Eines Hochweisen Rathes
ergebenster
Felix Mendelssohn Bartholdy.

Leipzig d. 18 April 1843.

»Ob diese Thomaner wirklich Schüler sein konnten« (1900)

Hans Carossa
1955

Zu den Persönlichkeiten, auf welche nicht nur unsere Fakultät, sondern die ganze Stadt Leipzig stolz war, gehörte der ältere Wilhelm His, der Anatom, ein in Basel geborener Schweizer. Ihn umgab für uns junge Studenten eine Sonderlingsaura; denn daß unter der Regierung Wilhelms des Zweiten ein Mann in hohen Ehren stand, der nicht nur jeden Orden, sondern sogar den persönlichen Adel zurückwies, überhaupt sich streng an die Gesetze seines demokratischen, zum Teil auch puritanischen Heimatlandes hielt, mußte uns verwunderlich vorkommen. Sein Ansehen erhöhte sich durch die Veröffentlichung eines Gutachtens, in welchem er über die wieder aufgefundenen Gebeine von Johann

Sebastian Bach scharfsinnig Aufschluß gab. Diese denkwürdige Schrift, welcher zur Erläuterung der anatomischen Forschungsergebnisse auch Bilder des großen Tonmeisters beigegeben waren, hatte His dem Rat der Stadt Leipzig eingereicht; sie betitelte sich: Anatomische Forschung über Johann Sebastian Bachs Gebeine und Antlitz nebst Bemerkungen über dessen Bilder 1895. Durch ihre Gediegenheit und überzeugende Klarheit ist diese Arbeit berühmt geworden.

Daß ich mit einigen Tischgenossen aus Ulrichs Bierpalast an Samstagnachmittagen regelmäßig in die Thomaskirche ging, um dort die Motetten zu hören, in denen der Thomaner-Chor unter Leitung seines jeweiligen Kantors die Bachschen Choräle mit wunderbar geübten Stimmen sang, wurde mir nach und nach Bedürfnis. Es war das erste Mal, daß ich protestantische Kirchenmusik hörte, und ich dachte an das Landshuter Gymnasium zurück, wo ich selbst in Kantaten und Litaneien mitgesungen hatte. Die Urform aller katholischen Kirchengesänge ist aber der Gregorianische Choral; diesen hatte ich einst in der Landshuter Gesangsstunde aus allen Darbietungen herausgehört, auch wenn die Sänger noch so unvollkommen gewesen waren. Hier in Leipzig waren die jungen Sänger ebenfalls Gymnasiasten; sie wurden im Griechischen und Lateinischen unterrichtet wie wir; aber ihr Gesang hatte einen Ernst und eine Tiefe, die wir niemals erreicht hatten, und ich fragte mich zuweilen, ob diese Thomaner wirklich auch nur Schüler sein konnten, wie wir gewesen waren.

»Wer sich übergibt, bezahlt zwei Groschen« (17. Jahrhundert)

Charles Sanford Terry
1929

Die Chorsänger, die im Alumneum wohnten und erzogen wurden, hatten sich vor ihrer Aufnahme einer Prüfung in den allgemeinen Schulfächern zu unterziehen und erhielten vom Kantor ein Zeugnis über ihre musikalische Verwendbarkeit. Sie mußten sich verpflichten, eine Reihe von Jahren auf der Schule zu bleiben; denn der Chor setzte sich nicht, wie etwa bei den englischen Kirchenchören, aus Schulknaben und Berufssängern zusammen. Im Alumnat wurden vielmehr und werden bis auf den heutigen Tag alle vier Stimmen besetzt. Die Zahl der Alumnen hatte sich seit dem 17. Jahrhundert nicht geändert: 1634 wies der Chor, wie zu Bachs Zeiten, fünfundfünfzig Sänger auf.

Jede Klasse hatte ihren Schlafraum und ihre besonderen Bestimmungen. Die Ordnung für die Sexta verzeichnet eine Reihe von Vergehen und meldet, wie diese geahndet wurden:

1. Wer den Schlüssel verliert oder stecken läßt	zahlt	4 gr.
2. Wer die Tür offen läßt, wenn er als letzter aus dem Zimmer geht	“	2 gr.
3. Wer sich überessen hat (qui vomitat)	“	2 gr.
4. Wer flucht oder laut und ungehörig spricht .	“	6 pf.
5. Wer lästerliche Reden führt, lateinisch oder deutsch	“	6 pf.
6. Wer zu spät aufsteht und das Gebet versäumt	“	3 pf.
7. Wer seine Schlafgelegenheit im Sommer bis um 10 Uhr und im Winter bis um 12 noch nicht aufgeräumt hat	“	6 pf.

Die Geldstrafen richteten sich nach dem Alter des Übeltäters. Diebstahl wurde in Quarta mit 4, in Quinta mit 2 und in Septima mit 3 Groschen bestraft. Lärmendes Betragen zog in Tertia den Verlust von 3 Pfennigen nach sich, während Deutschreden zwischen dem Morgengebet und dem Mittagessen und nach dem Abendgebet einen Quintaner 3 und einen Sextaner 2 Pfennige kostete. Kleine Zänkereien wurden mit 6 Pfennigen, ernste Händel mit 2 Groschen gebüßt.

11. *Einladung zum Konzert*

Neues Glück für ein altes Orchester

Wolfgang Sandner
1981

Zur Demokratisierung des Musiklebens wollte Arthur Nikisch beitragen, der romantische Dirigent des Leipziger Gewandhauses. Er stellte sich dem Arbeiterbildungs-Institut zur Verfügung. Sein erstes Konzert für Arbeiter fand 1915 im Gewandhaus statt. Die skeptische Direktion des Hauses ließ vorsorglich die Teppiche einrollen. Fast ein halbes Jahrhundert später, zur Weihe des neuen Gewandhauses, schritt der erste Mann im Arbeiter- und Bauernstaat, Erich Honecker, über den festgeklebten, beigen Velourboden zu seinem Platz. Und mit ihm annähernd zweitausend geladene Gäste: Funktionäre, Diplomaten, Militärs in Ausgehuniform, Staatsbeamte, Journalisten. Sicher waren auch einige Arbeiter und Bauern darunter.

Die Eröffnung des ersten reinen Konzertsaal-Neubaus der DDR ist in den dortigen Medien als historischer Tag für die Musikwelt bezeichnet worden. In der Tat verbindet sich mit dem Namen Gewandhaus und Gewandhausorchester die Vorstellung von bester deutscher Orchestertradition. [...]

Dirigenten wie Felix Mendelssohn-Bartholdy, Arthur Nikisch, Wilhelm Furtwängler, Bruno Walter haben dem Orchester Weltgeltung verschafft, die unter erschwerten Bedingungen im Dritten Reich und nach dem Kriege Hermann Abendroth, Franz Konwitschny und Václav Neumann zu konservieren suchten; auch deshalb, weil das 1884 eröffnete »neue Gewandhaus« 1944 zerbombt worden war. [...]

Erst mit dem jetzt übergebenen Neubau hat das Orchester wieder ein standesgemäßes Domizil erhalten. Aber das »Neue

Gewandhaus« ist weit mehr als das. Wer sich heute auf dem weitläufigen Karl-Marx-Platz zu Leipzig einmal um seine eigene Achse dreht und die Gebäude der 1962 erbauten Oper, des Hauptpostamtes (1964), des Interhotels »Am Ring« (1965) und den Gebäudekomplex der Universität mit seinem 1973 fertiggestellten Sektionsturm Revue passieren läßt, dem muß bei all der kühlen Pracht und schmucklosen Funktionalität dieser »Gesellschaftsbauten« der neue Musentempel, in dem es nach den Worten des Architekten Rudolf Skoda »nur rechte Winkel gibt, die keine neunzig Grad betragen«, wie der Beginn einer neuen Bauära in der DDR vorkommen. Ein solches Haus, das dem an genormten Produktionsbedingungen und möglichst rationeller Fertigung interessierten staatlichen Bauwesen manche Rätsel aufgegeben hat, wird man in der DDR so schnell nicht wiederfinden. [...]

Leipzigs neues Gewandhaus ist ein originelles Bauwerk geworden; nicht zuletzt deshalb, weil Skoda die städtebauliche Situation von Leipzig höchst effektvoll genutzt hat. So paßt sich der polygonale Grundriß des Gebäudekomplexes wie seiner sichtbar herausgehobenen Säle den Biegungen der Ringstraße, den Formen des benachbarten Universitätsturms sowie einer unmittelbar vorbeiführenden Trasse an. Auf der Verlängerung der Längsachse des großen Saals befindet sich im übrigen – nicht unmittelbar erkennbar, aber die geschlossene Form des Gebäudes gewissermaßen von innen bestätigend – der Saal des gegenüberliegenden Opernhauses, dessen Verkleidung – Cottasandstein – auch für das Gewandhaus benutzt wurde.

Es gibt nicht viele Foyers und Treppenanlagen, die so funktionsgerecht und formschön einen modernen Konzertsaal umschließen. Da hat Skoda aus Scharouns Versäumnissen in der Philharmonie gelernt. Auf der zweiten Ebene des Foyers ist es beispielsweise möglich, den gesamten großen Saal zu umwandern, was von den Erbauern zu einer Bildergalerie für Leipziger Künstler und ein zur Nordseite gelegenes, (alle vier Laufebenen umfassendes) riesiges dekoratives und sich abends in den Glasfenstern spiegelndes Wand- und Deckengemälde von Sighard Gille genutzt wurde. Im Saal selbst, der amphitheater-artig angeordnet ist, kann man von der untersten bis zur letzten Reihe, also zu jedem Sitz gelangen, ohne den Saal verlassen zu müssen.

Auch hier und in der klaren Gliederung von Sitzgruppierungen übertrifft das Gewandhaus die philharmonischen Weinberge Berlins. Zudem: die letzte Reihe im Saal ist nur 32 Meter vom Orchesterpodium entfernt, was dem stattlichen Saal mit seiner dezent dunkelgrünen Eichenholzverkleidung und den weinroten Polstersitzen fast intimen Charakter verleiht und das Musikerleben nicht unwesentlich fördert.

»War ich zu taktlos, Felix?«

Hildegard Maria Rauchfuss
1976

Ich will mir vorstellen, Sie wären nicht nur ein Lebendiger in Ihren Werken geblieben, sondern es wäre auch jetzt noch möglich, von Ihnen ein Billet-doux zu erhalten. Damit wir uns treffen. Sagen wir übermorgen abend? Im Mendelssohn-Zimmer. (Damit Sie nicht fehlgehen: 1. Stock im Alten Rathaus.) Sie können, nach Schluß des angekündigten Konzerts, ich glaube, man spielt das Allegro brillant op. 92 für Klavier zu vier Händen, auf Ihrem Biedermeiersofa, in dem mit Ihren Möbeln eingerichteten Raum Platz nehmen. Ich versuche unauffällig zurückzubleiben. Wenn man uns einschließt – würde Ihnen das etwas ausmachen? Mir nicht! Sie werden Ihren Reisekoffer aus England im Zimmer entdecken. Werden Sie ihn für mich öffnen? Das Berühren ist nämlich strengstens verboten. Für Besucher. Was Sie daraus für mich hervorholen, erfüllt mich schon heute mit einem Prickeln, das – ich will ganz offen sein – mir noch von den ersten Stunden meines allerersten Rendezvous in sehnsüchtigster Erinnerung blieb.

Rauchen ist ebenfalls nicht gestattet. Werden Sie mir trotzdem verraten, ob Sie Pfeife oder Zigarillos bevorzugen?

Ich werde jedenfalls schon während des Musikabends, spätestens bei der Fantasia Ihres Freundes, des Geigers Ferdinand David, an das Sofa denken. Auf jeden Fall aber bei den Capricen op. 16. Denn es ist eine Caprice von mir, mich neben Sie setzen zu wollen. Ich war noch nie, so wie Sie, weder in England, der Schweiz, Italien, noch in Frankreich. Trotzdem sage ich: Au revoir!

Verehrter Maestro!

Ich versuche mich immer noch daran zu erinnern, ob Sie mir die Hand geküßt haben. Oder ob es die Berührung der Mendelssohn-Gedenkstätten-Verwalterin war, die mich, es muß schon 9 Uhr früh gewesen sein, teils verwundert, teils ärgerlich auf Ihrem Biedermeiersofa weckte. Auf ihre vorwurfsvollen Fragen antwortete ich stockend und ziemlich schuldbewußt. Ich sagte ihr, ich wäre Schriftstellerin und wollte mich nach dem Konzert in das Jahr 1835 zurückversetzen. Das gehöre indirekt zu gewissen Studien. Sie schüttelte den Kopf und meinte, dazu hätte ich beim Rat der Stadt Leipzig eine amtliche Genehmigung einholen müssen. Dann schwindelte ich und sagte, ich hatte ja mit den Besuchern gehen wollen, aber alles wäre bereits verschlossen gewesen. (Sie wissen, daß ich nicht den geringsten Versuch in dieser Richtung unternahm.)

Ich weiß jetzt, wir werden andere Orte in der Stadt suchen müssen, um uns zu unterhalten. Die Verwalterin sah mich übrigens an wie eine Erscheinung aus einer anderen Welt. Wahrscheinlich ging ich so aus Ihrem Zimmer, als trüge ich nicht meine gewohnte Frisur, sondern Ringellocken über den Ohren, ein Kleid mit busenfreiem Ausschnitt, unter dem Rock Beinkleider mit Spitzenvolants, Schuhe mit Kreuzbändern und, trotz der Jahreszeit Herbst, einen Sonnenschirm. Von dem Medaillon am Samtband ganz zu schweigen.

Aber ich lebe im 20. Jahrhundert, und vor mir liegt ein Notizbuch, in das ich einige Sätze aus der Ansprache eines Musikprofessors, Ihnen zu Ehren gehalten, schrieb. ›Mendelssohn suchte und fand den seinem kompositorischen Schaffen und seiner Philosophie gemäßen Wirkungskreis. Er fand ihn trotz wiederholter Bemühungen, wie man weiß, nicht in der Stadt, in der er aufgewachsen war, nicht im königlichen Berlin, mit seinem ›Beamtenwesen‹, mit seinen Hofmarschällen und vornehmen Leuten, seinem ›ungroßmütigen Zurückbleiben in Fortschritt und Entwicklung‹ (dies sind Ihre eigenen Worte, erinnern Sie sich?), sondern im bürgerlichen Leipzig...‹ [...]

Es wird schon dunkel. Vorhin kam ich dort vorbei, wo Sie logierten: Lurgensteins Garten, erstes Haus, links, zweiter Stock. Heute nennt man das Gelände Zentralstraße, Gottschedstraße, Dittrichring. War da nicht früher ein Park? Jetzt ist es dort laut – Straßenbahnen, Autos – Verkehrsmittel, die Sie noch nicht kannten. Sie begrüßten die erste Eisenbahn. [...]

Versäumen Sie morgen abend nicht etwa das Konzert des Bachorchesters Leipzig. (Festsaal Altes Rathaus.)

P.S. Ich hoffe, Ihr Geschmack hat sich nicht geändert – waren in der Käsetorte Sultaninen, Rum oder Apfelscheiben? Der Leipziger Kuchen ist noch immer berühmt, auch wenn es das Café Felsche, in dem Sie öfters Billard spielten, nicht mehr gibt. Und bitte: Erschrecken Sie nicht, wenn ich lange Hosen anhabe wie Madame George Sand. Nur rauche ich nicht wie sie Zigarren.

Ich freue mich...

Gewandhauskonzerte

Alfred Dörffel
1884

[Winter 1835-1836.] Bei Beginn der neuen Ära erließ die Direktion folgende Einladung

Das seit vier und funfzig Jahren bestehende Institut des Concerts im Gewandhause verdankt bekanntlich seine Entstehung der Vereinigung einer kleinen Zahl von Privatpersonen, welche lediglich aus Liebe für die Kunst und zu Beförderung eines Kunstgenusses höherer und edlerer Art, ohne irgend eine Rücksicht auf persönlichen Gewinn oder andre Nebenzwecke, es unternahmen, mit Benutzung der dazu in Leipzig sich darbietenden Mittel den Winter über eine bestimmte Anzahl von Concerten zu veranstalten und in selbigen die vorzüglichsten zur Concertmusik zu rechnenden Gesang- und Instrumentalstücke zu Gehör zu bringen. Das Unternehmen ward im Vertrauen auf den seit langer Zeit in Leipzig sehr verbreiteten Sinn für die Tonkunst begonnen und durch sein vieljähriges Bestehen ist dieß Vertrauen vollkommen gerechtfertigt worden. Die, welche den ersten Begründern nach und nach als Vorsteher der Anstalt folgten, wirkten in demselben uneigennützigen, nur auf den ursprünglichen Zweck gerichteten Sinne und verwendeten die durch das jährlich erneuerte Abonnement ihnen dargebotenen Mittel nach ihrer besten Einsicht und unter Berathung mit Männern vom Fache, indem sie bei der Wahl der auszuführenden Stücke mit fortwährender Anerkennung dessen, was unter den Werken der Tonkunst zu allen Zeiten vortrefflich bleiben wird, die Beachtung des jedesmaligen Zeitgeschmacks möglichst zu vereinigen, der Ausführung selbst aber, so weit es geschehen konnte, allmählig immer höhere Vollendung zu verschaffen suchten. Auch die gegenwärtigen Mitglieder des unterzeichneten Directoriums sind sich des redlichen Strebens bewußt, bei Leitung der Anstalt den von ihren

Vorgängern ihnen bezeichneten, vom Publicum gebilligten Weg zu verfolgen und sie haben sich davon weder durch Schwierigkeiten, welche in den erhöheten Ansprüchen an öffentliche Kunstleistungen liegen, noch durch einseitige oder leidenschaftliche Urtheile, denen kein öffentliches Unternehmen entgehen kann, abhalten lassen; den Lohn ihrer Bemühungen aber finden auch sie nur in der Überzeugung von dem günstigen Einflusse, welchen die Concertanstalt auf Ausübung der Tonkunst und Veredlung des Sinnes für dieselbe bisher gehabt hat. Unmöglich zwar würde es seyn, die so sehr verschiedenen und einander nicht selten geradezu widersprechenden Wünsche aller einzelnen Musikfreunde zu befriedigen; aber begründete Urtheile über ihre Anstalt haben die Vorsteher stets dankbar vernommen und möglichst beachtet; billigen Erwartungen sind sie jederzeit gern entgegen gekommen. Nur bleiben die Ansprüche an die Leistungen des Concerts stets in gewisse Gränzen gewiesen, die hauptsächlich das Publicum selbst durch den jedesmaligen Grad seiner Theilnahme an dem Concerte bezeichnet. Denn einzig auf der jährlichen Erneuerung des Abonnements beruht die Fortdauer der aller andern Fonds entbehrenden Anstalt, und ist auch zuweilen von dieser und einigen unbeträchtlichen Nebeneinnahmen ein Überschuß verblieben, so hat er nur dazu dienen können, die nothwendigsten Verpflichtungen für das nächste Jahr zu decken; – wovon sich die geehrten Abonnenten des vorigen Winters näher überzeugen werden, wenn ihnen gefällig ist, bei unserem Cassirer, Herrn Wilhelm Härtel, die vorjährige Rechnung einzusehen.

Mit der angelegentlichen Bitte um gütige Berücksichtigung des vorstehend Gesagten laden wir das musikliebende Publicum zur Unterzeichnung für die im bevorstehenden Winter zu veranstaltenden Concerte, deren erstes am 4. October d. J. gegeben werden soll, ergebenst ein.

Für die Leitung der Vocal- und Instrumentalmusik in diesen Concerten haben wir den als geistvollen Tonsetzer und trefflichen Dirigenten, so wie als ausgezeichneten ausübenden Künstler allgemein anerkannten und geehrten Herrn Musikdirector Felix Mendelssohn-Bartholdy gewonnen, – ein Ereigniß, von dem man nicht nur für die Leistungen des Concerts den erfreulichsten Erfolg sich versprechen darf, sondern welches hoffentlich auch in weitern Beziehungen Würdigung finden und von wesentlichem Einflusse auf die Pflege und das Gedeihen der Tonkunst in Leipzig überhaupt seyn wird.

Chopin »in concert«

Felix Mendelssohn-Bartholdy
1835

An die Familie.

Leipzig, den 6. October 1835.

Seit einer Woche suche ich nach einer freien Stunde, um die lieben Briefe, die ich von Euch empfangen habe, zu beantworten und mich dafür zu bedanken, aber die Londoner Tage mit ihren Zerstreuungen waren nicht schlimmer, als die Zeit bis zu Fanny's Abreise, bis nun endlich jetzt nach glücklichem Ablaufen des ersten Concerts sich die Ruhe wiederfinden läßt. – Nämlich den Tag, nachdem ich Hensels nach Delitzsch begleitet hatte, war Chopin da; er wollte nur einen Tag bleiben, und so waren wir diesen auch ganz zusammen und machten Musik. Ich kann Dir nicht leugnen, liebe Fanny, daß ich neuerdings gefunden habe, daß Du ihm in Deinem Urtheile nicht genug Gerechtigkeit widerfahren lässest; vielleicht war er auch nicht recht bei Spiellaune, als Du ihn hörtest, was ihm wohl oft begegnen mag; aber mich hat sein Spiel wieder von Neuem entzückt, und ich bin überzeugt, wenn Du, und auch Vater, einige seiner besseren Sachen so gehört hättest, wie er sie mir vorspielte, Ihr würdet dasselbe sagen. Es ist etwas Grundeigenthümliches in seinem Clavierspiel, und zugleich so sehr Meisterliches, daß man ihn einen recht vollkommenen Virtuosen nennen kann; und da mir alle Art von Vollkommenheit lieb und erfreulich ist, so war mir dieser Tag ein höchst angenehmer obwohl so ganz verschieden von den vorigen mit Euch, Hensels. – Es war mir lieb, mal wieder mit einem ordentlichen Musiker zu sein, nicht mit solchen halben Virtuosen und halben Classikern, die gern les honneurs de la vertu et les plaisirs du vice in der Musik vereinigen möchten, sondern mit einem, der seine vollkommen ausgeprägte Richtung hat. Und wenn sie auch noch so himmelweit von der meinigen verschieden sein mag, so kann ich mich prächtig damit vertragen; – nur mit jenen halben Leuten nicht. – Der Abend des Sonntags war wirklich curios, wo ich ihm mein Oratorium vorspielen mußte, während neugierige Leipziger sich verstohlen hereindrückten, um Chopin gesehen zu haben, und wie er zwischen dem ersten und zweiten Theile seine neuen Etüden und ein neues Concert den erstaunten Leipzigern vorraste, und ich dann wieder in meinem Paulus fortfuhr, als ob ein Irokese und ein Kaffer zusammenkämen und conversirten. – Auch ein gar zu niedliches neues Notturno hat er, von dem ich manches auswendig behalten habe, um es Paul zu seinem Vergnügen vorzuspielen. So lebten wir lustig mit einander, und er versprach in allem Ernste, im Laufe des Winters wiederzukommen, wenn ich eine neue Symphonie componiren und ihm zu Ehren aufführen wollte; wir beschworen es beide vor drei Zeugen, und wollen nun einmal sehen, ob wir beide Wort halten werden.

»Die Leipziger waren wie toll«

Felix Mendelssohn-Bartholdy
1835/1846

An Charlotte Moscheles.

Leipzig, den 11. Okt. 1835.

Das Vergnügen kann ich mir nicht nehmen lassen, Ihnen, liebe Madame Moscheles, von dem gestrigen und vorgestrigen Tage zu erzählen, wenn ich auch von Visiten und Musikern gehetzt bin, so daß das Format und die Erzählung nur klein werden können. Aber allzu hübsch war es, und gar zu Schade, daß Sie nicht dabei waren, um die Freude mitzugenießen, die Moscheles uns Allen hier gemacht hat. Es waren einmal wirklich musikalische Tage und eine rechte Aufregung, ein rechter Enthusiasmus unter allen Leuten. Erst das Concert vorgestern; was gegeben wurde, wissen Sie, und wie Moscheles spielt, wissen Sie auch, also nach dem Concert fantastique brach der Jubel los und dauerte nun den ganzen Abend über, durch die gestrige Probe durch und verspricht uns heut noch zum Concert den lustigsten Abend. Denn die Leipziger waren wie toll; daß es nebenbei das überfüllteste Concert seit Jahren war, wissen Sie auch; aber das große Interesse und die Freude auf allen Gesichtern war das beste dabei. Als wir in unserm Duett (welches aber auch gut ging) gegen das Ende kamen, brach der Scandal etwa ein 8-10 Takte vor dem Schluß los. Ob wir richtig aufgehört haben, weiß niemand, wir auch nicht, und der Publicus konnte gar nicht genug schreien und stampfen, bis wir zum zweiten Male vorkamen und schöne, zweistimmige Diener machten. Nun können sie Sich denken, wie toll sie nach der freien Fantasie waren, wo Moscheles auch allerdings einige Hexenkünste vorbrachte, die ich bis auf den heutigen Tag nicht verstehe, obwohl er behauptet, es sei ja gar nichts. Wie gesagt, die Leute waren gehoben, in aufgeregter froher Stimmung; das machte die Sache so hübsch. Eine blaue Engländerin wollte introduced sein, und machte ihrem Enthusiasmus Luft, während eine Menge Leipzigerinnen von allen Farben warteten, bis die Engländerin ihnen Platz machen würde (hier ist der Ort, wo ich nicht verschweigen kann, daß Moscheles eine Leipzigerin zu zwei wiederholten Malen auffallend schön gefunden, und mir dies auch zweimal leise gesagt hat, worauf ich ihm drohte, ich würde es Ihnen wieder erzählen, was hiemit geschieht); die Leipzigerinnen kamen also nach dem Concert an die Balustrade des Orchesters und Moscheles bückte sich herunter; dann kamen Honoratioren, dann einer und der andere Redacteur, die lobten mit Gründen; endlich kam die Concert-Direction (d. h. nicht eine Dame, sondern 12 Herren) und baten sich die Ouvertüre zur Jungfrau für das heutige Concert noch einmal aus. [...]

Ihr ergebener
Felix Mendelssohn-Bartholdy.

An Ignaz Moscheles.

Leipzig, den 17. Januar 1846.

Lieber Freund!
Dein Brief vom 2ten (und der spätere Deiner lieben Frau mit Deiner Nachschrift und die Empfehlungszeilen des Herrn Ascher, die ich alle nun in Händen habe), die haben mir eine sehr, sehr große Freude gemacht. Denn ich glaube daraus zu sehen, daß Du Lust hast, die hiesigen Wünsche zu erfüllen, und daß wir nicht ohne Hoffnung Deinem Entschluß entgegenharren dürfen. Wenn ich mich doch nicht in dieser Hoffnung täuschte! Am Tage, wo Du zusagst, trinke ich meinen besten Wein aus, und etwas Champagner noch obenein! Daß ich erst heute antworten kann, kommt daher, weil Dein Brief in meiner Abwesenheit eintraf; erst seit wenig Tagen bin ich wieder von einem Ausflug nach Berlin zurückgekehrt.

Nun eile ich zur Beantwortung Deiner Fragen, über die ich vorzüglich meine Frau und deren Haushaltungsbücher habe sprechen lassen. Folgendes sagen sie aus: Eine Wohnung von 7-8 Piecen, Küche und übrigem Zubehör in guter Lage kostet hier von 300-350 Thlr. Dafür muß sie aber schon sehr freundlich und elegant sein, und hinsichtlich der Gegend etc. nichts zu wünschen übrig lassen. Drei Dienstboten würden ungefähr 100-110 Thlr. jährlich kosten. Hiebei hängt es sehr davon ab, was Du und Deine Frau verlangen würdet. Männliche Domestiken sind hier sehr wenig im Gebrauch und daher sehr verschieden im Lohn, von 3-12 Thlr. monatlich weiß ich welche hier. Eine gute Köchin bekommt 40 Thlr. jährlich, ein Stubenmädchen 32 Thlr. Wenn Ihr außer diesen beiden eine Kammerjungfer nehmt, die nähen und schneidern kann, so würde sich die Summe ungefähr wie oben angegeben stellen. Brauchtet Ihr außer diesen dreien etwa noch einen Bedienten, so würde es natürlich mehr werden; aber nach der Art, wie die Meisten hier leben, würdet Ihr, wie ich denke, mit drei Domestiken ganz genügend bedient sein.

Das Holz (d. h. die Feuerung von Heerd, Oefen etc.) ist theuer, und kann für eine Familie von fünf Personen mit Bedienung 150-200 Thlr. jährlich kosten. Stadtabgaben sind für nichts zu rechnen; mit 8, höchstens 10 Thlr. ist Alles dahin Gehörige bezahlt.

Mit einem Worte, ich glaube, daß Du zu einem sehr behaglichen und für die hiesigen Verhältnisse sehr elegantem Leben mit 1800-2000 Thlr. auskommen würdest. Den Preis einer Deiner Lectionen auch nur ungefähr zu bestimmen, ist schwer, denn ein solcher Fall ist in Leipzig noch nicht vorgekommen. Madame Schumann-Wieck nahm 2 Thlr. für eine Lection; allerdings fanden sich aber wenig Schüler und meistens nur ab und zugehende Fremde, die diesen Preis zahlten. Ich glaube, daß dies bei Dir ein anderes sein würde, und bin jedenfalls überzeugt, daß Du, wenn Du gar etwa zu 1½ Thlr. Lectionen geben wolltest, mehr als Du wolltest überlaufen werden würdest. Auch zu 2 Thlr., glaube ich, würdest Du mehr Zumuthungen bekommen, als Du erfüllen könntest, und so komme ich darauf zurück, was ich in meinem vorigen Briefe sagte: wenn Du außer den Lectionen des Conservatoriums noch täglich höchstens zwei Privatlectionen geben wolltest, so würdest Du dadurch, und mit dem, was Dir das Conservatorium bieten kann, und mit den Honoraren Deiner

Compositionen (und wenn Du auch noch so wenig publiciren wolltest, und ich hoffe sehr das Gegentheil!) so viel und mehr einnehmen, als Du hier zum Leben brauchst, und es würde von Dir abhängen, ob Du von Deinem Vermögen so oder so viel jährlich verwenden, oder Alles zurücklegen wolltest.

Ich glaube nicht, daß diese Angaben sanguinisch sind, wenigstens habe ich sie nach genauem Hin- und Her-Ueberlegen so zusammengestellt, wie sie uns aus der Erfahrung bekannt sind. Möchtest Du Dich entschließen können, und uns die Hoffnung, die mir Deine Briefe jetzt auf's neue erregt haben, zur frohen Gewißheit verwandeln! Am meisten fürchte ich noch das Abreden Deines Schwiegervaters! Aber dann denke ich wieder, auch er werde einsehen, wie das dortige Leben und Treiben Dir mit jedem Jahre fremder werden müsse, daß es bei dem hiesigen hingegen, wenn nicht Alles täuscht, gerade umgekehrt anzunehmen und zu erwarten sei, daß der allgemeine Wunsch der Hiesigen, und ihre allgemeine Freude bei dem Gedanken Deines Kommens doch an und für sich etwas Ehrenvolles hat, das freilich in keinem Verhältniß zu der Ehre steht, die Du den Hiesigen durch Deine Uebersiedelung erweisen würdest –; aber schon ein solches wechselseitiges Verhältniß ist gut und segensreich, und bietet die beste Gewähr für eine frohe Zukunft. – Kurz, ich möchte Du kämst!

Nun habe ich nur noch hinzuzufügen, daß ich keinen Augenblick zweifle, daß die zollfreie Einführung Deiner Möbel etc. zu bewirken sein wird (ich möchte mich unterstehen, dafür gleich auf einmal gut zu sagen); daß ich allerdings ein Lauda Sion für ein Kirchenfest in Lüttich componirt habe, daß wir Alle hier im Hause wohl und Euer eingedenk sind, daß ich aber mit einer nicht geringen Ungeduld Deinem nächsten Briefe, und darin hoffentlich bestimmter, hoffentlich günstiger Nachricht entgegensehe. Immer Dein treu ergebener

Felix Mendelssohn-Bartholdy.

Die Musikschule

Felix Mendelssohn-Bartholdy
1840

An den Kreisdirector von Falkenstein in Dresden.

Leipzig, den 8. April 1840.

Hochzuverehrender Herr Kreisdirector!
[...] Sollte es nämlich nicht möglich sein, des Königs Majestät zu bitten, diejenige Summe, welche der verstorbene Herr Hofkriegsrath Blümner für ein der Kunst oder Wissenschaft gewidmetes Institut in seinem Testament ausgesetzt, und deren Verwendung er des Königs Weisheit anheimgestellt hat, zur Errichtung und Erhaltung einer gründlichen Musikschule in Leipzig zu bestimmen?

Erlauben Sie mir über die Wichtigkeit eines solchen Institutes, über die Ansprüche, die gerade Leipzig darauf haben dürfte, es in seiner Mitte zu besitzen, und über die ungefähren Grundlinien seiner Einrichtung einige Bemerkungen hier beizufügen.

Schon lange ist die Musik vorzugsweise einheimisch in diesem Lande, und gerade die Richtung in derselben, welche jedem denkenden und fühlenden Kunstfreunde zunächst am Herzen liegt, der Sinn für das Wahre und Ernste hat von jeher feste Wurzeln hier zu fassen gewußt. Eine so verbreitete Theilnahme ist auch gewiß weder zufällig, noch ohne bedeutende Folgen für die allgemeine Bildung gewesen, und die Musik dadurch ein wichtiges Moment – nicht blos augenblicklichen Vergnügens, sondern höheren, geistigen Bedürfnisses geworden. Wer sich für diese Kunst wahrhaft interessirt, dem muß sich der Wunsch aufdrängen, auch ihre Zukunft in diesem Lande auf möglichst festem Grunde ruhen zu sehen.

Aber bei der vorherrschend positiven, technisch-materiellen Richtung der jetzigen Zeit wird die Erhaltung ächten Kunstsinnes und seine Fortpflanzung zwar eine doppelt wichtige, aber auch doppelt schwere Aufgabe. Nur von Grund auf scheint die

Erreichung dieses Zweckes erzielt werden zu können, und wie für jede Art geistiger Bildung die Verbreitung gründlichen Unterrichts das beste Erhaltungsmittel ist, so auch gewiß für die Musik. – Durch eine gute Musikschule, die alle verschiedenen Zweige der Kunst umfassen könnte und sie alle nur aus einem einzigen Gesichtspunkte als Mittel zu einem höheren Zwecke lehrte, auf diesen Zweck alle ihre Schüler möglichst hinführte, wäre jener praktisch-materiellen Tendenz, die ja leider auch unter den Künstlern selbst viele und einflußreiche Anhänger zählt, jetzt noch mit sicherem Erfolg vorzubauen.

Der bloße Privatunterricht, der früher so manche schöne Früchte, auch für's Allgemeine getragen hat, ist aus manchen Gründen dafür jetzt nicht mehr zureichend. Während sich sonst Schüler der Musik für die verschiedenen Instrumente in allen Classen der Gesellschaft fanden, hat diese Liebhaberei jetzt mehr und mehr abgenommen und sich vorzugsweise auf Ein Instrument (das Pianoforte) beschränkt.

Die Schüler, welche anderweitigen Unterricht verlangen, sind fast durchgängig nur solche, die sich dem Fache selbst widmen wollen, denen es aber meist an Mitteln fehlt, gute Privatstunden zu bezahlen. Freilich finden sich gerade unter solchen oft die bedeutendsten Talente, aber selten sind dann andererseits die Lehrenden durch glückliche Verhältnisse in den Stand gesetzt, ihre Zeit unentgeltlich auf die Ausbildung selbst des schönsten Talents verwenden zu können, und so entbehren meist beide Theile, erstere den ersehnten Unterricht, letztere die Gelegenheit, ihre Kenntnisse fortzupflanzen und wirksam zu erhalten. Eine öffentliche Unterrichtsanstalt wäre daher für Lehrer wie für Lernende in diesem Augenblicke wichtig; den letzteren gäbe sie die Mittel an die Hand, Fähigkeiten auszubilden, die ohnedies oft unbenutzt zu Grunde gehen müssen; für die lehrenden Musiker aber wäre ein solcher Vereinigungspunkt, ein solches Wirken [...] zu einem Zwecke ebenfalls wichtig, als die beste Abhülfe gegen Gleichgültigkeit und Isolirung, deren Unfruchtbarkeit heutigen Tages gar zu schnell verderblich eingreifen.

Hier in Leipzig ist das Bedürfniß einer Musikschule, in welcher die Kunst mit gewissenhaftem Studium und ernstem Sinne getrieben würde, gewiß ein lebhaft gefühltes, und aus mehrfachen Gründen scheint Leipzig ein wohlgeeigneter Platz dafür zu sein. Schon ist durch die Universität ein Mittelpunkt für bildsame, emporstrebende junge Leute gegeben, und der Schule der Wissenschaften würde sich die der Tonkunst in mannigfaltiger Beziehung anschließen. – An den meisten anderen größeren Orten Deutschlands wirken öffentliche Vergnügungen für junge Leute nachtheilig und zerstreuend; hier aber, wo die meisten dieser Vergnügungen mehr oder weniger mit Musik zusammenhängen oder daraus bestehen, und wo außer den musikalischen wenig allgemein zugängliche Genüsse geboten werden, könnten diese die Sache und jeden Einzelnen nur noch mehr fördern. – Ferner hat Leipzig gerade für den Zweig der Kunst, der immer eine Hauptgrundlage des musikalischen Studiums bleiben wird, für höhere Instrumental- und geistliche Compositionen in seinen sehr zahlreichen Concerten und Kirchenmusiken ein Bildungsmittel für angehende Tonkünstler, wie es wenig andere deutsche Städte in dem Maße aufzuweisen haben. Durch die rege Theilnahme, mit welcher Hauptwerke der großen Meister seit den letzten fünfzig Jahren hier (oft zuerst in Deutschland) anerkannt und aufgenommen, durch die Sorgsamkeit, womit dieselben stets zu Gehör gebracht wurden, hat Leipzig einen bedeutenden Platz unter den musikalischen Städten des Vaterlandes eingenommen.

Lortzing (1845)

Rolf Weber
1983

An Reger

Leipzig, den 6. März 1845

Mein herzensguter Philipp! Soeben habe ich Deinen Brief erhalten und beantworte ihn gleich, da ich erstens heute abend nichts zu tun habe und mir zweitens meines Unwohlseins halber die Lust zum Arbeiten und Ausgehen fehlt; hauptsächlich aber, weil es mich drängt, mit Dir zu reden. Ja, mein lieber Philipp, ich befinde mich in einer erbärmlichen Verfassung. Ich glaube, der strenge anhaltende Winter verhindert mein Besserwerden. In der Karwoche reise ich nach Hamburg. Ich hatte den Gedanken eben wegen meines Weibes schon aufgegeben, aber werde es, wie es wolle, ich muß hin, aus Gründen, die Dir später noch mehr einleuchten werden! Cornet hat mir mein persönliches Dirigieren sehr triftig auseinandergesetzt, und außerdem benehmen sich die Herren äußerst nobel gegen mich. [...]

Das ökonomische System des Dr. Schmidt, seine Knickerei, hat seinen Höhepunkt noch lange nicht erreicht. Vor mehreren Wochen eröffnete mir Blum vertrauensvoll, wie er aus Korrespondenzen mit Bestimmtheit wisse, daß Schmidt damit umginge, das ganze Musikdirektorium zu ändern, nämlich mich samt meinem Kollegen zu entlassen und dafür nur einen Kapellmeister für vielleicht höchstens 800 Taler zu engagieren. [...]

Nun habe ich mich ausgeleert, nun ist mir leichter, denn ich weiß nun, daß ich mit nächstem einen teilnehmenden, ratenden Brief von Dir erhalten werde. – Schreibe übrigens an Plenkner nichts davon, er erfahre das Unvermeidliche ebenfalls, wenn es Zeit ist.

Nun, mein Herzens-Philipp, lebe wohl! Grüße Dir und den Deinen von uns allen! und sollte Guhr mit aller Gewalt Frankfurt verlassen wollen, so melde es gleich *Deinem Albert Lortzing*

An Düringer

Leipzig, den 21. März 1845

[...] Dr. Schmidt hat mich fortgejagt, geradeso wie Ringelhardt mit Stolz seine Aufkündigung erzählte, und ich schmeichle mir, daß der Fall in Leipzig Sensation machen wird. Das Orchester, welches mich ganz in sein Herz geschlossen, sieht mich bereits als seinen alleinigen Kapellmeister an, da es bekannt und definitiv ist, daß Netzer geht. Das Ballett wird auch entfallen; soll eine Oper gegeben werden, in der es beschäftigt wäre, so hat es nichts anzuziehen, denn es ist nichts da, und gemacht wird nichts. Mit einem Worte, die Knauserei ist und wird auf die Spitze getrieben. Es herrscht außerdem eine Gärung und Unzufriedenheit unter den Mitgliedern, von der Du keinen Begriff hast. [...]

Oktober 1845 Mein liebes Bruder! Du wähnst, es gehe mir schlecht, weil ich nicht schreibe; es geht mir freilich nicht gut, es geht mir aber auch noch nicht schlecht, denn ich hungere noch nicht mit den Meinigen, und solange der deutsche Komponist – wenn er nebenbei Renommee hat – das noch von sich sagen kann, ist er immer noch zu preisen und muß er sein Vaterland immer noch hochschätzen. Die Honorarchen, welche man etwa noch zu empfangen hätte, laufen zwar sparsam ein, und man muß hin und wieder ein Papierchen – in besseren Zeiten gewonnen – versilbern, das tut wehe; indessen, es muß sein, denn woher nehmen und nicht stehlen!

Die Mitglieder der Bühne verehrten mir nach meiner Rückkehr aus dem Bade bei solennem Mahle einen silbernen Lorbeerkranz – wer also außer mir noch einen besitzt – ist ein Schuft! Ich denke dabei an Deinen, den Du von hier mitgeschleppt – das waren noch Zeiten – ach liebes Bruder!...

Im Theater hier war ich noch nicht wieder seit dem 30. Juli; es ist mir, als ob die Leute zu mir sagen müßten: »Du hast hier nichts zu suchen« – und daß sie recht hätten! – trotzdem ich zwölf Jahre lang aus und ein gegangen – das schmeckt etwas säuerlich, liebes Bruder – etwas säuerlich! – Ich gehe manchmal tagelang nicht aus und dann auch nur, um mich geflissentlich zu zerstreuen; sonst zieht mich nichts in die Stadt, und mit den ehemaligen Kollegen komme ich natürlich höchst selten und nur en passant zusammen. Mein jüngster Sprößling gedeiht prächtig. Nun weißt du alles, was mein ist, von der traurigen Geschichte. Schließlich, mein liebes Bruder, danke ich Dir noch herzlich, daß du Dich in Deinem letzten Briefe so ausschließlich mit mir beschäftigt hast; es tut einem wohl, wenn's einem auch nicht hilft. Grüße die Deinigen alle von uns und schlage Lachner, dem ich übrigens alles Gute wünsche, gelegentlich tot. Auf den Ruf: »Maximilian von Heldensinn, wo bist du?« wird sofort erscheinen *Dein Albert Lortzing*

Taktstock um Taktstock

Hector Berlioz
1843

Die musikalische Stadt, die ich nach Weimar am leichtesten besuchen konnte, war Leipzig. Ich zauderte jedoch, mich dahin zu begeben, trotz des Einflusses, den Mendelssohn dort ausübte, und der freundschaftlichen Beziehungen, die wir im Jahre 1831 in Rom angeknüpft hatten. Seitdem haben wir in der Kunst zwei so weit auseinandergehende Richtungen verfolgt, daß ich fürchtete, das gebe ich zu, bei ihm keine sehr lebhafte Sympathie zu finden. Chélard, der ihn kennt, brachte mich über meine Zweifel zum Erröten, und ich schrieb an ihn. Seine Antwort ließ nicht auf sich warten; hier ist sie:

»Mein lieber Berlioz, ich danke Ihnen von Herzen für Ihren gütigen Brief und auch dafür, daß Sie sich unserer römischen Freundschaft noch entsinnen! Ich werde sie im Leben nicht vergessen und freue mich, es Ihnen bald persönlich sagen zu können. Alles was ich tun kann, um Ihnen den Aufenthalt in Leipzig glücklich und angenehm zu machen, werde ich als ein Vergnügen und eine Pflicht betrachten. Ich glaube, Ihnen die Versicherung geben zu können, daß Sie mit der Stadt, das heißt mit Musikern und Publikum, zufrieden sein werden. Ich wollte Ihnen nicht schreiben, ehe ich mich mit mehreren Personen beraten hatte, die Leipzig besser kennen als ich, und alle haben meine Ansicht bestätigt, daß Sie hier ein ausgezeichnetes Konzert veranstalten werden. Die Kosten für Orchester, Saal, Inserate usw. betragen hundertzehn Taler: die Einnahme kann auf sechs- bis achthundert Taler steigen. Sie werden mindestens zehn Tage vorher hier sein müssen, um das Programm und alles, was nötig ist, zu bestimmen. Außerdem haben mich die Direktoren der Gesellschaft für Abonnement-Konzerte beauftragt, Sie zu fragen, ob Sie in einem Konzert, das am 22. Februar zugunsten der Stadtarmen stattfinden soll, eines Ihrer Werke aufführen lassen wollen. Ich hoffe, daß Sie nach Ihrem eigenen Konzert diesen Vorschlag annehmen werden. Ich rate Ihnen also, hierherzukommen, sobald Sie Weimar verlassen können. Ich freue mich darauf, Ihnen die Hand drücken und ›Willkommen in Deutschland!‹ zurufen zu können. Lachen Sie nicht über mein schlechtes Französisch, wie Sie in Rom zu tun pflegten, sondern bleiben Sie mein Freund, wie Sie es damals waren und wie ich immer sein werde.

Ihr ergebener
Felix Mendelssohn Bartholdy

Konnte ich einer in solchen Ausdrücken verfaßten Einladung widerstehen? Ich reiste also nach Leipzig, nicht ohne Bedauern, Weimar und die neuen Freunde, die ich dort zurückließ, zu verlassen. [...]

Die Gesellschaft für Abonnement-Konzerte, von der er mir gesprochen hatte, ist sehr zahlreich und aufs beste zusammengesetzt; sie hat einen hervorragenden Gesangverein, ein ausgezeichnetes Orchester und einen Saal mit vollkommener Akustik, das Gewandhaus. In diesem geräumigen, schönen Lokal sollte ich mein Konzert geben. Ich besichtigte es, als ich in Leipzig ausstieg, und traf gerade mitten in der Generalprobe zu Mendelssohns neuestem Werke (»Walpurgisnacht«) ein. Ich fühlte mich wirklich im ersten Augenblick wie von einem Wunder umfangen, durch die schöne Klangfarbe der Stimmen, die Intelligenz der Sänger, die Präzision und Verve des Orchesters und vor allen Dingen durch die herrliche Komposition. [...]

In dem Augenblick, wo Mendelssohn, hoch erfreut, der Schöpfer dieses Werkes zu sein, vom Dirigentenpult herabstieg, näherte ich mich, ganz entzückt, es gehört zu haben. Der Moment hätte für eine derartige Begegnung nicht besser gewählt werden können, und doch befiel uns beide nach den ersten Worten der gleiche traurige Gedanke:

»Wie, es ist zwölf Jahre her, zwölf Jahre, seit wir zusammen in der römischen Ebene geträumt haben!«

»Ja, und auch in den Thermen von Caracalla!«

»Ach, immer noch spöttisch, immer noch bereit, über mich zu lachen!«

»Nein, nein, ich spotte nicht mehr; ich wollte nur Ihr Gedächtnis prüfen und sehen, ob Sie mir meine Lästerungen verziehen haben. Ich spotte so wenig, daß ich Sie gleich bei unserem ersten Wiedersehen um ein Geschenk bitten will, worauf ich den größten Wert lege.«

»Was ist es denn?«

»Geben Sie mir den Taktstock, mit dem Sie soeben die Probe Ihres neuen Werkes dirigiert haben.«

»Oh, sehr gern, unter der Bedingung, daß Sie mir den Ihrigen schicken werden.«

»Ich werde Ihnen auf diese Weise Kupfer für Gold geben; doch immerhin; ich willige ein.«

Und Mendelssohns musikalisches Zepter wurde mir sofort gebracht. Tags darauf schickte ich ihm mein schweres Stück Eichenholz mit folgendem Briefe, den der letzte der Mohikaner, wie ich hoffe, nicht verleugnen würde:

»Dem großen Führer Mendelssohn!

Großer Führer, wir haben einander versprochen, unsere Tomahawks zu tauschen; anbei den meinigen. Er ist rauh, der deinige einfach; nur die Squaws und die Bleichgesichter lieben geschmückte Waffen. Sei mein Bruder! Und wenn uns der große Geist ins Land der Seelen zur Jagd schicken wird, so mögen unsere Krieger unsere Tomahawks an die Tür des hohen Rats zusammenhängen.«

Dies ist in seiner ganzen Einfachheit die Tatsache, die eine recht harmlose Bosheit ins Lächerlich-Dramatische hat ziehen wollen. Als es sich einige Tage später darum handelte, mein Konzert zu organisieren, hat sich Mendelssohn mir gegenüber in der Tat wie ein Bruder benommen.

Die Gewandhauskutsche (1828)

Christiane Renate Goebel
1963

Die erst neunjährige Clara Wieck, nachmalige Gattin Robert Schumanns, sollte am 20. Oktober 1828 zum ersten Male bei einem Gewandhauskonzert mitwirken.

Ein Hauptreiz bei diesem ersten öffentlichen Auftreten war für das Kind die schöne »Gewandhauskutsche«, in der die Mitwirkenden feierlich abgeholt zu werden pflegten. Als daher am Abend des großen Tages gemeldet wurde, der Wagen für Fräulein Clara sei vorgefahren, schritt sie in sehr gehobener Stimmung mit dem Diener die Treppe hinab. Aber welche Enttäuschung: Statt der schönen, wohlbekannten Glaskutsche fand sich unten ihrer harrend ein omnibusähnliches Gefährt, das sie noch dazu mit einem fremden, festlich geputzten Mädchen teilen mußte. Nach wenigen Straßen hielt der Wagen von neuem und nahm einen weiteren geschmückten Gast auf, und dies wiederholte sich noch einige Male.

Voller Unruhe und Aufregung fragte die kleine Clara endlich die neben ihr sitzende Dame: »Geht es denn hier nach dem Gewandhaus?«

»Ins Gewandhaus? – E näh, mir fahr'n nach Eutritzsch!«

Jetzt fing das Kind bitterlich zu weinen an. Aber ein lautes Rufen und Rennen brachte den Wagen zum Halten, Clara wurde herausgehoben, und da kam auch die richtige Glaskutsche und fuhr nun wirklich ins Gewandhaus. Aufgeregt, verweint, enttäuscht und verwirrt kam sie beim unruhig wartenden Vater Wieck an. Als ob nichts geschehen wäre, kam er ihr mit einer Zuckertüte entgegen und meinte: »Das hatte ich dir ganz vergessen zu sagen, Clärchen, daß man allemal verwechselt wird, wenn man zum ersten Male öffentlich spielt!«

Im Tagebuch des Kindes heißt es nur: »Es ging sehr gut, und ich hab nicht gefehlt, fand auch vielen Beifall.«

(Nach Berthold Litzmann: »Clara Schumann – ein Künstlerleben«)

Schumann an seine Mutter (1833)

Karl Storck

1940

Leipzig, 28. Juni 1833.

... Um Dir nun von mir zu berichten, so war mein Leben währenddem, daß Du nichts von mir hörtest, nicht ohne Reiz und Leben. Eine Menge junger wohlgebildeter Leute, meistens Musikstudierender, hat einen Kreis um mich gezogen, den ich wieder um das Wiecksche Haus ziehe. Am meisten erfaßt uns der Gedanke an eine neue, große musikalische Zeitung, die Hofmeister verlegt und von welcher Prospektus und Anzeige schon im künftigen Monat ausgegeben werden. Ton und Farbe des Ganzen sollen frischer und mannigfaltiger, als in den andern, vorzüglich dem alten Schlendrian ein Damm entgegengestellt werden, ob ich gleich wenig Aussicht habe, mit Wieck, der mir übrigens täglich befreundeter wird, je in meiner Kunstansicht zusammenzutreffen. Viel Köpfe, viel Sinne, wenn es auch Kampf geben sollte. Die Direktion besteht aus Ortlepp, Wieck, mir und zwei anderen Musiklehrern, meistens ausübenden Künstlern (mich neunfingerigen ausgeschlossen), das schon der Sache einen Anstrich gibt, da die andern musikalischen Zeitungen von Dilettanten redigiert werden. Unter den andern Mitarbeitern nenne ich Dir Lühe, Hofrat Wendt, den tauben Lyser, Reißigern und Krägen in Dresden, Franz Otto in London. –

Vielleicht gewinne ich durch dieses Unternehmen etwas, nach dem ich mich, dessen Natur sich eigentlich gegen alles Ungeregelte sträubt, wie mit mir sich mancher andere Künstler, sehnt, das heißt: meinen festeren (bürgerlichen) Hintergrund, der gleichsam sich als Rahmen um das Bild oder als Gefäß um die auseinanderfließende Masse legt, der finanziellen Vorteile usw. nicht zu gedenken ... [...]

Man glaubt von berühmten Männern das Neueste zu hören und findet oft nur seine alten, lieblichen Irrtümer in glänzende Namen gehüllt. Namen – glaube mir, da ist die Hälfte des Sieges. Dennoch reiche ich vor allen männlichen Virtuosen zwei Mädchen die Palme, der Belleville und der Klara. Nun, die letztere, die wie immer innig an mir hängt, ist die alte – wild und schwärmerisch – rennt und springt und spielt wie ein Kind und spricht wieder einmal die tiefsinnigsten Dinge. Es macht Freude, wie sich ihre Herzens- und Geistesanlagen jetzt immer schneller, aber gleichsam Blatt für Blatt entwickeln. Als wir neulich zusammen von Connewitz heimgingen (wir machen fast täglich zwei- bis dreistündige Märsche), hörte ich, wie sie für sich sagte: »O wie glücklich bin ich! wie glücklich!« Wer hört das nicht gern! – Auf demselben Weg stehen sehr unnütze Steine mitten im Fußsteg. Wie es nun trifft, daß ich oft im Gespräch mit andern mehr auf- als niedersehe, geht sie immer hinter mir und zupft an jedem Stein leise am Rock, daß ich ja nicht falle. Einstweilen fällt sie selbst darüber ...

Davidsbündler (1836)

Karl Storck
1940

»Der Davidsbund ist nur ein geistiger romantischer, wie Sie längst gemerkt haben. Mozart war ein ebenso großer Bündler, als es jetzt Berlioz ist, Sie es sind, ohne gerade durch Diplom dazu ernannt zu sein.« Schumann an Heinrich Dorn. 14. September 1836.

An A. v. Zuccalmaglio

Leipzig, Karfreitag 1836.

Hochverehrter Herr!

Sagt Ihnen der Ton der Davidsbündlerbriefe aus Augsburg, Berlin, Dresden und München vielleicht zu, so wählen Sie ihn doch zu Ihren Korrespondenzen. Gleichgültige Sachen lassen sich auf diese Weise auf interessante Weise vorbringen; die Zeitschrift erhält dadurch Festigkeit und Farbe, und den Leuten wird dadurch ein Gefallen erwiesen. Unter Davidsbund stellen Sie sich nur eine geistige Brüderschaft vor, die sich indes auch äußerlich ziemlich weit verzweigt und, hoffe ich, manche goldne Frucht tragen soll. Das Geheimnisvolle der Sache hat übrigens für manche einen besonderen Reiz und überdies, wie alles Verhüllte, eine besondere Kraft. – Daß mir aber auch Ihre früheren Korrespondenzartikel aus Warschau ausnehmend gefallen, und daß ich diese zu den besten der Zeitschrift zähle, schrieb ich Ihnen schon mehrere Male ...

Mit Sehnsucht erwarte ich Ihre Moskaubriefe und alles von Ihrer Hand ...

Mein erstes Trauerspiel (1813-1828)

Richard Wagner
1911

Am 22. Mai 1813 in Leipzig auf dem Brühl im ›Rot und Weißen Löwen‹, zwei Treppen hoch, geboren, wurde ich zwei Tage darauf in der Thomaskirche mit den Namen Wilhelm Richard getauft. Mein Vater Friedrich Wagner, zur Zeit meiner Geburt Polizeiaktuarius in Leipzig mit der Anwartschaft auf die Stelle des Polizeidirektors daselbst, starb im Oktober des Jahres meiner Geburt infolge großer Anstrengungen, welche ihm die überhäuften polizeilichen Geschäfte während der kriegerischen Unruhen und der Schlacht bei Leipzig zuzogen, durch Ansteckung des damals epidemisch gewordenen Nervenfiebers. [...] Über meinen für mich so früh verstorbenen Vater erfuhr ich später, daß er, im allgemeinen sehr für Poesie und Literatur eingenommen, namentlich dem damals von den gebildeten Ständen sehr gepflegten Theater eine fast leidenschaftliche Teilnahme zuwendete. [...]

Von seiner großen Neigung für das Theater zeugte außerdem die Wahl eines innig vertrauten Hausfreundes, des Schauspielers Ludwig Geyer. Hatte ihn bei der Wahl dieses Freundes gewiß hauptsächlich seine Theaterliebe geleitet, so führte er in ihm seiner Familie zugleich den edelsten Wohltäter zu, indem dieser bescheidene Künstler, durch innigen Anteil an dem Lose der zahlreichen Nachkommenschaft seines unerwartet schnell verscheidenden Freundes Wagner bewogen, den Rest seines Lebens auf das angestrengteste der Erhaltung und Erziehung dieser Familie widmete. Schon während der Polizeiaktuar seine Abende im Theater verbrachte, vertrat der treffliche Schauspieler meist seine Stelle im Schoße seiner Familie, und es scheint, daß er oft die mit Recht oder Unrecht über Flatterhaftigkeit ihres Gatten klagende Hausmutter zu beschwichtigen hatte. Wie tief das Bedürfnis des heimatlosen, vom Leben hart geprüften und umhergeworfenen Künstlers war, in einem sympathischen Familienverhältnisse sich heimisch zu wissen, bezeugte er dadurch, daß er ein Jahr nach dem Tode seines Freundes dessen Witwe ehelichte und fortan der sorgsamste Vater der hinterlassenen sieben Kinder ward. [...]

Als ich zu Weihnachten des[selben] Jahres (1827) in Leipzig ankam und bereits meine Mutter mit Ottilie und Cäcilie (meiner Stiefschwester) vorfand, wähnte ich mich im Himmel. Eine große Veränderung hatte sich jedoch bereits zugetragen: Luise war Braut des angesehenen und vermögenden Buchhändlers Friedrich Brockhaus geworden. Die Anhäufung der Familie der gänzlich vermögenslosen Braut scheint nie dem außerordentlich gutherzigen Bräutigam und baldigen Gemahle lästig gefallen zu sein; dennoch mag wohl die Schwester diesem Umstande eine besorgliche Vorstellung entnommen haben, welche sie mir alsbald in einem entfremdenden Lichte erscheinen ließ. Die Veranlassung, in den höheren bürgerlichen Kreisen sich zu wünschenswerter Geltung zu bringen, führte außerdem von selbst eine merkliche Veränderung in dem Benehmen der sonst so heiteren, zu lustigen Einfällen aufgelegten Schwester herbei, welches im Laufe der Zeit von mir mit solcher Bitterkeit wahrgenommen wurde, daß ich gelegentlich mich später mit ihr einmal vollständig überwarf. Zu dem mich kränkenden Tadel meiner Aufführung gab ich jedoch leider bald wirklichen Anlaß. Der Verfall meiner Studien und mein völliges Abweichen von den Pfaden einer regelmäßigen Schulausbildung schreibt sich von meinem Eintritt in Leipzig her, und vielleicht war der Hochmut des Schulpedantismus daran schuld.

In Leipzig bestehen zwei Gelehrtenschulen, die ältere Thomas- und die jüngere Nicolaischule genannt. Die Nicolaischule stand damals in vorzüglicherem Rufe als ihre Schwester; dort mußte ich demnach aufgenommen werden. Nun fand das Lehrerkollegium, dem ich mich zu Neujahr 1828 zur Prüfung vorstellte, es dem Rang ihrer Schule angemessen, mir, der ich zuvor in der Dresdener Kreuzschule bereits in Sekunda gesessen hatte, für einige Zeit Obertertia anzuweisen. Der Mißmut, der mich erfaßte, als ich den Homer, von welchem ich bereits zwölf Gesänge schriftlich übersetzt hatte, wieder beiseite legen mußte, um zu den leichtern griechischen Prosaisten zurückzukehren, war unbeschreiblich und schnitt tief in meine ganze Stimmung ein. Ich betrug mich demzufolge so, daß ich mir nie einen der Lehrer dieser Schule befreundete. [...]

Ein bedenklicheres Gewitter zog sich jedoch endlich um den Horizont meines Lebens zusammen. Meine Vernachlässigung der Schule erreichte den Grad, daß es notwendig zu einem Bruche mit ihr führen mußte. Während meine gute Mutter hiervon keine Ahnung hatte, sah ich weniger mit Bangen als mit Verlangen der Katastrophe entgegen. Um dieser in würdiger Weise zu begegnen, beschloß ich endlich, meine Familie mit der Entdekkung meines nun vollendeten Trauerspieles zu überraschen. Die Bekanntschaft mit diesem großen Ereignis sollte ihr durch meinen Onkel verschafft werden; seiner herzlichen Anerkennung meines großen Dichterberufes glaubte ich infolge unserer sonstigen großen Übereinstimmung über die wichtigsten Angelegenheiten des Lebens, der Wissenschaft und der Kunst unbedenklich sicher sein zu dürfen. Somit übersandte ich ihm das voluminöse Manuskript mit einem ausführlichen Brief, in welchem ich ihm meine Lebenstendenz im Betreff der Nicolaischule sowie meinen festen Entschluß, fortan durch keinen Schulpedantismus mehr in meiner freien Entwicklung mich hemmen zu lassen, wie ich vermutete, zu seiner großen Freude, mitteilte. Es kam anders. Der Schreck war groß. Mein Onkel, sich völlig einer Schuld bewußt fühlend, erschien bei meiner Mutter und meinem Schwager, um mit Entschuldigungen seines vielleicht übel zu deutenden Einflusses auf mich Bericht von dem Unglück zu geben, welches die Familie betroffen habe. Mir selbst schrieb er einen ernst abweisenden Brief, von dem ich noch heute nicht begreifen kann, warum er von so wenigem Humor in der Auffassung meiner Verirrung zeugte: denn auffallenderweise gab er nur dem Gefühl des Selbstvorwurfes, durch unzweckmäßigen Umgang mich zur Verschrobenheit getrieben zu haben, Ausdruck, belehrte mich aber durchaus nicht in gemütlicher Weise über den Charakter meiner Verirrung.

Steckbrief gegen Richard Wagner in der Leipziger Zeitung (1849)

Helmut Arndt
1965

Steckbrief.

Der unten etwas näher bezeichnete Königl. Capellmeister
Richard Wagner
von hier

ist wegen wesentlicher Theilnahme an der in hiesiger Stadt stattgefundenen aufrührerischen Bewegung zur Untersuchung zu ziehen, zur Zeit aber nicht zu erlangen gewesen. Es werden daher alle Polizeibehörden auf denselben aufmerksam gemacht und ersucht, Wagnern im Betretungsfalle zu verhaften, und davon uns schleunigst Nachricht zu ertheilen.

Dresden, den 16. Mai 1849 Die Stadt-Polizei-Deputation.
von Oppell.

Wagner ist 37-38 Jahre alt, mittlerer Statur, hat braunes Haar und trägt eine Brille.

Der Heimatschein (1862)

Leipzig
1938

»Hat Frau Capellmeister Wagner um Heimathschein für ihren am 22. Mai 1813 hier ehelich geborenen Ehemann Richard Wagner nachgesucht.« Zu lesen in den Personalakten des Polizeiamtes des Rates der Stadt Leipzig unterm 9. September 1862. – Frau Minna weilte in Dresden. Der Meister aber vollendete soeben in Biebrich am Rhein das Meistersingervorspiel, das er nach langjähriger Verbannung seinen »geburtsstädtischen Mitbürgern« mit heimbringen wollte. Doch ohne »Recherchen« wurde ihm die königliche Gnade seines kgl. sächsischen Landesvaters nicht zuteil. Hinter dem Eintrag seiner Abmeldung von 1834 vermerkte der gewissenhafte Aktuarius: »Und ist seitdem hier nicht mehr vorgekommen. – Heimathschein nach § 8 b zu erteilen!« –

Nietzsche lernt Wagner kennen (1868)

Friedrich Würzbach
1942

In einem Brief an Rohde, vom 9. November 1868, hat Nietzsche dieses Erlebnis, wiederum eines der für ihn entscheidenden, festgehalten:

Am Abend war der erste Vortrag unsres Philologischen Vereins für dies Semester angesetzt: und man hatte mich sehr höflich ersucht, diesen zu übernehmen. Ich, der ich Gelegenheiten brauche, mich auf akademische Waffen einzupauken, war auch gleich bereit und hatte das Vergnügen, bei Eintritt bei Zaspel eine schwarze Masse von vierzig Zuhörern vorzufinden. Romundt war von mir beauftragt, recht persönlich aufzupassen, damit er mir sagen könne, wie die theatralische Seite, also Vortrag, Stimme, Stil, Disposition beschaffen sei und gewirkt habe. Ich habe ganz frei gesprochen, bloß mit Zuhilfenahme eines Deminutivzettels, und zwar über die Varronischen Satiren und den Zyniker Menippus.

Es wird schon gehn mit dieser akademischen Laufbahn! ... Im Bewußtsein eines guten Tagewerks ging ich zu Bett und überlegte mir die bewußte bei Ritschl aufzuführende Szene: als welche auch am andern Mittag aufgeführt wurde.

Als ich nach Hause kam, fand ich einen Zettel, an mich adressiert, mit der kurzen Notiz: »Willst Du Richard Wagner kennenlernen, so komme um 3/4 4 in das Café Théâtre. Windisch.«

Diese Neuigkeit verwirrte mir etwas den Kopf, verzeih mir!, so daß ich die eben gehabte Szene ganz vergaß und in einen ziemlichen Wirbel geriet.

Ich lief natürlich hin, fand unsern Biederfreund, der mir neue Aufschlüsse gab. Wagner war im strengsten incognito in Leipzig bei seinen Verwandten: die Presse hatte keinen Wind, und alle Dienstboten Brockhausens waren stumm gemacht, wie Gräber in Livree. Nun hatte die Schwester Wagners, die Prof. Brockhaus, jene bewußte gescheute Frau, auch ihre gute Freundin, die Ritschelin, ihrem Bruder vorgeführt: wobei sie den Stolz hatte, vor dem Bruder mit der Freundin und vor der Freundin mit dem Bruder zu renommieren, das glückliche Wesen! Wagner spielt in Gegenwart der Frau Ritschl das Meisterlied, das ja auch Dir bekannt ist: und die gute Frau sagt ihm, daß ihr dies Lied schon wohlbekannt sei, mea opera. Freude und Verwunderung Wagners: gibt allerhöchsten Willen kund, mich incognito kennenzulernen. Ich sollte für Freitag abend eingeladen werden. Windisch aber setzt auseinander, daß ich verhindert sei durch Amt, Pflicht, Versprechen: also schlägt man Sonnabend nachmittag vor. Windisch und ich liefen also hin, fanden die Familie des Professors, aber Richard nicht, der mit einem ungeheuren Hute auf dem großen Schädel ausgegangen war. Hier lernte ich also besagte vortreffliche Familie kennen und bekam eine liebenswürdige Einladung für Sonntag abend.

Meine Stimmung war wirklich an diesen Tagen etwas romanhaft; gib mir zu, daß die Einleitung dieser Bekanntschaft, bei der großen Unnahbarkeit des Sonderlings, etwas an das Märchen streifte. In der Meinung, daß eine große Gesellschaft geladen sei, beschloß ich, große Toilette zu machen, und war froh, daß gerade für den Sonntag mein Schneider mir einen fertigen Ballanzug versprochen hatte...

Es dämmerte, der Schneider kam nicht. Ich suchte den Schneider persönlich auf und fand seine Sklaven heftig mit meinem Anzuge beschäftigt: man versprach, in drei viertel Stunden ihn zu schicken.

Ich ging vergnügter Dinge weg, streifte Kintschy, las den Kladderadatsch und fand mit Behagen die Zeitungsnotiz, daß Wagner in der Schweiz sei, daß man aber in München ein schönes Haus für ihn baue: während ich wußte, daß ich ihn heute abend sehen würde und daß gestern ein Brief vom kleinen König an ihn angekommen sei, mit der Adresse »An den großen deutschen Tondichter Richard Wagner«. Zu Hause fand ich zwar keinen Schneider, las in aller Gemächlichkeit noch die Dissertation über die Eudokia und wurde nur von Zeit zu Zeit durch gellendes, aber aus der Ferne kommendes Läuten beunruhigt. Endlich wurde mir zur Gewißheit, daß an dem altväterlichen eisernen Gittertor jemand warte: es war verschlossen, ebenso wie die Haustür. Ich schrie über den Garten weg dem Manne zu, er solle in das Naundörfchen kommen: unmöglich, sich bei dem Geplätscher des Regens verständlich zu machen. Das Haus geriet in Aufregung, endlich wurde aufgeschlossen, und ein altes Männchen mit einem Paket kam zu mir. Es war halb sieben Uhr; es war Zeit, meine Sachen anzuziehen und Toilette zu machen, da ich sehr weit ab wohne. Richtig, der Mann hat meine Sachen, ich probiere sie an, sie passen. Verdächtige Wendung! Er präsentiert die Rechnung. Ich akzeptiere höflich; er will bezahlt sein, gleich, bei Empfang der Sachen. Ich bin erstaunt, setze ihm auseinander, daß ich gar nichts mit ihm als einem Arbeiter für meinen Schneider zu tun habe, sondern nur mit dem Schneider selbst, dem ich den Auftrag gegeben habe. Der Mann wird dringender, die Zeit wird dringender; ich ergreife die Sachen und beginne sie anzuziehn, der Mann ergreift die Sachen und hindert mich, sie anzuziehn: Gewalt meiner Seite, Gewalt seiner Seite! Szene. Ich kämpfe im Hemde: denn ich will die neuen Hosen anziehn.

Endlich Aufwand von Würde, feierliche Drohung, Verwünschung meines Schneiders und seines Helfershelfers, Racheschwur: während dem entfernt sich das Männchen mit meinen Sachen. Ende des zweiten Aktes: ich brüte im Hemde auf dem Sofa und betrachte einen schwarzen Rock, ob er für Richard gut genug ist. Draußen gießt der Regen ...

Ein Viertel auf acht: um halb acht, habe ich mit Windisch verabredet, wollen wir uns im Theatercafé treffen. Ich stürme in die finstre, regnerische Nacht hinaus, auch ein schwarzes Männchen, ohne Frack, doch in gesteigerter Romanstimmung: das Glück ist günstig, selbst die Schneiderszene hat etwas ungeheuerlich Unalltägliches.

Wir kommen in dem sehr behaglichen Salon Brockhaus an: es ist niemand weiter vorhanden als die engste Familie, Richard und wir beide. Ich werde Richard vorgestellt und rede zu ihm einige Worte der Verehrung: er erkundigt sich sehr genau, wie ich mit seiner Musik vertraut geworden sei, schimpft entsetzlich auf alle Aufführungen seiner Opern, mit Ausnahme der berühmten Münchener, und macht sich über die Kapellmeister lustig, welche ihrem Orchester im gemütlichen Tone zurufen: »Meine Herren, jetzt wird's leidenschaftlich!« »Meine Gutsten, noch ein bißchen leidenschaftlicher!« W. imitiert sehr gern den Leipziger Dialekt.

Nun will ich Dir in Kürze erzählen, was uns dieser Abend bot, wahrlich Genüsse so eigentümlich pikanter Art, daß ich auch heute noch nicht im alten Gleise bin, sondern eben nichts Besseres tun kann, als mit Dir, mein teurer Freund, zu reden und »wundersame Mär« zu künden. Vor und nach Tisch spielte Wagner, und zwar alle wichtigen Stellen der »«Meistersinger«, indem er alle Stimmen imitierte und dabei sehr ausgelassen war. Es ist nämlich ein fabelhaft lebhafter und feuriger Mann, der sehr schnell spricht, sehr witzig ist und eine Gesellschaft dieser privatesten Art ganz heiter macht. Inzwischen hatte ich ein längeres Gespräch mit ihm über Schopenhauer: ach, und Du begreifst es, welcher Genuß es für mich war, ihn mit ganz unbeschreiblicher Wärme von ihm reden zu hören, was er ihm verdanke, wie er der einzige Philosoph sei, der das Wesen der Musik erkannt habe! Dann erkundigte er sich, wie sich jetzt die Professoren zu ihm verhalten, lachte sehr über den Philosophenkongreß in Prag und sprach von den »philosophischen Dienstmännern«. Nachher las er ein Stück aus seiner Biographie vor, die er jetzt schreibt, eine überaus ergötzliche Szene aus seinem Leipziger Studienleben, an die ich jetzt noch nicht ohne Gelächter denken kann; er schreibt übrigens außerordentlich gewandt und geistreich. Am Schluß, als wir beide uns zum Fortgehen anschickten, drückte er mir sehr warm die Hand und lud mich sehr freundlich ein, ihn zu besuchen, um Musik und Philosophie zu treiben, auch übertrug er mir, seine Schwester und seine Anverwandten mit seiner Musik bekannt zu machen: was ich denn feierlich übernommen habe. Mehr sollst Du hören, wenn ich diesem Abende etwas objektiver und ferner gegenüberstehe. Heute ein herzliches Lebewohl und beste Wünsche für Deine Gesundheit.

An Rohde

Leipzig, am Bußtage (20. November 1868)

Jetzo, wo ich wieder das wimmelnde Philologengezücht unserer Tage aus der Nähe sehe, wo ich das ganze Maulwurfstreiben, die vollen Backentaschen und die blinden Augen, die Freude ob des erbeuteten Wurms und die Gleichgültigkeit gegen die wahren, ja aufdringlichen Probleme des Lebens täglich beobachten muß, und nicht nur an der jungen Brut, sondern an den ausgewachsenen Alten: da kommt es mir immer begreiflicher vor, daß wir beide, falls wir nur sonst unserm Genius treu bleiben, nicht ohne mannigfache Anstöße und Quertreibereien unsern Lebensweg gehen werden. Wenn sich Philologe und Mensch nicht völlig dekken, so staunt das erwähnte Gezücht erst das Mirakel an, dann ärgert es sich, und endlich kratzt, bellt und beißt es.

Aber, lieber Freund, was hat das mit Deinen und meinen Leistungen zu tun, was andere über unsere Persönlichkeiten urteilen? Denken wir an Schopenhauer und Richard Wagner, an die unverwüstliche Energie, mit der sie den Glauben an sich unter dem Hallo der ganzen »gebildeten« Welt aufrechterhielten.

Leipzig, 9. Dezember 1868

Wagner, wie ich ihn jetzt kenne, aus seiner Musik, seinen Dichtungen, seiner Ästhetik, zum nicht geringsten Teile aus jenem glücklichen Zusammensein mit ihm, ist die leibhaftigste Illustration dessen, was Schopenhauer ein Genie nennt: ja die Ähnlichkeit all der einzelnen Züge ist in die Augen springend. Ach, ich wollte, ich könnte Dir in behaglicher Abendstunde die vielen kleinen Einzelheiten erzählen, die ich über ihn, meistens durch seine Schwester, weiß; ich wollte, wir könnten die Dichtungen miteinander lesen, wir könnten zusammen den kühnen, ja schwindelnden Gang seiner umstürzenden und aufbauenden Ästhetik gehen, wir könnten endlich uns von dem Gefühlsschwunge seiner Musik wegreißen lassen.

45. Das Alte Gewandhaus, in dem von 1781 bis 1885 Konzerte stattfanden.

46. Der Saal des Alten Gewandhauses am Neumarkt um 1835.

47. Der Saal des Neuen Gewandhauses, 1884 erbaut, 1944 im Zweiten Weltkrieg zerstört.

48. Blick auf das Gewandhaus im ›Musikerviertel‹, 1938. Vor dem Portal fehlt das Denkmal Mendelssohn-Bartholdys, das im 3. Reich abgetragen wurde.

49. *Das ehemalige Denkmal Felix Mendelssohn-Bartholdys vor dem Neuen Gewandhaus.*

50. *Der Mendebrunnen vor dem Neuen Gewandhaus, 1986.*

51. *Der Saal des Neuen Gewandhauses, 1981.*

52. Das Neue Theater am Augustusplatz, erbaut 1864-1867 von Baumeister Carl Ferdinand Langhans, 1944 im Zweiten Weltkrieg zerstört.

12. »*Endlich erhielt auch Leipzig ein Schauspielhaus das seiner würdig ist*«

»Die führen vielleicht ein Leben kann ich dir sagen!«

Uwe Johnson
1961

Windstille breitet sich aus, die See liegt ebenmäßig plätschernd im kleinen Geräusch privater Gespräche, siehst du die da unten, rechts neben der Rennleitung? im blauen Kostüm? Das ist die von Achim. Mit der schläft er. Nein jetzt nicht mehr, jetzt hat sie doch den der ein Buch über Achim schreibt, aus dem Westen der. Mit dem hat sie es jetzt? die führen vielleicht ein Leben kann ich dir sagen! [...]

Erregend darzustellen das Leben einer Schauspielerin: Karin gehässig fluchend unter den Händen der Masseuse, Karin im Eingang des Friseursalons von drei weißbekittelten Abgeordneten empfangen, Karin im städtischen Wirbelblitz der Gerüchte, mißlaunig und begabt auf der Probebühne, während im Hintergrund des dunklen Zuschauerraums eine Tür aufschlägt und den Umriß eines jungen Mannes rahmt, der steht da eine Weile mit den Händen in den Taschen ohne näherzukommen und sieht den Vorgängen auf der Bühne zu; als Karin aber sich von der Rampe abstützend ins Parkett schwingt und unsichtbar wird im dämmerigen Gestühl neben der Probenleitung, stößt er sich mit den Schultern ab, zuklappende Tür verdeckt ihn: war das Achim? war das der mit dem Westwagen? war das der immer die Blumen schickt? wer geht durch die Korridore des Theaters und durch einen Kellerausgang über den hoch umbauten Hof davon mit knallenden Eisenabsätzen, wer hat ihn gesehen, wollen wir hinterher? Die junge und viel versprechende Schauspielerin, deren Entwicklung wir seit einigen Jahren in den anerkennenden Berichten der Presse verfolgen, ist soeben von Filmaufnahmen in Rumänien zurückgekehrt; bei einem geselligen Beisammensein im Restaurant des Hauptbahnhofes fragten wir sie nach ihren weiteren Plänen. Über die neuerlich wegweisenden Maßnahmen des Sachwalters äußerte sie: darüber sei sie sicherlich einer Meinung mit allen Menschen guten Willens. Unsere besten Wünsche sind mit ihr, winkend verschwindet sie im anfahrenden Taxi. Die seelische Spannung, die ihre Verkörperung der Emilia Galotti auszeichnete (und zu einem bleibenden Eindruck machte), verweist auf die Vermutung: daß sie seit dem vorigen Jahr in persönlicher Auseinandersetzung mit dem neuen Leben unseres einmaligen Staates gereift und somit wurde was sie ist. [...]

Als Karin die Nelken fing, war der Beifall noch einmal hoch angewachsen.

Wieso?

Denn sie war bekannt. Man sah sie auf der Straße, denn sie war auf der Bühne zu sehen; sie war so oft in städtischen Veranstaltungen sichtbar und beschäftigt, daß sie dazugehören konnte und dem Bürger in die Rede kam, wenn es ging um die Kennzeichen der Stadt im Vergleich zu anderen. Mehr aber noch war sie erinnertes Bild und fast Vorschrift des Verhaltens geworden mit den Spielfilmen, in denen sie zunächst vorkam als ein Mädchen mit weiten Röcken, das eigensinnig war und auf eine ungeschickte Weise herzlich, die Welt nicht verstand und nicht erklärt haben wollte und doch ganz unversehens hereinfiel auf eine einzige gütige Gebärde, weil alles ganz anders war. Die Person konnte so unwillkürlich weinen, da war kein Trost abzusehen, von Menschen kam er nicht, wohl aber von großzügigen geschmückten Ereignissen unter viel Sonne, an denen waren doch so viele beteiligt; und trug die Darstellerin die Haare offen die Sandalen ländlich die Röcke schwingend, so war sie fähig zu nahebei glaubwürdiger Umsetzung von Freude in Bewegungen der Gesichtsoberfläche: »die kann einmal elend schön strahlen«, davon ließ sich träumen; die meisten Briefe jedoch waren ihr zugekommen nach dem letzten Film, der sie in engen Röcken biegsam und bösartig zeigte als staatsfeindliche Frau verführbaren Wissenschaftlers, da führte sie vor wie böse der Mensch kann sein und dem Zureden der Gutwilligen, die es besser wissen, großbürgerlich starr sich verschließen: das Drehbuch hatte ihr aber einen vierjährigen Sohn beigegeben, mit dem sie mütterlich spielte und saß im grünen sonnigen Gras, sie durfte sich überlegen betragen, sie mußte hilfreich sein, so daß aus der Verstocktheit überraschend und doch erwartet das große Strahlen hervorkam letzten Endes und sie erschien als eine Frau, die das Leben kennt wie es ist und jung genug ist um dich zu verstehen, dir helfen wird, du mußt dich nicht schämen, schreibe ihr einen Brief. (So ist es Karsch erzählt worden. Er hat diese Filme nicht gesehen, weil sie sofort sagte: Geh da nicht hin. Daß du dir das niemals ansiehst!) Man hielt sie an auf der Straße und trug ihr Grüße auf für Achim, sie wurde gefragt warum die kluge Ehefrau ihren Mann doch schließlich abhält vom Verlassen des Staates, muß man denn am Ende alles einsehen, wirklich? und Karsch stand neben ihr, als sie in einem Schuhgeschäft hochatmenden Mädchen erklärte wie es zu machen sei wenn man das Haar durchaus so aufstecken wolle wie sie. Dann in einer Konditorei holten zwei alte Frauen sie in ein langes Gespräch wie eine Nachbarin auf der Treppe: über die Butter, über Karins reine Haut, über Westdeutschland und kleine Hunde, die man auf dem Arm tragen kann; die eine fuhr immer der anderen über den Mund, die hätte gern um eine Gabe gebeten von dem vielen Geld. Sie war beliebt, »der ist es nicht zu Kopfe gestiegen, sie ist ganz wie ein Mensch«, sie war bekannt.

Welttheatergespräche vor Ort (1864)

Ferdinand May
1960

Eine Kolonne von Ratsgärtnern und Waldarbeitern holzt die Anlagen auf dem Leipziger Schneckenberg ab. [...]

Auf dem Gipfel des Hügels, den die spottlustigen Leipziger »Schneckenberg« genannt hatten, weil jede Schnecke ihn mühelos erklimmen könne, auf jenem Fleck, wo mehr als fünfzig Jahre zuvor Körner sein Lied von Lützows wilder, verwegener Jagd gedichtet hatte, steht Professor Gropius mit Zeichenblock und Stiften. In großzügigen Strichen wirft er eine Reihe von Skizzen aufs Papier, soll doch die Abholzung und Entfernung der Anhöhe am Augustusplatz für die Zeitschrift »Gartenlaube« festgehalten werden. [...]

Am 29. Juli 1864 ist hier der erste Spatenstich zum »Neuen Theater« getan worden, dem zwei Jahre später schon das Richtfest folgen soll. Ein imposanter, repräsentativer Bau wird entstehen. Architekt Langhans, Sohn des berühmten Erbauers des Brandenburger Tores zu Berlin und selbst ein Mann von bedeutendem Ruf durch Theaterbauten in Berlin und Breslau, hat den Rat und die Stadtverordneten überzeugt, daß nur der Augustusplatz den entsprechenden Rahmen dafür abgeben würde.

»Na, mein lieber, alter Gropius, das Alte stürzt, es ändert sich die Zeit, und neues Leben blüht aus den Ruinen.«

Hinter dem Maler steht der kurzatmige Professor Roßmäßler und wischt sich in scherzhafter Übertreibung die Schweißtropfen ab, die er beim Aufstieg vergossen hat.

»Wie Sie sehen, bin ich wieder einmal Chronist unsres Zeitalters, Roßmäßler, andere machen Geschichte, ich muß sie malen.«

»Darf man sehen? Ja, ja, chaotisch wie am ersten Schöpfungstag. Wirklich schade, daß der ganze Berg verschwindet. Jetzt kann man keine alpinen Leistungen mehr vollbringen.«

Der Professor streicht den Schmutz von den Stiefeln ab und sagt: »Kommen Sie mit, Gropius, beim Grun in der ›Guten Quelle‹ sollen sich einige Teilnehmer am Dänenkrieg eingefunden haben.«

Gropius schüttelt den Kopf. »Ich kann mir keinen Dienst am Bacchus mehr leisten, denken Sie an meine Leber.« [...]

»Verständlich und doch schade! Es gibt bestimmt hitzige Debatten. Der Bebel will kommen, der Hirzel, auch der Vahlteich, natürlich Dolge.«

»So? Der Bebel kommt auch? Jetzt, da er selbständig ist, hat er da noch Zeit für Politik? Hat mich ganz schön mit einem Auftrag sitzenlassen ...«

»Er arbeitet vorläufig mit einem einzigen Lehrling, ohne Gehilfen«, sagt Roßmäßler entschuldigend.

Gropius macht noch einige Striche, dann klappt er das Skizzenbuch zu. Während sie zur Stadt hinuntersteigen, sagt er: »Lieber Freund, jetzt, wo trotz der jämmerlichen Strategie des achtzigjährigen Wrangel die Dänen besiegt sind, weil die wahrscheinlich noch jämmerlicher geführt wurden, jetzt klären Sie mich ollen Malersmann mal auf: Wer war denn nun eigentlich im Recht? Die einen sagen Preußen, die andern: ›Nee, der Augustenburger war erbberechtigt.‹ Darf denn dieser Bismarck, dieser Preuße, so mit seinen Verbündeten umspringen?«

Langsam gehen die beiden Leipziger Bürger an diesem schwülen Augustabend am hell erleuchteten Café Felsche vorbei, die Grimmaische Straße entlang. Es ist Geschäftsschluß, aus allen Türen eilen Markthelfer, um die Jalousien zurückzuklappen, die Läden zu schließen. [...]

»Das haben wir ja erlebt.« Gropius lacht erbittert auf.

»Er ließ preußische Truppen in Schleswig einrücken, die Österreicher folgten. Alles ganz legitim, stets im Auftrag des deutschen Bundes. Unsere Sachsen mußten sich sozusagen mit der Statisterie begnügen, ebenso die Hannoveraner. Sie durften ohne Kampfhandlungen Holstein besetzen, dagegen ist um Schleswig viel Blut geflossen. Deutsches ... dänisches ...«

Roßmäßler bleibt im Abendschatten der Häuser stehen, er keucht, sein Herz sei lädiert, meint er resigniert.

»Ich danke Ihnen, alter Freund. Besser konnte es kein Geschichtsprofessor erklären. Die Politik unserer Gegenwart ist mehr als verworren, spätere Generationen werden fluchend den Ariadnefaden suchen, der sie durch das Labyrinth unserer Zeit führt. – Und nun schließen sie wieder Frieden, die hohen Herren? Die Toten liegen starr und steif in der Erde, gefallen, damit Schleswig eine preußische, Holstein eine österreichische, sächsische oder hannoversche Verwaltung bekommt?«

Gropius hat die Sätze in tiefer Verbitterung gesprochen, fährt dann in leichterem Ton fort: »Sehen Sie, Roßmäßler! Deshalb flüchte ich zu meinem Beethoven. Wenn der Reinecke den Taktstock hebt, vergesse ich, daß es eine Schlacht bei den Düppeler Schanzen gegeben hat. Beim Beethoven und beim Homer. Und halten Sie mich für keinen schlechten Deutschen, aber ich sage Ihnen, dieser Bismarck wird uns noch manches Schlachtfeld bescheren.«

»Trotzdem ist er ein Stück des Weltgeistes, von dem Hegel spricht. Man kann das Rad der Zeit nicht rückwärts drehen!«

Hanß Leberwurst aus England (1585/1613)

Georg Witkowski
1909

Die englischen Komödianten beschränkten sich nicht auf die Heimat; sie setzten über den Kanal und brachten zu den anderen Völkern mit Gauklerkünsten und musikalischen Aufführungen auch die ersten Erschütterungen ausgebildeter Schauspielkunst.

Die früheste Nachricht vom Auftreten der Engländer in Deutschland stammt aus Leipzig. In den Stadtrechnungen steht unter dem 19. Juli 1585 die Ausgabe verzeichnet: »5 Thaler den englischen Spielleuten, so ufm Rathaus ihr Spiel mit Springen und allerlei Kurzweil getrieben«. Aus der Notiz ergibt sich, daß die Engländer hauptsächlich akrobatische Künste vorgeführt haben. Aber es ist durchaus wahrscheinlich, daß unter der »allerlei Kurzweil«, die sie getrieben haben, auch dramatische Aufführungen zu verstehen sind, da diese überall zum Repertoire der Engländer gehörten. Die Tatsache, daß sie nicht besteuert wurden, sondern sogar noch eine stattliche Belohnung empfingen, beweist, daß ihr Erscheinen vom Leipziger Rate freudig und dankbar als etwas Außerordentliches begrüßt wurde.

Ein Jahr später trat die kleine Truppe William Kempes, die zuvor in Dänemark gespielt hatte, in den Dienst des Kurfürsten Christian I. von Sachsen. Sie sollte nach ihrer Bestallungsurkunde »do wir Reisen, Uns uf unsern bevehlich Jedesmahls folgen, Wan wir taffel halten, Und sünsten, so ofte Ihnen solchs angemeldet wirdt, mit Iren Geygen und zugehörigen Instrumenten, auffwarten und Musiciren, Uns auch mit Ihrer Springkunst und andern, was sie in Zirligkeit gelernett, lust und ergetzlichkeit machen.« [...]

Von 1592 bis in die dreißiger Jahre des folgenden Jahrhunderts haben die Engländer ununterbrochen Deutschland durchzogen. Wie in ihrer Heimat stellten sich die Truppen in den Dienst hoher Herren und wurden von ihnen besoldet; aber sie blieben nicht ständig im Gefolge ihrer Gebieter, sondern besuchten die großen Städte, vor allem zur Zeit der Messen. [...]

In den Leipziger Stadtrechnungen erscheint zum erstenmal am Schlusse der Michaelismesse 1600 eine Einnahme von 10 Talern Stättegeld von den Engländern, »daß sie den Markt hier gespielt«.

Dann verzeichnet Engelmann am 23. Februar 1603 »haben die Engellander bey d. Moritz Rincken in der Haynstraße (jetzt Barthels Hof) 10 tage agiret«, am 3. Mai 1610 »haben Englische Comoedianten Comoedien gespielet in Jordans Hause auf der Ritterstraßen«. Im Jahre 1611 notiert er, daß im Ostermarkt zwei englische Comoedianten allhier gewesen sind; es haben also während der Messe zwei Truppen nebeneinander gespielt, wie dies auch in Frankfurt mehrfach geschah. Den Namen eines Engländers nennt Engelmann zum 25. April 1613: »bis Pfingsten hat der Engelander Hanß Leberwurst mit s. (seinem, seinen?) Knaben Comoedien gespielet in der Fleischergaße«.

Ein Hanß Leberwurst war bisher unter den englischen Komödianten nicht bekannt; aber der Name schließt sich den anderen Bezeichnungen an, die sich die englischen Clowns, in der Regel zugleich die Führer der Truppen, für ihr deutsches Publikum beilegten: Stockfisch, Pickelhering, Hans Supp oder Jean Potage und endlich der gleich geartete Stammvater Hans Wurst, als dessen unmittelbarer Abkömmling unser Hanß Leberwurst gelten muß.

Mit seiner Erwähnung schließt die Reihe, der auf die Engländer in Leipzig bezüglichen Notizen Engelmanns und damit überhaupt die Kunde von ihrem Auftreten in Leipzig.

Erst die Fremden haben hier der Muttersprache auf der Bühne zur Gleichberechtigung mit dem lateinischen Drama verholfen. Anderwärts, namentlich in der Schweiz und Süddeutschland aber auch in Hessen und in Sachsen selbst (Zwickau), blühte im Reformationszeitalter die von Luther und Zwingli empfohlene Darstellung biblischer und weltlicher Stoffe durch Bürger und Schüler. In Leipzig sind davon, wie wir gesehen haben, kaum schwache Spuren zu entdecken. Gewiß ist eine der Ursachen dieser auffallenden Erscheinung darin zu erkennen, daß hier bis 1539, in der eigentlich triebkräftigen Frühlingszeit des neuen Geistes, seine öffentliche Betätigung mit allen Mitteln unterdrückt wurde.

Neuberin schafft Hans Wurst ab (um 1730)

Johann Christoph Rost
1770

Ich singe von der Frau, die um den Pleißenstrand,
Den deutschen Harlekin aus ihrer Zunft verbannt;
Sich selbst bezwungen hat; die Bühne stets verbessert,
Kunst, Beyfall und Geschmack, wie ihren Ruhm vergrössert;
Die Annens großen Thron, durch Birons Huld erblickt,
Bis des Mäzenens Fall sie wieder heimgeschickt.

Die Neuberin (1727/1748)

Christiane Goebel
1963

Der jugendliche Lessing nahm Fühlung auf mit der Truppe der Königlich Polnischen, Churfürstlich Sächsischen, auch Hochfürstlich Braunschweigisch-Lüneburgisch-Wolfenbüttelischen Deutschen Hof-Comoediantin Friederike Caroline Neuber, etwas kürzer einfach »die Neuberin« genannt, die »gantz und gar entflambt« für ein ernstes, bildendes Theater eintrat. Sie traf mit ihrer vorzüglich gebildeten Truppe 1727 das erste Mal zur Messe in Leipzig ein und kam dreiunddreißig Mal wieder, obwohl sie von vielerlei neidischen Konkurrenten bedrängt und vom Publikum mit großer Zurückhaltung aufgenommen wurde.

Da man ihre Verbindung zu dem hochverehrten Professor Gottsched wohl kannte, dessen Dramen sie herausbrachte, und da sie auch die reizenden Lustspiele seiner Gattin, der Gottschedin, aufführte, war ihr ein bestimmter Zuschauerkreis immer sicher. Das große Publikum aber war im Laufe der Jahrzehnte zu sehr an Possen und Harlekinaden gewöhnt worden und mochte von den französischen Tragödien, die ihr Spielplan aufwies, nicht viel halten, obgleich sie auch das französische Lustspiel nicht vernachlässigte. Von den Fleischbänken vertrieben, erlaubte man ihr, im Groß-Boseschen Garten eine eigene Bude aufzuschlagen, und dort hat sich die berühmte Szene von der Grablegung des Hanswurstes zugtragen, mit der alle reißerischen Albernheiten für immer von der Bühne verbannt werden sollten. In »Zotens Hof« an der Nikolaistraße, der später »Quandts Hof« hieß, erlebte 1748 der 19jährige Lessing die Uraufführung seines Lustspiels »Der junge Gelehrte« durch die schon kleingewordene Truppe, im nächsten Jahre kam die alternde Comoediantin zum letzten Mal und mußte auf einem Färberboden an der Fleischergasse im Haus »zum Blumenberg« spielen. Verarmt und einsam starb sie während des Siebenjährigen Krieges 1760 im Elbdörfchen Laubegast bei Dresden und erlebte nicht mehr, wie herrlich die Saat aufging, die sie allenthalben ausgestreut.

Schauspielhaus (1766)

Benjamin Heidecke
1783

Endlich erhielt auch Leipzig im Jahr 1766 ein Schauspielhaus, das seiner würdig ist. Herr Zehmisch und einige andre patriotische Kaufleute dieser Stadt unternahmen dieses rühmliche Werk. Ein großer Architekt, der Ingenieuroberst Fäsch, erbaute es auf den Ruinen einer Bastei nach dem Modelle des kurfürstlichen Theaters zu Dresden. Die Länge des Hauses ist etwa 108 Fuß, und die ganze Breite 64 Fuß. Das Theater ist ohne die vordere vorhergehende Rundung desselben an die 45 Fuß tief und 37 Fuß breit, die Höhe ist 34 Fuß. Es sind zwei Eingänge, einer für die Zuschauer und einer für die Schauspieler, der gleich auf das Theater führt; auch noch ein Ausgang in die daran stoßenden Gärten, in welche man nur durch das Haus kommen kann. Das Amphitheater ist länglich rund, das Parterre hat ein räumlich abgesondertes Orchester, und da es für stehende Zuschauer eingerichtet ist, nur rund herum eine Bank. Es liegt etwas tief, weil das Theater nicht sehr erhaben ist, geht aber schräg vom Theater an in die Höhe und kann überlegt werden. Der Eingang ist dem Theater gerade gegenüber und geht einige Stufen herab. Es sind drei Ränge Logen, davon einige sehr geräumig, die kleinsten aber doch auf sechs Personen eingerichtet sind. Darüber ist die Galerie, welche einen mehr als gewöhnlichen Abstand von der Decke des Hauses hat. Man kann allenthalben das Theater sehen, und auch in den entferntern Logen leidet das Gehör nicht. Die Auszierung des Gebäudes ist, wie es sich für eine Stadt schickt, in der alle schönen Künste blühen. Der Plafond ist von Herrn Oeser. Allgemein bewundert ist der allegorische Vorhang, gleichfalls von Herrn Oeser, der zugleich mit seinem ältesten Sohn diese Bühne von Zeit zu Zeit mit vortrefflichen Dekorationen verziert. Die Richtung des Hauses geschah den 18. Julius, am 10. Oktober 1766 ward es eröffnet.

Jetziger Einrichtung nach ist des Sommers hier Opera, die unter der Direktion des in Leipzig wohnenden Herrn Bondini von Prag im Jahr 1782 und 83 hierher kam und fast noch mehr Beifall als die deutsche Gesellschaft, die zur Zeit der Messen und des Sommers von Dresden herkommt, erhielt [...]

Man besucht fleißig das deutsche sowohl als das italienische Schauspiel, da die letzten noch sorgfältiger als die ersten die besten Stücke auf die Bühne bringen. Und wenn man die italienischen Schauspieler mehr als die deutschen schätzte, so war es keine Ungerechtigkeit. Der meisterhafte Gesang derselben, und die selten gut besetzten Rollen deutscher Schauspieler brachten dies Urteil hervor. [...]

Den kleinen, weniger kultivierten und von Fremden unbesuchten Städten verzeiht man dergleichen wohl, aber eine Hofschauspielergesellschaft sollte mehr Auswahl brauchen. Die Anzahl der deutschen Schauspieler ist zu großen Stücken nicht zu klein, aber wollte man sie nach den guten und einträglichen berechnen, beständ' sie ungefähr aus drei. Die Garderobe ist zu jedem Stück gut gewählt und guter Schauspieler würdig. Die Schauspieler selbst stehen, auch die schlechten nicht ausgenommen, in guter Gage. Weil sie aber nur die Messe durch spielen, so fehlt es ihnen nicht an Zuschauern, denn schon die Fremden besuchen das Schauspiel, weil sie in Leipzig die Kunst in der größten Vollkommenheit vermuten. Noch kommt dies hinzu: die Leipziger, um Geschmack für Kunst zu verraten, applaudieren auf eine unbegreifliche Art, machen Schauspieler, die es nicht verdienen, und die noch unter aller Kritik stehen, stolz, daß sie die nämlichen Rollen mit der nämlichen Kunst wiederholen und ekelhaft werden.

Das Leipziger Parterre

August Salomo Maurer

1799

Von dem durch die halbe Welt bekannten und berüchtigten Leipziger Parterr, einem wahren Flegelconvente, will ich dir nichts sagen; es ist zu oft schon gerügt worden, und dies Unwesen wird auch wohl hoffentlich so lange fortdauern, bis sich Rat und Universität enger vereinigen, und Militärwachen hineinbringen, welche die ungesittete Brut entweder mit Kolbenstößen zur Ruhe verweisen, oder so lange auf die Pritsche schmeißen, bis die eigentliche Obrigkeit des Tumultuanten ihm ein anderes Quartierchen anweist, und (nur nicht durch Geldbußen!) zur gerechten Strafe zieht; ich will mich hier so kurz fassen, wie mein Vorgänger Rabiosus, und wie *er* bei Kästners Epigramm mich beruhigen:

A. Ich glaube an kein wütend Heer.
B. Freund! warst du nie im Leipziger Parterr? – –

Ein kleines Haus ist besser als ein großes

Gustav Freytag
1897

Man hatte sich lange geärgert über enge, schmucklose und sehr unbequeme Häuser, welche das vorige und die ersten Jahrzehnte des gegenwärtigen Jahrhunderts hinterließen; auch die Möglichkeit größerer Einnahmen lockte, und nicht zuletzt die edlere Freude unserer Zeit an umfangreicher Geselligkeit und an Allgemeinverbreitung alles Wahren und Schönen. So entstanden die neuen Hoftheater von Dresden, München u.s.w., die großen Stadttheater in Königsberg, Hamburg, Köln, Breslau, Frankfurt, jetzt auch in Leipzig.

Aber merkwürdig! Bei allen Stadttheatern folgte dem großen schönen Neubau dieselbe Reihe absteigender Stimmungen. In den ersten Monaten ein großer Zudrang des erfreuten Publicums, bald leere Häuser, allgemeines Mißbehagen und die Ansicht, daß das Theater schlechter geworden sei. In den alten engen Häusern war die Kunst auch nicht immer gut bedient worden, aber jede Stadt hatte ihre Theaterjahre wieder und wieder gehabt, auf welche sie mit Stolz zurückblickte, die gern als eine goldene Zeit der Bühne gerühmt wurden; in den neuen Festräumen kam solche gute Zeit nicht mehr. Aber noch merkwürdiger war, beliebte alte Stücke gefielen nicht mehr, man mochte besetzen wie man wollte; werthe Schauspieler, die einheimisch und beliebt waren, wurden auf einmal alt und wirkungslos, lustige Stellen, die man immer belacht hatte, gingen spurlos vorüber, empfindsame Momente, bei denen die Taschentücher seit Menschengedenken unvermeidlich waren, bewegten keine Wimper, es war im Neubau Alles viel schöner geworden, die Beleuchtung festlicher, die Sitze bequemer, die Decorationen wundervoll gemalt, die Kostüme mit historischer Treue geschneidert; auch der Zuschauer erschien in besserem Anzug und sah mit Befriedigung auf die eigene Festkleidung und kritisch auf die der andern, und dennoch wurde auf der Bühne die Kunst des Schauspielers matt, flau, farblos, zuletzt langweilig, der Abonnenten wurden allmählich weniger statt mehr, die Theaterleitung mußte fremde Virtuosen auf Gastspiel gewinnen, theuere Spektakelopern ausstatten, um einmal die leeren Räume zu füllen und jedes solches Außerordentliche trug wieder dazu bei, den Antheil am Alltäglichen zu vermindern. Der Pächter verlor sein Vermögen oder zog sich arm an Lob zurück, Ausschüsse von Kunstfreunden verwalteten und setzten Geld zu, ein schneller Wechsel der Unternehmer, ein noch schnellerer der Künstler. Es sei zu Ende mit der Kunst, klagten die wenigen Getreuen, die Schauspieler schlecht, die Tenöre erbärmlich, das Publicum geschmacklos, Alles neige bergab. – Dieselbe Klage an den großen Hofbühnen für Oper und Schauspiel, nur daß hier durch fürstliche Zuschüsse und festere Anstellung der Künstler das Bessere länger erhalten, das neue Leiden weniger fühlbar und das letzte Unheil, der Bankerott, verhindert wurden. Das ist das Schicksal fast aller großen Stadtbühnen geworden. Es könnte auch das Schicksal der Leipziger Bühne werden.

Kainz fängt gefrorene Spatzen (1876)

Arthur Eloesser
1912

Leipzig den 24/12. 1876

Herzliebste Eltern!

Gestern schickte mir die Schwabe durch den kleinen Paul eine große immense ausgezeichnete Stolle, die sie für mich gebacken hat. Die beiden Leute waren ganz desparat, daß ich heute am hl. Abend spielen muß. Nun haben sie die ganze Christbescheerung auf den hl. Tag verschoben, da werde ich draußen speisen und bis Abends draußen bleiben. Heute Nachmittag um vier Uhr ist wieder Max u. Moritz da führe ich den kleinen Paul hinein der wurde gestern ordentlich närrisch vor Freude als ich es ihm ankündigte. Hier ist es so kalt, daß man sich nicht auf die Gasse wagt. Ich habe so eine schneidende Kälte noch nicht mitgemacht. Aber kein Schnee. Man kann auf der Straße nicht sprechen denn die Worte frieren in der Luft. Die Luft selber ist festgefroren. Fenster kann man in Folge dessen keines aufmachen will man im Zimmer frische Luft haben, so muß man auf die Straße gehen und sich mittels Hacke ein Stück herunter hauen und dasselbe auf den heißen Ofen legen. Neulich habe ich auf die Art ein Spatzen gefangen. Der war in dem Stück Luft eingefroren, das ich mir herauf holte als die Geschichte aufthauete flog er ganz lustig wieder herum im Zimmer. Wenn man ausgehen muß, dann nimmt man immer einen kleinen Ofen mit daß die Luft um einen herum aufthaut u. so kommt man vorwärts, während sie hinten augenblicks wieder zufriert. Am Augustusplatz ist ein großer Baum ungefähr 4 Fuß ober der Erde aus der gefrorenen Luft ausgehackt worden, da laufen nun die Leute Schlittschuh drauf. Um nur in dem luftleeren Raum nicht zu ersticken ißt man statt des Atmens fortwährend kleine Stückchen von der gefrorenen Luft. Es macht viel Spaß zuzusehen wie die Leute gleichsam in der Luft rumfahren. 4 Fuß ober dem Augustusplatz. Es soll sich darauf viel besser laufen als auf Eis weil es viel glätter ist. – In Folge dessen fällt auch kein Schnee. Man hat nur Angst, daß der ganze Schnee der sich möglicher Weise ganz oben auf der letzten Luftschicht ansammelt beim nächsten Thauwetter (für die Luft bei ungefähr 100–120 Kälte Reaumur) Diese ungeheuern Schneemassen mit einem male runterplumpsen. Die Correspondenz in der Stadt ist jetzt sehr angenehm. Man geht nämlich ins Freie spricht das was man einem andern zu sagen laut vor sich hin. Die Worte frieren in der Luft natürlich augenblicklich ein und man braucht dann blos das betreffende Stückluft herauszuschlagen und es der Person zu schicken, die die Luft auf den heißen Ofen legt. Beim Aufthauen werden auch die Worte frei und nun hört der alles laut und vernehmlich, was man ihm sonst hätte mit Aufwand von Papier Tinte und Feder schreiben müssen. – – –

Na jetzt habe ich wieder genug geschrieben lebt also 1000000 mal wohl und seid ebenso oft geküßt und gegrüßt von Euch überalles liebenden Sohne

Joseph

Schreibt bald! Grüßt Alles!
An Gottschall nicht schreiben!
Unsinn!
Tausend Küsse!

Als Schulbub mitspielen (zwanziger Jahre)

Rolf Italiaander
1978

In der Nähe unserer Wohnung befand sich das »Central-Theater«, das Leipziger Operettenhaus. Hier fanden internationale Gastspiele statt. Eines Tages sah ich riesige Kulissenwagen mit riesigen Lettern darauf: Anna Pawlowa. Als man mir erklärte, dies sei die derzeit bezauberndste Tänzerin der Welt, schmuggelte ich mich über den Bühneneingang ins Theater und bewunderte die Primadonna Assoluta bei ihren Proben zu »Schwanensee«. Hier hörte ich auch den damals gefeierten Bariton Fedor Schaljapin, der aus Rußland emigriert war und besonders gern mit Arien aus »Boris Godunow« brillierte.

Mein Vater lieferte Bühnengarderobe ins Central-Theater, und so lernte ich gefeierte Sänger wie Richard Tauber schon als Schulbub kennen. Wenn ich Botengänge für den Vater machte, bekam ich Trinkgeld. Ich suchte mir möglichst diejenigen seiner Kunden aus, die mir interessant erschienen. Mir kam es schon damals sehr auf Begegnungen an. Die Trinkgelder nutzte ich, um mir zunächst für fünf oder zehn Pfennig antiquarisch Reclam-Hefte oder Insel-Bücher zu kaufen. Ein Büchernarr war ich bereits auf der Volksschule, wo mir der verehrte Lehrer Sanne die Anregung zum Büchersammeln gab. Damals hatten die Lehrer noch Zeit für Kinder, die sie gern mochten. Früh verspürte ich, was man »pädagogischen Eros« nennt.

Das Theater faszinierte mich wie alle Künste. Erstmals als Sechsjähriger spielte und sang ich in einer Schulaufführung mit. Ich wußte, daß im Alten Theater zur Weihnachtszeit Kinder eingestellt wurden, die im Märchen mitspielen sollten. Für »Frau Holle« wurde ich engagiert: Ich spielte einen Knaben aus dem Volk. Mit zum Ensemble gehörte Lina Carstens, die wir alle liebten und die jetzt im hohen Alter mit dem Film »Anna Brake« zu wohlverdientem neuem Ruhm gekommen ist.

Aber meine Schauspielerkarriere wurde unterbrochen. In der letzten Szene von »Frau Holle« schneite es. Auf den Bühnenboden fiel eines Tages aber nicht allein künstlicher Schnee, sondern auch das Butterbrötchen eines Bühnenarbeiters mir auf den Kopf. Ich erschrak und extemporierte: »Gucke mal da, e Bretch'n.« Damit war die Vorstellung geschmissen und ich für die weiteren Vorstellungen gesperrt [...]

Später wechselte ich als Statist zur nicht minder berühmten Leipziger Oper über und wurde offenbar gern beschäftigt – immer irgendwie innerhalb des Volkes. Ich sang in einem Chor, hüpfte in einer Tanzgruppe oder brüllte mit einer Menge extravagante Sätze wie »Tod dem Tyrannen!« Stolz bin ich, daß ich drei Welturaufführungen als Statist miterleben durfte, nämlich »Das Herz« von Hans Pfitzner (der mir als eine äußerst schwierige Persönlichkeit in Erinnerung ist), »Jonny spielt auf«, eine Jazzoper von Ernst Krenek (die mich begeisterte), sowie »Fall und Aufstieg der Stadt Mahagonny« von Bert Brecht und Kurt Weill.

Durch »Mahagonny« fühlten sich die Leipziger Bürger herausgefordert, und es gab einen heftigen Theaterskandal, an dem allerdings wir jungen Leute unseren Spaß hatten. Je mehr Wurfgeschosse in Form von Äpfeln, Eiern und Tomaten auf die Bühne flogen, desto mehr fühlten wir uns als Helden der Avantgarde.

Das Leipziger Schauspielhaus wurde von uns Schülern und später von uns als Studenten gleichfalls gern besucht. Hier wurde fast alljährlich das neueste Stück von Bernard Shaw uraufgeführt. Die Leipziger Bühnen zählten bis 1933 zu den besten in den deutschsprachigen Ländern. Die Crème der Berliner Theaterkritik kam zu den meisten Premieren in die Messestadt. Ich bewunderte sehr jung schon die »Könige der Kritik« wie Alfred Kerr, Herbert Ihering und Willy Haas, bei dem ich dann später von Leipzig aus Bibliothekar und Privatsekretär werden sollte. Meine Freundschaft zu Gerhart Hauptmann und Frau Margarete datiert auch bereits aus der Schulzeit, ihren Besuchen der Premieren im Alten Theater.

13. »Ein treffliches Klima für Kunst«

Die Helle von Leipzig

Georg Jappe
1974

Die Leipziger Malerei ist durchweg sehr literarisch, nicht nur durch die Titel. Die unverkennbare Neigung zu Theater und Szenerie, zu Faltenwürfen und Kostümen, zu Masken und Allegorien ist sicher nicht ohne die Anregung vom Werk Werner Tübkes denkbar, der in wenigen Jahren vom gerade noch geduldeten Dozenten zum Rektor der Hochschule für Graphik und Buchkunst aufstieg und dessen Wandbild in der Universität zweifellos das repräsentativste der DDR ist, ohne jeden Monumentalprotz und voll Porträts lebender Personen, die Komposition freilich in ein so dichtes Netz von kunsthistorischen Anspielungen gespannt, daß er den Vorwurf von Virtuosität und Eklektizismus oft hören mußte.

Tübke, ein Kopf von originellem Witz, lassen solche Vorwürfe kalt. Für ihn gibt es kein zeitliches Nacheinander der Stile, obwohl seine Figuren aus der Gegenwart gewählt sind. Malerische Probleme interessieren ihn, da leuchten seine Augen auf, wenn er auf die Grundpräparierung bei alten Meistern zu sprechen kommt. Seine Bilder weisen dieselbe Faszination auf wie die der Manieristen: die Haßliebe zur Renaissance.

Viele Schüler Tübkes aber haben sich, bewußt oder nicht, zum Vorbild Wolfgang Mattheuer genommen, der auch an der Hochschule lehrte und 1973 den Kunstpreis der DDR erhielt. Der 47jährige Mattheuer ist als der Erfinder und Promoter der Leipziger Helle anzusehen. Furchen in weichem Braun und leicht gewellten Schwingungen, im Mittelgrund der Perspektivsog aufgehoben durch eine graue Baumgruppe und einen Streifen

Brachland, führen auf Licht am Horizont zu, unter königsblauem Himmel – dieses »ein weites Feld« ist sehr charakteristisch für Mattheuers Klarheit und langatmige Raumvision, so wie »die Ausgezeichnete« für die Plastizität seiner Figuren durch kühne Annäherung verwandter Tönung: ein bläulichweißer Tisch durchs ganze Bild, darauf liegen ein paar ärmliche rotgelbe Tulpen, auf die hinter dem Tisch eine ältere Frau sieht, ganz allein, in orangener Jacke vor lichtorangem Hintergrund; die Isolation der Person gewinnt ihre Spannung vor allem daraus, daß alle Farben, bis auf das fahle Gesicht, warm sind.

Horizont ist seine Leidenschaft, dafür hat er jeden erreichbaren Berg bestiegen, erzählt er. Mit der Verschmelzung von Raum und Figur ist er nicht immer zufrieden, die Leiche im »Requiem für Victor Jara« ist ihm zu puppenhaft, jetzt plant er eine Fassung nur mit brennender Gitarre auf roter Erde vor untergehender Sonne. Einige feste Bildsymbole modelliert er in Gips vor und setzt sie immer wieder ein: so den springenden Sisyphos in Arbeiterkleidung, der seine jahrtausendealte Bürde fallenläßt, oder die Schafsmaske, die Sisyphos verständnislos zusieht und auf einem anderen Bild im Meer (der Indifferenz) untergeht. [...]

Es herrscht eine Aufbruchstimmung in Leipzig, die stark an Düsseldorf um 1960 erinnert. Greifbar war damals noch wenig, was den Optimismus rechtfertigte – und sieben Jahre später war die Künstlermetropole da. Der Gott der Atheisten erhalte den Sozialisten ihren Kulturglauben! Man kann Kunst nicht aus dem Boden stampfen, aber den Boden bereiten. Wenn die großzügige und tolerante Kunstförderung sieben Jahre so weitergeht, ist Leipzig ein Düsseldorf des Ostens, das ist nicht schwer zu prophezeien. Im Ratskeller von Dresden steht unter vielen altdeutschen Sprüchen auch dieser, allen Bilderfeinden ins Stammbuch: »kunst hat kein feind den dann, ders nit kann!«

Im Grunde ein Tragiker

Eduard Beaucamp
1980

Bernhard Heisig, Jahrgang 1925, zur Zeit Rektor der Leipziger Hochschule, zählt heute zu den etablierten Größen in der DDR, gleichzeitig aber zu den rastlosen Geistern, die zwar ihren Standpunkt haben, aber keinen Stillstand, keine Festlegungen und Programme dulden. Eine Figur wie Willi Sitte taugt da eher zum Repräsentanten und »Staatsmaler«.

Heisig ist Dramatiker. Er kennt keine endgültigen, sondern nur fließende und dialektische Darstellungen, er reißt Konflikte auf und setzt mit äußerster Intensität Spannungen in Szene und sucht sie auszutragen. Hier steckt der Grund, warum Heisigs Bilder keine Vollendung kennen und offen bleiben, warum er immer wieder die gleichen Themen und Leitmotive aufgreift und sie, wenn einmal ein Gemälde abgeschlossen ist, schon im nächsten Bild wieder aufs neue inszeniert. [...]

In diesem höchsten Anspruch steckt zweifellos der Grund für das ruhelose Kreisen, die vielfache Überinstrumentierung und die Wiederholungszwänge der Kompositionen. Heisig ist bekannt dafür, daß er seine Bilder immer wieder übermalt. Die Gemälde sind nicht einmal in den Museen und Sammlungen vor seinen erneuten Zugriffen sicher. Es geht ihm vordergründig um stärkste Wirkungen, was ihn nicht von drastischen Motiven und Farben zurückschrecken läßt, und hintergründig um größte Transparenz und Geistigkeit. [...]

Mehr und mehr findet in den letzten Jahren ein Rückzug vom exotisch bevölkerten barocken Welttheater zu einem Schauplatz statt, der tiefer im Bewußtsein verankert ist. Heisig zeigt etwa den Einbruch der Medien und das Chaos, das sie im Bewußtsein anrichten, oder die Deformierung durch ein passives Konsumverhalten, das zu gefährlichen Reaktionen führt und erneut die Lust an Krieg und Zerstörung nährt. Atelierbilder und Selbstbildnisse des Künstlers verweisen auf Gefährdungen und Verstrickungen des Künstlers. Er wird von seinen eigenen Phantasien, seinen gespenstischen Erfindungen, Erinnerungen und Zitaten heimgesucht. Das wüsteste Schlachtfeld jedoch, das die Geschichte hinterlassen hat, ist der geistige Schauplatz der deutschen Nation. Die Gemeinsamkeit ist zur fadenscheinigen Parole verkümmert über einem Feld von Trümmern, Leichen, Krüppeln und neu erwachten, gefährlichen Leidenschaften. Kein Maler war so prädestiniert, dies Thema anzurühren.

Heisig ist mehr als ein Pessimist, er ist im Grunde ein Tragiker: Die Weltgeschichte, aber auch der einzelne wird vom Antagonismus feindlicher Kräfte zerrüttet. Es gibt keine Lösung und schon gar keine Erlösung. Vor Heisigs Bildern verflüchtigt sich die Frage, ob sie eigentlich gut oder schlecht sind. Man ist fasziniert von einem solchen Ausbruch der Kunst aus ihrer tödlichen Eindimensionalität und von dem augenfälligen Beweis, was sie heute noch alles in Bewegung setzen kann.

Nur weg von Leipzig!

Werner Tübke
1985

Aus der Rede anläßlich der Verleihung der Ehrendoktorwürde der Alma mater Lipsiensis am 9. 12. 1985:

»Gestatten Sie mir bitte einige persönliche Bemerkungen: In der Nachkriegsunübersichtlichkeit machte mein Vater Bekanntschaft mit einem Freund von Max Schwimmer – man riet mir – ich hatte gerade das Abitur gemacht –, nach Leipzig zu fahren und mich bei ihm vorzustellen, die Leipziger Akademie würde wieder arbeiten.

Mit sehr romantischen Zeichnungen unter dem Arm ging ich zu Schwimmer – und wurde Student in Leipzig, ohne zu ahnen, daß ich 37 Jahre später – h. c. in Leipzig betreffend – in die Fußstapfen von Ludwig Richter und Julius Schnorr von Carolsfeld treten würde.

Obwohl die Anregungen von Ernst Hassebrauk, Elisabeth Voigt und Walter Arnold (Anatomie) schon wichtig waren für mich: Das gereizte Klima in der Akademie damals ließ nach zwei Jahren den Gedanken in mir aufkommen: Nur weg von Leipzig!

Kurt Magritz – dessen Perspektivunterricht ich sehr schätzte, sagte mir, daß ein Freund von ihm, Herbert Schmidt-Walter, in Greifswald ein Institut für Kunsterziehung leite, ich könnte ja zu ihm fahren, schönen Gruß von Magritz. – So geschah es.

Nach Abschluß meiner Studien in Greifswald in Psychologie, Kunsterziehung, Kunstgeschichte kehrte ich nach Leipzig zurück, war zwei Jahre wissenschaftlicher Mitarbeiter in der Volkskunst, dann freischaffend als Maler. Und so ist Leipzig meine Wahlheimatstadt geworden, ich bin ihr von Herzen verbunden, fühle mich wohl hier, durfte für die Universität vor Jahren ein Wandbild malen. Man hat hier seine Bekanntschaften und Freundschaften, die schon etwas bedeuten.

Ich verstehe völlig, daß viele junge Künstler nach dem Studium hierbleiben wollen. Hier gibt es unmittelbaren Kontakt mit der Lebenswirklichkeit, hautnah und durchaus politisch, hochgeschnurrte Intellektualität und Einbruch des Transzendentalen in die Alltagswirklichkeit: Ein vortreffliches Klima für Kunst.«

»Mensch, ich seh die ganze Welt!« (Anfang der 60er Jahre)

Erich Loest
1984

Dort liegt das alte Leipzig.

»Das mußt du erleben!« rief er. »Wenn's Wetter nicht allzu schlecht ist – vielleicht treffen wir uns oben? Ich hab den Berg schon mal gemalt.« Er rückte Bilder von der Wand, eines stellte er hoch, und ich sah den Hang, die Trümmer überzogen von Buschwerk und Goldrute, ein Trampelpfad führt durch zähen Wuchs, auf ihm ist ein Junge hinaufgestürmt und schreit mit erhobenen Armen: »Mensch, ich seh die ganze Welt.« Ich wußte, wer sich aus Leipzigs flachen Straßen so weit erhob, mußte taumeln, denn die Welt ist nicht zweidimensional, wie er immer angenommen hat. Eine Ameise, die über den Globus turnt, weiß nicht, was unten und oben ist; so geht es dem Messestädter. Und dann steht er auf einmal fünfzig Meter hoch. In einer Bildecke haben Jungen ein bißchen Gelumpe zusammengekratzt und ein Feuerchen gemacht; das kleine Idyll, die Freude des Alltags, aber der Junge da oben ist auf dem Weg zu den Sternen. »Ob du mir das glaubst oder nicht«, sagte ich, »ich hab auch mal gerufen: Ich seh die ganze Welt. Da war ich so alt wie die Jungen, mein Vater hatte mich auf die oberste Kante gestellt. Ich hab gemeint, ich könnte fliegen. Vielleicht gehen wir mal zusammen auf deinen Berg? Schon vor Silvester, wenn Jungen dort hinaufstürmen?«

Hinter kaputten Zäunen und einem zerbrochenen Tor begann ein Fahrweg, dort stand ein Steinhäuschen ohne Türen und Fenster, gleich dahinter lagen Betonriegel im wirren Haufen. Der Maler sagte: »Ich hab mir den Mund fußlig geredet gegenüber Leuten, die was zu sagen haben: Hier vorn müßte man aufräumen, alles andere müßte so bleiben, Wildwuchs, Akazien und Buchen und Eichen, und diese wunderliche Schmarotzerpflanze, Wolfsmilch, sollst mal sehen, was sie im Herbst für duftige, federleichte Wattepolster in die Zweige hängt.«

Wir gingen um den Berg herum, dort grenzt ein Graben, der angefüllt mit stinkender schwarzer Brühe war, voll von Phenol aus den chemischen Werken oberhalb der Stadt, blaue Schaumkissen schwammen darauf. Die Ufer waren mit dicken festen Unratbänken verkleistert, und ich dachte: Selbst wenn eines Tages wieder quellklares Wasser flösse, würde es sich aus dem Ufer heraus immer wieder verpesten. Wie könnte man diese Giftmassen abtragen, ein spezieller Bagger müßte her, aber wohin entsorgen? Es stank scharf wie immer. Es klang hämisch, als ich fragte: »Und wie kriegste solchen Gestank aufs Bild?«

Da war der schmale Pfad, durch Kinderfüße getreten, oben stand schief ein Mast. Ins Gebüsch waren Höhlen gegraben, abgestützt durch Bretter, wieder verfallen. Er sagte: »Hier hab ich Kaninchen und Hasen und Rebhühner gesehen, auch Fasane, einmal sogar ein Reh. Der Trümmerbrocken dort, vielleicht könnte ein junger Künstler ihn ein bißchen herrichten, nicht überpinseln, sondern seinen Ausdruck verstärken. Das Moniereisen, ist es nicht großartig, wie es sich schlängelt? Wie eine moderne Skulptur. Der Berg als Kunstwerk und Naturwerk gleichzeitig, verstehst du mich? Die Idioten, denen ich es erzählt habe, begriffen kein Wort. Sie haben genickt und jaja gemurmelt, und wahrscheinlich haben sie gedacht: Der Spinner, was der schon wieder will.« Allmählich sah ich mit seinen Augen: eine Mulde dort, müßte man so lassen. Eine Kaskade von Ziegelbrocken sollte man von Bewuchs freihalten. Das Papier da und die verrosteten Blechtonnen müßten natürlich weg. »Bloß keine Bude obendrauf«, sagte der Maler. »Kaffee trinken und Bockwurst essen können die Leute woanders.«

Als wir oben waren, blickte ich natürlich zuerst zu meinem Klotz. Es war nachmittags, die Sonne beschien ihn, ein kleines Fenster weit oben blinkte. Unter uns lag die Stadt Dach an Dach um die Karl-Liebknecht-Straße, dahinter die Kuppeln der Markthalle, die Spitze der russischen Kirche. Im Süden und Westen Baumwipfel dicht an dicht, grünes Leben. »Von dort werden die Tagebaue vorangetrieben«, sagte ich, »sie werden die Hälfte der Bäume fressen. Und der Schwefel in der Luft.« Auf einmal fiel mir ein: »Die Goldrute lebt wahrscheinlich vom Schwefel.«

»Also bis Silvester!«

Und das schreibt der Maler selbst

Wolfgang Mattheuer
1968

Tagebucheintragung April 1968

Blick über die Stadt.
Grau ist alles und alles ist grau.
Und die Sonne ist grau,
und schwimmt über aschedürren Dächern,
und die rastern die Fläche bis in die Ferne,
und die ersäuft bald im Dunst und Rauch,
und kein Horizont gibt ihr einen Halt.

Raum aus unendlich vielen Graus.
Und Dreck vor der Sonne spielt mit ihnen
hell und dunkel, warm und kalt,
und läßt sie durcheinander wandern.
Nur erstes Aprilgrün scheint zu protestieren
gegen diese Flut aus Grau.

Doch wie lange bleibt so grün das Grün
und die Neuheit so hell?

Die grünen Massen werden noch im Mai
grau wie alte Katzen nachts
und Protest wird nicht zu hören sein
unter den Bäumen
und unter den aschedürren Dächern
in diesem grauen Einerlei.

Auf der Suche nach Bildern

Eduard Beaucamp
1968

Im Osten findet [statt dessen] gerade bei den selbständigen und reflektierten Künstlern ein Rückzug auf alte schöpferische Positionen statt, die aus westlicher Perspektive und Erfahrung altmodisch und wenig aussichtsreich erscheinen mögen. So stecken schöpferische Möglichkeiten auch für die jüngeren Künstler immer noch in einem weiterentwickelten Expressionismus, der im Gegensatz zum verbindlichen fixierten Realismus zwischen Person, Darstellung und Gegenstand freien Spielraum läßt, ferner in einem neuen phantastischen Realismus, der von wenigen, hochbegabten und bis zur Krankhaftigkeit sensiblen Künstlern vertreten wird. Sie ziehen sich in altmeisterliche Stile (von Dürer, Breughel bis zu den Manieristen) zurück, die für sie nicht nur ein Vorwand zur virtuosen formalen Entfaltung sind, sondern auch ein vielschichtiges Medium für Anspielungen, hintergründige Reflexionen und Erfahrungen bieten. Denn im Unterschied zu einer an sich vergleichbaren westlichen Tendenz handelt es sich hier um eine sehr bewußte, ja intellektuelle Kunst mit konkreten, oft sogar politischen Themen, die auf diese Weise vielfältig gebrochen werden.

Später wird man sich wahrscheinlich einmal zur historischen Anerkennung eines legitimen Spätexpressionismus in der DDR entschließen müssen, in dem mit dem gleichen Recht, wenn auch nicht mit den gleichen Ergebnissen, Impulse aus den zwanziger Jahren weiterentwickelt worden sind wie etwa im Westen der Konstruktivismus, der Surrealismus oder selbst die Abstraktion. Vor allem Willi Sitte (Halle) wäre als Beispiel zu nennen, der seine riesigen politischen Schaustücke – zuletzt ein Vietnam-Bild – mit Montagen, mit surrealistischen und abstrakten Mitteln auflädt. Monströses Scheitern und Gelingen liegen nah beieinander. Der Impuls, die emotionale Gebärde, die spontane Vision sind alles. Abstrakter und konkreter, politischer Expressionismus nähern sich gerade in ihrer Vitalität an.

Das sind Einzelbeispiele in einer allgemein stagnierenden Situation. Neulich versuchte ein führender Kunstideologe durch einen dialektischen Salto die Kunst aus ihrer Unbeweglichkeit zu befreien. Er forderte nicht mehr Abbilder einer existierenden sondern einer sich entwickelnden neuen Wirklichkeit, die mit Hilfe künstlerischer Reflexionen mit entdeckt werden soll. Bisher ist kein Weg in diese Zukunft erkennbar.

Reichsgericht, Gedenkstätte des Sozialismus und Museum der Bildenden Künste: das Unvereinbare trifft sich unter einem Dach und ergibt die seltsamsten Überschneidungen und Konfrontationen. Die Politik beansprucht die modern hergerichtete »bel etage«. Die Künste, die ihr altes Terrain am Karl-Marx-Platz an die neue Universität abtreten mußten, fanden im Parterre in engen, schlecht belichteten Verwaltungs-, Bibliotheks- und Verhandlungsräumen, die noch reichlich mit Resten von der Gerichtsszenerie, mit Schranken und Podesten, Schnitzwerk und umlaufenden Wahrsprüchen ausgestattet sind, ein weniger begünstigtes Notquartier. Das eigene neue Haus ist einer unbestimmten Planzukunft anheimgegeben. Nur ein Viertel dieser nach Berlin und Dresden bedeutendsten Kunstsammlungen der DDR ist in den Kabinetten ausgestellt. Der Glanz Dresdens und seiner Kunstschätze hatte Leipzig lange überstrahlt, bis sich der bürgerliche Ehrgeiz regte und mit der Gründung eines Kunstvereins 1837 eine erste Initiative ergriffen wurde. Um die Leipziger anzuspornen, wählte der größte Mäzen, Adolf Heinrich Schletter, in seinem Testament eine List: er versprach die Stiftung seiner Sammlung, sofern binnen fünf Jahren ein Museum gebaut würde, sonst sollte alles an Dresden fallen. So kam Leipzig 1858 zu seinem ersten Museum.

Berühmt sind die Cranach-Sammlung, die von Anfang an besonders gepflegten Niederländer (darunter ein besonders schönes Ensemble von 13 Landschaften von Goyens, ferner Salomon Ruysdael, Pieter de Hooch und drei Rembrandt-Bilder), dann die überhaupt größte Sammlung von Bildnissen Anton Graffs (35), ausgesuchte Beispiele des deutschen 19. Jahrhunderts (die Romantiker bildeten den Grundstock der Sammlung) und nicht zuletzt das Kupferstichkabinett. Was noch in den Magazinen steckt, läßt eine gegenwärtige Sonderausstellung mit barocker Malerei ahnen. Glanzstücke des Museums sind der kapriziöse, niederrheinische »Liebeszauber« (um 1470), eine kleine Tafel Jan van Eycks, Schongauers »Madonna an der Rosenhecke«, eine römische Landschaft mit Samariter von Elsheimer, schließlich Franz Hals' »Mulatte«, den man in einem Sonderkabinett neben politisch akzentuierten Bildern von Heine, Hans Grundig, Masereel und Walter Münze auf Staffeleien aufgestellt findet: vor den Originalen wird Kindern in Vorbereitung auf die »Jugendweihe« wöchentlicher Kunstunterricht erteilt.

Erst am Ende des hinteren, um den sozialistischen Lichthof herumführenden Korridors trifft man endlich auf den, den man besonderes gespannt erwartet hatte: Max Klinger, Leipzigs allmächtige Künstlerfigur der Jahrhundertwende, der immer noch nicht aus dem Schatten seines legendären, zweideutigen Ruhmes herausgetreten ist. Den Graphiker haben die Jungen längst wiederentdeckt (nebenan im graphischen Kabinett kann man sich in die komplette Sammlung und viele Mappen unveröffentlichter Zeichnungen vertiefen), der Bildhauer und Maler ist verschollen. Hier nun ist seine geschminkte Götterwelt versammelt, Marmor mit gläsernen Augen, exotisch angereichert mit farbigen Steinen und kostbaren Materialien und durch raffinierte Bemalung zum Leben erweckt – Klassizismus, der unversehens ins Panoptikum hinübergleitet. Das pompöse Hauptwerk, den einst für eine Viertelmillion Goldmark erworbenen »Beethoven« muß man hinter Vorhängen aufstöbern. Von hinten kommt man heran und steht plötzlich vor einem Felsen, auf dem in schneeweißem Marmor auf bronzenem Thronsessel der »Genius« vornübergebeugt sitzt, den olympischen Adler zu Füßen.

Auf das Konto Klingers und seines Geschmackregimes in Leipzig geht der einseitige Zuschnitt der modernen Galerie: viel

Liebermann, Slevogt, Corinth, ferner Hodler, Segantini, Otto Modersohn, Leistikow, ein Munch-Bildnis, mehrere sehr frühe Bilder Beckmanns, der Leipziger von Geburt war, dann Hofer, Kanoldt und Schrimpf, dazwischen ein Renoir und ein Sisley, sonst keine französischen Impressionisten, die nicht Klingers Gnade fanden, kaum Expressionisten. Für Nachkäufe gab der städtische Etat – rund zweihunderttausend Mark in fünfzehn Jahren (1949 bis 1964) – nicht viel Spielraum. Die letzte größere Neuerwerbung war der siebente Böcklin (Rasender Roland), Gauls gesammelte Tierplastiken, die den Korridor zum Ausgang hin wie eine äpgyptische Tempelstraße säumen, sind das Geschenk eines Dresdner Mäzens. Unter den wechselnden Ausstellungen war die von Kahnweiler unterstützte Auswahl der Picasso-Graphik Anfang des Jahres der bisher größte Erfolg. Nach der gegenwärtigen Barockmalerei werden Kinderzeichnungen gezeigt und zur Herbstmesse eine Ausstellung der Deutschrömer vorbereitet.

Ist die Handelsstadt Leipzig eine Kunststadt? Die bis heute fortbestehende Akademie hat seit Oeser, Tischbein und Carolsfeld eine breite Spur von Künstlern hinterlassen. Doch ist nichts schwieriger, als sich vom heutigen Kunstbetrieb ein Bild zu machen. Man fühlt sich fast ohne Anhaltspunkte in eine fremde Provinz verschlagen. Man kennt keine Namen und Tendenzen, man kennt eigentlich nicht einmal die Sprache dieser Kunst.

Aus dem Reisejournal

Daniel Chodowiecki
1789

Herr Bause schickte ein paar mahl der Besichtigung des Wincklerschen Kabinets wegen welcher einige Schwierigkeiten im Weg standen.

Auch kam Herr Claudius, Ehrenberg genannt, der den Kalender für Frauenzimmer herausgiebt, und trug mir auch für 1790 ein paar Zeichnungen auf. Es ist ein runder, Brauner, wackerer Mann. Endlich sahen wir uns im stande aufbrechen zu können und gingen mit Herrn Schwarz, Penzel und dem Baukünstler zu Herrn Oeser in die Pleysenburg die jetzt gröstentheils abgetragen wird, wie denn auch verschiedene andre Festungswerke schon abgetragen sind. Wir sahen Bey Herrn Oeser das Bild seiner zwey Töchter vom Rath Tischbein, zwey bilder der Töchter dieses Künstlers, die alle gut gemahlt aber steif gezeichnet sind, zwey Bataillen die von Rugendas sein sollen, aber vom alten Querfurth zu sein scheinen, etliche andre gute Bilder auch das von Eckhout [Eeckhout] welches Oeser radirt hatt, verschiedene Skiezen von ihm, unter andern die zu dem AltarBlad, und zu dem Bilde, laßet die Kindlein zu mir kommen, für die Nicolai-Kirche, in dieser Skieze giebt es gute Sachen aber alles ist so unbestimmt und uncharackterisirt, man siehts dem Manne an daß er viel Genie hatt aber die cultur deßelben sehr vernachläßigt hatt, in seinen Köpfen ist großer Sinn, aber keine Pfysionomie, es ist nur der Gedanke eines Gesichts, überhaupt nichts individuelles. Eben das findet man auch in seinen Figuren, es ist eine idée von schöner natur darinnen, zuweilen gut, zuweilen auch sehr fehlerhaft gezeichnet, und ohne alle Präcision, seine Kinder haben etwas von Fiamingo seinen, aber es fehlt ihnen an der Fiamingoschen Lebhaftigkeit in den Stellungen, der Leib ist wie ein Sack, der Hinterste mager, und die Beine immer Paralel gestellt. In seinen gewändern ist antiquer wurf, aber weder antique noch wahre Falten. Seine Composition ist schön und edel, sein colorit Beym ersten Anblick angenehm, aber bey näherer untersuchung, ohne Wahrheit, und Bundt. Grün herscht allerorten in Überfluß, besonders in seinen Lichten FleischTinten, die duncklern sind violet, die stärksten Braunroth. Seine Gewänder sind schönes Roth, Blau und gelb; die lichten mit grau schattirt oder gebrochen, welches Keine üble Wirkung thut. Sein Clair obscur ist gut. Winckelmann der viel mit ihm gelebt hatte und der sein Freund war, sagte er wäre faul – daher kommts vermuthlich daß er mit so vieler

Anlage so wenig Leistet, daß alles gut angelegt zu sein scheint aber immer schlecht ausgeführt wird.

»Es ist hier eine Malerakademie in der Pleißenburg recht niedlich angelegt« (1765)

Friedrich Schulze
1806

Vorübergehend fand die Akademie im sogenannten Amtshaus, einem staatlichen Gebäude, das an der Ecke des Thomaskirchhofs und der Klostergasse lag und unter anderen schon die Boten- und Postkutschenexpedition beherbergte, ihre erste Unterkunft. Dann wurde 1765 Raum im Westflügel der Pleißenburg für sie frei gemacht. Die Pleißenburg hatte damals ihre militärische Rolle so ziemlich ausgespielt und stand infolgedessen bei staatlichen Neugründungen zur Verfügung. Zu Anfang des Jahrhunderts hatte sie die katholische Hofkapelle aufgenommen, am Jahrhundertende wurde ihr mächtiger Turm zur Sternwarte umgebaut. Durch Bepflanzung des Vorgeländes verlor sie das Aussehen des straff durchgeführten Zweckbaus und gewann eine neue malerische Schönheit, die ganz und gar nicht in der Absicht der alten Festung gelegen hatte.

Vom Schloßhof stieg man die alte Wendeltreppe des Westflügels hinauf und kam zu einer Flucht von drei Zimmern: der zweifenstrigen Bilderstube, der vierfenstrigen Zeichenstube und der zweifenstrigen Modellstube. Das war zunächst die ganze Akademie. »Es ist hier eine Malerakademie in der Festung Pleißenburg in drei Zimmern recht niedlich angelegt«, berichtet Goethe am 12. Dezember 1765 an seine Schwester Cornelia in Frankfurt. Später kamen noch zwei darunterliegende gewölbte Räume als Bildhauerateliers dazu. Durch einen langen dunklen Gang von den Klassen getrennt, lag Oesers Wohnung. Aus einem größeren, mit wertvollen Bildern geschmückten Eingangszimmer – auch Oeser sammelte im Rahmen seiner bescheidenen Mittel – trat man in den kleineren Atelierraum, die eigentliche Wirkensstätte des ebenso geschäftigen wie zu lebhaftem Gespräch geneigten Künstlers. Darüber befanden sich – hier wie überall in der Festung – Getreideböden des kurfürstlichen Getreidemagazins. In stark verändertem Zustande haben die Räume des »Akademieflügels« der Pleißenburg weit über ein Jahrhundert dem gleichen Zwecke gedient; erst 1890 konnte ein neues Haus bezogen werden. In die nächste Nachbarschaft der Akademie wurde noch zu Oesers Zeit der astronomische Hörsaal mit dem Instrumentenzimmer und der Bibliothek gelegt.

Oeser hat die Erwartungen erfüllt, die Hagedorn in ihn setzte. »Fast alle Handwerker, deren Gegenstand in die Zeichenkunst einschlägt, verlangen Unterricht bei Oeser«, berichtet Hagedorn im Oktober 1764 über die Anfänge. Anderwärts heißt es, die Silberarbeiter und die Schlosser, aber ebenso der Hofkonditor und der Blumenzeichner der Torgauer Kattunfabrik hätten sich um seinen Rat bemüht. Gern leitete er Bildungsfähige als Hilfskräfte an, trotz der fortgesetzten Beschwerden, die von der Malerinnung dagegen erhoben wurden. Denn indem die Akademien sich der Geschmackserziehung annahmen, zersprengten sie das alte Gefüge der Innungen und riefen allerwärts auch erbitterten Widerstand hervor. [...]

Daß überhaupt die angewandte Kunst, deren Veredelung Oeser mit erreichen sollte, eine bedeutende Rolle im geschäftlichen Leben spielte, geht aus zeitgenössischen Stimmen hervor. So heißt es 1795 einmal: »Die angehenden Maler unter den Schöngeistern haben in den Bilder- und Tapetenhandlungen ihr Wesen. Zifferblätter auf hölzerne Uhren, Gänse- und Ritterspiele, Landkarten, Tapeteneinfassungen, Neujahrswünsche und andere geben ihnen reichliche Gelegenheit, ihre Pinsel im Kolorit zu üben und der Magen bleibt dabei doch nicht ganz leer.« Auch Tabaketiketten, Prospekte für Firmen und Gasthöfe, Zeichnungen und Schattenrisse in Stammbücher wurden als lohnende Kleinaufträge geschätzt.

In Leipzig entdeckte Kunstschätze

Johann Wolfgang Goethe
1815

Nachricht von altdeutschen, in Leipzig entdeckten Kunstschätzen [Morgenblatt für gebildete Stände, Nr. 69, 22. März 1815]:

Es befindet sich wohl keine Kirche in der Christenheit, deren frühere Gemälde, Statuen oder sonstige Denkmale nicht neuern Bedürfnissen oder verändertem Kunstgeschmack einmal weichen müssen. Glücklich, wenn sie nicht völlig zerstört, sondern, wenngleich ohne sorgfältigen Bedacht, jedoch durch günstiges Geschick einigermaßen erhalten werden.

Dieses letztere ist der Fall mit einer Anzahl alter Gemälde, welche sonst die Zierden der Leipziger Kirchen gewesen, aber herausgenommen und auf die Gewölbe dieser Gebäude gestellt worden. Sie befinden sich freilich in einem traurigen Zustande, doch an ihrer Wiederherstellung ist nicht durchaus zu verzweifeln. Die Entdeckung dieser bedeutenden Schätze sind wir Herrn Quandt schuldig, einem jungen Handelsmann, der mit Enthusiasmus für die Kunst schöne Kenntnisse derselben verbindet, auch Geschmack und Einsichten auf Reisen geläutert hat. Unter dem Schutz und mit Begünstigung der hohen Behörden, dem Beistande des Herrn Doktor Stieglitz und tätiger Mitwirkung der Herren Hillig und Lehmann hat derselbe mehrere kostbare Bilder vom Untergange gerettet, und man hofft, durch Reinigung und Restauration sie wieder genießbar zu machen. Die Nachrichten, welche wir davon erhalten, bringen wir um so schneller ins Publikum, als bei bevorstehender Jubilate-Messe gewiß jeder Kunstfreund und Kenner sich nach diesen Tafeln erkundigen und durch Teilnahme das glücklich begonnene Unternehmen befördern wird.

»Mit großem Vergnügen bin ich durch die Galerie gegangen« (1912)

Alfred Lichtwark
1924

Im Museum habe ich mir die Vorrichtungen angesehen, durch die die wertvollsten kleinen Bilder jetzt geschützt werden. Vor nicht langer Zeit hatte ein russischer Student den einen kleinen Rembrandt gestohlen. Er wurde ihm wieder abgejagt, aber der Schrecken blieb. Die Bilder haben einen kastenartigen Rahmen, der nicht gut aussieht, und einen kleinen elektrischen Apparat mit Läutewerk darin. Ich hatte etwas ähnliches schon früher probiert, aber die Einrichtung gefiel mir nicht – gefällt mir auch hier nicht.

Mit großem Vergnügen bin ich wieder durch die Galerie gegangen. Wie gut sind die deutschen Meister vor 1850 vertreten. Nicht viele, aber erlesene Bilder. Auch Lessing und Schirmer sieht man nirgend besser. Um 70 beginnt eine Zeit der Unsicherheit. Ein einziger Menzel, ein einziger Liebermann, ein Trübner, zwei Leibl, dafür aber eine Fülle mehr als zweifelhafter Meister. Die Galerie muß erst gemacht werden, soweit dies überhaupt noch möglich ist, denn die guten Bilder sind rar, und die Konkurrenz ist ungeheuer reich und sehr wachsam.

Klingers Beethoven ist jetzt ohne Eintrittsgeld zu sehen. Der Raum, den er mit den übrigen Plastiken von Klinger teilt, ist in der Beleuchtung sehr unglücklich.

Sonderbar, sie haben in Leipzig kein Bild von Friedrich. Überhaupt ist Sachsen schwach vertreten.

[Leipzig], Sonntag, den 18. August.

Die Bildnisausstellung hat 1820 Nummern, Miniaturen und Zeichnungen eingerechnet. Seit der Eröffnung sind noch einige Hundert Bildnisse eingeliefert und vorläufig zu Boden gestellt für eine zweite Serie, die sich im nächsten Jahr anschließen soll – mich wundert, daß sich die Besitzer solange davon trennen.

Ich bin heute durch die Säle und Kabinette gewandert, bis ich sah, es nützt nichts mehr. Die Wahl ist nach sachlichen, nicht nach künstlerischen Gesichtspunkten getroffen. Aber der Gewinn der Kunstgeschichte ist nicht unbeträchtlich.

Vor allem sieht man wieder, was Tradition heißt. Leipzig hat eine kleine Akademie. Im achtzehnten Jahrhundert und noch ein Stück ins neunzehnte hinein suchte man die besten Leute zu bekommen, die man für den Direktorposten oder die Lehrerstellen bekommen konnte. Oeser, der ausgezeichnete Joh. [Friedrich] Aug. Tischbein, Veit, Schnorr von Carolsfeld, Hennig (der sich als sehr tüchtiger Bildnismaler entpuppt) sind allein durch ihre Anwesenheit in Leipzig von Bedeutung für das Leben der reichen, gebildeten Stadt. Die Ausstellung lehrt nun, was sie als Bildnismaler gewirkt haben und, wenn nicht immer für die deutsche Kunstgeschichte, doch für die Bedarfskunst einer feinen bürgerlichen Kultur im Sinne einer Überlieferung bedeuten. Bei uns hat ein solcher Ansatzpunkt gefehlt, und es ist fast noch ein Wunder, daß damit nicht überhaupt alles mangelte. Frankfurt hat erlebt, was das Städelsche Institut mit seiner Lehranstalt bedeutet hat. Frankfurt und Leipzig muß man studieren, um die Funktion einer bescheidenen Kunstschule in einer wohlhabenden Stadt am lebendigen Beispiel zu erkennen.

Mich zog vor allem Graff und sein Nachfolger Daniel Caffé nach Leipzig, von dem die Sage ging, daß viele Graff im Handel und in den Sammlungen auf ihn zurückgingen. Um das gleich auszusprechen, ich habe mich sehr gewundert, daß solche Vorstellungen aufkommen konnten.

Dann war ich auf Friedrich August Tischbein gespannt, den talentvollsten der Tischbeine, in dessen Werk sich die gesamte europäische Kunst seiner Tage spiegelt: die Ausstellung ist auch für ihn von der größten Bedeutung.

Es kommen dann noch eine ganze Reihe vergessener Tüchtigkeiten hinzu, wie Matthäi, der ein ganz feines Gemüt war, Hennig, Gareis, Grassi u.s.w. Ich werde morgen noch einmal ordentlich zu tun haben.

Sehr anziehend ist für mich der Vergleich mit unserer Kunst des neunzehnten Jahrhunderts. Die Niveaukunst der Gröger, Schneider steht auf derselben Höhe. Aber die Wasmann, Oldach, Erwin Speckter, Milde, selbst Porth in seinen besten Leistungen haben einen Zug von Innerlichkeit, der hier sehr selten zu spüren ist.

Nachmittags bin ich zur Erholung wieder im Museum gewesen, namentlich des großen Bildes von Dreber wegen. Es ist doch eine feine Sammlung, wenn man das Beste rechnet. Ich erinnere mich, mit welcher Andacht ich als Student dies Museum betrat, in dem die Geister der Koch, Overbeck, Schnorr, Preller, Thorwaldsen webten. Ich hatte endlose Dispute mit einem Studenten der Kunstgeschichte, der sich mir angeschlossen hatte wie Muther, der aber mehr aus sich herausging, und von dem ich weit mehr Anregung hatte. Muther regte an, indem er einen reizte, sich zu äußern. Das Leipziger Museum war das erste, das ich außer der Kunsthalle kennen lernte. Wie reich und vornehm erschien es mir. Der junge Student, der mit seinem bürgerlichen Namen Jacob Schachleiter hieß, und von dem ich durch einen schmerzlichen Brief seines Vaters erfahren hatte, daß er Mönch geworden war, hat mich als Abt Albanus vom Kloster Emmaus in Prag eingeladen, das Weihnachtsfest mit ihm zu feiern.

Aus der Elster eine Alster machen (1893)

Alfred Lichtwark
1924

[Aus einem Bericht über das zuvor besuchte Leipzig.]

Stuttgart, den 12. April 1893.

... Von Klingers neuestem Bilde hatte ich schon munkeln hören mit vielem Kopfschütteln und Achselzucken. Christus auf dem Olymp – und das von einem Altersgenossen derer, die Schusterwerkstätten und Netzflickerinnen malen. Es ist ein sehr großes Bild, etwa im Format des Parisurteils von Feuerbach. Die Komposition erinnert an die letzten großen Bilder Klingers, die Kreuzigung und das viel verspottete Urteil des Paris. Auf einer Terrasse, über der sich in der Ferne die Landschaft aufbaut, stehen die Gestalten wie im Relief. In der Mitte Christus, dessen goldene Königsgewänder den leuchtenden Mittelpunkt der Komposition ausmachen. Er wendet sich hoch aufgerichtet, aber mit mildem Ernst zu Jupiter, der am Ende der Terrasse thront. Diese Christusfigur hat etwas, das einem das Herz pochen macht. Wenn der Klinger herausbringt, was er inwendig sieht, dann wird es ein Meisterwerk geben, diese Gestalt kann in der Tat Epoche machen, kann den einzig neuen Christus ausmachen, den unser Jahrhundert gestaltet hat. – Vor ihm kniet Psyche (man würde sagen Magdalena), die ihn zuerst erkannt hat und sich an seine Hand klammert. Bacchus naht sich, ein herrlicher Jüngling, und bietet seinen Wein, eine Gebärde Christi weist ihn zurück. Hinter dem Herrn tragen vier dunkel gekleidete Frauengestalten ein schwarzes Kreuz. Als ich zuerst von dem Bild hörte, dachte ich, es würde vielleicht das christliche Gefühl beleidigen, aber ich glaube es nicht mehr, seitdem ich es gesehen habe. Es ist ein großes prachtvolles Gedicht. Mystisch, schimmernd, ein Traum und sehr edel. Zwei schmale Seitenstücke sollen noch dazu kommen, dann will Klinger selber einen phantastischen Rahmen um das

Ganze komponieren in Gold und in voller Farbigkeit. Davon habe ich ihm abgeraten, weil ich an frühere ähnliche Experimente dachte, die mißglückt sind.

Auch die Kreuzigung sah ich wieder. Sie gefiel mir weniger als damals in Rom, wo ich sie in der ersten Anlage sah. Der Christus ist noch immer ganz nackt, was sich nicht gehört, selbst wenn heute ein Dokument gefunden würde, wonach die Römer den Orientalen zu größerer Schmach nackend ans Kreuz geheftet hätten. Überdies hat Klinger dem Becken eine Stütze gegeben durch einen Pflock, der in den Kreuzesstamm geschlagen ist. Das wirkt noch ebenso peinlich. Jedenfalls ist die Stelle so stark betont und so abweichend von dem Traditionellen, daß sie den Blick zuerst und zuletzt auf sich zieht. Schon in Rom habe ich Klinger ernstlich gebeten, er möchte sich das Bild nicht verderben. Ich habe es diesmal wiederholt und mit allen Gründen zu unterstützen gesucht, aber es wird vergeblich sein, wie damals. – In München, wo Klinger eine Privatausstellung gemacht hatte, kam nach fünf Tagen die Polizei und zog über den Christus ein dunkles Tuch. Mich wundert, daß sie es nicht schon am zweiten Tag getan. Ich würde das Bild so nicht ausstellen. – Die nächste größere Radierarbeit ist ein Werk von Brahms, den Klinger sehr verehrt. Er zeichnet mehrere Vollbilder und dazu Vignetten, Kopfstücke und Randleisten für jede Seite. Leider hat er schon einen Verleger, so daß wir nicht direkt von ihm die ersten Drucke haben können. Aber er hat mir versprochen, uns ein Exemplar mit Probedrucken zu schicken. – Auch neun Einzelblätter sah ich, die sehr schön waren, und er will sie uns auch schicken. Seine Randzeichnungen sind ganz herrlich, schöner als seine Bilder, von diesen müssen wir auch haben. Es ist ein Jammer, daß er so einsam lebt und sich so ganz in seine eigenen Träume einspinnt. Wenn er nicht herauskommt, fürchte ich für ihn oder besser für uns. Denn was für eine Riesenkraft tut hier Sisyphusarbeit? Wozu die großen Maschinen von Bildern, die ihm soviel sauren Schweiß kosten, und die vorläufig keine Ausstellung aufnimmt und kein Museum kauft? . . .

Wir waren sehr lange im Atelier geblieben, und ich hatte meinen Plan, um 6 Uhr weiter zu fahren, aufgegeben. Freilich war es nicht angenehm zur Meßzeit in Leipzig Unterkommen zu suchen, und ich mußte noch von Plagwitz nach dem Bahnhof, um mein Gepäck zu holen.

Wir gingen langsam zurück nach dem Haus der Eltern. Der Abend war ganz köstlich, alles schwamm im Duft des Vorfrühlings.

Das Elternhaus Klingers liegt an der Elster einem Gehölz gegenüber. Im Vorbeigehen sah ich vorn ein originelles Treibhaus, das sich nach dem Vorgärtchen an die Fassade lehnt. Es ist gewissermaßen über die Kellertreppe gestülpt, nimmt nach außen nicht viel Platz, ist von innen leicht zu bewirtschaften und hat Anschluß an die Warmwasserheizung. Auf meine Frage erzählte mir Klinger, seine Mutter sei eine große Blumenfreundin und liebe ihren Garten mit Leidenschaft. Dieses Treibhaus habe sie sich bauen lassen, wie sie es brauchte. Sie würde wohl im Garten sein, meinte er. So gingen wir um das Haus, der Hintergrund erweiterte sich plötzlich über die Elster und das Gehölz. Im Garten standen die Birken und hatten schon ihren grünen Frühlingsschleier übergeworfen. Der Garten ist nicht groß, aber wo der Fluß ihn schräge abschneidet, schließt sich ein zweiter an, ein dreieckiges Stück, das die Mutter vom Nachbarn erworben hatte. Noch ein dritter, vierter, fünfter solcher Garten folgten, einer immer größer und schöner als der andre. Hinten sahen wir endlich zwischen den jungen Stämmen die dunkle Gestalt der Mutter, die ihrem Gärtner Anweisungen gab. Sie führte uns noch weiter bis zur Biegung des Flusses, wo sie einen kleinen Hügel der Aussicht wegen angelegt hat. Zwischen die Kulissen des Waldes zu beiden Seiten blickt man über eine unendliche Wiese nach dem fernen Wald des Rosenthals. Das alles liegt nun schon mitten in der Stadt. Frau Klinger erzählte mir, die Leipziger wollten sich, wo die Wiese läge, aus der Elster eine Alster machen. Es solle sehr viel Geld kosten, aber dafür müßte es vorhanden sein. Mit Trauer dachte ich an die unfaßbare Kurzsichtigkeit der

Hamburger, die ihre Stadt zur schönsten der Welt hätten machen können, wenn sie gewollt hätten. Mir wurde heiß, wenn ich dachte, was Leipzig geleistet hat und wie man bei uns allem Unheil seinen Lauf läßt.

Heuss in Klingers Atelier (1904)

Theodor Heuss

1953

Leipzig war für unsere damalige Bildungsbeflissenheit, merkwürdig genug, die Stadt Max Klingers. Schon in der Schulzeit hatte ich einige Blätter von ihm besessen, erschwingliche Nachdrucke einiger Radierungen. Klinger hatte 1904 eine große Marmorgruppe vollendet – es war wohl jene, die dann »Die Badenden« genannt wurde – man konnte zu einer bestimmten Stunde das Atelier besuchen. Ich war zum erstenmal in einer Künstlerwerkstatt, ein verwirrendes Abenteuer – Klinger kam einmal herein, um etwas zu suchen und wegzuholen. Von dem Gast nahm er nicht die geringste Notiz. Dieser selbst empfand die flüchtige Begegnung als ein rechtes Geschenk, auch wenn der rötliche Vollbart eine leichte Desillusionierung brachte. Unsere Generation war bereit, in der technischen Vielschichtigkeit dieses Künstlers die rechte Nachfolge des Michelangelo zu sehen. Das Urteil hat sich später geändert. Eine Zeitlang wurden wir gegen den Mann geradezu ungerecht wegen seiner, wie wir glaubten, zu starken bildungsgefüllten Bewußtheit. Der Ausgleich in einer ernsten Achtung der großen Gestalt fand sich wieder.

14. *Das betrübte und das wiedererquickte Leipzig in Reformation und Glaubenskrieg*

Reformationsfest 1839

Robert Blum
1839

Brief an die Braut Eugenie Günther vom 14. Mai 1839:
[...] Wie es mir geht? Nun, ich könnte sagen, schlecht und recht! Ich habe sehr viel zu tun. Die Messe über muß man pro patria schwärmen, muß bald mit diesem, bald mit jenem verzweifelnden Provinzialen sich zusammensetzen, Hoffnungen affektieren, wenn auch komplette Trostlosigkeit im Herzen wohnt, und so die Leute dafür bewahren, daß sie nicht ganz versauern. Das ist nun eine höchst unglückliche Zeit zum Arbeiten, und nach der Messe weiß man nicht, wohinaus, und erschrickt vor dem, was sich anhäufte. So war's nun die letzte Zeit, und ich atme jetzt froh auf, daß ich bald etwas Luft sehe und fühle.

Sonst ist in Leipzig nichts von Bedeutung. Man bereitet nach Kräften das Reform[ations]fest vor und schwelgt im Vorgenusse einer zu hoffenden geistigen Wasserkaltschale. Unsere Behörden sind gräßlich klug: Obschon der Protestantismus sich vom ersten Augenblicke seines Seins an der weltlichen Tyrannei als Sklave übergeben hatte, so trug er doch mit ziemlichem Anstande eine schlechtgeratene Maske von Geistesfreiheit. Wie gefährlich könnte das nun in unserer Zeit werden, wenn die guten »Bürger« sich an diese Maske erinnerten und nebenbei einige Glas bairisch tränken. Diese drohende Aufregung abzuwehren hat man das Fest mit der langen schalen Brühe eines königlichen Geburtstages vermischt, und nun wird es schmecken wie abgestandene

Limonade mit einem starken Zugusse warmen Regenwassers. Sehen Sie, wie man in Deutschland weise ist. Daß das allerhöchste Geburtsfest über der Reformation steht, brauche ich wohl nicht zu erwähnen.

Um nun dieser nichtswürdigen Kirchenkomödie und dem damit verknüpften Ärger zu entfliehen, werde ich am Sonnabend nach Dresden reisen und am Montag früh zurückkehren. [...] Senden Sie also zuweilen ein rein der Natur entkeimtes Blümchen mit einem grünen Hoffnungsblättchen

Ihrem dankbaren Freunde Blum

Ablaß (1517)

Gustav Wustmann
1889-95

Schon bei dem äußeren Anstoße zur Reformation war Leipzig durch ein Stadtkind beteiligt. Der Ablaßkrämer Johann Tetzel war der Sohn eines Leipziger Goldschmieds (Tetzel = Dietzel), wurde 1482 an der Leipziger Universität inskribiert und um 1489 in den Dominikanerorden aufgenommen. Auf seinen Wanderzügen durch Deutschland hatte er schon zwischen 1502 und 1504, dann wieder 1506, 1507, 1516 und 1517 in Leipzig den Ablaß gepredigt; namentlich zu Messenszeiten fand er sich ein. Seit dem Jahre 1518 lebte er eingeschüchtert und zurückgezogen im Leipziger Dominikanerkloster, nachdem er einen schwachen Versuch gemacht hatte, auch schriftstellerisch gegen Luther in die Schranken zu treten: mit Gegenthesen gegen die Thesen Luthers von 1517.

Luther und Eck treten zur Disputation an (1519)

Gustav Wustmann
1889-95

Montag, 27. Juni 1519

Schon früh um fünf Uhr war die halbe Stadt auf den Beinen. Im großen Fürstenkollegium auf der Ritterstraße versammelte sich die Universität, der Rat und eine große Anzahl gelehrter und ungelehrter Einheimischen und Fremden, um in der Aula von dem Professor der Jurisprudenz Dr. Simon Pistoris im Namen der Universität mit einer lateinischen Rede begrüßt zu werden. Darauf zog man in die Thomaskirche zur Messe, in langem, prächtigem Festzuge, bei dem auf Anordnung des Leipziger Rektors jeder Leipziger Magister einen Wittenbergischen zu sich nahm. In der Kirche führte der Thomaskantor Georg Rhau eine von ihm eigens für die Feier komponierte zwölfstimmige Messe auf, worauf der Zug in der neunten Stunde die Kirche wieder verließ und seinen Weg nach dem Schlosse nahm. Dort war ein »Viertel« der Bürgerschaft, 76 Mann, mit Harnischen und Wehren, Fahnen und Trommeln aufgestellt, um während der Disputation auf Ruhe und Frieden zu halten. Der geräumige Saal des Schlosses war auf Herzog Georgs Kosten mit prächtigen Wandteppichen behängt. Zwei Katheder für die Streitenden waren einander gegenüber errichtet. Der Teppich hinter Ecks Katheder war mit dem Bildnis des H. Georg, der an Carlstadts und Luthers Seite mit dem des H. Martin geschmückt. Besondere Tafeln waren für die vier Notare aufgestellt, welche die Disputation nachschreiben sollten. [...]

Gegenstand der Disputation war der freie Wille und sein Verhältnis zur göttlichen Gnade wie zu den guten Werken. Der Redekampf [mit Carlstadt] dauerte vom 27. Juni bis zum 3. Juli, doch wurde am 29. und 30. Juni, wo Festtag war, ausgesetzt. [...]

Am 29. Juni, am Peterpaulstage, hielt Luther auf Herzog Barnims Wunsch eine Predigt im Schlosse, ein »klein Sermönlein«, wozu ihm, wegen des Andranges von Zuhörern – Männer und Frauen strömten scharenweise aus der Stadt herbei –, statt der Schloßkapelle der Disputationssaal eingeräumt worden war. Er sprach im Anschluß an das Evangelium (Matth. 16,13 bis 19) über die Disputationsthemata und begann seine Predigt gleich mit den Worten: »Das Evangelium begreift alle Materien der ganzen Disputation, denn es von zweierlei Materien fürnehmlich redet. Zum ersten von der Gnade Gottes und unserm freien Willen. Zum andern von der Gewalt S. Peters und der Schlüssel.« [...]

Sonntag, den 3. Juli, machte, nachdem am Nachmittag die Disputation zwischen Eck und Carlstadt ihr Ende gefunden hatte, der Pedell bekannt, daß am folgenden Tage die Disputation zwischen Luther und Eck beginnen solle. Montag, den 4. (an demselben Tage, wo abends im Leipziger Dominikanerkloster Tetzel starb), bestieg Luther das Katheder. [...]

Die Disputation zwischen Luther und Eck behandelte zunächst die Frage über das göttliche Recht der päpstlichen Gewalt. Das erste, was Luther in der gedrängt vollen Versammlung tat, war, daß er zweierlei öffentlich bedauerte: einmal, von Eck zur Disputation über den Papst gezwungen worden zu sein, sodann, daß diejenigen, die am meisten Ursache hätten, da zu sein, die ihn heimlich und öffentlich so oft durch den Vorwurf der Ketzerei vor das Volk gebracht hätten, die Dominikaner, jetzt, wo eine Entscheidung der Sache bevorstehe, sich zurückzögen. Im Verlaufe der Disputation, am 5. Juli, behauptete Eck, Luther sei ein »Böhme«, er halte zu Huß. Luther lehnte diesen Vorwurf, der damals noch für äußerst gehässig und gefährlich galt, mit ernstem Unwillen ab, kam aber am folgenden Tage selber darauf zurück und erklärte im Eifer, nicht alle Lehrsätze Hussens seien zu Costnitz als ketzerisch verdammt worden. Eck erwiderte, diese Erklärung laufe wider den Disputationsvertrag, wonach, auf Befehl des Herzogs, die Beschlüsse der heiligen Konzilien unberührt bleiben sollten; Herzog Georg aber, der an diesem Tage bei der Disputation anwesend war, schüttelte den Kopf, stemmte beide Arme in die Seiten und rief: »Das walt' die Sucht!«

Am 7. Juli hatte Luther neuen Verdruß, da Eck die ihm zugeteilten Stunden so unmäßig bis in Luthers Zeit hinein ausdehnte, daß diesem nur wenig Zeit zu sprechen übrig geblieben wäre, wenn nicht Herzog Georg, der auch an diesem Tage wieder anwesend war, zu Luthers Gunsten entschieden hätte. Trotzdem wiederholte Eck acht Tage später, am 14. Juli, den Versuch, Luthers Disputierzeit für sich in Anspruch zu nehmen, so daß Luther gleich frühmorgens den weitern Kampf abbrach. Die Themata, über die sie in der letzten Woche disputiert hatten, waren das Fegefeuer, der Ablaß, die Buße und die Sündenvergebung. [...]

Eine große Menge von Zuhörern, Theologen und Nichttheologen, Professoren und Studenten, war dem Kampfspiel von Anfang bis zu Ende mit Erregung und gespannter Erwartung gefolgt. Von fürstlichen Personen waren bei der Disputation gegenwärtig gewesen, wenn auch nicht an jedem Tage, der Herzog Georg, der oft kam und eifrig zuhörte, sein ältester Sohn Johann, Herzog Barnim von Pommern und der junge, damals erst zwölfjährige Fürst Georg von Anhalt. Außer den vier Notaren hatten mehr als dreißig Personen für sich selbst nachgeschrieben. Maß und Schranken waren beim Disputieren im ganzen eingehalten worden. Für gewöhnlich gaben sich die Disputierenden ihren Titel: Herr Doktor. Nur selten fiel ein Wort andrer Art, wie Herr Schreier! für Eck, oder Ungeduldiger Mönch! für Luther. [...] Einen besonderen Groll warf Eck auf Melanchthon, dem er selbst während der Disputation einmal zurief: »Philippe, sagt mir auch einmal etwas!« [...] Von den Leipziger Theologen hatte Eck wenig Nutzen. Sie »saßen allezeit neben Dr. Eckio und schliefen ganz sanft; so fleißig höreten sie zu, und so süße schmeckte ihnen die Disputation, daß man sie mußte gemeiniglich aufwecken, wenn man aufhörete zu disputieren, daß sie ihr Essen und Mahlzeit nicht versäumeten.« Darf man einer Anekdote trauen, so hatte Herzog Georg auch seinen einäugigen Hofnarren mit. »Der stund immer im Auditorio an seiner Seite, und wie es unter den Großen bei Hofe immer scherzhafte und lustige Leute gibt, so hatten sie dem Narren weiß gemacht, Luther stritte mit Eck über des Narren Hochzeit; Eck wolle nicht, daß man ihm eine Frau gebe, Luther hingegen rede für ihn. Darüber erzürnte sich der Narr, und so oft er mit dem Fürsten ins Auditorium kam, machte er Ecken ein scheeles Gesicht. Eck aber, da er solches gesehen, hielt mit dem Zeigefinger sein rechtes Auge zu und sah den Narren wiederum scheel an. Der Narr, der daraus gemerket, daß ihm seine Einäugigkeit vorgerückt werde, griff Ecken mit großem Geschrei bitterlich und schmählich an, darüber die Versammlung ziemlich gelachet.«

War die Disputation im Schlosse zu Ende, so pflanzte sie sich mittags und abends in weniger glimpflicher Weise in die Herbergen fort, wo die Wittenbergischen Studenten lagen. [...]

Im Volke war der Aberglaube geschäftig. Luther trug einen silbernen Ring am vierten Finger. An die teuflische Zauberkraft dieses Ringes glaubte selber Eck. Auch daß Luther während der Disputation einmal einen Blumenstrauß in der Hand hielt, »um ihn anzuschauen und daran zu riechen«, wurde gedeutet – ganz zu schweigen von den Fabeleien, die umliefen, Luther sei ein »Kielkropf«, nicht der Sohn seines Vaters, sondern eines Incubus, und ähnliches.

Auch sonst war Luthers Aufenthalt in Leipzig nicht angenehm. Zwar warf ihm Thomas Münzer, der auch zugegen gewesen zu sein scheint, noch fünf Jahre später vor: »Dir war also wohl zu Leipzig; fuhrest du doch mit Nägelnkränzlen (Nelkenkränzlein) zum Thor hinaus und trankest des guten Weins zum Melchior Lotter.« Aber wie trat Luther zurück gegen den gefeierten Eck! Während sich die Leipziger an Eck hinandrängten, ihn einluden, mit ihm schmausten und zechten, Spazierritte mit ihm anstellten, ihn beschenkten, ihn sogar aufforderten, in Leipzig zu bleiben, wurden die Wittenberger vernachlässigt, ja gemieden. [...]

Nach seiner Heimkehr schrieb Luther an Spalatin über die Behandlung, die ihm sowohl von Eck als auch von den Vorstehern der Disputation und andern Leipzigern zuteil geworden war, er habe noch nie in seinem Leben eine so unverschämte Gehässigkeit erfahren wie in Leipzig.

Während die Wittenberger, die den langen Aufenthalt in der teuern Stadt gar sehr gespürt hatten, gleich nach der Disputation wieder abreisten – viele Wittenberger Studenten hatten wegen ihres schmalen Beutels schon vorher Leipzig verlassen –, blieb Eck noch neun Tage da und genoß das Leben auf jede Art.

Gefährliche Schriften (seit 1524)

Georg Witkowski
1909

Wolfgang Stöckel, der nachher in Dresden ganz im Dienste des Herzogs und der katholischen Partei aufging, ließ in kleinen Druckereien in Grimma und Eilenburg lutherische Schriften herstellen. Aber als eindringliche Warnung vor solchen und ähnlichen Versuchen mußte die Hinrichtung des Nürnberger Johann Herrgott gelten. Er war ein Anhänger Thomas Münzers und verkaufte in Sachsen eine aufrührerische Schrift »Von der newen wandlung eynes Christlichen lebens. Hutt dich Teuffel, Die Hell wirdt zurbrechen.« Die Forderungen der Bauern von 1525 waren darin von neuem in Form einer christlich-kommunistischen Utopie ausgesprochen. Herrgott selbst war der Verfasser, ein Leipziger Drucker stellte sie her, zwei Studenten fertigten außerdem Abschriften an, die sie verkauften. Am 20. Mai 1527 wurde Herrgott in Leipzig hingerichtet, nicht als Märtyrer seiner religiösen Überzeugung sondern als politischer Verbrecher unter dem Drucke der Furcht vor einem Wiederauflodern des Bauernkrieges.

Wenn auch kein anderer Buchhändler in Leipzig an Leib und Leben gestraft wurde, so litten sie doch alle darunter, daß sie gerade diejenigen Schriften nicht herstellen und verkaufen durften, denen sich die ganze Teilnahme der Leser zuwandte. Auch die ständige Aufsicht, die in den ersten Jahren der Reformation begann, mußte als sehr lästig empfunden werden. Von Reichswegen erteilte man in dem Nürnberger Reichstagsabschied vom 18. August 1524 zuerst den Obrigkeiten gemessene Vorschriften, durch gelehrte und verständige Personen über die Druckereien Aufsicht zu halten, und schärfte sie dann in Speyer am 22. April 1529 und in Augsburg am 15. November 1530 von neuem ein.

Von einer eigentlichen Zensurbehörde war indessen noch nirgends die Rede. Wie schon vor der Reformation galt die Überwachung der Presse zunächst als Angelegenheit der Kirche, und die Regierung strafte nur durch nachträgliche Konfiskation oder härter diejenigen Buchdrucker und Verleger, die nach ihrer Ansicht Unerlaubtes zu Markte gebracht hatten. Die Handhabung der Preßpolizei blieb zunächst dem Rate allein überlassen. Er hatte die, wie Kirchhoff treffend sagt, »halb väterlichen halb drakonischen« Mandate des Herzogs gegen die Reformationsliteratur zu vollziehen. Gegen die einheimischen Buchhändler wurde dabei offenbar mit möglichster Milde verfahren, den zur Messe kommenden Fremden um so härter mitgespielt, obwohl das Stapelrecht, die Grundlage des Meßverkehrs, Bedenken gegen jede Konfiskation von Meßgütern erregen mußte. In der Neujahrsmesse 1531, kurz vor der Zeit als zuerst der Rat die Beichtmarken austeilen ließ, wurden den Buchhändlern von Erfurt, Wittenberg und anderen Orten die »Martinischen« Bücher in merklicher Zahl fortgenommen und aufs Rathaus gebracht, trotzdem sie angeblich nur im großen (»bei Haufen und Fäßlein«) andern auswärtigen Buchhändlern verkauft werden sollten.

Am 10. Mai 1539, also unmittelbar vor der Einführung der Reformation, schärfte ein Mandat den Leipziger Buchdruckern ein, nichts Neues drucken noch ausgehen zulassen, sie haben's dann zuvor dem Rate angezeigt.

Vertreibungen (nach 1530) und Einführung der Reformation

Gustav Wustmann
1889-95

Anfang der dreißiger Jahre waren schon mehrfach in Dörfern in der Nähe Leipzigs, die zum Kurfürstentum Sachsen gehörten, lutherische Prediger tätig: so in Albrechtshain und Eiche, in Seifertshain, Holzhausen, Zuckelhausen. In Albrechtshain und Eiche predigte Pfeffinger, der spätere erste Superintendent Leipzigs. Noch mehr als zu ihm aber liefen des Sonntags die Leipziger nach dem näher gelegenen Holzhausen, um den dortigen Prediger zu hören und das Abendmahl unter beiderlei Gestalt bei ihm zu nehmen. Auf Befehl des Herzogs sandte nun der Bürgermeister im August 1532 mehrere Sonntage hintereinander einen Aufpasser hinaus, der die Leute, die dabei betroffen wurden, anzeigen sollte. Infolge dessen wurde am 9. September ein Verhör angestellt, bei dem eine Anzahl Personen vernommen wurden, die zum Teil frei und offen ihre Hinneigung zur Lehre Luthers bekannten, zum Teil sie in Abrede stellten. Die Geständigen, 14 an der Zahl, wurden aus Leipzig und dem Herzogtum Sachsen ausgewiesen. Im ganzen wurden 28 Personen in die Untersuchung verwickelt. [...]

Eine noch umfänglichere Untersuchung folgte im Jahre darauf. Der Herzog hatte befohlen, daß den Lutherischen in Zukunft ein ehrliches Begräbnis verweigert werden sollte. Nun starb Anfang März 1533 Dr. Augustin Specht, ohne vorher das Abendmahl genommen zu haben, weil man es ihm in beiderlei Gestalt nicht reichen wollte. Er war der Besitzer des Eckhauses der Petersstraße und des Thomasgäßchens. Trotz des herzoglichen Verbotes, das allerdings noch nicht veröffentlicht war, wurde er fast von der »halben Stadt« zu Grabe geleitet. Der Rat sah sich zu einer großen Untersuchung genötigt, die am 28. März 1533 stattfand, und in die folgende 32 Personen – darunter 13

Frauen – verwickelt wurden. [...] Fast gleichzeitig mit Dr. Spechts Begräbnis und der Untersuchung darüber spielte aber noch eine andre Sache. Da das Osterfest vor der Tür war, wo jeder nach altem Kirchengesetz mindestens, wenn sonst nicht im Jahre, zur Beichte und zum Abendmahl gehen sollte, waren auf Befehl des Herzogs Beichtzeichen an die Geistlichen verteilt worden, damit diese sie den Kommunikanten zum spätern Ausweis in die Hände geben sollten. Schon bei dem Verhör wegen Dr. Spechts Begräbnis waren die Angeschuldigten auch darnach gefragt worden, wie sie es mit dem Fasten und dem Abendmahlsgenusse hielten. Nach den Erfahrungen, die man nun zu Ostern machte, sollte eine große Menge – man sprach von 80 Bürgern mit Familien und Gesinde, im ganzen 800 Köpfe – bis Pfingsten die Stadt verlassen. Einige gingen auch, andre reichten eine Bittschrift ein, die an den Herzog gelangte, und Ende Mai kam der Bischof von Merseburg nach Leipzig und veranstaltete am 30. Mai 1533 ein großes Verhör auf der Pleißenburg. Zu diesem Verhör wurden 44 Personen vorgefordert. Zum Inhalte der Bittschrift bekannten sich 8. [...]

35 blieben fest bei ihrem Vorhaben, das Abendmahl fortan nur unter beiderlei Gestalt oder gar nicht mehr nehmen zu wollen. [...]

Aus allen diesen Untersuchungen und Verhören gewinnt man im ganzen eine Reihe von mehr als 180 Personen. Von diesen sind etwa zwei Drittel in unserm Steuerbuche nachweisbar. Die meisten von ihnen wohnen am Markt, auf der Petersstraße, dem Thomasgäßchen, der Burgstraße, der Hainstraße, der Katharinenstraße; weniger dicht sitzen sie auf der Grimmischen Gasse, dem Neumarkt, der Nicolaistraße, dem Brühl. Von einigen wußte man nun wohl aus sonstigen Nachrichten, daß sie nicht zu dem niedrigsten Volke gehört haben; man wußte auch, daß die Kreise des Buchdrucks und Buchhandels (Melchior Lotter, Nikkel Schmidt, Michel Blum, Peter Clement, Hans Bergmann), auch die Künstlerkreise (außer dem Maler Lemberger drei Goldschmiede) beteiligt waren, aber viele andre, ja die meisten, waren doch eben nur Namen. Aus unserm Türkensteuerbuche sehen wir nun, wie neben armen, kleinen Leuten doch auch eine große Anzahl der reichsten und vornehmsten Familien zu Luthers Anhängern zählte. [...]

Offiziell [aber] wurde der Anfang zur Reformation des albertinischen Landes gemacht mit der feierlichen Einführung derselben in Leipzig zu Pfingsten (25. März) 1539. Augenscheinlich wollte Herzog Heinrich dadurch, daß er mit Leipzig sein Reformationswerk begann, die Stadt auszeichnen für die vielen Drangsale, die sie um der lutherischen Lehre willen durch seinen Bruder hatte erdulden müssen. Schon wenige Tage nach seinem Regierungsantritt, am 11. Mai, ließ er an den Rat von Leipzig den Befehl ergehen, mit der Verfolgung der evangelisch Gesinnten einzuhalten und die um ihres Glaubens willen Vertriebenen unweigerlich wieder in die Stadt aufzunehmen. Ein zweiter Befehl, der kurz darauf erging, ordnete die Reformation der Kirchen und Klöster für den Pfingsttag an, während die der Universität auf gelegenere Zeit verschoben wurde; sie begann erst mit dem 12. August. Wohl oder übel mußte die Geistlichkeit und derjenige Teil des Rates und der Bürgerschaft, der ihr bisher noch angehangen, sich fügen.

»Die Leipziger halten uns für Narren« (Martin Luther 1539)

Reinhard Buchwald
1938

Am 25. Juni 1539 kehrte Dr. Casper Cruciger aus Leipzig zurück [wo nach dem Tode des Herzogs Georgs die Reformation durchgeführt werden sollte] und bat um Hilfe bei seiner Reformationsarbeit. Es sehe daselbst hoffnungsvoll aus, trotz des zweideutigen Verhaltens des Rats und der reichen Bürger. Dazu bemerkte Dr. Luther:

Christi Worte werden daselbst erfüllt: »Ihr könnt nicht Gott dienen und dem Mammon« [Matth. 6,24]; sowie: »Wie könnt ihr glauben, daß ihr Ehre voneinander nehmt, und die Ehre, die von Gott allein ist, suchet ihr nicht?« [Joh. 5,44] – Die Leipziger halten uns für Narren, denn wir haben nicht Geld wie sie, und wie Salomon sagt: »Ein Tor dünkt sich weiser denn sieben Weise« [Spr. 26,16]. Und dennoch ist ihr Stolz und ihre Weisheit für Gott und Menschen ein Anstoß, weil sie damit den Herzog Georg ganz auf ihre Seite gezogen hatten, der nun vor Gottes Gericht steht.

Luthers Becher (1536)

Gustav Wustmann
1889-95

Zum Silberschatze der Stadt Leipzig, der in unserm Kunstgewerbemuseum aufgestellt ist, gehört auch ein großer silberner Becher, der aus Luthers Besitz stammt. [...]

Wie aus den Inschriften hervorgeht, wurde also der Becher im Jahre 1536 vom König Gustav von Schweden Luthern zum Geschenk gemacht und kam nach Luthers Tod in den Besitz seines Sohnes, des (seit 1567) kurfürstlich brandenburgischen, später, nach Joachims II. Tode, kurfürstlich sächsischen Leibarztes Dr. Paul Luther. [...]

Wie und wann der Becher von 1536 in den Besitz der Stadt Leipzig gekommen ist, zeigt folgender in unserm Ratsarchiv befindliche Brief von Luthers Enkel, dem Domherrn Johann Ernst Luther in Zeitz, an den Leipziger Rat:

Meine ganz willige Dienst zuvorn. Ehrnvester, Großachtbar und Hochgelahrter Herr Doctor und Bürgermeister, insonders großgünstiger Herr und Freund, E. Ehrnvest. und Hochachtbarst. kann ich nicht bergen, daß ich einen sehr alten, großen silbern Becher, sieben Mark 2 Loth haltende, welchen Gostavus, weiland König zu Schweden etc. meinem lieben Großvatern D. Martino Luthern, seliger Gedächtnüß, Ao. 1536 und also 6 Jahr nach öffentlich Kaiser Carolo V. übergebenen Augspurgischen Confession in Gnaden vorehret, von meinem lieben Vatern, D. Paul Luthern, weiland Churf. Sächs. bestalten Leibmedico, auch seligen, ererbet habe, und damit ich die ganze historiam, qua occasione meinem gottseligen Großvatern obgedachter Becher vorehret worden, erzähle, hat sichs also zugetragen. Es ist zwar hochgedachter König in Papstthumb geboren und erzogen worden und ein eiferiger Papist gewesen, aber in obberührtem 1536. Jahre durch das von D. Martino Luthern etliche Jahre zuvorn aus Gottes unaussprechlicher Gnade und Barmherzigkeit wiederumb angezündetes und in alle Lande scheinendes Licht des H. seligmachenden Evangelii dermaßen erleuchtet worden, daß I. Königl. W. ansehenliche Abgesandten nach Wittenberg mit einem königlichen Schreiben, so ich noch bei Handen habe, abgeordnet, welches dieses Inhalts: Daß I.K.W. höchlich und herzlich erfreuet, daß aus großer Gnade Gottes die rechte, reine, evangelische Lehr, so im Papstthumb verloschen, von Herrn D. Martino Luthern wiederumb herfür und an Tag gebracht, und weil ihre I.K.W. nunmehr durch Erleuchtung des H. Geistes und durch D. Luthers ausgegangene Schriften zum wahren Erkenntnüß des H. Evangelii gelanget, welches I.K.W. mit höchster Dankbarkeit erkenneten, so begehreten I.K.W. an D. Luthern gnädigst, etliche evangelische treue Lehrer und Prediger in das Königreich Schweden zu schicken, welches auch also erfolget und von denselben vormittelst göttlicher Vorleihung großen Nutz geschaffet, indeme das Königreich Schweden von den päpstischen Irrthumben und Greueln zum wahren Glauben an Christum bekehret und gewiesen worden. Nach dieser angebrachten hochwichtigen Sache haben die königlichen Abgesandten obenangeregten Becher D. Luthern praesentiret. [...]

Ob mir nun wohl mehrgedachter Becher der sonderbaren Angedächtnüß halben sehr lieb, auch schade wäre, wann ein solch fein, alt Werk zerschmelzet werden sollte, dieweil ich aber diesen

Becher seiner Größe halben nicht gebrauche, so bin ich denselben an einem vornehmen, stattlichen Orte zu vorkaufen entschlossen, und dieweil ein Ehrnvester, Hochweiser Rath der Stadt Leipzig die rechte, reine, evangelische Lehr, so mein gottseliger Großvater D. Martinus Luther durch Gottes Gnade wiederumb an Tag gebracht, nicht allein theuer, lieb und werth halten, sondern auch den Lauf derselben treues Fleißes beförderen, auch oftmals herrliche und stattliche Ehrenpanket, in welchen allerhand stattliche Pocal und Silbergeschirr aufgetragen werden, anstellen thut, als soll E. Ehrnvest. und Hochachtbarst. solcher Becher obberührter sonderbarer Angedächtnüß halben von Zeigern dies praesentiret werden, verhoffende, E. Ehrnvest. und Hochachtbarst. sowohl auch ein Ehrnvester, Hochweiser Rath werden denselben ihnen wohlgefallen lassen, inmaßen E. Ehrnvest. und Hochachtbarst. ich hiermit dienstlich und freundlich bitten thue, was wohlermeldter Ehrnvester, Hochweiser Rath diesfalls zu thun bedacht, mich unbeschwert zu vorständigen. Das bin umb E. Ehrnvest. und Hochachtbarst. ich hinwiederumb mit angenehmen, vermögenden Diensten zu vorschulden jederzeit williger als willig. Datum Zeitz den 27. Febr. Ao. 1613.

E. Ehrnvesten und Hochachtbarsten dienstwilliger
Johann Ernst Luther,
Domherr und Senior der evangelischen
Stiftskirchen daselbst m. pr. [...]

Der Leipziger Rat kaufte den Becher und bezahlte ihn, wie die Stadtkassenrechnungen von 1613 zeigen, am 2. März 1613 mit 77 Gulden.

Nach der Belagerung (1547)

Karl Grosse
1897/98

Die Errettung aus Feindes Hand feierte man am 28. Jan. durch ein kirchliches Dankfest, wozu man noch mit der Trommel einlud, da erst am Abende dieses Tages die Glocken wieder zu tönen begannen. Moritz ließ auch eine goldene Münze auf diese Belagerung schlagen, die ein längliches Viereck bildet und im Avers das herzogliche Wappen mit der Aufschrift M. H. Z. S. (Moritz, Herzog zu Sachsen) zeigt, im Revers aber die Worte enthält H. J. Fri. Belegert. Leipzig. Mens. Jàn. an MDXLVII. (Herzog Johann Friedrich belagerte Leipzig im Schmalkaldischen Krieg im Monat Jan. 1547. [...]

So kurz auch die Belagerung gewesen war, so hatte sie doch große Not und manches Elend in der Stadt einheimisch gemacht. Die Verheerungen, welche dadurch angerichtet worden waren, gingen ins Große. Nicht nur die Festungswerke waren so demoliert, daß die Besatzung an vielen Stellen nur noch hinter neu aufgeworfenen schwachen Verschanzungen sich verteidigte, auch ein großer Teil der schönsten und besten Gebäude lag in Trümmern, denn der Feind soll auf 14000 Bomben in die Stadt geworfen haben, und die Vorstädte glichen einem Schutt- und Aschenhaufen. Die Zahl der aus den Vorstädten Hereingeflüchteten, die auch noch jetzt heimatlos umherliefen, trug gar mancherlei zur Unbequemlichkeit der belagerten Stadt bei und wäre ohnstreitig für längere Zeit ein großes Übel geworden. Überhaupt trugen die vielen auf ein kleines Terrain zusammengedrängten Menschen, die aus den Lazaretten hereingebrachten Kranken, die Herde Vieh, welche man auf öffentlichen Plätzen und namentlich auf dem Paulinerhofe untergebracht hatte, vieles zur Verpestung des Gesundheitszustandes und zur allgemeinen Unreinigkeit bei, die schon an sich durch die Schanzen von Mist etc. befördert wurde, und daher ist nicht zu verwundern, daß schon während der Belagerung unter dem Militär eine Epidemie ausgebrochen war, welche sich bald darauf auch auf die Bürgerschaft ausdehnte und viele Menschen hinwegraffte. Diese Epidemie erhielt mit dem kommenden Frühjahre nur einen um so gefährlichern Charakter, als man die Unvorsichtigkeit begangen hatte, die Gefallenen und während der Belagerung Gestorbenen in eine Grube auf dem Walle vor der Paulinerkirche zu verscharren. Da der starke Frost es schwer gemacht hatte, tief in die Erde hineinzuarbeiten, so hatte man sich begnügt, dieses gemeinschaftliche flache Grab nur mit einigen Schuhen Erde zu bewerfen, und es stieg im Frühlinge ein solcher bestialischer Geruch davon auf, daß man sich genötigt sah, eine Auffüllung der dortigen Gegend zu veranstalten, ohne jedoch das Übel ganz abwenden zu können. Bringt man daneben noch die nicht geringe Zahl der Witwen und Waisen in Rechnung, welche die Belagerung gemacht hatte, so stellt sich uns nicht das erfreulichste Bild von dem Zustande Leipzigs in jener Zeit vor Augen.

Aberglaube (im späten 16. Jahrhundert)

Karl Grosse
1897/98

1564 erfahren wir in der Weihnachtszeit von einem Poltergeiste, der in Gestalt einer Katze den Kranken des Lazaretts beschwerlich fiel; müssen wir erleben, daß der Superintendent Selneccer selbst erzählt, es habe einem theologischen Doktor geträumt, Mohamed und die Jungfrau Maria würden den Untergang unsrer Kirche beschleunigen; bemerken wir, wie das Volk 1576 nach Thomas Freunds Hause an dem Markte läuft, um das Mirakel eines blutenden Hirschgeweihes zu sehen, das binnen 3 Tagen mehr als eine Kanne Blut vergossen hat, nachdem es Jahre lang vorher trocken an der Wand festgenagelt erschien; müssen wir gar vernehmen, daß die außerordentliche Begebenheit sich zum

Entsetzen der Leipziger an einem Hirschgeweihe auf der Sandgrube wiederholt, so daß unsre Einwohner allen Ernstes erinnert werden, ihre Gastereien einzustellen; sehen wir am 23. Sept. 1582 den Totengräber Christoph Müller mit glühenden Zangen zerreißen, seinen Knecht aber, Sebastian Mühlberg, rädern, weil sie aus Kröten und Schlangen zauberisches Pulver bereitet und die Leute damit vergeben haben, und müssen wir erleben, daß dieselbe Exekution am 28. Okt. an dem Totengräber zu Großzschocher und seiner Familie aus derselben Ursache wiederholt wird; muß die christliche Gemeinde zu ihrem großen Schrecken wahrnehmen, daß am 25. Juli 1591 während der Predigt des Dr. Gundermann auf einmal die Fahne über Herzog Moritzens Bildnis herabfällt und kann niemand dies für ein gutes Omen halten; geschieht es 1592 zum Entsetzen aller Anwesenden, daß während der kalvinistischen Visitation in der Schöppenstube eine dreifache Sanduhr sich auf einmal von selbst umwendet, so daß der angefüllte, schwere Teil nach oben zu stehen kommt, und sie endlich auseinanderberstend herabfällt; und müssen wir nun wahrnehmen, daß alle diese zufälligen Ereignisse, diese erträumten Gespenster und Erscheinungen, diese förmlichen Betrügereien geglaubt und für Mirakel der Gottheit geachtet werden: dann wahrhaftig können wir der Bildung Leipzigs in jener Zeit kein Kompliment machen.

Sturm auf die Calvinistenhäuser

Flugschrift und Frankfurter Messerelation
1593

Wahrhaftiger und erschrecklicher Aufruhr zu Leipzig, etc.
Darinnen verzeichnet wird, was sich ausgangs des Leipzischen Ostermarkts dieses 1593. Jahrs, mit Stürmung der Calvinisten Häuser zugetragen, welcher gestalt auch vier Personen mit dem Schwert gericht worden, auch von den Brandschaden, so sich

den 27. Juni vor dem Peters Tor, in D. Roten Forberge begeben, alles eigentlich und gründlich beschrieben, wie die Sachen an ihm selbst ergangen und sich zugetragen haben, durch einen Liebhaber der Wahrheit in Druck gegeben. Gedruckt zu Jena, im Jahr 1593.

Denn hernach den 19. Tag Maiens, da schon die Böden oder Kräme von dem Markt weggeräumet gewesen, ist an das große Collegium ein Zettel geschlagen worden, des Inhalt: Wer ein recht lutherisch Herz hätte, sollte des Abends um acht Uhren auf dem Markt erscheinen, und Adolf Weinhausen des Calvinisten Haus stürmen helfen, und welche Bürger recht Lutherisch wären, sollten ihnen keinen Widerstand tun. Darauf denn auf bestimmte Zeit, von Herrn und dienstlosen Gesindlein, auch Handwerks-Bursch ein große Anzahl, aber wenig Bürger und Bürgers Söhnen und Studenten zusammen kommen, haben alle Fenster in Adolf Weinhausen Behausung ausgeworfen, und das Haus gestürmet. Damals waren zwei Kaufherrn, Hans Peltz von Antorff, und Abraham Gempel ein Savoyer im Haus, stelleten sich samt andern zur Wehr, täten achtzehn Schüß heraus, und beschädigten etliche Personen auf dem Platz. Dieser Tumult hat bis um ein Uhr in der Nacht gewähret, und ist darauf bei fünf Stunden ein Stillstand gewesen. Aber des Morgens Vocem Iucunditatis, als man das erste Zeichen zu der Predigt geläutet, ist es wieder heftiger angangen, als vorhin, denn das unruhige Gesindlein nicht allein die übrigen Fenster eingeworfen, sondern haben auch das Haus geöffnet, die Türen zerbrochen, Kisten und Kasten geleeret, an barem Gelde, Silber und Güldengeschmeide, Kleidern, Zinnen und Messengeschirr, Briefen viel entfremdet und verderbet, auch andern Hausrat, als unter das Volk so haufenweis auf der Gassen gestanden, und mit Verwunderung und Erschrecken zugesehen, herabgeworfen, zerrissen, zerschlagen... Und unter andern auch die Passion, so Albrecht Dürer von Jahren von Ölfarben zugerichtet, und auf etliche hundert Gulden geschätzet worden, mit einem Beil zerhauen. Item, dürr geräuchert Fleisch, Hirsen, Linsen, Graupen, Pflaumen, Butter, Käs, etc. mußte alles herhalten. Ein Bratspieß, daran noch zwei halb rohe Braten, darum sich zwei Buben geschlagen, und der ihn zuletzt erhalten, der Garküchen zugelaufen. Die Sessel aus den heimlichen Gemachen weggerissen, Ofen, Tafelwerk, Gesims, Tisch und Bänk alles zerschlagen, die Federbett einsteils zerschlagen und ausgeschüttet, daß die Federn allenthalben in und außer der Stadt herum gestoben, und in summa nichts Ganzes gelassen. Als unter andern auch ein geladen Bürschrohr heraus geworfen worden, ist es im Niederfallen losgangen, und ein Weib an einen Schenkel beschädiget, daß sie am dritten Tag hernach gestorben. Wie in dem Kupferstück ausbündig zu sehen. Als solches Hans Georg von Ponikau in der Renterei erfahren, hat er samt andern Herrn und der Wacht, ungefährlich um 10 Uhr dem Haus zugeeilet, den Lärmen etlicher Maßen gestillet, und das Haus zugeschlossen, so bald er aber den Rücken verwendet, sind sie wieder in das Haus kommen, ein groß Bierfaß voller Aschen herab auf die Gassen geworfen, daß es auf dem Pflaster zerfallen, und die Ratsherrn so das Haus besehen, davor erschrocken, und wieder zurück gewichen. Es hat auch ein Kürschnergesell, Ambrosius Bartsch, sonst der Fürst genannt, laut gerufen, Preis alles preis, nehmet wer nehmen kann, der Fürst hats befohlen, man soll mit allen Calvinisten also haushalten. Welches von vielen dahin verstanden worden, als hab es der Durchlauchtige und Hochgeborne Fürst und Herr Philips Herzog zu Grubenhagen etc. welcher eben damals nicht weit davon bei Adrian Freunde zur Herberge gelegen, befohlen, und derohalben desto tapfer drauf griffen. Wie solches artlich in dem beigelegten Kupferstück entworfen.

In währender solcher Unruhe, ward Hans Pelz, welcher den ersten Schuß in Weinhausen Behausung getan, gefänglich angenommen, und auf das Grimmische Tor gesetzet. Auch hat die Wacht Abraham Gempel gesucht, und vor seines Wirts, Andreas Knoblachs Behausung angetroffen, aber ihn nicht gekennet, und derhalben gefragt wo Abraham Gempel sein Herberge hätte, denen er geantwortet, sie werden ihn zu hinterst im Haus in der letzten Kammer antreffen. Unterdes hat er sich ohn Verzug zum Rannischen Tor hinaus gemacht. Und also mit dieser List davon kommen. Doch wurden seine hinterlassene Güter arrestiert und in Verbot gelegt. Es ward auch Adolf Weinhaus bei Bürgermeister Backofen und an andern Orten mehr gesucht, aber nicht gefunden.

Um zwölf Uhr desselbigen Sonntags, ließ ein Rat die Bürgerschaft zusammen läuten, und als sie in großer Menge und mit gewehrter Hand, auf dem großen Saal des Rathauses erschienen, da eben der Sonnen Finsternis am größten war, sie ermahnet, dem aufrührischen Gesindlein abzuwehren. Aber sie ließen durch Dietrich Weber, einen Schneider in der Rittergassen antworten, sie wollten durchaus keine Calvinisten schützen helfen, baten aber, der Rat wolle dieselbigen noch des Tages und bei Sonnenschein aus der Stadt schaffen, als dann wollten sie tun, was gehorsamen Bürgern gebührete. Man hätte Adolf Weinhausen, welcher ein Ursächer des Gezänks zwischen Hubero und seinem Gegenteil wäre, auf dem Rathaus behalten sollen, so wäre dieser Tumult und sein eigener Schade verhütet worden. Darauf der Rat erstlich sechs Tage, danach drei Tage Anstand begehret, aber gar nichts erhalten können, sondern die Bürger stracks darauf gedrungen, weil D. Nicolaus Seelneccerus Superintendens und M. Petrus Heß Diaconus bei Sonnenschein aus der Stadt gemußt, solle man die Calvinisten, die ihrer Enturlaubung Ursächer gewesen, nicht gnädiger halten.

Da es nun nicht anders sein konnte, mußte der Rat der Bürgerschaft willfahren. Also wurden fünf Ratspersonen, fünf Doctores der Rechten, ein Medicus, fünf Magistri, zwölf von der Bürgerschaft aufs Papier gebracht, dem Rat übergeben, deren einsteils vorhin außer der Stadt gewesen, etliche in der Stadt heimlich verborgen gelegen, die andern aber alle, so betreten, zum Tor hinaus gewiesen worden.

Hiezwischen haben noch immer an die 200 Mann in Adolf Weinhausens Behausung häßlich rumoret, und das beste Gewölb, welches Johann de Foy zugestanden, aufgebrochen, und eine gute Beute von Seiden und andern Waren darin gefunden. Im Keller haben sie den besten Hispanischen und Canarien Wein einander in Hüten zugesoffen, und zuletzt den Fässern die Boden gar ausgeschlagen. Zum Abschied haben sie noch etliche Bettladen und eine Wiege herausgeworfen, und eine Kupferne Badwanne mit Knütteln zuhauf geschlagen, zwei Strick daran gebunden und einander in der Stadt herum vor die verdächtigen Calvinischen Häuser geführet, und sind zwei Bäckerknechte darinnen gesessen, die mit zweien gedreheten grünen Stollen darauf gepauket, und ein groß Geprässel gemacht. Damit sind sie erstlich in der Peters Straßen vor Daniel Leichers und andere Häuser gerücket, danach Bürgermeister Reinhart Backofen Haus zugeeilet, etliche Fenster ausgeworfen, aber von friedliebenden Bürgern bald abgetrieben worden. Von dannen sind sie ungefähr um drei Uhren nach der Grimmischen Gassen zu, vor Henrich von Rüssels eines Seidenstickers Haus gefahren, die Fenster ausgeworfen, die Haustür mit einem Spaten und anderen Instrumenten durch einen Deichgräber und Maurer eröffnet, da denn ein Schneiderknecht zum ersten ins Haus gedrungen, welchem die Frau, so schwangers Leibs, Geld zu ihrer Fristung angeboten, aber er geantwortet, sie begehrten keines Geldes, sondern der Fürst hab ihnen befohlen, also mit den Calvinisten Haus zu halten, ist derenthalben in die Stuben gelaufen, hat ein paar blechner Handschuhe erwischt die angelegt, alle Gläser und Fenster damit ausgeschlagen, seine Gesellschaft aber hat mittlerweil Fensterladen, Siedel, Polster und Bankkissen, ein Kästlein mit Perlen, gülden Hauben samt anderm Hausrat herunter auf die Gassen geworfen, doch ist das wütende Gesindlein durch die Bürger, [...] von diesem Haus bald abgetrieben worden.

Ein viertel nach vier Uhren, haben sich ihrer wieder bei hundert zusammen gerottet, und Henning Grossen des Buchhändlers Haus am Schustergäßlein nicht weit von S. Niclas Kirchen angefallen, etliche Fenster eingeworfen, aber ihren Mutwillen nicht vollbringen mögen, weil nicht allein die Diener die Haustür wohl verwahret, sondern ihnen auch die Nachbarn zu Hilf kommen, und die Rumorer abgetrieben.

Danach sind ihrer einsteils dem neuen Collegio zugelaufen, welches vor ihnen verschlossen, und sie unterwegen zum andernmal von den Bürgern übel abgefertiget worden, derhalben sie ergrimmet in der Flucht, mit Ziegel und Pflastersteinen unter die Bürger geworfen, und einem Schuhmacher in der Schustergassen, ein Loch in den Kopf geworfen, und in der Reichsstraßen an zweien Orten in die Fenster geworfen, und dergleichen auch an andern Orten versuchet. Da sie aber vermerket, daß ihnen die Bürgerschaft allenthalben zu stark und auf dem Halse war, haben sie sich allgemach verlaufen, und hat man die Wacht denselbigen Abend sehr gestärket, und unter das Rathaus und argwöhnische Calvinische Häuser gelegt. [...]

Des andern Tags, welcher war der erste Brachmonats, ward in aller Frühe ein Pocherie vor dem Rathause aufgeschlagen, und zu beiden Seiten mit Lehnen verwahret, die Bürgerschaft in Rüstung gebracht, und um die Pocherie gestellet. Hinter ihnen haben des Rats Ausreiter und sonst andere Bürger und Kaufleute, wie auch beide Statthalter samt dem Schloß Hauptmann auf ihren Pferden gehalten.

Es war aber der malefizische Prozeß vornehmlich um vier Personen zu tun, so oben in einem Erker des Rathauses gesessen, einer ein Maurer Bürger zu Leipzig der Hempel genennet, der ander ein Kürschner der Fürst genennet, der dritte ein Teichgräber von Torgau, der vierte ein Zimmerknecht, welche sich vor andern in dem Tumult vergriffen und versündiget hatten. Als sie nun aus ihrem Gefängnis die Anstellung des Malefizischen Gerichtes gesehen, haben sie einander christlich ermahnet, und zugesprochen, ihre Mißhandlung bekennet, und sich gutwillig in die Strafe ergeben, die Prediger holen, und sich aus GOTtes-Wort erinnern und trösten lassen, auch für und für christliche Lieder gesungen, und ernstlich gebeten, bis sie um acht Uhr vor Gericht, welches im Loch unterm Rathause geheget worden, gestellet. Und nachdem sie der Mißhandlung bekenntlich, ward der Stab über sie gebrochen, und sie sämtlich zu dem Schwert verurteilet, einer nach dem andern zur Richtstell gebracht und enthauptet, darauf das Volk wieder verlaufen, und die Schützen ihre Rohr abgehen lassen. In dem Kupferstück ist solches auch entworfen.

Und nachdem die armen Sünder um ein ehrlich Begräbnis gebeten, hat man nach Mittage um drei Uhren die Glocken geläutet, und sie zum Grimmischen Tor hinaus auf den Gottes Acker getragen, und ehrlich zur Erden bestattet. Ambrosio Bartsch dem Kürschner ist das Kürschner Handwerk gefolget, Hempel den Maurer hat die Maurerzunft getragen und beläutet, den Zimmermann desgleichen die Zimmerleute, und haben alle drei schwarze sammete Leichtücher über den Totenbahren gehabt, des Teichgräbers Bahr aber war mit schlechtem schwarzen Tuch bedecket, und weil er nicht zünftig gewesen, ward er von den Totengräbern bestattet. Besiehe gleichfalls das Kupferstück hierfür.

Die anderen Gefangenen, deren noch über 30 gewesen, sind hernach zu unterschiedlichen Tagen nach Gestalt ihrer Verwirkung, entweder in dem Gefängnis mit Ruten gestrichen, oder sonst ohn weitere Straf des Lands verwiesen, oder auch wohl um geschehener Fürbitten willen ohn alle Entgeltnis ledig gelassen. Hans Pelz mußte sich für 600 fl. verbürgen, und geloben sich nach Ausgang der Frankfurter Herbstmeß wieder einzustellen. [...]

Vom Leipziger Tumult ist kurz hiervor Meldung geschehen. Als nun die gewaltige und weitberühmte Stadt hin und wieder beschreiet worden, als wär es nicht mehr sicher von und zu zu reisen, Güter und Waren dahin zu führen, da niederzulegen, zu kaufen und zu verkaufen, und zu besorgen, daß die Jährliche Messen und tägliche Gewerb dadurch möchten in Abgang kommen, und der Bürger Nahrung dadurch geschwächt werden, verhieß Herzog Friedrich Wilhelm von Sachsen der Kur Sachsen Administrator etc. durch ein öffentlich Ausschreiben und Anschlag, des Datum 20. Juni, allen Kauf- und Wandersleuten sicher Geleit, auch Schutz und Schirm ihrer Personen und Güter, nach Inhalt der darüber gegebenen Kaiserlichen und Kurfürstlichen Privilegien, wie denn aus folgendem Schreiben ferner zu vernehmen.

Das bedrängte Leipzig mit seinem Seufzen und Hoffen

Frankfurter Messerelation
1631

Graf von Tilly nimmt Leipzig mit Akkord ein

Unerachtet dieses Schreibens ist General Tilly in seinem Vorhaben fortgefahren, und je länger je weiter in das Kurfürstentum Sachsen eingebrochen, und nachdem er erstlich auch von der Stadt Leipzig viel Proviant für sein Kriegsvolk begehrt, und auf Verweigerung solches sie selber zu holen Anmeldung tun lassen, auch dadurch die Inwohner in solche Bestürzung gebracht, daß ein guter Teil derselben sich mit ihren besten Sachen an andere Ort salviert, hat er nachmals die Stadt mit einer starken Reiterei berennet, Schildwachen vor die Tor stellen, und auf 3. Meilwegs um und um alles ausplündern, sowohl endlich gar in der Stadt Quartier, und hierüber schleunige Resolution haben wollen. Wie nun hierauf die Entschuldigung ergangen, man könnte ohne Ihrer Kurf. D. zu Sachsen Vorwissen nicht das Geringste bewilligen, kurz zuvor auch 6 Fahnen Land- und Defension Volk unter dem Obristen Leutenant von der Pforten und anderer Hauptleut Kommando, in die Stadt kommen, hat er den 3. Septemb. früh morgens mit seiner ganzen Armada in 40000 Mann stark sich feindlich präsentieret, und darauf der Stadt Deputierten hinaus gefordert, bei denen er anfangs das vorhin gesuchte Quartier ganz glimpflich repetieret, dann, auf dessen Verweigerung, die Stadt mit äußerster Kriegs-Macht so lang zu verfolgen, bis ihm Satisfaktion geleistet würde, angedrohet. Worauf er ein geringe Dilation verwilliget, doch inmittelst alles zur Belagerung fertig gemacht: und als die Stadt sich zu halten entschlossen, bis von Ihrer Kurfürstl. Durchl. zu Sachsen Sukkurs ankäme, hat er sich unter dessen sehr genähert, und vor dem Pfaffentor etliche grobe Geschütz und Feuermörser gepflanzet, und auf der Höhe hinter Euterisch etliche starke Schanzen, den Entsatz damit abzuhalten, zu bauen angefangen.

Hierauf sind den 4. Septemb. die 3 schönen Vorstädte, dem Feind den Vorteil zum Approchieren zu benehmen, von den Inwohnern in Brand gesteckt worden. Die Tillischen Soldaten wurden wohl teils zum Löschen kommandiert, konnten aber, wegen der großen Brunst, so mit einem starken Wind aufgangen, und weil inmittels auch die in der Stadt stark heraus zu schießen angefangen, nichts schaffen. Worüber Herr General Tilly sehr entrüstet, des Mittags darauf sein Geschütz gegen die Stadt richten und stark auf selbige schießen, wie auch des Nachts viel Feuerkugeln hinein werfen ließe, welche aber doch, außer daß sie etliche Häuser zerschmettert nichts angezündet. Ob nun wohl die Tillische schon den besagten 4. Septemb. ein Sturm tun wollen, haben sie doch wegen der Hitz des Feuers, so von Morgen an bis an den andern Morgen gewähret, der Stadt nicht beikommen können.

Den 5. dieses [Monats] wurde mit Schießen in dem Tillischen Lager ganz ingehalten, und alle Bereitschaften, die folgende Nacht zu stürmen gemacht: die Belagerten aber fuhren mit dem Schießen stark fort, doch Nachmittag hielten sie inne wegen ergangener hohen Bedrohungen, wenn nämlich die Ergebung der Stadt nicht alsbald gütlichen erfolgete, mit ihr ärger, als mit dem elenden Magdeburg zu gebaren, und entschlossen sich zu akkordieren: Wie dann noch selbigen Tags etliche Personen hinaus geschicket wurden, welche sich neben andern Konditionen mit General Tilly dahin verglichen, daß die Stadt vornehmlich bei ihrer Religion, und denen Ihrer Durchl. zu Sachsen schuldigen Pflichten geruhiglich gelassen, auch mit übermäßiger Einquartierung verschonet bleiben sollte. Darein von dem Rat und Bürgerschaft auch dem Obristen Leutenant von der Pforten und den andern Hauptleuten nachmaln eingewilliget, also daß noch selbigen Abends der Akkord auf dem Rathaus zu Papier gebracht, und den 6. Sept. Vormittag von beiden Teilen vollzogen worden, da dann 5 Fahnen mit Sack und Pack, klingendem Spiel, fliegenden Fahnen, Ober- und Unterwehren, und brennenden Lunten ab – hingegen aber von dem Tillischen Volk 1000 Mann unter dem Obristen Wangler hinein gezogen. Des andern Tags hat sich auch die Festung Pleißenburg mit Akkord ergeben.

Kurf. Durchl. zu Sachsen konjungiert sich mit
Ihrer Königl. Maj. in Schweden

Demnach nun Ihre Kurf. Durchl. zu Sachsen aus oberzähltem Beginnen genugsam gesehen, was sie nunmehr von dem Grafen von Tilly und seiner Kriegs-Armada zu gewarten hätten, haben sie sich entschlossen die Konjunktion der Waffen für die Hand zu nehmen, mit Ihrer Königl. Maj. in Schweden sich zu vereinigen, und alsdann dem Feind das Haupt zu bieten, auch alsbald Ihre Meinung höchstgedachter Maj. zu verstehen gegeben, welche darauf den 3. Sept. bei Wittenberg mit der ganzen Armee, welche in 17000 Mann zu Fuß, und 9000 zu Pferd stark geschätzet wurde, über die Brücke gezogen, und folgends zu Tüben den 5. dieses sich mit Ihrer Kurf. Durchl. zu Sachsen, bei welcher auch Ihre Kurf. Durchl. zu Brandenburg sich befunden, nach vorhero gepflogener Traktation und auf gewisse Konditionen geschlossene Vereinigung, und, wie man referieret, daß Ihre Kurfürstl. Durchl. zu Sachsen unter anderm zuvor dem Schwedischen Kriegsvolk einen Monat Sold, und nötige Profiant geben, und Ihrer Maj. über alles Volk das völlige Kommando lassen sollte, gekonjungieret. Als nun die Armeen zusammen gestoßen, haben die Sächsischen im Vorüber ziehen ihre Kornett und Fähnlein vor dem König etwas sinken lassen, dafür er sich freundlich bedanket. Wegen dieser Vereinigung ist eine Danksagung, wie auch ein gemein Gebet, um glücklichen Sukzeß, durch das ganze Kurfürstentum Sachsen getan worden.

»Schafft's, schafft's, es muß da sein!«

Flugschrift
1631

Warhafftige Avisen.

1. Küchen der Tillische Taffel-Zeddel.
Confect

Das ist: Verzeichnis, was General Tilly den Abend zuvor, ehe die Schlacht angangen, vor Victualien und Confect von der Stadt Leipzig auff seine Tafel hat begehret.

Die erste Aviso.
Küchen-Taffel- und Confect-Zeddel.

100 Malter Weitzenmehl.
10 Polnische Ochsen.
25 Fette Pachen-Schweine.
50 Fette Hämmel.
80 Speckseiten.
80 Westphälische Schincken.
100 Gemäste Gänse.
300 Gemeine Hüner.
50 Calecutische Hüner.
50 Capaunen.
50 frische Hasen.
60 Schock Schnecken.
12 Tonnen gesaltzen Lachs.
12 Tonnen Lampertan.
12 Tonnen gesaltzen Hecht.
12 Tonnen frische Heringe.
30 Siro Pücklinge.
3 Centner guten Stockfisch.
16 Faß guten Brantewein.
30 Fuder Reinischen Wein.
25 Fäßlein Malvasir.
100 Kuffen Torgisch Bier.
50 Faß Zerbster Bier.
80 Faß guten Brühan.
10 Dreylinge Gurcken.
24 Fäßlein rothe Rüben.
6 Fäßlein Oliven.
6 Fäßlein Capern.
6 Faß sauren Weinessig
24 Pfund Würtz-Nägelein.
15 Pfund Zimmet.
40 Pfund Muskatenblumen.
24 Pfund Mußkatnüsse.
30 Pfund Pfeffer.
50 Pfund Ingwer.
12 Pfund Saffran.

2 Centner Karpen.
1 Centner Barmen.
1 Centner Hechte.
1 Centner Aal und Forellen.
1 Centner Döbeln und Parsen.
1 Centner Gründlinge und Schmerlen.
24 Fäßlein Neunaugen.
24 Fäßlein Sartelln.
40 Tonnen gute Butter.
50 Stücken Saltz.
24 Pfund trockene Pflaumen.
80 Pfund grosse Mandelkern.
40 Pfund bitter Mandelkern.
40 Pfund Mandeln in schalen.
80 Pfund grosse Rosinen.
60 Pfund kleine Rosinen.
80 Pf. überzogen Anіß.
80 Pf. Coriander.
80 Pf. Mandelkern.
80 Pf. Hinleufften.
80 Pf. Zimetrinden.
80 Pf. Nägelein.
40 Pf. Cubeben.
24 Pfund Rauchtaback.
24 Pfund Schnupfftaback.
200 eingemachte Limonien.
80 Pfund Zucker.
30 Pfund CandiZucker.
80 Pfund Candirt Confect.
80 Pfund Bisemzuckerbrodt.
80 Pfund Johansbrodt.
80 Pfund frische Datteln.
80 Pfund Zibetnüßlein.
80 Pfund Brunellen.
80 Pfund eingemacht Lugnate.
80 Pfund grosse Marcipan.
80 Pfund frische Feigen.
500 Pomerantzen.
500 frische Citronen.
100 dutzent Nürn. Pfefferkuchē.
25 Butten voll Weintrauben.
20 Scheffel gute Oepffel.
20 Scheffel safftige Pirn.
6 Scheffel reiffe Pfirschen.
6 Scheffel gesunde Quetzschen.
30 Scheffel grosse Nüsse.
50 Scheffel Lampertsnüsse.
20 Scheffel Castanien.
100 Holländische Käse.
50 Partesan Käse.
60 Wispel Haber den Rossen.
100 Fuder Straw.
300 Fuder Haw.

Schaffts, Schaffts, es muß da seyn.

»Frühmorgens bekamen die feindlichen Armeen einander zu Gesichte« (1631)

Friedrich Schiller
1791

Gleich nach geschlossener Allianz ging der König über die Elbe und vereinigte sich schon am folgenden Tage mit den Sachsen. Anstatt diese Vereinigung zu hindern, war Tilly gegen Leipzig vorgerückt, welches er aufforderte, kaiserliche Besatzung einzunehmen. In Hoffnung eines schleunigen Entsatzes machte der Kommandant, Hans von der Pforta, Anstalt, sich zu verteidigen, und ließ zu dem Ende die hallische Vorstadt in die Asche legen. Aber der schlechte Zustand der Festungswerke machte den Widerstand vergeblich, und schon am zweiten Tage wurden die Tore geöffnet. Im Hause eines Totengräbers, dem einzigen, welches in der hallischen Vorstadt stehen geblieben war, hatte Tilly sein Quartier genommen; hier unterzeichnete er die Kapitulation, und hier wurde auch der Angriff des Königs von Schweden beschlossen. Beim Anblick der abgemalten Schädel und Gebeine, mit denen der Besitzer sein Haus geschmückt hatte, entfärbte sich Tilly. Leipzig erfuhr eine über alle Erwartung gnädige Behandlung.

Unterdessen wurde zu Torgau von dem König von Schweden und dem Kurfürsten von Sachsen, im Beisein des Kurfürsten von Brandenburg, großer Kriegsrat gehalten. Eine Entschließung sollte jetzt gefaßt werden, welche das Schicksal Deutschlands und der evangelischen Religion, das Glück vieler Völker und das Los ihrer Fürsten unwiderruflich bestimmte. Die Bangigkeit der Erwartung, die auch die Brust des Helden vor jeder großen Entscheidung beklemmt, schien jetzt die Seele Gustav Adolfs in einem Augenblick zu umwölken. »Wenn wir uns jetzt zu einer Schlacht entschließen«, sagte er, »so steht nicht weniger als eine Krone und zwei Kurhüte auf dem Spiele. Das Glück ist wandelbar, und der unerforschliche Ratschluß des Himmels kann, unserer Sünden wegen, dem Feinde den Sieg verleihen. Zwar möchte meine Krone, wenn sie meine Armee und mich selbst auch verlöre, noch eine Schanze zum besten haben. Weit entlegen, durch eine ansehnliche Flotte beschützt, in ihren Grenzen wohl verwahrt und durch ein streitbares Volk verteidigt, würde sie wenigstens vor dem Ärgsten gesichert sein. Wo aber Rettung für euch, denen der Feind auf dem Nacken liegt, wenn das Treffen verunglücken sollte?«

Gustav Adolf zeigte das bescheidene Mißtrauen eines Helden, den das Bewußtsein seiner Stärke gegen die Größe der Gefahr nicht verblendet; Johann Georg die Zuversicht eines Schwachen, der einen Helden an seiner Seite weiß. Voll Ungeduld, seine Lande von zwei beschwerlichen Armeen baldmöglichst befreit zu sehen, brannte er nach einer Schlacht, in welcher keine alten Lorbeeren für ihn zu verlieren waren. Er wollte mit seinen Sachsen allein gegen Leipzig vorrücken und sich mit Tilly schlagen. Endlich trat Gustav Adolf seiner Meinung bei, und beschlossen war es, ohne Aufschub den Feind anzugreifen, ehe er die Verstärkungen, welche die Generale Altringer und Tiefenbach ihm zuführten, an sich gezogen hätte. Die vereinigte schwedisch-sächsische Armee setzte über die Mulde; der Kurfürst von Brandenburg reiste wieder in sein Land.

Früh morgens am 7. September 1631 bekamen die feindlichen Armeen einander zu Gesichte. Tilly, entschlossen, die herbeieilenden Hilfstruppen zu erwarten, nachdem er versäumt hatte, die sächsische Armee vor ihrer Vereinigung mit den Schweden niederzuwerfen, hatte ohnweit Leipzig ein festes und vorteilhaftes Lager bezogen, wo er hoffen konnte, zu keiner Schlacht gezwungen zu werden. Das ungestüme Anhalten Pappenheims vermochte ihn endlich doch, sobald die feindlichen Armeen im Anzug begriffen waren, seine Stellung zu verändern und sich linker Hand gegen die Hügel hinzuziehen, welche sich vom Dorfe Wahren bis nach Lindenthal erheben. Am Fuß dieser Anhöhen war seine Armee in einer einzigen Linie ausgebreitet; seine Artillerie, auf den Hügeln verteilt, konnte die ganze große Ebene von Breitenfeld bestreichen. Von daher näherte sich in zwei Kolonnen die schwedisch-sächsische Armee und hatte bei Podelwitz, einem vor der Tillyschen Front liegenden Dorfe, die Lober zu passieren. Um ihr den Übergang über diesen Bach zu erschweren, wurde Pappenheim mit 2000 Kürassiers gegen sie beordert, doch erst nach langem Widerstreben des Tilly und mit dem ausdrücklichen Befehl, ja keine Schlacht anzufangen. Dieses Verbots ungeachtet wurde Pappenheim mit dem schwedischen Vortrabe handgemein, aber nach einem kurzen Widerstand zum Rückzug genötigt. Um den Feind aufzuhalten, steckte er Podelwitz in Brand, welches jedoch die beiden Armeen nicht hinderte, vorzurücken und ihre Schlachtordnung zu machen.

Zur Rechten stellten sich die Schweden, in zwei Treffen abgeteilt, das Fußvolk in der Mitte, in kleine Bataillons zerstückelt, welche leicht zu bewegen und, ohne die Ordnung zu stören, der schnellesten Wendungen fähig waren; die Reiterei auf den Flügeln, auf ähnliche Art in kleine Schwadronen abgesondert und durch mehrere Haufen Musketiers unterbrochen, welche ihre schwache Anzahl verbergen und die feindlichen Reiter herunterschießen sollten. In der Mitte kommandierte der Oberst Teufel, auf dem linken Flügel Gustav Horn, der König selbst auf dem rechten, dem Grafen Pappenheim gegenüber.

Die Sachsen standen durch einen breiten Zwischenraum von den Schweden getrennt; eine Veranstaltung Gustavs, welche der Ausgang rechtfertigte. Den Plan der Schlachtordnung hatte der Kurfürst selbst mit seinem Feldmarschall entworfen und der König sich bloß begnügt, ihn zu genehmigen. Sorgfältig, schien es, wollte er die schwedische Tapferkeit von der sächsischen absondern, und das Glück vermengte sie nicht.

Unter den Anhöhen gegen Abend breitete sich der Feind aus in einer langen, unübersehbaren Linie, welche weit genug reichte, das schwedische Heer zu überflügeln; das Fußvolk in große Bataillons abgeteilt, die Reiterei in ebenso große unbehilfliche Schwadronen. Sein Geschütz hatte er hinter sich auf den Anhöhen, und so stand er unter dem Gebiet seiner eigenen Kugeln, die über ihn hinweg ihren Bogen machten. Aus dieser Stellung des Geschützes, wenn anders dieser ganzen Nachricht zu trauen ist, sollte man beinahe schließen, daß Tillys Absicht vielmehr gewesen sei, den Feind zu erwarten, als anzugreifen, da diese Anordnung es ihm unmöglich machte, in die feindlichen Glieder einzubrechen, ohne sich in das Feuer seiner eigenen Kanonen zu stürzen. Tilly selbst befehligte das Mittel, Pappenheim den linken Flügel, den rechten der Graf von Fürstenberg. Sämtliche Truppen des Kaisers und der Ligue betrugen an diesem Tage nicht über 34 bis 35 000 Mann; von gleicher Stärke war die vereinigte Armee der Schweden und Sachsen.

Aber wäre auch eine Million der anderen gegenüber gestanden – es hätte diesen Tag blutiger, nicht wichtiger, nicht entscheidender machen können. Dieser Tag war es, um dessentwillen Gustav das Baltische Meer durchschiffte, auf entlegener Erde der Gefahr nachjagte, Krone und Leben dem untreuen Glück anvertraute. Die zwei größten Heerführer ihrer Zeit, beide bis hieher unüberwunden, sollen jetzt in einem lange vermiedenen Kampfe miteinander ihre letzte Probe bestehen; einer von beiden muß seinen Ruhm auf dem Schlachtfeld zurücklassen. Beide Hälften von Deutschland haben mit Furcht und Zittern diesen Tag herannahen sehen; bang erwartet die ganze Mitwelt den Ausschlag desselben, und die späte Nachwelt wird ihn segnen oder beweinen.

Die Entschlossenheit, welche den Grafen Tilly sonst nie verließ, fehlte ihm an diesem Tage. Kein fester Vorsatz, mit dem König zu schlagen, ebensowenig Standhaftigkeit, es zu vermeiden. Wider seinen Willen riß ihn Pappenheim dahin. Nie gefühlte Zweifel kämpften in seiner Brust, schwarze Ahnungen umwölkten seine immer freie Stirne. Der Geist von Magdeburg schien über ihm zu schweben.

Ein zweistündiges Kanonenfeuer eröffnete die Schlacht. Der Wind wehte von Abend und trieb aus dem frisch beackerten ausgedörrten Gefilde dicke Wolken von Staub und Pulverrauch den Schweden entgegen. Dies bewog den König, sich unvermerkt gegen Norden zu schwenken, und die Schnelligkeit, mit der solches ausgeführt war, ließ dem Feinde nicht Zeit, es zu verhindern.

Endlich verließ Tilly seine Hügel und wagte den ersten Angriff auf die Schweden; aber von der Heftigkeit ihres Feuers wendete er sich zur Rechten und fiel in die Sachsen mit solchem Ungestüm, daß ihre Glieder sich trennten und Verwirrung das ganze Heer ergriff. Der Kurfürst selbst besann sich erst in Eilenburg wieder; wenige Regimenter hielten noch eine Zeitlang auf dem Schlachtfelde stand und retteten durch ihren männlichen Widerstand die Ehre der Sachsen. Kaum sah man diese in Unordnung geraten, so stürzten die Kroaten zur Plünderung, und Eilboten wurden schon abgefertigt, die Zeitung des Siegs zu München und Wien zu verkündigen.

Auf dem rechten Flügel der Schweden stürzte sich Graf Pappenheim mit der ganzen Stärke seiner Reiterei, aber ohne ihn zum Wanken zu bringen. Hier kommandierte der König selbst, und unter ihm der General Banér. Siebenmal erneuerte Pappenheim seinen Angriff, und siebenmal schlug man ihn zurück. Er entfloh mit einem großen Verluste und überließ das Schlachtfeld dem Sieger.

Unterdessen hatte Tilly den Überrest der Sachsen niedergeworfen und brach nunmehr in den linken Flügel der Schweden mit seinen siegenden Truppen. Diesem Flügel hatte der König, sobald sich die Verwirrung unter dem sächsischen Heer entdeckte, mit schneller Besonnenheit drei Regimenter zur Verstärkung gesendet, um die Flanke zu decken, welche die Flucht der Sachsen entblößte. Gustav Horn, der hier das Kommando führte, leistete den feindlichen Kürassiers einen herzhaften Widerstand, den die Verteilung des Fußvolks zwischen den Schwadronen nicht wenig unterstützte. Schon fing der Feind an, zu ermatten, als Gustav Adolf erschien, dem Treffen den Ausschlag zu geben. Der linke Flügel der Kaiserlichen war geschlagen, und seine Truppen, die jetzt keinen Feind mehr hatten, konnten anderswo besser gebraucht werden. Er schwenkte sich also mit seinem rechten Flügel und dem Hauptkorps zur Linken und griff die

Hügel an, auf welche das feindliche Geschütz gepflanzt war. In kurzer Zeit war es in seinen Händen, und der Feind mußte jetzt das Feuer seiner eigenen Kanonen erfahren.

Auf seiner Flanke das Feuer des Geschützes, von vorne den fürchterlichen Andrang der Schweden, trennte sich das nie überwundene Heer. Schneller Rückzug war alles, was dem Tilly nun übrig blieb; aber der Rückzug selbst mußte mitten durch den Feind genommen werden. Verwirrung ergriff jetzt die ganze Armee, vier Regimenter ausgenommen, grauer versuchter Soldaten, welche nie von einem Schlachtfelde geflohen waren und es auch jetzt nicht wollten. In geschlossenen Gliedern drangen sie mitten durch die siegende Armee und erreichten fechtend ein kleines Gehölz, wo sie aufs neue Front gegen die Schweden machten und bis zu einbrechender Nacht, bis sie auf 600 geschmolzen waren, Widerstand leisteten. Mit ihnen entfloh der ganze Überrest des Tillyschen Heeres, und die Schlacht war entschieden.

Mitten unter Verwundeten und Toten warf Gustav Adolf sich nieder, und die erste feurigste Siegesfreude ergoß sich in einem glühenden Gebete. Den flüchtigen Feind ließ er, so weit das tiefe Dunkel der Nacht es verstattete, durch seine Reiterei verfolgen. Das Geläute der Sturmglocken brachte in allen umliegenden Dörfern das Landvolk in Bewegung, und verloren war der Unglückliche, der dem ergrimmten Bauer in die Hände fiel. Mit dem übrigen Heere lagerte sich der König zwischen dem Schlachtfeld und Leipzig, da es nicht möglich war, die Stadt noch in derselben Nacht anzugreifen. Siebentausend waren von den Feinden auf dem Platze geblieben, über fünftausend teils gefangen, teils verwundet. Ihre ganze Artillerie, ihr ganzes Lager war erobert, über hundert Fahnen und Standarten erbeutet. Von den Sachsen wurden zweitausend, von den Schweden nicht über siebenhundert vermißt. Die Niederlage der Kaiserlichen war so groß, daß Tilly auf seiner Flucht nach Halle und Halberstadt nicht über 600 Mann, Pappenheim nicht über 1400 zusammenbringen konnte. So schnell war dieses furchtbare Heer zergangen, welches noch kürzlich ganz Italien und Deutschland in Schrecken gesetzt hatte.

Tilly selbst dankte seine Rettung nur dem Ungefähr. Obgleich von vielen Wunden ermattet, wollte er sich einem schwedischen Rittmeister, der ihn einholte, nicht gefangen geben, und schon war dieser im Begriff, ihn zu töten, als ein Pistolenschuß ihn noch zu rechter Zeit zu Boden streckte. Aber schrecklicher als Todesgefahr und Wunden war ihm der Schmerz, seinen Ruhm zu überleben und an einem einzigen Tage die Arbeit eines ganzen langen Lebens zu verlieren. Nichts waren jetzt alle seine vergangenen Siege, da ihm der einzige entging, der jenen allen erst die Krone aufsetzen sollte. Nichts blieb ihm übrig von seinen glänzenden Kriegstaten als die Flüche der Menschheit, von denen sie begleitet waren. Von diesem Tage an gewann Tilly seine Heiterkeit nicht wieder, und das Glück kehrte nicht mehr zu ihm zurück. Selbst seinen letzten Trost, die Rache, entzog ihm das ausdrückliche Verbot seines Herrn, kein entscheidendes Treffen mehr zu wagen. – Drei Fehler sind es vorzüglich, denen das Unglück dieses Tages beigemessen wird: daß er sein Geschütz hinter der Armee auf die Hügel pflanzte, daß er sich nachher von diesen Hügeln entfernte und daß er den Feind ungehindert sich in Schlachtordnung stellen ließ. Aber wie bald waren diese Fehler, ohne die kaltblütige Besonnenheit, ohne das überlegene Genie seines Gegners verbessert! – Tilly entfloh eilig von Halle nach Halberstadt, wo er sich kaum Zeit nahm, die Heilung von seinen Wunden abzuwarten, und gegen die Weser eilte, sich mit den kaiserlichen Besatzungen in Niedersachsen zu verstärken.

Der Kurfürst von Sachsen hatte nicht gesäumt, sogleich nach überstandener Gefahr im Lager des Königs zu erscheinen. Der König dankte ihm, daß er zur Schlacht geraten hätte, und Johann Georg, überrascht von diesem gütigen Empfang, versprach ihm in der ersten Freude – die römische Königskrone. Gleich den folgenden Tag rückte Gustav gegen Merseburg, nachdem er es dem Kurfürsten überlassen hatte, Leipzig wieder zu erobern. Fünftausend Kaiserliche, welche sich wieder zusammengezogen hatten und ihm unterwegs in die Hände fielen, wurden teils niedergehauen, teils gefangen, und die meisten von diesen traten in seinen Dienst. Merseburg ergab sich sogleich: bald darauf wurde Halle erobert, wo sich der Kurfürst von Sachsen nach der Einnahme von Leipzig bei dem Könige einfand, um über den künftigen Operationsplan das Weitere zu beratschlagen.

Erfochten war der Sieg, aber nur eine weise Benutzung konnte ihn entscheidend machen. Die kaiserliche Armee war aufgerieben, Sachsen sah keinen Feind mehr, und der flüchtige Tilly hatte sich nach Braunschweig gezogen.

»Und wieder dröhnt und donnert die Erd«

Bernd Weinkauf
1982

Verläßt man Leipzig mit dem Auto in Richtung Weißenfels, so erreicht man, ebenfalls nach etwa einer halben Stunde Fahrt, den Ort Lützen. Vor dem Ort, am linken Straßenrand, steht eine Kapelle, davor liegt ein Findling, über dem ein gußeiserner Baldachin errichtet worden ist. Hier starb 1632 Gustav II. Adolf, König von Schweden; erschlagen und gefleddert, wie es Landsknechtsbrauch war. In jedem Jahr, am 6. November, gedenkt man des Königs. Neben den Kränzen der Botschafter Schwedens und Finnlands liegen die von Ämtern, Kirchen, Parteien. Das Schlachtfeld, auf der anderen Seite der Straße gelegen, ist ein Rübenacker, vom schwedischen Staat gekauft. So soll verhindert werden, daß der historische Blick verbaut wird.

Etwas mehr als 200 Jahre nach der Schlacht von Lützen kam ein Absolvent der Berliner Gewerbeschule nach Leipzig, um sich in der Adler-Apotheke in der Hainstraße zum Apotheker ausbilden zu lassen. Mehr als die Chemie interessierten ihn Geschichte und Geschichten; sein Name: Theodor Fontane. Und so schreibt er vom

[...] Signale, Schüsse, Rossegestampf,
Der Nebel wird schwarz wie Pulverdampf,
Wie wilde Jagd, so fliegt es vorbei; –
Zitternd ducken sich die zwei.

Nun ist es vorüber... da wieder mit Macht
Rückwärts wogt die Reiterschlacht,
Und wieder dröhnt und donnert die Erd,
Und wieder vorauf das weiße Pferd.

Wie ein Lichtstreif durch den Nebel es blitzt,
Kein Reiter mehr im Sattel sitzt,
Das fliehende Tier, es dampft und raucht,
Sein Weiß ist tief in Rot getaucht.

Der Sattel blutig, blutig die Mähn,
Ganz Schweden hat das Roß gesehn; –
Auf dem Felde von Lützen am selben Tag
Gustav Adolf in seinem Blute lag.

Emigranten aus Salzburg

Riemers Jahrbuch
1732

Den 13. Juni gegen Abend um 5 Uhr langten aus Salzburg 1 000 und den folgenden Tag nachmittag um 3 Uhr 800 Emigranten in bester Ordnung an. E. E. Hochweiser Rath hatten schon die Anstalt und Verordnung getroffen, wie dieselben verpfleget und einlogiret werden sollten, nämlich die Verpflegung sollte auf E. E. Hochweisen Raths Kosten geschehen und vor denen Thoren sollten sie in denen Gasthöfen ihr Nachtlager finden. Doch hat auf beschehenes Ersuchen der *Professoren* und Bürgerschaft, ob es ihnen nicht erlaubt sei, die Salzburgischen Glaubensbrüder in ihre Häuser auf- und anzunehmen und sie mit Speis und Trank zu versehen und zu verpflegen, E. Löbl. *Magistrat* der Bürgerschaft solches erlaubet, soviel ein jeder bewirthen könnte, einzulogiren, indem E. E. Rath der Bürgerschaft solches nicht zumuthen wollen. Als sie ankommen wollten, wurden an der Leimgrube zwei große Gezelte, wobei zwei Reihen *Defensioner* hingestellet zum Empfang der Salzburger aufgeschlagen, worinnen sich etliche Deputierte vom Rathe, desgleichen von der *Universität,* wie auch die Herren Bürgermeister Hofrath Steger und der Geheimbde Kriegsrath Lange sich befanden und die *Emigranten* daselbst austheileten. Die Herren Geistlichen, Herr *Mag.* Hoffmann und Herr *Mag.* Weise, nebst den Thomasschülern gingen etwas weiter ihnen entgegen bis dem Brandvorwerke gegenüber, wo sie unter Gesang und unter beiden Herren Geistlichen Anreden empfangen wurden: da denn dieselben von den Herren Geistlichen und Schülern bis an das Gezelt begleitet, umb unter die *Universität* und Bürgerschaft vertheilt zu werden. Es ereignete sich sonderlich dieses dabei, daß ein Lederhändler, namens Johann Paulus Freund allhier und von Salzburg gebürtig, 30 Personen von seinen Freunden unter den *Emigranten* antraf, welche er alle in seine Behausung zur Verpflegung auf- und annahme, vorherreitende solche bis in sein Haus in der Reichsstraße zu begleiten. Er war auf eine ganze Meile ihnen entgegen geritten; nachdem er seine Freunde ausgelesen, so ritte nun gedachter Kaufmann voran und ließ dieselben paarweise hinter sich hergehen nach diesen folgeten zwei zu Pferde, so den *Transport* von Borna her begleiten mußten, hinter welchen viele Studenten paarweise, so sich bei Connewitz angeschlossen, dann folgeten die armen *Exulanten* paarweise, die Männer mit den Söhnen und andern Jungen, so sie theils auf Armen trugen, voran; dann die Weiber und Jungfrauen, welche zum Theil Wiegen mit kleinen Kindern auf dem Rücken schleppeten und alle Stäbe in Händen hatten, unter währendem Gehen von Connewitz sie die schönen

Lieder: Wer nur den lieben Gott läßt walten etc., Von Gott will ich nicht lassen etc., Eine feste Burg ist unser Gott etc., Nun lobe mein' Seel' den Herrn etc. und andere mehr gesungen, wie sie dann nachgehends unter währendem Singen bis in die *Logis* gingen. Hinter diesen armen Salzburgern kam ein preußischer *Commissarius* zu Pferde. Es befanden sich sehr alte Personen von 80, 100 und 105 Jahren bei denenselben, sie hatten auch Schwangere und in Wochen liegende auf denen Wagen, allwo ihr Hab und Gut, welche meistens ihre eigene, bei 72 an der Zahl, waren und bei jedem *Transport* sich befanden. Welche keine bekommen, so bemüheten sich diejenigen Bürger, von andern Bürgern welche auszubitten. Des Sonntags nach Mittage, als den ersten Sonntag nach *Trinitatis,* wurden bei Gelegenheit der Salzburgischen *Emigranten* von Herrn *Mag.* Johann Gottlob Hoffmannen, Vesperpredigern zu St. Nicolai, eine Predigt von den beständigen Liebhabern Gottes gehalten, welche die *Emigranten* mit inbrünstigem Eifer anhöreten. Nach Endigung des Gottesdienstes wurde von unterschiedenen *Familien* viel Geld unter dieselben ausgetheilet und die Zeit ihres Daseins von der Bürgerschaft wie auch von allen der Vornehmsten, die Geistlichkeit nicht ausgenommen, herrlich bewirthet. Es ist auch während ihres Aufenthalts eine Frau von den Salzburgern mit einem Kinde darniedergekommen, welches in der Kirchen zu St. Thomas getauft wurde; die Pathen sind zwar geringe Personen gewesen, weil man nicht Zeit hatte, vornehme Personen zu ersuchen, um dieses heilige Werk zu verrichten. Bei ihrer Abreise gab man der Wöchnerin und dem neugeborenen Kinde bis nach Berlin eine *commode* eigene Kutsche, um darinnen mit *Plaisir* zu fahren. Es ist auch eine hereingebrachte Wöchnerin verstorben.

Den 16. ging der erste *Transport* Salzburger à 1000 Personen von hier ab, welche ihren Zug vom Roßplatze (allwo von ihrem Prediger, so sie aus Halle bekommen, eine Rede gehalten und eingesegnet, und also mit Singen der Beschluß gemacht wurde) hinter der Stadt weg durch die Gerbergasse nahmen, da denn vor dem Gerberthore drei Buden aufgebauet waren, die eine vor die

Universität, die andere vor den Rath, die dritte vor die Kaufmannschaft, worinnen ihnen noch reichlich Geld mitgetheilet und unter andern von einem Strumpfhändler am steinern Creuze nach Eutritzsch Strümpfe und Bücher noch ausgetheilet wurden.

Den 17. ginge der andere *Transport* à 800 Personen gleichfalls hinter der Stadt dem Schlosse vorbei weg durch den Rosenthal und durch Pfaffendorf, wo vor besagtem Vorwerke nach dem Gerberthore gleichfalls drei Buden worinnen Strümpfe, Geld, jedem ein Gulden, wie dem vorhergehenden *Transport* geschehen, denen Kindern, auch dem Kind im Mutterleibe, desgleichen Bücher und Leinenwand reichlich gereicht wurde. Es ist nicht zu beschreiben, was vor Liebe gegen dieselbe geheget, auch sogar daß die Handwerksjungen ihren letzten Heller denselben darreichten, derer *Universitäts-* und Rathsunterthanen zu geschweigen, und haben ihre *Tour* über Tüben nach Wittenberg genommen, da denn die hiesigen Einwohner sie bis Eutritzsch und unter vielen Thränen Abschied nehmende, begleitet hatten.

53. Schloß Pleißenburg wird 1642 zur Übergabe an die Schweden gezwungen.

54. Übergabe der Stadt an die Preußen im Zweiten Schlesischen Krieg am 30. November 1745.

55. Befreiungskriege. Erstürmung des Grimmaischen Tores am 19. Oktober 1813, dem letzten Tag der Völkerschlacht.

56. Einzug der verbündeten Monarchen von Preußen, Rußland und Österreich am 19. Oktober 1813.

57. Auf dem Monarchenhügel am 18. Oktober 1813 meldet Fürst Schwarzenberg den drei Verbündeten den Sieg über Napoleon.

58. Völkerschlachtdenkmal in Leipzig mit Südfriedhof um 1930.

59. Der Modeschöpfer Hans Bormann mit seinen Modellen vor dem Völkerschlachtdenkmal, 1969.

60. »Mensch, ich seh' die ganze Stadt«. Blick vom Völkerschlacht-denkmal auf die ferne Stadt, 1988.

15. Kriegsalltag im Siebenjährigen Krieg

Es rücken die Regimenter ein in die Stadt

Riemers Jahrbuch
1756-57

Am 9. [November 1756] ist von E. Hochedl. Rath dieser Stadt wegen der ungeziemenden Reden und *Raisonnements* jetziger Zeitläufte und verfänglicher *Correspondenz* ungegründeter Zeitungen folgendes *affigiret* worden:

Da in auswärtigen Zeitungen bisher unter dem Articul von Leipzig verschiedene unstatthafte Nachrichten von den gegenwärtigen Zeitläuften fürgekommen, so hat man der Nothdurft erachtet, die bereits am abgewichenen 11. October durch den Druck bekannt gemachte Verordnung, sich aller ungeziemenden Reden und *Raisonnements* über die öffentlichen Angelegenheiten zu enthalten, von neuem zu wiederholen, und werden alle Bürger und Einwohner dieser Stadt, sich ruhig und bescheiden zu betragen, auch insonderheit für aller verfänglichen *Correspondenz* in *Publicis* und Ausbreitung ungegründeter Zeitungen sich zu hüten bedeutet; widrigenfalls ein jeder die ihm daraus erwachsende Gefahr und zu gewartende Strafe sich selbst zuzuschreiben haben wird. Leipzig, den 9. November 1756.

Der Rath zu Leipzig.

Am 14. als am 22. *post Trin.* hielt der hier im *Quartier* und *Garnison* liegende preußisch-dessauische Feldprediger in der St. Johanniskirche Predigt und Gottesdienst.

An eben diesem Tage kamen 50 Mann preußische Reiterei hier

an und wurden in die Gasthöfe verlegt, und den 17., rückten wiederum 500 Mann *Gensdarmes* und gewesene sächsische *Trabanten,* so in preußische Dienste treten müssen, hier ein und wurden in die Vorstädte einquartieret. [...]

Den 23. abends um 6 Uhr langten Ihro Königl. Majestät von Preußen allhier an und geruheten in der Peterstraße bei Herr *Cammer*-Rath Hohmann zu *logiren,* und folgenden Tag früh nahmen Ihro Maj. die *Garde du Corps* vor dem Hällischen Thore in der Vorstadt, so zu Pferde daselbst sich versammlet hatten, in hohen Augenschein. Auf Dero höchsten Befehl mußte dieselbe vom Pferde absitzen und ihre *Manoeuvres* machen. Kurz vor 8 Uhren begaben sich Ihro Maj. auf Dero Reisewagen und gingen von hier nach Lützen und Weißenfels, die Gegend von dem Wahlplatz Gustav Adolph Königs von Schweden zu besehen, als sie sich abends von der *Universitäts-Bibliothec* den zweiten Theil von dem *Theatro Europaeo* kommen lassen, und *retournirten* nachmittag um 3 Uhr in dieser Stadt wieder. Tages drauf als den 25. sind Ihro Maj. von Preußen hier früh um 8 Uhr wieder ab und durch das Grimmische Thor fortgefahren, ohne daß man weiß, wo Dero Reise zugegangen. [...]

Den 15. Dezember ruckte das dessauische Regiment mit sechs Feldstücken und *Bagage*-Wägen wieder hier aus, und gingen nach Grimma und von dar nach Leisnig. Es blieben die *Grenadier-Bataillons* und die sächsischen *Trabanten* hier. Es sind die letzte Nacht sechs *Infant.* und drei *Trabanten deserteurt.* [...]

Den 22. März 1757 kamen aus Magdeburg wiederum 2200 Mann *Grenadiers* und *Musquetiers* in Besatzung hier an, so gleichfalls sächsische Landeskinder und unter dem *Commando* des Herrn *Gen.-Major* von Oldenburg, so im Küstnerischen Hause in der Hainstraße *logirete,* da der Herr *Gen.-Major* von Hausen sein *Quartier* in der Feuerkugel genommen hatte, geführet wurden, und Tages drauf früh um 7 Uhr die sämmtlichen *Grenadiers* von beiden Regimentern von hier wieder ab und nach Mügeln und Leisnig *marchirten.*

Den 28. wurden die zwei *Infanterie*-Regimenter, so aus lauter

Sachsen bestunde, auf dem Spitalfelde am Grimmischen Thore das Oldenburgische oder rothbüschlichte, und an der Leimgrube vor dem äußersten Petersthore das Hausische oder grünbüschlichte genannt, wechselweis im Feuer *exerciret.*

Den 4. April ist ein sächsischer *Recruten-Deserteur harquebusiret* worden, und geschah solches in dem Schlosse hinten am Zeughause, und zwar deswegen, weil er mit 30 *Deserteuren* ein *Commando* Preußen, so nachgeschicket worden, im Thüringischen angreifen helfen, und ein preußischer *Officier* von ihm soll erschossen worden sein; dieser ist ergriffen, die andern aber haben sich *retiriret.*

An eben diesem Tage nachmittage um 2 Uhr rückten 1500 Mann, von Borna kommend, aus unterschiedenen Regimentern der Preußen hier ein, um von den hiesigen beiden hier liegenden Regimentern auszuhebende an andere Regimenter, nämlich die *enroulirende* Sachsen, so hier gelegen und der Herr *Gen.-Major* von Oldenburg *commandirte,* fortzubringen. So erfolgte sogleich eine *Revolte* unter Ausrufung: Es lebe der König von Polen Friedrich August! welche bis abends um 8 Uhr dauerte, und die Stadt in gewaltsamen Schrecken versetzet wurde. Es sind um 5 Uhr 30 Mann *Grenadier* unter *Commando* eines *Grenadiers* Namens Bismann *Lips. desertiret* und haben, als sie durch das innerste Petersthor durchgebrochen, endlich bei Heranrückung am äußersten Petersthore die Wache am Schießgraben gezwungen, mitzugehen. [...]

Den 13. Juni sind auf Befehl des Königs von Preußen wegen der verlangten 9 Tonnen Goldes als Geiseln 1. vom Rath der Geheime Kriegsrath Christian Ludwig Stieglitz, Herr Baumeister Johann Zacharias Richter, Herr Gottfried Winkler, Herr Caspar Richter und Herr Oberstadtschreiber Christian Ludwig Mierisch, 2. von der Kaufmannschaft Herr Gottlieb Hohmann, *Baron* von Hohenthal, Herr *Baron* Haugk und Herr Kaufmann Schröter von hier nach Halle und von dar nach Magdeburg abgeführet worden.

Den 15. wurden von E. E. Hochweisen Rathe *Deputirte,* nämlich Herr *D.* Stieglitz *jun.*, Herr *D.* Gutschmidt und Herr Buchhalter Mechau, nach Torgau geschickt, 2½ Tonne Goldes zu bezahlen, um die Geiseln wieder zu erlangen zu bewilligen, sind aber unverrichter Sache wiedergekommen. [...]

Den 14 Juli empfing der Rath und die Kaufmannschaft allhier eine *Staffette* aus dem königl. preußischen Feld-Kriegs-*Directorio* zu Torgau, mit dem geschärften Befehl, die auferlegten 900000 Thaler ohne Verzug zu zahlen und sich innerhalb drei Tage zu erklären, wie und in welchen Sorten die Zahlung geschehen soll, welches aber ohnmöglich aufzubringen, indem die stärksten Kaufleute als Geiseln nach Magdeburg weggeführet worden, mithin die Quellen verstopfet sind. [...]

Den 5. August wurde der Herr Obriste von Wolfersdorf in Begleitung 3 Ober-*Officiers* von dem in hiesiger Besatzung stehenden löbl. Hausischen Regiment nachts um 2 Uhr von hier ab und als ein *Arrestant* nach Magdeburg gebracht.

Den 19., als Herr *D.* Joh. Tobias Richter, *Prof. Publ. extraord.*, mit der *Mademoiselle* Teuscherin Hochzeit gehalten, haben die Herren *Auditores* ihm eine Abend-*Music* gebracht, da denn nach Endigung derselben durch das *Vivat*-Rufen, welches bei jetzigen betrübten Kriegszeiten nicht erlaubt, ein großer *Tumult* entstehen können, indem die preußischen *Officiers* und Soldaten ohne Ansehen der Person sowohl auf *graduirte* Personen als auch *Studenten*, wie auch unschuldige Standespersonen und Bürgersleute ohne Unterschied mit Prügelschlägen, wen sie auf der Gasse fanden, sehr übel *tractirten*, manchen fast die Arme entzwei geschlagen, auch sogar gegen unbewehrte sich mit bloßem Degen ihnen entgegensetzten und bis in die *Quartiere* begleiteten. O üble Aufführung *honetter Officiere*, indem der alte *General* Hausen, ohne seinen *Character* zu betrachten, selber mit prügeln helfen; o ewige Schande vor einen *General*, erst Erlaubniß zu geben, *Music* zu halten, und nachgehends selbst mit zuschlagen zu helfen! [...]

Den 30. ist von E. E. Hochw. Rath folgende geschärfte Verordnung *affigiret* und in denen Häusern *publiciret* worden:

Ohnerachtet zu verschiedenen mahlen die Andeutung geschehen, daß die hiesigen Bürger und Einwohner und besonders deren Gesinde sich unnöthigerweise nicht aus denen Häusern begeben, auf denen Gassen zusammentreten und daselbst ungeziemende Reden über gegenwärtige Angelegenheiten führen sollen, so hat man doch gewahr werden müssen, daß viele solcher Andeutung nicht nachkommen sind. Es wird dahero allen und jeden Bürgern und Einwohnern dieser Stadt hiermit nochmals ernstlich verbothen, sich ohne Noth nicht aus ihren Häusern zu begeben, noch viel weniger auf denen Gassen zusammenzutreten, besonders solches ihrem Gesinde nicht zu verstatten, auch bei etwan entstehendem *Allarme* sich niemand auf denen Gassen sehen zu lassen, sondern jeder mit den Seinigen ganz ruhig in seinem zu verschließenden Hause zu bleiben, auch überhaupt sich aller Discourse von denen jetzigen Zeitläuften zu enthalten, widrigenfalls ein jeder die ihm daraus erwachsende Gefahr und zu gewartende Strafe sich selbst zuzuschreiben haben wird. Leipzig, den 30. August 1757.

Der Rath zu Leipzig.

Friedrich der Große und Gottsched (1757)

Gustav Wustmann
1898

»Ich erschien denn wirklich« – erzählt nun Gottsched in dem Briefe an Flottwell – »vor dem Schlage drei in seinem Vorzimmer. Ich werde gemeldet und hereingerufen. Der Herr stehet vor einem Kamin, den Hut unter dem Arme und die Hände auf dem Rücken, als um sich zu wärmen. Ich näherte mich ihm und küssete ihm den Rock. Seine Worte waren: Ich habe neulich nicht recht mit ihm sprechen können und wollte doch gern etwas mehr mit ihm bekannt werden. Sage er mir, hat seine Frau den Bayle übersetzt? – Nein, Ew. Majestät, das wäre wohl zu viel Arbeit für ein

Frauenzimmer. – So hat er ihn denn selbst gemacht? – Auch ich habe es nicht gethan, allergnädigster Herr, sondern ein andrer Gelehrter, Königslöwen, der schon tot ist. – Was hat er denn dabei gethan? – Ich habe ihn durchgehends mit dem Original verglichen und ausgebessert, auch Anmerkungen dazu gemacht. – Also ist er nun recht übersetzt, auch überall wohl getroffen? – Ja, Ew. Majestät, soviel die juristische Schreibart des Übersetzers solches zugelassen. In Ansehung der Sachen stehe ich dafür; in Ansehung des *stili* kann Bayle nichts verlieren, da er der größte Stilist nicht ist. – Wie kann er von des Bayle *stilo* urteilen, hat er ihn denn recht gelesen? – Zwei bis drei mal, weil ich ihn bei der Edition zwei bis dreimal korrigiren und revidiren müssen; so viel Französisch aber habe ich schon aus andern Büchern gelernet, daß ich von Bayle und seiner Schreibart urteilen kann. – Was hat Bayle für Fehler? usw. – – Denken Sie, lieber Freund, was das für ein *examen rigorosum* war! Aber ich gab ihm zur Antwort, indem ich fortfuhr, worauf er erwiderte: Das ist wahr, das ist sein Fehler. – Und um ihm zu zeigen, daß ich auch davon urteilen konnte, hub ich an, französisch zu reden, denn bis dahin hatten wir lauter Deutsch gesprochen. Das schien ihm nun unerwartet zu kommen. Indessen trat er vom Kamin nach dem Fenster zu und hub an, tausend Fragen zu thun. Was meine Frau sonsten geschrieben hätte? Was ich aus dem Französischen übersetzt hätte? Und als ich ihm das *Lutrin* aus dem Boileau, die Iphigenia aus dem Racine und andre mehr nannte, bezeigte er eine große Begierde, die Stücke zu sehen, weil er glaubte, daß sie gar nicht deutsch gegeben werden könnten. Es ward noch viel andres, von deutschen Trauerspielen, von Opern und Komödien geredet, bis er wieder auf die Stücke kam, die er sehen wollte. Ich erbot mich, sie dem Bedienten einzuhändigen, wenn Se. Majestät befehlen wollten. – Nein, sprach er, bringe er sie mir selbst her, und zwar bald. – Da hatte ich nun meinen Bescheid, lief nach Hause und holete sie, sodaß ich mit dem Schlage vier wieder bei ihm war. Denken Sie, mein lieber Freund, ist das nicht schon Ehre genug, mit einem so großen Herrn fast eine Stunde geredet und ihm die schönen Wissenschaften der Deutschen bekannt gemacht zu haben? Allein noch nicht genug, denn nun fing es erst recht an. Ich kam wieder und fand ihn an seinem Schreibtische sitzen, da er die Originale der Übersetzung, Boileau und Racine nebst andern mehr, vor sich liegen hatte. Er fing wieder an, von der Schwierigkeit solcher Übersetzung zu reden und die deutsche Sprache für ungeschickt dazu zu erklären. Ich nahm mir die Freiheit, ihm das Gegenteil davon zu versichern, und erbot mich, alles, was er mir vorgeben würde, auszudrücken. So ging es denn an die Vergleichung des Textes mit meiner Übersetzung. Ob er nun gleich viele deutsche Wörter nicht verstund, so kritisirte er doch andre sehr gründlich und lobte wieder viele Stellen, die ich besser ausgedrückt hätte, als er sich jemals möglich zu sein eingebildet hätte. Bei diesem war der Abbé De Prades zugegen, dem ich auch zuweilen die Unvollkommenheit seiner Sprache und Dichter zu verstehen gab. Und hier wurden nun fast unzählige Schriftsteller erwähnt, die der König alle gelesen hatte und richtig beurteilete. Von den Poeten kam er auf die Geschichtschreiber, Weltweisen, Mathematiker etc. Cartesius, Malebranche, Locke, Leibnitz, Wolff, Thomasius und die jetzigen hällischen Philosophen wurden von ihm beurteilet, wobei ich dann Gelegenheit hatte, ihm zu zeigen, daß ich sie auch alle gelesen hatte. [...]

Er gab mir hernach eine Strophe aus dem Rousseau zu übersetzen auf, die er vor unmöglich auszudrücken hielte; sie stehet im ersten Buch der Oden und ist an eine junge Witwe gerichtet, die wieder heiraten soll. Bei allen diesen Unterredungen ward es dunkel. [...]

Es sind noch hunderterlei [Sachen?] im Reden vorgekommen, die ein ganz Buch Papier erfordern würden, denn unser Gespräch währte vor vier bis sieben Uhr in einem weg, mit aller möglichen Geschwindigkeit und Hitze.« [...]

Am folgenden Tage, Sonntag den 16. Oktober, machte sich Gottsched an seine Aufgabe, die Strophe aus dem Rousseau, die ihm der König bezeichnet hatte, ins Deutsche zu übersetzen. [...]

Die beiden Unterredungen nun, bei deren zweiter die Überreichung dieses Gedichts stattfand, schildert Gottsched wieder sehr lebendig in seinem Brief an Flottwell. »Als der König – schreibt er – den vorigen Mittwoch zum zweitenmal wiederkam, schickte er gleich nach Tische um drei Uhr nach mir; halb vier war ich da und ward gleich vorgelassen. Er fragte nach vielen von meiner Frauen Schriften und Versen, Prose und Briefen, französisch und deutsch, und wollte was davon sehen. Er kam auf viele andre Materien von schönen Wissenschaften, der deutschen Sprache, den Trauerspielen usw. Ich bat mir die Erlaubnis aus, das königliche Gedicht zu beantworten, und erhielt sie. Als er einmal herausgerufen ward, um jemand Gehör zu geben, schlug er die Thüre hinter sich zu und ließ mich ganz allein in seinem Kabinet versperrt. Er kam wieder und tadelte die Art, die alten Redner und Dichter in Schulen zu traktiren, da man bloß auf den Sinn der Redensarten und Wörter gehet, aber die Kunst im Reden und Dichten, ihre Schönheiten im Ganzen, ihre Ökonomie und Einrichtung, kurz, das Feine im Geschmack der Alten nicht erkläret und begreiflich macht. Kurz, der Herr wies eine ungemeine Einsicht, die der tausendste Gelehrte nicht hat. Eine Stunde war vorbei, als er mir befahl, morgen wiederzukommen und das Übrige mitzubringen. Ich erschien Donnerstags um halb fünf Uhr. Ich brachte ihm allerlei mit, und er las von allem was, aber sonderlich den französischen Brief meiner Frauen, und sagte: *Si j'avais plus de temps ici, j'écrivais à elle*. Ich überreichte mein Gedicht, von einer lateinischen guten Hand geschrieben. Er nahm es, und als ich mich erbot, solches vorzulesen, so sagte er: *Non, je le lirai moimême, je l'entendrai mieux*. Und hier nahm er sich Zeit und Geduld, es von Anfang bis zu Ende durchzulesen. Oft fragte er nach der Bedeutung dieses und jenes Wortes, oft machte er Anmerkungen und forderte Erläuterungen, kurz, er las bis ans Ende, und als ›die rauhste Sprache‹ kam, sagte er: Das hat er mir nicht schenken wollen! aber mit Lächeln. Ich bat unterthänigst um Vergebung, und so dauerte die Unterredung bis sieben Uhr abends. Nun war seine ganze Generalität und alle Majors von der Armee zusammen. Man rief ihn. Er sprang auf, nahm Hut und Stock und ging ins große Zimmer, um die Befehle zum Marsch und zum Angriff der österreichischen Reichstruppen und Franzosen zu geben. In einer Viertelstunde kam er wieder und setzte sein Gespräch fort bis dreiviertel auf acht, als ob er weiter nichts wichtiges zu thun hätte.« »Leben Sie wohl – schließt der Brief –, ich werde ferner arbeiten, den König zur deutschen Sprache zu bekehren.«

Das war am 27. Oktober 1757. Acht Tage später, am 4. November, wurde die Schlacht bei Roßbach geschlagen. Am 9. traf der König wieder in Leipzig ein und wurde abermals von der Universität begrüßt. Aber von weitern Unterredungen mit Gottsched verlautet nichts.

Gellert und der Husarenleutnant

Christian Fürchtegott Gellert
1758

[an Erdmuth von Schönfeld (?)]

[L. im Dec. 1759.]

Gnädiges Fräulein!
[...] mein Brief soll ein kleines Krieges-Diarium aus dem schwarzen Brete enthalten: denn ich weiß doch, daß Sie gütig genug sind an meinem Schicksale Theil zu nehmen.

Den achtzehnten November ließ sich ein Husaren-Lieutenant, von dem Gefolge des General Malachowsky, sehr ungestüm bey mir melden. Der Gewalt, dachte ich, kann niemand widerstehen, fasse dich und nimm den Besuch an, es begegne dir auch was da will.

Sogleich trat ein hagerer schwarzer Mann mit drohenden Augen, kothigten Stiefeln und blutigen Sporen hastig auf mich zu; sein gelbes Haar war in einem großen Knoten, und sein Bart in etliche kleine geknüpft, mit der linken Hand hielt er einen fürchterlichen Säbel, und in der rechten (den Arm mit dazu genommen) den Stock, ein paar Pistolen, die Mütze und eine Karbatsche mit Drath durchflochten. Was ist zu Ihrem Befehl, Herr Lieutenant? fragte ich mit Zittern an; haben Sie Ordre mich zu arretiren? ich bin unschuldig. Nein, mein Herr, sind Sie der berühmte Bücherschreiber und Professor Gellert? Ja, ich bin Gellert. Nun, es freut mich, Sie zu sehen und zu umarmen! (O wie zitterte ich bey dieser Umarmung!) ich bin ein großer Verehrer Ihrer Schriften, sie haben mir in meinen Feldzügen viele Dienste gethan, und ich komme Ihnen zu danken, und Sie meiner Freundschaft zu versichern. Das ist zuviel Ehre für mich, Herr Lieutenant, mehr konnte ich vor Schrecken noch nicht aus mir hervor bringen, haben Sie die Gnade und lassen Sie sich nieder. Ja, das will ich gerne thun, sagen Sie mir nur, wie Sie es anfangen, daß Sie so viel schöne Bücher schreiben können? Ob meine Bücher schön sind, Herr Lieutenant, das weiß ich nicht; aber wie ich es mit meinen Büchern angefangen habe, das kann ich Ihnen sagen. Wenn ich Lust und Zeit zum Schreiben hatte, so dachte ich ein wenig nach, was ich schreiben wollte. Alsdenn setzte ich mich hin, vergaß alles andere, dachte nur an meine Materie, und schrieb was mir diese eingab, so gut ich konnte. War ich fertig, so fragte ich ehrliche Leute, ob sie das Werk für gut hielten, und was sie zu erinnern hätten? Sagten sie, es wäre gut, ich sollte es hin und wieder verbessern und alsdann drucken lassen; so besserte ichs und ließ es drucken. Dieses, Herr Lieutenant, ist die Geburt meiner Schriften, die das Glück haben, Ihnen zu gefallen. Nun das will ich mir merken, versetzte er: ich habe Lust und Zeit zu schreiben, und sobald die verteufelten Russen aus dem Lande sind, will ich einen Versuch nach Ihrer Weise machen, itzt aber biete ich Ihnen ein Andenken von meiner Beute an. Sie haben doch wohl keinen Rubel in Ihrer Chatoulle, Herr Professor? Lesen Sie sich also einen aus, diese hier sind von einem Cosacken-Obristen, den ich bey Zorndorf vom Pferde hieb: und diese da, von der Frau eines Rußischen Officiers, die in der Flucht mit dem Pferde stürzte.

Es lief mir bey dieser Erzählung und bey dem Präsente, eiskalt über den Leib: Das sey ferne, daß ich Ihnen ein Theil Ihrer Beute entziehen sollte! Mein lieber Herr Lieutenant, behalten Sie Ihre Rubel, ich habe genug an der Gewogenheit, aus der Sie mir dieselben anbieten. Aber Sie müssen ein Andenken von mir nehmen. Herr Professor gefallen Ihnen diese Pistolen, es sind Sieberische, und diese Peitsche, das ist eine Knuthe, beydes ist zu Ihren Diensten. Ich habe noch trefliches Gewehr erbeutet, Türkisches und Tartarisches, es stehet bey Eulenburg, und was Sie verlangen, will ich Ihnen schicken. Ein Wort ein Mann, der Soldat hat nichts kostbarers, als Beute mit seinem Blute erfochten: Warum gefallen Ihnen die Pistolen nicht? Es ist auserlesenes Gewehr; hier nahm ich ihn bey der Hand, und führete ihn an meine Bücherschränke, dieses ist mein Gewehr, Herr Lieutenant, mit dem ich umzugehen weiß, und kaum; den einen Theil verstehe ich nicht, den andern brauche ich selten, und den dritten könnte ich zur Noth entbehren; aber um gelehrt zu scheinen, muß ich solche Waffen haben. Wollen Sie sich ein Andenken von meiner gelehrten Beute auslesen? Ja! Geben Sie mir Ihre gelehrten Trostgründe wider ein sieches Leben; wenn ich etwa noch von den Russen blessirt würde; denn ach! die Russen, das ist ein schreckliches Volk, sie stehen wie die Berge so feste, und man arbeitet sich müde und todt, ehe man sie zum Weichen bringt. Nunmehr wollte er mir die letzte Bataille erzählen; aber zu meinem Glücke schlug es, meine Zuhörer kamen haufenweise, und ich sagte dem Herrn Husaren-Lieutenant daß ich ein Collegium hätte, er bot mir nochmals sein Gewehr an, umarmte mich herzlich und war unzufrieden, daß ich nichts annehmen wollte, besahe meinen Catheder, wünschte mir viel Gutes, und gieng mit seinen Pistolen und seiner Knuthpeitsche, die ihm ein Husar, der die Treppe nebst etlichen andern Cameraden besetzt hielt, abnahm. Peter, rief der Lieutenant, das ist der Herr, der die Schwedische Gräfinn geschrieben hat! Peter sahe mich starr an, grieff ehrerbietig an die Mütze, und lächelte mir seinen milden Beyfall zu: die andern Husaren bückten sich auch sehr tief, und unter diesen Umständen begleitete ich den Lieutenant die Treppe hinunter. Kann ich

Ihnen, war sein letztes Wort, noch bey dem General Malachowsky auf irgend eine Weise dienen? Im geringsten nicht: oder auch bey dem General Dohna, oder auch bey dem König? Nein, Herr Lieutenant, empfehlen Sie ihm den Frieden in meinem Namen fußfälligst, und schnell entflohe ich dem Husaren.

»Sage Er mir, warum wir keine guten deutschen Schriftsteller haben«

Christian Fürchtegott Gellert
1761

Auszug eines Briefes aus Leipzig vom 27. Januar 1761:

Der 18. December vorigen Jahres war der merkwürdige Tag, an welchem Herr Professor Gellert Nachmittags um drey Uhr in seinem Schlafrocke, mit einer weißen Mütze, unbarbiert, und gar nicht wohl auf, an seinem Pulte saß, und jemand an seine Thüre pochte. – Herein! –

»Ich bin der Major Quintus Icilius, und freue mich, Sie kennen zu lernen. Se. Majestät der König verlangen Sie zu sprechen und haben mich hergeschickt, Sie zu Ihm zu bringen.«

Gellert: Herr Major, Sie müssen mir's ansehen, daß ich krank bin; es wird dem Könige mit einem kranken Manne, der nicht reden kann, nicht viel gedienet seyn.

Major: Es ist wahr, Sie sehen nicht wohl aus, ich werde Sie auch nicht nöthigen, heute mitzugehen; aber das muß ich Ihnen sagen, wenn Sie sich mit dieser Ausflucht ganz von dem Gange loszumachen gedenken, so irren Sie sich; ich muß morgen wiederkommen, und wenn Sie da nicht besser sind, übermorgen, und das so fort, bis Sie mitgehen können. Entschließen Sie sich also. Ich lasse Ihnen eine Stunde Zeit. Um 4 Uhr will ich wieder anfragen, ob ich Sie heute oder ein andermal mitnehmen soll.

G.: Ja, das thun Sie, Herr Major; ich will sehen, wie ich mich alsdann befinde.

Nun ist also der Major fort, und der Herr Professor, der zum Unglücke seinen Herrn Gödicke nicht zu Hause hat, schafft sich mit vielem Verdruß und großen Umständen einen Barbier und eine Perücke, und ist um 4 Uhr fertig. Quintus Icilius kommt, und sie gehen nach dem Apel'schen Hause. In dem Vorzimmer finden sich etliche Personen, welche voller Freude sind, den Herrn Professor kennen zu lernen. Itzt aber geht die Thüre zu Sr. Majestät Zimmer auf.

Sie treten ein, und bleiben mit dem Könige die ganze Zeit über allein.

König: Ist Er der Professor Gellert?

Gellert: Ja, Ihro Majestät.

K.: Der englische Gesandte hat mir viel Gutes von Ihm gesagt. Wo ist Er her?

G.: Von Haynichen bey Freyberg.

K.: Hat er nicht noch einen Bruder in Freyberg?

G.: Ja, Ihro Majestät.

K.: Sage Er mir, warum wir keinen guten deutschen Schriftsteller haben?

Der Major: Ihro Majestät sehen hier einen vor sich, den die Franzosen selbst übersetzt haben und den deutschen la Fontaine nennen.

K.: Das ist viel. Hat Er den la Fontaine gelesen?

G.: Ja, Ihro Majestät, aber nicht nachgeahmt; ich bin ein Original.

K.: Das ist also Einer; aber warum haben wir nicht mehr gute Autoren?

G.: Ihro Majestät sind einmal gegen die Deutschen eingenommen.

K.: Nein, das kann ich nicht sagen.

G.: Wenigstens gegen die deutschen Schriftsteller.

K.: Das ist wahr. Warum haben wir keine guten Geschichtschreiber?

G.: Es fehlt uns daran auch nicht. Wir haben einen Mascov, einen Cramer, der den Bossuet fortgesetzt hat.

K.: Wie ist das möglich, daß ein Deutscher den Bossuet fortgesetzt hat?

G.: Ja, ja, und glücklich. Einer von Ihro Majestät gelehrtesten Professoren hat gesagt, daß er ihn mit eben der Beredsamkeit und mit mehrerer historischer Richtigkeit fortgesetzt habe.

K.: Hat's der Mann auch verstanden?

G.: Die Welt glaubt's.

K.: Aber warum macht sich keiner an den Tacitus? Den sollte man übersetzen.

G.: Tacitus ist schwer zu übersetzen, und wir haben auch schlechte französische Uebersetzungen von ihm.

K.: Da hat Er Recht.

G.: Und überhaupt lassen sich verschiedene Ursachen angeben, warum die Deutschen noch nicht in aller Art guter Schriften sich hervorgethan haben. Da die Künste und Wissenschaften bey den Griechen blüheten, führten die Römer noch Kriege. Vielleicht ist jetzt das kriegerische Seculum der Deutschen; vielleicht hat es ihnen auch noch an Augusten und an Louis XIV. gefehlt.

K.: Er hat ja zwey Auguste in Sachsen gehabt.

G.: Wir haben auch in Sachsen einen guten Anfang gemacht. –

K.: Wie? will Er denn einen August in ganz Deutschland haben?

G.: Nicht eben das; ich wünsche nur, daß ein jeder Herr in seinem Lande die guten Genie's ermunterte. – –

K.: Ist Er gar nicht aus Sachsen weggekommen?

G.: Ich bin einmal in Berlin gewesen.

K.: Er sollte reisen.

G.: Ihro Majestät, dazu fehlen mir Gesundheit und Vermögen.

K.: Was hat er denn für eine Krankheit? Etwa die gelehrte?

G.: Weil sie Ihro Majestät so nennen, so mag sie so heißen; in meinem Munde würde es zu stolz geklungen haben.

K.: Ich habe sie auch gehabt. Ich will Ihn curiren. Er muß [sich Bewegung machen,] alle Tage ausreiten, alle Wochen Rhabarber nehmen.

G.: Ihro Majestät, diese Cur möchte wohl eine neue Krankheit für mich seyn. Wenn das Pferd gesünder wäre, als ich, so würde ich es nicht reiten können, und wäre es eben so krank, so möchte ich auch nicht fortkommen können.

K.: So muß er fahren.

G.: Dazu fehlet mir das Vermögen.

K.: Ja das ist wahr, daran fehlts immer den Gelehrten in Deutschland. Es sind wohl itzt böse Zeiten?

G.: Ja wohl, und wenn Ihro Majestät Deutschland den Frieden geben wollten – –

K.: Kann ich denn? Hat Er's denn nicht gehört? Es sind ja drey wider mich.

G.: Ich bekümmere mich mehr um die alte als neue Geschichte.

K.: Was meynt Er? Welcher ist schöner in der Epopoe, Homer oder Virgil?

G.: Homer scheint wohl den Vorzug zu verdienen, weil er das Original ist.

K.: Aber Virgil ist viel polirter.

G.: Wir sind zu weit vom Homer entfernt, als daß wir von seiner Sprache und Sitten richtig genug sollten urtheilen können. Ich traue darin dem Quintilian, welcher Homer den Vorzug giebt.

K.: Man muß aber nicht ein Sklave von den Urtheilen der Alten seyn.

G.: Das bin ich nicht; ich folge ihnen nur alsdenn, wenn ich wegen der Entfernung selbst nicht urtheilen kann.

Major: Er hat auch deutsche Briefe herausgegeben.

K.: So? Hat Er denn auch wider den *Stylum curiae* geschrieben?

G.: Ach ja, Ihro Majestät.

K.: Aber warum wird das nicht anders? Es ist was Verteufeltes. Sie bringen mir ganze Bogen, und ich verstehe nichts davon.

G.: Wenn es Ihro Majestät nicht ändern können, so kann ichs noch weniger. Ich kann nur rathen, wo Sie befehlen. – –

K.: Kann Er keine von Seinen Fabeln auswendig?

G.: Ich zweifle. Mein Gedächtniß ist mir sehr untreu.

K.: Besinne Er sich, ich will unterdessen herumgehen – – – Nun, hat Er eine?

G.: Ja, Ihro Majestät, den Maler.

»Ein kluger Maler in Athen,
Der minder, weil man ihn bezahlte,
Als, weil er Ehre suchte, malte,
Ließ einen Kenner einst den Mars im Bilde sehn,
Und bat sich seine Meynung aus.

Der Kenner sagte ihm frey heraus,
Daß ihm das Bild nicht ganz gefallen wollte,
Und daß es, um recht schön zu seyn,
Weit minder Kraft verrathen sollte.
Der Maler wandte vieles ein:
Der Kenner stritt mit ihm aus Gründen,
Und konnt ihn doch nicht überwinden.

Gleich trat ein junger Geck herein,
Und nahm das Bild in Augenschein.
O! rief er bey dem ersten Blicke,
Ihr Götter, welch ein Meisterstücke!
Ach welcher Fuß! O, wie geschickt
Sind nicht die Nägel ausgedrückt!
Mars lebt durchaus in diesem Bilde.
Wie viele Kunst, wie viele Pracht,
Ist in dem Helm, und in dem Schilde,
Und in der Rüstung angebracht!

Der Maler ward beschämt gerühret,
Und sah den Kenner kläglich an.
Nun, sprach er, bin ich überführet!
Ihr habt mir nicht zu viel gethan.

Der junge Geck war kaum hinaus:
So strich er seinen Kriegsgott aus.«

K.: Und die Moral?

G.: [Gleich Ihro Majestät.] »Wenn deine Schrift – – – – auszustreichen.«

K.: Das ist recht schön. Er hat so etwas Coulantes in Seinen Versen, das verstehe ich Alles. Da hat mir aber Gottsched eine Uebersetzung der Iphigenia vorgelesen; ich habe das Französische dabey gehabt, und kein Wort verstanden. Sie haben mir noch einen Poeten, den Pietsch, gebracht; den habe ich weggeworfen.

G.: Ihro Majestät, den werfe ich auch weg.

K.: Nun, wenn ich hier bleibe, so muß Er öfter wiederkommen, und Seine Fabeln mitbringen und mir was Neues vorlesen.

G.: Ich weiß nicht, ob ich gut lese; ich habe so einen singenden gebirgischen Ton.

K.: Ja, wie die Schlesier. Nein, Er muß Seine Fabeln selbst lesen, sie verlieren sonst viel. Nun, komm Er bald wieder.

Ungeachtet dessen, was der König am Ende sagte, ist doch der Professor nicht wieder gerufen worden. Da er weggegangen, hat der König gesagt: »Das ist ein ganz anderer Mann, als Gottsched.« Und den andern Tag bey der Tafel: *C'est le plus raisonnable de tous les savans allemans.*

Liebster Rabener! L. d. 29. Jan. 1761.

Sie mögen mit mir machen, was Sie wollen, so werde ich Ihnen doch dießmal keine ausführliche Antwort schreiben, denn ich bin schon seit vierzehn Tagen von einem Husten und von Schmerzen in der linken Hüfte krank. Es ist wahr, daß ich in der Mitte des letzten Monats vorigen Jahres durch einen Major zu dem Könige gerufen worden bin, daß er sich von vier Uhr bis dreyviertel auf sechs Uhr mit mir von den schönen Wissenschaften und der deutschen Literatur und der Methode, womit er seine Hypochondrie curiret und mit der ich die meinige curiren sollte, unterredet; daß er mir sehr gnädig begegnet hat; daß ich wider allen meinen Charakter ohne die geringste Furcht, ohne Begierde zu gefallen blos das, was Wahrheit und Ehrerbietung befahlen, geredet und eben deswegen gefallen habe. Am Ende des Gesprächs fragte er mich, ob ich keine von meinen Fabeln auswendig könnte? »Nein, Sire.« – »»Besinne Er sich doch, Herr Professor, ich will etlichemal in der Stube auf- und niedergehen.«« – Endlich fiel ich, ohne zu wissen warum, auf den Maler, die letzte Fabel im ersten Theile. »»Nun, sagte er, das ist gut, das ist sehr gut, natürlich, kurz und leicht. Das habe ich nicht gedacht. Wo hat Er so schreiben lernen?«« – »In der Schule der Natur.« – »»Hat Er den Lafontaine nachgeahmt?«« – »Nein, Ihro Majestät, ich bin ein Original; aber darum weiß ich noch nicht, ob ich ein gutes bin.« – »»Nein, ich muß Ihn loben.«« Und da sagte er zum Major, der dabey stand, noch viel zu meinem Lobe, das ich in der That nicht hören wollte. – »»Komme Er wieder zu mir, und stecke Er Seine Fabeln zu sich und lese Er mir welche vor.«« – Allein, guter Rabener, ich bin nicht wiedergekommen. Der König hat mich nicht wieder rufen lassen, und ich habe an Sirachs Wort gedacht: Dränge dich nicht zu den Königen. Er hat mich den Tag darauf bey der Tafel gegen den Obristlieutenant Marwitz, auch den englischen Gesandten, den Marquis d'Argens, den Lector le Cat und Andere, die mirs wiedergesagt haben, mit einem Lobspruche gelobt, den ich nicht hersetzen will, weil es doch eitel seyn würde.

16. Die Völkerschlacht

»Führerbesuch« am Völkerschlachtdenkmal (1943)

Erich Loest
1984

Eines Morgens tauchte SS auf, sortiert lange Kerle, keine Waffen-SS, sondern schwarze, echte Schutzstaffel, damals eine Seltenheit. Die Männer trugen knöchellange Mäntel und Maschinenpistolen, sie hatten magere Münder, die aussahen, als wären sie nicht eigentlich zum Sprechen da, nicht für eine harmlose freundliche Unterhaltung, natürlich schon gar nicht zum Küssen, allenfalls für das Ausstoßen eines Befehls wie: »stillstann!« oder »Hinlejn!«, meist jedoch zum Schweigen; schweigsam und treu waren sie alle. Als erstes scheuchten die Schwarzen ein Rudel Ukrainermädchen weg; beim Rennen die Wattejacken öffnend, verschwanden die Laubfegerinnen durch Zaunlücken im Friedhof, stolperten in ihren Gummistiefeln in Hast und Angst, als wären sie Teufeln begegnet. Dann stellten sich SS-Männer paarweis an den Zugangswegen auf, Spaziergänger kehrten schon um, ehe die Posten die Hand hoben. Sie waren da, standen da, und jeder wußte: Dort hatte er künftig nichts zu suchen.

Zu mir herunter fanden sie nicht gleich. Ich kratzte Sand in eine Pfütze vor dem Eingang und beobachtete aus den Augenwinkeln. Vor dem Wasserbecken fuhren zwei Selbstfahrlafetten mit Vierlingsflak auf, der Verkehr wurde von der Preußen heruntergeleitet, das besorgten Kettenhunde der SS. Dann kam der Führer.

Ich gebrauche diese Formulierung, obschon sie heute total unpassend wirkt. Ich dachte die Worte: Dort kommt der Führer und nicht: Hitler oder irgend etwas Abfälliges. Er trug einen feldgrauen Mantel und eine steile Mütze; als er aus dem Mercedes gestiegen war, legte er die Hände zusammen wie ein Fußballspieler, wenn er sich in die Mauer stellt, so, die Hände vor dem Sack, schaute er zum Denkmal hinauf. Da versteinte seine Begleitung, denn der Führer schaute nicht einfach, sondern maß das Denkmal mit Architektenauge; er wäre ja Architekt geworden, das wußten wir damals alle, wenn ihn nicht die Vorsehung zum Führer des Großdeutschen Reiches bestimmt gehabt hätte. Hinter ihm tauchte ein langer Mensch in einer von mir nicht bestimmbaren Uniform auf, erklärend zeigte er zum Denkmal, formte mit beiden Händen die Denkmalsumrisse in der Luft nach. Speer? War der Dicke daneben Robert Ley? Die drei stiegen den Damm hinauf, locker von SS-Männern umschwärmt, die jeden Maulwurfshaufen und die kahlen Baumkronen musterten. Beinahe lautlos ging das alles vor sich, und ich meinte, nun müßte Blechmusik schmettern, es gehörte dazu, wenn der Führer erschien, daß der Badenweiler Marsch losbrach, tatä! tatä! tatä! Der Führer – das wäre jedem in die Glieder gefahren, mochte er nun Angst oder Bewunderung empfinden, und auch im Glück lagen Schreck und Erschrecken, da ging der mächtigste Mann Deutschlands und immer noch halb Europas, stieg quer über die Wiese von der Rückfront her zum Denkmal hinauf – später las ich, daß es eine schon selbstverständliche Vorsichtsmaßnahme war, immerfort seine Pläne zu wechseln, und so entging er manchem Attentäter. Wer gewußt haben sollte, Hitler besuchte das Denkmal, hätte gewiß gemeint, er käme von vorne und schritte die Freitreppe hinauf, dann wäre dort die Bombe verborgen worden, aber der schlaue Diktator schlich sich von hinten her an, wahrscheinlich zwei Stunden vor oder nach dem Ablaufplan. Ein Pulk folgte ihm, darunter jüngere Männer mit Aktendeckeln. [...]

Niemals war ein Mächtiger dem Denkmal von hinten beigekommen, ich dachte: Alter Fuchs, deshalb werden seine Gegner so schwer mit ihm fertig, immer fällt ihm etwas Verblüffendes oder ein Bluff ein. Ich dachte: Das Bild mußt du dir einprägen;

Hitler mit der hohen Mütze, nicht doppelkinnig, sondern die Kehle straff, hinaufschauend zu den Wächtern, und eigentlich schaute doch Hitler niemals hoch, sondern stand stets auf Tribünen. Immer blieb alles unter ihm, vielleicht mit Ausnahme eines deutschen Zeppelins, aber der letzte Zeppelin war ja verbrannt. Da zackten zwei SS-Leute aus ihrem Bewacherkurs heraus und rannten zu mir herunter, die Mündungen vorgestreckt, zwischen den Lippen des einen bellte es: »Machen denn Sie hier, Mann!«

»Freiwilliger Selbstschutz Denkmal!« meldete ich halbmilitärisch, »Bunkerwache Linden!« Dabei hielt ich die Schaufel steif.

»Dalli, daß Sie reinkommen!« Ich machte einigermaßen soldatisch kehrt, ging in den Bunker und setzte mich auf eine Bank. Was wollte Hitler hier in diesem Herbst 1943, da er Moskau, Leningrad und Stalingrad nicht hatte erobern können, da seine Unterseeboote barsten, das Reich offenlag ohne Dach gegen die Bomber? Ich stellte mir vor, wie er in die Krypta hinunterstieg und vor den Monumenten verharrte, ein Mensch unter der Allmacht der Toten. Diese Stadt hatte ihm nie gelegen. Propagandareden vor seinem Machtantritt hatte er hier gehalten, auch im Krystallpalast, das wohl. Aber er hatte nichts mit der Messe im Sinn gehabt, schon gar nicht mit dem Brühl und seinen jüdischen Kürschnern, die Deutsche Bücherei hatte ihn kalt gelassen. Nordische Siegesgedanken konnte er angriffsfroher am Tannenbergdenkmal, vor Westwallbunkern und beim Stapellauf eines Schlachtschiffes genießen. Was wollte er hier, wo auch Russen geehrt wurden, die ihn jetzt an der Gurgel packten?

Nach einer Viertelstunde spürte ich vor an den Eingang. Die Posten an der Preußen standen unbeweglich, in der Höhe des Friedhofseingangs hatte sich ein Stau gebildet: Laster mit qualmenden Holzgasgeneratoren, Pferdewagen, Schaulustige, Straßenbahnen. [...]

Aber oberhalb meines Stollens schlurfte Hitler den Hang herunter, in jeden Schritt ließ er sich hineinfallen, ich dachte: Wenn er bloß nicht ins Stolpern kommt! Das hätte ja noch gefehlt, daß ich mir angesehen hätte, wie der Führer ausrutschte, ehe einer seiner Begleiter zugreifen konnte, sich auf den Hintern setzte und wie auf einer Käschitsche hinunterrutschte – ich dachte plötzlich erschrocken: Wenn du das siehst, verschwindst du im KZ. Also wieder zurück in den Schutzraum, auf die Bank gesetzt. [...]

Als ich Straßenbahnen anfahren hörte, wagte ich mich hinaus. Zwei Panzerspähwagen sausten stadtauswärts, daraus schloß ich, daß Hitler sich dorthin davongemacht hatte, die Reichsmessestadt mied; er eilte vielleicht zu seinem Sonderzug, der in Liebertwolkwitz auf einem Nebengleis wartete, keineswegs fuhr er im offenen Mercedes, aufgerichtet, die Hand zum Gruß abgeknickt, von Beifall umtost. Dieses Bild hatte ich so oft in der Wochenschau gesehen, daß ich mir Hitler gar nicht anders vorstellen konnte. Nun hatte ich ihn als Rasenlatscher erlebt.

Ein Schulaufsatz (1952)

Dieter Zimmer
1982

»Damit du mal wieder einen guten Aufsatz schreibst«, sagte Fräulein Hase zum Abschied, »will ich dir einen kleinen Hinweis geben: Der nächste Klassenaufsatz wird am achtzehnten Oktober geschrieben. Denk mal nach, ob dir das Datum etwas sagt.«

Der Aufsatz hieß: »18. Oktober 1813 – Das Volk steht auf, der Sturm bricht los.« Thomas war gut vorbereitet und holte weit aus:

»Im Süden unserer Stadt ragt ein gewaltiges Monument in den Himmel über unserer Stadt. Es ist aus Granit und 91 Meter hoch. Fragen wir jemanden was das denn sein könnte, so bekommen wir sicher zur Antwort: Das Völkerschlachtdenkmal, denn das weiß jeder in Leipzig.

Das Denkmal steht seit genau 39 Jahren am selben Ort, denn es wurde am 18. Oktober 1913 eingeweiht. Es wurde aus Spenden von Patrioten erbaut. Für 50 Pfennig kann man es besichtigen, was für ein Kind ziemlich viel Geld ist. Man muß aufpassen, das man nicht eingeschlossen wird, wenn das Denkmal Feierabend macht.

Das Denkmal erinnert uns Tag für Tag daran, das auf den historischen Feldern auf denen es damals noch nicht stand im Jahre 1813 ganze Völker für die Freiheit geschlachtet wurden. Deswegen heißt es auch so. 124000 Männer mußten hier ihr Leben lassen. Wenn man sagt sie wären auch ohne das Gemetzel heute tot, so verkennt man die Geschichte.

Damals zitterte halb Europa unter der Knute des napoleonischen Jochs. Auch das deutsche Volk zitterte weil die preußische Armee und ihre unfähigen adligen Offiziere lieber Fersengeld gaben als sich vor ihr Volk zu stellen. Der preußische König war genauso eine Figur. Es gab aber mutige Männer welche gegen die fremde Obrigkeit aufstanden. Das wäre heute überhaupt nicht denkbar, aber das ist ja auch nicht mehr nötig. Einer war der Turnvater Jahn. Er erfand das Turnen, aber nicht um zu turnen sondern um die Jugend für den Kampf zu stählen. Napoleon merkte aber nichts davon und zog sogar noch nach Rußland, was jedoch gründlich schief ging. Man könnte sagen, er hätte sich ein Beispiel an Hitler nehmen können, aber das konnte er ja nicht. Er wurde schwer geschlagen und machte nach Paris um neue Leute zu holen. Im Oktober stand er bei Leipzig. Aber da hatte sich inzwischen einiges getan. Tausende Freiheitskämpfer waren zu den Fahnen der Freicorpse geeilt. Der Dichter Theodor Körner hatte in der Nähe vom Hauptbahnhof ein Gedicht für sie gedichtet: Lützows wilde verwegene Jagd. Ein Gedenkstein erinnert bis heute daran. Außerdem gab es inzwischen die deutschrussische Waffenbrüderschaft. Sie alle stellten sich bei Leipzig Napoleon in die Quere. Es kam zum Kampf und Napoleon wurde völlig zusammengedrängt und mußte nach drei Tagen einsehen, das es keinen Zweck mehr hatte. Er floh nach Paris. Er hat es später nochmal versucht, aber dann wurde er bei St. Helena völlig vernichtet und nach Waterloo verbannt wo er sein verbrecherisches Leben beendete. In Leipzig war jedoch die große Wende, wo das Ende von Napoleons Stern zu sinken begann.

In der Stadt war damals viel kaputt und es gab einen russischen Stadtkommandant. Es war also so ähnlich wie nach 45, bloß daß sich die Leipziger damals fast noch mehr darüber freuten. Es wäre am besten, wenn sich so etwas nicht noch einmal ereignen würde. Daran erinnert uns das Denkmal.«

Fouqué bei Leipzig (1813)

Arno Schmidt
1958

Am Frühmorgen des 18. Oktober reitet er von Altenburg ab in die Leipziger Ebenen. Schon begegnen ihm ganze Züge von Verwundeten; mit Einigen kann er während der vielen unfreiwilligen Verkehrsstockungen hastige Worte wechseln und hofft, er werde noch zur rechten Zeit kommen.

»Gegen Abend gelangte ich in den Kreis der von allen Seiten losgebrochnen und noch immerdar unermüdet brüllenden Donner. Wohl mochte man sich versucht fühlen zu meinen, die Erde bebe unter diesen Wettern. In meiner mannigfachen Schlachtenerfahrung hatte ich dergleichen noch nie vernommen. Erfreut, in dem vielverschlungenen Todesreigen endlich Preußen aufzufinden, hielt ich mich einstweilen zu einer Schwadron brauner Husaren, wo man mich freundlich aufnahm. Schon begann die Abenddämmerung aufzusteigen, als ein Offizier von der Feindesseite her auf edlem Roß langsam gegen uns vorgeritten kam, in welchem wir alsbald einen Sachsen erkannten. Was konnte er wollen, so allein? Etwa Zweikampf mit einem von uns vor der Schwadron haltenden Offizieren? Das wäre just nichts unerhörtes gewesen in der neufranzösischen Kriegsgeschichte, wo sich diese altritterliche Sitte, wie zu Trotz dem modernen Revoluzgetriebe, noch immerdar erhalten hatte. Um so eher mochte ein braver Sachse auf solche Gedanken kommen. Wir etwa 5 Offiziere ritten ihm dann langsam entgegen, ihm die Wahl lassend, wen von uns er zum Einzelkampf hervorrufen wolle, falls er aber Neckerei treibe und wiederum zurücksprenge, wars beschlossen, ihn zu jagen gemeinschaftlich. Er aber winkte mit dem weißen Tuch, und rief uns entgegen, er führe uns einige Bataillone zu, übertretend zur deutschen Sache. Morgen würden noch andere Scharen folgen. – Die Schlacht verstummte mehr und mehr. Die Nacht senkte sich tiefer und tiefer vom Himmel hernieder. Da beschloß ich, die Rödersche Kürassierbrigade, zu welcher ich gehörte, aufzusuchen, wäre aber fast zwischen Dunkelheit und Wachtfeuerblendung bei dem Dorfe Probstheida in die Franzosen hineingeraten zu Tod oder Gefangenschaft. Die Warnung eines wackeren Infanteriekameraden hielt glücklicherweise den nächtlichen Reiter zurück. – In der leuchtenden Frühe des 19. Oktober gelangte ich endlich zu meinen Waffenbrüdern.«

Gleich darauf heißt es »Aufgesessen!« und die Brigade rückt langsam feindan in Richtung Probstheida, vor ihnen noch preußische Ulanen. »Feindliche Geschützkugeln begrüßten uns, auf einen ernsten Widerstand deutend. Links von uns in einem sanft eingesenkten Tale hörte man französische Befehlsrufe – ›Sie wollen uns überflügeln!‹ ging ein leises Rufen und Winken durch die Reihen: ›das gibt bald eine Linksschwenkung und ein tüchtiges Drauf!‹ –. Max (Schenkendorf) kam zu mir heran; er trug einen französischen Dragonerhelm, den er vom Boden aufgenommen hatte, in der Hand, und demonstrierte mir, wie er den wolle zum Pokale bereiten lassen, und hoffte noch daraus manchen Zug edlen Weines zu tun, mit mir und anderen Freunden in Gott preisender Erinnerung unserer Waffenfahrten.« – »In diesem Augenblick kam der König von vorn her mit kleinem Gefolge zwischen den Ulanen durch langsam herangeritten. Max in seiner Ziviltracht ritt seitwärts: ›Richt Euch!‹ Scholl das Kommando. Wir hielten gerade die blanken Klingen zur Hand, und der freudige Hurrahruf der Kürassiere und freiwilligen Jäger hallte dem geliebten Monarchen entgegen. Seine Hand winkte abwehrend;

Alles war still. Der Feind braucht gar nicht zu hören, wo die Kavallerie hält! sagte er im Näherkommen. Der erwartete Anfall gegen uns unterblieb. Der das KR anführende Offizier (Loebell) ritt zum Rapportieren gegen den König nahe vor mir hinan; da hörte ich die begeisternden Worte des Beherrschers: Ich gratuliere zur gewonnenen Battaille! und sahe das königliche Antlitz von Siegesfreude leuchten.« Der Berichterstatter erzählt dann, wie Schenkendorf auf seine Frage: Was hat der König gesprochen? den scherzhaften Bescheid erhielt, er habe sich nur erkundigt, wer die unförmliche Gestalt sei, die den Dragonerhelm unter dem Zivilmantel bergend, einem Falstaff gleiche. Der Geneckte habe aber die Siegesbotschaft in des Freundes Antlitz gelesen, und voll freudigen Dankes gern den Spaß verziehen.

Am Abend des gleichen Tages noch erhält Fouqué Urlaub nach Leipzig hinein, zu August Apel; der hat es in seinem Tagebuch berichtet: »Als ich zu Hause kam, hielt ein Reiter im weißen Mantel vor meinem Haus... es war schon Dämmerung, wie ich aber dem Reiter ins Gesicht sehe, erkenne ich meinen lieben Fouqué selbst!« und nun vergeht ihm der Abend »recht so, wie ein Dichter vom Dichter empfangen werden soll« [...]

Am nächsten Morgen schon geht die Verfolgung der zurückflutenden französischen Heeresmassen weiter: »unter unsern Schritten die wahrhaft zahllosen Leichname der erschöpft in den Tod gesunkenen Feinde, zwischen ihren gefallenen Rossen und zertrümmerten Geschützen, neben uns herwankend die Gespenster annoch lebender Flüchtlinge, waffenlos, wahnsinnig, im herben Gefühl des absoluten Besiegtseins und des schmählich zerbrochenen Übermutes, verfolgt von Fluch und Bedräuung, mitunter gar von Mißhandlung der vor Kurzem nur erst durch sie selbst mißhandelten wehrlosen Inwohner der deutschen Gauen.«

»Pfui über die Buben hinter dem Ofen!« (Theodor Körner 1813)

Friedrich Förster
1897

»Zum Tollwerden«, schreibt Körner aus Leipzig, den 18. April, an einen Freund, »hab' ich mich über die Schlafmützen geärgert. Da verkriechen sie sich hinter dem Allergnädigsten und sind im Grunde ihres Herzens recht froh, daß dieser über alle Berge gegangen ist. Da meine Prosa, wie Du mir schreibst, und wie ich es leider selbst genugsam erfahren habe, den Leuten nur den Kopf etwas anfeuchtet, ohne bis auf die Haut zu dringen, so habe ich ihnen nun ein Hagelwetter hinterdrein geschickt, das allen faulen Gesellen durch Mark und Bein gehen soll. Pfui über die Buben hinter dem Ofen!«

Medieninteressen (1813)

Friedrich Schulze
1912

Brief von Brockhaus' Mitarbeiter Dr. Hain an Brockhaus

[Altenburg, den 21. Oktober 1813.]

Die Nachrichten, welche Sie uns durch Stafette von Borna zusandten, sind mir am Dienstag [19. Oktober] früh halb acht Uhr mitgeteilt worden. Um 10 Uhr war das Extrablatt gedruckt. Der Zulauf war für einen Ort wie Altenburg ungeheuer. Die Druckerei hat sonst bei dem halben Preise nur 300 Exemplare verkauft; wir haben ca. 20 Taler gelöst. Außerdem aber hatte das Extrablatt die gute Folge, daß viele Personen dadurch auf die »Deutschen Blätter« aufmerksam gemacht und zur Pränumeration bewogen wurden. Man fing an, unser Kontor als die Quelle der

Neuigkeiten zu betrachten. Um so übler war es, daß wir von der gewonnenen Schlacht den ganzen Mittwoch nichts mitteilen konnten, während die ganze Stadt von den Siegesnachrichten ertönte. Die Spannung war so groß, daß ich glaube, fünfzig Taler wären rein zu gewinnen gewesen. Wir wurden von Neugierigen überlaufen. Was sollten wir aber tun? Der Kommandant wußte nichts; Nachforschungen anzustellen war unmöglich; auch konnte es zu nichts führen, das Allgemeinbekannte drucken zu lassen. Wir warteten stündlich auf Nachricht von Ihnen und vertrösteten die Leute längstens auf heute früh. Indes kam Ihr Brief, der nichts von den Vorfällen enthielt; ebensowenig kam sonst etwas. Jetzt glaubte ich nicht länger untätig sein zu dürfen; der günstigste Zeitpunkt war, wie ich wohl sah, schon vorübergegangen; der Reichenbachsche Brief fing an zu zirkulieren. Dennoch schien es mir nötig, zu zeigen, daß wir wenigstens etwas wüßten, und zu hintertreiben, daß Pierer etwas drucken ließe, was nach des Faktors Erklärung geschehen sollte. Ich ging daher zu Reichenbach, mit dem Ihre Frau Gemahlin schon gesprochen hatte; dieser hatte die Gefälligkeit, mir seinen Brief vorzulesen. Ich lief sogleich mit brennendem Kopf zurück, schrieb nieder, was ich noch wußte, und schickte es ungelesen in die Druckerei. Sievers las die Korrektur, und um 1 Uhr war ein Extrablatt gedruckt, das allerdings etwas schwach aussieht, das aber die Leute dennoch satisfaciert und nebenbei 10-12 Taler Gewinn gebracht hat.

Von den »Deutschen Blättern« ist heute das siebente Stück erschienen, morgen erscheint das achte von einem ganzen Bogen, welches den Anfang des österreichischen Manifestes und das zweite Extrablatt enthält; das neunte Stück wird dann den Schluß des Manifestes und das Gedicht von Fouqué enthalten, wenn Sie nicht, wie ich gewiß hoffe, bis dahin anders verfügen.

Geburt der »Deutschen Blätter« und der deutschen Unabhängigkeit (1813)

Heinrich Brockhaus
1884-87

Von Leipzig aus schrieb er [Friedrich Arnold Brockhaus] gleich am Morgen des 20. Oktober einen längeren Bericht über seine Erlebnisse für die »Deutschen Blätter«, der mit der Überschrift »Brief an J.« (unter J ist jedenfalls Jeanette, seine Frau, gemeint) in Nr. 11 vom 21. Oktober veröffentlicht wurde.

Wir teilen daraus unter Weglassung der bekannten Einzelheiten der Schlachttage folgende teils für den Schreiber charakteristische, teils auch sonst interessante Stellen hier mit:

Ich bin auf den Flügeln des Windes hierher geeilt, sobald ich in Rötha die Nachricht von der Einnahme Leipzigs erhielt. Es sind zwei göttliche Tage für mich gewesen. Am ersten die Ahnung und späterhin am Abend schon die Nachricht von der Hermanns-Schlacht; der zweite die vollendete Besiegung des stolzen Feindes, der nun seit zehn Jahren mit ehrnem Fuß uns auf den Nacken trat und alle schönen Lebenskeime zerstörte. Es ist der vollständigste Sieg, den die neuere Geschichte kennt, erfochten worden, und die Folgen werden noch unermeßlicher sein. Ich hoffe, auch kein Franzose werde über den Rhein zurückkehren, um die Kunde ihrer Niederlagen in ihre Heimat zu bringen. So geht das in Erfüllung, was ich oft sagte, wenn sie in nicht aufhörenden Zügen an unsern friedlichen Wohnungen vorbeieilten...

Der Einzug in Leipzig ist ebenso rührend als verherrlichend gewesen. Mit lautem Jubel bewillkommneten die Einwohner die Sieger und sahen sie für ihre Befreier an. Aus allen Fenstern wurde ihnen mit weißen Tüchern entgegengeflaggt. »Seid willkommen, seid willkommen!« – »Es lebe Franz, Alexander, Friedrich Wilhelm und der Kronprinz von Schweden!« ist von tausend und wieder tausend Stimmen gerufen und von den Siegern mit unaufhörlichem Hurrah beantwortet worden. Freunde, Bekannte,

Fremde umarmen sich auf öffentlicher Straße, und Tränen der Freude und der Wehmut stürzen ihnen aus den Augen. Auch haben sich die Sieger wie wackere Männer in ihrem Triumphe gezeigt. Leipzig war mit Sturm genommen und noch in den Straßen der Stadt lebhaft gefochten worden. Das Los jeder so eroberten Stadt ist gewöhnlich die Plünderung. Hier aber ist nicht im geringsten geplündert, sondern die strengste Mannszucht gehalten worden. Wer erinnert sich hier nicht an Lübeck, das 1806 drei Tage lang von den Marschällen Soult und Murat allen Greueln der Verwüstung preisgegeben wurde! Auch damals schon zeigte sich der Sinn des Kronprinzen von Schweden als edler Mann, indem er bei seinem Corps die strengste Ordnung zu erhalten wußte. Man ziehe hier Parallele zwischen diesen »Barbaren des Nordens« und jenen »cultivirten Männern des Südens«! So auch nach der Schlacht bei Lützen, die wir unter unsern Augen liefern sahen: die »Barbaren« zogen sich in musterhafter Ordnung zurück und ihr Betragen war ebenfalls musterhaft. Wie sich aber die »Sieger« benahmen, darüber frage man an allen den Orten, wo ihr verheerender Zug sie hinführte.

Selbst die Wohnungen, die Napoleon bezog, waren nicht vor Plünderung sicher, wie wir in unserer Nähe ein empörendes Beispiel vernommen haben, worüber ich jetzt aufs neue die Bestätigung erhielt.

Meine Reise gestern von Rötha hierher war ohne die geringste Unannehmlichkeit und Störung, was beinahe unbegreiflich scheint, wenn man bedenkt, daß wir durch 100 000 Mann Truppen fuhren, die in mehrern Colonnen und in unabsehbaren Zügen nach Pegau defilirten. Man hatte selbst die Gutmütigkeit, uns, wo es sich thun ließ, Platz zu machen oder sogar innezuhalten, damit wir nur um so rascher fahren könnten. Keine Erkundigung nach Pässen fand statt. Man sah es uns wol an den Gesichtern an, daß wir wackere Deutsche seien, die es mit der großen Sache, für die sie Blut und Leben opfern, gut meinen. Wir brachten jeder Truppenart auch immer ein freundliches: »Vivat Franz, Alexander und Friedrich Wilhelm!« zu. Auch Sachsen begegneten uns; wir riefen ihnen zu: »Es leben die braven Sachsen!« Auf der ganzen Straße von Rötha bis Leipzig sieht man eine ungeheuere Verwüstung. Fast alle Dörfer sind ganz oder teilweise beinahe stets von den Franzosen abgebrannt, alle Gärten sind verwüstet, alle Landhäuser niedergerissen oder doch spoliirt; man sieht keine Hecke, alle noch stehenden Scheunen sind geleert, das Vieh ist weggeführt, und die Einwohner halten sich, von Allem entblößt, in den Wäldern auf; keine Spur mehr von alle dem, was in einer langen Reihe glücklicher Jahre in frühern Zeiten für Bequemlichkeit und Schönheit gebildet und geschaffen worden war.

Mit welchen Gefühlen muß Napoleon aus Sachsen geschieden sein, mit welchen muß er aus Aegypten, aus Rußland, aus Spanien, aus Schlesien, aus Preußen, aus Oesterreich geschieden sein! Sollte er nicht endlich einmal fühlen, daß Millionen Flüche ihn immer verfolgen und kein einziger Segensruf ihn je begleitet?

Eine Stunde von Rötha fängt das Schlachtfeld vom 16. Oktober an; eine Stunde weiterhin das vom 18., dem Tage der eigentlichen Hermanns-Schlacht. Man sieht sowol auf dem Wege selbst als auf den nahe gelegenen Feldern unzählige todte menschliche Leichname und todte Pferde. Das Ganze erweckt die grausigsten Gefühle, die nur die Glorreichheit des Tages mildern kann.

In der Nähe von Leipzig mag es noch schlimmer aussehen. Die Dunkelheit des Abends verhinderte mich, dies genau zu erkennen. Es soll dies heute mein Geschäft sein.

Gestern sind die Kaiser Franz und Alexander, der König von Preußen und der Kronprinz hier gewesen und mit außerordentlichem Jubel empfangen worden. Am Abend sind sie wieder zurückgegangen. Alle besuchten sogleich, wie man mir sagte, was ich aber sehr bezweifle, bei ihrer Ankunft den König von Sachsen, bei dem Napoleon früh von 9 bis 10 Uhr gewesen war, der sich standhaft geweigert hatte, ihn auf seiner Flucht zu begleiten. Kaiser Franz begegnete uns mit dem Minister Metternich, den Generalen Meerfeld, Duka, Kutschera. Wir wurden freundlich von allen gegrüßt...

Napoleon ist gegen 10 Uhr von hier weggeritten. Murat hat ihn begleitet. Man hat vom Markt her beobachten können, wie er sich mit der königlichen Familie unterhalten hat...

Am Tage der ersten Schlacht hat man zuerst Siegesnachrichten verbreitet. Es sind Kuriere hereingesprengt gekommen, die auf allen Straßen ausgerufen haben: »*Victoire! Vive l'Empereur!*« Allein es hat dies nicht lange gedauert, weil im Augenblicke der Siegesverkündigung sowol die Oesterreicher vorrückten, als auch der Kronprinz von Schweden gar zu gewaltige Fortschritte machte und bis auf eine halbe Stunde von der Stadt kam. Alle französischen Colonnen wurden geworfen, und der Sieg der Alliirten lag den Tausenden der Zuschauer, die sich auf allen Türmen und hohen Häusern befanden, gar zu deutlich vor Augen.

Der Anblick des sonst so freundlichen Leipzig und seiner herrlichen Umgebungen ist schauer- und ekelerregend. Viele der schönen Alleen sind ganz umgehauen, alle Promenaden, alle Gärten sind zerstört und verwüstet, die Landhäuser demolirt oder der Dächer und Fenster beraubt. Auf jedem Schritte in den äußern Straßen und nahen Feldern sieht man Leichname oder todte Pferde. Die Franzosen haben am 19. viele Tausende hier verloren.

An Villers am 24. 12. 1813:

O mein Gott, wer hätte es ahnen oder hoffen dürfen, daß man diese Wiedergeburt der Welt selbst noch erleben würde! Und wie erleben würde! Ich bin sehr glücklich darin gewesen und habe in den Tagen der Hermanns-Schlacht wahrhaft göttliche Tage gelebt, da Alles sich selbst unter meinen Augen ereignete und ich immer die von des Feindes Blute getränkten Felder nur wenige Minuten später betrat, als sein fliehender Fuß sie verlassen hatte. Ich war vom General *en chef* aller verbündeten Armeen mit dem Auftrag beehrt worden, ein periodisches Blatt herauszugeben, woraus unsere »Deutschen Blätter« entstanden, und so folgte ich nicht blos dem Hauptquartier, als es am 14. (15.) October von hier aufbrach, sondern war auch – »*vif et étourdi, que je suis*«, der Schlacht möglichst nahe und oft nicht geringen Gefahren ausgesetzt. Die Nächte vom 17.-18. und vom 18.-19. brachte ich mitten in den österreichischen Bivuaks zu, und am 19. war ich wenige Stunden nach der Einnahme von Leipzig schon in dieser Stadt! Doch von dem Allen darf ich nicht anfangen zu erzählen. Wo da das Ende finden?

Blücher an seine Frau

Gebhard Lebrecht Fürst von Blücher
1813

Lützen den 20. October 1813.

liebes malchen

gestern konnte ich nicht Schreiben ich wahr zu müde, aber mein Freund Gneisenau hat an dich geschrieben und gesagt daß ich gesund bin. Den 16ten habe ich dem Feind vor Leipzig bei dem Dorff Möckern wieder eine Schlacht geliefert, 4000 gefangene gemagt, 45 Canonen ein ahdler und verschiedene Fahnen erobert, den 18. warff ich den Feind in Leipzig hinein, und nahm 4 Canonen, den 19 u. 20 (18. und 19.) ist die größte Schlacht geliffert die ni uf der erde stadt gefunden hat 600000 man kempfften mit einander, um 2 uhr nachmittag nahm ich Leipzig mit Stuhrm, der König von Saxen und ville generalls der Franzosen wurden gefangen der Pollnische Fürst Poniatowski Ertrank. 170 Canonen wurden erobert und gegen 40000 man sind gefangen. Napoleon hat sich gerettet, aber er ist noch nicht durch diesen Augenblick bringt meine Cavallerie wider 2000 gefangene, die ganze Feindlige armee ist verlohren, der Kaiser von Rußland hat mich in Leipzig uf öffentlichen margt geküßt und den Befreier Deutschlands genannt, auch der Kaiser von Oestreich überhäufte mich mit lob und mein könig dankte mich mit tränen in den augen, da mich der Kaiser kein orden mehr geben kann so erhallte ich von ihm einen goldenen Degen mit Brillanten besetzt, den man ein grossen wehr gibt. in diesem augenblick bin ich nuhr 10 Meilen von Fritze, und da nun alles wider frei ist, so kannst du mit Fritze corespondiren und ihr könnt euch aufhalten wo ihr woldt ich schlage euch Leipzig vor es ist ein angenehmer Ohrt, und da ich Leipzig welches man in Brand schissen wollte dadurch gerettet daß ich verboht keine Granaten hinein zu werffen, so wird man euch uf Henden tragen. Schreib mich dein Entschluß, guht quartier will ich dich dan besorgen, ich gehe mit meine armeh durch tühringen nach westphalen und meine Truppen sollen ballde in münster sein gott mit dich lebenslang dein

Blücher.

Aus Rochlitz' Tagebuch von der Schlacht

Friedrich Rochlitz
1813

Den 18. Okt. 1813, vormittags nach 11 Uhr.

Die ganze Nacht hindurch zogen Geschütz, Wagen und Regimenter vor unsern Fenstern an der Promenade vorüber, und zwar nach der Gegend des Ranstädter Tores hin. Da ließ sich's freilich nicht schlafen. Mit Tagesanbruch hörte man die Kanonade, welche jene Züge zu decken oder zu hindern schien. Dann begann sie von der Gegend des Halleschen Tores her, näher und stärker, immer stärker, endlich fürchterlich stark. Und nun erhob sie sich in ähnlicher Weise nach allen Seiten hin, rund um die Stadt. Ney und Marmont sind vorgestern – selbst Franzosen widersprechen nicht geradehin – von Düben her vornehmlich durch Preußen und Schweden geschlagen. Napoleon soll das gestrige Gefecht selbst geliefert haben, um die Höhen bei Grimma zu gewinnen. Das soll ihm gelungen sei. Im Grunde sind wir, im Mittelpunkte der Dinge selbst, unwissend und werden abgefertigt wie Kinder. Ich nun vollends, der von Kriegswissenschaft ohngefähr soviel versteht als von Heraldik oder vom Arabischen

– ich meine: gar nichts – ich kann nach allem, was ich sehe und schließe, über den Stand des Ganzen nichts herausbringen als folgendes. Umgeben ist Napoleon von allen Seiten, und mit gänzlicher Übereinstimmung, Konsequenz und ungeheurer Heereskraft. [...]

Indes nahet die Stunde, wo die Konvention über die Stadt zu Ende geht. Feuers wegen ist von mir in den Morgenstunden einiges von Wert gepackt und in den Keller geschafft. Anderes, was leicht sich bewegen läßt, habe ich in das einzige Zimmer nach der Straße, das man mir gelassen, und die Meinigen dazuquartiert. – Der König, der bisher gefaßt in seiner Wohnung am Markte blieb, hat sich eben ins Schloß begeben. – Vor den Toren und vornehmlich vor dem Ranstädter, wohin der ungeheuerste Andrang gewesen und das eben das engste ist – haben die Züge einander selbst die Wege versperrt; mit Toben und Wüten stürzt alles Straße auf, Straße ab, sammlet sich, zerstreuet sich wieder. – Von Schlaflosigkeit, körperlicher Anstrengung und innerer Bewegung fühle ich mich wie gelähmt; aber es muß doch vorwärts, und es wird auch...

Da schlägt's zwölf Uhr! Gott, welch ein Krachen des größten Geschützes, vielleicht zur Bezeichnung der Stunde! Auch das Feuer des kleinen Gewehrs – dem Halle nach gar nicht fern von den äußern Toren – beginnt mächtig. Ist es doch wahrlich, als ob...

Nachmittags 5 Uhr.

Das war eine arge Unterbrechung! Vom Halleschen Tore her warf man – man sagt mir, nur acht – Granaten in die Stadt, und gleich eine der ersten flog in das Haus, wo ich wohne. Sie schlug durch den Schornstein, zersprang im dritten Stockwerk in der Küche (Sie erinnern sich, ich wohne im zweiten); die Stücke zertrümmerten, was sie erreichten, mehre flogen durch die Fenster und mit diesen in den Hof; Dampf und Pulvergeruch verbreitete sich durchs ganze Haus. Das Unerwartete, die ganz eigene mir neue Art des Krachens, Schmetterns, Klirrens, das gewaltsam ausgestoßene Angstgeschrei meiner weiblichen Dienstboten, die laut kreischend und bewußtlos in das Zimmer stürzten, wo ich mit den Meinen versammelt war – dies lähmte auf einige Augenblicke uns alle im Schrecken. [...]

Ich bewog alle die Meinen, auch sämtliche Dienstboten, sich hinunter in das bombenfeste Gewölbe zu begeben, blieb ganz allein oben, das Weitere abwartend und fast gemächlich erwägend, was bei fortgesetztem Bombardement, bei Eroberung durch Sturm, bei Plünderung, Feuersnot usw. zunächst und, wäre das geschehn, was dann zu tun sei. Ich machte mir das alles ganz klar und schrieb die Hauptpunkte nummernweise auf, das Blatt so legend, daß es den Meinen sogleich in die Augen fallen mußte, wenn mir – wie der Tell sagt – was Menschliches begegnete. In alle dem störte mich weder die furchtbare und nahe Kanonade, noch selbst das Geschrei auf der Straße, als in meiner Nachbarschaft eine zweite Granate einschlug und mehrere Kanonenkugeln niederfielen. –

Soviel ich bis jetzt erfahren, haben nur einige der Granaten gezündet, nicht in meiner Nähe; das Feuer ist aber, ehe es um sich griff, gedämpft worden. Wenig Personen sind verwundet. Durch den Erker des Hauses meiner Frau in der Katharinenstraße hat eine sechspfündige Kanonenkugel geschlagen und ihn übel zugerichtet. Unmittelbar darüber stehet mein Anteil an der Winklerschen Gemäldesammlung aufgestellt; eben nahe an den Fenstern der große, herrliche Rembrandt und manches andere der schönsten Stücke; aber die gute, werte Bewohnerin des verletzten Zimmers ist mit dem Schrecken davongekommen; das ist mir genug, und da Kugeln in allen Richtungen eindringen, mithin Gegenstände, wie zum Teil große Gemälde, an einem Orte ohngefähr ebenso sicher und ebenso unsicher sind als am andern, aufgehangen aber nur einzeln verletzt werden können, während sie partienweise zusammengestellt, auch partienweise zugrunde gehen würden, ich demnach nichts dafür zu tun weiß: so will ich auch nichts davon wissen, bis ein Ende herbeigeführt ist. – [...]

Den 19., früh um 6 Uhr.

Da bin ich wieder und zu meiner Verwunderung durch fünfstündigen, festen Schlaf gestärkt. Desto getroster will ich dem entgegengehn, was uns heute erwartet. Vor meinen Fenstern, längs der Promenade hin (und so wird's rund um die Stadt sein), brennen noch die Wachfeuer; aber die Truppen sind in Bewegung. Soviel ich erkenne und nach dem, was das Rollen der Wagen lehrt, drängt sich noch immer alles zum Ranstädter Tore hinaus – also auf der Lützner Straße hin. Da nun, wie gestern abend selbst mein Herr Kommissär eingestand, die Verbündeten alle Hauptstraßen rund um die Stadt innenhaben oder doch beherrschen und da, wie es scheint, dieser Abzug nicht gestört wird: soll man da an einen Vertrag denken? Gleichwohl ist die Überlegenheit der verbundenen Heere so übergroß; und warum sollte dann die Stadt bis auf den letzten Mann verteidigt, warum durch einen Sturm aufgeopfert werden? [...]

Vormittags um 8 Uhr.

Soeben verteilte meine Frau ihren letzten Rest an Brot unter die Hausgenossen. Da für Geld allerdings nichts zu haben ist und ich, bei Freunden anzuklopfen, die Meinen ebensowenig verlassen, als den Dienstboten zumuten kann, so müssen wir's heute ohne dies Nahrungsmittel versuchen. Mangel leiden wir darum noch nicht.

Seit ich obiges früh schrieb, ging der Zug, meist Kavallerie und Munition, in möglichster Eil und mit französischem Toben vor meinen Fenstern vorüber nach dem Ranstädter Tore. Und so ist's noch jetzt. Wir hören zwar Schüsse fallen, aber nur einzelne. [...]

Abends 7 Uhr.

Diese Stunden – o diese Stunden, lohnend für tausend Drangsale, beschreibe, wer es kann! [...]

In den Vorstädten plünderten Franzosen. Man ließ nach Pulver suchen überall, wo irgend etwas davon, wenn auch noch so wenig, zu vermuten war. Das war Trost! Wir erfuhren, die gesamte Besatzung habe heute nur halbe Portionen Munition bekommen können. So war's auch! Im Brühl, ziemlich nahe am Hause meiner Frau (ach, an meinen Gemälden!) ging Feuer auf; es ward bald gedämpft. An einigen andern Orten auch; es gelang desgleichen. Ich ging aus dem, von zusammengepreßter Menschenmenge mit erhitzter Stickluft angefüllten Gewölbe mehrmals hinauf in meine Zimmer, die ins Freie sehen; aber am Fenster pfiffen mir einige Kugeln doch zu nahe vor der Nase vorbei, als daß ich mich nicht, zumal da noch nichts zu entdecken war als wildes, tolles Getümmel, bald wieder hätte abführen sollen. Endlich, endlich – es war etwa dreiviertel auf ein Uhr – erhebt sich auf der Straße nahe bei uns ein gräßliches Zetergeschrei. Wir erschrecken – wir wissen nicht, was es ist, können's auch nicht erfahren. Ein wildes Geschrei anderer Art folgt; eilende Pferde und eilende Menschen hören wir daherstürmen, alles dringt vorüber, anderes folgt nach: Gott, es war errungen! es war errungen! Jenes erste Geschrei kam von einem Trupp Franzosen und Deutschen, die sich verschossen, die Waffen von sich geworfen hatten und auf welche die ersten eindringenden Sieger im Siegesrausche einhauen wollten; das zweite war Freudenjubel, Jubel der Vereinigung mit denen, die sich vereinigen wollten. Das erste Korps Preußen, meist Infanterie, mit einem Trupp Kosaken, drang jauchzend die Straße herauf.

Nun ich hinauf! Ich kam eben zu dem Moment, wo unmittelbar vor meinen Fenstern, vor meinen Augen, die Barfüßer Pforte gesprengt war und nun Tausende der Siegenden durch die Gärten, über die Wiesen brechend, doch zum Erstaunen schnell wieder geordnet, in die Stadt drängeten. Nahe am Ranstädter Tore hatten die Franzosen noch zwei starke Batterien von gewaltiger Kraft; ein starkes Korps Sieger bricht von der Straße am sogenannten Kuhturm und nun durch den Sumpf der Wiesen, durch die Gräben der Gärten mit Jubel herüber, gerade herüber auf die Stadt. Was dagegen sich ordnen, was sich entgegenstemmen will – und dessen war viel – das wird geworfen und entweder in die Pleiße, in den Stadtgraben gejagt oder ballt sich – z. B. an Reichels Garten – zu Haufen und schreiet, daß einem das Herz hätte zerspringen mögen, in dem übergeschnappthohen Ton Rasender um Pardon. [...]

Ich riß die Fenster auf und ließ die Kugeln pfeifen, wie sie wollten; ich wehete mit dem weißen Tuche hinüber, dann eilte ich hinab, allen, die mich hören wollten, was ich gesehen, was ich gehört, zuzurufen. Unten hat die gute, alte Besitzerin des Hauses, gichtgelähmt an beiden Füßen, mit ihrem Lehnstuhl in eine, durch starke Pfeiler gesicherte Ecke sich tragen lassen und zittert nun der Entscheidung entgegen. An sie, die bis zum Sterben Geängstete, wende ich mich zunächst, beuge, ihr Trost und Freude einsprechend, mich zu ihr, komme dadurch an das Fenster zu stehen – eine vierpfündige Kanonenkugel fliegt in den Hof, schlägt mit solcher Gewalt an die Mauer unter ebendies Fenster, daß sie, abspringend auf die entgegengesetzte Seite, noch da hart an eine eiserne Tür kracht –: kam sie eine halbe Elle höher an, so drang sie mir durchs Rückgrat, und alles war aus für mich. Ich hatte nicht Zeit, nicht Ruhe, dem lieben Gott zu danken; er wird wohl aber das Ganze meines Innern in diesem Momente für Dank genommen haben. Mich lehrte der Fall zugleich, wie leicht es in der Schlacht ist, wahre Begeisterung vorausgesetzt, den Tod um sich her fliegen zu sehen.

Ich ließ also diese Episode auf sich beruhen und eilte wieder hinauf, die Fortsetzung der Hauptszenen zu sehen. [...]

Die Rachwut und Todesverachtung vieler versprengter Franzosen war heroisch, aber gräßlich. Im Garten unter meinen Fenstern lauerten nicht wenige hinter Bäumen und schossen immerfort blind unter die einziehenden Sieger, obschon sie wußten, es sei für ihre Sache umsonst und für sie der Tod. Selbst in dem kleinen Pavillon am Hause staken derer vier; und als wir ihnen freundlich zuriefen, sich zu retten, legten sie auf uns an und schworen dem den Tod, der ihnen näher käme. Wir ließen sie denn schalten. Im Stadtgraben an der Barfüßer Pforte standen viele bis unter die Arme im Wasser, hielten die Gewehre, und was für diese nötig, empor, luden und schossen immerfort; und wenn dann einer von den vorüberziehenden Siegern, wie ein versprengtes Wild auf der Lustjagd vom Jäger, gefaßt wurde und getroffen unter die Wasserfläche sank, so schrien die andern, als wären sie die Jäger, über den Gewinn. [...]

Gleich nachdem die Preußen in die Stadt gedrungen waren, quollen auch Schweden, Russen, Österreicher usw. zu allen Toren herein. Mehre Gärten, besonders am Grimmaischen und Peterstore, ja mehre Gartenhäuser hatten einzeln, wie mit Sturm genommen werden müssen, weil Franzosen sich da nach Möglichkeit verrammelt, nach Möglichkeit gewehrt hatten. Bis in viele Wohnzimmer war gefochten, war geschossen und gar mancher erlegt worden. – Das Korps Badner streckte am Markte, unser sächsisches in der Grimmaischen Gasse das Gewehr; auf Befehl des Kronprinzen von Schweden nahmen sie es sogleich zurück; und auf den Anruf der Sieger: Brüder, mit uns! stürzten ganze Haufen einander in die Arme. Dies sowie das Zusammentreffen der Monarchen auf dem Markte, nahe an der Wohnung unsers Königs, wo sie ebenfalls sich umarmten und einige Minuten verweileten; dazu den Jubel der Wonne, des Preises Gottes von den Herren und allem Volk – dies nicht selbst gesehen, nicht unmittelbar mitempfunden zu haben, werde ich stets für einen der größten Verluste meines Lebens achten. So überströmend, so trunken die Freude war, so fiel doch nicht die geringste Ausschweifung vor: kein Mensch, auch nicht einer wurde beleidigt; alles sprach nur mit oder ohne Worte aus:

»Wir wollen einig sein: ein einzig Volk von Brüdern;
In keiner Not uns fürchten, noch Gefahr!« [...]

Dem Hause, wo ich wohne, sollte die Aufnahme und Bewirtung des Königs von Preußen zuteil werden; und ich brauche nicht erst zu erwähnen, wie freudig ich mit Weib und Kind mich in irgendein Hinterstübchen eingeschachtelt hätte; aber leider fand man dann, es sei wenigstens Ein größeres Zimmer nötig, als wir besitzen. – –

Pulverdampf und Zauberflöte

E. T. A. Hoffmann
1813

11. Montag [Okt. 1813]: V. M. zu Hause gearbeitet – Um 4 Uhr hub eine Kanonade an. Um 4½ Uhr ging ich mit Hrn. Keller vor den Schlag vor dem Seetor – ein starkes Tirallieren begann, ich sah wie die Franzosen von den Bergen herunter getrieben wurden und ihre Baraken ansteckten welches ein gräßlich schönes Schauspiel gab. Die Fr. retirierten bis in das Dorf Reknitz und wurden von den R. und P. lebhaft verfolgt, bis die einbrechende Fisnternis dem Gefecht ein Ende machte –

Man sagt, der Kaiser sei in einer großen Schlacht bei Leipzig geschlagen.

12. Dienstag: Ruhiger Tag – N. M. Gearbeitet an dem Hymnus für die Dreyßigsche Singe-Akademie. Abends Eichelkraut – Krank geworden am Cathar-Fieber

13. Mittwoch: Zu Hause Krankheitshalber – von 7½ Uhr bis 6 Uhr Abends ein unaufhörliches starkes Schießen dicht bei Plauen, die Russen rücken in großer Masse an. Kanonade aus den Schanzen.

14. Donnerstag: Ruhiger Tag – eine russische Colonne ist bei Dresden vorbei nach Meißen marschiert (Es war das Bennigsensche Corps)

15. Freitag: *Dito* ruhiger Tag – Visite bei der Harfenspielerin Fräulein Winkel – sich schändlich ennuyiert – Abends bei Eichelkraut gemütliche Stimmung

16. Sonnabend: Morgens bei Seconda, Gage geholt. N. M. starkes Schießen in der Nähe – höchst zweideutige Nachrichten von Leipzig: die Allirten sollen geschlagen und der Kaiser bereits in Treuenbriezen sein. Verstimmung

17. Sonntag: *Dies fatalis!* – Den V. M. ging eine starke Kanonade dicht vor den Toren an während der Probe von »Zemire und Azor« – ich sah vom Bodenfenster des Baumannschen Hau-

ses, daß die Russen gänzlich zurückgeschlagen und aus ihren Posit. verdrängt wurden – Gefangene wurden eingebracht

18. Montag: V. M. Probe der »Zauberflöte« – Sechs eroberte Kanonen und 15 Pulverwagen nebst der Feldschmiede standen auf dem Neumarkt. Verstimmung – Abends bei Eichelkraut; die Nachricht vom 16 soll nicht wahr sondern der Kaiser von Dessau zurückgedrängt und wieder in Leipzig sein – die Schlacht soll unaufhörlich fortdaund. und Leipzig beinahe ruiniert sein – *quod deus bene vertat.*

19. Dienstag: Probe der »Zauberflöte« – *dies ordin.*

20. Mittwoch: Probe – Aufführung der »Zauberflöte« – Große Ermüdung und Ermattung

21. Donnerstag: Ein dunkles Gerücht von der Schlacht bei Leipzig verbreitet sich – Der Kaiser soll die Hauptschlacht verloren haben, ganz gemütl. St. deshalb – Uebrigens *dies ordin.*

22. Freitag: Der Kaiser ist geschlagen und retiriert nach Erfurt – Der König von Sachsen gefangen –

So habe ich gegründet Hoffnung zum bessern fröhlichen Leben in der Kunst und alle Not wird geendet sein

(Der König von Neapel soll tot, Davoust und der Vicekönig von Italien übergegangen sein)

23. Sonnabend: Die Nachricht bestätigt sich – ganz außerordentlich gemütliche Stimg. deshalb – mit Keller [gebechert] Abends gelungene Darstellung der »Zauberflöte«

24. Sonntag: V. M. zu Hause im Bette geblieben, nachher an dem »Comp. und Dichter« abgeschrieben –

Die Nachrichten von dem entscheidenden Siege bestätigen sich fortwährend, übrigens gänzliche Stille – Abends gelungene Vorst. der »Zauberflöte«. [...]

Leipzig hat dadurch, daß sich hier das Schicksal Deutschlands durch eine Schlacht, die so glorreich, als Napoleon nie eine erfocht, gewonnen wurde, entschieden, ein so hohes Interesse erhalten, als nie zuvor; die Menschen sind, unerachtet noch so vieles zu tun, heiterer, freundlicher geworden. – In den öffentlichen Häusern kehrt das alte Leben zurück, und man sieht mit freudiger Erwartung einer reichen ergibigen Neujahrs-Messe entgegen. – Die Feier des Alexander-Tages am 24ᵗ war wahrhaft herzlich gemeint; im Theater gaben wir Faniska von Cherubini, und als ich vor dem Anfange und in den Zwischenakten fleißig pauken und trompeten ließ, erdröhnte das Haus von dem Vivat der Deutschen und dem Hurrah der Russen.

E. T. A. Hoffmann nach der Schlacht (1814)

Friedrich Rochlitz
1822

Leipzig, September/Oktober 1822

Während der Tage der Schlacht und der harten Bedrängnisse, die unmittelbar auf sie folgten, wo ein jeder vollauf zu denken und zu thun hatte, um für das Allernächste zu sorgen, erfuhren seine [Hoffmanns] Bekannten nichts von ihm: nach den ersten Wochen aber [vielmehr am 8. März 1814!] suchte ihn Einer derselben auf. Er fand ihn in einem der geringsten Zimmer eines der geringsten Gasthöfe, auf einem schlechten Bett sitzend, wenig gegen die Kälte verwahrt, die Füße von Gicht krumm zusammengezogen. Er hatte ein Bret vor sich liegen und darauf schien er beschäftigt. Mein Gott! rief jener, was machen Sie denn? »Karikaturen!« sagte H. lachend. »Karikaturen, auf die verwünschten Franzosen! Ich erfinde, zeichne und colorire sie. Ich bekomme für jeden von … [die 3 Punkte so bei Rochlitz], dem Knauser, einen Ducaten.« Und wirklich sind die meist geistvollen, sehr possierlichen Blätter, die damals gestochen erschienen, von ihm. – – Guten Muthes, und mit den schnurrigsten Einfällen gespickt, gab er nun die Erzählung zum Besten, wie es ihm in diesen Wochen ergangen; es war eine Geschichte, welche in dem Innern des Zuhörers Bewunderung und Mitleid, Schmerz und Freude, nicht sowohl wechselsweise, als mit einander erregen mußte. Es wurde, so gut es damals möglich, das Nöthigste für ihn gethan: er ließ es geschehen, ohne eben viel daraus zu machen; was denn auch ganz folgerecht war.

Ich wandle meine Bahn frisch und mutig fort

Ernst Moritz Arndt
1813

An Johanna Motherby

Leipzig, 8. November 1813.

Ich bin mehrere Tage hier, mein süßestes Kindlein, habe aber vor einem Vielerlei und Widerlei von Getümmel, Arbeit, Verdruß und Überdruß wahrlich gar nicht zur Besinnung kommen können und bin eigentlich noch nicht zur Besinnung. Es ist billig, daß wir, wann so viele wackere und tapfere Männer und Jünglinge für die größte Sache sterben, die seit 2000 Jahren verfochten ist, auch unser Theil von Mühseligkeit empfinden. Auch gereut mich mein Zustand keinen Augenblick, sondern ich wandle mitten unter den Trümmern und Leichen, woran die Zeit so reich ist, meine Bahn frisch und muthig fort, und Gott giebt mir einige Kraft und Verstand, und manches gelingt mir. Ob ich Dein gedenke, mein kleines, süßes, romantisches Piepvögelein der Mitternacht? O ja wohl, obgleich die Wildheit des Lebens und der Arbeit einen oft aus dem dichtenden und seligen Feenlande der Fantasie in die kahle Dürftigkeit der Wirklichkeit hinaustreibt, wo nur Dornen und Disteln wachsen. Doch da müssen wir an das denken, was der Herr zu Vater Adam sprach, als Mutter Eva eine Schelmin gewesen war, und uns bescheiden. O meine süße Furina, wenn ich Abends spät heimkomme, oder wann ich einsam sitze und mir der Kopf dampft, wie oft sehne ich mich dann nach einem lieben Herzen, woran ich mich erlaben, nach einem treuen Schooß, worauf ich das müde Haupt senken könnte; auch die Worte mögten oft eine Quelle haben, worein sie überströmen könnten. O Du, dann denke ich Dein, dann bin ich bei Dir; aber ferne wohnt, die meine Seele liebt.

Mein Holdestes, nun schreibe mir sogleich recht viel und recht liebes, und erzähle mir alles, alles! Ach! nach so langer Zeit die ersten süßen Worte wieder zu sehen – wie wird es mich freuen! Meine Adr. ist: Herrn E. Amthor oder E. von Düben (womit Du wechselst) Leipzig. Adr.: W. Reins Buchhandlung.

Lebe wohl, Seelchen, lebe wohl, und habe sehr lieb

Deinen E. Amthor.

Ein Wort über die Feier der Leipziger Schlacht und ein Denkmal bei Leipzig

Ernst Moritz Arndt
1814

Und Teutschland war wieder ein freies Land geworden seit dem 19ten Oktober 1813, und die Freude und das Jauchzen der Redlichen und Treuen war in allen Kreisen und Gauen des Vaterlandes allgemein, und die Schelme und Vaterlandsverräther und Franzosenfreunde erschracken und fürchteten sich; aber in dem Getümmel und Gewirr und Elend der Zeit konnten die glorreichen Tage noch nicht gefeiert werden, wie sie hätten gefeiert werden sollen. Jetzt aber können sie gefeiert werden und müssen sie gefeiert werden durch ganz Teutschland von einem Ende bis zum andern: nach langer Zeit das erste große Gemeinsame, das uns allen angehört, und ein starkes und mächtiges Bindungsmittel aller Teutschen in ächter und alter teutscher Brüderlichkeit und Redlichkeit.

Welche Tage soll man feiern?

Alle vier Schlachttage verdienten wohl die laute und allgemeine Feier, aber im Monat Oktober würden so viele Tage den gewöhnlichen Arbeiten und Geschäften der Menschen nicht ohne Nachtheil entzogen werden können, und das Zuviele würde die Feier eher klein und matt als groß und lebendig machen. Dem Einzelnen bleibt natürlich frei, jeden dieser Tage zu einem Festtag zu machen; das Ganze macht den 19ten Oktober zu einem großen und stehenden Festtag, und fügt den Nachmittag des 18ten Oktobers, des eigentlich entscheidenden Tages, als Vorabend des Festes hinzu.

Wie wird der erste Tag (der 18te Oktober) gefeiert?

Mit dem Schlage zwölf Uhr werden alle gewöhnlichen Sorgen und Arbeiten bei Seite gelegt, die festliche Welt beginnt, und das festliche Kleid und Gemüth zieht sich an: alles Volk schickt sich zur Freude. Dieser Festnachmittag und Festabend und seine Freuden sind fast allein dem Volke anheim gestellt, wie es sie feiern und begehen will; die Regierungen und Obrigkeiten nehmen als solche kaum Theil daran, auf die Weise, daß sie sie einrichten und leiten hülfen. Ich würde Folgendes vorschlagen:

Der Schall und das Licht sind die geschwindesten Boten, die man aussenden kann. [...]

Diesemnach werden den 18ten Oktober, sobald es dunkel, in den Gränzen von ganz Germanien, von Stralsund bis Triest und von Memel bis Luxemburg, auf den Spitzen der Berge und wo diese fehlen, auf Hügeln und Anhöhen und Thürmen Feuer angezündet und bis gegen die Mitternacht unterhalten. [...]

Um diese Feuer versammeln sich die Menschenkinder in festlichen Kleidern, die Hüte und Locken mit grünem Eichenlaub und die Herzen mit grünen Gedanken umkränzt; sie erzählen einander, was an diesen Tagen geschehen ist, sie halten Reigen und

Gastmäler, und danken in ihrer Freude dem Gott, der ihnen gnädig verliehen hat, wieder in teutschen Tönen die Wonne und den Stolz der Freiheit auszujauchzen. In den Städten und Dörfern aber läuten die Glocken mit hellen Klängen den morgenden Festtag ein.

Wie wird der zweite Tag (der 19te Oktober) gefeiert?

Der 19te Oktober ist der große feierliche Tag, welchen auch die Obrigkeiten aller Orten als einen Festtag halten und begehen. Der Vormittag ist prangenden Aufzügen der Gewalten und Behörden, Versammlungen in den Kirchen und Dankgebeten und Lobliedern zu Gott geheiligt. Der Nachmittag ist weltlichen Freuden und Festen hingegeben und kann auf mancherlei Weise fröhlich und würdig begangen werden, so daß er beide Zwecke zugleich erfüllt, alle Herzen mit Freude zu durchdringen und ihnen das Gedächtnis des Geschehenen tief einzudrücken. [...]

Sehr gut wäre es diesemnach auch, wenn man in Zukunft an diesen Tagen noch anordnete, was alle Teutsche auch äußerlich als teutsche Menschen von allen andern Völkern unterschiede, wenn alle (Männer und Weiber) dabei in einer gemeinsamen teutschen Volkstracht erschienen, welche Schönheit und Würde mit Bescheidenheit und Ehrbarkeit verbände: Tugenden, welche unserm Volke so wohl stehen und in welchen kein anderes Volk uns übertreffen wird. Diese teutsche Tracht gehört zu den nothwendigsten und unerlaßlichsten Dingen, die wir uns beilegen müssen, wenn wir mehr und mehr wieder ein Brüdervolk werden wollen, was wir aufgehört hatten zu seyn. [...]

Wann dieses Fest als ein großes teutsches Volksfest über das ganze Vaterland für alle Zeiten eingesetzt wird, so können die Bauersleute, welche gewöhnlich im Herbst ihre Hochzeiten halten, und auch andere redliche Teutsche die Tage vom 16ten bis 19ten Oktober wohl kaum würdiger weihen, als daß sie an einem derselben die ernsteste Verbindung schließen, die im Leben geschlossen werden kann. Von welcher Zeit könnte ein Teutscher wohl das höchste Glück seines Lebens besser rechnen, als eben von dieser Zeit?

Damit auch die Kreaturen empfinden, wie fröhliche Tage den teutschen Menschen aufgegangen sind, so wird nicht bloß der Mensch, sondern auch alles Lebendige, was dem Menschen hilft und dient, besser als gewöhnlich gehalten und gepflegt. Der Haushund und Jagdhund bekömmt bessere Bissen, die Kuh und der Ochs vom besten Heu, das Pferd reinen Hafer u. s. w. So hielten es unsere Vorfahren weiland an festlichen Tagen, so halten es die Schweden und Schotten noch, und ist dies wohl ein feiner und menschlicher Brauch.

Hieran wollte ich mit diesen wenigen leichten Worten erinnern. Die Sache spricht sich für sich selbst aus. Glücklich, wenn alle Teutsche fühlen, was sie sind, und was sie seyn könnten, und was ihr Volk als Volk werth ist. Dann werden in Zukunft im Herzen von Teutschland nimmer Schlachten geschlagen werden, die gefeiert werden müssen, wie die Leipziger Schlacht.

Über ein Denkmal bei Leipzig.

Daß auf den Feldern bei Leipzig ein Ehrendenkmal errichtet werden muß, das dem spätesten Enkel noch sage, was daselbst im Oktober des Jahres 1813 geschehen, darüber ist in ganz Teutschland, ja wohl fast in der ganzen Welt nur Eine Stimme. Aber wie und in welcher Art dieses Denkmal errichtet werden soll, darüber werden die Stimmen gewiß eben so verschieden lauten, als sie über das Erste einig sind. Ein kleines unscheinbares Denkmal, das sich gegen die Natur umher in nichts gleichen kann, thut es nicht; ein zierliches und blankes, etwa in Leipzig selbst auf irgend einen Platz hingestellt, würde in seiner Armseligkeit von der großen That, wodurch die Welt von dem abscheulichsten aller Tyrannen und dem tückischesten aller Tyrannenvölker befreit ward, zu sehr beschämt werden. Das Denkmal muß draussen stehen, wo so viel Blut floß; es muß so stehen, daß es ringsum von allen Straßen gesehen werden kann, auf welchen die verbündeten Heere zur blutigen Schlacht der Entscheidung heranzogen. Soll es gesehen werden, so muß es groß und herrlich seyn, wie ein Koloß, eine Pyramide, ein Dom in Köln. Aber solches in großer Kraft und im großen Sinn zu bauen fehlt uns das Geld und das Geschick, und ich fürchte, wenn man bei kleinen Mitteln etwas Aehnliches machen will, kömmt etwas Erbärmliches heraus. Ich schlage daher etwas ganz Einfaches und Ausführliches vor, ein Denkmal, wobei die Kunst keine Aeffereien anbringen und wogegen unser nordischer allen Denkmälern so feindseliger Himmel nichts ausrichten kann. Ich befehlige einige tausend Soldaten oder Bauern in die Ebene von Leipzig hin, und lasse sie in der Mitte des meilenlangen Schlachtfeldes einen Erdhügel von etwa 200 Fuß Höhe aufthürmen. Auf den Erdhügel werden Felssteine gewälzt, und über diesen wird ein kolossales aus Eisen gegossenes und mit mancherlei Anspielungen und Zeichen geziertes Kreuz errichtet, das Zeichen des Heils und der Herrscher des neuen Erdballs. Das Kreuz trägt eine große vergoldete Kugel, die weit in die Ferne leuchtet. Das Land rings um den Hügel, etwa 10 bis 15 Morgen weit, wird für ein geheiligtes Land erklärt, mit Wall und Graben eingefaßt, und mit Eichen bepflanzt. – Dieser Hügel, dieses Kreuz, und diese Bäume wären zugleich ein ächt germanisches und ein ächt christliches Denkmal, wohin unsere Urenkel noch wallfahrten gehen würden. Der Eichenhain würde zum Kirchhof großer teutscher Männer geweihet, wo berühmter Feldherren und für das Vaterland gebliebener Helden und anderer um das Vaterland hochverdienter Sehrmänner Leichen begraben würden; denn es ist der Besten würdig, in heiliger Erde zu ruhen.

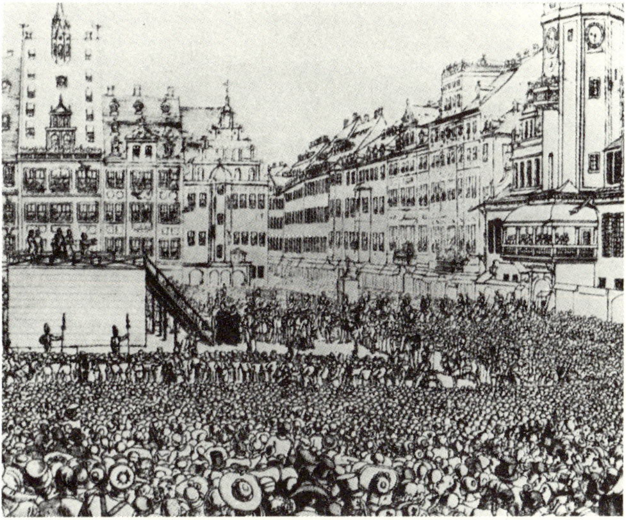

61. Die Hinrichtung Woyzecks vor dem Rathaus, 1824.

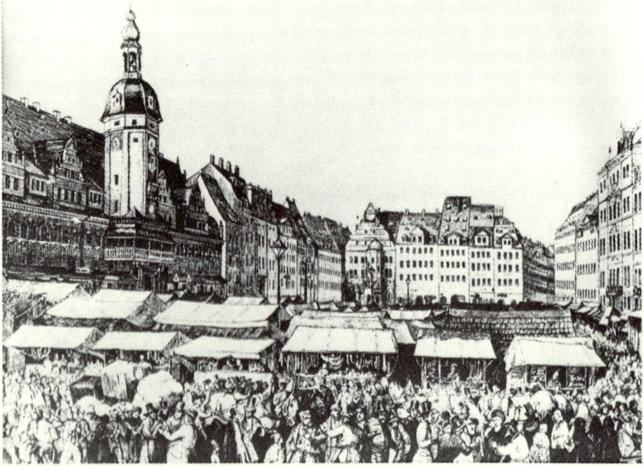

62. *Der Marktplatz während der Messe 1844.*

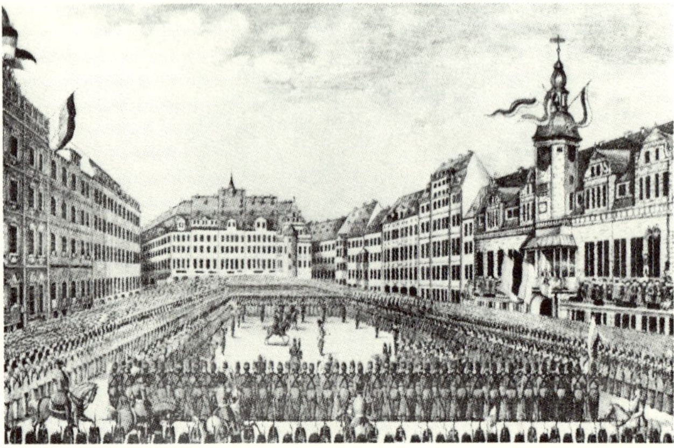

63. *Vereidigung des Militärs am 24. März 1848 vor dem Rathaus.*

64. *Festzug der Turner vor dem Rathaus am 3. August 1863.*

65. *Marktplatz mit dem Alten Rathaus, 1929.*

66. Leipziger Herbstmesse 1982. Blick von der Thomaskirche auf Leipzig mit dem Alten Rathaus im Mittelpunkt, links das Leipziger Messeamt, rechts das Messehaus am Markt.

67. Altes Rathaus, Ratsstube heute.

68. Die Börse im Januar 1987 mit Goethedenkmal auf dem Naschmarkt.

69. *Die Alte Waage am Markt.*

70. *Das Goethedenkmal vor der Alten Börse.*

17. »Die Proletarische Bewegung ist an Sachsen nicht spurlos vorübergegangen«

Revolten (1830)

Richard Wagner
1911

Mein Schwager Brockhaus wollte mir ein Taschengeld zu verdienen geben und übertrug mir die Durchsicht der Korrekturbogen einer bei ihm in Druck erscheinenden neuen Auflage der durch Löbell neu bearbeiteten Beckerschen Weltgeschichte. [...]

Von der Schule her entsinne ich mich einzig, durch die klassische Geschichtsperiode der Griechen angezogen worden zu sein: Marathon, Salamis und die Thermopylen bildeten den Kanon alles aus der Historie mich Anregenden. Nur lernte ich zum erstenmal das Mittelalter und die Französische Revolution genauer kennen, da in die Zeit meiner Korrekturarbeiten gerade der Druck derjenigen beiden Bände fiel, welche diese verschiedenen Geschichtsperioden enthielten. [...]

Wie groß war daher meine Überraschung, als ich eines Tages durch die politischen Vorgänge der Gegenwart, gleichsam unmittelbar, zum Miterleben des soeben wie aus weiter Ferne aus meinen Korrekturbogen an mich herangetretenen Staatenschicksals gebracht werden sollte. Die Extrablätter der ›Leipziger Zeitung‹ brachten die Nachricht der Pariser Julirevolution. Der König von Frankreich war vom Throne gestoßen; Lafayette, der soeben wie ein geschichtliches Märchen durch meine Imagination gezogen war, ritt unter dem Jubel des Volkes wieder durch die Straßen von Paris; die Schweizergarden waren in den Tuilerien nochmals niedergemacht worden; ein neuer König wußte sich nicht anders dem Volk zu empfehlen, als daß er sich selbst für die Republik ausgeben ließ. Mit Bewußtsein plötzlich in einer Zeit leben, in welcher solche Dinge vorfielen, mußte natürlich auf den siebzehnjährigen Jüngling von außerordentlichem Eindruck sein. Die geschichtliche Welt begann für mich von diesem Tage an; und natürlich nahm ich volle Partei für die Revolution, die sich mir nun unter der Form eines mutigen und siegreichen Volkskampfes, frei von allen den Flecken der schrecklichen Auswüchse der ersten französischen Revolution, darstellte.

Da revolutionäre Erschütterungen bald ganz Europa in mehr oder minder starken Schauern heimsuchten und auch hie und da deutsche Länder von ihnen berührt wurden, blieb ich längere Zeit in fieberhafter Spannung und wurde zum ersten Male auf die Gründe jener Bewegungen aufmerksam, die mir als Kämpfe zwischen dem Alten, Überlebten und dem Neuen, Hoffnungsvollen der Menschheit erschienen.

Mich begeisterte dieses Ereignis so sehr, daß ich eine politische ›Ouvertüre‹ entwarf, deren Einleitung einen düstren Druck schilderte, in welchem dann ein Thema sich bemerklich machte, unter das ich zu deutlicherem Verständnis die Worte »Friedrich und Freiheit« schrieb; dieses Thema war bestimmt, sich immer größer und herrlicher bis zum vollsten Triumphe zu entwickeln, dessen Erfolg ich nächstens in einem der Leipziger Gartenkonzerte zu erleben verhoffte.

Ehe ich jedoch zur weiteren Ausführung meiner politisch-musikalischen Entwürfe gelangte, brachen in Leipzig selbst Unruhen aus, welche mich, vom Gebiete der Kunst ab, zu unmittelbarer Beteiligung am Staatsleben beriefen. Dieses Staatsleben hatte nun in Leipzig keine andere Bedeutung als die eines Antagonismus der Studenten mit der Polizei; die Polizei war das Urverhaßte, an welchem sich der Freiheitssinn der Jugend übte. Bei irgendeinem Straßenexzesse war es zu Verhaftungen einiger Studenten gekommen: diese sollten befreit werden. Die akademische Jugend, unter welcher es bereits seit einigen Tagen unruhig herging, versammelte sich eines Abends auf dem Markte; die Landsmannschaften traten zusammen und schlossen einen Kreis um ihre Senioren, wobei eine gewisse kommentmäßige Feierlichkeit herrschte, die mir außerordentlich imponierte: man sang das ›Gaudeamus igitur‹, bildete sich in Kolonnen und zog nun, verstärkt durch alles Junge, was es mit den Studenten hielt, ernst und entschlossen vom Markte aus nach dem Universitätsgebäude, um dort die Karzer zu sprengen und die verhafteten Studenten zu befreien. Mir klopfte das Herz in unglaublicher Erregtheit, als ich zu dieser Bastille-Erstürmung mitmarschierte. Doch nahm es eine andere als die erwartete Wendung: im Hof des Paulinums ward der feierliche Schwarm vom Rektor Krug, welcher mit entblößtem Greisenhaupte herabgekommen war, aufgehalten; seine Versicherung, daß die Verhafteten bereits auf seine Veranlassung entlassen seien, brachte ihm ein donnerndes Vivat ein, und die Sache schien nun beendigt. [...]

Das gefährliche Beispiel, welches von der Jugend gegeben worden war, verführte jedoch an den folgenden Abenden auch die niederen Volksklassen, namentlich das Arbeiterproletariat, zu ähnlichen Exzessen gegen mißliebige Fabrikherren und dergleichen: nun wurde die Sache ernster; das Eigentum war bedroht, der Kampf zwischen arm und reich stand grinsend vor den Häusern. Jetzt waren es die Studenten, welche, da Leipzig ohne alle bewaffnete Macht und die Polizei gänzlich desorganisiert war, zum Schutz gegen das niedere Volk herbeigerufen wurden. Und nun begann eine Zeit der Glorie für das Studententum, wie ich sie nur je in meinen Gymnasiastenträumen mir hatte ersehnen können. Der Student ward der Schutzgott Leipzigs; von den Behörden aufgerufen, sich zum Schutz des Eigentums zu waffnen und zu scharen, sammelten sich dieselben jungen Leute, welche zwei Tage vorher sich selbst in die Wut des Zerstörens versetzt hatten, im Universitätshof. Die verpönten Namen der Landsmannschaften und der Burschenschaft riefen laut aus dem Munde der Stadträte und Polizeidirektoren die wunderlich ausgerüsteten Jünglinge auf, welche nun in mittelalterlich naiver Kriegsgliederung sich über die Stadt verteilten, die Wachtstuben der Tore bezogen, Schutzmannschaften in die Grundstücke einzelner reicher Kaufleute legten und nach Gutdünken bedroht erscheinende Lokalitäten, worunter namentlich Gasthäuser sehr beliebt wurden, unter ihre andauernde Protektion nahmen. [...]

Auch mein Schwager war gefährlich bedroht gewesen; nur durch wirklich große Geistesgegenwart und Zuversicht war es ihm gelungen, seine Buchdruckerei und namentlich seine Schnellpressen, auf deren Vernichtung es vorzüglich abgesehen war, vor Zerstörung zu retten. [...]

Mein Schwager Friedrich Brockhaus, welcher mit Recht den bisherigen Behörden Leipzigs ihre Unfähigkeit, Ruhe und Ordnung zu erhalten, vorwerfen konnte, geriet in den Strom einer ansehnlichen oppositionellen Bewegung. Ein kühnes Wort, welches er auf dem Rathaus an die Herren vom Magistrat gerichtet hatte, machte ihn populär; er ward zum Vizekommandanten der nun ins Leben gerufenen Leipziger Kommunalgarde ernannt. Dieses Institut verdrängte meine angebeteten Studenten schließlich aus den Wachstuben der Stadttore; es war uns nun nicht mehr erlaubt, Wanderburschen anzuhalten und Pässe zu revidieren; dagegen schmeichelte ich mir, in dieser neuen Bürgerwehr die französische Nationalgarde und in meinem Schwager Brockhaus einen sächsischen Lafayette erblicken zu dürfen, was immerhin meiner hochgehenden Erregtheit eine förderliche Nahrung gab.

Im Namen Schillers

Robert Blum
1840

Brief an Unbekannt vom 27. Oktober 1840:
Verehrter Freund. [...] Unser unglückliches Vaterland ist so tief gesunken, und die Öffentlichkeit, das Hinaustreten der Berufenen und redlich Wollenden zu dem Volke ist so sehr verkümmert,

daß wir selbst die allerkleinste Möglichkeit, ihm nahezutreten, nicht unbenutzt hingehen lassen dürfen. Vielleicht geben große Ereignisse in der nächsten Zeit unserem Leben durch äußere Impulse eine andere Richtung, vielleicht aber müssen wir auch den Schneckengang der bisherigen Entwicklung noch eine geraume Weile fortschreiten, auf dem das Geringste doch etwas ist. Es zeigt sich nun ein Sinn für dieses Fest, und ich glaube nicht chimärisch zu hoffen, wenn ich bei der gratis zu veranstaltenden Vorfeier auf 500 Teilnehmer rechne. [...]

Wir schaffen im Laufe des nächsten Jahres die Mittel herbei, Schillers Wohnung in Gohlis durch die einfachste Gedächtnistafel der Nachwelt zu bezeichnen, feiern ein öffentliches Wort und reden zu 5 000, und wir veröffentlichen in beiden Fällen, was wir sprachen, durch die Presse, und reden so zu 30000000! Wir wecken in unserer nächsten Umgebung den Sinn für solche Versammlungen und Verhandlungen. Wir stellen dem Volke ein Beispiel mehr hin, daß und warum man Schiller feiern solle. [...]

Mit dem herzlichsten und achtungsvollsten Gruße

Ihr Blum

Festrede zum ersten Leipziger Schillerfest am 9. November 1840:

[...] Aber wie unendlich bedeutend auch die sittliche und poetische Größe Schillers sein mag: Ist sie es allein, die ihm unsere Bewunderung, Liebe und Verehrung zuwendet? Nein, es gibt noch eine andere, in der neuesten Zeit vorzugsweise erkannte Seite seines Wesens, die ihn mit tausend Liebesbanden festkettet an die Herzen seiner Nation und ihn zum Muster und Vorbilde macht für die edelsten Bestrebungen der Vergangenheit, der Gegenwart und der Zukunft: Es ist dies seine historisch-prophetische Bedeutung, sein Kampf für Wahrheit, Völkerwohl und Freiheit. Werfen wir einen Blick auf den innigen Zusammenhang seiner Schöpfungen mit den Ereignissen seiner Zeit. Wie in der Literatur, so zeigte sich in dem staatlichen und sozialen Leben seiner Zeit die Notwendigkeit einer Umgestaltung. Ein furchtbarer Druck lag auf der gesamten Welt, hemmte die Entwicklung des Individuums wie der Völker und rief jene furchtbare Staatsumwälzung hervor, die am Ende des vorigen Jahrhunderts Europa erschütterte und verwandelte. Unter diesem allgemeinen Drucke, den seine freie Seele nicht ertragen konnte, und dem speziellen der württembergischen Militärdisziplin entstanden Schillers Räuber, die in mannigfacher Beziehung mangelhafteste, aber auch genialste und kraftvollste seiner Schöpfung [...]

Hier sucht die gefesselte Kraft Raum zur Ausdehnung und Entwicklung, schüttelt die erdrückende Last der Zeit mutvoll ab und sucht die Freiheit, die der gegebene Staat nicht gewährt, in den Wäldern, wo sie einen eigenen Staat gründet. Mit kecker Hand ergreift sie das Racheschwert des Verhängnisses und will Recht und Ausgleichung schaffen in der verdorbenen Welt. Wie eine Feuersäule flammt sie auf in trostloser Wüste, und tausend Herzen hüpfen ihr entgegen als der vermeinten Verkünderin eines neuen Tages. Ob diese Kraft auch Weg und Ziel verfehlte und deshalb untergehen muß, nachdem sie wie ein glänzender Meteor aufblitzte: Sie erzwingt sich Bewunderung selbst auf dem Abwege des Verbrechens, und die Teilnahme folgt ihr in den Opfertod. Die Begeisterung, die die Räuber hervorriefen, die Ausartungen, die sie veranlaßt, und der Jubel, den sie noch heute erwecken in den Herzen der tatendurstigen, freiheitsmutigen Jugend, sind der glänzendste Beweis dafür, daß sie aus der Seele des Volkes stammten und ein Bedürfnis aussprachen.

[...] Wie ein eherner Leuchtturm, erhellt von dem ewigen und heiligen Feuer der Vesta, erbaut auf den Zinnen eines Granitfelsens, ragt er hinaus in den Ozean der Geschichte, und wie auch die Wogen rasen, die Stürme brausen und schwarze Wolkenmassen den Himmel der Zukunft bedecken, er zeigt leuchtend dem vertrauenden und mutigen Schiffer das Ziel und den sichern Port. Beim Anblicke dieses Wirkens, verehrte Anwesende, wird das Fest unseres Gefeierten zugleich ein Fest des Vaterlandes, ein Fest der Menschheit, ein Fest der schöneren, besseren Zukunft. Dieses Wirken macht ihn zum Idol für die edelsten Herzen, die ihre Kraft der Erstrebung einer schöneren Zukunft widmen, erhebt ihn so unendlich über den großen Egoismus, der bei dem Weheruf und Freudenschrei des Vaterlandes nichts empfand – als Unbequemlichkeit. Deshalb drücken wir heute das Zeichen der Liebe, der Dankbarkeit und der unbegrenzten Verehrung, den Kranz, den die Welt ihm längst geweiht, auf sein edles Haupt, diese Werkstätte der göttlichsten Gedanken, und deshalb rufen wir den deutschen Brüdern, die noch zurückstehen in dieser erhebenden vaterländischen Feier, begeistert zu:

Ja, feiert ihn, denn was dem Mann das Leben
nur halb erteilt, soll ganz die Nachwelt geben!

Abschiedsbrief Blums vor der Hinrichtung

Robert Blum
1848

Abschiedsbrief Robert Blums an seine Familie.

Mein theures gutes liebes Weib,

lebe wohl! wohl für die Zeit, die man ewig nennt, die es aber nicht seyn wird. Erziehe unsere – jetzt nur Deine Kinder zu edlen Menschen, dann werden sie ihrem Vater nimmer Schande machen. Unser kleines Vermögen verkaufe mit Hülfe unserer Freunde. Gott u. Gute Menschen werden Euch ja helfen. Alles was ich empfinde, rinnt in Thränen dahin, daher nur nochmals: leb' wohl, theures Weib! Betrachte unser Kind als theures Vermächtnis, mit dem Du wuchern mußt und ehre so Deinen treuen Gatten.

Leb' wohl, leb' wohl! Tausend, tausend, die letzten Küsse von

Deinem Robert.

Wien. d. 9. Nov. 1848, Morgens 5 Uhr,
um 6 Uhr habe ich vollendet.

Die Ringe hatte ich vergessen; ich drücke dir den letzten Kuß auf den Trauring. Mein Siegelring ist für Hans, die Uhr für Richard, der Diamantknopf für Ida, die Kette für Alfred, als Andenken. Alle sonstigen Andenken vertheile Du nach Deinem Ermessen.

Man kommt! Lebe wohl! wohl!

Letzte Ehrung für Robert Blum

Gustav Kühne
1848

den 27. November 1848

Leipzig hat am gestrigen Sonntag Robert Blum die letzte Ehre erwiesen. Ich war als Mann der Bürgerwehr dazu kommandiert; Blum stand in derselben Kompanie mit mir. Ich hatte die Ehrenwache in der Nicolaikirche, wo Pfarrer Rauch auf der Kanzel die geistliche, Prof. Flathe im Schiff die weltliche Rede hielt. Die Witwe Blums wohnte in fester, würdiger Haltung der Feier bei; die beiden Söhne waren mit im feierlichen Zuge.

Es war ein Volksfest, diese Totenfeier, wie sie unsere Stadt, unser Land noch nie den Manen eines Gestorbenen in gleichem Umfang zuteil werden ließ. Keinem Helden, der auf dem Felde der Ehre fiel, keinem Dichter, keinem Genius irgendwelcher Art, der für Deutschlands Ruhm verblutete, keinem Könige und Fürsten hat noch je deutsches Volk so im Tode gehuldigt. Erkenne man daraus die Macht des Volkswillens, der jetzt imstande wäre, seinem erkorenen Liebling diese höchste aller Ehrenbezeigungen, wollte man sie ihm streitig machen, mit Gewalt zu ertrotzen. Am 7. November des vorigen Jahres gab Leipzig einem Liebling der Musen, Felix Mendelssohn, das letzte Geleit. Er war dahingegangen, nachdem er den jugendlichen Geist in Tönen ausgeströmt, die Welt der Bildung mit seinen Gebeten und mit dem Zauber seiner kindlich reinen und tiefen Kunst erfüllt. Am gestrigen Tage bestatteten wir in Gedanken ein Opfer der Politik, einen ebenso rasch Dahingeschiedenen, auf dessen Taten das Volk mit der ganzen Raserei einer fanatischen Liebe den Stempel der Weihe gedrückt. Welch ein Umschwung der Dinge im Laufe eines Jahres! Die Kamönen sind verstummt; der wilde Zwist der politischen Meinungen ist über Deutschland hereingebrochen. Was die Fürsten der Welt so lange vorenthalten, die Freiheit der Selbstregierung, ist jetzt dem Hader der Parteien im Volke preisgegeben; im blutigen Bürgerkrieg will sich jetzt das Panier der Freiheit festpflanzen, und was im raschen Aufschwung der Geister errungen war, droht jetzt im permanenten Aufruhr der Erbitterung wieder zugrunde zu gehen. In Robert Blum glaubte die Menge einen Hort gefunden zu haben für die Notwendigkeiten einer neuen Ordnung der Dinge. Der Glaube ist es, der selig macht, und in der Zuversicht auf Blums Wort und Meinung lag die ganze Gewalt einer blinden Liebe, die, eben weil sie blind, um so mächtiger ist. Wirklich freie Völker sind stolz auf Errungenschaften, auf Institute, die ihnen diese sichern. Ein Volk, das frei werden will, wirft mit einer eigensinnigen Eifersucht seine ganze Leidenschaft der Liebe auf die Führer der Sache, die für das noch ungelöste Rätsel das Wort gefunden zu haben scheinen. Blum hatte für die Menge das Wort gefunden, das aufzurufen und zu beschwichtigen wußte. [...]

Die Totenfeier in Leipzig erfolgte ziemlich spät. Andere Städte waren schon vorausgegangen. Der Grund der Verspätigung war darin zu suchen, daß man hier eine erste Feier schon über Hals und Kopf begangen hatte. In der Thomaskirche hatte unter starken Zuzügen aus der Nachbarschaft bereits eine Volksversammlung getagt und unter Gebet und Chorälen Entschlüsse gefaßt, die, wie ein hiesiges Blatt sagte, mehr dem Gefühl der Entrüstung als der Besonnenheit entsprangen. Sachsen, forderte man, solle dem österreichischen Gesandten in Dresden die Pässe zustellen, d. h. an Österreich den Krieg erklären. Man glaubte durch Werbungen von Freischaren gegen das Ministerium Brandenburg im Sinne des Toten zu handeln. Im ratlosen Schmerz wollte man die in Wien gemordete Freiheit wenigstens in Berlin retten. Sachsen sollte also den Landfrieden brechen und auch an Preußen den Krieg erklären. Sachsen sollte, so schien es, sich sogar von Deutschland lossagen, wenigstens vom Parlament, und seine Abgeordneten aus der Paulskirche zurückrufen. Dem österreichischen Konsul das Haus zu demolieren ward als unwürdig in der Thomaskirche verworfen; aber die aufgestörte Menge vollzog gleichwohl diesen Akt der Rache.

Das kürzliche Gemetzel in Leipzig

Friedrich Engels
1845

[»The Northern Star« Nr. 409 vom 13. September 1845]

Das Gemetzel in Leipzig, das Sie in Ihrer letzten Nummer kommentiert und über das Sie vor einigen Wochen einen ausführlichen Bericht gebracht haben, beschäftigt noch immer die Aufmerksamkeit der deutschen Zeitungen. Dieses Gemetzel, das an Niedertracht nur von der Peterloo-Metzelei übertroffen wird, ist bei weitem der schändlichste Schurkenstreich, den der Militärdespotismus in unserem Lande je ersonnen hat. Als das Volk rief: »Es lebe Ronge, nieder mit dem Papsttum«, versuchte Prinz Johann von Sachsen, nebenbei bemerkt, einer von unseren vielen reimenden und bücherschreibenden Prinzen, der eine sehr schlechte Übersetzung der »Hölle« des italienischen Dichters Dante veröffentlicht hat – dieser »höllische« Übersetzer also versuchte, seinem literarischen Ruf militärischen Ruhm hinzuzufügen, indem er eine höchst heimtückische Kampagne gegen die unbewaffneten Massen in die Wege leitete. Er befahl dem von der Obrigkeit herbeigerufenen Schützenbataillon, sich in mehrere Abteilungen aufzuteilen und die Zugänge zu dem Hotel zu besetzen, indem seine literarische »königliche Hoheit« ihr Hauptquartier aufgeschlagen hatte. Die Soldaten gehorchten, sie preßten die Menschen in einem kleinen Ring zusammen und gingen in der Richtung auf den Hoteleingang gegen sie vor; und dieses unvermeidliche Eindringen der Leute in den geheiligten Eingang der königlichen Residenz, das durch die von Prinz Johann befohlene militärische Handlung verursacht worden war –, eben dieser Umstand wurde zum Vorwand genommen, auf die Menschen zu schießen; mit eben diesem Umstand haben die Regierungszeitungen die Schießerei zu rechtfertigen versucht! Das ist noch nicht alles; die Menschen wurden zwischen den einzelnen Abteilungen zusammengedrängt, und der Plan seiner königlichen Hoheit wurde durch ein Kreuzfeuer auf die wehrlosen Massen ausgeführt; wohin sie sich auch wandten, wurden sie von wiederholten Gewehrsalven empfangen; und hätten nicht die Soldaten, die menschlicher waren als Prinz Johann, zumeist über die Köpfe der Menschen geschossen, hätte es ein fürchterliches Blutbad gegeben. Die Empörung, die dieser Schurkenstreich hervorgerufen hat, ist allgemein; die loyalsten Untertanen, die wärmsten Anhänger der gegenwärtigen Ordnung teilen sie und wenden sich mit Abscheu gegen diese Vorgänge. Die Sache wird eine sehr starke Wirkung in Sachsen haben, dem Teil Deutschlands, der mehr als alle anderen stets eine Neigung zum *Reden* an den Tag gelegt hat, während Taten bitter nötig waren. Die Sachsen, mit ihrer kleinen konstitutionellen Regierung, mit ihrem schwatzenden Parlament, ihren liberalen Abgeordneten, liberalen und aufgeklärten Pfaffen etc., waren in Norddeutschland die Vertreter des gemäßigten Liberalismus, des deutschen Whiggismus, und bei alledem mehr die Sklaven des Königs von Preußen als die Preußen selbst. Was die preußische Regierung auch immer beschloß, mußte das sächsische Ministerium ausführen; ja, kürzlich hat sich die preußische Regierung nicht einmal die Mühe gemacht, sich an das sächsische Ministerium zu wenden, sondern wandte sich direkt an die unteren sächsischen Behörden, als ob es sich nicht um sächsische, sondern um ihre eigenen Beamten handelte! Sachsen wird von Berlin regiert, nicht von Dresden! Und bei ihrem ganzen Reden und Prahlen wissen die Sachsen sehr gut, daß die bleierne Hand Preußens schwer genug auf ihnen lastet. All diesem Reden und Prahlen, all diesem Eigendünkel und dieser Selbstzufriedenheit, das die Sachsen zu einer besonderen, gegen Preußen in Opposition stehenden Nation machen möchte etc., wird das Leipziger Gemetzel ein Ende bereiten. Die Sachsen müssen jetzt einsehen, daß sie sich unter der gleichen Militärherrschaft befinden wie alle anderen Deutschen, und daß trotz aller Verfassung, liberalen Gesetze, liberalen Zensur und liberalen Reden des Königs das Kriegsrecht das einzige Recht ist, das in ihrem kleinen Lande wirklich existiert. Und noch etwas anderes trägt dazu bei, daß diese Leipziger Affäre den Geist der Rebellion in Sachsen verbreitet: Trotz allen Geredes der sächsischen Liberalen fängt die Mehrheit des sächsischen Volkes erst zu reden an; Sachsen ist ein Industrieland, und unter seinen Leinewebern, Strumpfwirkern, Baumwollspinnern, Spitzenklöpplern, Kohlen- und Erzbergleuten herrscht seit undenklichen Zeiten ein entsetzliches Elend. Die proletarische Bewegung, die sich seit den schlesischen Aufständen, der sogenannten Weberschlacht im Juni 1844, über ganz Deutschland verbreitet hat, ist an Sachsen nicht spurlos vorübergegangen.

Die Gründung des Bildungsvereins (1861)

August Bebel

1910

In Leipzig war damals das politische Leben sehr rege. Leipzig galt als einer der Hauptsitze des Liberalismus und der Demokratie. Eines Tages las ich in der demokratischen »Mitteldeutschen Volkszeitung«, auf die ich abonniert war und die der Achtundvierziger Dr. Peters redigierte, der Ehemann der bekannten verstorbenen Vorkämpferin für die Frauenrechte Luise Otto-Peters, die Einladung zu einer Volksversammlung zur Gründung eines Bildungsvereins. Diese Versammlung fand am 19. Februar 1861 im Wiener Saal statt, einem Lokal, das in der Nähe des Rosentals in einem Garten stand. Als ich in das Lokal trat, war dasselbe bereits überfüllt. Mit Mühe fand ich auf der Galerie Platz. Es war die erste öffentliche Versammlung, der ich beiwohnte. [...]

Der Verein wurde in seiner Art eine Musteranstalt. Vortragende für wissenschaftliche Thematas waren in Menge vorhanden. So neben Professor Roßmäßler, Professor Bock – der Gartenlaube-Bock und Verfasser des Buches vom gesunden und kranken Menschen –, die Professoren Wuttke, Wenck, Marbach, Dr. Lindner, Dr. Reyher, Dr. Burckhardt und andere. [...]

Die Opposition schied 1862 aus und gründete den Verein Vorwärts, der im Hotel de Saxe sein Hauptquartier aufschlug. Der Wirt in diesem Lokal war der in den Reaktionsjahren gemaßregelte ehemalige Pfarrer Würkert. Dieser hatte eine eigene Methode, Aufklärung zu verbreiten und dabei auch sein Geschäft zu machen. Er veranstaltete allwöchentlich Vorträge, die er selbst hielt, über alle möglichen Thematas, wie die Geburts- und Todestage berühmter Männer, politische Tagesereignisse usw. An solchen Abenden war sein Lokal gedrängt voll. Da machte es denn einen eigenartigen Eindruck, wenn Würkert, der soeben noch unter den Gästen sich bewegt und diesem und jenem ein Glas Bier verabreicht hatte, auf dem Treppenpodest Platz nahm, der vom oberen in das untere Lokal führte, und von dort allen sichtbar seinen Vortrag hielt. Nicht im Gegensatz, sondern vielmehr in Ergänzung der Zusammenkünfte im Hotel de Saxe stand die Restauration zur Guten Quelle auf dem Brühl, ein damals eben gebautes großes Kellerlokal, dessen Wirt der Achtundvierziger Grun war. In der einen Ecke jenes Lokals stand ein großer runder Tisch, der der Verbrechertisch hieß. Das besagte, daß hier nur die ehrwürdigen Häupter der Demokratie Platz nehmen durften, die zu Zuchthaus oder Gefängnis verurteilt worden waren oder die man gemaßregelt hatte. Öfter traf beides zu. Da saßen Roßmäßler, Dolge, der wegen seiner Beteiligung am Maiaufstand zum Tode verurteilt worden war, nachher zu lebenslänglichem Zuchthaus begnadigt wurde und dann acht Jahre in Waldheim gesessen hatte. [...]

Am 16. April 1863 kam endlich Lassalle selbst nach Leipzig, um in einer großen Versammlung zu sprechen, die wie die meisten großen Versammlungen jener Zeit im Odeon in der Elsterstraße abgehalten wurde. Die Rede ist unter dem Titel »Zur Arbeiterfrage« erschienen. Die Versammlung war von ungefähr 4 000 Personen besucht, von denen aber ein erheblicher Teil noch vor Schluß derselben das Lokal verließ. Die Liberalen waren unter Führung eines Kaufmanns Kohner auf der der Rednertribüne gegenüberliegenden Galerie postiert und unterbrachen den Redner öfter durch Zwischenrufe. Die Vorbereitungen für den Redner waren etwas eigenartige. Der Rand des Katheders, von dem Lassalle sprach, war mit Büchern, darunter schwere Folianten, bepackt, als sollte es zu einer Diskussion à la Luther kontra Eck kommen.

Lassalle scheint geglaubt zu haben, daß er eine schwere Opposition finden werde, die er widerlegen müsse, was nicht der Fall war. Sein persönliches Auftreten war nicht jedem sympathisch. Von hoher, schlanker, aber kräftiger Gestalt stand Lassalle sehr herausfordernd auf dem Katheder, wobei er öfter bald eine, bald beide Hände in die Armlöcher seiner Weste steckte. Er sprach fließend, manchmal pathetisch, doch schien es mir, als stoße er leicht mit der Zunge an. Er endete unter stürmischem Beifall eines großen Teiles der Versammlung, dem der andere mit Zischen antwortete. [...]

Lassalle genügte nicht der Beifall der Masse, er legte großes Gewicht darauf, Männer von Ansehen und Einfluß aus dem bürgerlichen Lager auf seiner Seite zu haben, und er gab sich große Mühe, solche zu gewinnen. [...]

In Leipzig hatte das Aufkommen des Lassalleanismus die Wirkung, daß die alten Differenzen zwischen dem Gewerblichen Bildungsverein und dem Verein Vorwärts verschwanden und endlich im Februar 1865 eine Vereinigung unter dem Namen Arbeiterbildungsverein herbeigeführt wurde. Die Polytechnische Gesellschaft hatte längst die Bevormundung des Gewerblichen Bildungsvereins aufgegeben, die sich als eine Sisyphusarbeit erwies. Außerdem erkannte auch die sächsische Regierung, daß es mit dem alten Bundestagsbeschluß von 1856 nicht mehr gehe; sie ließ wohl oder übel die Zügel schleifen. Hatte doch sogar der Allgemeine Deutsche Arbeiterverein als Sitz Leipzig erkoren, obgleich dessen Tendenz ganz offensichtlich mit dem Bundestagsbeschluß in Widerspruch stand. Die Regierung zog schließlich die Konsequenzen und erklärte am 20. März 1864 jenen Bundestagsbeschluß für aufgehoben. [...]

Im Leipziger Arbeiterbildungsverein wurde ich bei der notwendig gewordenen Neukonstituierung zum zweiten Vorsitzenden gewählt, eine Stellung, die ich bereits in der letzten Zeit im Gewerblichen Bildungsverein innehatte. Und als der erste Vorsitzende Dr. med. Reyher – ein Schüler Professors Bocks – bald darauf sein Amt niederlegte, rückte ich an dessen Stelle, eine Stellung, die ich bis zum Jahre 1872 innehatte, in welchem Jahre ich meine Festungshaft antreten mußte, die mir wegen angeblicher Vorbereitung zum Hochverrat wider das Deutsche Reich zuerkannt worden war.

Der Arbeiterbildungsverein erhielt vom Jahre 1865 ab eine jährliche städtische Unterstützung von 500 Taler, die ihm hauptsächlich für Ermietung besserer Lokalitäten und Aufrechterhaltung des Unterrichts gewährt wurde. Als aber in den nächsten Jahren der Verein, der politischen Mauserung seines Vorsitzenden folgend, ebenfalls immer mehr nach links abschwenkte, wurde dieselbe von der städtischen Vertretung zunächst auf 200 Taler herabgesetzt. Und als der Verein im Jahre 1869 sich für das Programm der zu Eisenach neugegründeten sozialdemokratischen Arbeiterpartei Deutschland erklärte, eine Entscheidung, die nach einer Redeschlacht, die drei Abende in Anspruch nahm, mit großer Mehrheit getroffen wurde, verlor er im nächsten Jahre den Rest der Subvention. Der Liberalismus unterstützt nur politisch brave und gehorsame Kinder, denn die Unterrichtszwecke des Vereins hatten unter seiner politischen Wandlung nicht im geringsten gelitten.

Karl Liebknecht (1890)

Mathias John
1984

Am Ostersonntag des Jahres 1890 erwartete Wilhelm Liebknecht auf dem Bahnhof von Borsdorf seine Familie mit besonderer Ungeduld. Kaum daß der von Leipzig kommende Zug eingefahren war, da eilte schon sein Sohn Karl auf ihn zu, um die heißersehnte Botschaft zu überbringen, daß er die Reifeprüfung mit gutem Erfolg bestanden habe.

Dabei hatte Karl Liebknechts Besuch am Leipziger Nicolai-Gymnasium unter keinem guten Stern gestanden. Nachdem er Ostern 1881 feierlich in die Unterprima dieser Schule aufgenommen worden war, verhängte die sächsische Regierung nur einen Monat später auf der Grundlage des Sozialistengesetzes den kleinen Belagerungszustand über Leipzig und wies 33 sozialdemokratische Funktionäre, unter denen sich auch sein Vater befand, aus dem Stadtgebiet aus. Wilhelm Liebknecht wählte als neuen Wohnort das außerhalb des Ausweisungsgebietes, aber noch in nächster Nähe liegende Borsdorf, zumal es sehr günstige Eisenbahnverbindungen hatte. Dagegen blieb seine Frau in Leipzig, damit die beiden ältesten Söhne, Theodor und Karl, ihren Gymnasialbesuch ungestört fortsetzen konnten. Obwohl Karl Liebknecht auf dem Gymnasium wegen seines Vaters für viele Lehrer ein »Geächteter« war, so legte doch ihr im Geiste des Neuhumanismus ausgestalteter Unterricht den Grundstein zu seinem hohen Allgemeinwissen.

Karls besondere Neigung galt den alten Sprachen und der antiken Literatur, wie den Werken der griechischen Dichter Herodot, Sophokles und Platon oder der römischen Schriftsteller Livius, Tacitus sowie Horaz. Mit seinem lebhaften Interesse für die römische Dichtung und seinen überdurchschnittlichen Leistungen in lateinischer Sprache gelang es ihm, sich die Achtung seines Lateinlehrers Karl Mayhoff zu erwerben, der kein geringerer als der damalige Rektor des Nicolai-Gymnasiums war. Auch in den meisten anderen Fächern, so in den naturwissenschaftlichen wie in Deutsch und Französisch, erreichte er gute Ergebnisse.

Allerdings mußte Karl Liebknecht sehr bald die Erfahrung machen, daß nicht alle vortrefflichen Schulkenntnisse einer praktischen Bewährungsprobe standzuhalten vermochten: Im September 1891 übersetzte er gemeinsam mit seinem Bruder Theodor für das sozialdemokratische Zentralorgan »Vorwärts« einen Brief von Friedrich Engels, der in der französischen Zeitung »Le Socialiste« veröffentlicht worden war. Über die Qualität dieser Übersetzung äußerte niemand anders als Engels selber, daß sie »schauerlich und stellenweise reiner Blödsinn« sei. Bevor Karl Liebknecht um diese Lebenserfahrung reicher sein sollte, lagen jedoch schon einige Monate seines neuen Lebensabschnitts, des Universitätsstudiums, hinter ihm. Um dieses Studium hatten sich zu Ostern 1890 fast alle Gespräche gedreht, die die Familie Liebknecht bei ihren ausgedehnten Spaziergängen in die Borsdorfer Umgebung, vornehmlich in den nahen Wald, oder des Abends beim warmen Licht einer Petroleumlampe in der engen Stube der väterlichen Unterkunft führte. Dabei fiel die endgültige Entscheidung über die von Karl einzuschlagende Studienrichtung.

Während er ursprünglich Medizin studieren wollte, hegte sein Vater keinen sehnlicheren Wunsch als den, daß seine beiden ältesten Söhne die juristische Laufbahn wählen mögen, da es der Sozialdemokratie immer wieder an treu ergebenen Rechtsanwälten mangelte. Nachdem Theodor schon ein Jahr zuvor an der Leipziger Universität ein rechtswissenschaftliches Studium aufgenommen hatte, fiel es Karl nicht allzuschwer, diesen väterlichen Herzenswunsch zu erfüllen. Sein Bruder erleichterte ihm noch die Entscheidung, indem auch er seine medizinischen Intentionen aufgab.

Am 16. April 1890 schritt Karl Liebknecht zum ersten Mal durch das prächtige Portal des langgestreckten Universitätshauptgebäudes, dessen Schinkel-Fassade sich ihm im Jahre 1890 noch im ursprünglichen Zustand präsentierte: dreigeschossig mit einem breitvorspringenden Mittelteil, das von einem reichgeschmückten Giebelfeld gekrönt wurde; kurze Zeit darauf wurde sie umgestaltet. In diesem Gebäude ließ sich Karl Liebknecht für ein Studium der Rechts- und Cameralwissenschaften immatrikulieren.

Lenin in Leipzig (1900)

Helmut Arndt
1965

Für Lenin hatte im Sommer 1900 die erste Emigration begonnen. Nach einem Aufenthalt in der Schweiz wandte er sich nach München, wo er die Vorbereitung für die Zeitung fortsetzte. Eine Druckerei mußte gefunden und russische Lettern beschafft werden, was auf legalem Wege unmöglich war. In München stand er dabei u. a. mit Clara Zetkin und Julian Marchlewski, der damals dort lebte, in Verbindung. Er reiste in der zweiten Dezemberhälfte nach Leipzig, um hier die erste Nummer endgültig zu redigieren und sie drucken zu lassen. Als Drucker war ihm Genosse Hermann Rauh, der in Probstheida eine kleine Druckerei besaß, empfohlen worden. Diese Druckerei war für einen solchen Auftrag gut geeignet, weil sie weit außerhalb des Stadtzentrums lag und außer einem Lehrling keine fremden Mitarbeiter beschäftigte. Hermann Rauh war Funktionär der Sozialdemokratischen Partei und des Arbeiter-Turner-Bundes. Seit dem Jahre 1893 druckte er das Verbandsorgan, die »Arbeiter-Turn-Zeitung«, und den Drucksachenbedarf vieler Turn- und sozialdemokratischer Ortsvereine. Die Lettern für den Druck der »Iskra« besorgten ihm Genossen, die in einem graphischen Großbetrieb arbeiteten, der russische religiöse Schriften druckte. So war es möglich, daß Hermann Rauh auch schon vor dem Erscheinen der ersten Iskra-Ausgabe mit dem Druck der Broschüre »Die Maitage in Charkow«, der ein Vorwort Lenins vorangestellt war, und mit einer »Ankündigung der Redaktion der Iskra« beauftragt werden konnte. Den Schriftsetzer Joseph Blumenfeld hatte Lenin selbst vermittelt. Dieser polnische Genosse »war ein sehr tüchtiger Setzer und ein guter Genosse. Er war mit ganzem Herzen bei der Sache« (Krupskaja).

Die erste Nummer der »Iskra« wurde Ende Dezember fertiggestellt, konnte aber erst Anfang Januar 1901 ausgeliefert werden. Weitere Nummern wurden dann in München und anderen Städten gedruckt. Die Pakete, die meist über verschiedene Länder, nicht auf direktem Wege nach Rußland gingen, wurden auf Postämtern außerhalb von Probstheida aufgegeben. Das Motto der Zeitung waren die der Antwort der Dekabristen an Puschkin entnommenen Worte: »Aus dem Funken wird die Flamme schlagen«. In Leipzig war bei der Entstehung des »Funken« geholfen worden.

Lenin war wiederholt in Leipzig, um sich hier mit russischen Freunden, mit Emigranten, mit den Genossen der »Leipziger Gruppe der Bolschewiki« zu treffen und sich mit ihnen auszusprechen. Bekannt sind seine Aufenthalte in den Jahren 1908, 1912 (zweimal) und 1914. Am 17. Juni 1912 hielt er in Leipzig ein Referat über »Der revolutionäre Aufschwung in Rußland« und Anfang Februar 1914 ein anderes über »Die nationale Frage«. Vor und nach der Prager Parteikonferenz im Jahre 1912 war Leipzig Treffpunkt der russischen Delegierten. Im Hause der Leipziger Volkszeitung fand nach der Konferenz unter Lenins Leitung eine nochmalige Zusammenkunft der Delegierten statt, an der auch einige nach Leipzig gekommene sozialdemokratische Duma-Abgeordnete teilnahmen.

Im September 1912 ließ W. I. Lenin in der Druckerei der Leipziger Volkszeitung – der Leipziger Buchdruckerei AG – die Broschüre »Zur gegenwärtigen Lage der sozialdemokratischen Arbeiterpartei Rußlands« in deutscher Sprache drucken und an die deutschen Parteiorganisationen sowie an die Delegierten des Chemnitzer SPD-Parteitages versenden. Diese Broschüre zählt zu den ersten Schriften Lenins, die in deutscher Sprache erschienen sind. Letztmalig weilte Lenin zwei Wochen lang im Februar 1914 in Leipzig. Er wohnte illegal bei seinem Parteifreund Wassili Sagorski, der sich in der dritten Etage des Hauses Elisenstraße 45 (Bernhard-Göring-Straße) ein Zimmer gemietet hatte. Es war Lenins letzter Aufenthalt in Deutschland.

Klara Zetkin (1917)

Franz Mehring
1963

3. Juli 1917

Ein Gleißner, ein Meißner! So hieß es ehedem im heutigen Römischen Reich Deutscher Nation. Das arge Wort sollte die einschmeichelnde, höfliche, nachgiebige Art des obersächsischen Stammes verspotten, doch selbst als Spott traf es sehr daneben. Denn von jeher konnte Sachsen neben jeden Gellert einen Lessing, neben jeden matten und weichen Charakter einen entschlossenen und tatkräftigen Kämpfer stellen: welche Reihe ungestüme Kampfhähne von den Pufendorf und Thomasius, über den Lessing und Fichte bis zu den Richard Wagner und in seiner besonderen Weise auch Heinrich von Treitschke!

Eine echte Kampfnatur ist auch die Tochter des Landes, der wir heute zu ihrem sechzigsten Geburtstage unsere aufrichtigsten und herzlichsten Glückwünsche darbringen. Nur daß sie auch ihren Anteil an der anderen Art des sächsischen Stammes hat! Nicht an der zudringlichen Höflichkeit, die am Manne so leicht einen gleißnerischen Schein erweckt, sondern an dem echten Herzenstakte, der immer, bewußt oder unbewußt, nach dem Worte der griechischen Königstochter handelt: Nicht mitzuhassen, mitzulieben bin ich da. Diese unlösliche Verschmelzung von menschlicher Güte und menschlicher Leidenschaft macht das ganze Wesen unsrer Freundin aus: Ihr Haß gegen die

Unterdrücker fällt zusammen mit ihrer Liebe für die Unterdrückten.

Clara Eisner ist eine geborene Sächsin, und in Leipzig hat sie sich für den Beruf der Lehrerin ausgebildet unter der Leitung Edith Schmidts, der sie vor etwa einem Dutzend Jahren in diesen Spalten einen dankbaren Nachruf gewidmet hat. Sie verriet frühzeitig eine reiche Begabung, namentlich auch in der Sprachenkunde. Am tiefsten aber ergriffen sie die großen Gedanken des Sozialismus, der in den siebziger Jahren des vorigen Jahrhunderts sich in Sachsen rasch verbreitete. In ihnen fand ihr reiches Herz und ihr reicher Geist gleich innige Befriedigung. Aber sie vergaß nie das weise Nathanwort, daß andächtig schwärmen ungleich leichter sei, als gut handeln, und sosehr sie in heißer Glut für die hohen Ziele des Sozialismus entbrannte, so studierte sie nicht minder eifrig und gründlich die Mittel und Wege zu seiner praktischen Verwirklichung: auch Praxis und Theorie standen bei ihr immer im glücklichen Gleichgewicht.

Unter dem Druck des Sozialistengesetzes war für die junge Kämpferin in Deutschland wenig zu tun. Sie ging ins Ausland, in die Schweiz, wo sie sich mit dem trefflichen Ehepaar Motteler innig befreundete und regen Anteil an dem Vertriebe des »Sozialdemokraten« in Deutschland nahm, dann nach Paris, wo sie mit Laura Lafargue, der Tochter von Karl Marx, nahe verkehrte und mit dem russischen Ossip Zetkin den Bund fürs Leben schloß. Der Tod des kränklichen Gatten löste die Ehe allzufrüh, aber der jungen Witwe blieben zwei blühende Knaben. Wie dieser Natur alles immer im reichsten Maße zugemessen worden ist, so auch die Mutterschmerzen und die Mutterfreuden: die Mutterschmerzen, denn sie mußte einen überaus harten und manchmal fast unerträglichen Kampf ums Dasein führen, um ihren Kindern gerecht zu werden; die Mutterfreuden, denn es gelang ihr, beide zu tüchtigen Männern zu erziehen, auf die sie mit Stolz blicken darf.

Die historische Wirksamkeit Clara Zetkins, die ihr ein dauerndes Denkmal in der modernen Arbeiterbewegung sichert, begann nach dem Fall des Sozialistengesetzes, der sie nach Deutschland zurückführte. Sie übernahm aus schwächlichen und verkümmerten Anfängen die »Gleichheit« und schuf aus ihr das mächtige Organ, das der internationalen Frauenbewegung des Sozialismus Halt und Richtung gab. Nicht als ob sie in der Leitung dieser Zeitschrift oder auch nur in der Frauenbewegung ihre unermüdliche Tätigkeit erschöpft hätte. Sie war immer da, wo sie nützen konnte, und keine Wahlkampagne, in der sie nicht eifrig mitgetan hätte! Aber Nerv und Wesen ihrer jahrzehntelangen Arbeit war doch, daß sie in ihr zur ersten Lehrerin und Leiterin der sozialistischen Fraueninternationale heranwuchs, als solche freudig anerkannt und begrüßt, wo immer proletarische Frauenherzen für die Befreiung ihres Geschlechts und ihrer Klasse aus den Fesseln unwürdiger Sklaverei schlagen.

2. Mai 1977

Gert Neumann
1981

Heute ist Montag; und der Morgen begann mit dem Terror eines Gesprächs über die gestrige Maidemonstration. An ihr hatte einer der Männer teilgenommen; wie er, anfangs noch im Glauben er könne diese Feststellung unangefochten über die Lippen bringen, mit diesem Mut als ersten klaren Satz in dieses von ihm für notwendig zu haltende Gespräch einbrachte. Aber schon mit seinen ersten Worten geriet er mit seinem Gesicht in Verhältnisse, daß es eine Schande war, den Blick in der Erwartung folgender Wörter, die zur Vollendung seines Satzes gehörten und tatsächlich gesprochen wurden, auf seinem Gesicht zu belassen. Es verfärbte sich wie das Gesicht des Denunzianten im amerikanischen Film »Ein Mann wird gejagt«, das, rasend wie jene Mimik, durch die Wertigkeiten des Lächelns glitt, ohne ein Erbarmen bei seinen Lesern finden zu können: weil die Enthüllung der herrschenden Wahrheit auf diese Weise so weit vorangeschritten war. Und auch jener Mann war unter uns, der behauptete, er hätte den Marschblock nicht mehr angetroffen; aber er konnte das Mitleid nicht einmal so weit verdrängen, daß etwa jemand erörtert hätte, ob diese Behauptung etwa doch wahr sei. Alle anderen Männer hatten wie ein Chor geschwiegen. Aber dann geschah es, in einer nicht zu übersehenden Folgerichtigkeit, daß unter uns die Nachricht erschien, es müsse »am kommenden Donnerstag die Unterwäsche gepackt« sein, dann »wenn die Sirenen dreimal im Langton« gingen. Und das bedeutete – wie es sich auf funkelnden Gesprächswegen, niemals ausgesprochen, sondern in den Satzgestalten von Schlüssen und plötzlich vorhandenen Emotionen wegen der hervorbrechenden Nexus aus dem gesamten Gegenwartskontext – daß für diese Stadt eine Mobilmachungsübung ausgerufen worden sei, zu der seit einiger Zeit gewisse Vorbereitungen getroffen worden waren. Ich müßte mich zum Beispiel nach dem »Erklingen dieses Sirenentons« in einem Sportstadion einfinden; daß ich mir, niemals anders, sofort unter »atomaren Beschuß« vorgestellt finde. (Den Weg an dieser Bank entlang gehen viele junge Männer, die eine ganz bestimmte Kleidung tragen; sie sind häufig mittelgroß und dünn, und sind auf einer besonderen Art in Gedanken: hier befindet sich am Ende dieses Weges das Hauptquartier des Staatsschutzes in dieser Stadt, die, im Volksmund genannte, »Runde Ecke«.) Und zugleich zerbrachen auch alle eben anwesenden Gewißheiten über unser Leben, denn es gab ja keinen anderen Ausweg, außer dem, daß sich vielleicht diese Gerüchte gar nicht erfüllen könnten.

Und dann gab es darüber keinen Zweifel, als der Meister gegangen war, wie aussichtslos heute die Chancen für einen normalen Arbeitstag waren. Wir standen an unseren Werkbänken und führten sich in düsteren politischen Spekulationen ergehende Gespräche. (Nun ist ein Mann zu mir auf die Bank gekommen, und ich bin ganz von seiner, möglichen, Vorstellung gefangen, er möge in mir einen Denunzianten sehen, der sich die Ereignisse des Vormittags seiner, zu meiner Arbeitskleidung notwendig gehörenden, Arbeitsstelle, in der Sprache jenes Staatsschutzes notiert; und ich sehe die ungeheuren Konsequenzen dieses Gedankens...) Und plötzlich gab es für diesen Tag unter uns den Entschluß, zu dem wir endlich in einer Solidarität zu uns selbst fanden, daß wir »nach den Türen, die hinaus auf das Dach führen« sehen müßten. Und tatsächlich standen wir später, in einer dort lind umhergehenden Luft, nur unter dem reinen Himmel, am Rand einer kniehohen Brüstung, und sahen hinab in die, aus dieser Nähe betrachtete, vorsichtig verkehrende Stadt. Und zwei Zentimeter, vor dem Absturz, lag in einer Falte des Blechs der Brüstungsabdeckung, unbewegt von der in ganzen Räumen wandernden Luft, ein sauberes Taubenei.

18. »War das eine von den bombardierten Städten?«

Die Mutter verschwand mit der Schwester (1944)

Uwe Johnson
1961

Über die Angriffe der vereinigten Welt aus der Luft sagte Achim: Das weißt du ja. Er lernte die Stadt erst wieder kennen, als sie bereits aufgelöst wurde von den Bomben. An einem der ersten Nachmittage nach dem Einzug ließ er die Gartenarbeit liegen, weil die Erinnerung an die trockene Sonnenwärme der ersten Wohnung ihn überfallen hatte; vierjährig lag er über Fensterbrett und Sims hinausgebeugt und starrte in die Straßenschlucht hinunter. Tiefer Schatten bedeckte die Fahrbahn zur Hälfte und brachte den stockigen Geruch des Ladens im Erdgeschoß hervor (immer noch: Kolonialwaren) und die kühlen Steine im Flur und das graue Licht im Treppenhaus: das alles im Schatten versammelt, und daneben auf der uneben gleißenden Asphaltbahn zog ein Mädchen mit einem Kinderwagen den langen baumlosen Gehsteig entlang, er konnte singen hören. Die Stille schwang gewaltiger über dem Schrillen und Rasseln der Rollschuhe, auf denen die Kinder in Bögen um einander kreisten: in den Kurven gebückt zogen sie Kreidestriche hinter sich her, ein riesiges Gesicht wuchs aus der Hitze, das kannte ihn. Im letzten Augenblick hatte die Mutter ihn zurückgerissen und das Fenster verriegelt. Das alles wollte er wiedersehen. Er ließ sich von der Mutter den Weg dorthin beschreiben und fuhr mit der Straßenbahn ans andere Ende der Stadt. Die Leute, die er nach dem Weg fragte, sahen den Jungen betroffen an und entschlossen sich nur zögernd zur Auskunft. Es war ein so warmer Tag wie der erinnerte. Er ging lange parallel der Straße in einer anderen, weil er um die Apothekenecke genau auf das Haus zukommen wollte. Alles flog ihm wieder zu: das Transformatorenhaus in den Büschen an der Kreuzung kannte er, das Gesträuch war damals niedriger gewesen, die Apothekentür stand offen wie immer wenn er um Lakritzen betteln gegangen war, die Häuser waren nicht da. Der offene Himmel schlug ihn einen halben Schritt zurück. Vor ihm lag ein rundlicher langer Wall aus Schutt bis zum Rand der Fahrbahn, die Häuser der Gegenseite neben ihm waren nur Außenmauern und leer, – Es hat gebrannt: dachte er schnell, aber es half nichts, es waren die Bomben gewesen. Er hätte nie geglaubt daß fünf Stockwerke (mit all den Möbeln! und da waren doch noch Böden und Wände dazwischen! und die Menschen?) so flach zusammenzulegen waren. Der Wind trieb Staub von den Hügeln auf den splittrigen Gehpfad, kleine Wirbel standen auf unter ihm und wanderten wie Fahnen tänzelnd über den Kamm des Schuttwalls. Es war sehr still. Eine einzelne hochragende Mauer trug Kachelverkleidung und darüber auf unversehrtem Putz einen blanken Schmuckteller mit weiß und blauem Muster. Da war einmal eine Küche gewesen. Ein Mann in grauer Uniform war beim Graben, an einen Schornsteinrest gelehnt sah eine junge Frau ihm zu. Er bückte sich und holte zwischen seinen Füßen ein kleines buntes Tuch hervor. Es sah ganz heil aus. Er warf es der Frau zu. Sie lachten über etwas. Der Soldat zog seine Jacke aus und legte sie ordentlich gefaltet neben sich. Pfeifend grub er weiter. Achim lief weg.

Er wartete auf das große Erlebnis des Angriffs, das ihm von der erregten Hast aller Menschen nach dem Aufheulen der Sirenen und von ihren angstbesessenen Gesichtern versprochen war. Er hatte davon nur reden hören. Das erste gezielte Bombardement sah er an einem frühen Nachmittag im Vorsommer, sie saßen alle in der Waschküche unter dem Haus und sahen durch die offene Tür weiße freundliche Wolken am Himmel. Der Wind schlug Wellen von Flugzeuggeräusch in der Luft heran und verschwieg sie wieder. Dann zitterte die Erde ein wenig. Achim begann zu lachen, es war ein unwiderstehliches Kichern, das ihn schüttelte. Der Vater sprang auf und schlug ihm von beiden Seiten ins Gesicht. Über dem grünen Rand des Unkrauts um die Waschküchentreppe quollen Wolken in der Ferne hoch, weiß waren sie und zierlich gebildet. Sie verdeckten die anderen. Dann wurden sie grau. Achim krümmte sich in unaufhaltsamem Gelächter. Sie lebten alle noch. Sie waren nicht tot.

Wieso hatte Achim eine Schwester: nur drei Jahre?

Die Mutter verschwand mit der Schwester in den Armen, so hatte er sie zuletzt gesehen. Er wußte wohl daß die Toten nicht heil unter den Häusern hervorgeholt wurden, er hatte auch auf dem Friedhof die riesigen Gruben gesehen und die unzählbaren Versammlungen vierkantiger Kisten davor, da haben sie Beine und Köpfe durcheinander reingeschmissen was gerade kam Achim, glaubst du nicht? – Doch. In Achims Vorstellung war der Tod bei einer kleinen Gruppe schwarzgekleideter Menschen inmitten eines Kordons brauner Uniformen, auf die man nur durch einen weiteren Sperrgürtel brauner lederverzierter Rücken blicken konnte, Blumenberge verdeckten die eilig aufgeworfene Erde und die schweren Duftschwaden von den Kisten her; der Tod war auch einer von den älteren Sperrmännern, der sich umwandte und sagte so grob wie gutmütig: Geht hier weg Jungens, und nach einer Weile etwas verächtlich: Das ist ein Befehl. Aber die Mutter war nicht in diesen Särgen. Sie war verschwunden. Sie war vormittags in die Stadt gefahren. Sie wollte eine Armbanduhr kaufen für den Geburtstag des Vaters. Danach sollte der Vater sie auf dem Hauptbahnhof treffen, wo sie Einkäufe mit einer Tasse Kaffee zu beschließen pflegte (an die vornehmeren Gaststätten in der Stadt hatte sie sich doch nicht mehr gewöhnen können). Da mußte der Angriff über sie gekommen sein. Weder schien die Westhalle sie erschlagen zu haben, noch war sie wohl in die Kellerräume unter dem Querbahnsteig hinuntergerissen worden. Denn sie wurde da nicht gefunden. Der Vater kam erst spät in der Nacht nach Hause. Er hatte in der ganzen brennenden Umgebung bergen und löschen helfen. Er hatte eine Puppe gefunden wie die Schwester sie in der Hand gehalten hatte, aber sie war angekohlt und konnte auch anderen Kindern gehört haben. Es war ein sehr häufiges Spielzeug. Der Vater weinte nicht. Er saß graugesichtig und angesengt in der Küche und fragte den Jungen aus bis zum Morgen. Achim verschwieg daß sie ein Geburtstagsgeschenk hatte kaufen wollen: er mochte ihr die Überraschung nicht verderben. War Achim sicher, war sie wirklich in die Stadt gefahren? Hatte sie ihm auch etwas vom Hauptbahnhof gesagt? War die Schwester nicht nebenan in Obhut gegeben? War die Mutter nicht längst zu Hause und versteckte sich aus Spaß? Was wollte Achim für die Wahrheit geschenkt haben? Lange nachdenkend saß er über die Lehne gekippt auf einem Stuhl mitten in der Küche. Der schlafende Junge erwachte angestarrt aus weit aufgerissenen Augen, über die eine schwarze Hand fuhr und eine halbe Braue wegwischte wie Staub: hatte Achim sie zur Bahn begleitet? Wann hatte sie zurück sein wollen? Hatte er das mit eigenen Augen gesehen? Sie war nicht tot. Sie war nur nicht wieder nach Hause gekommen. Sie war abgefahren in dem blauen weißgepunkteten Sonntagskleid und hatte gewinkt hinter der Scheibe des Wagens, die Schwester saß ihr auf dem Schoß mit der Puppe vor der Brust und blickte freundlich auf ihren großen Bruder, der ungeduldig die Abfahrt erwartete. Die Schwester hatte vorher geweint beim Haarewaschen, steif geflochten standen ihr die kurzen schwarzen Zöpfe vom Kopf. Die Mutter hatte den Mund bewegt beim Winken, aber er hatte sie nicht verstehen können. Sie waren abgefahren in einem der schweren Großraumwagen, die zum Einsteigen eine tiefere Plattform in der Mitte haben und in den Abteilen lederne Bänke, in einem solchen Zug wie sie heute noch durch die Stadt fahren auf der selben Strecke.

Eine Bleibe haben. Ohne Bleibe sein (1944)

Christa Müller
1979

Zu Elsas, meiner Mutter, Geburtstag war ein Grabstein durchs Dach in den Korridor gefallen. Als wir aus dem Keller kamen, bedeckten Glasscherben und Gardinen übers Tischtuch verteilte Klöße. Das war komisch. Seltsam nahm sich der Grabstein auf dem Korridor neben der Schlafzimmertür aus. Gesplittertes Holz und zerfetzte Teerpappe klafften in den blauen Himmel. Der Stein, aus schwarzem poliertem Granit, trug einen Davidstern und goldenes Hebräisch, das ich nicht lesen konnte.

Ein Stein, aus der Erde gehoben, durch die Luft geflogen, durch unser Dach gefallen.

Ich dachte an einen grauen Morgen, als Klagen vom Friedhof in die Stille unserer Wohnung drangen und meine Mutter totenblaß war. Ich hatte mich zum Fenster geschlichen. Wenn ich mich auf Zehenspitzen stellte, reichte ich mit der Nase bis zum Fensterbrett. Ich sah Leute in dunklen Mänteln sich vor einem der Gräber immer und immer wieder verbeugen und hörte sie dabei schmerzlich wimmern. Sie hatten auf den Sims des Grabsteins Gefäße gestellt und nahmen von Zeit zu Zeit etwas daraus und streuten es über das Grab.

Meine Mutter holte mich vom Fenster. Setzte sich mit mir in die entfernteste Ecke des Zimmers. Mein Vater stand hilflos vor uns, schob die Hände in die Ärmel des Schlafanzuges und nahm sie wieder heraus. Mein Gott, flüsterte Elsa, steh ihnen bei!

Es geschah nichts weiter an diesem Morgen.

Sie waren bald still.

Was hätte geschehen können? Was wurde mir verborgen? Vierjährig. Neunzehnhundertvierzig.

Elsa wartete. Mein Vater nahm sie in die Arme. Sie weinte.

Als der Stein in unserem Korridor lag, vier Jahre später, weinte sie nicht.

Die anderen zeigten sich betroffen und geneigt, ihn als Zeichen zu nehmen.

Elsa ließ den Stein samt dem Schutt durchs Fenster auf den Friedhof zurückfallen. Nichts war ihr anzusehen, außer daß es sie Körperkraft kostete. Er versank in einer Wildnis aus Goldrute und Efeu.

Dieser Friedhof! Der mich mit Scheu erfüllte und mich lockte, auf dem ich seit jenem Morgen nie mehr einen Menschen erblickte bis zum Ende des Krieges, der im Winter am ehesten mit der Gleichförmigkeit der Hügel unterm Schnee und trotz der gestürzten Steine einem Friedhof glich.

Im Frühling schoß alles, was wachsen konnte, ungehindert heraus aus dieser Totenerde, und er verspann sich in Grün. Im Sommer überflutete ihn ein Goldmeer blühender Ruten. So hoch, daß sie über unseren Köpfen zusammenschlugen, wenn wir wagten, da hinabzutauchen. Im Herbst blieben die nackten Stengel. Wie Stacheln bewehrten sie die Gräber, raschelten im Wind und zerbrachen unterm Regen, ehe der Schnee kam.

Und dieser Regen floß durch unser Dach in den Korridor, durch das mit Sperrholz vernagelte Loch, das ein Grabstein, im Explosionsdruck einer Bombe emporgeschleudert, geschlagen hatte. [...]

Den Himmel der vierten Dezembernacht dreiundvierzig hatte ich aus Elsas Bett gesehen: Ein düsterer, rotglühender Himmel, aus dem es verderblich niederheulte, noch ehe wir richtig erwacht waren und begriffen, was uns geschah. [...]

Ich hörte nachts Züge rollen. Die Ausfahrtstrecke des Leipziger Hauptbahnhofs lag einen knappen Kilometer vor uns. Und als die Kreise, die ich um unser Haus zog, diesen Radius hatten, ging ich auf den Viadukt. Tief unten die Schienen, sich blank und glänzend in Ferne verlierend; rechts von mir, anziehend und vertraut, der Friedhof; links die toten Backsteinbauten der Wollkämmerei, hinten die Montagehallen eines ebenso toten Rüstungsbetriebes und vor mir die zertrümmerte Stadt.

Ich stand auf der Brücke, in den Rauch der Lokomotiven gehüllt, erwog auf das Wagendach eines ausfahrenden Zuges zu springen. Aus der Stadt zu kommen.

Wohin? Ich wußte es nicht. Die Waggondächer waren besetzt mit Menschen. Die Züge brachten sie in die Stadt und wieder hinaus.

Eine Bleibe haben.

Ohne Bleibe sein.

Häufig gebrauchte Wendungen zwischen Elsa und meiner Großmutter.

Im Vorderhaus wohnten Frauen, die auf Waggondächern gefahren waren.

Die eine Bleibe gefunden hatten.

Vorübergehend.

Jüdische Jugendzeit (1934/1942)

Rolf Italiaander
1978

Seit Tagen liegt ein weißes Blatt Papier auf meinem Schreibtisch, und rechts oben in der Ecke steht in Versalien: LEIPZIG. Ich soll Erinnerungen an das kulturelle Leben in Leipzig zur Zeit meiner Jugend erzählen. Sie war gewiß ungewöhnlich. Trotzdem fällt es mir schwer, den »Einstieg« zu dieser Chronik zu finden; die hellen Erinnerungen sind verdunkelt worden, was mich gerade jetzt erneut verwirrt.

Im Jahre 1942 rief mich aus einer Leipziger Telefonzelle mein Vater in Berlin an und bat mich mit erregter Stimme, doch den nächsten Zug nach Leipzig zu nehmen. Er habe Dringendes mit mir zu besprechen, und ich könne danach gleich zurückreisen. Er holte mich am Leipziger Hauptbahnhof ab und bestieg mit mir eine wenig besetzte Straßenbahn.

»Wohin willst du?« – »Ich will mit dir etwas herumfahren, um unbeobachtet mit dir zu sprechen. Du darfst nicht nach

Hause kommen. Es soll niemand wissen, daß du hier gewesen bist.«

Wir waren allein auf dem Perron, und er stammelte, jetzt sei unser seit 1934 schwelendes Abstammungs-Verfahren in ein neues, höchst kritisches Stadium geraten. Irgend jemand von der Gestapo behaupte, ich sei »Volljude«, und entsprechend seien dann auch alle Familienmitglieder irgendwie nicht-arisch. Mein Vater war hilflos und mußte sich Tränen von den Wangen wischen. Mir verschlug es die Sprache; denn was hier behauptet wurde, entsprach nicht den Tatsachen. Es war eine neue Schikane. Aber ich wußte längst, daß es in Leipzig NS-Funktionäre gab, die kriminelle Sadisten waren. Jede Gemeinheit war ihnen recht, um einen Menschen zu vernichten; mich haßten sie. Im Laufe der folgenden Monate konnten wir die Behauptung entkräften; sonst wären wir wie niederländische Träger unseres Namens in ein Vernichtungslager verschleppt worden.

Man wird gewiß begreifen, daß diese wie ähnliche Szenen meine Erinnerungen an Leipzig überschatten. Und seitdem bin ich nie wieder in meiner Geburtsstadt gewesen.

Letzte Vorkehrungen (1945)

Erich Loest
1984

»Alles klar«, sagte der Ritterkreuzträger, »ich erkläre Sie zum Verbindungsmann zur Zivilbevölkerung. Erläutern sie die neue Lage. Hier hat sich's ausgeluftschutzt. An uns beißt sich der Ami die Zähne aus.«

In unserem Verschlag richtete sich ein Stab ein. Telefonstrippen wurden kreuz und quer gezogen, ich hörte eine Meldung vom Gipfelstein herunter; der Luftmeldeposten gab bekannt: Klare Sicht über die ganze Stadt. Ich legte meine Armbinde an; ich hoffte, sie gäbe mir ein wenig Autorität. Als ich ins Freie trat, sah ich Grüppchen von Leuten an der Reitzenhainer, die zerstreuten sich bald, sie merkten wohl selbst, daß sich die Lage geändert hatte und es gut war, sich nach einem anderen Schlupfwinkel umzusehen. Mit dem Ritterkreuzträger ging ich die Wälle entlang und erklärte ihm das System unserer Luftschächte. Auf der Fläche, die einmal das Wasserbecken gewesen war, hatte sich ein Heerlager eingerichtet. SS-Leute schliefen, andere stellten Zelte auf, Feuer qualmten. Vom Friedhof her schleppten SS-Männer Bündel von Zaunlatten an, ich sagte: »Wie vor der Völkerschlacht. Nur war damals das Wetter miserabel.« Der Ritterkreuzträger lachte. »Eine phantastische Anlage«, befand er, »wie bei einem alten Fort, wir brauchen bloß den Eingang da vorn abzuriegeln.« Unter diesem Gesichtspunkt hatte ich die Wälle noch nie gesehen. »Wie der Douaumont«, lenkte ich zögernd ein.

Auf dem Platz, wo jetzt Busse parken, standen zwei Acht-acht-Geschütze mit Flaksoldaten und Hitlerjungen als Bedienung. Granaten wurden in die Totenbunker getragen. »Wäre nicht schlecht«, sagte der Ritterkreuzträger übergangslos, »Sie würden sich freiwillig zur Waffen-SS melden. Dann könnte ich Sie zum Kommandanten der umliegenden Straßen ernennen. Na?« Er schien Gefallen an seiner Idee zu finden. »Bin Feuerwehrmann«, sagte ich, »da kann ich leider nicht ohne weiteres weg.«

»Kriegen wir hin«, meinte er fröhlich. »Ich befördere Sie gegebenenfalls zum Untersturmführer. Können erst mal wegtreten. Um zwei melden Sie sich. Verstann?«

»Alles klar, Chef«, sagte ich. Da wurde er plötzlich ernst; er überlegte, ob ich ihn wohl für voll nahm.

Marianne hatte eine Suppe aus gequetschten Roggenkörnern gekocht, sie gewann ihren Geschmack durch gebräunte Zwiebel. Natürlich war von nichts anderem als der SS die Rede. »Ich gehe nie wieder hin«, sagte ich. Da fiel mir ein, daß ich nach dem Tod meines Vaters gelobt hatte, das Denkmal zu schützen. »Jedenfalls müßt ihr euch nach einem Luftschutzraum umsehen.«

»Und wenn wir uns auf den Feldern ein Loch graben?«

»Keine Panik, aber auch nicht warten, bis es zu spät ist.«

Als ich mich wieder zur Stelle melden wollte, erfuhr ich, der Ritterkreuzträger habe eine Erkundungsfahrt an den westlichen Stadtrand unternommen. Ich sah zu, wie immer mehr Vorräte ins Denkmal und in die Bunker geschafft wurden. Die Wälle waren von Schützenlöchern und MG-Stellungen gesprenkelt. Das Heerlager unten hatte sich geordnet, Zelte standen nun in Reihen, die Ecken waren von Vierlingsflak markiert. An einer Feldküche wurde Gulasch mit Makkaroni ausgegeben, ein SS-Mann bot mir Kochgeschirr und Löffel an, ich schlang das markenfreie Gericht und entsann mich der Nudelsuppe, die mein Vater ausgekellt hatte. Es mußte wohl erst knüppeldick in Deutschland kommen, bis der kleine Mann sich vollschlagen konnte.

Der Himmel blieb feindfrei, keine Jagdbomber hetzten den Ritterkreuzträger bei seiner Rückkehr. Neben ihm saß ein Zivilist – ich stellte erstaunt fest, daß ich gedacht hatte: Zivilist und nicht etwa: älterer Herr oder glatzköpfiger Beamtentyp. Der Ritterkreuzträger sah mich an, als müßte er überlegen, wer ich war. »Mein Baufachmann«, erläuterte er schließlich mit vorstellender Geste. »Mein historischer Berater, Herr Studienrat Bemmann.« Wir gaben uns die Hand, wobei wir uns verbeugten und murmelten: »Sehr angenehm«; es war schon komisch. Neben uns fiel zwei SS-Männern ein Karton aus den Händen, Konservenbüchsen rollten den Hang hinunter. Der Ritterkreuzträger musterte argwöhnisch einen Kondensstreifen, da flog wohl hoch oben ein »Mosquito«-Aufklärer. »Vielleicht werden jetzt die ersten Luftaufnahmen von der Festung Völkerschlachtdenkmal gemacht«, sagte er selbstbewußt. »Sie dürfen sich glücklich schätzen, mit auf dem Foto zu sein.«

Führer und Unterführer reckten den Arm und meldeten den Fortgang dieser und jener Arbeit. Munition und Verpflegung seien reichlich vorhanden, zwei Heerespanzer allerdings, die sich der Kampfgruppe hatten unterstellen sollen, aus unerfindlichen Gründen nicht eingetroffen. »Wenn wir die Burschen greifen«, verkündete der Ritterkreuzträger, »hängen wir sie da vorn an die

Bäume. Achtzehn Uhr in der Krypta: alle Führer zum nationalpolitischen Schulungsabend! Volksgenosse Bemmann spricht. Er und Volksgenosse Linden werden in unsere Verpflegung aufgenommen. Wegtreten!«

Ich »faßte« ein halbes Brot, eine Büchse Blut- und eine Büchse Leberwurst, zehn Zigaretten, zwei Rollen Drops und eine Schachtel Scho-Ka-Kola. Als ich murmelte, ich hätte vier Kinder, bekam ich sechs Rollen Drops extra. Daheim deckte Marianne den Tisch wie im Frieden. Die meisten Drops hielt sie zum Süßen des Tees zurück. Wir aßen das Brot und die Leberwurst auf, danach war es Joachim beinahe schlecht. Wenn er groß sei, ginge er zur Waffen-SS, versicherte er.

Zu Beginn des Schulungsabends sangen die Führer: »Wenn alle untreu werden, so bleiben wir doch treu«, ein Lied mit schwierigem Rhythmus. Die Führer hatten Decken und Zeltplanen mitgebracht und hockten zu Füßen der Giganten. Petroleumlampen funzelten, der Ritterkreuzträger verkündete, es dürfe geraucht werden. Bisher hatte das hier noch niemand gewagt.

Was ich dann hörte, war ein Hohelied auf Schädel und gekreuzte Knochen. Die Lützower als Vorläufer der SS, Theodor Körner ein früher Horst Wessel, das Denkmal als trutziges Zeichen heldischen Sterbens für die Idee des Reiches und des Volkes – die Akustik zwang Bemmann, langsam und getragen zu formulieren, und so geriet er in den Tonfall einer Predigt. »Der Füüührer«, sang er, »im Bunker der Reichskanzleuuui blickt auf die Kräääger, die hüüür zum letzten Kaaampf angetröööten süüünd.« Ein Untersturmführer warf mir eine Schachtel Zigaretten zu, ich bediente mich ohne Umschweife. »Aus Walhall blücken unsere Ahnen auf uns heruntääär, die hiiier Bluuut und Bodän unseres Vaterlands verteidigtööön.« Napoleon sei von Westen gekommen und dorthin zurückgetrieben worden, den Amerikanern würde es nicht anders ergehen. Am Gesicht des Ritterkreuzträgers sah ich, daß er mit dieser Auslegung zufrieden war.

Ich versuchte mir vorzustellen, was der Proletarier Machulski von all dem gehalten hätte; da sah ich ihn neben der Figur, die die Tapferkeit symbolisiert, an ihrer linken Wade lehnte er, ein Hosenbein mit Sicherheitsnadeln hochgesteckt, seine Unterarmstützen daneben. Seit er aus der Erde gebrochen und unter die Jugendschinder gefahren war, hatte er offensichtlich seine Uniform in Ordnung gebracht und sich gewaschen. Ich hob die Zigarette und blickte ihn halb schuldbewußt an, er winkte ab; darauf kam es nun auch nicht mehr an. Während der Studienrat die Kamellen vom Blutsfaden vom Teutoburger Wald bis hierher abhaspelte, fand ich Zeit, die SS-Führer zu betrachten. Keiner außer dem Ritterkreuzträger war älter als fünfundzwanzig, sie hatten die Mützen verwegen gekniffen, jeder trug sie ein wenig anders nach einem besonderen Schick. Alle waren rasiert, adrett, sportlich, feine Jungs. Keiner ohne Eisernes Kreuz, zwei mit dem Deutschen Kreuz in Gold, die meisten mit Sturmabzeichen, Nahkampfspangen – ihre Großväter waren bei Mars la Tour geritten, die Väter hatten Fleury nicht gewonnen, die Ur-Ur-Großväter waren bei Stünz übergelaufen oder hatten das Grimmaische Tor gestürmt oder verteidigt. Nun schickten sie sich an, Helden zu werden.

Das Schlußwort des Ritterkreuzträgers war kurz: »An der Festung Völkerschlachtdenkmal werden sich die Feinde des Reiches die Zähne ausbeißen, ob sie von Ost oder West kommen. Es lebe der Führer!« Da sprangen alle auf und versteckten ihre glimmenden Zigaretten in der hohlen Hand. Sie sangen: »Was glänzt dort im Walde im Sonnenschein, hör's näher und nähäher brausön.« Auch dieses Lied hat seine Tücken, der SS-Chor kam glänzend darüber hinweg. Dann schrie der Ritterkreuzträger, daß es bis zu den Reiterreliefs hinaufschallte: »Kammraden, wir sterben zusammen!« Ich dachte: Haupt bei Haupt.

Wir traten hinaus in einen milden, windstillen Abend und hörten die Amseln in den Friedhofsbäumen. Hinter Wolkenstreifen sank die Sonne, die Luft war so rein, wie sie niemals wieder über Leipzig sein wird. Kein Fabrikschornstein rauchte, kaum ein Auto fuhr, die Werke von Kulkwitz bis Leuna hatten die Feuer unter ihren Kesseln gelöscht. Die Stadt wartete auf den Feind, den Befreier. Zu den Totenwächtern blickte ich hinauf, sie waren rötlich überhaucht; nun würden die Toten wieder Nachwuchs bekommen. Blutopfer, ein alter Ausdruck. Haupt bei Haupt.

»Kommen Sie mal mit«, sagte der Ritterkreuzträger. Wir gingen zum Friedhof. Neben dem Weg waren Zickzackgräben ausgehoben, an einer Kurve wurde ein MG-Nest mit Balken und Steinplatten abgesteift. Es war kein so kunstvoller Bau wie der, den Vojciech am Lingekopf gemauert hatte; aus dem Feuerloch konnte ein Schütze die Baumkronen abstreichen und Gegner zwischen den Grabkreuzen niederhalten. »Ist ja an alles gedacht«, sagte ich in das Schweigen hinein. Die Wendung vom tödlichen Schweigen fiel mir ein, sie störte mich.

»Wir brauchen einen Stollen zum Friedhof. Wenn wir eingeschlossen sind, könnte ein Späher oder ein Verbindungsmann hinaus.«

»Klarer Fall, Chef.«

»Das heißt ab jetzt: Jawohl, Sturmbannführer.«

»Jawohl, Sturmbannführer.«

»Und wie am besten?«

Ich dachte nach und begann vorsichtig: »Wir müßten aus den Fundamenten heraus. Das haben wir bisher aus statischen Gründen vermieden. Aber wenn's nur ein schmaler Gang ist, kann nichts passieren.«

»Wieviel Mann brauchen Sie? Und wie lange wird das dauern?«

»Vier Mann von der einen, vier von der anderen Seite – vielleicht 'ne Woche?«

»Ich geb Ihnen zwei Tage.«

Der Zaun hatte viele Lücken, die Feuer der SS hatten Latten und Riegel verschlungen wie die Wachfeuer der Völkerschlacht jeden Pfosten und jedes Brett weitum. Vor dem Grabmal der Familie v. Pussenkomm, deren Namen ich in der zunehmenden Dämmerung nicht entzifferte und wozu auch keine Veranlassung bestand, zeigte ich auf den Boden. »Soll der Gang hier rauskomm?« Mein Chef nickte.

Eine Viertelstunde später begannen dort zwei SS-Männer zu wühlen, zwei andere standen zur Ablösung bereit, wenn einem die Luft ausgehen sollte.

Letzte Wochen in Leipzig

Friedrich Michael

1945

Tagebuchblätter aus dem Frühling 1945:

Donnerstag, 19. April: – Gestern nachmittag gab es einige kritische Augenblicke. Der Kampf an der Rennbahn nahm Formen an, die auch den anliegenden Häusern Gefahr brachten. Ich wollte gerade zu Frau St. gehn, als plötzlich ein toller Geschoßhagel über uns hereinprasselte. Ich blieb im Treppenhaus. Nachher fand ich Spuren der Einschläge und Splitter. Im Balkonzimmer wurde der Fensterrahmen durchlöchert, ein Geschoß ging in die Rückwand des Zimmers, gerade über dem Sofa, auf dem zwei Stunden vorher Rechtsanwalt Heger gesessen hatte. Bei einer schweren Explosion ging wieder eine der großen Fensterscheiben im Eckzimmer zu Bruch.

Ungemütlicher Abend. Früh Ruhe. Vor dem Quartier der SS in der Fockestraße lagen zwei Tote, mit Mänteln bedeckt. Erste Anordnungen der Amerikaner. Wer plündert, Sabotage übt oder aus dem Hinterhalt schießt, wird erschossen. Lebensmittelkarten sollen nicht weggeworfen werden. Ausgehzeiten 8 bis 10 und 4 bis 6 Uhr.

Freitag, 20. April: – Merkwürdig: man geht aus, ohne die Sachen in den Keller zu bringen, man hört Flugzeuge über sich und bleibt in der Wohnung. Man stellt Dinge auf den Schreibtisch, die man sonst in einer Mappe mit sich herumtrug. Wir waren heute früh schon im Garten und haben Kartoffeln gelegt. [...]

Mittwoch, 2. Mai: – Besprechung informativer Art bei Brockhaus, Wächterstraße, mit Hauff, Felix Meiner u. a. Mitteilungen über erste Fühlungnahme des Börsenvereins mit der amerikanischen Militärregierung (Heimoff?). Exposé über Leistung und Pläne des Verlags. – Gerüchte wollen wissen, Leipzig sei zum Hauptquartier General Eisenhowers ausersehen, ja zum Sitz der interalliierten Verwaltung für Deutschland, weil es weniger zerstört sei als Berlin.

Freitag, 4. Mai: – Im Verlag besucht mich ein junger Amerikaner, Marr. Lange Unterhaltung. Fragt unvermittelt nach Erich Kästner und strahlt ganz kindlich auf, als ich ihm sage, daß ich Kästner gut kenne, daß er alles gut überstanden und daß ich seine letzte Adresse in Mayrhofen habe.

Dienstag, 8. Mai: – Gestern waren wir im Garten in Stötteritz, ich habe noch einmal drei Reihen Kartoffeln gelegt. Es ist sehr schön dort im Garten an einem solchen sonnigen Tag, und die Berührung mit der Erde hat etwas wunderbar Wärmendes, Beruhigendes... Abends hörte ich im Rundfunk, daß Deutschland durch den Grafen Schwerin-Krosigk kapituliert hat und daß von den Alliierten der heutige 8. Mai zum Siegestag erklärt worden ist. Churchill und Truman werden sprechen, auch der englische König. Die Nachricht, die ja zu erwarten war, hat mich doch im ersten Augenblick überwältigt, denn sie hat zum Bewußtsein gebracht, was wirklich geschehen ist. [...]

Montag, 14. Mai: – Churchill hat gestern abend gesprochen. Runfunk brachte Auszüge. Er sagte unter anderem: »Wir müssen die Gewähr schaffen, daß die klaren Ziele, für die wir gekämpft haben, nicht achtlos beiseite geschoben werden, daß die Begriffe Freiheit, Demokratie und Befreiung so verstanden werden, wie wir sie verstehen, und daß nicht an die Stelle des besiegten Hitler und seiner Mitläufer andere autoritäre Regierungen und andere Polizeistaaten treten!« – [...]

Im Verlag besuchte mich R., um einmal etwas über den Buchhandel zu hören. Er erzählte unter anderem von einem Mann, der allen Ernstes den Plan betreibe, Deutschland als eine Art Dominion unter englische Führung zu stellen, in Deutschland eine ›englische Königspartei‹ zu bilden mit dem Ziel, dem König von England die deutsche Kaiserkrone anzutragen. Ich halte ihn für verrückt. Wie es der Zufall fügt: als ich nach Hause komme, ist Dr. M. da und erzählt, er kenne sogar diesen Mann, er sei ein Buchhändler, gar nicht verrückt, sondern bestimmt von der Sorge um Deutschland, das er in die Arme der Sowjets treiben sieht. [...]

Dienstag, 22. Mai: – Heute ist Kippenbergs Geburtstag. Vor einem Jahr wurde er als der siebzigste in Weimar großartig gefeiert, ich lernte viele Menschen kennen, unter ihnen Ricarda Huch. Heute? A. K. sitzt in Walbeck bei Hettstedt, abgeschieden von allen, die ihn damals feierten. Gerade an solchem Tag kommt einem wieder zum Bewußtsein, wie man eigentlich jene Tage hat erleben können – man wußte doch schon: es kann nicht gut enden. Und doch lebte man, als ob alles in Ordnung wäre. Es ist das, was die andern nicht verstehen: wie uns Deutschen das möglich war. Wie soll man es erklären?

Alle Welt folgt dem Ruf nach Anbau jeder Grünfläche in Deutschland. Die Folge ist Mangel an Pflanzen. Im Zuge unserer eigenen gärtnerischen Bemühungen habe ich heute vormittag einen Korb Pferdemist gesammelt. Ich fuhr mit dem Rad, und so hatte ich verhältnismäßig schnell, was ich brauchte.

Sonnabend, 26. Mai: – Immer wieder die ungeheuerlichen Kontraste: man hört in den Sendungen aus London Berichte über die Konzentrationslager – dann erklingt Mozarts Musik – danach: Tokio ein einziges Flammenmeer; man kann es sich vorstellen, bei Sturm obendrein! Brandbomben in unbeschreiblichen Mengen. Ach Mozart! Dann kommt ein Mitteilungsblatt für Leipzig über die Zuteilung an Lebensmitteln für die Zeit bis zum 24. Juni: 6000 g Brot, 400 g Fleisch, also 100 g für die Woche, 150 g Fett für 3 Wochen, 300 g Nährmittel für die ganze Periode, 500 g Marmelade oder 250 g Zucker, 62,5 g Käse oder 125 g Quark, 125 g Kaffee-Ersatz, 2 Stück Seife. Da muß man rechnen, um auszukommen, und wer nicht noch ein wenig Vorrat und Eigenes (aus Garten) hat, ist sehr übel dran.

Die Leipziger Straßen erhalten ihre alten Namen wieder. Also heißt die Adolf-Hitler-Straße nun wieder Südstraße. Was mich besonders freut: die Prendel-Straße heißt wieder Karl-Rothe-Straße. Schön, daß der wackere Rothe das noch erlebt. Ob nun auch Hans Rothe eines Tages wiederkommt? Und wer wird alles wieder auftauchen?!

Sonntag, 27. Mai: – Heute nachmittag fand ein Dankgottesdienst für die Befreiung Pfarrer Martin Niemöllers in der Thomaskirche statt. Die Kirche war überfüllt. Man entschloß sich daher, vor der Kirche eine Feier neben dem Hauptgottesdienst zu veranstalten. So standen wir mit Hunderten von Menschen auf der breiten Treppe vorm Hauptportal. Pfarrer Walter von der Petrikirche, der auch einmal im Lager war, hielt die Ansprache, die von Gemeindegesang umrahmt wurde. Er sprach über das Wort: Rufe mich an in der Not, so will ich dich erretten, so sollst du mich preisen. Er betonte, daß es sich um einen Dankgottesdienst handle. Der Dank an Gott schließe Sensationen aus. So sprach er schlicht und eindringlich von Niemöllers Not, von der Gnade seiner Errettung und von unserem Dank und Lobpreis Gottes. [...]

Mittwoch, 30. Mai: – Nachher bat mich Dr. Klemm zu sich: eine Kommission der Amerikaner sei bei ihm gewesen: Major Waples, Lehmann-Haupt, Herr Heimoff (?) und ein vierter. Man hat ihn wissen lassen, daß die Möglichkeit der Einbeziehung

Leipzigs in die russische Zone bestehe und daß die amerikanische Militärverwaltung Wert darauf lege, vorsorglich eine Art Börsenverein von Frankfurt aus ins Leben zu rufen und dorthin auch einige bedeutende und nicht nazistisch-anrüchige Verlage mitzunehmen.

Die Ausführung des Planes würde bedeuten, daß ich schon in ganz kurzer Zeit nach Frankfurt, Homburg oder Wiesbaden überzusiedeln hätte. Entschlüsse von großer Tragweite. Ich muß aber sagen, daß ein solcher Zug nach dem Westen meinem Wesen durchaus entspricht. Margarete wäre sofort bereit mitzugehen.

Abends: die Herren Lehmann-Haupt und Wilson kommen zu mir in die Wohnung – in derselben Sache, Einzelheiten: wenn bei einer Übersiedlung Kapitalverlagerung nötig werde, sei die Militärverwaltung bereit, alle Erleichterung zu gewähren. Transportschwierigkeiten würden nach Möglichkeit behoben, etwa vorhandene Autos der Verlage flottgemacht. Als Sitz sei Wiesbaden Frankfurt vorzuziehen, weil es in Wiesbaden eher Räume gebe. Unter Umständen werde alles sehr rasch gehen. [...]

Freitag, 1. Juni: – Verlag. Ereignisse nehmen ein tolles Tempo an. Sehr wahrscheinliche Übersiedlung nach Wiesbaden steht unmittelbar bevor. Besprechungen mit den Amerikanern. Fragebogen. Herr Heimoff.

Sonnabend, 2. Juni: – Zwei Fensterflügel beim Glaser abgeholt. Hoffentlich ist es nun das letzte Mal, daß man sich in dieser Weise um die Wohnung kümmern muß. 10.30 Uhr Polizeipräsidium bei einem Mr. Panham, der die für Wiesbaden in Frage kommenden Verleger einem ›Verhör‹ unterzieht. Heimoff, der mir von vornherein durch die natürliche, etwas burschikose Art, die den Journalisten verrät, recht sympathisch ist, hat mich darauf vorbereitet, daß die Vernehmung sehr streng sein werde: Man wird Ihnen alle Schandtaten zutrauen, sagte er – und nun ergibt sich statt eines ›Verhörs‹ die charmanteste Unterhaltung mit einem Mann, der vom Insel-Verlag begeistert ist.

Inzwischen geht das ›Leipziger‹ Leben immer noch weiter: ich fahre in den Garten hinaus und pflücke Stachelbeeren. Seltsames Gefühl, dies Stückchen Land verlassen zu müssen, in das man, zum ersten Male im Leben, selbst Kartoffeln gelegt hat. Aber für Sentimentalitäten ist kein Raum, da die Ereignisse drängen.

Sonntag, 3. Juni: – Versuche, Bücher und Papiere für die Übersiedlung zu ordnen. Abends kurz bei Schauers, besprechen mit ihm und seiner Frau, was man mitnehmen soll. Große Ungewißheit, was denn eigentlich möglich sein wird. Es wäre das einfachste, alles stehen- und liegenzulassen und ein neues Leben zu beginnen; aber das geht natürlich auch nicht.

Zurück aus der Emigration (1949)

Eva Lips
1965

Herrn Dr. Heinrich Mann
2147 Montana Avenue, Santa Monica, California, U.S.A.

Leipzig, 15. Dezember 1949

Verehrter, lieber Meister:

Es kann gar keinem Zweifel unterliegen, daß zum mindesten vier Briefe, die wir Ihnen nach der Swall Drive schickten, nicht in Ihre Hände gelangt sind. Einer schilderte generell die Situation hier, der zweite übermittelte unsere Gedanken und Wünsche zu Ihrem Geburtstage, der dritte berichtete von unserer Beglückung anläßlich der Verleihung des Nationalpreises an Sie, den dieser Ehrung Allerwürdigsten – der letzte endlich berichtete über die Entwicklungen hinsichtlich des Leipziger Rektorats. Dann endlich gelang es uns, eine – fast korrekte – neue Adresse zu erfahren, an die die gedruckte Einladung zum Rektorwechsel gesandt wurde. Sie erreichte Sie. Wie schmerzlich, daß dem gedruckten

Zettel gelang, was unseren lebendigen Worten von vorher nicht gelungen war!

[...]

Wir kamen nach Leipzig, gerüstet, etwa in heizungslosen Zementkellern zu wohnen, kurz, den in England als »austerity« bekannten Zustand als brave Ethnologen zu ertragen. Wir waren jedoch kaum hier eingetroffen, als wir aufs angenehmste enttäuscht wurden. Uns geschah es also, daß wir uns plötzlich in einem schönen Haus aus dem Erbe unserer Eltern fanden, das uns Ausgebürgerten und »Erbunwürdigen« von den Nazis genommen worden war und das man nun für uns freimachte und an uns zurückgab. Die Lage dieses Hauses in einem stillen Vorort ist ideal zu nennen. Hinten haben wir einen hübschen Garten, umgeben von anderen Gärten, vorn gegenüber grüßt uns ein Rokokoschlößchen, in dem Schiller öfters zu Gaste zu sein pflegte. Der grüne Ausblick hinten, der zierlich bauliche vorn lassen einen völlig vergessen, wo man sich befindet: es könnte Neuilly sein, auch ländliches England – ein angenehm unfestgelegtes Gehäuse für freischweifende Seelen.

Soviel über das Sichtbare. Was das Geistige anlangt, so ist Leipzig ja von jeher eine regsame Stadt gewesen, und der Geist der Musik, der Geist der Bücher schwebt noch immer über den (im Gegensatz zu Berlin) nicht allzusehr mitgenommenen Mauern. Ich kann gar nicht versuchen, Ihnen die wunderbaren musikalischen Eindrücke des letzten Jahres auch nur annähernd zu schildern, etwa die Aufführung der Matthäuspassion genau zweihundert Jahre nach der Premiere am selben Ort, in der unbeschädigten Thomaskirche. Auch das Gewandhaus hat seine Gemeinde noch, die allwöchentlich mit erlesenster Kost gefüttert wird. Hinsichtlich der Buchkunst wird bereits Erstaunliches wieder geleistet – als Probe lassen wir Ihnen den Bachkalender für das Jahr 1950 zusenden. An Vorträgen und Empfängen weltbedeutender Menschen wird den breitesten Massen Großes geboten – ich darf ja nur an den Besuch Ihres verehrten Herrn Bruders in Weimar erinnern, der zu einem Triumph interzonaler Verständigung wurde. Dann war, wie ja mein Mann schon berichtete, Andersen Nexö hier, um den Ehrendoktorhut in Empfang zu nehmen. Sein Kommen nahm größte Ausmaße an, man hüllte ihn in Begeisterung ein. Immer wieder gedachten wir dabei Ihrer und wie wundervoll es sein würde, wenn Sie selber erst hier wären.

[...]

Dies alles gibt Ihnen, so hoffe ich, wenigstens einen kurzen Überblick über die Situation hier. Man bedauert, nicht so hände- und füßereich zu sein wie eine indische Gottheit, um alles tun zu können, was man möchte. Ich hoffe, Sie verzeihen die Länge dieses Berichts, aber ich hatte die nichtangekommenen Briefe nachzuholen.

Wird der Tag bald kommen, an dem wir Sie hier bei uns begrüßen dürfen? Wir wünschen es von ganzem Herzen.

Mit den herzlichsten Grüßen von uns beiden und mit dem Wunsche, daß das neue Jahr Ihnen das Beste und uns Sie bringen möge.

Ihre Eva Lips

Herrn Dr. Heinrich Mann
2147 Montana Avenue, Santa Monica, California, U.S.A.

18. Dezember 1949

Verehrter, lieber Freund Heinrich Mann:

Endlich scheint die Adresse die richtige zu sein, und ich darf hoffen, daß diese Zeilen Sie erreichen werden.

Wenn ich Ihnen heute für Ihre Glückwünsche zu meinem Amtsantritt danke, so tue ich das mit sehr bewegtem Herzen. Jene Würde kam so völlig unerwartet über mich – ja, ich sträubte mich sehr, sie anzunehmen, denn ich gedachte in Frieden meine Indianerforschungen auszuspinnen. Aber es ist wohl die Pflicht eines verantwortungsbewußten Menschen, dort nicht zu enttäuschen, wo man am meisten gebraucht wird, und so habe ich denn ja sagen müssen und befinde mich nun inmitten des gefürchteten

Wirbels. Aber trotz des gegenwärtigen Zustandes permanenter Überarbeitung gibt es auch Freuden – wie etwa den eben erlebten Besuch Martin Andersen Nexös, dieses prächtigen freudigen Geistes, so daß man nach solchem Kontakt wieder Kraft schöpft für die tägliche Mischung des Wesentlichen mit dem Unwesentlichen, der ich nun für zwei Jahre ausgesetzt bin.

Verehrter Freund: Ihre warmen, ergreifenden Worte bedeuten mir sehr viel. Sie standen an der Wiege des Ganzen, und wenn ich Gutes und Großes hier genießen darf, so denke ich an Sie und an die Zeiten, die nun schon so fern scheinen. Einmal muß die Emigration ja aufhören. Meine ist beendet. Die große Sehnsucht nach den Segnungen des Geistes, die die Menschen hier erfüllt, die begeisterte Absorption aller Dinge, die zu geben man sich bemüht, haben etwas Hinreißendes, das zu Taten anspornt und das mich mehr denn je wünschen läßt, daß Sie es bald teilen mögen. Man braucht Sie so sehr, man würde Teppiche der Verehrung vor Ihre Füße breiten und Ihnen sichtbar zeigen, was so lange Sie schon unsichtbar hier bedeuteten und immer mehr bedeuten. Es scheint, daß Sie auch den Brief, den ich Ihnen anläßlich des Nationalpreises schrieb, nicht erhielten. Jene Ehrung war ein spontaner Ausbruch der Liebe, ein nur den Allergrößten zugedachter Beweis, und unsere Freude darüber ließ uns tagelang keine Zeit zu anderen Gedanken. Wann kommen Sie? Glauben Sie mir: nur Freude wartet Ihrer hier.

Ich wünsche Ihnen Gesundheit, baldige gute Reise über den Atlantik und ein glückliches, fruchtbares neues Jahr.

Stets Ihr Julius Lips

5. Februar 1950

Verehrte, liebe Freunde,

Briefe von Ihnen, sie sind mit Hingabe erwartet worden. Wann geschieht es denn in allen den Jahrzehnten, daß ein Ergebnis ohne Rest von Wünschen eintritt, daß es zu dauern verspricht und spätere Bitterkeiten wahrscheinlich ausschließt. So sehen Sie beide mich an, es ist ein Eindruck, den ich bewahre; um des Eindrucks willen, den ich bewahre, werde auch ich mich manchmal freuen können. Ihr glückliches Abenteuer hilft mir, ich will es in Sicht behalten. Die Stützen braucht jetzt ein Glücklicher wie ich.

Jenseits unserer Personen ist Deutschland Ost, besonders die Mitte, eine Überraschung aus dem Zauberkasten, dabei echt. Man fühlt sich vom Dank bewegt. »Sieh da, ihr Deutschen«, und »An mein Herz« – kommen als Redewendungen vor, man verwirklicht sie ernstlich. »Habe Dank«, aus dem Lied von Strauß, innerlich hör' ich es: habe Dank.

Kiepenheuer war ein sehr guter Mann. Sein Verlag wird klein, aber redlich sein. Er sucht Licenz-Verträge mit dem Westen, wo man sonst vergessen wird. Sorgen Sie für die Verbreitung Ihrer bewundernswerten Bücher. Wenn Sie gelegentlich finden, daß ein einzelner Ihre Neuigkeiten verdient: noch bin ich hier, ab Mai – sagen wir in Bitterfeld. Das war die Bahnstation, von der die Schauspieler sagten: »Auf Wiedersehen, wenn nicht in dieser Welt, dann in Bitterfeld.«

Herzlich Ihr H. Mann

71. Aufräumungsarbeiten im schwer beschädigten Innenteil des Hauptbahnhofs.

72. Das Westportal des Leipziger Hauptbahnhofs nach 1945.

73. *Der Hauptbahnhof im Jahre 1947.*

74. *In der restaurierten Bahnhofshalle, 1985.*

75. IV. Internationale Friedensfahrt 1962.

76. Clara-Zetkin-Kulturpark, das größte Naherholungsgebiet der Stadt Leipzig, mit dem Denkmal der Arbeiterführerin, 1977.

77. Panorama der Innenstadt mit Hotel Merkur, dem Turm des Neuen Rathauses, Universitätshochhaus – Wohnhochhaus an der Wintergartenstraße, 1982.

19. »Die Leipziger Messe ist ja nicht nur Messe«

Ankunft zur Messe

Klaus Beuchler
1963

»Ein rechter deutscher Autor muß keine Oster- oder Michaelismesse vorbey lassen, ohne etwas herauszugeben, wenn es auch nur ein Romanchen oder ein übersetzter Katechismus wäre. Es ist gar zu hübsch, wenn man sich in dem Meßkataloge, bald darauf in den Zeitungen und endlich in den Händen der Welt sieht.«

Wenngleich nicht sosehr im Literarischen engagiert und noch nicht einmal auf der untersten Sprosse jener Leiter angelangt, von deren Höhe der Pastorensohn aus dem sächsischen Hainichen auf uns herabblickt, so fühlten wir uns dennoch an einem Februartag des Jahres 1963 mit dem wackeren Christian Fürchtegott Gellert eins. Schwager Schwestermann war mit einem neuen Buche im Leipziger Meßkatalog aufgeführt, auch ein Titel von mir prangte auf den Holzregalen des Hansahauses. Fand es Deutschlands berühmter Fabeldichter vor zweihundert Jahren in seiner treuherzigen Art gar zu hübsch, sich in Leipzig der literaturbeflissenen Welt zu zeigen, erschien es uns jetzt einfach ein großartiger Anlaß, der Messestadt mit dem nahenden Frühling einen Besuch abzustatten... [...]

Für Samstag abend zum traditionellen Meßbeginn geladen, saß ich am Nachmittag um die dritte Stunde im weichen Fauteuil des Cafés »Astoria« und harrte des Schwagers. Er hatte sich partout in den Kopf gesetzt, mit seiner vierzigpferdigen Blechkalesche auf anderen Wegen als ich nach Leipzig zu streben. [...]

Die Quartierkarten hatte ich bereits in der Tasche. Bei Mokka und einem französischen Kognak von der »Haute fine champagne« sitzend, meditierte ich, ein wenig erschöpft, und rief mir noch einmal die Ereignisse der letzten Stunden in Erinnerung...

Die erste Märzensonne hatte dem seit Monaten verbissen über dem Land hockenden Winter eine vernichtende Schlacht geliefert. Die Autobahn, die sich durch den Fläming schlängelt, schwamm im Schneewasser. Nur unter den Brückenbögen hatte Väterchen Frost noch seine gefährlichen Eistatzen ausgestreckt. So schwamm und schlitterte ich in einer unübersehbaren Wagenkavalkade gen Leipzig. Allerdings brachen Tatra- und Tschaika-Limousinen immer wieder heraus aus dem Konvoi und rasten mit Sirenengetöse davon, gefolgt von Mercedes und Opel-Kapitän. Uns biederen Verkehrsteilnehmern schwappte es dann die Scheiben voll gelbbrauner Brühe. Ich dachte ein wenig wehmütig zweihundert Jahre zurück, als sich die Meßbesucher gen Leipzig treidelten, zwei oder vier Pferde an der Deichsel. Vor sieben Jahren saß ich im Flugzeug. In fünfzig Minuten jagte uns der sowjetische Pilot bei Märzsturm in tollkühnem Tiefflug über das weite Land. Wir hatten die berühmten Tüten vor dem Mund. Fünfzig Minuten, kurze Leidenszeit, dann tapperten wir mit zittrigen Knien in den Ikarus-Bus und rauschten nach Leipzig hinein...

Vor einer knappen Stunde eilte ich nun zum Zimmernachweis im Hauptbahnhof. Dort kam mir die Erleuchtung. Noch immer reist es sich am bequemsten im gutgefederten Wagen hinter dem braven Feuerroß her. Auf den 26 Gleisen dampfte Zug auf Zug in die breite gläserne Halle. »Antwerpen, Maasdam, Brügge«, Kaufleute im bequemen Ulster hasteten über den Bahnsteig und dem Stand auf dem Messegelände zu. Salonwagen aus Paris, »Bienvenue à Leipzig. Bonjour, Monsieur Favre. Ça va?« Der Dolmetscher vom Messeamt in gewähltem Französisch. Klein-Paris, oho! Der traditionelle Schwedenzug. Gelbe Lederkoffer und Taschen. »Bärare! Bärare!« Und der Träger bekommt seinen »bärarlön«, ein Paket Zigaretten dazu. »Danke! Nu, die werd'sch mer nacher in der Bause anstäcken!« Die Schweden zotteln ergeben hinterdrein, voraus der Mann mit dem Gepäck.

In der großen Halle werden sie noch einmal aufgehalten. »Geben Sie Unterschriften! Hierher!« Der junge irakische Student, empört über die Verfolgungen in seinem Heimatland, hat sich mitten im Bahnhof mit Tisch und Stuhl etabliert. Gebrochenes Deutsch, aber ein leidenschaftliches Herz, Schmerz in der Stimme. »Geben Sie Unterschriften.« Verdutzt bleiben die Schweden stehen. Der junge schwarzlockige Mann aus fernem Orient drückt ihnen die Feder in die Hand.

Menschenwogen ergießen sich durch die lichtüberfluteten Hallen. Neonlichter zucken. Ober hasten durch die Säle der Mitropa-Gaststätten. Speisekarte mit einer Fülle von Gerichten. Ein Steppke weint mit hoher, heller Stimme. Dreihundert Meter Bahnhof – und die Mama ist verschwunden. Ungerührt von dem Trubel küßt sich vor dem Zeitkino ein Pärchen...

Leipzigs Hauptbahnhofsfassade ist von imposanter Wucht und von ferne nur mit Respekt anzusehen. Wer sie auf der Suche nach dem Quartierbüro umrundet, hat unversehens ein Sportstadion unter die Füße genommen, als Geher.

Schließlich geriet ich in die Kellersauna des Zimmernachweises. Schalter an Schalter war mit geduldigen Leipziger Damen besetzt, die die anstürmenden Besucherwogen resolut auffingen und verteilten. Bilder, die Opizen sicher ebenso zum Zeichnen gereizt hätten wie der Empfangsgruß der Fuhrleute vor hundertfünfzig Jahren. Hier mußten die Neuankömmlinge zwar nicht durch Wagenräder kriechen, aber sie stolperten über Koffer und Taschen der um die Quartierscheine kämpfenden Erfurter, Dresdner, Magdeburger und Berliner.

Dabei arbeiteten die Damen an den Schaltern wie Telefonistinnen am Klappenschrank. »Zweibettzimmer in Markkleeberg. – Zu weit? Dann nehmen Sie doch die Quartierkarte Ihres Nachbarn. Anger-Crottendorf. – Was heißt, Sie müssen schon um acht Uhr auf dem Messegelände sein? Stehen Sie eben eine Stunde früher auf. Einzelquartier gibt es nur noch in Coswig.«

Ungerührt vom großen Trubel standen dazwischen drei Männer und machten Schlachtplan für den kommenden Tag. Genüßlich saugte der Kleinste von ihnen, ein untersetzter rotgesichtiger Thüringer, an seinem Zigarillo und räsonierte: »Bloß so rumlatschen, kommt nicht in Frage. Gucken müssen mer dort, wo's uns ooch was angeht. Ich muß sehen, wasse draußen im Ausland machen. Dann weeß'ch ooch, ob's orntlich is, was ich mache.« Seine pfiffigen schwarzen Spatzenaugen huschten hin und her. Verarbeitete, kräftige Finger hielten die Zigarre.

Messepublikum unserer Tage. Arbeiter, Meister, Ingenieure, die zum Leistungsvergleich nach Leipzig gekommen waren. Schlachtenbummler von echtem Schrot und Korn, die es genau wissen wollten, die darauf aus waren, sich selbst ein Urteil zu bilden darüber, was sie erreicht hatten, wo sie bis zur Weltspitze vorangekommen waren, was ihnen noch fehlte und wo sie aufzuholen hatten. [...]

Die Zeiger an der Uhr über der Caféhaustür rückten auf die vierte Nachmittagsstunde. Und noch immer war kein Schwager zu sehen. [...]

Und dann setzte sich ein biederes Leipziger Ehepaar an meinen Tisch. Er, weißhaarig und leichtgeröteten Gesichts, war ein Kavalier guter Schule, der seinem molligen Muttchen artig den Stuhl zurechtrückte. Sie zog mich flink ins Gespräch und versicherte mir voller Stolz, sofort den Nichtansässigen herausspürend oder in diesen Tagen zumindest erwartend, daß das »Astoria« das feinste Haus am Platze sei.

Ich sagte ihnen vielerlei Artigkeiten über die gepflegte, international elegante Atmosphäre. So leitete ich Wasser auf die Mühle ihres Heimatstolzes. Er bot mir Zigarette syrischer Produktion an. »Von unserem Messegast«, beeilte sich das Muttchen zu sagen. »Ein feiner Mann. Aus Syrien. Er kommt jedes Jahr. Und immer geht er mit der Sonnenbrille, auch wenn's schneit.« Zärtlichkeit in der Stimme. Wie mochte sie ihn bemuttern.

Der Herr Gemahl erklärte mir eindringlich, daß es in diesem Jahr hier eine große Messe gäbe. »Also groß sind diese Messen der letzten zehn Jahre ja alle«, verbesserte er sich schnell. »Aber sie werden immer größer. Das spüren wir hier mehr als anderswo.«

»Ja«, sagte Muttchen und lachte. »Unser Syrer meinte: ›Wie ein Mensch ist Leipziger Messe, jedes Jahr ein Stück größer wächst er.‹ Dabei ist die Messe schon achthundert Jahre alt.«

Messeimpressionen

Reinhard Baumgart

1972

Mythischer hätte kein Springer, kein Löwenthal das Wetter für den Grenzübertritt inszenieren können. Ich hatte kaum Saale, Zoll, Volkspolizei hinter mir, da sank der Himmel immer grauer, immer nässer auf die Autobahn, dann schien die Temperatur draußen vor den Scheiben unter den Gefrierpunkt zu fallen, und in der Gegend von Schleiz stoben tatsächlich die ersten Schneewolken über den Asphalt. Der Wind [...] pfiff genau aus Osten. Trüb- und Finsternis, Kälte, Ostwind – so stellt man sich das Lebensklima dort drüben doch vor in Kreisen, die »DDR« vielleicht schon sagen (in Anführungszeichen), aber »Zone« immer noch denken. Ich muß gestehen: auch in meinem Kopf zog sich auf der Fahrt durch diese graue Thüringer Schneeluft ein Krampf aus Mißmut, Unbehagen, Frostgefühl zusammen.

Wärmer wurde mir erst in Mockau vor Leipzig, im alten Flughafengebäude, wo die Messebesucher in dicken Rudeln sich registrierten und mit Zimmern, mit Ostgeld und Westwaren versorgten. Babys plärrten, Familien fielen sich in die Arme, ein blondes Paar hatte sich in einer Ecke festgeküßt. Eine Fülle, eine graue Heiterkeit wie auf einem Auswandererschiff. Die Leipziger Messe ist ja nicht nur Messe, sondern immer noch ein gesamtdeutscher Verwandten- und Bekanntentreff. Sie ist, lernte ich einen Tag später, nicht nur eine Messe, sondern auch ein stilles, gerade nur vor sich hinsummendes Volksfest. Durch die immer noch kalte, unter Ostwind stehende, für Fahrzeuge gesperrte Innenstadt, durch diese riesige Fußgängerzone schieben sich unter knatternden roten Fahnen von morgens bis abends geduldige Menschenströme. Man hört nicht nur Sächsisch, auch viel Tschechisch, auch Polnisch. Die Grenzen sind offen, die Messe verspricht mehr Waren, günstigere Preise als üblich. In den Kaufhäusern wogt und brummt es wie drei Tage vor Weihnachten. Draußen stauen sich die Menschentrauben vor Bockwurst-, Limo- und Eisständen. Die Einkaufstaschen beulen sich, doch die Hausfrauen, höre ich, sind diesmal enttäuscht, die Warenschwemme, die Preisüberraschungen sind ausgeblieben.

Merkwürdig ohnehin, etwas gespenstisch, diese Waren-, diese Maschinenmesse, dieses monströse Schaufenster voll Technologie und Luxus in einem Land, das nicht oder noch nicht wie fast jedes im Westen selbst schon aussieht wie halb Kaufhaus, halb Industriepark. Draußen, in den Schaufenstern außerhalb der Messe, liegt das Käufliche noch bescheiden, ohne Glamour, da weisen die Waren, eher linkisch dekoriert, auf nicht viel mehr hin als auf ihren Gebrauchswert. Drinnen aber, in den Messekojen, versuchen die Produkte, die Lederjacken, Bananen oder Pariser Schmuckgehänge die Sinne mit schon westlichem Pomp zu kitzeln, da spielt kommerzielles Interesse sich auf als der große Schönmacher, Schönfärber, als Arrangeur von lauter Besitzträumen. Zuschauer, die noch kaum Kunden sind, promenieren durch die Warenschau. Erleben sie wirklich den Unterschied zwischen draußen und drinnen, zwischen dieser Messe und ihrem Alltag, als den zwischen Gegenwart und Zukunft?

Unterwegs ist diese Gesellschaft da drüben, und gerade von dieser Bewegung erfaßt die Oberflächenbeschreibung dessen, was jetzt ist, noch ist, nur wenig, fast nichts. Hier bei uns redet aus Mietshausfassaden, Schaufenstern, Reklametafeln, aus Autoschlangen, Titelbildern, aus den Gesichtern in der 5-Uhr-Straßenbahn unaufhörlich auf uns ein, was unsere Gesellschaft beherrscht, vorwärtstreibt, entstellt. Der Kapitalismus, das muß man ihm lassen, ist so kalt wie sinnlich, verbirgt sich keineswegs, protzend und glänzend drängt er auf die Oberfläche, in die Fassaden, in den schönen Schein. Doch selbst in Leipzig, trotz aller modernen Innenstadtbebauung, trotz 30-Stock- und 140-Meter-Hochhäusern, will nicht recht zum Vorschein kommen, was in dieser Gesellschaft drüben an politischer Macht und industrieller Potenz steckt. In Nebenstraßen, in den Stadtrandbezirken sieht alles gleich wieder aus wie weit zurückgeblieben oder sehr bescheiden. Dort fallen dann den Besuchern aus dem Westen unweigerlich Bilder aus ihrer Kindheit und Jugend ein: diese von Schaufenstern noch kaum zerrissenen Straßenfronten, dieses Kopfsteinpflaster, diese stillen Radfahrer und Handkarrenzieher, die trüben gelben Straßenlaternen – winkt daraus nicht tatsächlich lauter Erinnerung an die zwanziger oder dreißiger Jahre? Allein die Statistik weiß, was für ein Industriestaat dort drüben langsam, mühsam heranwächst. Der bloße Augenschein gibt davon noch kaum etwas her. Kein Land also zum Impressionen sammeln, kein Land für Augenzeugenberichte. Ein Land eher für Journalisten, die aus dem Kaffeesatz gleich die großen Geschichtslinien herauslesen. Da dient dann jeder Stoßseufzer einer Hausfrau als Signal für die Wirtschaftslage. Jede Geste Erich Honeckers wird als Veränderung des Koexistenzklimas gemessen. Er hat also gegen den Willen seiner Begleiter eine Frankfurter Journalistin mit sich im Fahrstuhl fahren lassen, und schon strahlen die Auguren.

Die Impressionen machen nichts deutlich, sie widersprechen sich. Wenn die riesig altertümlichen Tschaika- oder Tatra-Limousinen durch die Innenstadt schleichen, und hinter weißen Scheibengardinen läßt sich die fast vollständige Besetzung von Politbüro, ZK und Ministerrat vermuten, so scheint das die patentesten Vorurteile zu bestätigen: drinnen, auf den Polstern die Macht, draußen das distanzierte, gaffende Volk. Wenn dann der Minister für Kultur über die Buchmesse schlendert, ganz ohne staatsmännische Aura, ohne sichtbare Begleitung, wie ein Kollege unter Kollegen, staunt man wieder über diese vertrauliche Nähe zwischen Oben und Unten. Alle Bilder sind mehrdeutig. Die nicht nur statistisch belegbare Macht der DDR, die Veduten der Armut in Leipzigs Vorstadtstraßen – beides ist gleich wahr, beides gleich unwirklich, abstrakt. [...]

Der Weg von der Messe zurück nach Sachsen und Leipzig, von Klöckners, Rheinstahls, Thyssens Lack und Glanz in die dämmrigen Kaffeestuben nachmittags um fünf, er fällt wieder schwer. Draußen auf der Messe die geschäftstüchtige und -süchtige Smartheit, hier trotz aller Fülle ein merkwürdiger, summender Frieden. Nur die Volkspolizei neigt im Verkehrsgewühl zu Jähzornsanfällen. Sonst fällt überall ins Auge, wie freundlich, wie behäbig auch der Messeansturm abgewickelt wird, auf Parkplätzen, an Kassen, an Auskunftschaltern. Selbst an Kellnern ist keine Spur der flotten oder gereizten Hast zu entdecken, mit der ihre westlichen Kollegen das Stoßgeschäft abservieren. Ist diese Gelassenheit nun sächsisch oder sozialistisch oder nur provinziell?

Sie ist »altmodisch«, finden Besucher aus dem Westen gewöhnlich, halb noch gerührt und halb schon ungeduldig, als wüßten sie ganz sicher, wo in der Geschichte vorn und hinten ist, als wäre der Großstadtschick und das Lebenstempo, aus dem sie selbst kommen, als wäre der scharfe, verkniffene Mißmut auf vielen Citygesichtern hier schlichtweg ein Zeichen der Progressivität und der frühe Herzinfarkt geradezu die Krone eines richtig, weil zeitgemäß gelebten Lebens. Den Leuten drüben fehlt immer noch vielerlei an Waren, Komfort, Bewegungsfreiheit, das lassen sie mit sächsisch sanftem Nörgeln jederzeit auch hören, doch das Wichtigste, was ihnen (endlich) fehlt, haben sie fast schon vergessen: die Existenzangst. Von dieser »altmodischen« Sorge hat die sozialistische Gesellschaft sie tatsächlich entlastet. Sie klagen zwar, doch sie wirken anheimelnd ruhig. Sie klagen sogar darüber, daß sich auf der letzten Frühjahrsmesse mehr Menschen und Autos viel chaotischer durch die Stadt gewühlt hätten. Fast sehnsüchtig klingt das, und nach drei Tagen, schon angesteckt vom menschenfreundlicheren Rhythmus ihres Lebens, möchte man sie lieber bewahren vor zuviel Fortschritt in eine falsche Richtung.

Aus Gesprächen, die immer nur zufällig sind und selten überraschen, aus dem Kaffeesatz des Alltags läßt sich die Zukunft noch nicht herauslesen. Ich erinnere mich nur an die Mitternachtsmomente in einem alten Lokal, als die scharfen Kellnerkommandos irgendwelcher Messe-Westler, das Gockeln der Herren, der kommerzielle Charme ihrer Damen mir mein Heimatgefühl gründlich vergifteten. Ich erinnere mich auch, wie ich einem jungen DDR-Intellektuellen und Marxisten gegenübersaß, und der sprach leise, doch ungeniert mit seiner Freundin über Gedichte und zarte Zettel, die sie sich gestern und vorgestern zugesteckt hatten. Waren diese beiden so altmodisch? Werden und sollen sie sich das abgewöhnen?

»Schön, daß Sie so gute Laune haben«, sagte die Verkäuferin am Kiosk, an dem ich die letzte VEB-Limonade trank: »Schön, daß Sie singen.« Mir war das aber gar nicht aufgefallen. »Sie waren in Leipzig?« fragte mit Blick in den Paß der erste westdeutsche Polizist jenseits der Saalebrücke und wollte dann wirklich wissen, ob es mir dort gefallen hätte. *Ja,* habe ich gesagt, *sehr,* wollte ich noch hinzufügen, doch er sah nicht so aus, als wollte er auch dieses zweite Wort noch hören.

Kontakte (um 1955)

Brigitte Klumpp
1978

Zur Messe mußten wir Studenten nach Hause fahren, weil die Internate gebraucht wurden für Messegäste. Nur in einem der Häuser standen einige Zimmer den Studenten zur Verfügung, die kein zu Hause hatten. Ich beschlagnahmte ein Bett mit einer sicherlich dramatischen Ausrede und blieb im Internat.

Ich hatte schon wieder einen Plan: ich wollte einen Bundesbürger kennenlernen, mit dem man sich unterhalten konnte. Diesmal ging ich methodisch vor.

Wer kommt zur Messe nach Leipzig?

Auf jeden Fall jemand, den auch die DDR interessiert, das war, fand ich, ein guter Ansatzpunkt. Ein Sieb müßte das Ringmessehaus sein, dort wurden Bücher ausgestellt. Leute, die sich für Bücher interessierten, waren für mich schon eine positive Auslese. Aber Leute, die auch englisch sprachen, hatten ihren Verstand wenigstens etwas trainiert – also wandte ich mich zum Stand mit den englischen Lehrbüchern, nahm eins in die Hand, blätterte darin und hatte die Antennen ausgefahren. Mal sehen, wer mich ansprach.

Es waren zwei. Ein Inder, älteres Semester, und ein junger Mann, Typ Student, offensichtlich miteinander befreundet. Der Student gefiel mir auf den ersten Blick, auf den zweiten bemerkte ich, es paßte überhaupt nicht zu ihm, ein Mädchen anzusprechen. Reserviert, distanziert, ein Intellektueller aus dem Bilderbuch – ob es bei ihm auch ein Vorsatz war, jemanden kennenzulernen, aus der DDR? Keineswegs spontan?

Wir unterhielten uns über das Lehrbuch und ich gestand, daß mein Englisch miserabel sei, Oberschulenglisch, nie angewandt. Er dolmetschte für den Inder, R. K. aus Kalkutta, Professor für Ökonomie. Klaus Kampe, so hieß der Bundesbürger, studierte am Osteuropa-Institut in Westberlin Geschichte und Russisch und gehörte zum Sozialistischen Deutschen Studentenbund. Wir schlenderten durch die Hallen, den ganzen Tag. Er war beschlagen in Ostpolitik und sah in mir einen Dogmatiker, die Lippen ironisch verzogen. Sprechlippen mit scharfgezeichnetem Innenbogen, die mir manchmal bei Rednern auffielen oder Schauspielern mit auffallend klarer Modulation der Sprache, beweglich wie ein Handwerkszeug und mimisch variabel, selbst schweigend ausdrucksvoller Kommentar.

»Reflektieren Sie nie über Ihre Situation?«

»Nee... wieso? Was ist an meiner Situation unklar? Ich will Journalist werden und studiere Marxismus-Leninismus, um zu lernen, wie man Massen führt, als Journalist mit der Zeitung. *Das* ist meine Situation.«

Wir diskutierten bis in die Nacht hinein. Im Taxi tauschten wir unsere Adressen aus. Klaus Kampe sah den Pförtner, der unsere Häuser bewachte, der Scheinwerfer brannte, wir standen im Licht. »Sie können gern auf einen Sprung mit ins Internat hineinkommen, um zehn müssen Sie sowieso gehen.«

»Mich interessieren keine Hausbesichtigungen, mich interessieren Menschen. Wenn ich Ihnen schreibe – werden die Briefe kontrolliert?«

»Kontrolliert? Unsinn. Der Postbote bringt sie zu unserer Poststelle, dort holt sie unsere Seminargruppensekretärin ab und verteilt sie eigenhändig.«

»Warum eine Poststelle?«

»Soll der Postbote jedem Studenten nachlaufen?«

»Warum keine Briefkästen? So viele Studenten wohnen doch gar nicht hier.«

»Doch, alle. Wir sind knapp 400.«

»Vielleicht ist Ihre Poststelle eine Kontrollinstanz?«

»Natürlich nicht. Wir sind hier alle zuverlässig. Warum sollten wir kontrolliert werden. Das wäre ja absurd.«

»Ich schreibe Ihnen, aber ich werde dabei Ihre Poststelle bedenken. Sie sollten auch bei allem, was Sie tun, nachdenken, und es dann bewußt tun – oder nicht tun. Die eigene Lage ist Ausgangspunkt für das Bewußtsein. Erkennen Sie Ihre Situation, haben Sie einen großen Schritt gemacht zum selbständigen Denken. Mir scheint, außer positiven Gefühlen für die DDR haben Sie Ihre kritische Denkfähigkeit noch nicht entwickelt? Ich schreibe Ihnen, vielleicht kann ich Ihnen Denkanstöße geben.«

»Und ich Ihnen.«

Verfassung und Verordnung (1458/1581)

Ernst Hasse
1885

Die Verfassung der Leipziger Messen

Die Verfassung der Leipziger Messen ist ein ebenso gewohnheitsrechtliches Gebilde, wie das Bestehen der (Oster- und Michaelis-)Messen selbst. Ebenso wie über die Messen finden sich auch über die Verfassung derselben erst verhältnismäßig späte Aufzeichnungen. Die ältesten Nachrichten sind in der Urkunde enthalten, durch welche Churfürst Friedrich II. am 4. Nov. 1458 der Stadt Leipzig den Neujahrsmarkt verlieh. *Lpz. Urk.Buch Bd. I. No. 331.*

»... vorliehen das sie... alle iar ierlich eynen iarmarckt... vff den heiligen newen iars tag an zeugehn, der bestehende bleiben sal biss vff der heiligen dreyer konige tag nehst darnach volgende den tag gancz vss... zcu haben und zcu halten mit kauffen und verkauffen und kauffslagen alle der stucke und hantirung, die von kauffmanschacze und allen andern dingen darbracht gefurt und getragen werden, des wir und sie auch mit allen und iglichen rechten freiheiten und gewohnheiten gebruchen sallen und mogen nach wise forme und masse, wie das mit iarmarckten in andern unsern steten unser lande und furstentumb von alder bisshe gehabt und gehalden ist wurden und itzund noch gehalden wirdit...«

Verordnung des Churfürsten August an den Leipziger Rath, die Marktfreiheit betr. vom 10. Mai 1581. Auszug:

Wir haben Euer Schreiben nebst beiliegender Schrift etlicher in- und ausländischer Händler verlesen hören. Obwohl wir nun an dem betrüglichen Vornehmen Derjenigen, welche die Waaren in den Messen auf Borg entnehmen und in den folgenden Messen mit der Zahlung ihren Gläubigern muthwillig entgehen, ganz und gar keinen Gefallen tragen und es nicht für unbillig erachten, dass dagegen getrachtet werde; so bedenken wir doch, dass unsere Vorfahren nicht ohne Grund über steter Ausübung der Marktfreiheit in unserer Stadt Leipzig gewacht haben. Auch ist uns nicht erinnerlich, dass wesentliche Beschwerden gegen dieselbe zu unserer oder unserer Vorfahren Kenntniss gelangt wären. Da wir aber bereit wären, Verbesserungen an der Einrichtung der Marktfreiheit vorzunehmen, wenn die Betrügereien der Händler zu sehr überhand nehmen sollten, haben wir die Sache gründlich erwogen und gefunden, dass diesfalls auf zweierlei Leute zu sehen sein will. Einestheiles auf die, so ihre Waaren nach Leipzig bringen und verkaufen, anderntheils auf die, welche die Waaren dort abholen und kaufen. Denn es muss beides, Käufer und Verkäufer beisammen sein und die Sache dahin erwogen werden, dass Leute beiderlei Art die freien Märkte zu besuchen nicht abgeschreckt oder abgehalten werden. Es giebt sogar Leute, welche Käufer und Verkäufer in einer Person sind und denen daher beide Seiten der Marktfreiheit zu Gute kommen. Würde man nun die Marktfreiheit einschränken, so möchten dadurch nicht allein die Käufer, sondern auch die Verkäufer abgeschreckt werden, namentlich diejenigen der letzteren, welche gegen baar verkaufen. Denn wenn auch der Arrest nur gegen Diejenigen in Anwendung kommen würde, so die Leute Euerem Schreiben nach übel aufsehen, so würden doch auch die Anderen stets in Sorge sein, es könne ihnen auch dergleichen aus liederlichen und allerhand zugenöthigten Ursachen begegnen. Auch müsste die Verstattung des Arrestes in die Hände der Amtspersonen gelegt werden, welche leicht zu weit gehen würden, so dass mit der Zeit die Marktfreiheit, mehr als man jetzt meint, geschwächt und endlich wohl ganz aufgehoben werden könnte. Würde man aber, Euerem Vorschlag gemäss, mit dem Arrest nur gegen die vorgehen, welche zwei oder drei Märkte mit der Zahlung rückständig geblieben sind, so würden diese nur gewarnt und den dritten oder vierten Markt sich schwerlich in Leipzig antreffen lassen. Das beste Mittel bleibt Vorsicht im Creditgeben. Es liesse sich aber in Erwägung ziehen, ob die Gläubiger nicht freiwillig auf die Wohlthaten der Marktfreiheit im einzelnen Falle Verzicht leisten wollen, in welchem Falle dann der Richter wider die nicht Zahlenden ihrer eigenen Bewilligung nach mit Arrest zu verfahren hätte. Namentlich könnte man säumige Schuldner das erste Mal vor den Richter laden und ihnen dort ihre Zahlungen bis auf den nächsten Markt gestunden, wenn sie sich auf den Fall der Nichteinhaltung der Marktfreiheit ausdrücklich begeben. In jedem Falle wird darauf zu achten sein, dass die Einschränkung der Marktfreiheit nicht von der Obrigkeit, sondern von den Parteien selbst ausgeht, dass aber auch die Händler, welche jetzt den Arrest nachsuchen, sich nicht zu beschweren haben, als würden sie darauf verwiesen, den Schuldnern weit nachzuziehen und grosse Kosten aufzuwenden. Ob nun auf diese oder andere Wege geholfen werden kann und jede Einschränkung der Marktfreiheit den Jahrmärkten in unserer Stadt Leipzig mehr schädlich als nützlich sein würde, darüber wollet Ihr mit Fleiss nachdenken und uns hierüber Euer Gutachten abgeben.

Versicherung

Frankfurter Messerelation
1757

Diese wichtige Begebenheit (Preußens Einfall in Sachsen) ereignete sich bekanntlich eben um die Zeit der Leipziger Messe und der gesamte Handelstand geriet also in Sorgen, es möchte dieselbe gestöret und folglich demselben ein desto empfindlicherer Schaden zugefüget werden. Ungeachtet nun auch nicht zu leugnen war, daß durch das Ausbleiben der Kayserlich Königlichen Unterthanen diese Messe einen großen Stoß leiden muste: So thaten doch Seine Preußische Majestät alles, was bei diesen Umständen in dero Vermögen stunde, um die Messen und Handlung von Leipzig und ganz Sachsen in ihrem gewöhnlichen Gang zu erhalten, und das Kriegs-Directorium zu Torgau ließ unter dem 14. September, im Namen und auf Special-Befehl des Königs, männiglich bekannt machen, »daß in den sämtlichen Chur-Sächsischen Landen, als welche Seine Majestät in dero höchsten Schutz und Verwahrung genommen, bei jetzigen Kriegstroublen, kein Mensch in seiner Nahrung und Gewerbe gestöret werden, sondern solche in Ruhe und Friede ungehindert fortsetzen, auch die Messen und Jahrmärkte sicher solle bereisen können, zu welchem Ende sämtlichen sowohl in- als ausländischen Kaufleuten und Fabricanten, welche die Leipziger Messen... zu besuchen pflegen, sicheres Geleite und königlicher Schutz gegeben ward...

Gleiche Versicherung erhielt auch die Universität Leipzig, als sich das Gerücht ausbreitete, daß die Studenten in Gefahr seyn, in Preußische Kriegsdienste weggenommen zu werden. Der König gab dem Rektor derselben sein schriftliches Wort, daß sie und die ihrigen nicht das geringste desfalls zu befürchten haben sollten.

»Uns geplagten und durch die Pest sehr geschwächten Leipzigern« (1683)

Karl Heinz Karbe
1967

Einen interessanten Einblick in das merkantile Denken der Leipziger und ausländischen Bürger- und Kaufmannschaft in Verbindung mit der Pest und der gegen sie ergriffenen Absperrmaßnahmen gewährt die mit dem recht durchsichtigen satirischen Pseudonym *Grimmindus Podagricus* signierte Schrift »Grillenhaffte Pest- und Kriegsgedanken« aus dem Jahre 1683. In dem Dialog zwischen einem Leipziger Bürger und einem Ausländer heißt es hier u. a.:

»A. Man muß euch Herren ja glauben, ihr könnt in euerer eigenen Sache wohl schwerlich Zeugen sein. Aussenwärts wil man... nicht... solches glauben und gantzlich vor war halten.

L. Es ist nicht ohne Lügen, Verläumdung, Eigen-Nutz und... Noid hat uns mehr Schaden zugefüget als die Pest und das Sterben an sich selbst.

A. Das ist das alte Liedgen, daß ihr uns lange habet vorgepfiffen... wie stehet es auf den Dörffern und andern umliegenden Städtgen, ist es dann dort auch so reine als ihr euch rühmet...

L. Ein jeder vor sich, Gott für uns alle, was gehet uns das an, wer wil sich um alles bekümmern.

A. ... Ihr fraget viel darnach, ob wir durch inficirte Oerter reisen, auch wohl, wegen der beschwerlichen Paß-visitir- und Durchsehung biß in die sinckende Nacht aufgehalten, auch wohl gar zurücke gewiesen, und entweder, unter freyen Himmel in kalten und nassen Wetter mit höchster Gefahr der Gesundheit zu übernachten, oder aber in verdächtige und ungewisse gesunde Oerter zurücke kehren müssen!

L. Einfalt! So ist es auch nicht zu verstehen, man deutet und verdrehet uns alles Gute zum Bösen aus, wo verdächtige Oerter sind, die werden mit sonderbahren großen Fleiße, starcker Bedrohung, so viel als menschlich und möglich ist, verwahret und mit Lebens-Mitteln versorget. Ein ieder muß auch seine Reisen also anstellen, daß er inficirte oder auch verdächtige Oerter nicht betreten darff. Was aber die Paßvisitir- und die dadurch vorgegebene Aufhaltung betrifft, ... muß man sich itzo, so viel müglich, vorsehen, man ist sehr gewitziget und mit großen Schaden klug geworden... Man kan nicht iederman so unbescheind lassen hereinlauffen, meinet dann der Herr, daß es Leipzig nichts kostet, biß es einmahl so weit wieder gebracht hat.

A. ... Wie wäre es, wann Leipzig gar nicht vorhanden wäre? Man kan ja wohl Waaren anderswo finden... Leipzig hin, Leipzig her! Wer kümmert sich um Leipzig!

L. Er ist der rechten Einer, die gerne sehen möchten, daß Leipzig gar unterginge. Was Handel und Wandel, sonderlich was der Stapel und die Messen betrifft... Uns geplageten und durch die Pest sehr geschwächeten Leipzigern, solte man... nicht so hart mitfahren...

A. Was Stapel! Was Messen!... Leipzig hat sein Gutes lange Jahr genossen, und wir haben ihnen gnug unser Lebelang contribuiren müssen... Wir Fremden müssen schon so viel auf die Waaren schlagen...

L. Stapel und Messen geben allen umliegenden Städten, ja Ländern, großen Nutzen, dann da weiß man ja wo und wie man eine Waare haben und wieder an den Mann bringen kan. Im übrigen... ein jeder strecke sich nach seiner Decke... Allein sehr wehe geschieht dem Orte durch das lügenhaffte Aussprengen, Verleumden und Lästern der Paßionirten, die da gerne Winkel-Niederlagen und abwärtige eigennützige Oerter suchen möchten... Ists nicht wahr? Leipzig ist von Fremden angestecket... worden? Leipzig muß fremder Leute halber große Kosten thun und in die Gefahr lauffen. Es muß sich mit so vielen Waaren versehen, so viel Leute halten, Gebäude aufführen und erhalten: Kostet dann dieses nichts?...

Wie war es in der Pestzeit... Wer ist doch wohl die größte und meiste Ursache der über Leipzig ergangenen Straffe, wer bringet die größten Sünden unter uns? Wo her kommen so viel leichtsinnige Vetteln, Spitzbuben, Diebe und Beutelschneider, so viel Hurer, Ehebrecher, Brodt- und Erbschaffts-Diebe..., Blutschänder, Mörder, die die Blutschulden aufs Land laden, die den Fluch und Unsegen verursachen wodurch Leipzig also verhasset worden, daß auch die dummen und olbernen Pflug- und Schaaffreckeln aufm Lande... wann sie einem Leipziger während der Contagion aufm Felde und Lande ansichtig wurden, ihr subtiles und sauberes Dampff-Horn zuhielten, daß sie ja von keinem Leipziger den Geruch bekommen möchten: Und aus ihren schelmischen Maule die schandlose Stimme hören liessen! Ihr Leipziger Pest-Hunde, Pestilentz-Kröten...

A. ... was vorbey ist, las fahren dahin... Allein im Ernste..., ist es denn gantz reine bey euch?

L. ... so wahr Gott... ist, so kan man solches mit guten Gewissen und purlauterer Wahrheit reden!

... Wie ists in Holland? Da ist alle Jahre zum wenigsten einmahl eine Pest... Da wird keine Gasse, keine Stadt oder ander Ort gesperret, nichts desto weniger aber, so bekommen wir... ohne Pässe oder Kundschafft alle Messen Waare genug heraus: Wer fraget denn ob sie aus inficirten Häusern kommen sind, wer sie eingepacket hat oder nicht, ob die Briefe geräuchert worden. Müste folgen, daß wir alle Jahre auch die Pest von ihnen zu uns bekämen. Dahero lobe ich Herrn D. Rivini Meynung..., daß die meisten Leute kranck werden und ersterben, von blosser eingebildeter Furcht der gefährlichen Krankheit...

A. Dieses wäre nun überstanden, wann es nur nicht wieder käme oder wie es sie schon wollen munckeln!

L. ... das... ist erstuncken und erlogen auch dazu nicht wahr...

Der Teufel hat sein sonderlich Spiel und Lust an Leipzig... was thut der Vorwitz nicht, wann müssige neubegierige Leute von der Messe nach Hause kommen, wollen sie was neues mitbringen, sehen sie einen Todten begraben in Leipzig, so machen sie viele drauß...

... Wie wäre es, wann in Leipzig auch eine ansteckende Krankheit wieder käme, oder ein ander Hauss betreffe, solte man deßwegen gantz Leipzig inficiret nennen. O Bauer-Einfalt würde der Holländer sprechen und grausam lachen...

Lügner, Lästerer und böse Leute die da Ursache geben zu mehrer Ursache und Paß-Versperrung und Mißtrauen, Furcht, Schrecken; dieses ist die Pest, die Leipzig drücket und am meisten Schaden zufüget.«

Doktor Eisenbarth (1697)

Gustav Wustmann
1889/95

Auch Dr. Eisenbart, den das bekannte Lied verspottet, und der keineswegs eine erdichtete Person ist, gehörte zu den Besuchern der Leipziger Messen. Im Leipziger Ratsarchiv hat sich im Original folgende Eingabe von ihm vom 10. Mai 1697 erhalten:

Zu dieser churf. sächs. weitberühmten Kauff- und Handels-Stadt Hochverordnete Hr. Burgemeister und Rath. *Magnifici*, Wohledle, Beste, Hoch- und Wohlgelahrte, Hochweise Herren, Großgünstige, Hochgeehrte H. *Patronen.*

Daß bey meiner Ankunfft auf Ansuchen ich geneigten *Consens* von E. Hochedl. und Hochweisen *Magistrat* erhalten, meine von Gott mir verliehene und anvertrauete Kunst und Wißenschafft auf öffentlichen *Theatro* zu *proponiren* und kundzumachen, erkenne ich mit Danck gegen E. Hochedl. und Hochweisen *Magistrat* zum allerdienstgehorsamsten. Wann ich denn nun nicht umbhin kan, E. Hochedl. und Hochweisen *Magistrat* vorzutragen die große Unkosten sowohl in Erlegung meiner Gebühr, als was sonst drauf gegangen, solche aber der Einnahm nicht ersetzet, und Schaden mir hieraus erwächset; als gelanget an E. Hochedl. und Hochweisen Rath als meinen hochgewogenen Herren und *Patronen* mein unterdienstgehorsamstes Ersuchen und Bitten, Sie wollen hochgeneigt geruhen, mir zu vergünstigen, kommende Woche noch etzliche Tage auf den annoch stehenden *Theatro* auszustehen, meine Sachen noch in etwas zu *offeriren*, damit ich meiner Unkosten und Mühe in etwas könte erfreuet werden. Welche hohe Gnade und Gewogenheit und E. Hochedl. und Hochweisen Rath als meinen hohen *Patronen* zu verschulden niemahls unterlaßen werde, jederzeit verbl. E. Hochedl. Hochw. *Magist*rats unterdienstschuldigstgehorsambster Johann Andreas Eysenbarth, *Oculist*, Stein- und Bruchschneider *privileg.*

Kuriositäten (1684)

Karl Grosse
1897/98

So fanden sich auf der Michaelismesse 1684 mehrere Kaufleute ein, welche einige Fässer gedörrter Türkenköpfe unterschiedlicher Art und Gestalt, mit abscheulichen Gesichtern, seltsamen Bärten und vielerlei Haaren, kurz oder lang geschoren, zum Verkauf ausboten. Je nachdem sie schön gestaltet und ihre Gesichter recht arg zerhauen waren, verkauften sie dieselben das Stück zu 4, 6, 8 und mehreren Thlrn. und sie wurden nach Spanien, England, Holland, Frankreich, Schweden und Dänemark versendet. Nicht aber getrocknete Türkenköpfe allein brachte man zum Verkauf auf die Messe, sondern 1686 in der Michaelismesse bot sogar ein ungarischer Kaufmann eine schwangere lebendige Türkin und einen siebenjährigen türkischen Knaben, der vor Ofen gefangen worden war, zum Verkaufe aus. Das Weib ward für einen Centner Zucker, der Knabe für 10 Thlr. verkauft. Die Käufer waren zwei Leipziger Kaufleute. [...]

»In den verschiedenen Garküchen und Speisebuden (in der Volkssprache Lunzenbuden) auf der Grimmaschen Gasse erblickte man eine bunt gemischte Menge von einheimischen und auswärtigen Gästen und in derselben Gegend nicht selten auch sogenannte Glücksbüdner mit ihren Glücksköpfen und Waarenlotterien. Nicht nur auf der jetzigen Esplanade (die bis zur Errichtung der kurfürstlichen Statue 1680, als damaliger Petersplatz, zur Aufstellung der Schank- und Schaubuden diente), sondern selbst an den Straßenecken der Stadt paradirten privilegirte Marktschreier, Zahn- und Wurmärzte, mit galonnirten Kleidern und großen Perrücken angethan, auf grotesk verzierten Schaubühnen, priesen den Leichtgläubigen mit Stentorstimmen ihre Quacksalbereien an und kirrten die hoch aufhorchenden Zuschauer nicht selten durch den fadesten und sittenlosesten Scherz ihrer Hanswürste, ungeachtet letztere schon 1676 der Rath verboten hatte. Gaukler aller Art, Bären-, Affen- und Hundeführer, Bänkelsänger und Marionettenspieler fanden sich selbst an den Ecken der Straßen und freien Plätzen der Stadt in Menge ein; auch sah man zuweilen größere Schaubühnen errichten, auf welchen aber freilich nur Komödien à la Peter Squentz aufgeführt wurden. Während dieses geschah, durchstrichen Musikanten im eigentlichsten Sinne des Worts die Häuser und suchten die Bewohner derselben heim mit polnischem Bocke, Dudelsack, Leierkasten, Brummeisen und Hackebret, und Krummholzölmänner aus Ungarn drangen ihnen Mittel für ihr leibliches Wohl auf; denn wer auch gesund sich fühlte, dem sahen es diese Leute an, daß dem doch nicht also war.« Die Messe gewann nicht wenig an Lebendigkeit und Bedeutung, als der prachtliebende August der Starke wenigstens die Hauptmessen (Ostern und Michael) mit seiner Gegenwart beehrte, einen großen Schweif von Hofleuten mit sich führte und auch viele vornehme In- und Ausländer herbeizog.

Noch mehr Zulauf erhielt die Menagerie, die 1685 in der Michaelismesse in Bräunikens Hofe zu sehen war und wo außer Löwe und Tiger ein gar wunderseltsamer Vogel, der vorn wie eine schwarze Sau gestaltet war und Stacheln auf dem Rücken hatte, die Neugier fesselte und die Naturkunde der Leipziger bereicherte. Überhaupt wurde es nun schon ziemlich Mode, anstatt die Bären-, Affen- und Kamelführer auf offener Straße zu sehen, in die Schaubuden und Höfe zu gehen und dort die Sammlungen ausländischer Tiere zu betrachten, die sich jetzt sehr zahlreich einstellten. Schon 1650 war zu Leipzig in Falkners Hofe auf der Grimmaschen Gasse ein sehr gelehriger Elefant gesehen worden. Zu Michaelis 1688 sieht man wieder einen dergleichen neben Tiger und Löwen, und 1692 ist die Menagerie, diesmal auf der Petersstraße, wo möglich noch reichhaltiger. Freilich bewundert man daneben auch einen Knaben, der an Händen und Füßen mit einer harten Fischhaut geboren sein sollte, und eine Brabanterin, welche geschmolzenes Blei, Pech, siedendes Öl genoß und auf glühenden Eisen ging; aber es kommen auch schon interessante

Dinge der Kunst vor; 1683 in der Ostermesse geht man in das Metznersche Haus am Markte, um ein reiches Wachsfigurenkabinett zu betrachten, das die modische französische Königsfamilie mit allen dazu gehörigen Appendices in getreuen Abbildungen zeigt.

Majestäten auf der Messe

Riemers Jahrbuch
1717

Den 18. April kamen Se. Königl. Majestät in Polen und Churf. Durchl. zu Sachsen unser allergnädigster Herr und Landesvater allhier an und blieben bis nach der Messe hier, sodaß sie noch am 12. Mai im Apelischen Garten dero hohen Geburtstag höchst vergnügt *cele*brirten und von Ihro *Excell.* dem Herrn Feldmarschall Grafen von Flemming recht königlich *tractiret* worden, wobei auch unter andern Lustbarkeiten die Leipziger *Musen* Ihro Majestät eine Abend-*Music* brachten, darinnen Apollo und Mars unter der Sanftmuth und Tapferkeit aufgeführet und streitende besungen wurde. Der *March* ginge durchs Schloß in den Apelischen Garten bei Erleuchtung 400 Fackeln. Nicht weniger hatte an diesem Freudentage unserm allergnädigsten Landesvater unter andern so häufigen Glückwünschungen des Hofes auch E. Löbl. *Univer*sität durch einige *Deput*irte, von denen der damalige *Rector magnificus* Herr *D.* Carl Otto Rechenberg die Glückwünschungsrede gehalten, allergehorsamst zu *complimentiren* und eine wohlgesetzte Rede, auf zwei Bogen gedruckte alleruntertänigste *Gratulation,* überreichen lassen.

Experimenta electrica

Frankfurter Messerelation
1746

Gleichwie Ihro Majestät der König von Pohlen seit geraumen Jahren die Leipziger Messe zu besuchen geruheten, so begaben sie sich abermahl dahin auf die Reise, und langeten nebst der Königin Majestät und des Printzen Xaverii Königlicher Hoheit den 1sten May in höchstem Wohlseyn zu Leipzig an. Beyderseits Königliche Majestäten nebst des Königlichen Printzen Hoheit und Ihro verwittibten Durchlaucht Frau Hertzogin von Curland, wie auch vielen Ministris und anderen Stands-Personen, geruheten hierauf den 7ten May in dem Apelischen Garten die Experimenta electrica anzusehen, welche der Herr Professor Winckler, mit Beyhülffe des Herrn Professor Woogs, aus der, in einem entfernten Zimmer stehenden Maschine, durch einen blossen Drath, bis in das 3te Zimmer in eine lange meßingerne Röhre fortgepflantzet, und daselbst alle Phänomena derselben, wie solche von Zeit zu Zeit gestiegen, sowohl als die Muschenbrockische Versuche, auf eine neue Art zu sonderbahrem Gefallen dieser Allergnädigsten Herrschafften und übrigen Anwesenden fast 4 Stunden lang gezeiget.

Alle Gassen mit Fracht- und Marktwagen angefüllt (1743)

Karl Rauch
1965

Das »Tagebuch des Predigers Johann Christian Müller« (1743) vermeldet über Leipzig: »In der St. Nikolai-, als der Hauptkirche, waren, wie es zur Messezeit gewöhnlich, die Wände im Chor in einer ziemlichen Höhe mit dunkelgrünem Damast und langen goldenen Fransen behangen, wie auch die Kanzel und der Altar. Auf dem Markt fiel die Wasserkunst von Bildhauerarbeit, auf Säulen und ganz und gar vergoldet nebst dem Appelschen Hause, wo der König einkehrt, oben mit vielen kleinen Statuen, und nicht weit davon das Kochsche Haus, von unten bis oben mit großen Statuen, sogleich in die Augen. Das Rathaus hätte zwar schöner sein können, doch ging es hin. Obgleich die Stadt an sich nicht groß, waren doch die Gassen breit und nach der Schnur. Alle waren mit Fracht- und Marktwagen, die ankamen und abluden, mit Karossen und mit Menschen von beiderlei Geschlecht, von allerlei Nationen und Stand angefüllt. Das artige sächsische Frauenzimmer, die Leipziger galanten Herren, vermischt mit allerlei Ausländern, Ungarn, Siebenbürgern, Juden, Türken, Arabern, Armeniern, Chinesen, Persern, Mohren, Russen, Holländern, Engländern usw. in ihren verschiedenen, seltsamen und zum Teil seidenen, bunten, langen, auch geblümten Kleidern, wobei der Bund und die Dolche in dem Gurt mit Edelsteinen besetzt waren, mit langen Bärten und bloßer, von der Sonne braun gebrannter Brust setzten das Auge in Erstaunen.

Die Häuser haben häufig zu beiden Seiten der Tür Gewölbe, worin die Waren, so zum Verkauf stehen, anzutreffen sind, und hinten einen Hof, der gleichfalls bebaut ist, woselbst unten herum kleine Kammern sind für die, so von fremden Orten in der Messe einkaufen. In den Kammern ist nur ein eisernes Gitterfensterchen, ein Bett, ein kleiner Tisch, ein hölzerner Stuhl und ein paar Bretter, um das Erhandelte darauf zu legen, wofür sie auf ein paar Tage, die sie insgeheim nur da sind, acht bis zehn Taler geben. Die Kammern sind dunkel wegen der übergebauten Schauer, über welchen noch zwei Stockwerke Stuben zu vermieten sind. Alle Häuser sind zu dieser Zeit bis in das fünfte Stockwerk mit Menschen angefüllt... Bei unserer Ankunft in Leipzig stiegen wir in der Petersstraße vor dem Goldenen Engel ab, uns zu erkundigen, ob wir daselbst bleiben könnten, weil Herr Oertling daselbst hinten auf dem Hofe seine Kammer oder Gewölbe hatte. Hier war nichts als eine dergleichen Kammer übrig, wofür wir die Messe über sechs Taler geben sollten, woraus abzunehmen, was es für ein Loch müsse gewesen sein. Weil wir aber nur ein paar Tage zu bleiben gedachten und ein anständiges Zimmer haben wollten, mußten wir uns nach einer andern Gelegenheit umsehen und fanden diese auch in der Reichsstraße im Goldenen Hut, gegenüber dem Gewölbe des Herrn Knack, wofür wir drei mit dem Wirt auf Tag und Nacht auf einen Taler einig wurden mit dem Bedinge, daß wir die Stube räumen müßten, wenn die, so sie ordentlich bezögen, ankämen. Wir hatten eine kleine Stube mit Fenstervorhängen und eine kleine Kammer mit einem Bett, dabei gute Aufwartung. Das Haus war ziemlich groß; nach der Straße zu an beiden Seiten der Tür hielten sich in den Gewölben fremde Kaufleute mit ihren Waren auf. Hinter dem Hause war ein langer Hof, an dessen Seite zwölf Gewölbe mit darüber gebauten Stuben waren, drei Stockwerke hoch. Hinten war quer über den Hof ein großes Hintergebäude. Das Haus gehörte einem Advokaten, der jährlich 1800 Taler Heuer dafür bekam. Es wurde uns hier von einem Hause erzählt, das jährlich 12000 Taler Miete trägt. Es ist mir entfallen, aber es wird vermutlich *der Auerbachsche Hof* sein.«

»Die Fremden müssen Gutes und Schlechtes verschlucken«

Benjamin Heidecke
1783

Das ist die Zuflucht zur Erhaltung mancher Familien. Man nimmt Fremde ins Haus, man treibt Geschäfte, die ihren Mann wieder bis zum kommenden Termin ernähren, alles heischt Geld und Reichtümer zu einerlei Zeit. Das bunte Gewühl unaufhaltsamer Betriebsamkeit, das Chaos von wucherhaften Bedürfnissen, die spekulative Miene des einen, die hungrige Miene des andern, der Geist des Handels auf allen Stirnen fesselt das Auge. Hier ist zu sehen ein großer Riese, wie er noch nie gesehen worden ist, und dort eine Zwergin, die mit dem Fuße eine Feder schneiden und schreiben kann. Die zwölf Apostel, die Geschichte des Holofernes und der Judith – lauter Personen von Wachs – das Leiden Christi mit Husaren um ein weniges. Mit heller Stimme schallt alles am lieben Himmel um zwei Dreier. Das große Nordlicht samt Erklärung des fürchterlichen Nebels, welcher zeither unsre Atmosphäre feuchtete, die blutige Sonne und der blutige Mond, Prophezeiung, daß Leipzig bald untergehen werde, Untersuchung, wie nahe der jüngste Tag sei, nebst einem schönen Liede, um sechs Pfennige.

Vor dem Petersthore dient der Kunst Liebhabern ein aus Frankreich hergebrachtes Marionettenspiel nach beliebigem Preise für Standespersonen, ferner Buden mit ausgehängten Kamelen, Elendstieren, Bären, Löwen, Meerkatzen, Stachelschweine, Elefanten, alle *in natura* zu sehen. Ein dritter durchzieht bei der Musik einer kleinen Pfeife und einer Trommel die Straßen, mit zum Tanz abgerichteten und sehr possierlich bekleideten Affen oder Hunden. Er läßt seine Suite Halt machen und zwingt durch die Tänze und Sprünge eine versammelte Menge zum Lachen und zu einem kleinen Beitrag zu des Reisenden Lebensunterhalt. Wie sonderbar klingt es, daß diese vagabundierenden Possenspieler Franzosen und Italiener sind, und wie noch sonderbarer, daß eine Stadt, um sich also vergnügen zu lassen, ihnen noch heutzutage das Tor öffnet!

Mancher Gastwirt, der außer der Messe keine Nahrung hat, erwirbt sich so viel, daß er wieder leben kann. Bisweilen steigen die Preise der alltäglichen Bedürfnisse bei solchen, die die Gewinnsucht treibt, dem Beutel der Fremden sehr nahe beizukommen. An Nahrungsmitteln fehlt es nie, sie werden vom Lande außer der Messe nur wöchentlich dreimal, jetzt täglich herbeigeschafft. Jeder Herd raucht, jede Speisekammer duftet, die Fremden müssen Gutes und Schlechtes verschlucken, denn man denkt um des Gewinstes willen nicht auf das Gute allein. Einige Eingänge der Stadt sind verschlossen, daß die Fremden nicht den

Augen der Accisbedienten und Visitatoren entgehen. Alle Buden und Läden sind geöffnet. Die Galanteriehändlerin versichert ihre Damen, daß es die neueste Londoner oder Pariser Mode sei, und der Kunstgriff gelingt ihr. Die Fremden lassen ihre Laster nicht zu Hause, sondern fragen sehr bald nach feilen Dirnen, und folglich: was ist die Messe anders, als die Erntezeit des Kaufmanns, des Gastwirts, des Trägers, des Juden, des Betrügers, der Huren, der Accisbedienten und aller, die in der Welt gern mit Nummern spielen?

Messe-Gefahren

August Salomo Maurer

1799

Du glaubst gar nicht, wie sehr man in dem tollen Gedränge sich vorsehen muss; wie nöthig es ist, auf seine Uhr, Börse und Schnupftücher ein stets wachendes Auge zu haben, und wie rathsam es selbst dem fürsichtigsten Manne wird, in einem Augenblicke sich wenigstens viermal umzusehen, wenn er nicht zuweilen Gefahr laufen will derbe Ribbenstösse zu erhalten, von einherrollenden Wagen umgefahren zu werden, oder sich wohl gar in die Gespanschaft pohlnischer Pferde zu verlieren.

Allzuweit sind ohnedem die Strassen in Leipzig nicht, mache dir also eine Idee, wie viel Platz da seyn kann, wo zwischen einem Raume von vierzehn Ellen (denn so breit sind circa die meisten Strassen) noch zwei Budenleute einander gegenüber stehen, deren Behältnisse beide zusammen genommen doch immer auch eine Breite von acht Ellen ausmachen, und rechne für jeden derselben noch eine Elle, die gewiß die um ihn herumstehenden Käufer und Gaffer ausfüllen, hinzu, so hast du in Summa eine Strasse, wo in einem Zwischenraume von nicht mehr als vier Ellen – Vieh, Menschen und Esel bequemlich wandeln sollen.

Zwar, und das wird man mir einwenden, ist noch einiger Platz hinter den Buden obengerühmter Kaufleute, und dieser führt gerade unter der Dachtraufe hinweg; allein um alles in der Welt, lieber Baron, mag ich diesen Weg nicht einschlagen, denn selbst die Tropfen, welche von den Dächern der Häuser herabträufeln, abgerechnet, so findest du noch überdem auf und an diesem Wege, hinter und zwischen den nahestehenden Buden die unverkennbarsten und sichtlichsten Beweise von der guten Verdauungskraft der Leipziger Messfremden; und, so sehr ich mich auch über das behagliche Wohlseyn dieser Menschenclasse freue, so werden sie mirs doch aber auch nicht verargen, wenn ich nun ein für allemal kein Anatomiker ihrer Präparate seyn mag. [...]

Ich komme auf ein Hauptprodukt, das ganz vorzüglich die Leipziger Messen verschönert, auf die Legion inn- und ausländischer, schöner und minder schöner, gepuzter und zerrissener, parfümirter und barfüssiger, reiner und angesteckter Freudenmädchen, welche alle nach Standes Gebühr und Würden sich bemühen, junge und alte Wollüstlinge in ihre Venuswinkel einzuladen.

O! lieber Baron, so viel niederträchtige Geschöpfe und verworfene Mädchen jeder Art wirst du wohl nie antreffen, als zur Zeit der Messe in Leipzig. Die meisten derselben kommen aus unserm lieben Berlin, aus Dresden, Frankfurth, Dessau, Halle, Jena, kurz aus allen Theilen der Welt versammelt sich diese giftige Brut. Abends wimmelts auf den Strassen von diesen Freudennimpfen in Corsets und Saloppen. Da steht eine an der Ecke und giebt mit einem hämischen Husten oder einem freundlichen guten Abend, die Loosung. Wer sich will finden lassen, giebt Antwort, der Handel ist fertig.

Nun kriecht man mit dem artigen Schäfchen in einen nahen Winkel, oder meldet sich auf dem Markte bei den Wächtern der Buden, diese öffnen die Thüre einer Butike, man schlumpft hinein, und der Kampf der Liebe beginnt.

Weit bequemer noch kann man sich Lage und Stellung vor dem Petersthore machen, wo eine Reihe von Kutschen und niedlichen Wienerchaisen dasteht, welche die Stellmacher den Tag über zum Verkauf ausbieten; auch bei diesen wachen gedungenen Miethlinge, an welche man angeht, und sich dann zu seinem Minnespiel für zween Groschen den besten und weichgepolstersten Wagen ausersehen kann, wo Nacht und Stille das Vordringen des kleinen Amors befördern, und der Lose sich dann doppelt brüstet, auf vier Rädern eine Lanze zu brechen. So ganz *sens gêne* kann man hier sein Müthchen kühlen, und ungescheut der Vorübergehenden wackelt die verschwiegene Kutsche, in welcher eben zwei in einem Fleise sind. [...]

Noch giebt es, alle Vorhergegangene abgerechnet, überdem noch ein ganz besondere Sekte derselben, welche ebenfalls die Leipziger Messen bezieht, und die nach meinen Bemerkungen unter allen die ekelhafteste und widrigste ist: ich meine die sogenannten Geiger und Pfeifer, oder die allbekannten Harfenistinnen, welche nicht nur in den Gasthäusern mit ihren Instrumenten sich hören und für Tag und Nacht bestellen lassen, sondern auch in Privathäuser, ja selbst in die Gewölbe der Kaufleute, eindringen, und unter dem Vorwand des Harfengeklimpers ihren gröbern und auffallendern Absichten einen gefälligern Anstrich geben. Sie gesellen sich hauptsächlich zu unwissenden Knaben, – denn für den erwachsenen Kenner sind die meisten zu hässlich, – suchen durch ein einladendes Betragen den jungen Einfaltspinsel empfindsam zu machen; wagen verstohlene Handgriffe, führen die schüchterne Hand selbst in ihre verwelkten Busen, – und will denn alles Herumfühlen, Betappen und Entblössen den erstarrten Klotz noch nicht zu ihren Wünschen beleben, so stimmen sie Lieder an, die diejenige Wirkung thun sollen, welche die vorigen Manöuvres so unglücklich verfehlten. In diesen Liedern herrschen denn nun die zotten- und ekelhaftesten Ausdrücke, und nun nimm dazu, dass ein solches Mädchen, welches ohnehin so durchsichtig gekleidet, dass man von oben bis unten, und von unten bis oben die Glieder ihrer Wollust schauen kann, während dem Tändeln sich noch mit ihrer Stimme hören lässt, und Ausdrücke gebraucht, welche fähig wären, das ganze männliche Fleisch zu empören, – sage einmal, lieber Baron, wie sich alsdann ein unerfahrner mit solchen Aussichten und Misterien noch ganz unbekannter Knabe, geschweige denn der Wollüstling beim Reitz der Neuheit und des Verführerischen noch zurückhalten soll, um nicht auf der Stelle seine Lust zu büssen?

Kleinmesse und Topfmarkt (um 1900)

Karl Rauch

1954

Zweimal im Jahre – zum Frühjahr und im Herbst – fand neben der internationalen Mustermesse in Leipzig die Kleinmesse statt: eine Art Jahrmarkt. Sie wurde später an die Peripherie der Stadt nach den Frankfurter Wiesen verlegt. Während unserer Kinderzeit breitete sie ihren Budenzauber mit Tanz- und Bierzelten, Zirkus, Schießbuden, Haut den Lukas!, dem »Verrückten Haus«, der Raubtierschau und allem Volksrummel, der sonst dazu gehört, über die verschiedenen Plätze aus, rund um die Promenade, den die Altstadt umschließenden Grüngürtel. Ich will davon keine Einzelheiten erzählen. Dergleichen hat als Kind in seiner Heimatstadt jeder erlebt. Es war intimer, wärmer, echter, als diese Dinge sich heute abspielen. Unser Liebling während jeder Messe war und blieb bis zuletzt der Schwarze Willy, ein Neger, der gebrannte Erdnüsse verkaufte, dessen rollende Augen ich liebte, während die Schwester Marie beim ersten Begegnen vor ihm ausriß. Später hat sie ihn auch sehr in ihr Herz geschlossen.

Auf dem Töpferplatz vor dem großen Feuerwehrdepot, im Nordwesten der Stadt, unweit des Alten Theaters, wurde im Zusammenhang mit der Messe der regelrechte Topfmarkt abgehalten. Da hatten alte Männer und Frauen Töpfe und Vasen, Krüge, Tassen, Geschirr, irdene Gurkenfässer und sonstiges Töpfergut aufgebaut und trieben je nach Stimmung ernst oder lustig ihren Handel.

Einmal zog der Vater – und das muß berichtet werden, weil es den Vater an einem besonders guten Tage zeigt – mit Marie und uns drei älteren Jungen zur Messe. Wir sollten uns richtig in den Trubel stürzen. Beim Abschied schärfte die Mutter uns noch jedem einzeln ein, wir möchten nicht vergessen, den Vater daran zu erinnern, vom Töpfermarkt das Nachtgeschirr mitzubringen, das sie für das Kleinste der Familie sehr nötig brauchte, denn wieder einmal war eines dieser nützlichen Geräte in Scherben gegangen. Wir fuhren Karussell, ließen uns von der Luftschaukel durch die Lüfte jagen, schlürften türkischen Honig (wenigstens taten das die anderen, ich mochte ihn nicht), genossen Frankfurter Würstchen mit viel Senf. Marie gewann einen Teddybär beim Ringwerfen. Der Vater schoß in einer Bude nacheinander allen als Zielscheibe dienenden Figuren die Köpfe herunter und bekam dafür einen großen Gummiball, den Erich einheimste. Fritz und ich durften auch einmal schießen, trafen aber daneben – und ein Jux löste den anderen ab. Der Vater war in bester Laune.

Es fing zu dämmern an. Da plötzlich fiel ihm das Hausgerät ein, an das wir Kinder längst nicht mehr dachten. Rasch also vom alten Rathaus her, vor dem wir herumstanden – gerade aus einem Flohzirkus gekommen, der uns mächtig amüsiert hatte, – durch das Salzgäßchen und an der Matthäikirche vorbei zum Töpferplatz. Wir Kinder fingen an zu bocken. Uns lag gar nichts an dem Topf. Vor allem wollte keines von uns das anstößige Stück tragen. Der Vater aber war unverdrossen. Ihm war es wichtig, der Mutter ihren Wunsch zu erfüllen – außerdem war es eine notwendige Anschaffung. Geruhsam, das liebte er bei allen Einkäufen, schritt er von einem Stand zum andern, spaßte mit den Marktfrauen und schätzte immer wieder – uns war das höchst peinlich – mit lauten lustigen Worten die Schönheit und den Wert der Nachtvasen des einen Standes gegen die Ware der anderen Stände ab. Unsere kleine Gruppe erregte bereits Aufsehen. Da stieß der Vater leicht mit dem Stock, den er bei sich trug, an einen der penetranten Töpfe und rief: »So, das ist der schönste Topf, den ich auf dem ganzen Markt gesehen habe! Den nehmen wir! Was kostet er?« Die Frau am Stand lachte, nannte den Preis und bedankte sich, wünschte besten Erfolg beim Gebrauch... und da standen wir nun betreten, alle die Augen vom Vater abwendend. Er aber sprach zu uns hin: »So, angepackt! und nun zur Straßenbahn! es wird Zeit!« Jeder von uns wartete, daß einer der anderen den Topf ergreifen würde – keiner tat's... »Ach so«, rief der Vater, »ihr geniert euch, dem kleinen Brüderchen das Töpfchen nach Hause zu tragen. Was soll da die Mutter sagen? Los, wer nimmt ihn?« Keiner rührte sich. »Marie!« rief der Vater – dem fraulichen Sinn der Schwester traute er mehr zu als uns Brüdern. – »Vater!« gab sie zur Antwort. »Vater, ich tu's, ich will ihn nehmen, aber kauf bitte einen Eimer dazu, damit ich ihn reinstelle... Auf der Straßenbahn, da...« – »Was für Geschichten! Eimer brauchen wir nicht. Und Papier zum Einpacken...« Er wandte sich zu der hilfsbereiten Marktfrau. »Nein, danke, brauchen wir auch nicht. Das hält sowieso nicht und zerreißt bloß. Und so ein Topf ist doch was Schönes, Rundes, Einladendes, Gefälliges. Los Kinder, ran! Und genieren ist ja Unsinn, Kinder! Nun los! Das Mädchen schämt sich. Jungens, los! Wer nimmt ihn?« –

Wir recken alle die Köpfe weg – so weit wie möglich. Wir stellen uns taub. »Hah«, ruft nun der Vater, »keiner will; jeder meint, daß der andere soll! Kommt her, meine Lieben! Das sollt ihr haben! Jedem einer, jedem seiner!« Er dreht sich zum Stand, zu der Frau: »Hören Sie, meine Liebe, meine holde Marktschönheit! Perle des Töpfermarktes! Meinen Kindern gefallen Ihre Töpfe so gut. Sie finden sie prächtig. Sie kommen gar nicht los davon. Geben Sie her! Jeder kriegt einen...« Die Marktfrau freute sich über den Spaß und noch mehr über den Umsatz, als sie begriff, daß es ernst gemeint war. Wir mochten uns sträuben, so sehr wir wollten: die Frau im schönsten Bunde mit unserem Vater, unerbittlich die zwei, preßte jedem von uns vieren einen Topf in die Hand. Der Vater zahlte, versicherte wiederholt, daß ein Topf immer noch schöner sei als der andere. Und jeder von uns mußte seinen Topf auf der halbstündigen Heimfahrt wie einen Blumenstrauß vor sich in der Hand halten oder zwischen den

Beinen. Für die Mitfahrenden muß es ein Gaudium gewesen sein, uns zu beobachten.

Die Mutter empfing uns mit lautem Lachen.

»Und die Leute, die sich da drängen, sehen dich mit exotischen Augen an« (1905)

Thomas Mann
1947

»Leipzig, Freitags nach Purificationis 1905
In der Petersstraße, das 27. Haus

Ehrbar, hochgelahrter, lieber, günstiger Herr Magister und Ballisticus!

Wir danken uns gar freundlich für Euer Sorgen und Schreiben, und daß Ihr mir von Euren jetzigen schmucken, dummen und harten Bewandtnissen, Eurem Springen, Striegeln, Putzen und Knallen anschauliche und hochkomische Zeitung thatet. Hat uns alles innig gelächert, insonderheit der Unteroffizier, der, wie er Euch auch hobelt und rülpt, so große Bewunderung für Euere hohe Erziehung und Bildung hat, und dem Ihr in der Cantine alle Versmaße nach Füßen und Moren habt aufzeichnen müssen, weil ihn diese Kenntnis der Gipfel geistiger Veredelung dünkt. Will dir dafür, wenn ich auslange, mit einer recht schimpflichen Facetie und Büffelposse erwidern, die mir hie zugestoßen, daß du auch was zu wundern und lachen habest. Sage dir nur erst mein freundlich Hertz und guten Willen und verhoffe, daß du solche Ruthe fast fröhlich und gerne leidest, wird dir in seiner Zeit wohl davon geholfen werden, daß du am Ende mit Knöpfen und Tressen als ein Reserve-Wachtmeister daraus hervorgehest.

Hie nun heißt es: ›Gott vertrauen, landt und leut beschauen, thut niemand gerauen.‹ Ist an der Pleiße, Parthe und Elster doch unleugbar ein ander Dasein und geht ein anderer Puls als an der Saala, weil nämlich ein ziemlich groß Volk hier versammlet ist, mehr als siebenhunderttausend, was von vornherein zu einer gewissen Sympathie und Duldung stimmt, wie der Prophet schon für Ninives Sünde ein wissend und humorhaft verstehend Herz hat, wenn er entschuldigend sagt: ›Solche große Stadt, darinnen mehr als hunderttausend Menschen.‹ Da magstu denken, wie's erst bei siebenhunderttausend Nachsicht erheischend zugeht, wo sie in den Messe-Zeiten, von deren herbstlicher ich als Neu-Kömmling eben noch eine Probe hatte, aus allen Teilen Europas, dazu aus Persien, Armenien und anderen asiatischen Ländern noch erklecklichen Zustrom haben.

Nicht als ob mir dies Ninive sonderlich gefiele, ist gewiß nicht die schönste Stadt meines Vaterlandis, Kaisersaschern ist schöner, hat aber auch leichter schön sein und würdig, da es nichts weiter als alt und still zu sein braucht und keinen Puls hat. Ist schon prächtig gebaut, mein Leipzig, recht wie aus einem teueren Steinbaukasten, und dazu reden die Leute überaus teuflisch gemein, daß man vor jedem Laden scheut, ehe man was erhandelt, – ist, als ob unser sanft verschlafenes Thüringisch aufgeweckt wäre zu einer Siebenhunderttausend-Mann-Frechheit und Ruchlosigkeit des Maulwerks mit vorgeschobenem Unterkiefer, greulich, greulich, aber bewahre Gott, gewißlich nicht böse gemeint und mit Selbstverspottung vermischt, die sie sich leisten können auf Grund ihres Weltpulses. Centrum musicae, centrum des Druckwesens und der Buchgremplerei, hochleuchtende universitet, – übrigens baulich zersplittert: das Hauptgebäude ist am Augustusplatz, die Bibliothek beim Gewandhaus, und zu den unterschiedlichen Facultäten gehören besondre Collegiengebäude, wie zu der philosophischen das Rothe Haus an der Promenade und zur juristischen das Collegium Beatae Virginis, in meiner Petersstraße, wo ich sogleich, nur frisch vom Hauptbahnhof, auf dem ersten Weg in die Stadt, passende Herberg und Unterkunft fand. Kam am frühen Nachmittag an, ließ mein Sach in der Niederlage, ging wie geführt hieher, las den Zettel am Regenrohr, schellte und war gleich mit der dicken, teuflisch redenden Vermieterin handelseins von wegen der beiden Gezimmer im Erdgeschoß. War noch so früh an der Zeit danach, daß ich den Tag noch in erster Ankunftslaune beinahe die ganze Stadt besah, – diesmal wirklich geführt, nämlich von dem Dienstmann, der mein Felleisen vom Bahnhof geholt: daher eben zu letzten der Schwanck und das Speiwerk, davon ich geredt und dir vielleicht noch erzählen will. [...]

Bin also fleißig, zelo virtutis, ja fast überladen und übermengt mit Sachen, da noch auf der Hohen Schul Geschichte der Philosophie höre bei Lautensack und Enzyklopädie der philosophischen Wissenschaften sowie Logik bei dem berühmten Bermeter. – Vale. Iam satis est. Hiemit dem lieben Gotte befohlen, der Euch und alle unschuldigen Herzen behüte. ›Ihr ganz ergebener Diener‹, hieß es zu Halla. – Mit dem Schwanck und Bossen und wegen dessen, was zwischen mir und dem Satan vorgeht, hab ich dich viel zu neugierig gemacht: war nichts weiter damit, als daß jener Dienstmann am ersten Tag gegen die Nacht mich irreführte, – so ein Kerl, einen Strick um den Leib, mit roter Mütze und Messingschild, im Wetterumhang, teuflisch redend wie alle Welt dahier mit gesträubtem Unterkiefer, sah meiner Meinung nach entfernt unserem Schleppfuß ähnlich von wegen des Bärtchens, sah ihm sogar recht ähnlich, wenn ich's bedenk, oder ist ihm seitdem in meiner Erinnerung ähnlicher worden, – übrigens stärker und dicker war er von der Gose. Stellt sich mir auch als Fremdenführer vor und wies sich als solcher aus durch ein Messingschild und durch zwei, drei englische und französische Brocken, teuflisch gesprochen, peaudiful puilding und antiquidé exdrèmement indéressant.

Item, wir wurden der Sache eins, und hat der Kerl mir zwei Stunden lang alles geeigt und gezeigt, mich überall hingeführt: zu der Pauluskirchen mit wunderlich gekehltem Kreuzgang, zu der Thomaskirchen, wegen Johann Sebastians, und zu seinem Grabe in der Johanniskirchen, wo auch das Reformationsdenkmal ist und das neue Gewandhaus. Lustig wars in den Straßen, denn, wie ich zuvor geredt, währte noch gerade die Herbstmesse, und allerlei Fahnen und Tücher mit Anpreisungen von Pelzwerk und anderen Waren hingen aus den Fenstern an den Häusern herunter, war auch ein groß Gewimmel in allen Gassen, sonderlich in der innersten Stadt, beim alten Rathaus, wo mir der Kerl das Königshaus und Auerbachs Hof und den stehengebliebenen Turm der Pleißenburg zeigte, – Luther hielt da seine Disputation mit Eck. Und nun erst das Geschieb und Gewühl in den engen Straßen hinter dem Marktplatz, altertümlich, mit steilen Dachschrägen, durch gedeckte Höfe und Gänge, an denen Speicher und Keller liegen, in die Kreuz und Quer labyrinthisch verbunden. Das ist alles mit Waren vollgepfropft, und die Leute, die sich da drängen, sehen dich wohl mit exotischen Augen an und reden in Zungen, von denen du nie einen Laut gehört. War recht aufregend, und du fühltest den Puls der Welt dir im eigenen Leibe schlagen.

Allgemach dunkelt es, Lichter gingen an, leerten sich auch die Gassen, und ich war müde und hungrig. Sollt mir zuguterletzt ein Gasthaus zeigen zum Essen, sag ich dem Führer. Ein gutes? fragt er und blinzelt. Ein gutes, sag ich, wenns nicht zu teuer. Führt er mich vor ein Haus in einer Gasse hinter der Hauptstraße, – war ein Geländer aus Messing an den Stufen zur Thür, just so blitzend wie sein Mützenschild, und eine Laterne über der Thür, just so rot wie die Mütze des Kerls. Guten Appetit wünscht er mir, wie ich ihn ausgezahlt, und macht sich abwegs. Ich schelle, die Thür geht von selber auf, und auf dem Flur kommt mir eine geputzte Madame entgegen, mit rosinfarbenen Backen, einen Rosenkranz wachsfarbener Perlen auf ihrem Speck, und begrüßt mich fast züchtiger berden, hocherfreut flötend und scharmutzierend, wie einen Langerwarteten, komplimentiert mich danach durch Portièren in ein schimmernd Gemach mit eingefaßter Bespannung, einem Kristall-Lüster, Wandleuchtern vor Spiegeln, und seidnen Gautschen, darauf sitzen dir Nymphen und Töchter der Wüste, sechs oder sieben, wie soll ich sagen, Morphos, Glasflügler, Esmeralden, wenig gekleidet, durchsichtig gekleidet, in Tüll, Gaze und Glitzerwerk, das Haar lang offen, kurzlockig das Haar, gepuderte Halbkugeln, Arme mit Spangen, und sehen dich mit erwartungsvollen, vom Lüster gleißenden Augen an.

Mich sehen sie an, nicht dich. Hat mich der Kerl, der Gose-Schleppfuß in eine Schlupfbude geführt! Ich stand und verbarg meine Affecten, sehe mir gegenüber ein offen Klavier, einen Freund, geh über den Teppich drauf los und schlage im Stehen zwei, drei Akkorde an, weiß noch, was es war, weil mir das Klangphänomen gerade im Sinne lag, Modulation von H- nach C-Dur, aufhellender Halbton-Abstand wie im Gebet des Eremiten im Freischütz-Finale, bei dem Eintritt von Pauke, Trompeten und Oboen auf dem Quartsextakkord von C. Weiß es im Nachher, wußte es aber damals nicht, sondern schlug eben nur an. Neben mich stellt sich dabei eine Bräunliche, in spanischem Jäckchen, mit großem Mund, Stumpfnase und Mandelaugen, Esmeralda, die streichelt mir mit dem Arm die Wange. Kehr ich mich um, stoß mit dem Knie die Sitzbank bei Seite und schlage mich über den Teppich zurück durch die Lusthölle, an der schwadronierenden Zatzenmutter vorbei, durch den Flur und die Stufen hinab auf die Straße, ohne das Messinggeländer nur anzufassen.

»Alles Weiberfleisch bereits in festen Händen« (1929)

Karl Heinz Karbe
1967

R. Frensch bezeichnet 1929 – zu Beginn der Weltwirtschaftskrise in seiner Broschüre »Meßonkels, Mädels und Moral« schließlich die Prostitution geradezu als »besten Gradmesser der Messekonjunktur« und schreibt:

»Ist alles konzentrisch zur Messestadt verfrachtete Weiberfleisch sichtlich bereits abends in festen Händen, und schnurrt trotzdem noch lüsterne Onkelschaft hyänenartig kreuz und quer über die allmählich bereits verödenden nächtlichen Straßen, jede ehrbare Passantin... auf ihre eventuelle liebologische Bereitschaft beschnuppernd, dann diagnostiziert das Messethermometer: ›Konjunktur glänzend‹. Lungern aber um die Polizeistunde mißmutige Dirnen noch truppweise freierlos an Straßenecken und Hauseingängen herum, lispeln sie sogar dir Unbemesseabzeichneten... die verlockendsten Taxen ins Ohr..., dann Handelsbilanz der Messe verhülle Dein Haupt!«

78. Europa während der Herrschaft Napoleons. Kontrollen am Grimmaischen Tor.

79. *Auerbachs Hof.*

80. *Um 1700 besucht August der Starke Kunsthändler auf der Leipziger Messe.*

81. Der Markt zur Messe, 1927.

82. Die Mädler-Passage mit den Faustfiguren am Eingang zu Auerbachs Keller.

83. *Das Glockenspiel aus Meißner Porzellan in der Mädler-Passage.*

84. Blick in die Nikolaistraße mit Buchhändlerkarren, 1936.

85. Passage Neumarkt, 1985.

86. *»Specks Hof«. Historisches Messehaus, zwischen 1908 und 1911 errichtet mit drei Lichthöfen und Passagen, wird seit 1985 restauriert.*

87. *Blick in die Petersstraße während der Frühjahrsmesse 1941.*

88. *Die Hainstraße zur Herbstmesse 1985.*

89. *Vor dem Pavillon der UdSSR während der Frühjahrsmesse 1982.*

90. *Eingang zum Messegelände, 1983.*

20. *Der Sachse genießt sein Pläsier*

Broilerbar. Was sollen wir essen?

Gert Neumann
1981

Zweiter Dezember 1977

Gestern, um zwölf Uhr etwa, traf ich mich mit meiner Frau in der »Broilerbar« des Kaufhauses. Sie hatte mich zuvor vom Pförtner aus angerufen, und wir waren auf verschiedenen Wegen durch das Kaufhaus dorthin gegangen. Die »Broilerbar« ist mit rustikal genanntem Mobiliar eingerichtet; und die roten Farben der Tische und Stühle senden rote Reize in den Sinntext eines Tages, daß man tatsächlich glauben will, in diesem Raum seien die bloßen Hautstellen vom Widerschein der Farben fühlbar berührt. Dennoch ist ein Gespräch eher möglich, als es im nebenanliegenden Raum, einer überlasteten Selbstbedienungsgaststätte, in der einem sofort die Hände feucht werden, im Sturm aller sozialen Nachrichten, erstummen muß. In jenem Raum begegnen sich die erschöpften Konsumvölker an langen Tischreihen. Sie sehen einander, über die kunststoffrohen Tischplatten hinweg, in die Augen, um sich gegenseitig die Erschütterungen über ihre Erfahrungen ›Versorgte‹ zu sein und auf die Freiheit des Konsums verzichten zu müssen, abzulesen. Sie kommen aus den umliegenden Ortschaften, aus anderen Städten und anderen Ländern hierher; und verwandeln hier einsam, während sie indessen mit einer sie sicherlich selbst staunen machenden Gier eine Portion Geflügelleber mit Kartoffelpüree essen… hinter ihrem starrenden Blick, der schlußlos auf den Ereignissen ruht… ihr Bild von der Währung, an der sie mit ihrer täglichen Arbeit teilzunehmen glaubten. Oder, sie sagen dieser herrschenden Währung den Kampf an: weil der sozialistische Staat immer in der Schuld der Zahlungsmittelbesitzer ist. Sie beteiligen sich am schwarzen Markt, der über die Grenzen der sozialistischen Länder hinweg mit Feuersteinen, Babyflaschen, Nähseide, Baumwollerzeugnissen, Reißverschlüssen… möglich ist. In der »Broilerbar« ist für ruhige Alltage, durch höhere Preise und durch das unumstößliche Angebot an Getränken und Speisen, Säfte und Rotweinschoppen und ausschließlich Geflügel, eine soziale Trennung erreicht, die allerdings an Tagen mit vielen Kunden bedenkenlos überschritten wird; und dann häufen sich dort auf den Tischen die feuchtglimmenden Broilerknochen zu einer betroffenen Verachtung, und die Abräumfrau resigniert demütig.

Südfrüchte

Uwe Johnson
1961

Inmitten der Stadt neben dem nachmittäglich dünnen Neonleuchten einer Ganztagsbar war ein Lastwagen mit Früchten aus Jerusalem und Ägypten aufgefahren. Seine glänzende Schnauze blickte schräg in das sandige leere Fenster eines Gemüsegeschäftes, das Hinterteil war aufgeklappt über eine große Marktplatte, an der zwei Frauen in Tüten aus dem Papier der städtischen Zeitung die Früchte verteilten an die wachsende umfängliche Schlange, zu der die Vorübergehenden angesogen eindickten. Der Mann, der die Kisten auf der Pritsche nach vorn zog und sie hinunterreichte, verschwand von Mal zu Mal tiefer in der Dämmerung unter dem Pritschenverdeck. Die überraschten Käufer reckten die Hälse nach dem raschen Schwund der leuchtenden Früchte und nach dem Anwuchs leer zurückfliegender Kisten und murrten Vordrängende bitter an. Der Fahrer war vorn am Steuer sitzengeblieben, entspannt und ganz in sein Geschäft versunken zog er einer Apfelsine die Haut in vorgeschnittenen Segmenten ab, so daß die nackte Frucht am Ende in der Mitte lag wie in einem Kranz weiß und rosa getönter Blütenblätter. Achtlos auf das Trottoir geworfen in der Sonne strahlend zog die geleerte Blüte nichtsahnende Menschen um den Wagen herum, ließ sie schreckhaft nach dem mitgeführten Geld greifen und andrängen in die schlangenhaft sich windende knickende krümmende Wartereihe.

Leipziger Allerlei

Bernd Weinkauf

1982

Zu Recht kann eine Stadt stolz darauf sein, wenn ihr Name, oftmals durch die Verbindung mit einem Produkt, zum Weltbegriff wird: Wiener Würstchen, Pilsner Bier, Szegediner Gulasch. Genießbare Denkmale sind die schlechtesten nicht, wenn auch der Name oft mehr verspricht, als die Wirklichkeit hält. Erbsen, Möhren, Kohlrabi und Blumenkohl ergeben zwar einen Gemüseeintopf, aber noch kein »Leipziger Allerlei«. Selbst die Zugabe raren Spargels würde das Qualitätsprädikat »Original« noch nicht rechtfertigen; der lukullische wie kulinarische I-Punkt dieses Gerichts sind Krebsscheren. Wo also gibt es das noch: Original Leipziger Allerlei?

Was trinken wir? (seit 983)

Hans Reimann

1929

Die Gose

Gose sieht aus, als ob sie schon jemand getrunken hätte, wurde früher aus Weizen und wird jetzt aus Weizen plus Hopfen plus Gerste oder Gerstenmalz gebraut, ist ein obergäriges Bier, nicht lange haltbar, enthält Milchsäure in höherem Maße als andere Biere, mundet bei etwa 15 Grad Celsius (also mäßig temperiert) am besten und wird ausgeschenkt in Flaschen, die aussehen wie größenwahnsinnig gewordene Pixavonflaschen, obwohl sie bestimmt nicht vom Kommerzienrat Lingner entworfen wurden.

Die Gosengläser sind doppelt so hoch und doppelt so schmal wie Bierseidel, entsprechen also der Potsdamer Stange. Die Gosenflasche wird beim Einschenken waagrecht gehalten, ohne daß dabei geschwappert oder abgesetzt werden darf. Ein Glas faßt genau eine Flasche. Der Hefestöpsel, der sich durch Nachgärung gebildet hat und die offene Gose luftdicht abschließt, wird vor dem Einschenken abgeschwappt. Das Eingießen hat langsam vor sich zu gehen, damit der trübe Bodensatz nicht üppig wird.

Man konsumiert Gose wie die Berliner Weiße: mit Himbeer (»Schuß«) oder indem man Kümmel mittenmang hinter die Binde schüttet.

Gose ist heimtückisch wie der Frankfurter »Rauscher«, der Vorläufer des ausgegorenen Äppelwois. Man süffelt und süffelt, und auf einmal hat man einen Kardinalschwips, der drei Tage anhält.

Die Gose stammt aus dem Harz und zwar aus dem (an der Gose, dem Flüßchen Gose gelegenen) Städtlein Goslar, wo unsere Altvordern ein Bier brauten, von dem schon Otto III. (983 bis 1002) restlos begeistert war, und dieses in Goslar gebraute Bier hieß die Gose.

Erst wagten sich zwei todesmutige Schuster an das neue Getränk, dann sprach es sich herum, und schließlich pilgerte ganz Laibzj nach der Gosenschänke. Auch Goethe wallte mehrfach nach Eutritzsch und jauchzte: »Hier ist des Volkes wahrer Himmel!«

Allein der Himmel umdüsterte sich; denn Napoleon erfand die Kontinentalsperre, und Gludsche durfte nimmer liefern. Vergeblich schrien die Laibzjr nach ihrem Nektar, bis der weitblickende Johann Gottlieb Goedecke, seit 1812 Inhaber des Rittergutes Döllnitz, Abhilfe schuf und den Braumeister Ledermann aus

Glauzig heuerte, der das geheimnisträchtige Gose-Rezept im verschwiegenen Busen trug und ab 1824 die Döllnitzer Rittergutsgose mixte – unter der Devise »Gosi fan duttig!«

Hermann Schanze dichtete das offizielle Gosenlied.

Edwin Bormann sang:

Wennste probst der Gose Saft,
wappne dich mit Heldenkraft!
Denn de weest nich, wärd dei Magen
Ja und Amen dazu sagen.
Drum bevor de rechte Hand
noch ums Stengelglas sich wand,
leg aus Vorsicht deine linke
uff de Stuwendhierenklinke!

Jeans aus Polen
Womit sollen wir uns kleiden?

Gert Neumann
1981

Dreizehnter Juni 1977

Die Wärme, die bemerkt, seit Tagen aus dem blauen, immer feuchten Himmel der Stadt hinabkommt, daß sie bis zu einem Übermaß gleichzeitig als ein dauernder und künftiger Zustand in alle Straßen und Häuser hineingedrängt ist: wirft sich auf den Kopf, und es erblassen die Gedanken. Soeben komme ich von einer seltsamen Arbeit. Ich mußte im Kaufhaus eine Absperrung halten, die von einer unbestimmt wütenden, fast stummen Menschenmenge unmerklich, aber unzweifelbar doch zerdrückt worden war; und zwar waren dazu Mittel nötig, die mir eigentlich bis zuletzt unbekannt geblieben waren. Ich sah als einziges Zeichen des Willens der verharrenden Menschenmenge, die entkräftet in einer verborgenen Anstrengung schwieg, wie sich ein verchromter Kleiderständer, den die Verkäuferinnen rasch als eine Barriere zwischen sich und die unvernünftigen Käufer gebracht hatten, langsam in seinen Verstrebungen verschob; an ihm hing auf Bügeln Jeansmode aus Polen, die anläßlich einer »Polnischen Woche« verkauft wurde und nun im Rhythmus eines flach treibenden Wassers hinunterglitt, bis der Kleiderständer als beschädigt erkannt werden mußte, und rasch als unbrauchbar: denn er lag schon auf dem Boden, kaum, daß die Verkäuferinnen die Kleidung hatten retten können. Es war aber für mein ungeübtes Auge kein Verantwortlicher für diese Zerstörung zu entdecken; die Menschen standen zwar in einem starren Haufen, daß ihnen der Schweiß direkt über die Strecke des Halses hinweg in die Kleidung tropfte; und jene, deren Knie und Ellenbogen unsere Absperrungen berührten, bezeugten immer mit verzerrten Gesichtern, daß sie dem Druck der hinter ihnen stehenden, vielleicht einhundert Menschen, zugehörenden vollkommen unsichtbaren Kraftlinien zu widerstehen versuchten... [...]

Vierzehnter Juni 1977

(Fortsetzung des gestrigen, unterbrochenen, Textes:)... daß sie dem Druck der hinter ihnen stehenden, vielleicht einhundert Menschen zugehörenden, vollkommen unsichtbaren, Kraftlinien zu widerstehen versuchten. Nun stolperten sie gar in ihre Logik hinab, mit vorgestreckten Händen, als der Kleiderständer brach; und sie kämpften in ihren Mienen mit einer Scham, die ihnen am liebsten ihre ganze Anwesenheit verleugnet hätte... oder, zumindest, zu einer anderen Deutung verhelfen wollte. Aber sie befanden sich im Sog dieser, schwarzen, Wirklichkeit; der sie sich, weil sie sich in bisher unbekannten Wahrheiten befanden, eigentlich gern unterwarfen. Und sie richteten sich deshalb wieder hinauf, in die Höhe der Kämpfenden: die alle diese neuen Nachrichten sinnend beobachteten; und sie vergaßen, nun schon tief in der Betrachtung des neuen Sinnraums lächelnd, ihre Kleidung zu ordnen; und feierten, stumm, die Gewißheit über diesen ausgesprochenen Namen der Wirklichkeit, der von uns

Ordnenden nicht mehr zu zerstören war. Wir waren, nun, die Männer, die gegen diese Verwahrlosung der Wirklichkeitsstrukturen, die sich auf genauem Weg in Handlungen umwandelten und verschiedene Dunkelheiten der Psyche zu rechtfertigen anschickten, vorzugehen hatten. Denn der Name der Wirklichkeit war nämlich, dennoch, immer dauernd: unklar. Die Menschen drängten sich in der Absicht zu stürmen; niemand von ihnen berührte etwa die Kleidung: so, daß unsere Deutung des Geschehens eigentlich bis zur Unerträglichkeit zu einer Lüge entlarvt gewesen wäre, wenn uns nicht die Tatsache des zerstörten Kleiderständers geschützt hätte! Rasch, verging aber die Zeit, in der Tatsache auf Tatsache geschah (eine hochschwangere Frau versuchte, ohne wirklichen Mut dafür zu besitzen, ihre Schwangerschaft in irgendeinen auflösbaren Zusammenhang mit ihrem Wunsch nach dem Besitz dieser Kleidung zu bringen; bis wir ihr endlich das flüchtig gezogene Seil, mit dem wir die Menschen zurückdrängten, hoben und der unerträglich, spannenden, Situation diesen Namen gaben...), und es waren alles Hinweise auf ein, unerhörtes, Thema: daß schließlich jene Menschen, die im Atemraum unserer Gesichtshaut standen... wegen der mit uns gemeinsam, erfahrenden, Erfahrung, daß hier niemals der Ort zur Lösung dieser Thematik sein könne... mit uns eine Solidarität gegen die unbekannt drängende Mehrheit in ihrem Rükken zu gründen versuchten. Und im Duft der Wangen, hochgeröteter, herrlicher, Menschen, die wir, begegneten wir ihnen auf der Straße, nur unserer Bewunderung preisgeben konnten, um ihnen, so, für das durch sie schwer verteidigte Bild vom Menschen zu danken... erkannten wir, endlich, unsere Gelegenheit ihnen eine Nachricht von unserer Liebe zu reichen. Im Schweißatem einer Menge, die mehr und mehr ihre psychologische Würde formulierte, opferten wir Liebe und Liebe: um den entsetzlich, namenlosen, Verrat, der, rings, wie wir erkannten, von uns allen verlangt war, nicht mehr zuzulassen. Wir sprachen; und erkannten Mensch und Mensch; und wir sagten, daß das Thema des Bekleidens zu einer nicht mehr zu fassenden Entwürdigung heruntergekommen sei; und wir kämpften, tränennah, um Gelegenheiten für Würden, indem wir das Drängen und den Busendruck tiefsinnender Vorstadtmädchen, die uns auch mit ihren Knien berührten, auf eine neue Weise zu deuten versuchten; und widerstanden auch den schönen Blicken staatsbewußter Frauen, die die Gefahr ihrer Anwesenheit mit mechanisch werbendem Blick zu verändern suchten. Unsere Verkäuferinnen verkauften; ohne daß sie ihre Blicke hoben; und viele Menschen waren nun schon bis in tiefe Seelenübelkeiten: blaß. In das, konzentrierte, Schweigen wurden aus den noch naiven, hinteren, Reihen, schwache politische Bemerkungen gegeben: »Schöner Sozialismus!«, hieß es, ohne daß es in der Stille der Weisheit darauf ein Echo gab. Die einzig, fehlende, Formulierung war so fern, daß ihre Abwesenheit nur mit dem Erwerb einer... Jeanshose zu übertrösten war. Gegen Mittag, als die Menge sich selbst disziplinierte und die Gegenwart jener Thematik in kleineren Gesprächen und Zänkereien verloren war... gingen wir fort; um zu duschen.

Was tapfere Leute, ihre Weiber und Töchter tragen dürfen

Flugschrift
1550

Ordenung und Reformation der Stadt Leipzig / von der Tracht der Einwohner / Auch wie man sich in Wirtschafften / Verlöbnussen / und anderm halten solle.

Tracht der Rathsherren / Doctorn / Vornemster Bürger / und tapfferer Leute Weiber und Töchter.

Der Rathsherren / Doctorn / Vornemster Bürger / und tapfferer Kauffleute Weiber / mögen tragen Damaschken / Seiden Atlas / und Tobin / Röcke oder Schauben / und was darunter ist / als

Zindeldort / Karteck / Schamlot etc. Was aber höher ist / Als Sammet / Gülden oder Silbern stück / sollen sie nicht tragen.

Sie sollen auch kein Gülden oder Silbern stück umb die Röcke hinfurder verbrehmen / Auch keine Golder davon tragen / Aber mit Sammet mögen sie ihre Röcke verbrehmen lassen / doch das zu einem Rocke oben umbher und zu den Ermeln nicht uber fünff vierteil einer Leipziger Elen Sammet verbrehmet werde / Aber unten umbher / mögen sie einen strich Sammet tragen / Jedoch nicht ober ein halb vierteil einer Leipziger Elen breit.

Und soll hinfurder kein Sammet Stoes der breitter ist / denn wie oben gemelt / umb die Röcke gemachet noch gekauffet werden / Alles bey peen eines Silbern schocks / so offt inn einem jeglichen stücke darwider gehandelt.

Iren Töchteren mögen sie machen lassen / Kartecken und Schamlotte Röcke / und dieselbigen mit Sammet oben herumb verbrehmen / doch nicht uber eine Leipziger Elen oben herumb / und zu den Ermeln / darzu haben. Aber Damaschken / Seidener Atlas / Tobin / und Zindeldort / sol Junckfrawen bis auff iren Hochzeit tag zutragen verbotten sein / Alles bey peen eines Gülden / so offte darwider gehandelt.

Sammate Goller mögen Frawen und Junckfrawen tragen.

Item / Untzen Goldt und Silber sol Frawen und Junckfrawen zu Borten / Hauben / Letzen / zutragen verstat werden / doch das zu einer Hauben uber zwo Untze / und zu einem Latze nicht mehr / denn ein untze Goldes / oder Silbers gebrauchet werde / Bey peen eines Gülden Reinisch. Sie mögen aber Sammet / Atlas / oder Damaschken zu Brustletzen und Goldern / wie obgemelt / tragen.

Item / Es sol auch Frawen und Junckfrawen / die des vermögens sein / Güldene ketten / oder Halsbender / die gantz Gülden oder Silbern / zu tragen erlaubet sein / doch das solch Gulde ketten oder Halsbandt mit Edel gesteinen nicht besetzet / noch Schmeltzwerck haben / Das sie auch solche Arbeit sein / da man vom Hundert uber zehen Gülden zu Machlohn nicht gebe / Bey verlust dreier Gülden / so offte sie damit besichtiget.

Es sol auch kein Fraw oder Jungkfrawe Gehenge tragen / da

eines uber fünff und zwentzig Gülden werdt ist / und derer auff ein mal uber eines nicht anhengen. [...]

Tracht der Dienstmeide. Den Dienstmeiden soll alles Seiden Gewandt / Perlein / oder Perlein pendichen / und Untzen Goldt zu tragen verbotten sein / Allein ein Bendichen von Perlein / oder Harband / doch das dasselbige uber ein Gut Schock nicht werdt sey / mögen sie wol tragen / Desgleichen ihre Kleider mit keinem Sammet verbrehmen lassen / Sonder sie mögen dieselbige ihre Kleyder / mit Damaschken / Karteck / oder Brickischem Atlas verbrehmen lassen.

Sie sollen keine Sammete Goller / noch Damaschken Jacken tragen / auch die Auffschlege der Jacken / mit Marder / oder Marderkehlen nicht futteren / noch verbrehmen lassen / Bey peen / so offte wider der eines gehandelt / eines halben Gülden.

Gedruckt zu Leipzig / Durch Valentin Bapst. 1550

»Sei nur ein Leipziger, verwirf die schlechte Tracht«

Justus Friedrich Wilhelm Zachariä

1744

Sey nur ein Leipziger, verwirf die schlechte Tracht,
Die dich mir fürchterlich, den Stutzern schrecklich macht.
Dein Zopf verwandle sich in einen schwarzen Beutel;
Dein Huth bedecke nie die aufgeputzte Scheitel.
In Jena ließ dir nur ein kurzer Ermel schön;
Weit besser wird dir hier ein langer Aufschlag stehn.
Dich darf kein Oberrock vor Sturm und Wind bewahren;
Auch wenn es regnet, geh mit aufgeschmückten Haaren.
Die Weste, die jetzt kurz um deine Hüften schlägt,
Bau länger, aus Crisett und stark mit Gold belegt.

Beym Reiten laß allein den Fuß die Stiefeln drücken;
Solch eine wilde Tracht muß nur die Krieger schmücken.
Verändere deinen Stal und knüpf um ihn ein Band,
Zum Zeichen, daß du dich zu meinem Reich bekannt.
Für Pfeifen wirst du dir Pomad und Puder handeln;
Dein Paßglas müsse sich in Spiegelglas verwandeln.
Statt gelben Rauchtabacks, der hier noch schmauchend glimmt,
Sey dir der braune Staub von dem Rappe bestimmt.
Dann kannst du dich beliebt zu jungen Stutzern schlagen;
Dann kannst du dich vergnügt vor Leipzigs Schönen wagen.

Trautes Heim

Erich Loest
1978

Das Zimmer war wie üblich in einer AWG-Wohnung, Schrankwand wie überall und Couch wie überall gegenüber, rechteckiger Tisch zum Hochkurbeln, Lampe darüber wie gewohnt, also nicht in der Zimmermitte, und auf dem Tisch stand Hemus. Wir stießen an, wieder hätte keiner gemerkt, daß Wilfried Neuker blind war, und Brischidd sagte: »Auf unsere Gäste«, und lächelte, bis sie trank, und eventuell sogar noch dabei. Natürlich hielt Jutta das Gespräch in Fluß: Ein Häppchen von der gemeinsamen Arbeit in dem Kontor, in dem sie mit Brischidd einen Industriezweig versorgte oder nicht versorgte, ein Geschichtchen über unser liebliches Töchterchen Bianca, diesen Ausbund an Schläue, Herzigkeit und Schelmerei; Neuker erwähnte den Sohn des Hauses, der bald aus einer Disko heimkehren müßte, und sprach das Wort Disko ironisierend so, wie es in einschlägigen Kreisen unserer Stadt üblich ist. Auf den letzten Laut kommt es dabei an, das O wird hell und breiig gesprochen mit einem U-Schlenker – wer Leipziger ist, weiß, was gemeint ist. »Disgooou«, wiederholte er und fügte ein weiteres Modewort an: »Sinnlooous.« Doch Neukers wurden ernst, als sie schilderten, welchen Ärger es machte, Peter auf die EOS zu bringen. Nur zwei aus jeder Klasse hatten eine Chance, fast überall lagen Mädchen vorn, und ein Arbeiterkind war Peter schließlich nicht. Wir kannten das Lamento von anderen Eltern zur Genüge, hörten höflich zu, ich bedachte mein eigenes Problem, Fernstudium oder nicht, und nebenbei kam mir der Gedanke: Wenn Bianca im EOS-kritischen Alter war, wurde vermutlich wieder Nachwuchs für die Intelligenz gebraucht. [...]

Die Frauen schwelgten in Schilderungen ihrer Besuche im Exquisit, ein österreichisches Kleid, oooch, und Brischidd sagte Exqui. Über die Preise verloren sie kein Wort, typisch – es war erstaunlich, fand Neuker, für wie viele Leute Geld keine Rolle spielte. Als wir dieses Thema breitzutreten begannen, rumorte Sohn Peter im Flur und wurde hereingerufen und präsentiert, es war ein Jüngelchen, das sich ruckartig verbeugte und ein paar Brocken über die Disko nuschelte, er sagte tatsächlich »Disgooou«, aber sinnlooous wäre es nicht gewesen, bloß elende voll, aber fast nur Westhits, höchstens was aus Polen. Peter verzog sich wieder, begleitet von wohlmeinenden Ratschlägen seiner Mutter, ich dachte: Da der Junge an die vierzehn ist, ist Brischidd glatt über die dreißig, fünfunddreißig vielleicht, und das sah ihr keiner an. Wilfried Neuker sagte: »Moritz wird wohl nicht mehr kommen.« Brischidd ergänzte: »Ein Freund. Seinetwegen haben wir mit dem Essen gewartet. Wollen wir anfangen?« Brischidd tafelte Schinken und Fleischsalat und Käsesalat und kalten Broiler auf, dazu brachte Wilfried Bier, und ich bewunderte, wie sicher er sich in seinen Wänden bewegte: sein Raumgefühl war ausgeprägt bis auf den Millimeter. Einmal wurde erwähnt, Neukers kennten Moritz schon lange, er sei Dispatcher und Technikchef bei der Stadtreinigung. Ich hielt mich ans Bier, solange der Vorrat reichte, dann griff ich doch wieder zum Hemus, und das war mein Fehler. Wilfried legte Platten auf, ich sah zu, wie er nach Platten und Schaltern tastete, und staunte über seine Perfektion, er spielte James Last, und daß wir nun alle ein bißchen blau waren, merkte ich daran, mit welcher Besessenheit wir das Wort background strapazierten: Die beste Musik als background, um diese Zeit ist background das einzig richtige, es gibt überhaupt keinen Besseren für background als James Last, der hat erkannt, wie gefragt background ist, welches Moos man mit background machen kann. Wir waren so aufgekratzt, wie ich zu Anfang nie vermutet hätte, daß wir es werden könnten. Wir Männer hatten's mit dem Geld: Zu viel Geld unter den Leuten, die höchsten Sparkonten der Welt und der geringste Zinssatz, für hohe Einkommen gäbe es keine Anlagemöglichkeit. Kaufkraftabschöpfung. Eigentumswohnungen? Tjaaa, aber die anderen. Ich schöpfte Kaufkraft ab, indem ich mir selbst eingoß. Brischidd reichte Pralinen herum, Jutta kannte die Packung: Ein Kunde hatte sie freundlichst den Damen Wülff und Neuker überlassen, auf daß er in gutem Gedächtnis klebe und sein Materialwunsch auch. Ich blickte auf die Schrankwand gegenüber mit dem Radio darin, im Radio glühte ein Lämpchen. Ich dachte: Augenblicke gibt's, in denen bist du absolut glücklich, da bleibt kein Wunsch mehr nebenher. Wenn du im Steinbruch bei Ammelshain schwimmst, wenn du Jutta in den Armen hältst, jetzt. Hübsche Frau, Tochter, Wohnung, vielleicht werden Neukers unsere lieben Freunde, FKK im trauten Heim muß ja nicht sein; wenn man von mir mal absieht: Jutta hatte mehrfach erklärt, sie sei dagegen. Marikka fiel mir ein, der Jesusfreund, der mein Innenleben einst hatte aufwirbeln wollen; im Augenblick lief alles in überschaubaren Fragestellungen: Hemus oder Bier, Fußbodenbelag grün oder gelb, aber dieses Problem erledigte sich von selber: Es gab weder grünen noch gelben. [...]

Dann blickte ich wieder aufs Lämpchen und dachte: In wie vielen Zimmern glüht jetzt in der Schrankwand ein Lämpchen?

Freie Frauen und Frauenhäuser (seit 1450)

Gustav Wustmann
1907

Wie in allen großen und auch in vielen kleinen deutschen Städten, gab es auch in Leipzig schon im Mittelalter öffentliche Frauen und Mädchen. Man nannte sie hier »freie Frauen«. Aus der bürgerlichen Gesellschaft waren sie ausgeschlossen, wie am besten aus den Innungsordnungen der Handwerker hervorgeht. So bestimmt die Ordnung der Leipziger Bäckergesellen vom Jahre 1453: »Wo die Gesellen einen Ort haben oder Zechen, so wollen die Meister und das ganze Handwerk, daß kein Gesell eine freie Frau bei sich setzen soll, bei einer Buße dem Handwerk und Gesellen.« Die Ordnung der Schuhmachergesellen von 1465 schreibt vor: »Wann die Gesellen beisammen sein in einer Urten, so soll ein itzlicher seine Wehr von sich geben und keine freie Frau in die Urten nicht führen.« Die Artikel der Leineweber von 1470 fordern von dem zugewanderten Knappen (Gesellen): »Bringet er ein Weib mit ihm, so soll er in vierzehn Tagen Kunde bringen, daß es sein Eheweib sei.« Die Schuhmacherordnung von 1497 endlich schreibt vor: »So ein Geselle ein unzüchtig, sträflich Leben führen oder mit einem offenbarlichen Weibe einen Anhang haben würde«, so solle ihm kein Meister Arbeit geben, bei Strafe von einem Pfund Wachs. Aber auch eine Ordnung für die Weinschenken vom Jahre 1467 setzt fest, daß kein Weinschenk eine »offenbare Frau« in seinem Keller solle sitzen lassen und ihr Wein auftragen, weil davon zwischen den Studenten und den Handwerksknechten »viel Zwieträchte mit Schlagen, Mörderei und ander Untat mehr« geschehen seien; nur »auswendig des Hauses und des Kellers« sollten sie an »fahrende Frauen« Wein verkaufen dürfen.

Um sie, die so Verachteten, nicht mit dem Hause und mit der Familie in Berührung kommen zu lassen und doch zugleich ihnen, den armen Schutzlosen, die vonseiten der Männer vielen

Roheiten ausgesetzt waren, einen gewissen Schutz angedeihen zu lassen, errichteten die Behörden sogenannte »Frauenhäuser«, wo die freien Frauen zusammen wohnen, überwacht werden und Schutz genießen sollten. Was in der Gegenwart der Hauptzweck der Überwachung der öffentlichen Mädchen ist: die mit ihnen verkehrenden Männer vor Ansteckung zu schützen, fiel im Mittelalter weg, da es damals noch keine ansteckende Geschlechtskrankheit in Europa gab; die Syphilis, die »französische Krankheit« (der *morbus Gallicus*) kam erst um 1495 nach Deutschland. In solche Frauenhäuser – in Leipzig auch »das freie Haus« und, sogar amtlich, auch das Hurhaus genannt – begab sich aber doch immer nur ein Teil der freien Frauen; in den Stadtrechnungen von 1472 werden sie die »frommen Huren«, das heißt die gefügigen, gehorsamen genannt. Daneben gab es immer auch andre, die es vorzogen, ihr Gewerbe auf eigne Hand zu treiben und in Bürgerhäusern zu wohnen. Diese nannte man in Leipzig die »heimlichen« Dirnen – »heimlich« jedoch, nicht im heutigen Sinne, denn auch sie waren stadtbekannt so gut wie die andern. Herumschweifende, wilde, fahrende Dirnen waren nicht geduldet; als 1523 zwei aufgegriffen wurden, wurden sie »ins gemeine Haus geführt und ihnen zu wandern befohlen«. [...]

Die Leitung und Bewirtschaftung der Frauenhäuser lag in den Händen von Wirtinnen, die natürlich selbst freie Frauen waren. In dem Türkensteuerbuch von 1481 werden sie genannt; da bezahlt »die Wirtin auf dem Hause, Grete von Frankfurt, für sich und ihre Dirnen« 13 Groschen, und »die Wirtin auf dem Hause, Breida (Brigitta), für sich und ihre Dirnen« 11 Groschen, »item für ihren lieben Mann« 1 Groschen. Da die Person jedenfalls mit einem Groschen eingeschätzt war, so lernt man hier zugleich die Anzahl der Dirnen kennen. Der »liebe Mann« aber war nicht etwa der Ehemann der einen Wirtin, sondern mit diesem zärtlichen Namen wurde der ständige Buhle einer freien Frau bezeichnet: die Wirtin hatte also ihren Zuhälter. [...]

Sowohl für die freien Frauen im Frauenhause wie für die »heimlichen« bestanden bestimmte Vorschriften über die Kleidung. Für die erstern setzte der Rat 1463 fest: »Sie sollen nicht tragen korällen Schnure, noch Seide unter den Mänteln, Silber noch Gold auf der Gassen; sie sollen auch einen großen gelen Lappen tragen, der eines Groschen breit ist; sie sollen auch keine lange Kleider tragen, die auf die Erde gehen.« Für die »heimlichen« wurde bestimmt, wie es in etlichen andern großen Städten gewöhnlich sei: »Sie sollen Mäntel auf den Häupten tragen, wo sie auf den Gassen gehen; und welche man anders finden [wird] gehen, der soll man den Mantel nehmen; das soll sie verbüßen mit 10 Groschen also dicke (oft), als es geschieht; davon soll man dem Knechte, der ihr den Mantel genommen hat, 2 Groschen geben. Daß sie auch kein korällen Paternoster, noch seiden Tuch, noch Silber noch Gold nicht tragen, noch die Mäntel mit Seide nicht unterfüttern sollen. Sie sollen auch nicht lange Kleider tragen, die auf die Erde gehen, bei der obgeschriebenen Buße, also dicke sie des besehen würden. Sie sollen auch bei keine fromme Frau in der Kirchen in die Stühle treten, bei derselbigen Buße.« Noch ausführlichere Vorschriften über die Tracht der »heimlichen und offenbaren Dirnen« enthält die Kleiderordnung von 1506. Darin ist aufs genauste angegeben, was sie namentlich von Pelzwerk und Schmuck tragen dürfen und nicht tragen dürfen. Jedenfalls sollen aber die »heimlichen Dirnen« einen kurzen Mantel tragen von gelbem Stoff mit einer dicken blauen Schnure – also in den Stadtfarben! –, während die »gemeinen offenbaren Dirnen« kurze Mäntel von beliebiger Farbe tragen dürfen, als Abzeichen aber auf ihrem Schleier und Haupt einen Flecken aus gelbem Stoff so groß wie ein Schreckenbergischer Groschen tragen müssen. Auch hier aber wird den Dirnen bei Strafe verboten, in Kirchen, Klöstern und Kapellen »neben andre, ehrliche Personen« zu treten oder sich zu setzen.

Tanzvergnügen (1510)

Gustav Wustmann
1909

Es kamen rohe, bäuerische Sitten auf, namentlich die Sitte, statt des züchtigen, ehrbaren Tanzes der alten Zeit, bei dem der Tänzer die Tänzerin an der Hand führte, Rundtänze zu tanzen; der Mann umschlang mit beiden Armen den Leib der Frau und schwenkte sie, sich um sich selber drehend, durch den Saal!

Um dieser Unsitte zu steuern, erließ der Rat eine Tanzordnung, worin der Rundtanz unter Strafe gestellt wurde. Natürlich bezog sich diese Ordnung nicht bloß auf den Fastnachtstanz, sondern auf alle Tanzvergnügungen überhaupt, auch auf die Hochzeits- und Innungstänze. Manche scheinen das Verbot anfangs nicht für Ernst gehalten zu haben, sie versuchten, ob es der Rat auch durchsetzen würde. Aber der Rat beschloß (11. Juli 1511), daß »die, die sich auf dem Rathaus wider des Rats Gebot umgedreht, gestraft werden« sollten, »auf daß des Rats Gebot also verächtlich nicht übergangen werden; und so es von Jungfrauen geschieht, sollen ihre Eltern zu der Straf gefordert werden«. Und so erscheint denn von nun an in den Stadtrechnungen unter den Einnahmen, die als »Pön und Bußen« verzeichnet sind, besonders häufig die Strafe für Übertretung der Tanzordnung. Mit den mannigfachsten Wendungen wird das gebüßte Vergehn bezeichnet; bald hat sich einer »auf dem Tanz umgedreht«, »auf dem Rathaus umgedreht«, auch bloß »umgedreht«, oder er wird bestraft »ums Drehens willen«, »ums Verdrehens willen«, oder weil er »sich auf dem Rathause umgedreht und die Jungfrau stehen lassen« oder gar »eine Frau herum am Tanze geschwenkt, daß sie entblößt«. Die Stadtpfeifer sollten aufhören zu blasen, wenn sie etwas derartiges sähen; kommt es doch sogar vor, daß ein Stadtpfeifer bestraft wird, weil er »über des Rats Verbot gepfiffen« hat, als sich welche am Tanz verdrehten.

Schönefelder Kletterstange und Vogelschießen (1779)

N. N.
1879

Vor dem Grimmischen Tore, nicht weit von der Stadt, liegt ein Dorf, mit Namen Schönefeld; in demselbigen wird dieses Spiel zu einer bestimmten Zeit gespielt. Wenn man noch weit von dem Dorfe entfernt ist, so erblickt man schon diese Stange, welche beständig gleich vor der Schenke sich befindet, und denen nach Schönefeld Reisenden statt eines Wegweisers und Kompasses dient, damit sie sich nicht verirren mögen. Wenn diese Feierlichkeit einfällt, so werden aus allen Teilen der Stadt Züge dahin getan, gleichsam als ob da Jahrmarkt abgehalten würde. Der ganze Weg ist gleichsam mit Leuten bepflanzet, welches eine solche Aussicht gibt, als wenn der Wind ein schönes Blumenbeet in Bewegung setzt. ... Es versuchen hierauf einige geschickte Kletterer, bei einer unglaublichen Menge Zuschauer, ihre Kräfte, und legen ihr Verlangen nach den auf der äußersten Spitze der Stange befindlichen und zur Schau ausgehängten Sachen an den Tag, der Wirt aber ist zu dieser Zeit ein außerordentlich freundlicher Mann, welcher immer nach der Straße zu siehet, wo das Heer hergezogen kommt... Um die Stange herum wird also ein Lager aufgeschlagen, wo man sich verschiedene Vergnügungen gestattet. Die Personen nun, welche mit besonderer Geschicklichkeit den höchsten Gipfel ihrer Wünsche, und die für sie aufgesteckten Belohnungen zu erreichen sich eifrigst bemühen, erfahren freilich zuweilen das traurige Schicksal, daß sie leer ausgehen müssen, weil sie von dem Glück getäuscht worden sind, und sich nicht auf die eingebildete Höhe haben schwingen können... Außerdem so muß es den Kletterern sehr empfindlich werden, wenn sie wahrnehmen, daß nicht nur ihre Wünsche plötzlich vereitelt werden, sondern daß sie noch darzu dem Gelächter der Zuschauer ausgesetzt sind... Viele solche unglückliche Personen erblickte ich da, welche eben so trostlos da stunden, als ein Bräutigam, der nach vielen unglücklich angestellten Versuchen, für alle seine Mühe nichts anderes, als ein sauberes Körbchen erobert hat. Derjenige hingegen, der den Preis davon trägt, hat die Ehre, daß man seinetwegen ein Freudengeschrei erhebt und seine Geschicklichkeit rühmt.

Nach dieser feierlichen Handlung (dem Fischerstechen) läßt man einige Zeit verfließen, alsdenn wird das öffentliche und solenne Vogelschießen gehalten. Der Platz... befindet sich vor dem Ranstädter Tore auf einer angenehmen Wiese, welche daher den Namen der Vogelwiese erhalten hat. Es grenzet diese Wiese auf der einen Seite an ein schönes Holz, auf der andern Seite aber an einen Fluß. Dieser letztere ist bei dieser Gelegenheit in vielen Fällen unentbehrlich. Man kann das Wasser teils darzu gebrauchen, um den Wein in den Bouteillen darein frisch zu setzen, damit er nicht matt werde, ... teils aber hat es den Nutzen, daß damit das Merseburgerbier verdünnet wird, welches wegen seiner natürlichen Hitze, zumal in hitzigen Tagen, wenn sie nicht durch Wasser gedämpft würde, der Gesundheit nachteilig sein und hitzige Fieber hervorbringen könnte. ... Man kann übrigens seine volle Bequemlichkeit hier haben; überall sind Zelter aufgeschlagen, welches in der Entfernung den Prospekt von einem Lager gibt, gleichsam als wollte man den armen hölzernen Vogel, der auf seiner Stange vier Tage nach einander blockiert wird, belagern. Es ist unnötig zu erinnern, daß diese Zelter mit den ansehnlichsten Personen beiderlei Geschlechts angefüllet sind, denn wer wollte wohl nicht dieser prächtigen Lustbarkeit beiwohnen? Hiernächst ist auch für die allgemeine Sicherheit gesorgt, denn die Stadtsoldaten müssen hier ihre Piquetwachen ausstellen, und dem Unfug und Mutwillen steuern, welchen etwa liederliches Gesindel, das sich auch mit einfindet, verursachet. Ferner ist hier eine ordentliche Marketenderei angelegt, einige Weinschenken, Kaffeeschenken, Bierwirte, Kuchenweiber, Obsthökinnen finden sich hier ein. ... Gehet man weiter auf diesem großen Platze, so siehet man da Spielbuden, worinnen man sein Glück versuchen, zinnerne und porzellanene Gefäße, die Pfefferkuchen nicht zu vergessen, gewinnen kann. Die angenehmste Musik machen einige Jungen, das sind wirklich rechte Virtuosen; diese rufen unermüdet: Zeichen herein, womit sie die Vorübergehenden zum Spiele ermuntern wollen. [...]

Derjenige, welcher das Glück hat, die Spille zu räumen, der wird sodann zum Vogelkönig gemacht, welche Würde derselbe ein ganzes Jahr bekleidet, und hierauf wird von ihm die ganze ansehnliche Schützengesellschaft herrlich traktieret. Zum Beschluß wird noch des Freitags Abends ein Feuerwerk losgebrannt, welches sich sehr artig ausnimmt. Das Kanonenfeuer, die Feuermörser, die Feuerräder, die in die Höhe steigenden Raketen verschaffen dem Auge einen wunderschönen Anblick, und die Musik entzücket das Ohr ausnehmend. [...]

Die Zeit über, da das Vogelschießen dauret, sind die Fenster der Häuser auf dem Ranstädter Steinwege mit Personen besetzet, welche den Zug der Emigranten aus Leipzig nach der Vogelwiese mit ansehen, die aber sich nicht selbst an diesen Ort erheben wollen, weil sie entweder die Bequemlichkeit vorzüglich lieben, oder weil sie sich vor dem Staube fürchten, der sich in ihre Kleider und Angesichter legen möchte, welche zu erhalten sie sich eifrigst bemühen.

Fischerstechen (1779)

N. N.
1879

Mittlerweile nahete sich der Zeitpunkt heran, da die Hitze der Sonne in den Hundstagen den Menschen gebietet, sich den ernsthaften Geschäften zu entziehen, und den Ergötzlichkeiten sich zu überlassen. ... Die erste vortreffliche Aussicht in diesen Tagen machen die Fischer, welche in Prozession nach dem Wasser gehen und daselbst ihre feierlichen Übungen anstellen. Gegenwärtig will ich so kurz als möglich den ganzen Tag beschreiben, alsdann der Feierlichkeit gedenken, und man wird daraus zur Genüge erkennen, daß sogar die Fischer in Leipzig witzige Leute sind.

Den Anfang machen die Herrn Musikanten, welche wie gewöhnlich bei allen Gelegenheiten sich einfinden, wo sie etwas erwerben können. ... Die Musiker geben das Zeichen zum Aufbruch, sie blasen durch die Straßen der Stadt, bis sie an das Wasser kommen und die Herren Fischer, bei ihrem so genannten Fischerstechen, in Bataille gehen. Hinter ihnen kommen die Trommelschläger von der Stadtmiliz, welche durch ihre Trommel die Musik vollständig machen, und hauptsächlich deswegen dabei sein müssen, damit, wenn ja ein Fischer verwundet werden sollte, welches aber so leichte nicht möglich ist, sie das Spiel rühren, auf daß durch das Gewinsel der Verwundeten den andern das Herz nicht feig gemacht werden möge.

Alsdann kommt der Obermeister, der das ganze Chor anführet, auf welchen die übrigen gliederweise folgen. Ihr ganzer Anzug ist weiß, womit auf die Unschuld ihrer Sitten gezielet wird; auf ihren Häuptern tragen sie erhabene und verschiedentlich gezierte Mützen, welche eine große Ähnlichkeit mit den rund gebaueten Türmen haben, nur mit dem Unterschied, daß sie nicht so groß sind. Einer von ihrer Mitgenossenschaft stellet einen Mohr vor; zu dem Ende hat er sich die Hände und das Gesichte schwarz gefärbt, welches ganz niedlich mit dem weißen Habite absticht: in seinen Ohren trägt er ein paar überguldete Eierschalen, welche größern Staat machen als die teuren Ohrengehenke der Frauenzimmer. Anbei folgt ein Fischer in Weibskleidern, der macht die größte Figur; denn er weiß sich in seinem neumodischen Anzuge und in seinem Reifrock so nett zu tragen, wie eine galante Jungemagd, wenn sie mit sich eine Verwandelung vornimmt, ihr Korsett ablegt und die Kleidung ihrer Jungfer, um zu sehen, wie sie ihr stehe, anlegt. Einige von dieser ansehnlichen Parade tragen lange buntgemalte Stangen, an deren äußerste Spitze eine überguldene Kugel befestigt ist: der Gebrauch derselbigen besteht darinne, daß sie sich damit auf den Leib gehen und einander bekriegen. Die Kugel aber ist deswegen darauf befestigt, damit sie sich nicht bei ihrem Spiegelgefechte Schaden zufügen mögen. Einige tragen ihre Ruder, welche ohnstreitig bei dieser Gelegenheit das tun müssen, was die auf die Galeeren geschmiedeten Sklaven zu tun verbunden sind.

Sobald sie die Stadt durchmarschiert sind und an das Wasser kommen, so setzen sie sich in die Kähne und beweisen ihre ungemeine Geschicklichkeit. Diejenigen, welche in das Wasser fallen, schwimmen wiederum nach ihren Kähnen, so wie mein Pudel, wenn er mir ein in das Wasser geworfenes Holz wieder holen muß. An der Küste stehet eine beträchtliche Anzahl Zuschauer aus allerlei Volk und Nation, welche durch ihr Vergnügen, das sie an den Tag legen, die streitenden Parteien zum Kampf ermuntern, die Ruhmbegierde erwecken und sie recht hitzig machen. Unterdessen werden von etlichen in das Wasser gefallenen Fischern einige Pistolen losgefeuert, welches die Freude vermehrt. Zum Beschlusse wird an ein Seil, welches über das Wasser gezogen ist, eine lebendige Gans mit ihren Pfoten befestigt; an derselben müssen die nach Blute durstigen Fischer ihre Heldentat beweisen. Derjenige, welcher so glücklich ist, der Gans den Kopf abzureißen, an welchen einer nach dem andern sich hänget, gleichsam als wollte er die Gans recht abküssen; derjenige, sage ich, trägt den Preis davon, steckt den Kopf auf seine Stange als ein sauer erfochtenes Siegeszeichen.

Der Tauchische Jahrmarkt

Gustav Wustmann
1889/95

Eine seltsame alte Leipziger Sitte, über die sich der Fremde, der sich in Leipzig niedergelassen hat, anfangs nicht genug wundern kann, ist der Tauchische Jahrmarkt. Für viele alte Leipziger

Kaufmannsgeschäfte ist dieser Tag vom frühen Morgen an der Tag des großen »Reinemachens«. Die Waren werden gründlich abgestäubt, Regale und Fußboden werden gescheuert, Firmenschilder und Schaufenster werden gewaschen, in den Straßen der innern Stadt ist man auf Tritt und Schritt in Gefahr, an Bockleitern anzurennen, auf deren Höhe die Scheuerweiber ihres halsbrecherischen Amtes walten, oder von der trüben Flut einer Scheuereimers hinweggeschwemmt zu werden. Das ist der Tauchische Jahrmarkt der großen Leute. Nun aber der der Kleinen! Die feiern ihn am Nachmittag und ganz besonders am Abend. Die ganze Dresdner Straße hinaus sind zu beiden Seiten kleine Verkaufsstände errichtet, wo Kuchen, Obst, Zuckerzeug, bunte Laternen und vor allen Dingen allerhand Lärminstrumente: Waldteufel, Fiepen und tönerne Hörner und Trompeten, zu haben sind, mit denen sich die liebe Jugend da versorgt und von den lieben Eltern versorgt wird, um dann am Abend damit einen Höllenspektakel zu machen. Und dieses Kindervergnügen beschränkt sich nicht etwa auf die Dresdner Straße und ihre Nachbarschaft, nein, in der ganzen großen Stadt, namentlich in den breiteren und gefahrloseren Straßen der Vorstädte, strömen bei Einbruch der Dunkelheit die Kinder scharenweise aus allen Häusern, tragen erleuchtete bunte Papierlaternen an langen Stöcken und schnurren, pfeifen und tuten, was sie nur können. Viele haben sich die Gesichter gefärbt und eine phantastische Kleidung angelegt. Hier kommt ein Trupp als »Indianer« verkleidet, mit Federkrone und Federschurz angetan, Pfeil und Bogen in der Hand, dort ein andrer Trupp, der sich durch Bettücher zu Beduinen herausstaffiert hat, andre kommen als »Wilde«, in einem unbeschreiblichen, aus allerhand Lumpen zusammengestoppelten Kostüm, selbst halbnackt; dann gibt es Märsche, Aufzüge, Kämpfe, Fluchten und Verfolgungen mit wildem Kriegsgeschrei – kurz, es ist ein ganz seltsames Schauspiel, das man gesehen haben muß, um einen Begriff davon zu haben. Die Schutzmannschaft läßt die Kleinen ruhig gewähren, wenn sie's nicht gar zu arg treiben. Aber nur an diesem einen Abend. Wer es versuchen sollte, am nächsten Abend etwa sein Lichtstümpfchen vom vorigen Tage nochmals anzuzünden und sich damit auf der Straße blicken zu lassen – und es versucht's mancher –, wird unerbittlich beim Schopfe genommen und nach Hause spediert. Tauchischer Jahrmarkt ist nur einen Tag im Jahre, nicht zwei.

Woher stammt diese seltsame Sitte? – Zuächst ist da zu bemerken, daß in der Weise, wie der Tauchische Jahrmarkt jetzt von der Leipziger Jugend begangen wird, er nicht immer begangen worden ist. [...]

Taucha hat seit alter Zeit drei Jahrmärkte. Im 17. Jahrhundert wurden sie stets sonntags abgehalten. Der erste fiel auf den Sonntag nach Gregorii (Gregorii = 12. März), der zweite auf den Sonntag Trinitatis, der dritte auf den Sonntag nach Mariä Geburt (Mariä Geburt = 8. September), oder wenn Mariä Geburt selbst auf einen Sonntag fiel, auf diesen Sonntag. [....]

Diese Jahrmärkte in Taucha waren nun noch in den ersten Jahrzehnten unsers Jahrhunderts, ähnlich wie noch heute der Roßmarkt in Altenburg, für die Leipziger eine willkommene Vergnügungsgelegenheit. Schumann schreibt 1824 in seinem Staats-, Post- und Zeitungslexikon von Sachsen: »Diese drei Märkte werden stark besucht, auch um des Vergnügens willen von den gemeinern Bewohnern Leipzigs.« Daß sich die Leipziger bei diesen Besuchen des Tauchischen Jahrmarktes nicht in der feinsten Weise vergnügt haben werden, deutet schon Schumann an, wenn er schreibt, daß nur die »gemeinern« Leipziger hinausgezogen seien. Dabei mag es auch an allerhand Großtuerei der Leipziger und rüpelhafter Verhöhnung des kleinen Landstädtchens nicht gefehlt haben. Wenigstens schreibt Schumann, das Städtchen habe einen gewissen Wohlstand, so wenig sich dieser auch in Luxus offenbare. »Des letztern Umstands wegen muß Taucha oft den Leipzigern als *Non plus ultra* einer geringen Stadt dienen, aber sehr mit Unrecht, da in der Nähe noch weit geringere existiren.«

Hier haben wir also den Ursprung des rätselhaften, zu so seltsamen Formen umgestalteten Tauchischen Jahrmarkts in Leipzig. Er ist nichts als ein ausgearteter Rest des Vergnügens, das die Leipziger ehemals bei dem wirklichen Besuche des Tauchischen Jahrmarkts hatten. Da zogen sie in Scharen die Dresdner Straße hinaus, und schon im Hinausziehen begann der Einkauf von allerhand Nasch- und Tandelware an den zu beiden Seiten der Straße aufgeschlagnen Verkaufsständen. So erklärt sich nun auch das große »Reinemachen« an diesem Tage. Konnte es einen passendern Tag dazu geben, als wenn der »Prinzipal« einmal an einem Wochentage mit Kind und Kegel ausgerückt war?

Im Siolischen Keller

August Salomo
1799

Ich will dir die ganze Geschichte dieses seltenen Weibes umständlicher erzählen, und hier nur den Beschluss ihrer Rede beifügen, der mich dann aller weitern Erklärungen in Hinsicht des Siolischen Kellers überhebt:

»Sehn Sie, schloss das göttliche Geschöpf, sehn Sie, mein Lieber, so kam ich in die Hände eines Tigers und – eines ganz entkräfteten Wollüstlings. Ungeschwächte Kraftfülle strotzt noch in meinen jungen Adern, und glühendes Feuer ungelöschter Lust brennt zuweilen in meinem Innern beim Anblick eines saftvollen Jünglings. Werden Sie die Dürstende wohl entschuldigen, dass sie sich an den Bund einiger Unglücksgefährtinnen anschloss, die gleiches Schicksal hierher führt? Hören Sie meine Gründe: Wir würden uns schämen, jedem elenden Wüstling uns Preis zu geben, und, einen erklärten Liebhaber uns zuzugesellen, erweckt langweiligen Ueberdruss und endlichen Ekel, nicht dazu gerechnet, dass wir Gefahr liefen, auf diesem Wege gebrandmarkt zu werden, da wir hier (in Siolis Keller) so sicher und so ungestört der Liebe uns überlassen können, die im Verborgenen ihre Geweihten so süss lohnt. Fast täglich kommen wir also hier bei nächtlicher Weile zusammen, und – rächen uns für die Ohnmacht unserer mark- und kraftlosen Männer. Zwar sind auch seit kurzem einige ledige unserm Bunde einverleibt, und diese stehen denn meistens im Dienst unsers Wirthes, und zahlen ihm die Hälfte ihres Gewinnes; die mehresten aber sind verheirathete Weiber und lohnen mit ihrer Gunst dem, der ihnen gefällt, aber nicht jedem, der sie heischt. Wir treiben keinen Wucher mit unserm Genuss, lassen dagegen uns aber auch das Recht nicht nehmen, nach Gefallen zu wählen und zu verwerfen. Wir geniessen unsere Lieblinge mit Mässigkeit, und immer kehren sie daher mit verneuerter Zärtlichkeit in unsere Mitte zurück. Wir geben ihnen nichts von dem Gifte gewöhnlicher Dirnen, sie bleiben gesund, und unser Wirth hat immer zahlreichen und angesehenen Besuch. Wir sind nicht eifersüchtig, und geniessen oft in einem Abend die süssen Früchte mehrerer Bäume. Die Messen sind unserer Liebe nicht hold, wir fürchten ausländische Pest, und – dürsten daher lieber in diesen langen 4 Wochen. Nur mich führte an jenem seligen Abend, an welchem Sie mich zum erstenmal so glücklich machten, und so süss mit ihrer vollen Liebe lohnten, ein unnennbares Gefühl, ein unwiderstehlicher Drang hierher. Ich sah Sie, und meine Begierden erwachten; ein Glück für meine Leidenschaft, dass Sie zuerst begannen, ein sanftes Gefühl für geheime Freuden zu empfinden, sonst war ich in Gefahr meine Wünsche zu verrathen, o! und dann hätte ich vielleicht so manche göttliche schöne Stunde weniger gehabt! Nochmals, holder Mann, wie danke ich Ihnen für den Vollgenuss Ihrer kraftvollen Ergiessungen; verachten Sie aber nie das schmachtende Weib, das so feurig sich Ihnen dahingab, und, die einzige Bitte, schonen Sie unter rohen Jünglingen meine Ehre!«

So sprach dies seltene Weib, drückte noch einen brennenden Kuss auf meine glühenden Lippen, erröthete, und – verschwand in ein nebenanstossendes Zimmer.

Silvesterfeuerwerk (Anfang der 60er Jahre)

Erich Loest
1984

So hatte ich Leipzig noch nie gesehen, es gleißte, funkelte, hatte nicht Ruhetag, hatte nicht wegen Inventur oder Warenannahme oder Verdunkelung oder Kriegsende geschlossen, das Ältestbauviertel hatte illuminiert wie das Neubaugebiet, Leipzig konnte kein Wässerchen und kein Himmelchen trüben, es strahlte aus allen Fenstern und Knopflöchern, mein Leipzig lobte selbst ich mir in dieser Nacht. Fünf vor zwölf, hier und da schnellte ein Raketchen auf, das es nicht erwarten konnte. Die Taschenflaschen wurden abermals gelüpft, der Maler jubelte in den Mond hinein. Fast war der Lichterkreis um uns geschlossen, nur im Süden dunkelte Auwald, aber selbst hinter dieser Schwärze glühte eine Abgasfackel. Ach, dachte ich, du Stadt, wie schwer liegst du mir am Herzen, wie hast du mir schon auf dem Magen gelegen, aber jetzt bist du ganz einfach wunderschön. Zwölf Uhr? Alles Gute und Küßchen! Und Gesundheit vor allem, und ich wünschte dem Maler prächtige Bilder und der mir immerdar rostfreie Zünder. In diesem Augenblick ging unten Leipzig in die Luft.

Das spritzte auf als schimmernder Teppich, gewebt aus silbernen Bogenfäden, springend und hüpfend, doppelt so hoch wie die Häuser erhob sich dieser Flor. Aus weißer Lohe stiegen blau und rot und grün Signale auf, wir sind da, leben, jauchzen, wir grüßen den Himmel und das neue Jahr, das besser werden soll als das alte, wie denn nicht! Meine Flasche hob ich grüßend in Richtung auf den Denkmalsbrocken. Dort und da und überall goß sich dieser größte Feuerzauber des Jahres in den Himmel. Als ob die Leipziger selbst in den Himmel springen wollten! Sterne fauchten nun auch von der Kante unseres Berges hinauf, da merkte ich, daß ich schon seit einer Weile Mariannes Hand hielt. Nicht an Bombardement dachte ich wie sonst bei einem Feuerwerk, nicht an Masterbomber und den sich rächenden Samuel alias Horst-Heinrich Katzenstein, nicht an Kanister mit Stabbrandbomben und die badeofengroßen Luftminen der Medium-Capacity-Version, ich hörte den Maler rufen: »Das werde ich malen!« Ich dämpfte: »Das schaffst du nie, das schafft keiner, das muß man *sehen*, und morgen oder in einer Stunde schon können wir es uns noch nicht einmal mehr vorstellen.«

Nach einer Viertelstunde gingen dem Lichterteppich die ersten Fäden aus, die glühenden Sterne wurden seltener, noch eine Kaskade, noch einmal Christbaumschmuck, die Leipziger hatten Geld verpulvert, hatten sich in etlicher Hinsicht verausgabt und kehrten nun wieder in ihre Ziegelstein- und Betonhülsen zurück, schraubten sich ein, tanzten zu Swing und Bebop oder was gerade modern war mit Geschwofe und Geküsse und Bowle und immer mal einem Schnäpschen zwischendurch. Der Mond übernahm wieder die Herrschaft. Licht glomm noch hinter zehntausend Fenstern, die Bergwanderer stöpselten ihre halbleeren Flaschen zu, schmissen die leeren in den Schnee und machten sich auf den Heimweg.

Patchwork mit rotem Faden

Nachwort

»Des Reiches Straße« führte von Frankfurt am Main nach Leipzig durch Gelnhausen. Am Eckhaus Pfarrgasse/Töpfergasse konnte man bis vor kurzem – wegen derzeitiger Restaurierungsarbeiten aber jetzt gerade nicht – einen Spruch lesen, der Teil eines Freskos gewesen ist: »Von Leipzig an der Pleiße / bis Frankfurt an den Main / wird's auf der ganzen Reise / die engste Stelle sein.« Unter dem Vers stand: »Von dieser Stelle lag das Maß für das Laden der Wagen in Leipzig und Frankfurt am Main.« Da mußten sie durch, die Fahrzeuge, und wer falsch geladen hatte, konnte in Gelnhausen umladen oder teilweise abladen.

Heute ist das Nadelöhr an die Grenzübergänge zur DDR gerückt. Und wenn man falsch geladen hat, kann man Gefühle und beschleunigten Puls entwickeln. Wie der junge Wissenschaftler, der mit einem Koffer zuviel zum Europäischen Diabeteskongreß nach Leipzig fuhr. Im Koffer nur Kleider von der Mutter für die Tante. »Überrumpelt« fühlte er sich an der Grenze von der Frage nach Geschenken, die er mit einem zu schnellen Nein beantwortete. Ob er auch den Kofferraum öffnen könne? »Aber gerne!« Viel Gepäck für eine Tagung von – Blick in die Papiere – fünf Tagen! »Bedeutender internationaler Kongreß! Abends Anzüge und so.« Gewisser Stolz im Auge des Zöllners. Nationalstolz? Gleichviel, dieser große Koffer wird angehoben. Gewichtskontrolle spricht für den Inhalt »Kleidung«. Gut. Den Augenschein der Damenkleidung hätte der junge Mediziner mit einer Frage an den jungen Beamten kontern wollen, ob er nicht auch manchmal, also, etwas *anderes* tragen möchte? Sie hätten vermutlich gelacht. Dann wäre es nicht sehr eng gewesen, dieses Nadelöhr.

Nun, fädeln Sie einmal eine Nadel ein. Erst von der einen, dann von der anderen Seite durchs Öhr. Es geht nicht von beiden Seiten gleich gut.

Wie kommen Sie nach Leipzig? Falls Sie kein Visum haben, gehen Sie auf Gedankenreise, auf Lesereise. Falls Sie zur »Völkerschlacht«-Messe fahren können, entdecken Sie, wie anders und wie ähnlich das Heute und das Gestern, Ihr Erlebtes und hier Gelesenes ist. Aber stellen Sie jedenfalls immerzu Fragen an die Leipziger. Die wissen Antworten.

Die Herausgeberin hat früher öfter, später seltener Leipzig besucht. Lebend in Frankfurt am Main, der Stadt, die seit jeher in der Geschichte mit Leipzig im »Wettbewerb« stand, kommt man zu dem Vergleich, daß beide Städte bis heute auf denselben Gebieten mit Erfolg einen schönen Ehrgeiz zeigen. Und sie beteiligen in einladender Weise die Welt an ihren vielfältigen und ausdrucksstarken Aktivitäten. Aber die Leute – die Leute, »gebildet« in »Klein-Paris«! Vergleiche verbieten sich zwischen dem Reichsstädter im hessischen Umland und dem Sachsen. Dem Leipziger glückt intensivstes Leben, tiefstes Gemüt, höchster Genuß, breitestes Behagen und sogar empfundenste Bedrängnis. Ein langer, langer Erzählfaden und dann ein schneller Witz.

Für »Leser ohne Vorkenntnisse« jetzt zwei Hilfen.

Zuerst ein Hinweis zum Aufbau des Buches. Es gibt keine fortlaufende Chronologie der Texte. Sie sind orientiert an fünf Begriffen, die man in der Abfolge knapp benennen kann: Orte – Geist – Kunst – Zwist – Handel & Lebenswandel. »Eine bürgerliche Welt umfassend«, wird die gesellschaftliche Wirklichkeit der Stadt und ihre Entsprechung in der Literatur gesucht. Die Überschriften der Kapitel und der einzelnen Beiträge lassen erkennen, wohin die Reise geht. Beginnend mit einem oder zwei neueren Texten, berichtet jedes Kapitel danach aus der Vergangenheit bis in die Gegenwart – sofern es sich nicht nur um Historisches handelt, wie »Reformation und Glaubenskriege«. Ein- und Ausgang unserer Stadt gehen über die Zeitgenossen.

Und nun ein hoffentlich hilfreicher roter Faden durch die Geschichte.

Der Bischof Eido von Meißen war im Jahr 1015 auf dem Weg von dort nach Merseburg auf der Burg Lipzi gestorben. In seinem »Chronikon« erwähnt Bischof Thietmar von Merseburg diesen Vorfall und verzeichnet damit zum erstenmal den Namen Lipzi. Das slawische »Lip« oder »Lipa« bezeichnet eine Linde, »Lipzi« oder »Lipzk« aber den Lindenplan oder Lindenhain. Auch von einer Kirche ist die Rede (1017), dem heiligen Nikolaus geweiht. Später legte Markgraf Otto der Reiche den Grund zur Stadt Lipzk. Eine Urkunde, zwischen 1156 und 1170 verliehen, der sogenannte Stadtbrief, ist heute ein kostbares »Denkmal« der Stadt im Ratsarchiv. Ein kleines Stück Pergament, ohne Datum, mit angehängtem Reitersiegel versehen, enthält die Erteilung des Marktrechtes, die Festlegung der Bannmeile, die Grenzen des Weichbildes und die Ordnung der Gerichtsbarkeit. Die planmäßige Verteilung von Grund und Boden bestimmt, vom Markt ausgehend, den rechtwinkligen Straßenverlauf, der bis heute noch sichtbar ist. Die romanisch erbaute Nikolaikirche war die Stadtkirche, nahe am Markt. 1212 stiftete Markgraf Dietrich der Bedrängte das Thomaskloster mit Kirche und Schule, das er den Augustiner Chorherren übergab. Unruhige Zeiten indessen. Der Markgraf, als hitzig und böswillig charakterisiert, überfällt Leipzig mit Hilfe Kaiser Friedrichs des Zweiten und läßt innerhalb der Stadt drei kleine Zwingburgen aufführen. Eine davon wird schon bald nach seinem Tode geschleift, und dort erbauten die Dominikaner das dem Apostel Paulus gewidmete Paulinerkloster. Um die Mitte des 13. Jahrhunderts wanderten Franziskaner Barfüßer ein und bekamen den Platz einer anderen niedergelegten Feste beim Ranstätter Tor zum Bau einer Kirche. Auch draußen vor den Toren kleine Kirchen und Kapellchen. Ende des 13. Jahrhunderts dazu die kleine Johanniskirche mit neu gestiftetem Hospital für die Aussätzigen.

Die Stadt, breit und landwirtschaftlich, die Bürger Ackerbürger mit stattlichen Höfen, Wohnhäusern, Scheunen und Ställen. In den Quergassen bald kleine Mietshäuser, in denen die Handwerker lebten und arbeiteten. Die sumpfigen Niederungen im Norden, zum »Brühl« hin, werden allmählich trockengelegt, die Stadt erweitert. Seit 1292 gibt es einen Bürgermeister. Die Lage an der Kreuzung der »Hohen Landstraße« und der »Reichsstraße« beflügelte den Handelsverkehr, die Bedeutung der Leipziger Märkte wuchs. Der Landesherr verlieh das Münzrecht und in der Mitte des 14. Jahrhunderts Durchgangs- und Marktzollgerechtigkeit.

Diese mittelalterliche Stadt ist später bis auf wenige Reste verschwunden. Von den Kirchen stand noch die Paulinerkirche, und auch diese wesentlich verändert. Die anderen wurden durch Neubauten ersetzt (Thomaskirche 1482-1496, Barfüßerkirche 1494-1501, Petrikirche ab 1507, Nikolaikirche 1513-1525), je nach den vorhandenen Mitteln. Die reichen Klöster gingen voran, die Stadt folgte nach ihrem Aufblühen zur Handelsstadt. 1474 gab es am kleinen Rathaus einen Turm. Dann wurde das Gewandhaus für die Tuchmacher und das Zeughaus für die Waffenvorräte der Stadt gebaut, Zwingmauern und Festungstürme wurden vervollständigt.

Aber schon früher hatte sich eine neue, unerwartete Entwicklung angebahnt. Auf der Handelsstraße zog ein bemerkenswerter Import in die Stadt: 1409 kamen aus Prag mehr als 400 Personen, nämlich 46 Professoren und ihre Studenten. Sie hatten dort die Universität verlassen wegen der Unruhen im Zusammenhang mit den Huss'schen Reformbestrebungen. Am 2. Dezember 1409 wird in Anwesenheit von Markgraf Friedrich dem Streitbaren und Markgraf Wilhelm im Refektorium des Thomasstifts der Stiftungsakt der Leipziger Universität feierlich vollzogen. Sie fing bald an zu stagnieren: spätscholastische Lehrweise, leere Rhetorik, Drill zum akademischen Wortgefecht, aber auch käufliche Examensdiplome. Im Gefolge Schwierigkeiten mit dem Rat der Stadt, mit der Bevölkerung. Aber 1481 wird das erste Buch in Leipzig gedruckt. Man darf auf einen Neubeginn, man darf auf den Humanismus hoffen. 1511 wird neben der Nikolaikirche die erste städtische Schule, die Nikolaischule, eingerichtet. Aus ihr und aus der Thomasschule kamen immer mehr humanistisch vorgebildete Schüler auf die Universität. Dort wird jetzt auch gelehrt im fortschrittlichen Geist. Alte Sprachen mit »neuen Methoden aus echten Quellen«. Heilige Schrift und Urkunden des Christentums werden zugänglich gemacht, kirchliche Mißstände erkannt – Tetzel und der Ablaßhandel! Die nationalen Züge des Humanismus treten hervor – Stolz auf deutsche Vergangenheit. Die Beziehung Luthers zu Ulrich von Hutten läßt Herzen höher schlagen. 1519 findet Luthers Disputation »Über den freien Willen« statt. Seine Zulassung zu dem Streitgespräch mit Eck und Carlstadt mußte allerdings von der widerstrebenden Theologischen Fakultät durch landesherrlichen Befehl erzwungen werden. Danach erscheinen seine Hauptschriften gedruckt. Gleichzeitig erste evangelische Prediger in den Vorstadtkirchen. Aber alsbald ergeht wieder ein Mandat zur Ablieferung der Lutherischen Schriften.

Der Bauernkrieg war bis vor die Leipziger Stadttore gekommen. In den Mauern der Stadt ist der Sieg über die Bauern bei Frankenhausen für Handwerker und Volk Anlaß zur Rebellion und zum Kampf für mehr soziale Gerechtigkeit. Hinrichtungen der Anführer erfolgen, die Aufständischen werden verfolgt. Schriften und Predigten werden weiter verboten. Vertreibungen, auch angesehener Bürger, finden statt. Aber nach dem Tod Herzog Georgs wird von seinem Nachfolger Moritz von Sachsen 1539 die Reformation für das Land eingeführt.

Danach kann auch die Neuordnung und Reformierung der Universität erfolgen. Der Landesherr übergibt das Dominikanerkloster St. Pauli samt Klostergütern der Universität, es wird zum Collegium Paulinum. Fünf Dörfer werden mit ihm zu Universitätsbesitz, dazu Wälder. Eine reiche Universität im sechzehnten Jahrhundert. Eine gelehrte: Der kirchliche Charakter der Lehranstalt wird abgestreift. Theologie, Philosophie und Pädagogik. Mathematik, Physik, Medizin und Astronomie. Rechtswissenschaften, die den städtischen Gerichten nützen. Im neuerbauten Rathaus von 1556 sitzen Professoren in den Gerichtsgremien.

Der Kurfürst von Sachsen war dem Schmalkaldischen Bund beigetreten, dem Bündnis zur Verteidigung des evangelischen Glaubens. Der Kaiser zog dagegen. 1547 wird Leipzig in diesem

Krieg belagert und beschossen. Das ist nur ein kleiner Vorgeschmack auf schwierige Zeiten. Die verunsicherten Gemüter wenden sich Hexerei und Zauberwesen zu. Während des Dreißigjährigen Krieges mit seinen Schlachten nahe der Stadt, mit Belagerungen und Bestürmung, mit der Mühsal der Einquartierung, blieb man unter sich. Mißtrauen und Hilfsbereitschaft unter Nachbarn hielten sich die Waage während der ruhigeren Zeiten. In großer Gefahr und nach der Erlösung aus Bedrängnis große Eintracht.

In der folgenden Zeit hapert es mit der Aufklärung. Leibniz bekommt in seiner Vaterstadt kein Doktordiplom und kehrt ihr den Rücken. Thomasius, der als erster in deutscher Sprache zu lesen wagt, muß 1690 fliehen und geht nach Halle. Man lebt im »Muff der Talare«. Es gibt aber auch die exzentrischen akademischen Bräuche, zum Beispiel die berüchtigten Doktorschmäuse, deren Aufwand dem des »Tillischen Tafelzettels« nahezu vergleichbar ist.

Unterdessen wird gebaut, gebaut. Die barocken Häuser und Höfe entstehen, die zum Teil bis heute erhalten sind und in jüngster Zeit vorzüglich restauriert werden. Zunächst noch konservativ, werden sie um 1700 kunstvolles Barock. Ein Beispiel das Haus von Bürgermeister Romanus, der sich allerdings mit dem prächtigen Bau selbst zugrunde richtete.

Im 18. Jahrhundert erlebt sich Leipzig als »jetzt florierend«. Es war eine große Stadt, eine anziehende Stadt. Sogar der Zar besuchte die Messe. Buchhandel und Buchdruck gedeihen. Erste große Manufakturen, hauptsächlich Tuchfabriken, entstehen. Reichtum und Luxus. Gärten und Promenaden. Die Börse mit internationalen Bankverbindungen hatte auf dem Naschmarkt schon 1682 ihren Neubau bezogen. Weltkenntnis und Bildung waren verbreitet. Das Großbürgertum findet sich in einer Poetischen Gesellschaft zusammen. Man läßt Bach musizieren, Öser malen und unterrichten, Gellert und Gottsched dichten und lehren und die Neuberin Theater spielen. Die großen Barockopern werden seit 1693 im eigenen Opernhaus aufgeführt. Sogar im

Siebenjährigen Krieg sprechen Gellert und der König von Preußen über Literatur. Studenten, die später berühmte Namen hatten, ließen sich an der Alma mater einschreiben: Schlegel 1739, Lessing 1746, Klopstock 1747, Goethe 1765, Jean Paul 1781. Schließlich hatte auch die Aufklärung die Hochschule erobert. Die Studenten aber, die sich früher mit den Handwerkern Schlachten lieferten, werden jetzt Kavaliere und elegant.

Merkwürdig für uns heute: Leipzig galt damals als Pflegestätte vorbildlicher Umgangssprache. Ja! Gesprochen wurde, und zwar viel. Hören können wir es nicht mehr, aber das viele Gedruckte können wir lesen. Es ist immer auch beredt. Nicht zuletzt die Menge der Pasquille, der Schmähschriften, mit ihren vielen witzigen Seiten.

Der Buchhandel nimmt, nach der Kramerinnung, den höchsten Rang unter den Handelsinstitutionen ein. Publikationen der Leipziger Gelehrten, der ökonomischen Societät und der Handelsakademie waren den Kaufleuten von großem Nutzen.

Ein Wort über das Florieren der Geschäfte: Handel und Produktion der großen Familien befaßten sich mit Tuch und Wollwaren, Leinwand, Kattun, Leder- und Rauchwaren, Spezereien, Gold- und Silberwaren, Galanteriewaren und Weinhandel. Es wurden produziert Hüte und Spielkarten, Blasinstrumente und Schnupftabak, Wachstuch und Tapeten, Schuhe, Atlasstoffe und Gespinste aus Gold und Silber. Der Apelsche Garten und Apels Manufakturen lagen hüben und drüben an der Pleiße, und in seinem Haus am Markt logierte der König von Sachsen während seiner Besuche. Neben den Handwerkern gab es die sogenannten Künstler, die der Mode zuarbeiteten als Perückenmacher, Knopf- und Posamentenhersteller etc. Dann die Buchbinder, Kupferstecher und Kupferdrucker – es nähme kein Ende.

»Leipzig im Taumel« also. Aber schon haben sie die Französische Revolution vernommen, das läßt auch in Sachsen die Gedanken wieder gären. Es gibt Tumulte. Das »Journal für Menschenrechte« wird gedruckt und verboten. 1806 besetzt Napoleon die Stadt und läßt bezahlen. Die Freiheitsbewegung gegen ihn gibt der Jugend eine neue Rolle als freiwillige Soldaten. Die Völkerschlacht 1813 mit dem Sieg über Napoleon ist ein großes Kapitel in der Geschichte der Stadt.

In der darauf folgenden Restaurationszeit wächst Leipzig sprunghaft. 1830 kommt Friedrich List aus Amerika zurück mit seiner »Utopie« von der Eisenbahn. Seine Theorie vom »sächsischen Eisenbahnsystem als Grundlage des allgemeinen deutschen Eisenbahnwesens« wird Wirklichkeit. 1839 wird die Strecke nach Dresden eröffnet, zwanzig Jahre später gibt es Verbindungen in alle wichtigen Städte. Auch soziale Utopien beginnen sich zu verwirklichen. Mit der Eisenbahn kommt Bebel als Drechslergeselle in Leipzig an. Er besucht Versammlungen der Arbeiterbewegung und ist mit Lassalle zusammen an der Gründung des Deutschen Arbeiterbildungsvereins 1863 beteiligt.

Von hier reißt der rote Faden nicht mehr ab. Es beginnt unsere Gegenwart, und die wenigen 120 Jahre bis heute hat der Leser noch in Erinnerung.

Sie sehen, ich wende mich an sehr, sehr alte Leser. Falls Sie jung sind, lieber Leser, haben Sie natürlich Verständnis für den großzügigen Umgang mit den leipzigischen Geschicken. Die Großzügigkeit der Leipziger allerdings äußert sich nicht wie bei mir in Sparsamkeit mit Worten, sondern in der Ausführlichkeit, mit der sie ihre Geschichten berichten. Davon geben die vielen Auslassungspünktchen in den Texten Zeugnis. Sollte ein echter Leipziger sie lesen, die Texte, die verkürzten, bitte ich um Nachsicht.

Allen, die mir in Leipzig mit Hinweisen und Rat geholfen haben, möchte ich für ihre freundliche Hilfsbereitschaft herzlich danken.

Frankfurt am Main, im Juli 1988 *Esther Gallwitz*

Textnachweise

Altmann, Ursula, Die Anfänge des Buchdrucks in Leipzig, in: 500 Jahre Buchstadt Leipzig. Hrsg. Karl Czok, VEB Fachbuchverlag, Leipzig 1981, S. 14

Arndt, Ernst Moritz, Briefe. Hrsg. Albrecht Dühr. Wiss. Buchgesellschaft, Texte zur Forschung Bd. 8. Darmstadt 1972, S. 325, 326

– Urkunden der Deutschen Erhebung (1813), Originalwiedergabe in 40 Faksimiledrucken...Hrsg. Friedrich Schulze. Merseburger, Leipzig 1913, S. 8-14, 18-22

Arndt, Helmut, Leipzig in 8 Jahrhunderten. Leipziger Stadtgeschichtliche Forschungen 7. VEB Bibliogr. Inst. Leipzig 1965, S. 11, 124, 188, 189

Bauch, Gustav, Geschichte des Leipziger Frühhumanismus. XXII. Beiheft zum Zentralblatt für Bibliothekswesen. Leipzig 1899, Kraus Repr. Lim. Harassowitz, Wiesbaden 1968, S. 390-392

Baumgart, Reinhard, Leipziger Augenblicke, Essay in: Baumgart, Die verdrängte Phantasie. Darmstadt 1973, S. 69-71, 73-76

Beaucamp, Eduard, Kunst in einer Sozialistischen Stadt. Bericht aus Leipzig. Frankfurter Allgemeine Zeitung 13. 4. 1968 Tiefdruckbeilage

– Mehr als ein Pessimist. Frankfurter Allgemeine Zeitung 13. 3. 1980

Bebel, August, Aus meinem Leben, 1. Teil. J. H. W. Dietz Nachf., Stuttgart 1910, S. 50, 51, 53, 74, 75, 77-79

Bennemann, Paul, Musik und Musiker im alten Leipzig von Beginn des 30jährigen Krieges bis zum Tode Bachs. Fries, Leipzig 1920, S. 20-23, 25-27

Berkes, Ulrich, Ikarus über der Stadt. Prosagedichte. Edition Neue Texte, © Aufbau-Verlag, Berlin und Weimar 1976, S. 56, 58, 59

Berlioz, Hector, Memoiren mit der Beschreibung seiner Reisen in Italien, Deutschland, Rußland und England 1803-1865. Philipp Reclam jun., Leipzig 1967, S. 289, 290, 294-296

Beuchler, Klaus, Leipziger Extrablätter (Leipzigs literarisches Leben im Laufe der Jahrhunderte) in: Neue Deutsche Literatur, H. 6, 1963, S. 13, 15-19

Beutler, Ernst, Essays um Goethe. Dietrich'sche Verlagsbuchhandlung, Wiesbaden 1947, S. 460-462, 465, 466

Biedermann, Woldemar Freiherr von, Goethe und Leipzig. Zur 100-

jährigen Wiederkehr des Tages von Goethes Aufnahme auf Leipzigs Hochschule. F. A. Brockhaus, Leipzig 1865, Bd. 1, S. 95, 96, 266-270

Bierbaum, Otto Julius, Leipziger Erinnerungen, gedruckt für den Leipziger Bibliophilenabend in 100 Exempl. Nr. 43, Leipzig o. J., Blatt 1-5

Binding, Rudolf G., Erlebtes Leben. Aus: »Das große Rudolf G. Binding Buch«, © 1979 C. Bertelsmann Verlag GmbH, München

Blücher, Gebhard Lebrecht Fürst von, Blücher in seinen Briefen, Hrsg. J. R. Haarhaus, C. F. Amelangs Verlag, Leipzig 1913, S. 35, 36

Blum, Robert, Briefe und Dokumente. Hrsg. Siegfried Schmidt. Verlag Philipp Reclam jun., Leipzig 1981, S. 5, 6, 11-14

Blume, Friedrich, J. S. Bach im Wandel der Geschichte. Hrsgeg. von der Gesellschaft für Musikforschung, Musikwiss. Arbeiten Nr. 1, Bärenreiter Verlag, Kassel 1947, S. 10-13, 22

Bobrowski, Johannes, Wetterzeichen. Gedichte. Quarthefte. Verlag Klaus Wagenbach, Berlin 1967, S. 10

Brauer, Adalbert, Der Leipziger Pitaval als buchhandelsgeschichtliche Quelle. Rezension Walter Fellmann: Leipziger Pitaval, Militärverlag der DDR, 2. Aufl. Berlin 1982, in: Buchhandelsgeschichte 1984, B 125, 126

Braun, J. M., Wegweiser durch Leipzig und seine Umgebungen. Franz Heinrich Köhler, Stuttgart 1837, S. 18, 19, 21, 24, 25, 139-144

Brockhaus, Heinrich, Friedrich Arnold Brockhaus, Sein Leben und Wirken nach Briefen und Aufzeichnungen geschildert von seinem Enkel Heinrich Eduard Brockhaus. Leipzig 1872-1881. Bd. 1, S. 313-316, Bd. 2, S. 82-84

Buchwald, Reinhard, Luther im Gespräch. Aufzeichnungen seiner Freunde und Tischgenossen. Alfred Kröner Verlag, Stuttgart 1938, S. 219

Carossa, Hans, Der Tag des jungen Arztes. Insel Verlag, Wiesbaden 1955, S. 19-21, 40, 41

Chodowiecki, Daniel, Journal gehalten auf einer Lustreyse von Berlin nach Dreßden Leipzig Halle Dessau Anno 1789. Akademie-Verlag, Berlin 1961, S. 34-36, 39, 40

Dörffel, Alfred, Geschichte der Gewandhausconcerte zu Leipzig vom 25. Nov. 1781 bis 25. Nov. 1881. Leipzig 1884, Neudruck Sändig, Walluf bei Wiesbaden 1972, S. 87

Ehrenhausen, Baron von, in: Gustav Wustmann, Aus Leipzigs Vergangenheit. Gesammelte Aufsätze. Neue Folge. Verlag Fr. Wilh. Grunow, Leipzig 1898, S. 250, 251

Eloesser, Arthur, Der junge Kainz. Briefe an seine Eltern. S. Fischer, Berlin 1912, S. 119-121

Engels, Friedrich, in: Karl Marx und Friedrich Engels, Werke, Band 2, Dietz Verlag, Berlin 1959, S. 558, 559

Fechner, Gustav Theodor, Pseudonym »F«, Zur Kritik des Leipziger Mendebrunnens. Breitkopf und Härtel, Leipzig 1887, S. 3, 4, 7, 8

Flugschrift, Slg. G. Freytag, Ordnung und Reformation der Stadt Leipzig. Von der Tracht der Einwohner... Leipzig 1550, Valentin Babst n. p. (5 Seiten)

– Warhafftiger und erschrecklicher Aufruhr zu Leipzig..., Jena 1593

– Ritzsch, Gregor, Das Bedrängte Leipzig mit seinem Seuffzen und Hoffen..., Leipzig 1631

– Wahrhafftige Avisen. I. Der Tillische Küchen Taffel-Confect Zeddel... o. O. 1631, n. p. (2 Seiten)

– E. E. Hochw. Raths der Stadt Leipzig Ordnung, Wie auff dem Öffentlichen Marckte... Leipzig 1726, S. 2-8

Förster, Friedrich, Theodor Körners Leben, in: Theodor Körner's Werke, Hempel, Berlin 1897, Bd. 1, S. 61-63, 87

Fontane, Theodor, Von zwanzig bis dreißig. Autobiographisches. Fontane und Co., Berlin 1913, 7. Tausend, S. 74-83, 85-87

Frankfurter Messerelation. Jacobi Franci Relatio Historica Quinquennalis 1590-1595. Frankfort am Mayn, in Verlegung Paul Brachfeldt 1595, S. 270-272, 340-343, 347, 348

– Beschreibung der grossen Schlacht bey der Statt Leptzig... Messerelation Herbst 1631 auf Frühjahr 1632, S. 6-8

– Churfürstlich sächsische Huldigung. Messerelation Frühjahr 1681 bis Herbst 1681, S. 85, 86

– Der König kommt in Leipzig an. Messerelation Herbst 1714 bis Frühjahr 1715, S. 95

– Der König von Pohlen begiebt sich nach Leipzig. Messerelation Herbst 1746 bis Frühjahr 1747, S. 83

– Von den Preussischen Anstalten zu Versicherung der Handlung... Messerelation Herbst 1756 bis Frühjahr 1757, S. 57

Freytag, Gustav, Das Neue Stadttheater in Leipzig. Gesammelte Werke, Bd. 16, S. Hirzel Verlag, Leipzig 1897, S. 332, 333

Fries, Fritz Rudolf, Leipzig im Herzen und die Welt dazu. Geschichten vom Reisen. © Aufbau Verlag, Berlin und Weimar 1983, S. 172, 173, 175-179

Füssler, Heinz und G. Rudloff-Hille, Robert Blum. Ein Zeugnis meines Lebens. Nach zeitgen. Dokumenten. Hrsg. Städtisches Museum Zwickau, Predella-Verlag, Zwickau (Sachsen) 1948, S. 76

Gellert, Christian Fürchtegott, Sämtliche Schriften, Bd. 8, Briefe 1742-1760, Bd. 9, Briefe 1761-1765, Weidmann'sche Buchhandlung und Hahn'sche Verlagsbuchhandlg., Leipzig 1839, S. 262-265; 9-11, 12-16

Goebel, Christiane Renate, Leipzig. Vom Werden der Messestadt. Prisma Verlag, Leipzig 1963, S. 98, 123

Görtz, Franz Josef, Beobachtungen auf der Leipziger Buchmesse. Frankfurter Allgemeine Zeitung 22. 3. 1986, Feuilleton

Göschen, Georg Joachim, in: Rolf Weber, Mein Leipzig lob ich mir. Zeitgen. Berichte von der Völkerschlacht bis zur Reichsgründung. Verlag der Nation, Berlin 1983, S. 42, 43, 45, 46

Goethe, Johann Wolfgang von, Sämtliche Werke in 18 Bänden, Artemis-Gedenkausgabe, Nachdruck Artemis Verlags-AG Zürich, Deutscher Taschenbuch Verlag GmbH u. Co. KG, München 1977, Bd. 5, S. 208, Bd. 10, S. 270-278, 295, 296, Bd. 13, S. 652

Gottsched, Johann Christoph, J. G. Gottscheds Öffentl. Lehrers der Weltweisheit und Dichtkunst zu Leipzig, Gedichte. Gesammelt und herausgeg. von Johann Joachim Schwabe bei B. Chr. Breitkopf, Leipzig 1736, S. 65

Grebenstein, Georg, Die Familie des Rechenmeisters Adam Ries. Leipziger Blätter, Heft 9. Hrsg. Rat des Bezirks Leipzig, Abt. Kultur. VEB Seemann Verlag, Leipzig 1986, S. 26

Groß, Ulrich, Beschreibung Leipzigs von 1587, in: Gustav Wustmann, Quellen zur Geschichte Leipzigs. Veröffentl. aus dem Archiv und der Bibliothek der Stadt. Duncker und Humblot, Leipzig 1889-1895, Bd. 1, S. 14-17

Grosse, Karl, Geschichte der Stadt Leipzig von der ältesten bis auf die neueste Zeit. Alwin Schmidt Verlag, Leipzig 1898, Bd. 2, S. 139-142, 182, 183, 301, 302, 304

Hasse, Ernst, Geschichte der Leipziger Messen, in: Preisschriften, gekrönt und herausgegeben von der Fürstlich Jablonowski'schen Gesellschaft zu Leipzig, Nr. XVII. Verlag S. Hirzel, Leipzig 1885, S. 173, 456, 457

Hasse, Karl Ewald, Erinnerungen aus meinem Leben. Engelmann, Leipzig 1902, 2. Aufl., S. 48, 49

Heidecke, Benjamin, Tableau von Leipzig im Jahre 1783. Eine Skizze.

Leipziger Neudrucke, Hrsg. Gustav Wustmann, 3. Bändchen. Verlag der J. C. Hinrichsschen Buchhandlung, Leipzig 1902, S. 9-15, 66-69, 81-83, 147, 148

Heise, Ulla, Kaffeebaum, in: Leipziger Blätter, Heft 3. Hrsg. Rat des Bezirks Leipzig, Abt. Kultur. VEB Seemann Verlag, Leipzig 1983, S. 34

Heuss, Theodor, Vorspiele des Lebens, Jugenderinnerungen. In: Wege zum Gesamtkunstwerk. Max Klinger, Ausstellungskatalog Roemer und Pelizaeus-Museum Hildesheim, Verlag Philipp von Zabern, Mainz 1984, S. 177

Hoffmann, E. T. A., E. T. A. Hoffmann in Aufzeichnungen seiner Freunde und Bekannten. Eine Sammlung von Friedrich Schnapp. Winkler Verlag, München 1974, S. 269

– Dichtungen und Schriften sowie seine Briefe und Tagebücher. Gesamtausgabe in 15 Bänden. Hrsg. Walter Harich, Erich Lichtenstein, Weimar, 15. Bd., Briefe und Tagebücher II, Dresden, Leipzig, Berlin 1924, S. 72-74, 99, 100

Italiaander, Rolf, Mein Leipzig lob ich mir. Kulturelle Erinnerungen eines sächsischen Niederländers. In: Neue Deutsche Hefte 25 (1978) H 3, S. 504, 512-514

Jahn, Otto, Goethe und Leipzig. Xenien Verlag, Leipzig 1909, S. 23-25

Jappe, Georg, Die Helle von Leipzig. Frankfurter Allgemeine Zeitung 23. 11. 1974, Feuilleton

John, Mathias, Karl Liebknecht, in: Berühmte Leipziger Studenten. Hrsg. Piazza, Flachendräger, Katsch und Schwendler. Urania Verlag, Leipzig, Jena, Berlin 1984, S. 143, 144

Johnson, Uwe, Das dritte Buch über Achim. Suhrkamp Verlag, Frankfurt am Main 1961, S. 17-19, 49-51, 53-55, 94-99, 109, 114-120, 162-164

Kapp, Friedrich, Geschichte des Deutschen Buchhandels bis in das 17. Jahrhundert. Im Auftrag des Börsenvereins der Deutschen Buchhändl. herausgegeben von der Historischen Kommission derselben. Verlag des Börsenvereins der Dtsch. Buchh., Leipzig 1886, Bd. 1, S. 146-148

Karbe, Karl Heinz, Gesundheitsschutz und Leipziger Messe im Laufe der Jahrhunderte. Sitzungsberichte der Deutschen Akademie der Wissenschaften zu Berlin 1967, S. 21-23, 53

Klein, Alfred, Erich Kästner, in: Berühmte Leipziger Studenten. Hrsg. Piazza, Flaschendräger, Katsch und Schwendler. Urania Verlag, Leipzig, Jena, Berlin 1984, S. 165, 167, 168, 171, 172

Klump, Brigitte, Das rote Kloster. Eine deutsche Erziehung. Hoffmann und Campe, Hamburg 1978, S. 70-73, 112-114

Kreuchauf, Franz Wilhelm, F. W. Kreuchaufs Schriften, in: Leipziger Neudrucke. Hrsg. G. Wustmann, 2. Bändchen, Zur Leipziger Kunst 1768-1782. Verlag der J. C. Hinrichsschen Buchhandlung, Leipzig 1899, S. 43-47

Kroker, Ernst, Zweihundertfünfzig Jahre einer Leipziger Buchdruckerei und Buchhandlung. Zur Geschichte der Dürr'schen Buchhandlung... Hrsg. Friedrich Dürr, bearbeitet von Ernst Kroker. Dürr'sche Buchhandlg., Leipzig 1906, S. 224

Kühne, Gustav, in: Rolf Weber, Mein Leipzig lob ich mir. Zeitgen. Berichte von der Völkerschlacht bis zur Reichsgründung. Verlag der Nation, Berlin 1983, S. 301, 302, 304

Leipzig, die Geburtsstadt Richard Wagners... (Hrsgeg. im Auftrag d. Oberbürgermeisters der Stadt zum 125. Geburtstag des Meisters) Böttcher, Leipzig 1938, S. 21

Leipzig, der Sitz des Deutschen Parlaments. Der Hohen deutschen constituirenden Nationalversammlung unterbreitet von einem Rheinländer. Brockhaus, Leipzig 1848, S. 3, 4, 6, 7

Leipzig und seine Universität vor hundert Jahren. Aus den gleichzeitigen Aufzeichnungen eines Leipziger Studenten jetzo zuerst ans Licht gestellt. Breitkopf und Härtel, Leipzig 1879, S. 8, 9, 49-51, 83, 84, 97-104

Lichtwark, Alfred, Briefe an die Kommission für die Verwaltung der Kunsthalle. Hrsg. Gustav Pauli. Georg Westermann, Hamburg 1923, 1924, S. 123-126, 211-213, 430-433

Lips, Eva, Zwischen Lehrstuhl und Indianerzelt. Aus dem Leben und Werk von Julius Lips mit unveröffentlichten Briefen von Heinrich Mann..., © Rütten und Loening, Berlin 1965, S. 138-142

Loest, Erich, Bilder vom Wochenende (Impressionen aus Leipzig). In Bechers Stapfen (Institut für Literatur), in: Merian Nr. 30, H. 9. Hoffmann und Campe, Hamburg 1977, S. 26, 27, 30, 31, 75

– Es geht seinen Gang, oder Mühen in unserer Ebene. Deutsche Verlags-Anstalt, Stuttgart 1978, S. 8-12, 17-23, 27

– Völkerschlachtdenkmal. Hoffmann und Campe, Hamburg 1984, S. 118-122, 158-163, 218-220, 222-224, 244-251, 255

Lortzing, Albert, in: Rolf Weber, Mein Leipzig lob ich mir..., Verlag der Nation, Berlin 1983, S. 243-247

Mann, Thomas, Doktor Faustus. Das Leben des deutschen Tonsetzers

Adrian Leverkühn erzählt von einem Freunde, © Bermann-Fischer Verlag, Stockholm. Abdruck mit Genehmigung der S. Fischer Verlag GmbH, Frankfurt am Main 1947, S. 186-191

Mattheuer, Wolfgang, unveröffentlichte Tagebucheintragung 1968, vom Künstler freundlich zur Verfügung gestellt.

Maurer, August Salomo, Leipzig im Taumel. Nach Originalbriefen eines reisenden Edelmanns 1799, Neudruck P. Tobler, Münster i. Schw. 1908, S. 20-22, 33-35, 41-43, 112-115, 130-132, 283-285

Mayer, Hans, Ein Deutscher auf Widerruf. Erinnerungen I. Suhrkamp Verlag, Frankfurt am Main 1982, S. 94-96, 98, 99, 104-106, 110-112

Mehring, Franz, Aufsätze zur Geschichte der Arbeiterbewegung. Gesammelte Schriften, Bd. 4, Hrsg. Thomas Höhle, Hans Koch und Josef Schleifstein, Dietz Verlag, Berlin 1963, S. 505, 506

Mendelssohn-Bartholdy, Felix, Briefe aus den Jahren 1833-1847. Hrsg. Paul Mendelssohn-Bartholdy. Sechste, vermehrte Auflage, Hermann Mendelssohn, Leipzig 1875, S. 99, 100, 236-239

– Briefe an Ignaz und Charlotte Moscheles. Hrsg. Felix Moscheles. Verlag Duncker und Humblot, Leipzig 1888, S. 128-130, 251-254

– Briefe aus Leipziger Archiven. Hrsg. Hans Joachim Rothe und Reinhard Szeskus. VEB Deutscher Verlag für Musik, Leipzig 1972, S. 27, 36-39, 107

Metken, Günter, Richard Wagner und die bildende Kunst. Sonderdruck aus dem Richard-Wagner-Handbuch. Hrsg. Ulrich Müller und Peter Wapnewsky. Alfred Kröner Verlag, Stuttgart 1986, S. 754, 755

Michael, Friedrich, Letzte Wochen in Leipzig: Tagebuchblätter aus dem Frühling 1945, in: Buchhandelsgeschichte. Börsenblatt für den Deutschen Buchhandel, Frankfurter Ausgabe Nr. 98 vom 21. 11. 1980, B 463-467, © by Jan Thorbecke Verlag, Sigmaringen

Müller, Christa, Vertreibung aus dem Paradies. Edition Neue Texte, 3. Auflage. Aufbau Verlag, Berlin und Weimar 1979, S. 139, 142

Neumann, Gert, Elf Uhr. © S. Fischer Verlag, Frankfurt am Main 1981, S. 48-50, 62, 63, 93, 94, 96, 97, 206, 213, 214

Ortstermin. Frankfurter Allgemeine Magazin Nr. 311, Februar 1986, S. 54

Pfeiffer, Hans, Thomas Müntzer. Ein biographischer Roman. Verlag Neues Leben, Berlin 1975, S. 60

Piper, Reinhard, Mein Leben als Verleger. © R. Piper und Co. Verlag, München 1964, S. 381-385

Prinz, August, Der Buchhandel vom Jahre 1815 bis zum Jahre 1843. Bausteine zu einer späteren Geschichte des Buchhandels. Reprint in der 2. Auflage, Altona 1855. Carl Winter, Universitätsverlag Heidelberg 1981, S. 72, 73

Rat der Stadt Leipzig, Ortsplan der Stadt Leipzig 1949/1950. Mitdenken, mitarbeiten, mitverantworten. Leipzig: Rat der Stadt. S. V, 25

Rauch, Karl, Mein Leipzig lob ich mir. Aus 800 Jahren Leipziger Geschichte. Weidlich, Frankfurt am Main 1965, S. 12, 13

– »Der Schatten des Vaters«. Verlag Richard Bechtle, Eßlingen 1954, S. 130-133

Rauchfuss, Hildegard Maria, War ich zu taktlos, Felix? Variationen zu vier Händen. VEB Deutscher Verlag für Musik, Leipzig 1976, S. 10, 11, 14, 15. Mit freundlicher Genehmigung der Autorin

Rebmann, Andreas Georg Friedrich (Pseudonym Rabiosus der Jüngere), Der Leipziger Student vor Hundert Jahren. Leipziger Neudrucke, Hrsg. G. Wustmann. Verlag der J. C. Hinrichsschen Buchhandlung, Leipzig 1897, S. 7, 9, 16-19, 33-35, 55-57

Reimann, Hans, Das Buch von Leipzig. R. Piper Verlag, München 1929, S. 27-33, 51-53, 144, 145

Richter, Johann Paul Friedrich, Die Briefe Jean Pauls. Hrsg. Eduard Berend. Erster Band 1780-1794. Georg Müller, München 1922, S. 20, 21

Richter, Rolf, Die Thälmannstrasse. Porträt einer Magistrale, in: Leipziger Blätter Nr. 8, Hrsg. Rat des Bezirks Leipzig, Abt. Kultur. VEB Seemann Verlag, Leipzig 1986, S. 13-15, 18, 19

Riemer, Salomon, Auszüge aus Salomon Riemers Jahrbuche, in: Gustav Wustmann, Quellen zur Geschichte Leipzigs. Duncker und Humblot, Leipzig 1889-1895. Bd. 1, S. 255, 306, 307, 350-358, 447-449

Ringelnatz, Joachim (Pseudonym von Hans Boetticher), Gedichte. Das Gesamtwerk in 7 Bänden, Hennsel, Berlin, Bd. 1, S. 320. »Mein Leben«, Bd. 6, S. 6-8

Rochlitz, Friedrich, Tage der Gefahr. Ein Tagebuch der Leipziger Schlacht. Insel Verlag, Leipzig o. J., Inselbücherei Nr. 17, S. 53-63, 70-76

Rosenkranz, Hermine, Das Schiller-Haus in Gohlis. Hrsg. Museum für Geschichte der Stadt Leipzig, o. J., S. 46-48

Rost, Johann Christoph, Vermischte Gedichte. Zweite Auflage, Hechtel, Frankfurt am Main 1770, S. 41

Sandner, Wolfgang, Neues Glück für ein altes Orchester. Frankfurter Allgemeine Zeitung 14. 10. 1981, Feuilleton

Schiller, Friedrich von, Geschichte des Dreißigjährigen Krieges. Schillers sämtliche Werke in 12 Bänden. Verlag der J. G. Cotta'schen Buchhandlung, Stuttgart, Tübingen 1838, Bd. 9, S. 221-230

– F. v. Schillers auserlesene Briefe 1781-1805. Hrsg. Heinrich Doering. Immanuel Webel, Zeitz 1835, 1. Bändchen, S. 164, 165

Schmidt, Arno, Fouqué und einige seiner Zeitgenossen. HaffmansTaschenBuch, 1. Copyright (1988) by Arno Schmidt Stiftung Bargfeld und Haffmans Verlag AG, Zürich

Schulz, Max Walter, Triptychon mit sieben Brücken. Mitteldeutscher Verlag, Halle/Saale 1974, S. 349-351, 353, 354

Schulze, Friedrich, Achtzehnhundertdreizehn. Die Deutschen Befreiungskriege in zeitgenössischen Schilderungen. 2. Abdruck 1912. Voigtländer's Verlag, Leipzig 1912, S. 179, 180

– Adam Friedrich Oeser, Der Vorläufer des Klassizismus. Koehler und Amelang, Leipzig 1789, 1806, S. 41-43

Schumann, Robert, Schumann-Briefe in Auswahl. Hrsg. Karl Storck, 3. Aufl., Verlag der Bonifacius-Druckerei, Paderborn 1940, S. 100, 101, 121, 122

Stiller, Günther, Johann Sebastian Bach und das Leipziger Gottesdienstliche Leben seiner Zeit. Bärenreiter-Verlag, Kassel 1970, S. 38, © Evangelische Verlagsanstalt Berlin, 1970

Terry, Charles, Johann Sebastian Bach, Eine Biographie, übertragen von Alice Klengel. Insel Verlag, Leipzig 1929, S. 199, 311

Treitschke, Heinrich von, in: Rolf Weber, Mein Leipzig lob ich mir. Zeitgenössische Berichte von der Völkerschlacht bis zur Reichsgründung. Verlag der Nation, Berlin 1983, S. 322, 323

Tübke, Werner, Aus der Rede anläßlich der Verleihung der Ehrendoktorwürde der Alma Mater Lipsiensis am 9. 12. 1985. Vom Künstler freundlich zur Verfügung gestellt

Ulrich, Franz, Leipzigs Wühler und Wühlerinnen. Daguerrotypien und Vereinsgestalten, Nordhausen: Selbstverlag 1849, S. 3, 10-12, 28, 29

Vogel, Julius, Max Klinger und seine Vaterstadt Leipzig. Ein Kapitel aus dem Kunstleben einer Deutschen Stadt. Deichert'sche Verlagsbuchhandlung, Leipzig 1923, S. 57, 58, 60, 61

Wagner, Richard, Mein Leben. Bd. 1. Verlag Bruckmann AG, München 1911, S. 9, 10, 31, 32, 34, 35, 52-56

Weber, Rolf, Mein Leipzig lob ich mir. Zeitgenössische Berichte von der Völkerschlacht bis zur Reichsgründung. Verlag der Nation, Berlin 1983

Weinkauf, Bernd, Leipziger Denkmale. VEB Brockhaus Verlag, Leipzig 1982, S. 13-15, 46, 57, 58, 60, 61, 63, 64

Witkowski, Georg, Geschichte des Literarischen Lebens in Leipzig, Aus den Schriften der Kgl. Sächs. Kommission für Geschichte, G. B. Teubner-Verlag, Leipzig und Berlin 1909, S. 57, 58, 82, 83, 85, 228-232, 408-410

Würzbach, Friedrich, Nietzsche, sein Leben in Selbstzeugnissen, Briefen und Berichten. Propyläen-Verlag, Berlin 1942, S. 89-91, 121-125

Wunder, Georg, in: Ernst Hasse, Die Stadt Leipzig in hygienischer Beziehung. Festschrift... d. Deutschen Vereins für Öffentl. Gesundheitspflege... Duncker und Humblot, Leipzig 1891, S. 143, 144

Wustmann, Gustav und Ernst Kroker, Quellen zur Geschichte Leipzigs. Veröffentl. aus dem Archiv und der Bibliothek der Stadt L. Duncker und Humblot, Leipzig 1889-1895, Bd. 1, S. 161-163, Bd. 2, S. 505, 507, 508, 536-541, 544, 545, 548

– Aus Leipzigs Vergangenheit. Gesammelte Aufsätze. Fr. Wilhelm Grunow Verl., Leipzig 1885, S. 1, 2, 13-15, 35, 36, 47-57, 92, 93, 210-212, 229, 230, 312, 314-316, 392, 393, 422, 423

– Aus Leipzigs Vergangenheit. Gesammelte Aufsätze, Neue Folge. Fr. Wilhelm Grunow Verlag, Leipzig 1898, S. 178, 179, 183, 184, 188, 192-197, 220-225, 229, 230, 238-243

– Aus Leipzigs Vergangenheit. Gesammelte Aufsätze. Dritte Reihe. Fr. Wilhelm Grunow Verlag, Leipzig 1909, S. 2, 3, 39, 40, 69-71, 115-119, 121, 122, 352, 353, 354

Zachariä, Justus Friedrich Wilhelm, Der Renommiste. Hrsg. Anselm Maler. Philipp Reclam Jun., Stuttgart 1974, S. 23, 24

Zeller, Bernhard, Die Insel. Eine Ausstellung zur Geschichte des Verlages unter Anton und Katharina Kippenberg. Deutsches Literaturarchiv im Schiller-Nationalmuseum, Marbach am Neckar 1965, S. 126, 251, 252, 325, 335-338

Zimmer, Dieter, Für'n Groschen Brause. Eine liebenswerte Familienchronik aus unliebsamen Zeiten. Büchergilde Gutenberg, Frankfurt am Main, Olten, Wien 1982 © Scherz-Verlag, Bern, München, S. 260-262

Bildnachweis

Die Abbildungen sind nicht den Texten zugeordnet, sie durchlaufen in einer eigenen zusammenhängenden Themenabfolge das Buch.
Die Bildagentur *Jürgens Ost + Europa-Photo* stellte dem Insel Verlag sämtliche Bildvorlagen zur Verfügung, mit Ausnahme der von der Herausgeberin beigesteuerten Fotos und des Fotos von Michael Ruetz (Abb. 59).

1. *Das Leipziger Stadtsiegel von 1287.*

2. *Älteste Stadtansicht von 1547* (während der Belagerung). Holzschnitt von einem unbekannten Künstler.

3. *Leipzig im Jahre 1614.* Nach einem Kupferstich von Andreas Brettschneider (in einem Nachstich aus dem Jahre 1682).

4. *Der erste maßstabgerechte Stadtplan von Leipzig, 1749.* Den hochgeborenen Magnificis, den hochweisen Bürgermeistern... gewidmet von den Homaennischen Erben, signiert M.K.A.Pr.

5. *»Das Anno 1713 florierende Leipzig.«* Stich von C. F. Rumpf. Stadtarchiv Leipzig.

6. *Leipzig vor dem Hallischen Tor.* Stich von Christian Heckel 1704. Stadtgeschichtliches Museum Leipzig.

7. *Älteste Ansicht des* Lotterschen *Rathauses von 1593. Früheste Darstellung des 1556 erbauten Rathauses in einer Flugschrift von 1593.* Die Aufständischen gegen die Calvinisten werden verurteilt, auf dem Marktplatz werden vier Hinrichtungen vollzogen.

8. *Der Naschmarkt auf einem Flugblatt von 1593. Mit der Darstellung des Sturms auf die Calvinisten-Häuser; links das Rathaus, rechts das 1572 erbaute Schuh- und Pelzhaus.*

9. *Markt und Innenstadt, 1712.* Stich von Johann Georg Schreiber.

10. *Markt und Rathaus um 1700.* Stich von Gabriel Bodenehr d. Ä., Augsburg. Marktplatz mit Rathaus und Kramladen, dem Goldenen Brunnen. Im Hintergrund Eingänge zur Katharinen- und Hainstraße. Museum für Geschichte der Stadt Leipzig.

11. *Die Nikolauskirche im Jahre 1592 – wohl die älteste Kirche in Leipzig.* Der 1595 veröffentlichte anonyme Holzschnitt zeigt, wie während der kryptocalvenistischen Wirren der Turmkopf der Kirche, in dem man calvinistische Schriften vermutete, abgenommen wurde.

12. Die Thomaskirche, 1723. Thomasschule vor dem Umbau. Stich von Johann Gottfried Krügner.

13. Johanniskirche und Johanniskirchhof um 1700. Stich nach Johann Stridbeck d. J. im Verlag Gabriel Bodenehr d. Ä., Augsburg. Die außerhalb der Stadtmauer gelegene Johanniskirche gehörte nicht zum unmittelbaren Dienstbereich Bachs. Im Dezember 1743 prüfte er mit Zacharias Hildebrandt die von Johann Scheibe erbaute Orgel, die bis 1893 stand (teilweise erhaltener Spieltisch im Musikinstrumentenmuseum Karl-Marx-Universität Leipzig). Der Johannisfriedhof wurde später (30. oder 31. Juli 1750) Bachs Begräbnisplatz. Bach-Archiv Leipzig.

14. Johanniskirchhof, Innenmauer 1985 (vor der Renovierung). Foto: Gallwitz.

15. Paulinerkirche und Großes Fürstenhaus um 1700. Stich im Verlag Gabriel Bodenehr d. Ä., Augsburg. Die auf Einladung des Rektors der Universität Carl Otto Rechenberg (1689-1751) erfolgte Prüfung der von Johann Scheibe (gest. 1748) erbauten Orgel am 16. 12. 1717 war Bachs erste Begegnung mit der Universitätsstadt Leipzig. Museum für Geschichte der Stadt Leipzig.

16. Die Thomasschule vor dem Abbruch, 1902. Eine der letzten Aufnahmen des traditionsreichen Gebäudes, an dessen Stelle heute die Superintendentur steht. Bach-Archiv Leipzig.

17. Der Thomanerchor vor dem Bachdenkmal.

18. Der Thomanerchor vor dem Gohliser Schlößchen, 1970.

19. Die Thomaskirche mit dem alten Bach-Denkmal, 1980. Unter Denkmalschutz steht die alte Thomaskirche, die im 15. Jahrhundert gotisch umgestaltet wurde. Johann Sebastian Bach wirkte dort von 1723 bis 1750 als Kantor.

20. Das neue Bach-Denkmal vor der Thomaskirche von C. Seffner.

21. Boses Garten (Kleinbosischer Garten). Stich von Johann August Corvinus. Georg Bose (1650-1700), Kauf- und Handelsherr war Besitzer dieses vor dem Ranstätter Tor gelegenen Gartens, während sein Bruder Caspar Bose (1645-1700), gleichfalls angesehener Kauf- und Handelsherr, den »Großbosischen Garten« vor dem Grimmaischen Tor angelegt hatte. Museum für Geschichte der Stadt Leipzig.

22. Ansicht des Grimmaischen Tores.

23. Die Promenade in Leipzig, Stich von J. A. Rosmaesler, *1777.* Stadtgeschichtliches Museum Leipzig.

24. Messeverkehr vor dem Grimmaischen Tor um 1800.

25. Schillerdenkmal in den Parkanlagen der Schillerstraße, 1983.

26. Das Leibnizdenkmal mit dem Universitätshochhaus, 1986.

27. Universität mit der Paulinerkirche (Universitätskirche) um 1938.

28. Universität. Das rekonstruierte Schinkeltor, 1981. Als einziges erhaltenes Zeugnis der Baukunst Karl Friedrich Schinkels in Leipzig wurde zwischen Hörsaal- und Seminargebäudekomplex der Karl-Marx-Universität das klassizistische Eingangsportal des ehemaligen Hauptgebäudes der Universität von 1836 aufgestellt.

29. Blick vom Mägdebrunnen auf das Universitätshochhaus.

30. Das Schillerhäuschen in Gohlis, 1985. Dort dichtete Schiller das »Lied an die Freude« während seines Aufenthaltes in Leipzig 1785.

31. Das Neue Rathaus, auf den Resten der Pleißenburg Anfang des 20. Jahrhunderts von Hugo Licht erbaut.

32. Pleißenburg von Südwesten, 1782 (1548-1557 erbaut von Baumeister Lotter) nach einem kolorierten Stich. Stadtgeschichtliches Museum Leipzig.

33. Das Reichsgericht, 1933. Jetzt Dimitroff-Museum und Museum der bildenden Künste.

34. Die Deutsche Bücherei nahe dem Gelände der Technischen Messe. Seit 1. Januar 1913 wird in Leipzig das gesamte deutschsprachige Schrifttum gesammelt.

35. Blick auf die Russische Kirche, 1925.

36. Das Insel-Verlagshaus in der Kurzen Straße bis 1943.

37. Romanushaus, Ecke Brühl- und Katharinenstraße, erbaut 1701-1704. Kupferstich von Samuel Blättner nach 1705.

38. Buchhändlerbörse in der Ritterstraße im Alten Lateinviertel, 1836 erbaut von Albert Gentebruck.

39. Apels Haus, Stich 1720. Andreas Dietrich Apel (1666-1718), Leipziger Handelsherr, der einen im Jahre 1700 erworbenen Garten zu einer Hauptsehenswürdigkeit Leipzigs ausbaute und dessen 1705 an der Südseite des Marktes errichtetes Haus der sächsischen Herrscherfamilie bei ihren Besuchen in Leipzig regelmäßig als Quartier diente, von dem aus die Musikdarbietungen Bachs huldvoll entgegengenommen wurden. Museum für Geschichte der Stadt Leipzig.

40. Hohmanns Haus am Markt, 1708-1714 erbaut. Stich von J. G. Schreiber. Von Johann Gregor Fuchs errichteter Prachtbau, im Zweiten Weltkrieg zerstört. Aufführungsort der Bachschen Hochzeitskantate »Auf süß entzückende Gewalt«, BWV 198 (Dichtung von Johann Christopf Gottsched) am 27. November 1725 für die Eheschließung Peter Hohmanns d. J. mit Christiana Sibylla Mencke, der Tochter Johann Burckhard Menckes. Museum für Geschichte der Stadt Leipzig.

41. *Das Zimmermannsche Coffee-Haus.* Stich von Johann Georg Schreiber. Tagungsort des Bachschen Collegiums musicum seit 1729. *Das für die Leipziger Bachgeschichte wichtige Gebäude in der Katharinenstraße 14 wurde im Zweiten Weltkrieg zerstört.* Museum für Geschichte der Stadt Leipzig.

42. *Die »Große Feuerkugel«, Hofansicht, mit Goethes Studentenwohnung, in der er in den Jahren 1765-1768 wohnte.*

43. *»Zum Coffee Baum«. Portalrelief, Entwurf von Ratsbaumeister Döring um 1725.*

44. *Das Café am Brühl* erinnert an das Haus »Großer Blumenberg« mit dem Bildnis der »Neuberin«, die hier wirkte. Das Schild wurde im Atelier für Gestaltung Friedhelm Lenz entworfen und von Hansjörg Arnhold hergestellt.

45. *Das Alte Gewandhaus, in dem von 1781 bis 1885 Konzerte stattfanden.*

46. *Der Saal des Alten Gewandhauses am Neumarkt um 1835.*

47. *Der Saal des Neuen Gewandhauses, 1884 erbaut, 1944 im Zweiten Weltkrieg zerstört.*

48. *Blick auf das Gewandhaus im ›Musikerviertel‹, 1938. Vor dem Portal fehlt das Denkmal Mendelssohn-Bartholdys, das im 3. Reich abgetragen wurde.*

49. *Das ehemalige Denkmal Felix Mendelssohn-Bartholdys vor dem Neuen Gewandhaus.*

50. *Der Mendebrunnen vor dem Neuen Gewandhaus, 1986.*

51. *Der Saal des Neuen Gewandhauses.* Am 8. Oktober 1981 wurde das Neue Gewandhaus eröffnet. Das erste Konzert fand unter Leitung von Kurt Mazur statt.

52. *Das Neue Theater am Augustusplatz, erbaut 1864-1867 von Baumeister Carl Ferdinand Langhans, 1944 im Zweiten Weltkrieg zerstört.*

53. *Schloß Pleißenburg wird 1642 zur Übergabe an die Schweden gezwungen.*

54. *Übergabe der Stadt an die Preußen im Zweiten Schlesischen Krieg am 30. November 1745.*

55. *Befreiungskriege. Erstürmung des Grimmaischen Tores am 19. Oktober 1813, dem letzten Tag der Völkerschlacht.*

56. Einzug der verbündeten Monarchen von Preußen, Rußland und Österreich am 19. Oktober 1813.

57. Auf dem Monarchenhügel am 18. Oktober 1813 meldet Fürst Schwarzenberg den drei Verbündeten den Sieg über Napoleon. Mit der Niederlage Napoleons in der viertägigen Völkerschlacht bei Leipzig war Deutschland bis zum Rhein befreit.

58. Völkerschlachtdenkmal in Leipzig mit Südfriedhof um 1930.

59. Der Modeschöpfer Hans Bormann mit seinen Modellen vor dem Völkerschlachtdenkmal, 1969. Foto: © Michael Ruetz (Focus, Hamburg).

60. »Mensch, ich seh' die ganze Stadt«. Blick vom Völkerschlachtdenkmal auf die ferne Stadt, 1988.

61. Die Hinrichtung Woyzecks vor dem Rathaus. 1824 wurde mit dieser Exekution die letzte öffentliche Hinrichtung auf dem Markt vollzogen.

62. Der Marktplatz während der Messe 1844.

63. Vereidigung des Militärs am 24. März 1848 vor dem Rathaus.

64. Festzug der Turner vor dem Rathaus am 3. August 1863.

65. Marktplatz mit dem Alten Rathaus, 1929, (mit Eingang zur Untergrund-Messehalle Markt).

66. Leipziger Herbstmesse 1982. Blick von der Thomaskirche auf Leipzig mit dem Alten Rathaus im Mittelpunkt, links das Leipziger Messeamt, rechts das Messehaus am Markt.

67. Altes Rathaus, Ratsstube heute.

68. Die Börse im Januar 1987 mit Goethedenkmal auf dem Naschmarkt. Vor 300 Jahren wurde der Bau fertiggestellt, der auf Initiative von 30 Leipzigern Großkaufleuten entstand. Im Börsensaal wurden vor allem Geld- und Wechselgeschäfte getätigt. Die Erdgeschoßgewölbe wurden zur Messezeit an ausländische Kaufleute vermietet, die hier ihre Ware feilhielten.

69. Die Alte Waage am Markt.

70. Das Goethedenkmal vor der Alten Börse.

71. Aufräumungsarbeiten im schwer beschädigten Innenteil des Hauptbahnhofs.

72. Das Westportal des Leipziger Hauptbahnhofs nach 1945.

73. Der Hauptbahnhof im Jahre 1947.

74. In der restaurierten Bahnhofshalle, 1985. Foto: Gallwitz.

75. IV. Internationale Friedensfahrt 1962.

76. Clara-Zetkin-Kulturpark, das größte Naherholungsgebiet der Stadt Leipzig, mit dem Denkmal der Arbeiterführerin, 1977.

77. Panorama der Innenstadt mit Hotel Merkur, dem Turm des Neuen Rathauses, Universitätshochhaus – Wohnhochhaus an der Wintergartenstraße, 1982.

78. Europa während der Herrschaft Napoleons. Kontrollen am Grimmaischen Tor. Die Kontinentalsperre wird von Napoleon I. mit dem Dekret von Berlin am 21. November 1806 angeordnet. Damit wird der gesamte Handel Kontinental-Europas mit Großbritannien und mit britischen Waren verboten. Nach der Niederlage Napoleons 1812 in Rußland wird die Kontinentalsperre faktisch aufgehoben. Am Grimmaischen Tor in Leipzig kontrollieren französische Soldaten, damit keine britischen Waren, die wegen der Messe hier lagern, aus der Stadt transportiert werden. Radierung von G. H. Geißler.

79. Auerbachs Hof nach einem Stich von Rosmaesler, 1778, ist der vornehmste und berühmteste der Leipziger Messehöfe. Die größten Kostbarkeiten wurden in seinen Gewölben ausgestellt.

80. Um 1700 besucht August der Starke Kunsthändler auf der Leipziger Messe.

81. Der Markt zur Messe, 1927.

82. Die Mädler-Passage mit den Faustfiguren am Eingang zu Auerbachs Keller. Sie wurden 1913 von dem Bildhauer, Maler und Grafiker Mathieu Molitor geschaffen. Die Plastiken stellen Faust und Mephisto sowie von Mephisto verzauberte Studenten dar.

83. Das Glockenspiel aus Meißner Porzellan in der Mädler-Passage. Zu jeder vollen Stunde erklingt in der Zeit von 10 bis 18 Uhr das Geläut aus 25 Glocken.

84. Blick in die Nikolaistraße mit Buchhändlerkarren, 1936.

85. Passage Neumarkt, 1985. Foto: Gallwitz.

86. »Specks Hof«. Historisches Messehaus, zwischen 1908 und1911 errichtet mit drei Lichthöfen und Passagen, wird seit 1985 restauriert.

87. Blick in die Petersstraße während der Frühjahrsmesse 1941.

88. Die Hainstraße zur Herbstmesse 1985.

89. Vor dem Pavillon der UdSSR während der Frühjahrsmesse 1982.

90. Eingang zum Messegelände, 1983.

Umschlagabbildung: Das alte Rathaus.

Inhalt

1. Der Markt ist ein großer und schöner Platz

Ortstermin Leipzig 9
»Nun will ich von der Stadt zierlichen Gebäuden etwas sagen« *Ulrich Groß. 1587* 10
Der Stadtbrief zwischen 1156 und 1170 von Markgraf Otto von Meißen erhalten *Helmut Arndt. 1965* 15
Huldigungen *Gustav Wustmann. 1909* 17
Kurfürstlich Sächsische Huldigung zu Leipzig *Frankfurter Messerelation. 1681* 18
Adam Riese und das Brotgewicht *Georg Grebenstein. 1986* . 20
Marktordnung *Flugblatt. 1726* 21
»Wo der Schwarzkünstler Faust ein Faß Wein aus dem Keller geritten habe« *J. M. Braun. 1837* 23

2. Stadtlandschaft

»Unter Blasmusik an den geröteten Hügeln aus Abraum vorbei« *Gert Neumann. 1981* 29
Thälmannstraße *Rolf Richter. 1986* 31
»Alle in der neuen Zeit erbauten Häuser sind auch modern« *Benjamin Heidecke. 1783* 35
Gassen und Gäßchen *J. M. Braun. 1837* 38
»Wenn hier das Deutsche Kapitol sich erhebt« *1848* 39
Sehenswürdigkeiten *Hans Reimann. 1929* 42
Hauptbahnhof *Uwe Johnson. 1961* 45

3. »Leipzig hat mit seinen Bauten entschieden Glück«

Häuser *Ulrich Berkes. 1976* 51
Ortsplan Leipzig *Rat der Stadt. 1950* 51

Exzesse und Noblesse des späten 19. Jahrhunderts
Eduard Beaucamp. 1968 54
Bürgermeister und Baumeister *Gustav Wustmann. 1885* . . . 57
Mehr Licht *Georg Wunder. 1891* 60
Das Reichsgerichtsgebäude *Alfred Lichtwark. 1895* 62

4. *»Die Kirchen sind gegen das Ganze der Stadt gehalten ziemlich klein und dunkel«*

»Daß die Kirche zur Erinnerung erhoben war«
Gert Neumann. 1981 73
»Steinstaub lag in der Luft« *Erich Loest. 1984*. 74
Botschaft an das All *Frankfurter Messerelation. 1592* 78
Das Licht des Evangeliums leuchtet über Leipzig
Günther Stiller. 1970 81
In der Nicolaikirche *Daniel Chodowiecki. 1789* 83
»Restaurieren« *Gustav Wustmann. 1909* 84
Das Leichen- und Kurrende-Singen *Paul Bennemann. 1920* . 86

5. *»Steig ein, wir fahren ins Rosental«*

Leipziger Weekend *Erich Loest. 1977* 88
»Wohlgeordnete Ordnung« *Bernd Weinkauf. 1982* 91
»Da die Bäume in der schönsten Blüte standen«
Frankfurter Messerelation. 1714 92
»Seid ihr Lüfte, seid gegrüßt, Rosenthal du sehr gegrüßt«
Gustav Wustmann. 1885. 94
»Ein sumpfiges Hölzchen« *Benjamin Heidecke. 1783* 96
Suchen und Finden *1879* 97
Gartenvergnügen *August Salomo Maurer. 1799* 98
Promenaden und Gärten *J. M. Braun. 1837* 100

6. Der Genius von Leipzig

Leipzig 1520, eine Kuh im Wappen *Hans Pfeiffer. 1975* . . . 106
Leipzig *Joachim Ringelnatz. 1927* 106
»Aber nur das Fenster zur Stadt ist das Fenster in die Zukunft« *Fritz Rudolf Fries. 1977* 107
Tischsitten im »Galanten Leipzig« *Baron von Ehrenhausen. 1769* 112
»Soll ich Ihnen den Genius von Leipzig malen?« *1879* . . . 113
Aus dem Alphabet der »Wühler und Wühlerinnen« *Ulrich Franz. 1849* 115
Der Vater der Deutschen Grazien *Franz Wilhelm Kreuchauf. 1899*. 117
Kritik an dem berühmten Mende-Brunnen *Gustav Theodor Fechner. 1887* 118
Denkmal oder Transformatorenhaus? *Bernd Weinkauf. 1982* 121
Ein Richard-Wagner-Denkmal *Julius Vogel. 1923* 122
Grundsteinlegung durch Hitler *Günter Metken. 1986* 124
Zum Kaffeebaum *Ulla Heise. 1983* 125

7. Gaudeamus igitur

Der Weisheitszahn *Max Walter Schulz. 1974* 127
Hörsaal 40 *Hans Mayer. 1982* 131
Poetik-Diskussion *Gustav Bauch. 1899* 138
»Ich komme jung von Schulen« *Georg Witkowski. 1909* . . . 140
Studentenunruhen *Riemers Jahrbuch. 1768* 143
Quartiere voller Wanzen *1879*. 145
»Das wunderbare Tier, das hier Student geworden ist« *Andreas Rebmann. 1897* 147
»Mit eurem Brotstudium will ich nichts zu schaffen haben« *Friedrich Förster. 1897* 149
Ordnungshüter *Karl Ewald Hasse. 1902*. 153

»Der wissenschaftliche stille Suff«
Heinrich von Treitschke. 1852 154
»Ei, da ist ja auch der Herr Nietzsche«
Friedrich Würzbach. 1942 156

8. *»Ich melde durch dies Lied den harten Bücherkrieg«*

Ein guter Draht zu einem Buchhändler
Brigitte Klumpp. 1978 164
Deutsche Bücherei *Ulrich Berkes. 1976* 168
Kummer mit Genossen und Ganoven
Franz Josef Görtz. 1986 169
Bücherkrieg *Johann Christoph Gottsched. 1736* 171
Die erste Druckerpresse *Ursula Altmann. 1981* 172
Der Leipziger Buchdruckereid *Ernst Kroker. 1906*. 173
Schön und sauber Gedrucktes im 15. und 16. Jahrhundert
Friedrich Kapp. 1886 174
Die vernünftigen Tadlerinnen *Gustav Wustmann. 1898* . . . 176
Zensur der Leipziger Zeitung im 18. Jahrhundert
Georg Witkowski. 1909 177
Pasquillanten im 18. Jahrhundert *Gustav Wustmann. 1898* . 181
Unter Napoleon *Georg Joachim Göschen. 1807-1810*. 184
Friedrich Arnold Brockhaus geht nach Leipzig
Heinrich Brockhaus. 1876 186
Die wohlfeilen Reclambändchen *Hans Reimann. 1929* . . . 188
Von Frankfurt nach Leipzig. Buchhandel 1815-1843
August Prinz. 1855 189
Ein Fall für den Pitaval *Adalbert Brauer. 1982* 191
»Als ich das erstemal in Leipzig war, ging ich voll Ehrfurcht an den großen Verlagshäusern vorbei« *Reinhard Piper. 1964* 192
Die Insel 1909-1945 *Bernhard Zeller (Hg.). 1965* 196

9. »*Es schöpften zu durstig meine Poeten mich, meine Prosaiker aus*«

Ein Institut für Literatur *Erich Loest. 1977* 208
Einer der schreiben will, kommt in Leipzig an
Uwe Johnson. 1961 211
Pleiße *Johann Wolfgang Goethe und Friedrich Schiller. 1797* . . 216
»Nun eilte ich mit meinem Empfehlungsschreiben zu
Hofrat Böhme« *Johann Wolfgang Goethe. 1812* 216
Die Perücke *Johann Wolfgang Goethe. 1812* 221
Goethe ist immer noch der stolze Phantast
Woldemar Freiherr von Biedermann. 1865 222
Ein Poem auf Kuchenbäcker Händel *Otto Jahn. 1909* 225
Stilfragen *Woldemar Freiherr von Biedermann. 1865* 226
Zwei Wunderkinder treffen sich *Ernst Beutler. 1947* 227
Goethes Werther auf dem Index *Gustav Wustmann. 1885* . . 230
Mein Leipzig lob ich mir in Auerbachs Keller
Johann Wolfgang Goethe. 1774 232
»Die Stutzer bedecken die Straße« *Jean Paul. 1781* 232
An Hofrat Schwan in Mannheim
Friedrich Schiller am 24. April 1785 234
Schillerdenkmal *Bernd Weinkauf. 1982* 235
Zeugenaussagen *Gustav Wustmann. 1889-95* 236
Schillerhaus heute *Hermine Rosenkranz. 1982* 242
Fontane in der Neubertschen Offizin
Theodor Fontane. 1898 243
»Studenten waren für mich Helden«
Otto Julius Bierbaum, o. J. 249
»Unsere erste Wohnung war in einer freudlosen Straße«
Rudolf Binding. 1927 252
Segelschiffchen in voller Fahrt *Hans Carossa. 1955* 256
Erich Kästner *Alfred Klein. 1984* 257
An der alten Elster *Joachim Ringelnatz. 1929* 261

10. »Flöten gehen ihm voraus«

Die Beatles *Erich Loest. 1978* 270
Spielleute und Stadtpfeifer *Gustav Wustmann. 1902-1909* . . 275
Stadtmusikanten im 16. Jahrhundert
Gustav Wustmann. 1889-95 276
Ratspfeifer im 17. Jahrhundert *Paul Bennemann. 1920* . . . 278
Der verkannte Bach *Friedrich Blume. 1947* 280
Der verehrte Bach *Johannes Bobrowski. 1967* 284
Ein Fäßchen Wein aus Franken *Charles Sanford Terry. 1929* . 285
»Ruhet sanft, ihr Gebeine« *Gustav Wustmann. 1898* 286
Das Bachdenkmal *Felix Mendelssohn-Bartholdy. 1863* 291
»Ob diese Thomaner wirklich Schüler sein konnten«
Hans Carossa. 1955 294
»Wer sich übergibt, bezahlt zwei Groschen«
Charles Sanford Terry. 1929 296

11. Einladung zum Konzert

Neues Glück für ein altes Orchester *Wolfgang Sander. 1981* . 298
»War ich zu taktlos, Felix?« *Hildegard Maria Rauchfuss. 1976* 300
Gewandhauskonzerte *Alfred Dörffel. 1884* 303
Chopin »in concert« *Felix Mendelssohn-Bartholdy. 1835* . . . 305
»Die Leipziger waren wie toll«
Felix Mendelssohn-Bartholdy. 1835/1846 307
Die Musikschule *Felix Mendelssohn-Bartholdy. 1840* 311
Lortzing *Rolf Weber. 1983* 314
Taktstock um Taktstock *Hector Berlioz. 1843* 316
Die Gewandhauskutsche *Christiane Renate Goebel. 1963* . . 319
Schumann an seine Mutter *Karl Storck. 1940* 320
Davidsbündler *Karl Storck. 1940* 322
Mein erstes Trauerspiel *Richard Wagner. 1911.* 323
Steckbrief gegen Richard Wagner in der Leipziger Zeitung
Helmut Arndt. 1965 326

Der Heimatschein *Leipzig. 1938* 327
Nietzsche lernt Wagner kennen *Friedrich Würzbach. 1942* . . 327

12. »Endlich erhielt auch Leipzig ein Schauspielhaus das seiner würdig ist«

»Die führen vielleicht ein Leben kann ich dir sagen!«
Uwe Johnson. 1961 338
Welttheatergespräche vor Ort *Ferdinand May. 1960* 341
Hanß Leberwurst aus England *Georg Witkowski. 1909* . . . 343
Neuberin schafft Hans Wurst ab
Johann Christoph Rost. 1770 346
Die Neuberin *Christiane Goebel. 1963* 346
Schauspielhaus *Benjamin Heidecke. 1783* 347
Das Leipziger Parterre *August Salomo Maurer. 1799* 349
Ein kleines Haus ist besser als ein großes
Gustav Freytag. 1897 350
Kainz fängt gefrorene Spatzen *Arthur Eloesser. 1912* 351
Als Schulbub mitspielen *Rolf Italiaander. 1978* 353

13. »Ein treffliches Klima für Kunst«

Die Helle von Leipzig *Georg Jappe. 1974* 356
Im Grunde ein Tragiker *Eduard Beaucamp. 1980* 358
Nur weg von Leipzig! *Werner Tübke. 1985* 359
»Mensch, ich seh die ganze Welt!« *Erich Loest. 1984* 360
Und das schreibt der Maler selbst
Wolfgang Mattheuer. 1968 363
Auf der Suche nach Bildern *Eduard Beaucamp. 1968* 364
Aus dem Reisejournal *Daniel Chodowiecki. 1789* 367
»Es ist hier eine Malerakademie in der Pleißenburg recht niedlich angelegt« *Friedrich Schulze. 1806* 369
In Leipzig entdeckte Kunstschätze
Johann Wolfgang Goethe. 1815 371

»Mit großem Vergnügen bin ich durch die Galerie gegangen« *Alfred Lichtwark. 1924* 372
Aus der Elster eine Alster machen *Alfred Lichtwark. 1924* . . 375
Heuss in Klingers Atelier *Theodor Heuss. 1953* 378

14. Das betrübte und das wiedererquickte Leipzig in Reformation und Glaubenskrieg

Reformationsfest *Robert Blum. 1839* 379
Ablaß *Gustav Wustmann. 1889-95* 380
Luther und Eck treten zur Disputation an *Gustav Wustmann. 1889-95* 381
Gefährliche Schriften *Georg Witkowski. 1909* 385
Vertreibungen und Einführung der Reformation *Gustav Wustmann. 1889-95* 387
»Die Leipziger halten uns für Narren« *Reinhard Buchwald. 1938* 389
Luthers Becher *Gustav Wustmann. 1889-95* 390
Nach der Belagerung *Karl Grosse. 1897/98* 393
Aberglaube *Karl Grosse. 1897/98* 394
Sturm auf die Calvinistenhäuser *Flugschrift und Frankfurter Messerelation. 1593* 395
Das bedrängte Leipzig mit seinem Seufzen und Hoffen *Frankfurter Messerelation. 1631* 402
»Schafft's, schafft's, es muß da sein!« *Flugschrift. 1631* . . . 405
»Frühmorgens bekamen die feindlichen Armeen einander zu Gesichte« *Friedrich Schiller. 1791* 407
»Und wieder dröhnt und donnert die Erd« *Bernd Weinkauf. 1982* 414
Emigranten aus Salzburg *Riemers Jahrbuch. 1732* 415

15. Kriegsalltag im Siebenjährigen Krieg

Es rücken die Regimenter ein in die Stadt *Riemers Jahrbuch. 1756-57* 424

Friedrich der Große und Gottsched
Gustav Wustmann. 1898 428
Gellert und der Husarenleutnant
Christian Fürchtegott Gellert. 1758 432
»Sage Er mir, warum wir keine guten deutschen Schriftsteller haben« *Christian Fürchtegott Gellert. 1761* 435

16. Die Völkerschlacht

»Führerbesuch« am Völkerschlachtdenkmal
Erich Loest. 1984 442
Ein Schulaufsatz *Dieter Zimmer. 1982* 445
Fouqué bei Leipzig *Arno Schmidt. 1958* 447
»Pfui über die Buben hinter dem Ofen!«
Friedrich Förster. 1897 450
Medieninteressen *Friedrich Schulze. 1912* 450
Geburt der »Deutschen Blätter« und der deutschen Unabhängigkeit *Heinrich Brockhaus. 1884-87* 452
Blücher an seine Frau
Gebhard Lebrecht Fürst von Blücher. 1813 456
Aus Rochlitz' Tagebuch von der Schlacht
Friedrich Rochlitz. 1813 457
Pulverdampf und Zauberflöte *E. T. A. Hoffmann. 1813* . . . 464
E. T. A. Hoffmann nach der Schlacht
Friedrich Rochlitz. 1822 466
Ich wandle meine Bahn frisch und mutig fort
Ernst Moritz Arndt. 1813 467
Ein Wort über die Feier der Leipziger Schlacht und ein Denkmal bei Leipzig *Ernst Moritz Arndt. 1814* 468

17. »Die proletarische Bewegung ist an Sachsen nicht spurlos vorübergegangen«

Revolten *Richard Wagner. 1911* 480
Im Namen Schillers *Robert Blum. 1840* 483

Abschiedsbrief Blums vor der Hinrichtung
Robert Blum. 1848 486
Letzte Ehrung für Robert Blum *Gustav Kühne. 1848*. 487
Das kürzliche Gemetzel in Leipzig *Friedrich Engels. 1845* . . 489
Die Gründung des Bildungsvereins *August Bebel. 1910* . . . 491
Karl Liebknecht *Mathias John. 1984* 495
Lenin in Leipzig *Helmut Arndt. 1965* 497
Klara Zetkin *Franz Mehring. 1963* 499
2. Mai 1977 *Gert Neumann. 1981*. 501

18. »War das eine von den bombardierten Städten?«

Die Mutter verschwand mit der Schwester
Uwe Johnson. 1961 504
Eine Bleibe haben. Ohne Bleibe sein *Christa Müller. 1979* . . 508
Jüdische Jugendzeit *Rolf Italiaander. 1978* 510
Letzte Vorkehrungen *Erich Loest. 1984*. 511
Letzte Wochen in Leipzig *Friedrich Michael. 1945* 517
Zurück aus der Emigration *Eva Lips. 1965* 522

19. »Die Leipziger Messe ist ja nicht nur Messe«

Ankunft zur Messe *Klaus Beuchler. 1963* 531
Messeimpressionen *Reinhard Baumgart. 1972*. 535
Kontakte *Brigitte Klumpp. 1978* 539
Verfassung und Verordnung *Ernst Hasse. 1885* 542
Versicherung *Frankfurter Messerelation. 1757* 544
»Uns geplagten und durch die Pest sehr geschwächten
Leipzigern« *Karl Heinz Karbe. 1967*. 545
Doktor Eisenbarth *Gustav Wustmann. 1889/95* 549
Kuriositäten *Karl Grosse. 1897/98* 550
Majestäten auf der Messe *Riemers Jahrbuch. 1717*. 552
Experimenta electrica *Frankfurter Messerelation. 1746* 553
Alle Gassen mit Fracht- und Marktwagen angefüllt
Karl Rauch. 1965 553

»Die Fremden müssen Gutes und Schlechtes verschlucken«
Benjamin Heidecke. 1783 555
Messe-Gefahren *August Salomo Maurer. 1799* 557
Kleinmesse und Topfmarkt *Karl Rauch. 1954* 560
»Und die Leute, die sich da drängen, sehen dich mit
exotischen Augen an« *Thomas Mann. 1947* 563
»Alles Weiberfleisch bereits in festen Händen«
Karl Heinz Karbe. 1967 567

20. Der Sachse genießt sein Pläsier

Broilerbar. Was sollen wir essen? *Gert Neumann. 1981* . . . 577
Südfrüchte *Uwe Johnson. 1961* 578
Leipziger Allerlei *Bernd Weinkauf. 1982* 579
Was trinken wir? *Hans Reimann. 1929* 579
Jeans aus Polen. Womit sollen wir uns kleiden?
Gert Neumann. 1981 581
Was tapfere Leute, ihre Weiber und Töchter tragen dürfen
Flugschrift. 1550 584
»Sei nur ein Leipziger, verwirf die schlechte Tracht«
Justus Friedrich Wilhelm Zachariä. 1744 586
Trautes Heim *Erich Loest. 1978* 587
Freie Frauen und Frauenhäuser *Gustav Wustmann. 1907* . . . 590
Tanzvergnügen *Gustav Wustmann. 1909* 593
Schönefelder Kletterstange und Vogelschießen *1879* 594
Fischerstechen *1879* 596
Der Tauchische Jahrmarkt *Gustav Wustmann. 1889/95* . . . 598
Im Siolischen Keller *August Salomo. 1799* 601
Silvesterfeuerwerk *Erich Loest. 1984* 603

Nachwort 605
Textnachweise 613
Bildnachweis 623